Droit des affaires

6e édition

Jean-Pierre Archambault

Avec la participation de

Sylvie Allard
Collège Montmorency

Conception et rédaction des outils pédagogiques en ligne

Jean-Pierre Archambault

Sylvie Allard
Collège Montmorency

Chantal Biron
Cégep du Vieux-Montréal

Richard Cardinal
Collège Ahuntsic

Me Franco Montesano
Cégep Saint-Jean-sur-Richelieu

Monique Vaillancourt
Cégep Marie-Victorin

CHENELIÈRE ÉDUCATION

Droit des affaires
6e édition

Jean-Pierre Archambault

Conception éditoriale : Sophie Jaillot
Édition : Julie Prince, Frédérique Grambin
Coordination : Valérie Côté
Révision linguistique : Mireille Léger-Rousseau
Correction d'épreuves : Francine Raymond
Conception graphique : Pige communication
Conception de la couverture : Micheline Roy
Illustrations : Yvon Roy
Impression : TC Imprimeries Transcontinental

Coordination éditoriale du matériel complémentaire Web : Guy Bonin

Sources iconographiques

Couverture : Gunnar Pippel / 123RF.com ; **p. 1, 2, 3, 40 et 41 :** Africa Studio / Shutterstock.com ; **p. 85, 86, 87, 132, 133, 156, 157, 188 et 189 :** EmiliaUngur / Shutterstock.com ; **p. 221, 222, 223, 268, 269 :** Rawpixel / Shutterstock.com ; **p. 307, 308, 309, 358, 359, 380, 381, 410, 411, 440, 441, 482 et 483 :** Pressmaster / Shutterstock.com.

Des marques de commerce sont mentionnées ou illustrées dans cet ouvrage. L'Éditeur tient à préciser qu'il n'a reçu aucun revenu ni avantage conséquemment à la présence de ces marques. Celles-ci sont reproduites à la demande de l'auteur ou de l'adaptateur en vue d'appuyer le propos pédagogique ou scientifique de l'ouvrage.

Les cas présentés dans les mises en situation de cet ouvrage sont fictifs. Toute ressemblance avec des personnes existantes ou ayant déjà existé n'est que pure coïncidence.

Le matériel complémentaire mis en ligne dans notre site Web est réservé aux résidants du Canada, et ce, à des fins d'enseignement uniquement.

L'achat en ligne est réservé aux résidants du Canada.

Catalogage avant publication de Bibliothèque et Archives nationales du Québec et Bibliothèque et Archives Canada

Archambault, Jean-Pierre, 1948-
Droit des affaires
6e édition
Comprend des références bibliographiques et un index.
ISBN 978-2-7650-4774-2

1. Droit commercial – Québec (Province). 2. Droit commercial – Québec (Province) – Problèmes et exercices. I. Titre.

KEQ477.A73 2015 346.71407 C2015-940445-2

CHENELIÈRE ÉDUCATION

5800, rue Saint-Denis, bureau 900
Montréal (Québec) H2S 3L5 Canada
Téléphone : 514 273-1066
Télécopieur : 514 276-0324 ou 1 800 814-0324
info@cheneliere.ca

ISBN 978-2-7650-4774-2

Dépôt légal : 2e trimestre 2015
Bibliothèque et Archives nationales du Québec
Bibliothèque et Archives Canada

Imprimé au Canada

3 4 5 6 7 ITIB 21 20 19 18 17

Gouvernement du Québec – Programme de crédit d'impôt pour l'édition de livres – Gestion SODEC.

Ce projet est financé en partie par le gouvernement du Canada

Canada

AVANT-PROPOS

Le droit et les lois reflètent les valeurs d'une société et son évolution sociale, politique et économique. Ceci est vrai pour toutes les sociétés et, particulièrement au Québec et au Canada, où nous avons été témoins d'une évolution accélérée de nos lois au cours des dernières années. Des lois qui réglementaient la société québécoise il y a 5, 10, 20 ou 30 ans ont été abolies, amendées ou carrément remplacées afin qu'elles reflètent mieux ces valeurs et nouvelles réalités de notre société démocratique, basée sur la libre entreprise.

Nos lois visent de plus en plus la protection des droits des citoyens et justiciables. L'arrivée des chartes canadienne et québécoise des droits de la personne vise la reconnaissance et la protection de nos droits et libertés fondamentales, dont elles sont le fondement. À tous les niveaux, nos lois et règlements visent la protection des personnes, de la jeunesse, des consommateurs, des travailleurs, de la vie privée et de la réputation, des créanciers et des débiteurs ainsi que l'égalité de tous les citoyens.

À travers tout cela, la société évolue et certaines valeurs changent. C'est le cas, par exemple, de la *Loi concernant les soins de fin de vie,* adoptée en 2014 et dont la Cour suprême a reconnu la validité. C'est aussi le cas de la Loi 51 pour combattre le terrorisme et la tenue des mégaprocès regroupant parfois des centaines d'accusés en matière criminelle. Ce sont là des sujets qu'on n'abordait pas il n'y a pas si longtemps.

L'arrivée des nouvelles technologies de l'information et du commerce électronique a aussi créé une véritable révolution. Il en a résulté l'introduction d'outils informatiques et d'Internet dans la pratique du droit et de la recherche juridique. C'est pourquoi une partie du chapitre 1 est consacrée à la recherche de l'information juridique qui sera utile aux étudiants pour développer leurs compétences de recherche de l'information juridique au moyen de divers outils, dont les ressources informatiques, ainsi que pour consulter, puis appliquer les notions de droit à des situations de la vie quotidienne.

Le législateur québécois a adopté la *Loi concernant le cadre juridique des technologies de l'information,* qui établit les fondements en vue d'encadrer l'ensemble des échanges électroniques, dont le commerce électronique, ainsi que les technologies de l'information. Cette loi traite de la sécurité des documents numériques et de la reconnaissance de leur valeur juridique. Elle s'appuie sur la notion de « document » et substitue en quelque sorte la notion de « document » à celle « d'écrit ». Le cyberespace est devenu le lieu de milliards d'échanges personnels, professionnels et commerciaux de toutes sortes chaque année. Plus de 85 % des Canadiens ont recours à Internet, et les transactions dépassent maintenant les 100 millions par année pour l'achat de biens et de services et représentent un chiffre d'affaires de plus de 500 milliards au Canada et aux États-Unis. De nouveaux types de problèmes en résultent devant les tribunaux : cyberintimidation, actions collectives, atteinte à la réputation sur Facebook ou Twitter, atteinte à la vie privée, annulations de contrats en ligne.

Depuis 2010, le législateur québécois est intervenu au moyen de la *Loi sur la protection du consommateur* pour encadrer ces transactions et mieux protéger les consommateurs qui ont recours aux transactions en ligne afin d'acquérir des biens et des services de toutes sortes.

Ces dispositions concernent non seulement les transactions à distance effectuées en ligne, mais aussi l'achat de cartes-cadeaux ainsi que les abonnements à des services Internet et de téléphonie cellulaire.

La *Loi sur la faillite et l'insolvabilité* a également connu des modifications importantes quant aux propositions visant à éviter la faillite et aussi quant à la durée d'une faillite et à la libération des faillis. Elle a également été amendée en vue de mieux protéger les salariés advenant la faillite de leur employeur et les régimes de retraite de ces employés. Finalement, elle vise à mieux protéger les créanciers contre certaines manœuvres des faillis concernant les paiements préférentiels et les transactions sous-évaluées.

La nouvelle *Loi sur les sociétés par actions* est venue modifier de façon très importante le droit des affaires et le droit commercial québécois, notamment quant à la façon de mettre sur pied les sociétés par actions en accédant directement au site du Registraire des entreprises. En réaction aux nombreux scandales financiers qui ont fait les manchettes au cours des dernières années, la nouvelle loi réglemente plus sévèrement les transactions entre personnes liées, les délits d'initiés et les conflits d'intérêts.

En matière civile, l'arrivée du *Nouveau Code de procédure civile* (N.C.p.c.) vient modifier de façon importante le processus judiciaire en matière civile et retient particulièrement notre attention, car il s'applique à toutes les poursuites et actions intentées devant les tribunaux dont il modifie la juridiction. Ainsi, la juridiction de la Cour du Québec en matière de petites créances est passée à 15 000 $ à compter du 1er janvier 2015, alors que celle de la Cour du Québec en chambre civile ordinaire passe à 85 000 $ à compter du 1er janvier 2016. Il s'agit là de modifications importantes et incontournables. C'est pourquoi cette sixième édition leur accorde une place de choix, tout en présentant clairement et simplement les fondements du droit des affaires.

Je crois fermement que le présent ouvrage répond aux besoins des étudiants et des professeurs des cours de droit des affaires, à la fois par son approche et par son contenu. Il constitue en effet l'ouvrage de droit des affaires le plus à jour sur tous les sujets traités, ainsi que le premier de sa catégorie disponible en format numérique au Québec. Sans tomber dans le piège d'une trop grande économie des contenus ou d'une simplification excessive, il permet au professeur de choisir facilement la matière qu'il souhaite présenter à ses étudiants. De plus, du matériel complémentaire et interactif destiné tant aux enseignants qu'aux étudiants est disponible sur le site **www.cheneliere.ca/archambault**.

Je tiens à dédier cet ouvrage à Me Andrée Talbot, ma conjointe, ainsi qu'à mes enfants, Sylvie, Jean-François et Nicolas, à mes petits-enfants, Ginger, Antoine, Daphnée, Alice, Finlay, Delphine, Adèle et Naomie, et à Monique, mon épouse, décédée le 28 mai 2000. « Tout ce que vous pouvez rêver de faire, entreprenez-le. L'audace est porteuse de génie, de pouvoir et de magie... » (Goethe)

Remerciements

Sans les suggestions et les précieux conseils des professeurs suivants, cette sixième édition n'aurait pas été aussi complète. Je tiens donc à les remercier pour leur travail, qui a contribué à la qualité de cet ouvrage: Paul Gauthier, Cégep de Saint-Hyacinthe; Jean-François Jobin, Cégep André-Laurendeau; Martin Lapointe, Cégep Limoilou; Raymond Lorange, LL.B., Cégep Marie-Victorin; Françoise Pelletier, Cégep de Sherbrooke; Hélène Harrison, Cégep de Thetford; Me Louis-Philippe Lépine, Collège Ahuntsic, consultant dans le cadre de la rédaction de cet ouvrage; Sylvie Allard, Collège Montmorency, rédactrice de la recherche en ligne, des cas pratiques du manuel et de leurs pistes de solutions; Chantal Biron, Cégep du Vieux-Montréal, rédactrice des présentations PowerPoint; Richard Cardinal, Collège Ahuntsic, rédacteur des activités interactives et responsable de la mise à jour des documents Web; Me Franco Montesano, Cégep Saint-Jean-sur-Richelieu, rédacteur des cas pratiques et des recherches en ligne complémentaires sur le Web et réviseur scientifique du solutionnaire du manuel; Monique Vaillancourt, Cégep Marie-Victorin, rédactrice du solutionnaire du manuel.

Je remercie également les divers intervenants de la magistrature et du droit des affaires pour leur disponibilité et leur contribution à des éléments particuliers de l'ouvrage: Me Jean L. Beauchamp, avocat spécialiste en droit des affaires et en informatique; Me Pierre Bourbeau, avocat spécialiste en fiscalité et en droit des affaires; M. Réjean Bouchard, syndic de faillite chez Raymond Chabot; Me Charles Denis de RESO Gestion corporative inc.; Me Jean-Claude Dubé, avocat criminaliste; Me Jean-Paul Gaudreau, avocat spécialiste en faillite; Me Pierre Hébert, avocat spécialiste en relations de travail; Mme la juge Marie-Suzanne Lauzon; M. le juge Yvan Nolet; M. André Perreault, comptable professionnel agréé; Me Daniel Péloquin, avocat pour la Commission des normes, de l'équité, de la santé et de la sécurité du travail; Mme la juge Danielle Turcotte; Bureau du Registraire des entreprises; Régie du logement; Éducaloi; Commission des normes, de l'équité, de la santé et de la sécurité du travail; Caisse populaire du nord de Laval et Mme Claudine Lapierre, directrice adjointe.

Un merci particulier à ma conjointe, Me Andrée Talbot, professeure de droit, avocate médiatrice et spécialiste en droit des affaires, pour sa précieuse collaboration et ses conseils tout au long de l'élaboration et de la réalisation de cette sixième édition.

Je tiens également à rendre hommage à Marc-André Roy, décédé en 1990, qui a largement contribué aux premières éditions de cet ouvrage.

Je tiens enfin à remercier Mme la juge Élizabeth Corte, juge en chef de la Cour du Québec, ainsi que son prédécesseur, M. le juge Guy Gagnon, de même que M. le juge Pierre E. Audet, juge en chef adjoint pour la Chambre civile de la Cour du Québec pour leur appui et leurs encouragements.

Jean-Pierre Archambault

CARACTÉRISTIQUES DU MANUEL

En ouverture de chapitre

Le **plan de chapitre** offre une vue d'ensemble de la structure du chapitre.

Les **objectifs d'apprentissage** permettent à l'étudiant de cibler les connaissances à acquérir et les habiletés à maîtriser.

La **mise en situation** introduit le thème du chapitre. Elle est accompagnée de questions destinées à susciter une première réflexion sur le sujet à l'étude.

Les **signets Internet** sont accessibles directement en hyperliens à partir du livre numérique disponible sur la plateforme i+ *Interactif*.

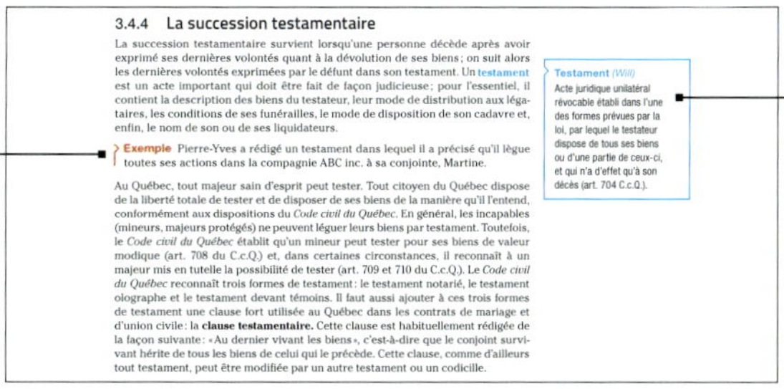

Au cours du chapitre

Des **exemples** illustrent de manière concrète une notion expliquée dans le chapitre.

Pour faciliter la compréhension de la matière, les **définitions** de certains termes importants, écrits en bleu dans le texte, sont présentées en marge.

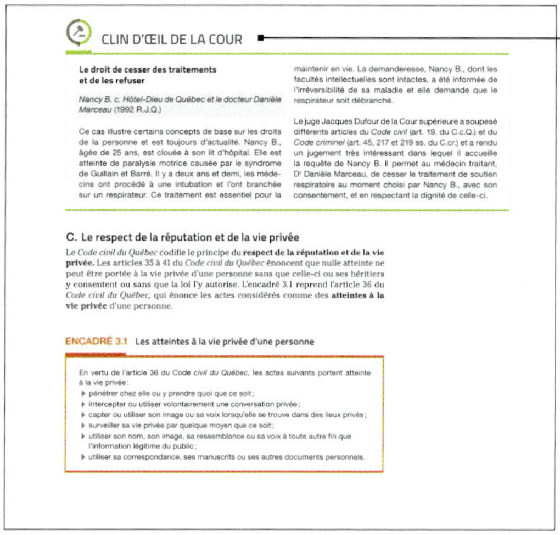

La rubrique **Clin d'œil de la Cour** présente une cause réelle de jurisprudence liée au thème du chapitre.

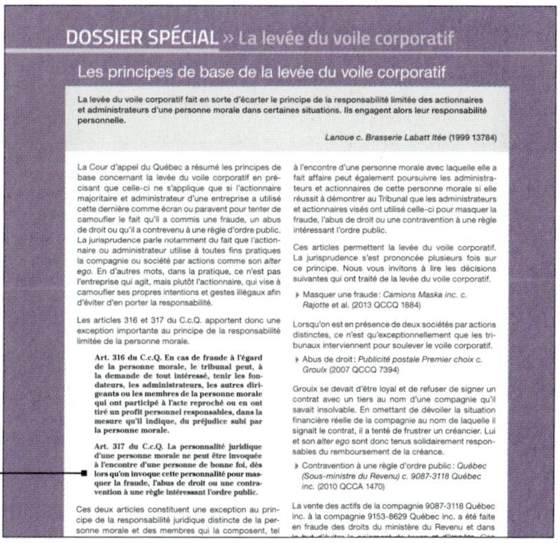

Le **Dossier spécial** porte sur une particularité de la matière.

À la fin du chapitre

La rubrique **Retour sur la mise en situation** répond aux questions posées en début du chapitre à la lumière de la matière étudiée dans le chapitre.

RETOUR SUR LA MISE EN SITUATION

La section **En bref** revient sur certains contenus du chapitre afin d'en faire ressortir les éléments essentiels.

EN BREF

Divers types d'exercices (vocabulaire, vrai-faux, choix multiples) de la rubrique **Exercez-vous** permettent à l'étudiant de tester ses connaissances sur le thème du chapitre.

EXERCEZ-VOUS

Faites le point propose des exercices de réflexion à court développement qui permettent à l'étudiant de vérifier son degré de compréhension de la matière.

FAITES LE POINT

Chaque chapitre propose un travail de **recherche en ligne**, qui nécessite l'utilisation d'Internet.

RECHERCHE EN LIGNE

Des **cas pratiques** permettent à l'étudiant d'utiliser la matière étudiée dans le chapitre pour exercer ses capacités d'analyse et de jugement.

CAS PRATIQUES

Sur Internet

À défaut d'un mandat en cas d'inaptitude ou à défaut d'un régime de protection pour le majeur, c'est le Curateur public qui administre les biens d'une personne incapable.

3.1.5 Le mandat en prévision de l'inaptitude

Le *Code civil du Québec* permet à toute personne majeure et saine d'esprit de rédiger un mandat pour nommer un mandataire qui prendra soin d'elle et administrera ses biens dans l'éventualité de son inaptitude à le faire. Ce sont les articles 2166 et 2167 du C.c.Q. qui précisent la manière dont un tel mandat doit être rédigé. Aussi, lorsqu'une personne majeure devient incapable d'administrer ses biens et de s'occuper d'elle-même, on doit, si elle n'a pas rédigé un tel mandat, convoquer un conseil de famille et lui nommer un curateur, un tuteur ou un conseiller. Si l'on ne procède pas ainsi, c'est le Curateur public qui est responsable d'administrer les biens de cette personne. On doit notamment prendre de telles dispositions dans les cas suivants : paralysie ou coma prolongé à la suite d'un accident ou d'une opération ; amnésie ; ou maladie d'Alzheimer.

Le mandat en prévision de l'inaptitude doit être écrit devant deux témoins ou par acte notarié. L'exécution du mandat est subordonnée à la survenance de l'inaptitude et à l'homologation (la reconnaissance par le tribunal), sur demande du mandataire désigné à l'acte.

Pour en savoir davantage sur le mandat en prévision de l'inaptitude

Ce pictogramme indique que des **ressources pédagogiques en ligne** sont disponibles sur la plateforme i+ *Interactif*. Destinées aux enseignants et aux étudiants, elles offrent un soutien additionnel à l'enseignement et à l'apprentissage.

TABLE DES MATIÈRES

PARTIE 1 Les fondements du droit au Québec

PARTIE 2 Les activités juridiques liées à l'exploitation d'une entreprise

PARTIE 3 Les formes juridiques des entreprises

CHAPITRE 8 LE FONCTIONNEMENT D'UNE SOCIÉTÉ PAR ACTIONS ... 268

PARTIE 4 Les contrats liés aux principales activités commerciales

CHAPITRE 9 LE FINANCEMENT DE L'ENTREPRISE ET SON INSOLVABILITÉ ... 308

CHAPITRE 10 LA VENTE ... 358

CHAPITRE 14 LES RELATIONS DE TRAVAIL 482

PARTIE 1

Les fondements du droit au Québec

CHAPITRE

1

LES SOURCES DU DROIT AU QUÉBEC ET LA RECHERCHE DE L'INFORMATION JURIDIQUE

OBJECTIFS D'APPRENTISSAGE

À la fin de ce chapitre, vous devriez être en mesure:

1. de nommer les sources historiques et constitutionnelles du droit au Québec;
2. de reconnaître les critères déterminant l'inconstitutionnalité d'une loi et de les appliquer à des situations précises;
3. d'expliquer les dispositions de la *Charte canadienne des droits et libertés* et de les appliquer à des cas précis;
4. de décrire les principales branches du droit et de déterminer laquelle s'applique à des situations précises;
5. de reconnaître les éléments d'information pertinents liés à une situation ou à un problème juridique défini;
6. d'établir les balises de l'information à consulter en fonction de la situation;
7. de vous former une opinion sur une situation ou un problème juridique donné;
8. de rédiger une note de service, un rapport de recherche ou une lettre d'opinion;
9. d'appliquer les notions apprises dans ce chapitre à des situations pratiques et de trouver l'information pertinente au moyen de divers outils de recherche juridique.

MISE EN SITUATION

Tout au long de ce manuel, nous apprendrons à connaître une famille québécoise comme tant d'autres: la famille Tremblay-Moreno. Nous verrons comment les règles de droit, les lois et les règlements de toutes sortes ont une incidence sur leur vie.

Rosaire Tremblay vient consulter Me Andrée Talbot. Il lui explique qu'il a acheté une maison, dont il a pris possession le 1er décembre 2015. À la fonte des neiges, il a constaté des infiltrations d'eau dans le sous-sol. Après avoir dégagé le gyproc, il constate des fissures à plusieurs endroits sur les murs. Au printemps, un expert qu'il a consulté lui indique que le drain français, entourant le solage de la maison pour empêcher les infiltrations d'eau, est bloqué, ce qui aggrave les infiltrations.

Me Talbot interrogera d'abord son client afin d'obtenir le plus de renseignements possible concernant le problème. Elle souhaite obtenir les informations suivantes: 1) date d'achat de la maison; 2) consultation de l'offre d'achat et du contrat de vente; 3) circonstances entourant la vente.

Elle établira ensuite les balises de l'information juridique à consulter en fonction de ce problème: les lois, le *Code civil,* la doctrine, la jurisprudence, etc. Elle déterminera le secteur du droit visé: le droit civil, la vente, la garantie de qualité, les vices cachés, la salubrité, etc. Puis, elle consultera les sources du droit en utilisant les principaux outils de recherche juridique disponibles. Certains outils, tels le *Code civil du Québec,* le *Code de procédure civile* et la doctrine, sont des sources documentaires. D'autres sont accessibles sur Internet (tels que la jurisprudence, les lois et les règlements). Par la suite, elle rédigera un résumé de ses recherches dans une lettre d'opinion adressée à M. Tremblay. Elle l'avisera aussi de ses droits et de la façon de les faire valoir, c'est-à-dire: 1) l'envoi d'une mise en demeure; 2) l'action devant les tribunaux; 3) l'exécution du jugement.

Questions

1. Selon vous, quels types d'informations Me Talbot devra-t-elle obtenir de Rosaire Tremblay afin de pouvoir bien l'informer sur ses droits?
2. Quels documents devra-t-elle obtenir de M. Tremblay?
3. Quel secteur du droit est visé par cette situation?
4. Quelles sources du droit devra-t-elle consulter?
5. Quel genre d'opinion pourra-t-elle donner à Rosaire Tremblay, le cas échéant?

SIGNETS INTERNET

Ce chapitre renvoie aux sites Internet des organismes (ou documents) suivants:

- Assemblée nationale du Québec
- Barreau du Québec
- Chambre des notaires du Québec
- *Charte canadienne des droits et libertés*
- *Charte de la langue française*
- *Charte des droits et libertés de la personne*
- Cour internationale de justice (CIJ)
- Cour suprême du Canada
- Éducaloi
- Institut canadien d'information juridique (IIJCAN)
- Législation du gouvernement fédéral
- Office de la protection du consommateur
- Organisation des Nations unies (ONU)
- Protecteur du citoyen
- Publications du Québec
- Registre des droits personnels et réels mobiliers (RDPRM)
- Registre des entreprises
- Société québécoise d'information juridique (SOQUIJ)

INTRODUCTION

Le droit québécois puise ses sources à même l'histoire du Québec et du Canada. Ainsi, dans un premier temps, il a subi l'influence du droit français, puis celle du droit anglais, à la suite de la Conquête de 1760. Quant à notre système politique et législatif, il repose sur la Constitution canadienne de 1867, qui a elle-même évolué au fil du temps. C'est la source constitutionnelle de notre droit.

L'avocat, tout comme le simple citoyen qui veut faire valoir ses droits, doit avoir recours aux sources du droit. Parmi ces dernières, on retrouve les lois, le *Code civil du Québec,* les autres codes (le *Code criminel canadien,* le *Code de procédure civile du Québec,* le *Code de la sécurité routière,* etc.), les ordonnances, les règlements, la jurisprudence, la doctrine et, finalement, l'usage et la coutume. Le domaine du droit se divise entre le droit public et le droit privé, qui se subdivisent à leur tour en droit national et en droit international.

Le cours de droit des affaires vise notamment l'atteinte de la compétence suivante: «Utiliser des sources de droit s'appliquant aux contextes administratif et commercial.» Cette compétence comprend l'élément de recherche et de consultation de l'information juridique s'appliquant au milieu des affaires. La maîtrise des outils de recherche juridique permettra aux citoyens ordinaires, aux techniciens en administration, aux gestionnaires, aux gens d'affaires et à leurs employés de gagner du temps et d'économiser de l'argent.

Nous sommes constamment en présence de lois et de règlements qui nous dictent ce qui est permis et ce qui est interdit, ou encore, qui nous disent comment procéder dans telle ou telle situation.

Ce manuel vise à développer chez l'étudiant la connaissance des principaux outils de recherche juridique. Ainsi, il n'a pas la vocation de se substituer à un avocat ou à un notaire, qui sont les mieux placés pour répondre aux questions de nature juridique.

Le principe de droit selon lequel «Nul ne peut ignorer la loi» est sous-jacent à notre vie en société. En d'autres mots, un citoyen ne peut espérer être acquitté, échapper à une condamnation ou rejeter toute responsabilité civile en disant au juge: «Monsieur le juge, je m'excuse, je ne savais pas qu'il existait une loi (ou un règlement) qui m'interdisait de faire l'action qu'on me reproche ou qui m'indiquait comment la faire». Par conséquent, le citoyen ordinaire, ou la «personne raisonnable» telle que définie par la jurisprudence, doit s'informer et avoir une connaissance minimale de ses droits et obligations, et ce, sur tous les plans: personnel, familial, professionnel et financier. Devant un problème juridique, on consultera les différentes sources de droit ainsi que l'information juridique disponible, notamment sur les nombreux sites Internet qui regorgent d'information juridique.

1.1 LE DROIT

Le droit est omniprésent dans nos activités quotidiennes. Il est formé des règles et des normes qu'une société organisée se donne pour régir les activités des citoyens qui la composent.

1.1.1 D'où vient le droit ?

Depuis la nuit des temps, soit à partir du moment où les humains ont décidé de se regrouper et de vivre en société, ils ont établi des normes et des règles de conduite pour régir leurs relations. Pendant longtemps, ces règles et ces normes n'étaient pas écrites et se transmettaient de bouche à oreille, de génération en génération, entre les membres du clan, de la tribu ou de la communauté.

La première codification connue des lois criminelles et commerciales est le *Code de Hammourabi.* Il a été rédigé, au XVIIIe siècle avant Jésus-Christ, par Hammourabi, alors roi de Babylone. Par la suite, les Romains ont rédigé la *Loi des Douze Tables,* en l'an 303, codifiant ainsi les diverses coutumes de l'Empire romain en s'inspirant des lois grecques. Puis, en l'an 529, l'empereur Justinien (qui est à l'origine du mot «justice») procéda à la réforme de toutes les lois en écrivant le *Code Justinien* ou *Codex Justinianeus,* qui a servi de modèle pour tous les autres codes jusqu'à maintenant.

1.1.2 Qu'est-ce que le droit ?

C'est souvent la première question qu'un professeur de droit pose à ses étudiants d'entrée de jeu. Qu'est-ce que la loi? Faites-vous une distinction entre la loi et le droit? Pourquoi les lois sont-elles différentes d'un pays à un autre? Pourquoi a-t-on besoin de lois dans une société? Ne serions-nous pas mieux sans lois? Pourquoi certains pays considèrent-ils l'avortement comme un crime, alors que d'autres le permettent? Pourquoi la peine de mort constitue-t-elle un châtiment accepté par certains pays et refusé par d'autres? Pourquoi, dans certains pays, a-t-on le droit de punir le vol en coupant la main du voleur?

Les réponses ne sont pas nécessairement faciles ni évidentes, car le droit et la loi n'ont pas toujours la même signification selon les pays et les individus. Pour un dictateur ou pour un roi, la loi, le droit, c'est lui. Dans un régime démocratique, c'est l'État, le parlement élu par les citoyens, qui détermine les lois et qui voit à leur application. Dans d'autres pays, les liens entre la religion et la loi sont très étroits.

Au sens objectif, le mot **droit** désigne l'ensemble des règles et des normes établies par l'autorité en place pour régir les relations entre les individus dans la société. Au sens subjectif, il désigne la faculté que possède tout individu ou citoyen de faire ou de ne pas faire tel ou tel acte. Ainsi, dans le langage courant on dira: « J'ai le droit de sous-louer mon appartement », « J'ai le droit de vendre ma maison », « J'ai le droit de poursuivre le débiteur qui ne paie pas ce qu'il me doit ». Certains gouvernements vont même jusqu'à adopter des chartes des droits et libertés fondamentales pour protéger les citoyens.

> **Droit** *(Law)*
> Ensemble des règles régissant les relations des individus dans une société et sanctionnées par l'autorité. On désigne par « droit subjectif » la possibilité (permission) qu'a une personne d'agir dans le cadre de ces règles.

Dans un État démocratique, le droit s'exprime par les lois, les normes et les règlements promulgués par le gouvernement, et ce, sur les plans civil, constitutionnel, criminel, social et pénal. Ainsi, le *Code criminel* établit les règles de conduite des citoyens en cette matière (défense de tuer son voisin, de le voler, etc.), alors que le *Code civil* établit les règles régissant les relations entre les citoyens, dans leur vie de tous les jours et sur le plan commercial, par exemple.

Ce dernier aspect constitue la partie du droit qui fera l'objet du présent manuel et que les juristes appellent « le droit positif », et que nous nommerons ci-après « le droit ».

1.1.3 À quoi sert le droit ?

D'une façon générale, le droit vise à assurer l'équilibre essentiel au déroulement harmonieux des relations entre les individus d'une collectivité donnée et empêche que la loi du plus fort ne l'emporte. C'est ce qui caractérise les sociétés dites « civilisées ».

Dans le domaine des affaires, le droit joue un rôle important. En établissant les normes de sécurité, de bonne foi et d'honnêteté dans les rapports entre commerçants et consommateurs, le droit des affaires rejoint l'ensemble des citoyens. On n'a qu'à penser à la *Loi sur la protection du consommateur*, qui a révolutionné les relations entre commerçants et consommateurs.

De la même manière, les lois commerciales viennent réglementer la production et la distribution des produits et services. Grâce aux lois, le gouvernement protège non seulement les citoyens, mais aussi l'environnement. C'est donc l'ensemble de la société qui bénéficie des lois.

D'ailleurs, un examen attentif de l'évolution des lois dans une société permet de constater l'évolution même de cette société. Il y a 40 ans, le Québec en était aux premiers balbutiements de la *Loi sur la protection de l'environnement*; aujourd'hui, nous évoluons de plus en plus vers le concept du « pollueur-payeur ». Il a fallu attendre jusqu'en 1971 avant d'avoir une *Loi sur la protection du consommateur* au Québec. Est-ce à dire qu'il n'y avait pas lieu de protéger les consommateurs au Québec avant cette date?

Au début des années 1960, la peine de mort s'appliquait encore au Canada et l'avortement était un crime en vertu du *Code criminel*. Ce n'est plus le cas aujourd'hui. La « Loi 101 », connue aussi sous le nom de *Charte de la langue française*, a été adoptée en 1977 afin de consacrer le français langue officielle au Québec. Est-ce à dire qu'on ne parlait pas français au Québec avant 1977? Plus près de nous, en 2005, le gouvernement fédéral a adopté une loi permettant le mariage entre personnes du même sexe.

Il suffit d'observer l'évolution des lois québécoises et canadiennes au cours des 40 dernières années pour se convaincre de cette réalité: le droit et les lois reflètent les valeurs d'une société et son évolution sociale, politique et économique. Comme ces valeurs sont en constante évolution, le droit évolue lui aussi, notamment au moyen d'amendements aux lois existantes ou par l'adoption de nouvelles lois.

1.1.4 Les affaires et le droit

Notre système économique est basé sur la libre entreprise. Les personnes qui dirigent une entreprise sont appelées « gens d'affaires », « entrepreneurs » ou « commerçants ». La vie de notre société s'articule autour de l'entreprise, qui fabrique ou distribue des produits et qui fournit des services aux consommateurs ainsi que des emplois aux citoyens.

Le but de l'entreprise est d'abord de faire des profits. Les gens d'affaires se retrouvent dans tous les secteurs de notre économie: propriétaires d'usine, distributeurs, importateurs ou exportateurs de produits manufacturés, détaillants, transporteurs, courtiers, fournisseurs de biens ou de services, représentants, locateurs, banquiers. Toutes leurs activités sont encadrées par des lois et des règlements qui régissent les échanges commerciaux. Nous appelons cette partie du droit le **droit des affaires**. On emploie indifféremment les termes **droit commercial, droit de l'entreprise,** et même **droit corporatif** lorsqu'on parle de ces lois et règlements.

Droit des affaires
(Business law)
Ensemble des lois et des règlements qui régissent les entreprises, les consommateurs et leurs échanges commerciaux.

Le domaine des affaires fait l'objet de lois et de règlements particuliers, comme la *Loi sur les sociétés par actions*, la *Loi sur la protection du consommateur* ou la *Loi sur la faillite et l'insolvabilité*, et il est aussi soumis aux règles de base énoncées dans le *Code civil du Québec*. On y retrouve les règles de base en matière d'obligations et de contrats ainsi que les règles propres à certains contrats précis comme la vente, le louage, le mandat, le prêt et les assurances.

Aujourd'hui, le droit est omniprésent dans chacun des gestes que nous posons. Que ce soit à titre de professionnel, d'administrateur ou de gérant d'une entreprise, d'employé ou de client et même à titre personnel, nous devons tous connaître les règles du droit civil et du droit des affaires. Chacun doit connaître ses droits et obligations en toutes circonstances, sous peine d'engager sa responsabilité personnelle ou professionnelle ou celle de son entreprise ou de son employeur en commettant une faute.

C'est le cas, entre autres, du comptable, de l'avocat, du courtier immobilier ou du courtier en valeurs mobilières qui donnerait un mauvais conseil à un client ou qui ne respecterait pas les règles énoncées dans son code de déontologie. C'est aussi le cas de l'entrepreneur en construction qui n'exécute pas selon les règles de l'art le travail pour lequel ses services ont été retenus, ou encore du commerçant qui fait signer un contrat à un consommateur alors qu'il ne respecte pas la *Loi sur la protection du consommateur.*

1.1.5 La mondialisation et le droit

L'émergence de la mondialisation et le développement du commerce international profitent aujourd'hui aux entreprises québécoises qui sont de plus en plus nombreuses à chercher de nouveaux marchés et de nouveaux débouchés pour leurs produits et services.

Pensons à des entreprises comme Bombardier, le Cirque du Soleil ou SNC-Lavalin qui exportent leurs produits ou leur expertise dans le monde entier, mais aussi à des petites et moyennes entreprises (PME) québécoises qui exportent des maisons préfabriquées, des meubles ou des produits de consommation à l'étranger. Ces entreprises s'aperçoivent rapidement que les règles de droit s'appliquant aux relations d'affaires et aux contrats internationaux diffèrent souvent considérablement des dispositions du *Code civil du Québec*. Il s'agit là d'une nouvelle dimension incontournable du droit que les gens d'affaires ne peuvent ignorer.

1.1.6 Les caractéristiques du droit

Le droit reflète les valeurs d'une société. Une société sans règles de droit est une société soumise à l'anarchie. Dans la société québécoise, le droit prend la forme de lois, de codes, de chartes et de règlements qui énoncent des règles de droit s'appliquant à une situation ou à des circonstances précises. Le tableau 1.1 présente des exemples d'application des principales caractéristiques des lois.

TABLEAU 1.1 Les caractéristiques des lois

Caractéristique	Applications
La loi est générale et impersonnelle.	La loi s'applique à toutes les situations semblables, partout au Canada. Elle s'applique sans distinction à toute personne dépassant la limite de vitesse permise ou excédant le taux d'alcoolémie permis, par exemple.
La loi est obligatoire.	La loi s'applique à Jonathan Lemieux de la même façon qu'au président d'entreprise qui conduit en état d'ébriété en sortant d'un dîner d'affaires ou après une partie de golf.
La loi a un caractère coercitif.	La personne qui enfreint la loi doit en subir les conséquences : perte du permis de conduire pour un an, amende, peine de prison ou dommages et intérêts.
	Sans pénalité, une loi ne serait pas respectée. Pensez simplement à ce qui se passerait si le *Code de la sécurité routière* n'imposait pas de pénalité aux personnes qui roulent à plus de 100 km/h sur les autoroutes.
	Le caractère coercitif de la loi oblige la société à organiser le système judiciaire en conséquence : policiers, juges, avocats, prisons, etc.
La loi n'est pas rétroactive.	En principe, une loi ne s'applique qu'à compter de la date de son entrée en vigueur. On ne peut, par exemple, considérer comme illégal un acte commis avant l'adoption de la loi qui le prohibe.
	Il arrive qu'un gouvernement modifie les situations existantes et accorde des droits pour l'avenir. La création du patrimoine familial, en 1989, en est un exemple.

> **Exemple** Jonathan Lemieux passe sa soirée du samedi à la discothèque Dagobert à Québec. Il consomme sept bières puis, vers 2 h, il décide de rentrer chez lui avec sa copine Alice. Il circule sur la Grande Allée à 120 km/h.
>
> Une auto-patrouille le prend en chasse et l'arrête. Le policier, constatant qu'il sent l'alcool, le soumet à l'alcootest, qui enregistre un taux d'alcoolémie de 0,12.
>
> Jonathan est accusé de conduite en état d'ébriété, ce qui contrevient aux dispositions du *Code criminel*; il est aussi accusé d'avoir roulé à plus de 50 km/h dans les rues de Québec, ce qui enfreint le *Code de la sécurité routière du Québec*.

Dans un cadre démocratique, le droit s'exprime par les lois, les normes et les règlements promulgués par le gouvernement. Nous examinerons maintenant les principales sources historiques du droit au Québec.

1.2 LES SOURCES HISTORIQUES DU DROIT

Il nous paraît important de relater quelques dates et faits historiques qui ont jalonné l'histoire du Canada et du Québec et qui ont précédé l'élaboration du *Code civil du Québec* et de la Constitution canadienne. Le tableau 1.2 illustre l'ensemble des lois qui, au cours des années, ont marqué l'histoire législative du Québec et du Canada.

TABLEAU 1.2 Les dates historiques importantes

Dates	Lois	Applications
Avant 1760: Le Régime français	▸ La Coutume de Paris ▸ L'Ordonnance sur le commerce de 1673 ▸ L'Ordonnance de la marine de 1683	En 1534, Jacques Cartier prend possession du Canada au nom du roi de France. Sur le plan juridique, la Nouvelle-France est régie par le droit français jusqu'en 1760. En 1664, la Coutume de Paris est reconnue comme loi en Nouvelle-France. Elle tient lieu de droit civil et de droit criminel.
À partir de 1760: Le Régime anglais	▸ Les lois anglaises ▸ L'anglais est proclamé langue officielle de la justice. ▸ Les lois françaises sont abrogées.	De 1760 à 1763, après la conquête par l'Angleterre, un régime militaire est instauré et on applique les lois anglaises. En 1763, par l'entremise du traité de Paris, la France cède officiellement la Nouvelle-France à l'Angleterre. À la suite de la Proclamation royale, la colonie prend le nom de Canada.
1774: *L'Acte de Québec*	▸ *L'Acte de Québec* abroge la Proclamation royale à la suite des pressions de la population.	*L'Acte de Québec* rétablit le droit français dans tous les domaines relatifs au droit civil et à la propriété et il permet le libre exercice de la religion catholique. Les lois criminelles et pénales ainsi que les lois commerciales anglaises demeurent en vigueur, et le français et l'anglais deviennent les deux langues officielles du pays.
1791: *L'Acte constitutionnel*	▸ Le Parlement anglais adopte l'*Acte constitutionnel* qui divise le Canada en deux provinces: le Bas-Canada et le Haut-Canada.	Le Bas-Canada comprend le Québec et ce qu'on appelle aujourd'hui les provinces maritimes. Le Haut-Canada comprend l'Ontario et l'Ouest canadien jusqu'au Pacifique.
1840: *L'Acte d'union*	▸ Le Parlement anglais adopte l'*Acte d'union,* qui crée un seul gouvernement pour les provinces canadiennes.	Après la rébellion des patriotes de 1837, Lord Durham est mandaté pour définir le modèle de gouvernement idéal pour la colonie anglaise du Canada. Les partis politiques commencent à s'organiser. Les militants se partagent entre libéraux et conservateurs, comme en Angleterre.

TABLEAU 1.2 Les dates historiques importantes (*suite*)

Dates	Lois	Applications
1866 : Le *Code civil du Bas-Canada,* qui est devenu le *Code civil du Québec* en 1994 (voir la sous-section 1.4.3)	▸ L'ensemble du droit civil est codifié à cette date.	C'est en s'inspirant du *Code Napoléon* alors en vigueur en France que les auteurs du *Code civil du Bas-Canada* procèdent à rédiger un code afin de définir les droits civils des citoyens du Québec.
1867 : *L'Acte de l'Amérique du Nord britannique* (AANB) (voir la sous-section 1.3.1)	▸ Le Parlement anglais adopte l'AANB, qui devient la Constitution du Canada et en fait une fédération.	La fédération canadienne est composée de deux ordres de gouvernement. Un gouvernement central (ou le « fédéral ») et des gouvernements locaux (ou « les provinces ») se partagent les pouvoirs de légiférer et de gouverner dans leurs champs de compétence respectifs. Les articles 91 et 92 de l'AANB définissent respectivement les pouvoirs exclusifs du fédéral et des provinces.
1931 : Le *Statut de Westminster*	▸ Le Parlement anglais adopte cette loi qui confère une pleine souveraineté politique au Canada.	Dorénavant, les lois adoptées par le Parlement du Canada n'ont plus à recevoir la ratification de Londres. La reine ou le roi, représenté par le gouverneur général, n'a plus qu'un rôle symbolique.
1982 : La *Loi constitutionnelle de 1982* (voir la sous-section 1.3.2)	▸ Cette loi devient la nouvelle Constitution du Canada.	Cette loi devient la loi suprême du Canada. Le pays peut maintenant modifier lui-même sa Constitution sans demander la permission au Parlement anglais. Le partage des pouvoirs demeure le même entre le fédéral et les provinces (articles 91 et 92). Une *Charte canadienne des droits et libertés* est enchâssée dans la Constitution canadienne.
1987 : L'accord du lac Meech	▸ Le Québec n'ayant pas adhéré au Pacte constitutionnel de 1982, le gouvernement fédéral propose une nouvelle formule constitutionnelle reconnaissant au Québec le statut de société distincte.	Le 30 avril 1987, les premiers ministres des 10 provinces et le premier ministre canadien Mulroney signent l'accord du lac Meech. Cet Accord doit être ratifié par chacune des provinces. Or, Terre-Neuve et le Manitoba ne le ratifient pas.
1992 : L'entente de Charlottetown	▸ À la suite du rejet de l'accord du lac Meech, les 11 premiers ministres reprennent les négociations constitutionnelles et aboutissent à un nouveau consensus qui reconnaît le Québec comme société distincte.	Dans le cadre d'un référendum pancanadien, la population canadienne rejette l'entente de Charlottetown par un vote de 54,2 % et par 55,4 % au Québec. Pour l'instant, nous en sommes quittes pour le *statu quo* constitutionnel, c'est-à-dire, la *Loi constitutionnelle de 1982.*

1.3 LES SOURCES CONSTITUTIONNELLES DU DROIT

Même si l'on retrouve des règles communes à la plupart des **constitutions**, il appartient à chaque État de déterminer le contenu de sa propre constitution. Ainsi, la loi constitutionnelle du Canada n'est pas identique à celle qui est en vigueur aux États-Unis ou en France. Elle répartit les pouvoirs entre un gouvernement central et 10 provinces, sans régime présidentiel comme en France ou aux États-Unis. La constitution est la loi suprême du pays et toutes les autres lois doivent s'y conformer. Le tableau 1.3, à la page suivante, présente les principales caractéristiques d'une constitution.

Constitution
(Constitution)
Texte de loi fondamental qui définit la structure politique du pays, le mode selon lequel il élit ses gouvernements, le rôle des tribunaux, les garanties dont disposent les citoyens face aux abus de pouvoir des gouvernants, etc.

TABLEAU 1.3 Les caractéristiques et les conséquences d'une constitution

Caractéristiques	Conséquences
C'est la loi fondamentale adoptée par un pays.	Aucune autre loi ne lui est supérieure ou prioritaire.
Elle sert de base à toutes les autres lois du pays.	Toute disposition d'une loi fédérale ou provinciale qui ne lui est pas conforme n'est pas légale et sera déclarée inconstitutionnelle.
Elle établit les bases de la structure juridique et politique du pays.	Elle détermine les différents ordres de gouvernement (provincial et fédéral) et leurs compétences respectives et contient les réponses aux questions juridiques fondamentales.
Seules des règles sévères permettent de la modifier.	L'article 38 de la *Loi constitutionnelle de 1982* prévoit une formule d'amendement avec l'autorisation du Sénat, de la Chambre des communes et des Parlements (ou Assemblée nationale) de 7 provinces sur 10 représentant au moins 50 % de la population canadienne.
Elle est interprétée par les tribunaux.	Ce sont les tribunaux et, en dernier ressort, la Cour suprême du Canada qui interprètent la Constitution ou déclarent une loi inconstitutionnelle.

1.3.1 1867 : *Acte de l'Amérique du Nord britannique*

i+

La constitution canadienne date de 1867. Elle détermine la répartition des pouvoirs entre le gouvernement fédéral et les provinces. En 1982, la ***Charte canadienne des droits et libertés*** s'y est ajoutée, lorsque le parlement fédéral a adopté la *Loi constitutionnelle de 1982*.

A. La constitution canadienne

Historiquement, le Canada représente une fédération composée de deux ordres de gouvernement : un gouvernement central et des gouvernements locaux, chacun exerçant le pouvoir de légiférer et de gouverner dans son champ de compétence respectif. Le fédéralisme canadien repose sur une constitution qui doit son origine à une loi adoptée en 1867 par le Parlement anglais. Ce pacte confédéral, traditionnellement désigné sous le titre de l'*Acte de l'Amérique du Nord britannique* (AANB), détermine les matières sur lesquelles les différents ordres de gouvernement peuvent légiférer et établit le partage des compétences entre le Parlement fédéral et ceux des provinces.

B. Le partage des compétences

C'est l'article 91 de l'AANB qui détermine les domaines de compétence du Parlement fédéral. L'article 92 énumère les pouvoirs qui appartiennent en exclusivité aux provinces. L'article 93 réserve le domaine de l'éducation aux provinces.

Le tableau 1.4 énumère les principaux domaines de compétence exclusifs du gouvernement fédéral et des provinces.

En dépit de cette répartition des pouvoirs qu'établissent les articles 91 et 92 entre le gouvernement central et les provinces, certains domaines de compétence demeurent ambigus ou imprécis, et il n'est pas rare de voir un ordre de gouvernement empiéter sur un champ de compétence qu'il croit sien, mais que l'autre conteste. Ce phénomène s'explique d'autant mieux que l'AANB date de 1867 et que, depuis cette époque, on a vu se développer de nouvelles sphères d'activité telles les communications par satellite, la câblodistribution, l'Internet, les relations de travail, etc. Dès lors, il faut se demander à quel ordre de gouvernement appartient le droit de réglementer ces matières. La Cour suprême du Canada a répondu à cette question en statuant que, si les articles 91 et 92 n'attribuent

TABLEAU 1.4 Le partage des compétences législatives entre le fédéral et les provinces selon les articles 91 et 92 de la Constitution canadienne

Pouvoir du Parlement (du Canada)	Pouvoirs exclusifs des législatures provinciales
1. Abrogé. 1A. La dette et la propriété publiques. 2. La réglementation du trafic et du commerce. 2A. L'assurance-chômage. 3. Le prélèvement de deniers par tous modes ou systèmes de taxation. 4. L'emprunt de deniers sur le crédit public. 5. Le service postal. 6. Le recensement et les statistiques. 7. La milice, le service militaire et le service naval, et la défense du pays. 8. La fixation et le paiement des salaires et honoraires des officiers civils et autres du gouvernement du Canada. 9. Les marques, les bouées, les phares et l'île de Sable. 10. La navigation et les bâtiments ou navires (*shipping*). 11. La quarantaine et l'établissement et maintien des hôpitaux de marine. 12. Les pêcheries des côtes de la mer et de l'intérieur. 13. Les passages d'eau (*ferries*) entre une province et tout pays britannique ou étranger, ou entre deux provinces. 14. Le cours monétaire et le monnayage. 15. Les banques, l'incorporation des banques et l'émission du papier-monnaie. 16. Les caisses d'épargne. 17. Les poids et mesures. 18. Les lettres de change et les billets promissoires. 19. L'intérêt de l'argent. 20. Les offres légales. 21. La banqueroute et la faillite. 22. Les brevets d'invention et de découverte. 23. Les droits d'auteur. 24. Les Indiens et les terres réservées pour les Indiens. 25. La naturalisation et les aubains. 26. Le mariage et le divorce. 27. La loi criminelle, sauf la constitution des tribunaux de juridiction criminelle, mais y compris la procédure en matière criminelle. 28. L'établissement, le maintien, et l'administration des pénitenciers. 29. Les catégories de sujets expressément exceptés dans l'énumération des catégories de sujets exclusivement assignés par la présente loi aux législatures des provinces. Et aucune des matières énoncées dans les catégories de sujets énumérés dans le présent article ne sera réputée tomber dans la catégorie des matières d'une nature locale ou privée comprises dans l'énumération des catégories de sujets exclusivement assignés par la présente loi aux législatures des provinces.	1. Abrogé. 2. La taxation directe dans les limites de la province, dans le but de prélever un revenu pour des objets provinciaux; 3. Les emprunts de deniers sur le seul crédit de la province; 4. La création et la tenure des charges provinciales, et la nomination et le paiement des officiers provinciaux; 5. L'administration et la vente des terres publiques appartenant à la province, et des bois et forêts qui s'y trouvent; 6. L'établissement, l'entretien et l'administration des prisons publiques et des maisons de réforme dans la province; 7. L'établissement, l'entretien et l'administration des hôpitaux, asiles, institutions et hospices de charité dans la province, autres que les hôpitaux de marine; 8. Les institutions municipales dans la province; 9. Les licences de boutiques, de cabarets, d'auberges, d'encanteurs et autres licences, dans le but de prélever un revenu pour des objets provinciaux, locaux, ou municipaux; 10. Les travaux et entreprises d'une nature locale, autres que ceux énumérés dans les catégories suivantes: (a) Lignes de bateaux à vapeur ou autres bâtiments, chemins de fer, canaux, télégraphes et autres travaux et entreprises reliant la province à une autre ou à d'autres provinces, ou s'étendant au-delà des limites de la province; (b) Lignes de bateaux à vapeur entre la province et tout pays dépendant de l'Empire britannique ou tout pays étranger; (c) Les travaux qui, bien qu'entièrement situés dans la province, seront avant ou après leur exécution déclarés par le parlement du Canada être pour l'avantage général du Canada, ou pour l'avantage de deux ou d'un plus grand nombre des provinces; 11. L'incorporation des compagnies pour des objets provinciaux; 12. La célébration du mariage dans la province; 13. La propriété et les droits civils dans la province; 14. L'administration de la justice dans la province, y compris la création, le maintien et l'organisation de tribunaux de justice pour la province, ayant juridiction civile et criminelle, y compris la procédure en matières civiles dans ces tribunaux; 15. L'infliction de punitions par voie d'amende, pénalité, ou emprisonnement, dans le but de faire exécuter toute loi de la province décrétée au sujet des matières tombant dans aucune des catégories de sujets énumérés dans le présent article; 16. Généralement toutes les matières d'une nature purement locale ou privée dans la province. Par ailleurs, l'article 92 A énonce que la législature de chaque province a compétence exclusive pour légiférer dans les domaines de la prospection, de la conservation et de la gestion des ressources naturelles non renouvelables et forestières de la province, y compris leur rythme de production primaire ainsi que l'aménagement, la conservation et la gestion des emplacements et des installations de la province destinés à la production d'énergie électrique. Pour sa part, l'article 93 énonce que chaque province peut exclusivement décréter des lois relatives à l'éducation, réservant ainsi ce domaine à la compétence des provinces.

Compétence résiduelle ou pouvoir résiduaire du fédéral *(Residuary jurisdiction or federal residuary power)*
Dans une fédération, matières qui n'ont pas été explicitement attribuées à un ordre de gouvernement par la Constitution. Dans la fédération canadienne, la compétence de légiférer dans ces domaines revient au fédéral.

Inconstitutionnalité *(Unconstitutionality)*
Caractère d'une loi adoptée par un ordre de gouvernement qui n'avait pas la compétence de le faire en vertu de la Constitution.

pas spécifiquement une matière à un ordre de gouvernement, c'est le Parlement fédéral qui possède la compétence de légiférer dans ce domaine. Il s'agit là de ce que les juristes appellent la **compétence résiduelle** ou **pouvoir résiduaire du fédéral**. C'est ainsi que le gouvernement peut légiférer en matière de télécommunication, y compris par satellite, pour l'ensemble du pays.

C. La constitutionnalité des lois

Un ordre de gouvernement qui adopterait une loi dans une sphère de compétence réservée à l'autre verrait cette loi frappée d'**inconstitutionnalité** ou qualifiée d'*ultra vires* et elle deviendrait, par conséquent, inopérante. Le contrôle de la constitutionnalité des lois incombe donc aux tribunaux; au Québec, la Cour supérieure, la Cour d'appel et, ultimement, la **Cour suprême du Canada** sont fréquemment appelées à interpréter la Constitution et à jouer le rôle d'arbitre entre une instance gouvernementale et un citoyen ou un organisme qui prétend qu'une loi ou un règlement revêt un caractère inconstitutionnel.

Les controverses constitutionnelles Il existe une jurisprudence abondante en la matière, et certaines décisions ont fait la une des journaux du Québec. Précisons que c'est la Cour suprême du Canada qui tranche de façon finale les controverses constitutionnelles. Elle entend en dernier ressort les appels des jugements de tous les autres tribunaux civils et criminels provenant de toutes les provinces canadiennes.

> **Exemple** Rappelons le fameux débat sur la constitutionnalité de la *Charte de la langue française* («Loi 101») à propos de la «clause Québec» et de la «clause Canada» déterminant l'accès à l'école anglaise au Québec. En septembre 1982, l'ex-juge en chef Jules Deschênes de la Cour supérieure du Québec statuait dans un jugement que la clause Canada, telle qu'elle figure dans la *Charte canadienne des droits et libertés,* avait préséance sur la clause Québec de la *Charte de la langue française.* Ce jugement rendait ainsi inopérants certains articles de la «Loi 101» et décrétait que «les enfants de citoyens canadiens dont les parents ont reçu l'enseignement primaire en anglais au Canada peuvent fréquenter l'école anglaise au Québec, ainsi que ceux qui ont reçu l'enseignement en anglais au Canada de même que leurs frères et sœurs». Le gouvernement du Québec a interjeté appel de ce jugement, mais il a été débouté par la Cour d'appel du Québec; c'est finalement la Cour suprême du Canada qui a été chargée de trancher le débat.

> **Exemple** C'est à la Cour suprême du Canada que les francophones et le Cabinet fédéral ont dû faire appel pour trancher le débat judiciaire sur le statut du français au Manitoba et, par la même occasion, assurer le respect de la Constitution. Ainsi, en 1985, la Cour suprême a déclaré inconstitutionnelle la «Loi 0-1» du Manitoba, qui datait de 1890 et qui édictait que l'anglais serait la seule langue officielle de cette province. La Cour suprême a indiqué dans son jugement que cette loi allait à l'encontre de la loi fédérale de 1870 qui avait créé le Manitoba et qui décrétait que le français et l'anglais étaient les deux langues officielles de la province. En conséquence, la Cour suprême a déclaré inconstitutionnelles toutes les lois adoptées en anglais seulement par cette province entre 1890 et 1985. Le Manitoba a donc dû engager de nombreux traducteurs pour traduire toutes ses lois.

> **Exemple** En 1992, Nancy B., une patiente de l'Hôtel-Dieu de Québec (*Nancy B. c. Hôtel-Dieu de Québec (1992) R.J.Q. 361 (C.S.)*), s'est adressée aux tribunaux pour faire reconnaître son droit de refuser qu'on lui administre des traitements sans son consentement, même si cela pouvait entraîner son décès. La Cour supérieure a reconnu le droit de Nancy B. d'interrompre un traitement qui la maintenait en vie, reconnaissant ainsi la notion d'inviolabilité et d'intégrité de la personne.

On peut, par ailleurs, présumer sans trop se tromper que si la *Charte de la laïcité* avait été adoptée, elle aurait fort probablement fait l'objet d'une décision de la Cour suprême.

CLIN D'ŒIL DE LA COUR

La nomination de Marc Nadon à la Cour suprême du Canada

Renvoi par le gouverneur en conseil concernant les articles 5 et 6 de la *Loi sur la Cour suprême* (2014 CSC 21)

L'honorable Marc Nadon, juge surnuméraire de la Cour d'appel fédérale et ancien membre du Barreau du Québec pendant plus de 10 ans, a été nommé juge de la Cour suprême du Canada pour la province de Québec par le gouvernement fédéral, en vertu de l'article 6 de la *Loi sur la Cour suprême* (la «Loi»). L'article 6 précise qu'au moins trois des neuf juges nommés à la Cour «sont choisis parmi les juges de la Cour d'appel ou de la Cour supérieure de la province de Québec ou parmi les avocats de celle-ci».

Le gouvernement du Québec a contesté cette nomination, alléguant qu'elle n'était pas conforme aux dispositions des articles 5 et 6 de la *Loi sur la Cour suprême (L.R.C., 1985 Ch. S-26).* Le gouvernement fédéral a alors modifié unilatéralement la *Loi sur la Cour suprême* pour rendre la nomination du juge Nadon conforme en adoptant les nouveaux articles 5.1 et 5.6 et la cause a été soumise à la Cour suprême pour déterminer si cette nomination et cette façon de faire du gouvernement fédéral étaient constitutionnelles.

Les nouveaux articles 5.1 et 6.1 précisent qu'un ancien membre du barreau peut être nommé à la Cour en vertu de l'article 5 et qu'un ancien membre du Barreau du Québec est admissible à une nomination en vertu de l'article 6. Le gouvernement provincial contestait aussi le fait que le gouvernement fédéral puisse modifier unilatéralement la *Loi sur la Cour suprême.*

Dans son jugement, *Dans l'affaire du renvoi par le gouverneur en conseil concernant les articles 5 et 6 de la Loi sur la Cour suprême (2014 CSC 21),* la Cour suprême du Canada a ramené le gouvernement fédéral à l'ordre quant à la manière de nommer les juges du plus haut tribunal du pays et plus particulièrement sur la question de la nomination des trois juges en provenance de la province de Québec sur les neuf juges qui composent celle-ci. Le jugement majoritaire a déclaré la nomination du juge Nadon nulle et illégale et a indiqué au gouvernement fédéral que l'amendement qu'il a fait à la *Loi sur la Cour suprême* était inconstitutionnel:

«Un juge de la Cour fédérale ou de la Cour d'appel fédérale ne peut être nommé à la Cour suprême du Canada en vertu de l'article 6 de la *Loi*. L'article 5 de la *Loi* fixe les conditions générales de nomination à la Cour suprême en créant quatre groupes de personnes admissibles à une nomination: 1) les juges actuels d'une cour supérieure, et notamment d'une cour d'appel, d'une province; 2) les anciens juges d'une telle cour; 3) les avocats actuels inscrits pendant au moins 10 ans au barreau d'une province; 4) les anciens avocats inscrits au barreau d'une province pendant au moins 10 ans. Toutefois, l'article 6 réduit à deux groupes le bassin des personnes admissibles, qui comprennent quatre groupes en vertu de l'article 5. Les personnes nommées aux trois postes réservés pour le Québec en vertu de l'article 6 doivent être soit membres du Barreau du Québec soit juges de la Cour d'appel ou de la Cour supérieure du Québec au moment de leur nomination, en plus de répondre aux conditions générales fixées à l'article 5.

Cette analyse textuelle respecte l'objectif sous-jacent de l'article 6 et reflète le compromis historique qui a mené à la création de la Cour suprême en tant que cour générale d'appel pour le Canada et en tant qu'institution fédérale et bijuridique. L'article 6 vise (i) à garantir une expertise en droit civil et la représentation des traditions juridiques et des valeurs sociales du Québec à la Cour et (ii) à renforcer la confiance du Québec envers la Cour. Cette interprétation respecte en outre l'économie générale de la *Loi* au sujet de la nomination des juges suppléants, qui exclut les juges des cours fédérales des postes de juge suppléant pour les causes du Québec.»

Nous vous invitons à lire ce jugement important de la Cour suprême du Canada.

1.3.2 1982: *Loi constitutionnelle de 1982*

Même si, depuis 115 ans, il constituait dans les faits un État jouissant d'une pleine indépendance, le Canada devait s'adresser au Parlement anglais chaque fois qu'il désirait apporter des modifications à sa Constitution. En décembre 1982, le Parlement du Canada a formulé au Parlement anglais une demande de rapatriement de la Constitution canadienne; cette requête s'est soldée par l'adoption, le 17 avril 1982, de la *Loi sur le Canada,* qui dotait notre pays d'une « nouvelle constitution ». L'un des derniers liens coloniaux était à jamais rompu.

L'article 52(1) de la Loi précise que:

> **R-U, 1982, c.11 Art. 52(1) La Constitution du Canada est la loi suprême du Canada; elle rend inopérantes les dispositions incompatibles de toute autre règle de droit.**

Tout en maintenant en vigueur la loi de 1867 (dont le nom a été changé pour *Loi constitutionnelle de 1867*), la *Loi constitutionnelle de 1982* comporte des éléments nouveaux qui méritent qu'on s'y arrête en raison de leur importance pour tous les Canadiens. Nous pouvons les résumer en cinq points principaux:

- la *Charte canadienne des droits et libertés* (art. 1 à 34);
- la procédure de modification de la Constitution du Canada (art. 38 à 48);
- les droits des peuples autochtones du Canada (art. 35);
- la péréquation et les inégalités régionales (art. 36);
- les conférences constitutionnelles (art. 35.1 et 49).

Nous examinerons les quatre premiers points.

A. La *Charte canadienne des droits et libertés*

Pour tous les Canadiens, l'élément le plus marquant de cette révision constitutionnelle a été l'enchâssement de leurs libertés et de leurs droits fondamentaux dans une charte canadienne. Ces principes fondamentaux faisant partie intégrante de la Constitution canadienne, toutes les autres lois et tous les règlements du pays doivent les respecter. Il est important de noter que la *Charte canadienne des droits et libertés* constitue la Partie 1 de la *Loi constitutionnelle de 1982.*

Ainsi, la Charte assure aux Canadiens certains droits démocratiques; elle assure aussi à chaque citoyen certaines garanties juridiques.

La Charte protège également la liberté de circulation et d'établissement des Canadiens dans la province de leur choix de même que le droit d'utiliser l'une des deux langues officielles. Enfin, les hommes et les femmes bénéficient de l'égalité des libertés et des droits énumérés dans la Charte. L'encadré 1.1 énumère les libertés et les droits fondamentaux des citoyens canadiens.

La Charte canadienne prime sur toutes les autres lois au pays. L'article 52 de la Charte donne aux juges le pouvoir de déclarer inconstitutionnels toutes les lois ou tous les règlements ne respectant pas les droits fondamentaux qui y sont définis. Cette consécration des droits et libertés a donné lieu à de nombreuses poursuites contre le gouvernement ou ses agents par des citoyens qui prétendaient avoir été victimes d'abus de la part du pouvoir exécutif.

> **Exemple** Lors de procès criminels, il arrive fréquemment que des juges interviennent, comme ce fut le cas dans l'affaire Matticks, pour rejeter certains éléments de preuve apportés par la Couronne parce que les policiers n'ont pas procédé correctement pour recueillir ces preuves. Dans le dossier Matticks, le juge a rejeté la preuve de possession de drogues parce que la saisie et la perquisition de ces dernières n'avaient pas été exécutées selon les règles.

ENCADRÉ 1.1 **Les principaux droits, garanties et libertés prévus dans la *Charte canadienne des droits et libertés***

Libertés fondamentales

- Liberté de conscience et de religion
- Liberté de pensée, de croyance
- Liberté d'opinion et d'expression
- Liberté de presse et des autres moyens de communication
- Liberté de réunion pacifique
- Liberté d'association

Droits et garanties juridiques

- Droit de vote aux élections
- Droit de gagner sa vie dans toute province
- Liberté de circulation et d'établissement de sa résidence partout au Canada
- Droit à la vie, à la liberté et la sécurité de sa personne
- Droit à la protection contre les fouilles, les perquisitions et les saisies abusives
- Droit contre la détention et l'emprisonnement arbitraires
- Droit d'être informé sans délai anormal de l'infraction reprochée
- Droit à l'assistance d'un avocat
- Droit d'être jugé dans un délai raisonnable
- Droit d'être protégé contre toute peine ou traitement inusité
- Droit d'être présumé innocent
- Droit au cautionnement
- Droit à l'égalité sans discrimination basée sur la race, l'origine nationale ou ethnique, la couleur, la religion, le sexe, l'âge ou les déficiences mentales ou physiques

CLIN D'ŒIL DE LA COUR

L'opération SharQc et la notion de « délais déraisonnables »

R. *v.* Auclair, 2014 CSC 6 (CanLII)

L'affaire est unique. En avril 2009, une opération policière, l'opération SharQc, mène à l'arrestation de plus de 150 personnes que la poursuite dit être des membres des Hells Angels. Le directeur des poursuites criminelles et pénales autorise contre ces personnes le dépôt d'un acte d'accusation comportant 29 chefs d'accusation, dont un complot de meurtre, 22 meurtres et diverses infractions liées au commerce de la drogue. Ces accusations couvrent une période de près de 20 ans et sont le résultat de plus de 70 enquêtes policières. Le temps pour entendre ce dossier était évalué à plus de 7 ans, à raison de 24 heures par jour, 7 jours par semaine. Le juge James Brunton de la Cour supérieure a été désigné pour gérer le procès.

Devant l'ampleur de cette preuve et de la durée anticipée du procès, le juge a rendu plusieurs ordonnances, dont celle de diviser les chefs d'accusation et les accusés et d'ordonner une divulgation de la preuve plus complète et surtout, d'arrêter les procédures à l'égard des chefs d'accusation autres que le complot de meurtre et meurtre, en raison des délais anticipés, qui lui paraissaient déraisonnables. Il a rendu cette décision en se basant sur l'article 11 b de la *Charte canadienne des droits et libertés*.

C'est essentiellement l'article 11 de la *Charte,* portant sur les droits fondamentaux des personnes en matière de droit criminel et pénal, qui précise notamment que tout accusé a le droit d'être entendu et jugé dans un délai raisonnable.

Cette décision a fait en sorte qu'une partie des accusés, soit un groupe de 31 personnes qui n'étaient accusées que de trafic de drogue et de gangstérisme, ont été remis en liberté, puisqu'il n'y avait pas d'autres accusations qui pesaient contre eux. Par ailleurs, plus d'une centaine d'accusés auront à subir un procès pour meurtre et complot de meurtre, les autres accusations contre eux étant retirées.

Cette dernière décision a fait l'objet d'un appel à la Cour d'appel du Québec par les procureurs de la Couronne, qui prétendaient que le juge de première instance avait commis une erreur en procédant à l'arrêt des procédures pour le motif précité.

Dans un jugement rendu en date du 25 avril 2013 (2013 QCCA 671), la Cour d'appel du Québec a rejeté l'appel de la Couronne et a confirmé que le juge Brunton n'avait pas commis d'erreur en rendant sa décision précitée, et ce, malgré la gravité objective des crimes de trafic de stupéfiants et de participation aux activités d'une organisation criminelle. Le juge Guy Gagnon s'exprime ainsi:

«[...] Le juge [Brunton] s'est dit d'avis qu'il existait une quasi-certitude pour les accusés concernés que leur procès ne pourrait se tenir dans un délai raisonnable. Ce délai étant évalué à environ six ans.»

Ce jugement de la Cour d'appel a été confirmé à l'unanimité par la Cour suprême du Canada, le 22 janvier 2014 (2014 CSC 6 (CanLII)). Nous invitons le lecteur à le consulter pour en savoir plus sur le sujet.

À RETENIR

La clause nonobstant Il est important de noter que l'article 33 de la *Charte canadienne des droits et libertés* prévoit que le gouvernement fédéral ou la législature d'une province peut adopter une loi où il est expressément déclaré que celle-ci ou une de ses dispositions peut s'appliquer indépendamment d'une disposition de l'article 2 et des articles 7 à 15 de la *Charte canadienne des droits et libertés* et de façon dérogatoire à cette disposition.

Cette «clause dérogatoire», appelée aussi «clause nonobstant», permet donc à une province ou au gouvernement fédéral d'adopter une loi qui ne respecte pas la Charte. Il faut préciser qu'une telle loi est valide seulement pour cinq ans et que la législature qui l'a adoptée doit l'adopter de nouveau après cinq ans. La clause dérogatoire ou nonobstant est très peu utilisée.

Ainsi, le gouvernement du Québec l'a utilisée une seule fois depuis 1982, lorsqu'il a adopté la «Loi 178» sur l'affichage unilingue français dans les commerces.

B. L'amendement constitutionnel

La *Loi constitutionnelle de 1982* contient une formule d'amendement à l'article 38. Ainsi, selon les modifications visées, on exige soit l'unanimité des provinces, soit la règle du 7/50 (c'est-à-dire au moins 7 provinces et 50% de la population). Dans certains cas (voir l'article 43), le seul accord de la province visée et du gouvernement fédéral est nécessaire. Le Québec a déjà obtenu une telle modification, lorsqu'il a demandé que les commissions scolaires religieuses deviennent des commissions scolaires linguistiques.

C. Les droits des peuples autochtones

La Charte canadienne reconnaît aussi les droits et les libertés des Inuits, des Amérindiens et des Métis, peuples qui détenaient des droits ancestraux ou conférés par traités. Ces droits revêtent dorénavant un caractère officiel et ils visent à préserver leur culture, leurs coutumes, leur identité, leurs traditions et leur langue.

D. La péréquation

En vertu du principe de la **péréquation**, les impôts et les taxes perçus par le gouvernement fédéral sont redistribués entre les provinces. Les provinces moins riches bénéficient de transferts d'argent plus importants que la somme des impôts perçus par le fédéral sur leur territoire. Ce sont les provinces maritimes qui en sont les principales bénéficiaires, tandis que l'Alberta, avec ses revenus pétroliers importants, en est le principal contribuable.

Péréquation
(Equalization)
Répartition équitable entre les provinces des impôts perçus par le fédéral. Elle tient compte des inégalités régionales afin de promouvoir l'égalité des chances et de favoriser un équilibre dans le développement économique du Canada.

1.4 LES SOURCES DU DROIT

Nous avons défini le droit comme l'ensemble des règles et des normes établies par les autorités compétentes pour régir les relations entre les individus à l'intérieur de la société. L'ensemble de notre système juridique repose sur quatre principes fondamentaux, qui sont présentés dans le tableau 1.5.

TABLEAU 1.5 Les principes fondamentaux du système juridique

Principe	Explication
Nul ne peut se faire justice lui-même.	En vertu de ce principe, même si une personne est en colère contre son voisin, elle n'a pas le droit de le battre pour régler le litige. S'il doit de l'argent, la personne lui ayant prêté l'argent ne peut pas pénétrer dans sa maison et en ressortir avec sa chaîne stéréo et son ordinateur en guise de paiement. Ils devront s'adresser aux institutions et aux tribunaux qui décideront qui a raison.
La règle *audi alteram partem*	Il s'agit d'un principe fondamental en vertu duquel une personne ne peut être condamnée sans avoir eu la possibilité de se faire entendre pour présenter sa défense ou sa version des faits. De là l'importance d'aviser les personnes poursuivies tant au criminel qu'au civil qu'une poursuite a été intentée contre elles et de les informer de la procédure à suivre pour présenter leur défense.
Nul ne peut ignorer la loi.	En vertu de ce principe, un citoyen qui reçoit une contravention pour avoir garé son véhicule dans une zone interdite ou en dehors des heures permises ne peut plaider qu'il ignorait l'existence d'une loi ou d'un règlement à cet effet dans sa municipalité, et ce, même s'il n'y avait pas d'affiche. Il est donc important de s'informer des lois en vigueur dans une localité ou dans un pays si on entend y séjourner ou y traiter des affaires.
La règle *ultra petita*	Il appartient au juge de rendre jugement, mais, l'article 468 du *Code de procédure civile* (C.p.c.) prévoit que: « [le] Le Tribunal ne peut adjuger au-delà de ce qui est demandé ; il peut néanmoins redresser les impropriétés de termes dans les conclusions, pour donner à celles-ci leur véritable qualification eu égard aux faits allégués. » Ainsi, un juge de la Cour du Québec ne peut rendre une ordonnance d'injonction, car il doit s'appuyer sur un texte de loi pour rendre jugement. En vertu du *Code de procédure civile*, il ne possède pas la compétence pour le faire puisque l'injonction est réservée à un juge de la Cour supérieure.

C'est un fait que, dans la vie de tous les jours, les citoyens affrontent toutes sortes de situations où le droit, les lois et les règlements interviennent. Devant un problème ou une situation conflictuelle, le citoyen ordinaire, l'avocat, l'arbitre ou le juge doit consulter les sources du droit pour trouver des solutions ou pour rendre un jugement.

Comme nous avons pu le constater, le partage des compétences établi par la Constitution canadienne fait en sorte que les citoyens québécois sont régis tant par les lois fédérales que par les lois provinciales québécoises. Les premières, comme le *Code criminel canadien,* la *Loi sur la faillite et l'insolvabilité* et la *Loi sur le divorce,* s'appliquent à l'ensemble du territoire canadien.

CLIN D'ŒIL DE LA COUR

En Cour suprême pour avoir coulé un examen de français?

Nancy Forget c. Procureur général du Québec et l'Office de la langue française et la Corporation professionnelle des infirmiers et infirmières auxiliaires du Québec (1988) 2 R.C.S. 90.

Nancy Forget, après avoir terminé ses études, est incapable d'obtenir un permis de son ordre professionnel, soit la Corporation des infirmiers et infirmières du Québec, en raison de ses échecs répétés à l'examen de français écrit qui est requis. Elle doit le réussir, conformément à la *Charte de la langue française* et, plus particulièrement, conformément au *Règlement relatif à la connaissance de la langue officielle nécessaire pour l'obtention d'un permis d'un ordre professionnel.* Mme Forget a attaqué la légalité de ce règlement et de l'article 35 de la *Charte de la langue française* en argumentant que l'exigence de la réussite d'un tel examen de français écrit était discriminatoire et incompatible avec l'article 10 de la ***Charte des droits et libertés de la personne***.

La Cour suprême, dans un jugement majoritaire, a déclaré que les articles visés de la *Charte de la langue française* et du *Règlement relatif à la connaissance de la langue officielle nécessaire pour l'obtention d'un permis d'un ordre professionnel* n'étaient pas discriminatoires et illégaux ni non conformes à l'article 10 de la *Charte des droits et libertés de la personne.*

Principe de la territorialité des lois *(Principle of territoriality or principle of territorial jurisdiction)*
Principe en vertu duquel les lois en vigueur dans une province ou dans un État régissent les citoyens qui y résident et ceux qui y séjournent.

Les secondes ne s'appliquent qu'au territoire de la province qui a édicté la loi. C'est le cas du *Code civil du Québec* et de la *Charte de la langue française.* Selon le **principe de la territorialité des lois**, les lois s'appliquent donc à tout résident ou visiteur du territoire, fédéral ou provincial, selon le cas, couvert par la loi. Il en va de même pour le citoyen québécois lorsqu'il voyage ou séjourne dans un pays étranger. Il doit respecter les lois du pays dans lequel il se trouve.

1.4.1 Les lois

Selon les cas, les législateurs et les juristes utilisent indifféremment les termes «loi», «code», «charte» ou «statut» pour définir la **législation**. Il est important de préciser ici qu'il s'agit toujours de lois et qu'il n'existe aucune règle régissant l'usage de ces termes.

Législation *(Legislation)*
Ensemble des lois, des codes, des règles et des règlements adoptés par les corps législatifs, c'est-à-dire le Parlement du Canada (la Chambre des communes) et l'Assemblée nationale du Québec, des décrets (anciennement appelés arrêtés en Conseil) promulgués par le pouvoir exécutif et de tous les règlements émanant de nos institutions municipales, scolaires ou professionnelles.

Au fédéral, on retrouve les lois adoptées chaque année dans les lois codifiées du Canada de la **Législation du gouvernement fédéral**. On y accède sur le site du gouvernement fédéral. Au Québec, on accède aux lois québécoises sur le site des **Publications du Québec**. Le terme «charte» désigne habituellement une loi fondamentale comme la *Charte des droits et libertés de la personne.*

Le législateur tant fédéral que provincial adopte de nombreuses lois qui s'appliquent à divers secteurs de l'activité humaine. Par exemple la *Loi sur la santé et la sécurité du travail*; la *Loi sur la protection du consommateur*; et la *Loi sur l'assurance-emploi.* Plus loin dans ce chapitre, nous expliquerons comment effectuer une recherche juridique.

A. Le principe de la séparation des pouvoirs

La pierre angulaire de notre système constitutionnel démocratique est la théorie de la séparation des pouvoirs, comme l'illustre la figure 1.1. Selon cette théorie, que nous représentons à l'aide d'une pyramide, le pouvoir de l'État se divise en trois pouvoirs distincts: le pouvoir législatif, le pouvoir exécutif et le pouvoir judiciaire (*voir le tableau 1.6*). Chaque pouvoir possède un champ d'activité spécifique et doit être indépendant des autres. De plus, chacun doit être équilibré pour éviter que l'un n'empiète sur l'autre.

FIGURE 1.1 La théorie de la séparation des pouvoirs

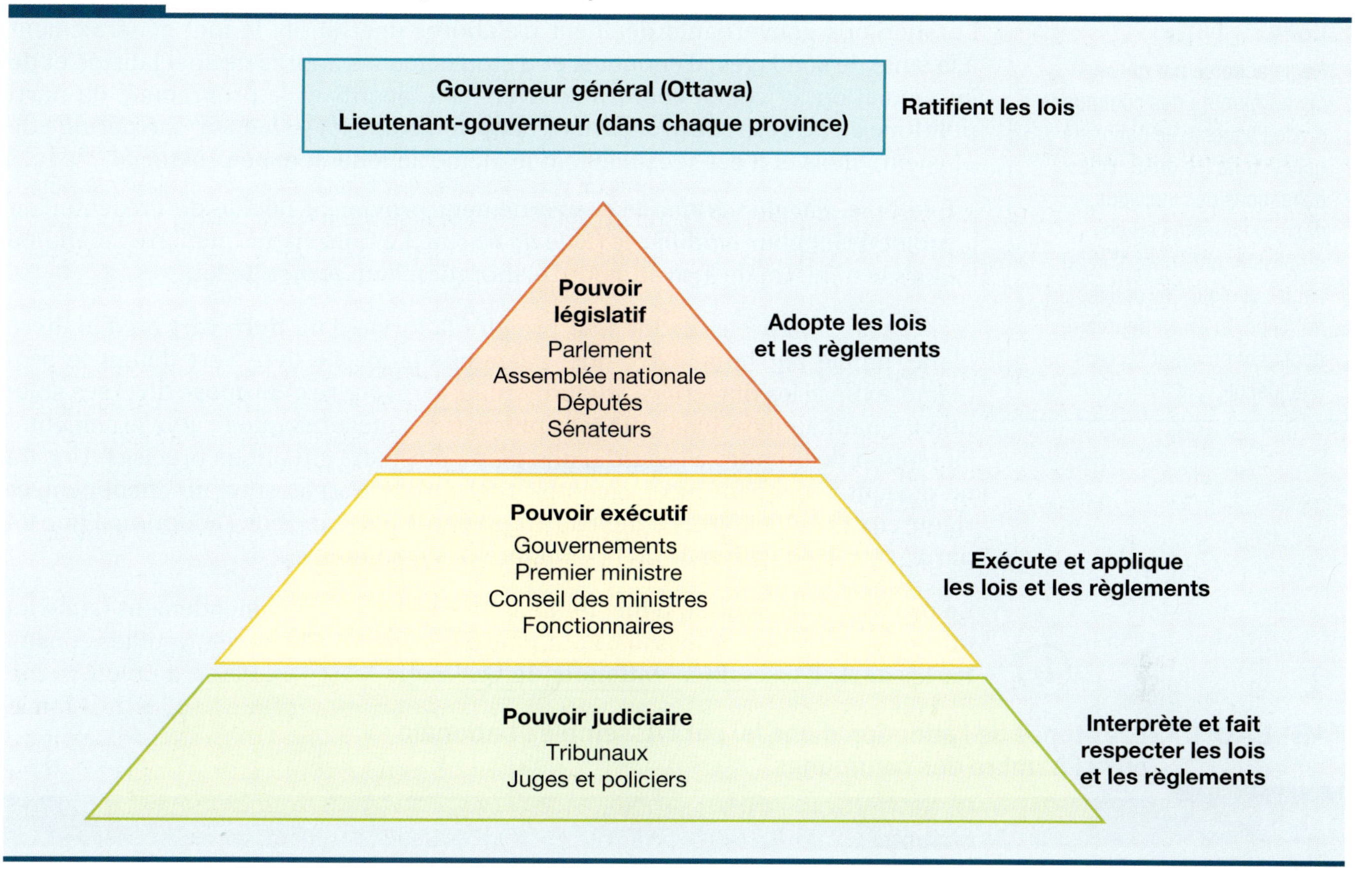

TABLEAU 1.6 Les descriptions des pouvoirs de l'État

Pouvoir de l'État	Description
Pouvoir législatif	Il est composé de députés qui sont élus démocratiquement et qui forment l'Assemblée nationale du Québec ou la Chambre des communes à Ottawa. Ces élus présentent et votent les lois et les règlements. En principe, après les élections, le parti politique qui a obtenu la majorité des sièges forme le gouvernement.
Pouvoir exécutif	Il voit à l'application des lois et des règlements. Dans notre système démocratique, après les élections, il appartient au parti politique qui forme le gouvernement. Il est formé du premier ministre, du Conseil des ministres et de l'ensemble des fonctionnaires des divers ministères dont le rôle est de voir à la bonne marche du gouvernement.
Pouvoir judiciaire	Il est composé des divers tribunaux, juges, arbitres, avocats et fonctionnaires qui y sont rattachés. Il comprend aussi l'appareil policier, qui veille au respect des lois. Son rôle est d'interpréter les lois et les règlements, de s'assurer qu'ils respectent la Constitution et la *Charte canadienne des droits et libertés* et de rendre des jugements. Dans notre système démocratique, le pouvoir judiciaire est totalement indépendant des pouvoirs législatif et exécutif. Cela signifie qu'un ministre ou même l'Assemblée nationale ne peut intervenir dans le processus des procès ni tenter d'influencer de quelque manière que ce soit les décisions que les juges ont à rendre. Un politicien qui tenterait d'intervenir dans ce processus serait contraint de démissionner pour ingérence politique. De là l'expression «séparation des pouvoirs».

Avant de présenter de façon précise chacune des sources du droit québécois (*voir le tableau 1.8, à la page 21*), il nous apparaît important d'expliquer de quelle façon une loi est adoptée.

Loi *(Law or act)*
Règle adoptée par un vote de la Chambre des communes ou de l'Assemblée nationale qui délimite les droits et les obligations des individus, des groupements ou des établissements dans l'un ou l'autre secteur de l'activité humaine, et qu'on peut faire appliquer en ayant recours à la justice.

B. L'élaboration d'une loi

Lorsque nos gouvernants décident d'élaborer une **loi**, ils le font généralement à la suite de sondages, d'enquêtes et d'études menés auprès de spécialistes et de la population, et ce, en conformité avec les objectifs et le programme du parti politique au pouvoir. Le processus d'adoption d'une loi se fait sur une période de plusieurs mois et il est sensiblement le même au fédéral et au provincial.

> **Exemple** Imaginons que le gouvernement provincial décide de présenter un projet de loi pour modifier le *Code du travail*. Le Conseil des ministres mandate alors le ministre du Travail pour l'élaboration d'un **projet de loi.**

À l'occasion, un projet de loi peut prendre la forme d'un **livre vert** ou d'un livre blanc, publié par le ministre qui «parraine» la loi. Le livre vert définit le problème, expose les objectifs à atteindre pour le résoudre et propose diverses solutions. Quant au livre blanc, il vient préciser les mesures que le gouvernement a l'intention de prendre à l'égard d'une ou de plusieurs situations précises. Une loi ne devient cependant pas exécutoire tant qu'elle n'a pas suivi un cheminement rigoureux et obligatoire. Le tableau 1.7 présente les étapes de l'adoption d'une loi par l'Assemblée nationale ou la Chambre des communes.

Le processus d'adoption d'une loi peut être fort long, et l'amendement d'une loi doit suivre le même processus. Pour plus d'information à ce sujet, veuillez consulter le site de l'**Assemblée nationale du Québec**.

TABLEAU 1.7 Les étapes de l'adoption d'une loi par l'Assemblée nationale ou la Chambre des communes

Étape	Processus
1. Rédaction du projet de loi	Le ministre se fait aider par les fonctionnaires de son ministère, par la Direction générale des affaires législatives ainsi que par le **Bureau des lois,** qui conseille le ministère de la Justice et les autres ministères à propos de la rédaction et de l'élaboration des projets de loi.
2. Révision et approbation par le Conseil des ministres	Une fois le projet de loi rédigé, le ministre responsable le présente au Conseil des ministres, où il est discuté et approuvé.
3. Présentation du projet de loi à l'Assemblée nationale ou à la Chambre des communes	Une fois le projet de loi rédigé et approuvé par le Conseil des ministres, il est déposé à l'Assemblée nationale ou à la Chambre des communes : c'est la **présentation en première lecture.** Par la suite, on parle de **présentation en deuxième lecture,** lorsque le principe du projet de loi est adopté.
4. Étude du projet de loi par les députés ou renvoi en commission parlementaire	Par la suite, le projet de loi est étudié plus attentivement par les députés, soit en **commission parlementaire,** soit en Chambre, en **comité plénier.** À cette étape, les personnes ou groupes de pression intéressés peuvent présenter des mémoires favorables ou défavorables au projet de loi et faire valoir leur point de vue et leurs suggestions. Le nouveau *Code de procédure civile* a notamment suivi le processus de la Commission parlementaire, où il a été étudié article par article. À la suite de la deuxième lecture, il arrive fréquemment que le ministre responsable apporte des modifications au projet de loi.
5. Adoption du projet de loi	Le projet de loi est alors ramené devant l'Assemblée nationale ou la Chambre des communes pour y être soumis au vote des députés, puis adopté ; c'est la **présentation en troisième lecture** pour le vote et l'adoption finale du projet de loi, qui devient alors une **loi.**
6. Sanction par le lieutenant-gouverneur ou le gouverneur général et entrée en vigueur	Le projet de loi est ensuite sanctionné par le lieutenant-gouverneur à Québec et par le gouverneur général à Ottawa. Un projet de loi déposé devant la Chambre des communes à Ottawa suit le même cheminement qu'à l'Assemblée nationale, sauf qu'il doit être ratifié par le Sénat avant d'être sanctionné par le gouverneur général du Canada. (On peut se rappeler l'épisode de l'approbation de la loi créant la TPS où le Sénat a bloqué l'adoption de cette loi pendant plusieurs mois.) En général, une loi n'entrera en vigueur que 60 jours après sa sanction ou selon la date de sa proclamation particulière par l'ordre du gouvernement qui l'a adoptée.

TABLEAU 1.7 Les étapes de l'adoption d'une loi par l'Assemblée nationale ou la Chambre des communes (*suite*)

Étape	Processus
7. Publication dans la *Gazette officielle*	Une fois adoptées, les lois sont publiées dans la *Gazette officielle du Québec* ou la *Gazette du Canada,* selon le cas, puis dans les *Lois du Québec* (*L.Q.*) ou les *Statuts révisés* (*S.R.Q.*) du Canada.
8. Règlements d'application	Lorsque toutes ces étapes sont franchies, le ministre responsable demande à ses fonctionnaires de rédiger les règlements d'application de la nouvelle loi. Ces dispositions viennent préciser les modalités d'application de celle-ci. Ils peuvent contenir certaines mesures transitoires pour son application, comme ce fut le cas pour le *Code civil du Québec* et le nouveau *Code de procédure civile*.

C. L'interprétation des lois

Les gouvernements provincial et fédéral ont tous les deux adopté une *Loi d'interprétation* des dispositions de leurs lois respectives. La *Loi d'interprétation* provinciale (RLRQ c.I-16) et la *Loi d'interprétation* fédérale (LRC 1985 c.I-21) visent le même but, soit de permettre à toute personne qui lit une loi de l'interpréter et de la comprendre. Le *Code civil du Québec* comprend, quant à lui, des règles d'interprétation des contrats aux articles 1425 à 1432.

Nous allons maintenant examiner les principales lois qui constituent les sources du droit québécois.

TABLEAU 1.8 Les sources du droit québécois

Source	Définition	Exemples
La Constitution canadienne	Loi fondamentale sur laquelle reposent toutes les autres lois du Québec et du Canada	▸ Articles 91 et 92, qui établissent les compétences exclusives des gouvernements fédéral et provinciaux
Les lois	Textes traitant de divers secteurs de l'activité humaine	▸ *Loi sur la santé et la sécurité du travail* ▸ *Loi sur l'assurance-maladie* ▸ *Loi sur les normes du travail*
Les lois-cadres	Lois qui présentent l'essentiel du sujet qu'elles visent sans préciser les détails et qui laissent au Conseil des ministres l'élaboration des détails d'application de celles-ci au moyen d'ordonnances, d'arrêtés en conseil ou de règlements	▸ *Code de la sécurité routière* ▸ *Loi sur les transports* ▸ *Loi sur l'assurance-emploi* ▸ *Code des professions*
Les chartes	Lois reconnaissant les droits fondamentaux de l'ensemble des citoyens	▸ *Charte canadienne des droits et libertés* ▸ *Charte des droits et libertés de la personne*
Le *Code civil du Québec*	Recueil des droits et obligations des citoyens du Québec entre eux, de leur naissance à leur décès, dans leurs relations tant personnelles que commerciales	▸ Les droits de la personne ▸ Les modalités de règlement d'une succession ▸ Les différents contrats ▸ La responsabilité contractuelle
Les autres codes	Lois qui codifient les dispositions légales régissant un domaine particulier	▸ *Code criminel* ▸ *Code de procédure civile* ▸ *Code du travail* ▸ *Code de la sécurité routière*
Les ordonnances et les décrets	Dispositions et règles d'application des lois-cadres, adoptées par le Conseil des ministres	▸ Les règlements d'application de la *Charte de la langue française* ▸ Les règlements de l'assurance-emploi

TABLEAU 1.8 Les sources du droit québécois (*suite*)

Source	Définition	Exemples
Les règlements	Législation adoptée par les villes et les municipalités du Québec, et aussi par les commissions scolaires, visant à légiférer sur des questions d'intérêt local à l'intérieur de leur territoire. Précisons également que les corporations de professionnels, par exemple le Barreau du Québec ou la **Chambre des notaires**, adoptent des règlements qui visent les activités professionnelles de leurs membres.	▸ Les règlements de zonage ▸ Les règlements de stationnement ▸ Les règlements de la circulation ▸ Les règlements concernant les permis d'exploitation d'une entreprise
La jurisprudence	Ensemble des jugements rendus par les tribunaux supérieurs et dont les juges s'inspirent pour rendre leur jugement	▸ Le jugement de la juge Claire Barrette-Joncas sur l'interprétation de l'article 4b de la *Charte canadienne des droits et libertés* en matière de délai raisonnable
La doctrine	Ensemble des ouvrages et traités sur le droit élaborés par des juristes	▸ *Loi sur les sociétés par actions (Québec) Loi et commentaires,* de Me Paul Martel ▸ *Les obligations,* de Me Jean-Louis Baudouin
L'usage et la coutume	Pratique courante, uniforme, publique, répandue et répétée dans un milieu donné	▸ Dans un contrat de vente, l'usage veut qu'en l'absence d'une clause stipulant que la chose vendue est neuve ou usagée, on considère que la chose vendue est neuve.

1.4.2 Les chartes

Une charte est une loi reconnaissant des droits fondamentaux, comme nous l'avons vu auparavant pour la *Charte canadienne des droits et libertés.* Ainsi, toutes les autres lois et tous les autres règlements doivent s'y conformer. Au Québec, il existe deux chartes des droits, l'une fédérale et l'autre provinciale.

La *Charte canadienne des droits et libertés,* adoptée en 1982, reconnaît les droits fondamentaux des citoyens canadiens dont nous avons parlé précédemment.

La *Charte québécoise des droits et libertés de la personne* a été adoptée en 1976. Elle énonce que tout être humain a droit à la vie, ainsi qu'à la sûreté, à l'intégrité et à la liberté de sa personne. Il possède aussi la personnalité juridique.

La Charte québécoise reconnaît les mêmes libertés fondamentales que la Charte fédérale, mais elle va plus loin dans l'expression et la reconnaissance des droits de la personne et des libertés individuelles :

- la sauvegarde de sa dignité ;
- le respect de la vie privée ;
- la jouissance paisible et la libre disposition de ses biens ;
- le droit à la reconnaissance et à l'exercice, en pleine égalité des droits de la personne et des libertés individuelles, sans distinction, exclusion ou préférence fondées, entre autres, sur la race, la couleur, le sexe, la grossesse, l'orientation sexuelle, l'état civil, l'âge.

Il va sans dire que l'avènement de ces deux chartes a créé toute une jurisprudence liée à l'application et à la reconnaissance de ces droits fondamentaux ainsi que la création d'une Commission des droits de la personne. À noter que le Québec a également adopté la *Charte de la langue française (RLRQ c. C-11)* afin de protéger la langue française sur son territoire.

1.4.3 Le *Code civil du Québec*

C'est en 1866, soit un an avant la Confédération, que fut adopté le *Code civil du Bas-Canada*. Les auteurs de ce code s'inspirèrent du *Code Napoléon* alors en vigueur en France. Notre *Code civil* fut modifié et révisé au fil des ans. En 1867, pour compléter la mise en application du *Code civil*, le Parlement promulgua un *Code de procédure civile* qui subit lui aussi, au cours des ans, de multiples transformations.

Le *Code civil* a fait l'objet d'un processus de révision qui est arrivé à terme avec l'adoption du *Code civil du Québec*, le 1er janvier 1994. Il est, encore aujourd'hui, régulièrement modifié, tout comme le *Code de procédure civile* (le *Nouveau Code de procédure civile* [N.C.p.c.] est d'ailleurs entré en vigueur en janvier 2016).

Le *Code civil du Québec* constitue la source essentielle de notre droit des affaires et le fondement des droits et obligations des citoyens québécois dans leurs relations entre eux et avec leurs biens, de leur naissance jusqu'à leur décès. Il regroupe plus de 3168 articles. Il se divise en 10 livres et constitue la base du droit substantif québécois. Le tableau 1.9 en résume le contenu.

TABLEAU 1.9 Le *Code civil du Québec*

Livre	Nom du Livre	Contenu
Livre premier articles 1 à 364	Des personnes	La jouissance et l'exercice des droits civils, les droits de la personnalité, l'état des personnes (nom, domicile, registres et actes de l'état civil), la capacité et les personnes morales
Livre deuxième articles 365 à 612	De la famille	Le mariage, l'union civile, la filiation, l'obligation alimentaire et l'autorité parentale
Livre troisième articles 613 à 898	Des successions	L'ouverture des successions et qualités requises pour succéder, la dévolution légale, les testaments, la liquidation de la succession et le partage
Livre quatrième articles 899 à 1370	Des biens	La distinction des biens et de leur appropriation, la propriété, les modalités de la propriété, les démembrements du droit de propriété, l'administration du bien d'autrui
Livre cinquième articles 1371 à 2643	Des obligations	Les obligations en général, la responsabilité civile, les contrats nommés (la vente, la donation, le crédit-bail, le louage, l'affrètement, le transport, le contrat de travail, le contrat d'entreprise, le mandat, le contrat d'association, le dépôt, le prêt, le cautionnement, les assurances, la transaction et la convention d'arbitrage
Livre sixième articles 2644 à 2802	Des priorités et des hypothèques	Le gage commun des créanciers, les priorités, les hypothèques légales et conventionnelles, l'exercice des droits hypothécaires
Livre septième articles 2803 à 2874	De la preuve	Le régime général de la preuve, les moyens de preuve et la recevabilité des éléments et des moyens de preuve
Livre huitième articles 2875 à 2933	De la prescription	Le régime de la prescription, la prescription acquisitive et la prescription extinctive
Livre neuvième articles 2934 à 3075	De la publicité des droits	Le domaine de la publicité, les effets de la publicité, les modalités de la publicité (les registres), l'immatriculation des immeubles et la radiation des droits
Livre dixième articles 3076 à 3168	Du droit international	Les dispositions générales, les conflits de lois, la compétence internationale des autorités du Québec et la reconnaissance et l'exécution des décisions étrangères

À la lecture du *Code civil*, le droit des affaires de la province de Québec semble donc se confondre avec le droit civil. Cependant, on constate qu'il crée un régime particulier en matière commerciale, ainsi :

- la preuve par témoin est admise, ce qui, sauf exception, n'est pas le cas en matière civile (article 2862 du C.c.Q.) ;

- les parties sont toujours présumées solidairement responsables, sans qu'il soit nécessaire de le mentionner expressément (article 1525 du C.c.Q.).

1.4.4 Les autres codes

En plus du *Code civil du Québec,* il existe plusieurs autres **codes** qui régissent les activités des citoyens. Le tableau 1.10 présente les principales caractéristiques des codes les plus importants.

TABLEAU 1.10 Les caractéristiques des autres codes

Code	Caractéristiques
Code de procédure civile	Il complète les dispositions du *Code civil.* Il explique la façon de faire valoir ses droits devant les tribunaux civils du Québec et d'intenter des procédures civiles. C'est le 1er janvier 2003 que le *Code de procédure civile du Québec* fut adopté. Il vise à simplifier et à accélérer le processus judiciaire devant les tribunaux civils. On y trouve notamment les compétences des tribunaux ainsi que la procédure d'arbitrage. Le *Nouveau Code de procédure civile* (N.C.p.c.) est entré en vigueur en janvier 2016. Il ne s'agit pas seulement d'une mise à jour, mais d'une refonte complète.
Code criminel	Il précise les infractions et les actes criminels pour lesquels toute personne peut être poursuivie au Canada. Adopté par le gouvernement fédéral, il s'applique de façon uniforme sur l'ensemble du territoire canadien. Ainsi, l'individu arrêté pour meurtre ou conduite en état d'ébriété à Montréal, à Toronto, à Vancouver ou à Halifax est passible des mêmes peines, et la procédure criminelle suivie sera la même partout au pays.
Code du travail	Il regroupe les dispositions relatives au droit d'association et de syndicalisation des salariés au Québec. On y trouve la façon, pour un groupe de salariés, d'obtenir son accréditation afin de former un syndicat et de négocier une convention collective avec l'employeur.
Code de la sécurité routière	Il énonce l'ensemble des obligations des conducteurs de véhicules automobiles au Québec ainsi que les infractions pénales qui peuvent être commises sur les routes du Québec. Il prévoit également les amendes et les peines qui peuvent être imposées aux contrevenants.
Code municipal du Québec	Il regroupe les dispositions s'appliquant aux diverses municipalités du Québec sur leur territoire à l'exception de celles qui sont régies par la *Loi sur les cités et villes.* On y trouve notamment les divers pouvoirs accordés aux municipalités de faire des règlements municipaux s'appliquant sur leur territoire ainsi que les pénalités en cas de violation de ces règlements.

Code *(Code)*
Ensemble de dispositions légales régissant un domaine particulier, tel le *Code civil,* qui est la pierre angulaire des relations des citoyens du Québec entre eux dans tous les domaines du droit civil.

1.4.5 Les ordonnances et les décrets

Une loi présente un ou plusieurs articles qui permettent au Conseil des ministres d'adopter, par ordonnance ou par décret (anciennement appelé arrêté en Conseil), des dispositions visant à modifier la loi ou à faciliter son application. On parle alors de règlements d'application des lois.

Exemple S'il décide de modifier les conditions d'admissibilité à l'assurance-emploi, d'augmenter le salaire minimum ou, encore, de rendre obligatoire l'obtention d'un permis de transport pour l'enlèvement des ordures ménagères, le Conseil des ministres procède par voie d'ordonnance ou de décret en adoptant des règlements d'application de la *Loi sur l'assurance-emploi,* de la *Loi sur les normes du travail* ou de la *Loi sur le transport.* Cette procédure évite de mettre en branle le lourd mécanisme de l'élaboration ou de la modification d'une loi. On parle alors d'une **loi-cadre,** c'est-à-dire une loi dont les modalités d'application peuvent être modifiées simplement par voie d'ordonnance ou de décret, sans avoir à modifier la loi elle-même.

1.4.6 Les règlements

L'alinéa 8 de l'article 92 de l'AANB permet aux législatures provinciales de déléguer certains de leurs pouvoirs. Cette délégation de pouvoir a lieu au profit des villes, des municipalités et des commissions scolaires. En effet, le gouvernement provincial a accordé aux villes et aux municipalités le pouvoir de légiférer à l'intérieur de leur territoire dans la mesure où cette législation n'entre pas en conflit avec les lois fédérales ou provinciales.

Ce pouvoir s'exerce notamment sous forme de **règlements municipaux** qui traitent des questions d'intérêt local, tels le zonage commercial, industriel et résidentiel et les permis d'exploitation de commerce, de stationnement et de circulation. Ce pouvoir de légiférer par voie de réglementation appartient aussi à certains corps publics, telles les commissions scolaires, les corporations professionnelles reconnues, les universités et certaines régies ou commissions.

1.4.7 La jurisprudence

Le pouvoir judiciaire voit à l'interprétation et au respect des lois adoptées par le pouvoir législatif et administrées par le pouvoir exécutif. Ce devoir de surveillance s'exerce par l'intermédiaire de nos tribunaux. Les juges sont donc appelés à se prononcer régulièrement sur des litiges opposant des particuliers ou des entreprises ; les décisions qu'ils rendent dans ces occasions forment la **jurisprudence**. Les juges ne font pas la loi, ils se limitent à l'interpréter et à l'appliquer. Les arrêtistes compilent dans des recueils les décisions les plus valables des différentes instances ; il s'agit là d'une source importante, mais secondaire, de notre droit québécois.

> **Jurisprudence** *(Jurisprudence)*
> Ensemble des jugements rendus par les tribunaux.

Dans une province de droit écrit, comme le Québec, les juges ne sont pas liés par les décisions de leurs collègues, mais ils les respectent et s'en inspirent fortement, surtout lorsque ces décisions émanent de tribunaux supérieurs comme la Cour d'appel du Québec ou la Cour suprême du Canada. C'est ce qu'on appelle le **principe du *stare decisis***.

> **Principe du *stare decisis*** *(Stare decisis)*
> Principe selon lequel les juges des tribunaux inférieurs s'inspirent des principes de droit tels qu'interprétés par les tribunaux supérieurs et les appliquent.

Dans les autres provinces du Canada, où l'on applique la *common law*, les principes de droit civil ne sont pas codifiés, c'est-à-dire qu'il n'existe pas de codification semblable à notre *Code civil*, et le juge, qui ne peut s'en remettre à un texte de loi écrit, doit rendre sa décision en se fondant uniquement sur des jugements déjà rendus dans des cas semblables. C'est ce qu'on appelle la doctrine du **précédent** ; le juge doit vérifier les décisions en question avant de rendre son jugement.

La plupart de ces jugements sont rapportés soit en résumé, soit dans leur intégralité. Plusieurs sites Internet permettent d'y avoir accès. Certains sont gratuits, d'autres sont tarifés. Dans la sous-section 1.9.2, nous expliquons comment effectuer des recherches de jurisprudence.

1.4.8 La doctrine

Les ouvrages et les traités de droit constituent une source documentaire non négligeable en droit civil comme en droit des affaires. Les principes et les théories qu'on y trouve et qui sont élaborés par des juristes guident les praticiens du droit et les gens d'affaires dans leur interprétation des lois et des règlements qui ont cours dans le monde des affaires. Ils constituent ce qu'on appelle la **doctrine**. La documentation juridique que nous trouvons au Québec provient surtout de juristes du Québec, de la France, des autres provinces canadiennes, de l'Angleterre et des États-Unis. Comme la doctrine ne constitue que le point de vue

> **Doctrine** *(Doctrine)*
> Ensemble des ouvrages, des écrits et des analyses faites par des juristes qui énoncent les principes et se prononcent sur l'interprétation des lois et de la jurisprudence.

d'un ou de quelques auteurs sur un secteur précis du droit, elle est une source immédiate de notre droit mais, comme telle, elle revêt une portée d'application complémentaire à celle de la législation ou de la jurisprudence. Très souvent, les avocats s'en inspirent quand ils plaident devant les tribunaux, et les juges citent cette même doctrine dans leurs jugements. Elle est citée en fin de jugement de la façon suivante: Richard, Henri (2010). *Le courtage immobilier au Québec,* 3e édition, Montréal, Éditions Yvon Blais, p. 114 à 122.

1.4.9 L'usage et la coutume

L'usage et la coutume constituent une source particulièrement importante en droit des affaires en raison de l'évolution rapide des activités propres au milieu et des délais qui précèdent l'adoption des lois et de la réglementation. Il n'est pas rare qu'une loi ne prévoie pas toutes les dispositions applicables à une sphère d'activité définie. Dans ce cas, on constate souvent qu'il existe un usage ou une coutume capable de combler cette lacune.

Une pratique de commerce ne constitue pas toujours un usage au sens juridique du terme. Pour être considéré comme une source de droit, l'usage doit répondre à certains critères. En effet, l'usage ne se verra reconnu par les tribunaux et ne deviendra une source de droit que si, outre le fait de constituer une pratique courante et répandue dans un milieu donné, il est uniforme, général, fréquent et public.

En droit des affaires, l'usage revêt un caractère particulièrement important et contribue au dynamisme de cette branche du droit.

Exemple L'article 1434 du *Code civil du Québec* prévoit la possibilité d'invoquer l'usage commercial en matière de contrat.

> **Art. 1434 du C.c.Q. Le contrat valablement formé oblige ceux qui l'ont conclu non seulement pour ce qu'ils y ont exprimé, mais aussi pour tout ce qui en découle, d'après sa nature et suivant les usages, l'équité ou la loi.**

1.5 LES BRANCHES DU DROIT

Au cours des années, les auteurs ont divisé le droit en plusieurs branches distinctes (*voir la figure 1.2*). Plusieurs écoles se sont affrontées. Celle que nous avons retenue divise le droit en **droit international** et en **droit national.** Chacune de ces branches est à son tour subdivisée en droit public et en droit privé.

Devant la multiplication des échanges commerciaux et la mondialisation des marchés, les gouvernements considèrent de plus en plus le droit du point de vue du droit national et du droit international. Le législateur québécois a même prévu un livre complet sur le **droit international privé,** soit le Livre dixième du *Code civil du Québec.*

Droit international public *(Public international law)*
Branche du droit qui réglemente les relations des États entre eux et leur organisation sur la scène internationale.

1.5.1 Le droit international

Le droit international réglemente et organise les relations juridiques de nature internationale des États entre eux ou des individus. Le droit international englobe le droit international public ainsi que le droit international privé.

A. Le droit international public

Le **droit international public** vise à régir les rapports interétatiques au moyen de traités, d'accords, d'ententes, de conventions, de pactes, de coutumes, de

FIGURE 1.2 Les branches du droit

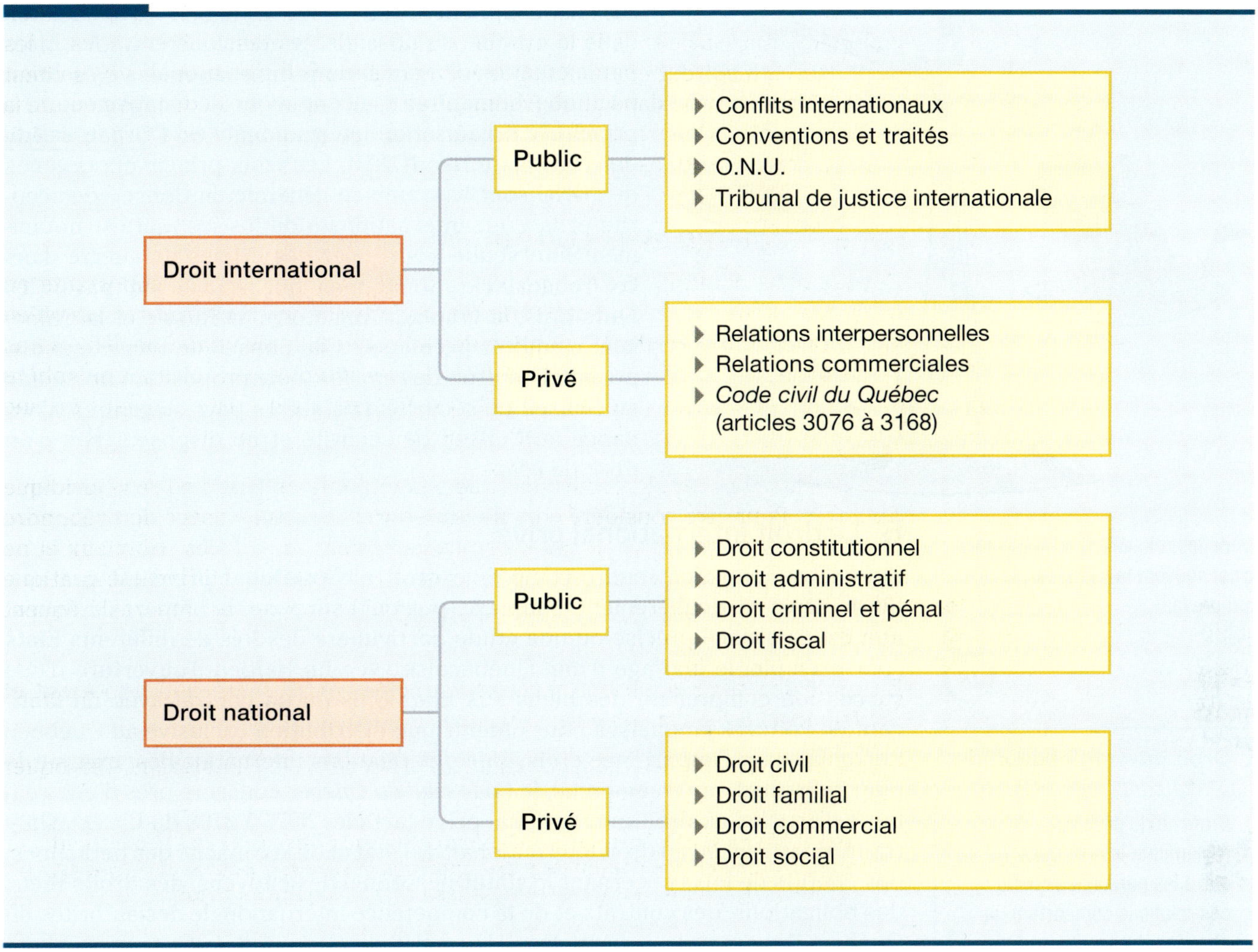

pourparlers et de rencontres entre hauts dirigeants. Ces accords touchent à différents domaines, et plus particulièrement à la sécurité des pays et aux échanges commerciaux entre les pays. Les conventions internationales du travail, la *Charte des Nations unies,* la *Convention de Genève sur la Croix-Rouge,* la *Déclaration universelle des droits de l'homme,* le Traité de non-prolifération des armes nucléaires, les traités d'extradition, le Traité de libre-échange entre le Canada et les États-Unis, l'ALENA en sont autant d'exemples.

Ces traités, conventions et accords internationaux n'ont d'effet qu'entre les parties, c'est-à-dire entre les pays qui les ont signés ou qui y ont adhéré, mais rien n'empêche un pays de rejeter un traité qu'il a déjà signé. Au cours des dernières années, la guerre avec l'Irak, le conflit en Yougoslavie, la guerre civile en Syrie, avec le massacre de certaines populations opposées au régime en place ainsi que la crise en Ukraine, qui a vu la Russie reprendre la province de la Crimée de l'Ukraine, ont remis en question le rôle du droit international public. La **Cour internationale de justice (CIJ)**, aussi appelée « Tribunal de justice internationale », a souvent été appelée à juger des criminels de guerre ayant commis des atrocités contre les droits fondamentaux des citoyens ou de certaines minorités de citoyens de leur propre pays. Ce fut le cas en Ouganda, en Irak, en Syrie et en Yougoslavie. Mais, si l'on regarde de près les relations internationales, on se rend vite compte que c'est souvent la loi de la jungle, c'est-à-dire la loi du plus fort, qui prévaut.

^ Dans les relations internationales, c'est souvent la loi du plus fort qui prévaut.

Le droit international public tente également de favoriser le rapprochement et les échanges et d'éliminer, dans la mesure du possible, les tensions entre les États par la création d'organisations internationales à vocation pacifique humanitaire, économique, éducative, etc. La principale organisation internationale est l'**Organisation des Nations unies (ONU)**. Les trois principaux organes de l'ONU sont l'Assemblée générale, le Conseil de sécurité et la Cour internationale de justice, qui est notamment intervenue pour juger des crimes de guerre dans l'ex-Yougoslavie. Soulignons que seuls cinq pays (les États-Unis, la France, l'Angleterre, la Russie et la Chine) sont membres permanents du Conseil de sécurité et disposent d'un droit de *veto* sur toute proposition présentée au Conseil de sécurité. Les autres pays siègent en alternance au Conseil de sécurité et ne disposent pas d'un droit de *veto*.

B. Le droit international privé

i+

Droit international privé
(Private international law)
Branche du droit qui réglemente les relations entre les personnes quand ces relations comportent un élément étranger, de même que les échanges et les relations entre des citoyens de pays différents.

Comme on peut s'en rendre compte, le **droit international privé** est une partie du droit particulièrement complexe, puisqu'il suppose, la plupart du temps, une connaissance précise ou une étude particulière des lois de différents États (par exemple, le mariage d'une Québécoise avec un Haïtien, l'ouverture d'une succession comprenant des biens aux États-Unis ou un contrat avec un fabricant de voitures japonaises pour obtenir une distribution exclusive au Québec). Reconnaissant l'importance croissante des relations internationales, tant sur le plan individuel que commercial, le *Code civil du Québec* consacre près d'une centaine d'articles au droit international privé (articles 3076 à 3168 du C.c.Q.). On y traite, relativement au droit international, de l'état et de la capacité des personnes, des conflits de lois concernant le statut personnel des citoyens, des droits réels, des obligations, des contrats et de la compétence internationale des autorités du Québec. Par exemple, les articles 3117 et 3118 du *Code civil du Québec* énoncent que le choix par les parties de la loi applicable au contrat de consommation ou de travail ne peut avoir pour résultat de priver le consommateur ou le travailleur, selon le cas, de la protection que lui assurent les dispositions impératives de la loi de l'État où il a sa résidence ou de l'État où il travaille.

> **Exemple** Un travailleur québécois qui serait appelé à effectuer un travail à l'étranger dans le cadre de son emploi est protégé par les dispositions de la *Loi sur la santé et la sécurité du travail.*

1.5.2 Le droit national

Contrairement au droit international, qui implique au moins deux pays, le droit national s'applique sur le territoire d'un seul État. Le droit national public réglemente l'organisation de l'État et les institutions qui en dépendent, ainsi que le rapport de l'État avec ses propres citoyens. Le droit national privé, quant à lui, réglemente les activités et les relations des citoyens d'un même État entre eux.

Droit national public
(Public national law)
Branche du droit qui réglemente l'organisation de l'État et des institutions qui en dépendent ainsi que les rapports de l'État avec ses propres citoyens.

A. Le droit national public

Le **droit national public** se subdivise en quatre grandes catégories.

Le droit constitutionnel Rappelons que la source du droit constitutionnel canadien se retrouve dans la Constitution canadienne, qui énonce la structure politique du Canada, le partage des compétences entre le gouvernement fédéral et les gouvernements provinciaux ainsi que les règles de fonctionnement du pays (*voir la section 1.3 du présent chapitre à ce sujet*).

Le droit administratif Le droit administratif réglemente l'organisation même de l'État dans la fonction publique fédérale, provinciale et municipale. Les divers ordres de gouvernement sont divisés en ministères, en régies, en commissions et en offices. De plus, le droit administratif régit les rapports des divers ordres de gouvernement avec les citoyens. Il établit les pouvoirs et les devoirs de l'État à l'égard de ses citoyens, de même que les droits et les obligations de ces derniers à l'égard du gouvernement. Au Canada et au Québec, l'évolution sociale a entraîné une présence de l'État de plus en plus marquée dans la vie quotidienne des citoyens. En effet, les commissions, les régies, les offices, les tribunaux administratifs et les autres organismes gouvernementaux ou paragouvernementaux se sont multipliés. La Commission des normes, de l'équité, de la santé et de la sécurité du travail et la Régie de l'assurance maladie du Québec en sont des exemples.

Les citoyens sont donc de plus en plus conscients de la présence de l'État dans leurs activités quotidiennes. Dans tous ces cas, on doit rencontrer des fonctionnaires qui prennent, parfois arbitrairement, des décisions et font ainsi office de juges.

Au Québec, en 1968, on a créé le poste de **Protecteur du citoyen,** appelé aussi ombudsman, afin de protéger les citoyens qui se sentent lésés à la suite d'une mauvaise décision, d'une erreur ou d'un acte injuste de la part d'un fonctionnaire, d'un administrateur ou de tout autre employé relevant de la fonction publique québécoise. Il s'agit d'un recours de dernière instance. Lorsqu'il reçoit une plainte, le **Protecteur du citoyen** fait une enquête et intervient, s'il y a lieu, auprès du ministère ou de l'organisme gouvernemental intéressé pour demander qu'on révise la décision préjudiciable et recommander les mesures qui s'imposent. Le Protecteur du citoyen ne rend compte de ses actes qu'à l'Assemblée nationale; il est indépendant de la fonction publique et offre donc la garantie d'une justice plus impartiale. Le Parlement fédéral n'a pas encore créé de poste similaire.

Le droit pénal et criminel Nous avons vu que le droit criminel relève exclusivement du Parlement fédéral, qui a adopté un code criminel s'appliquant à l'ensemble du territoire canadien. Ce code vise à assurer l'ordre, la sécurité et la paix.

On emploie indistinctement les expressions «Code pénal» ou «Code criminel» pour désigner le *Code criminel du Canada*; il existe cependant une distinction entre les deux termes. Ainsi, on parle de droit criminel dans le cas d'une personne citée en justice pour répondre d'une infraction ou d'un acte criminel spécifiquement mentionné dans le *Code criminel* (meurtre, vol, viol, voies de fait, etc.). Lorsqu'un individu enfreint une loi statutaire (*Code de la sécurité routière,* règlements municipaux, *Loi sur la protection du consommateur,* etc.), il s'agit plutôt de droit pénal; le contrevenant encourt alors généralement une amende.

Le droit fiscal Le droit fiscal englobe le domaine des finances publiques aux niveaux fédéral, provincial et municipal. L'État fait également appel à diverses sources de financement: imposition de taxes directes ou indirectes, impôt sur le revenu des particuliers ou des sociétés, imposition de permis d'exploitation de commerce ou d'entreprise, taxes foncières et scolaires, ou encore taxe de vente.

B. Le droit national privé

Le domaine du **droit national privé** s'intéresse à la réglementation des rapports entre les citoyens d'un même État. Il se divise en quatre catégories.

> **Droit national privé**
> *(Private national law)*
> Branche du droit qui réglemente les activités et les relations entre les citoyens d'un même État.

Le droit civil Au Québec, les principes de droit civil sont énoncés dans le *Code civil du Québec.* Nous vous référons à la sous-section 1.4.3 à ce sujet.

Le droit familial Bien que le droit familial trouve ses sources dans les dispositions du *Code civil du Québec* concernant la famille et les enfants, il mérite une place distincte en raison de l'importance qu'il occupe devant les tribunaux. Il vise les relations entre conjoints mariés ou unis par l'union civile ou conjoints de fait, mais aussi les enfants issus de l'union de ceux-ci. Le divorce, qui est soumis aux dispositions de la *Loi sur le divorce,* et la séparation des conjoints, qui est soumise aux dispositions du *Code civil du Québec,* entraînent des conséquences importantes non seulement sur les personnes, mais aussi sur leur patrimoine.

Le droit commercial Le droit commercial fait partie du droit national privé et s'applique plus particulièrement aux commerçants; nous en avons déjà traité dans le présent chapitre.

Le droit social Le droit social est axé sur le bien-être de la société et il renferme un ensemble de lois à caractère social dont la *Loi sur les services de santé et les services sociaux,* la *Loi sur l'assurance-maladie,* la *Loi sur l'assurance-hospitalisation,* etc.

Il englobe le **droit du travail,** régi principalement par le *Code du travail* du Québec; il précise les relations entre employeurs et employés. Le droit du travail regroupe en outre différentes lois, telles que la *Loi sur les normes du travail,* la *Loi sur les accidents du travail et les maladies professionnelles,* et la *Loi sur la santé et la sécurité du travail.* De plus, on inclut dans le droit social la *Charte canadienne des droits et libertés,* qui assure le respect des droits fondamentaux de toute personne résidant au Canada, quels que soient sa race, sa religion, son origine nationale, son sexe et sa couleur, entre autres. Par ailleurs, le Québec possède aussi sa *Charte des droits et libertés de la personne* qui, comme la *Charte canadienne des droits et libertés,* vise à bannir toute forme de discrimination sociale et à protéger la vie privée des citoyens.

1.6 LA DOCUMENTATION JURIDIQUE

Au cours des 20 dernières années, l'accès à l'information juridique a connu une véritable révolution, passant rapidement des bibliothèques traditionnelles à l'Internet et à la création d'une multitude de sites Internet traitant du droit.

Les gouvernements fédéral et provincial ont créé leurs propres sites à l'intention des citoyens, donnant ainsi accès aux lois, aux règlements et à l'information juridique de base. Le **Barreau du Québec**, les facultés de droit, les ministères et les organismes gouvernementaux ont eux aussi multiplié les outils de recherche et d'information juridiques.

En 2000, l'**Institut canadien d'information juridique** (IIJCAN) a mis en place un portail juridique important. On y trouve toutes les sources du droit canadien et du droit québécois. À partir de ce site, on peut accéder aux lois, aux règlements et à la jurisprudence des gouvernements du Canada, du Québec et des autres provinces et territoires canadiens. L'accès à ce site, ainsi qu'au site de la **Société québécoise d'information juridique (SOQUIJ)**, est gratuit.

Puis, des sites de renseignements juridiques à l'intention du public ont fait leur apparition. Parmi ces derniers, mentionnons le site Internet **Éducaloi**, auquel nous ferons souvent référence dans le présent manuel, et le site Décisions des tribunaux du Québec, qui donne accès à la jurisprudence.

La **documentation juridique** comprend l'ensemble de la documentation relative au droit, c'est-à-dire les lois, les règlements, la jurisprudence et la doctrine.

Évidemment, il est impossible à qui que ce soit de tout connaître. Il en va de même dans le domaine juridique. L'essentiel, pour faire une recherche documentaire efficace, est de trouver les **mots-clés** qui permettront de cibler les documents pertinents. Il faut également distinguer ce qui est applicable de ce qui ne l'est pas, ce qui a préséance de ce qui est de moindre importance, ce qui peut servir aujourd'hui de ce qui n'a plus lieu d'être.

Il est donc primordial que la personne qui effectue une recherche juridique procède avec méthode afin d'éviter les pertes de temps et de trouver rapidement les éléments qui permettront de résoudre la situation problématique. Dans les faits, le niveau de recherche que l'on exige d'un juriste, qui doit donner un avis juridique pour lequel il reçoit des milliers de dollars, n'est absolument pas le même que celui que l'on demande à un gestionnaire ou à un technicien en administration. Ces derniers sont plutôt appelés à faire une recherche ponctuelle et à consulter divers sites Internet pour obtenir de l'information concernant la mise sur pied ou la gestion d'une entreprise. L'encadré 1.2 illustre les principales caractéristiques de la documentation juridique.

ENCADRÉ 1.2 Les caractéristiques de la documentation juridique

La documentation juridique :

- est vaste et variée.
- est régie par l'autorité d'une norme qui prend place dans la hiérarchie des lois.
- sert principalement d'outil de référence.
- s'appuie sur les sources du droit.
- demeure pertinente au fil des ans.

1.7 LA RECHERCHE DOCUMENTAIRE

Pour faire une recherche documentaire en droit, il faut réunir les documents juridiques applicables à la situation étudiée, soit les lois, les règlements, la jurisprudence et la doctrine. Le but de la recherche est de formuler une opinion juridique ou de prendre une décision éclairée à partir des documents juridiques consultés.

Pour trouver les documents juridiques nécessaires, le juriste doit posséder une méthodologie de recherche efficace. Il doit également connaître la façon de trouver l'information pertinente dans les index, les répertoires et les banques de données. Il est important pour un juriste de s'informer régulièrement des changements apportés aux divers textes juridiques et de consulter la documentation juridique.

La technologie a permis aux avocats de trouver l'information autrement et plus rapidement.

La recherche documentaire peut varier en importance selon la question abordée et le contexte. Par exemple, la recherche de Rosaire Tremblay dans le *Registre des entreprises* pour se procurer tous les formulaires nécessaires afin d'immatriculer ou d'incorporer une entreprise et pour connaître les noms des principaux actionnaires et administrateurs d'une entreprise concurrente 9027-0070 Québec Inc., ou encore la vérification d'une question de jurisprudence pour préparer une plaidoirie exigera beaucoup moins de temps qu'une recherche universitaire, qui constitue un travail de longue haleine. Il ne faut jamais oublier que, peu importe le type de recherche effectué, la méthodologie et les outils de recherche utilisés demeurent la base d'une recherche efficace.

1.8 LA MÉTHODOLOGIE DE RECHERCHE

Dans les sections 1.1 à 1.5 du présent chapitre, nous avons examiné les diverses sources du droit. Il est important de comprendre qu'une bonne méthodologie de recherche repose d'abord sur le repérage des sources de droit s'appliquant à la situation ou au problème qu'on tente de résoudre.

La personne effectuant la recherche peut se heurter à l'absence de sources de droit ou de réglementation touchant la question litigieuse ou, à l'inverse, être ensevelie sous une multitude de sources de droit liées au sujet.

1.8.1 La compréhension du problème

Afin de bien illustrer la méthodologie de recherche que nous suggérons, il est important de partir d'exemples simples et concrets.

> **Exemple** Nicolas Tremblay, neveu de Rosaire et étudiant en comptabilité et gestion, achète une scie circulaire dans une quincaillerie pour effectuer des travaux dans son appartement. Au moment de l'utiliser pour la première fois, il constate un problème de fonctionnement qui constitue un défaut ou un vice caché. Il décide de demander l'annulation du contrat d'achat de sa scie.

Dans un tel cas, les sources du droit sont le *Code civil du Québec* ainsi que la *Loi sur la protection du consommateur* puisque Nicolas a effectué cet achat en tant que consommateur. Il pourra aussi consulter la doctrine et la jurisprudence sur le sujet à partir de ces deux premières sources de droit.

Si Nicolas avait effectué l'achat de la même scie non pas en tant que consommateur, mais en tant qu'ouvrier spécialisé dans la construction, les dispositions de la *Loi sur la protection du consommateur* ne se seraient pas appliquées pour lui accorder plus de droits.

On constate donc qu'à partir d'une même situation, par exemple, l'achat d'une scie qui présente un défaut ou un vice caché, il peut exister plusieurs solutions possibles selon l'angle sous lequel on examine la question. Nicolas a-t-il effectué cet achat à titre de consommateur ou à titre de commerçant ou d'entrepreneur ? Le droit lui-même peut s'appliquer différemment à une même situation ou à un même bien selon l'angle considéré.

> **Exemple** Une moissonneuse-batteuse est considérée comme un **bien meuble par nature** au sens du droit civil, comme un **véhicule** au sens du *Code de la sécurité routière* et comme un **appareil agricole** au sens de la *Loi sur la taxe de vente* et de la *Loi sur les douanes*. Elle peut également être considérée comme la **cause d'un accident.**

Pour effectuer des recherches pertinentes et trouver une solution à un problème juridique, il est essentiel de bien définir ce dernier, comme le démontrent les deux exemples précités. Pour y arriver, il faut des connaissances de base en droit.

1.8.2 Le but de la recherche juridique

La recherche juridique ne consiste pas simplement à accumuler des citations de causes de jurisprudence, de la doctrine ou des articles de loi, ou encore à télécharger de l'information à partir du site Internet du gouvernement ou d'un organisme comme la Commission des normes, de l'équité, de la santé et de la sécurité du travail.

Il faut prendre connaissance de toute l'information, l'analyser et l'utiliser adéquatement selon la situation ou le problème à régler. Cela implique donc l'interprétation des résultats de la recherche et l'argumentation en faveur de la solution proposée.

C'est exactement ce que font les avocats lorsqu'ils écrivent une lettre d'opinion à leur client sur la problématique pour laquelle ils ont été consultés, comme Me Talbot le fera pour Rosaire Tremblay, ou lorsqu'ils font leurs plaidoiries devant le juge à la fin d'un procès ou d'une cause civile en tentant de le convaincre du bien-fondé du point de vue de leur client.

1.9 LES ÉTAPES D'UNE RECHERCHE JURIDIQUE

Une bonne recherche juridique se divise en trois étapes : 1) la préparation ; 2) la recherche ; 3) la rédaction d'un rapport de recherche, d'une note de service ou d'une lettre d'opinion.

1.9.1 La première étape : la préparation

Avant d'entreprendre la recherche, il faut suivre la démarche indiquée ci-dessous.

1. Bien comprendre la situation ou le problème juridique.
2. Obtenir toute l'information pertinente en regard du problème ainsi que les documents utiles, tels que les contrats, la correspondance, etc.
3. Évaluer l'étendue de la recherche, le temps nécessaire pour l'effectuer et le budget, le cas échéant.
4. Déterminer les sources de l'information juridique à consulter : *Code civil du Québec,* lois, règlements, jurisprudence, doctrine, etc.
5. Trouver le secteur du droit visé par la recherche.
6. Utiliser les principaux outils de recherche disponibles sur le sujet et s'informer de leur coût, le cas échéant.

1.9.2 La deuxième étape : la recherche

La recherche juridique consiste à consulter des documents relatifs à la jurisprudence et aux doctrines, tels que des articles de loi ou des règlements. Il est également possible de faire une recherche sur le site Internet d'un organisme comme le ***Registre des entreprises***, comme Rosaire Tremblay l'a fait, ou l'***Office de la protection du consommateur*** et le ***Registre des droits personnels et réels mobiliers*** (RDPRM), comme Nicolas Tremblay le fera s'il décide d'acheter un véhicule automobile usagé.

A. La jurisprudence et les lois

Pour effectuer une recherche sur la jurisprudence et les lois, il faut suivre la démarche suivante.

1. Trouver les lois et les articles de loi applicables, par exemple, les articles 1726 et s. du *Code civil du Québec* dans le cas d'un vice caché.
2. Vérifier si les lois et les règlements consultés sont à jour. Voir les amendements, s'il y a lieu. Par exemple, utiliser la version à jour du nouveau *Code de procédure civile* plutôt que sa version imprimée antérieure.
3. Déterminer les mots-clés qui serviront lors de la recherche informatisée dans la jurisprudence ou les lois et les règlements ; par exemple « défaut caché », « vice caché », « fosse septique », « *Loi sur la protection du consommateur* ».
4. Prendre note des références de la doctrine et de la jurisprudence citées, par exemple Pigeon, Louis-Philippe, *Rédaction et interprétation des lois,* Éditeur officiel du Québec, 1978 ou *Irwin Toy Ltd c. Procureur général du Québec* (1989) 1 R.C.S. 927.
5. Consulter la jurisprudence citée : d'abord les résumés, puis le texte intégral si la cause se révèle intéressante.

6. Effectuer une recherche informatisée de la jurisprudence citée en commençant par les sites gratuits, par exemple le site de la **Société québécoise d'information juridique**.
7. Consulter, s'il y a lieu, les banques de données juridiques tarifées, par exemple Azimut, Quicklaw, LexisNexis (service de recherche offert à la bibliothèque du Barreau de Montréal).
8. Prendre note de la législation, de la doctrine et de la jurisprudence citées.
9. Déterminer les années touchées par la recherche. Il est toujours préférable de commencer par les années les plus récentes.
10. Consulter, au besoin, les annuaires de jurisprudence antérieurs à la collecte d'information informatisée.
11. S'assurer que la jurisprudence trouvée n'a pas fait l'objet d'un appel à un tribunal supérieur (Cour d'appel ou Cour suprême) qui risque de changer la décision. Si tel est le cas, vérifier la décision du tribunal supérieur.
12. Imprimer les causes les plus importantes.

B. Le site internet d'un organisme

Pour effectuer une recherche sur le site d'un organisme, il faut suivre la démarche indiquée ci-dessous.

1. Lire attentivement l'information relative à l'utilisation du site afin d'éviter des pertes de temps et des frustrations inutiles.
2. Trouver les rubriques que l'on veut consulter.
3. Déterminer les questions auxquelles on veut répondre et en dresser une liste exhaustive.
4. Préciser les mots-clés, car ils constituent la base d'une recherche efficace.
5. Vérifier les hyperliens avec les autres sites qui peuvent apparaître et qui pourraient être utiles à la recherche.
6. Imprimer l'information pertinente.

1.9.3 La troisième étape : la rédaction

Une fois la recherche terminée, il faut rédiger un texte pour rendre compte des résultats obtenus. Le rapport de recherche, la note de service ou la lettre d'opinion doivent comprendre les éléments suivants :

- la date ;
- le nom du destinataire ;
- l'objet de la recherche ;
- un résumé des faits entourant le problème ou la situation ;
- les questions posées ;
- les outils de recherche juridique consultés ;
- l'argumentation juridique, c'est-à-dire les points pour et les points contre en fonction des questions posées ; par exemple : « S'agit-il vraiment d'un défaut caché ? », « L'action est-elle prescrite ? Dans la négative, quels sont les recours de M. Tremblay ? » ;
- les conclusions.

Dans le rapport, la note ou la lettre, il faut procéder de la façon suivante.

- Indiquer correctement les références à la doctrine et à la jurisprudence selon les critères reconnus, par exemple Beaulne, Jacques, *La liquidation des successions* (2002 : 235-238).
- Annexer la doctrine et la jurisprudence citées à l'appui de l'argumentation, en soulignant ou en surlignant en jaune les passages pertinents.
- Vérifier l'orthographe.
- Signer le rapport, la note de service ou la lettre d'opinion.

1.10 LES OUTILS DE RECHERCHE

Les outils de recherche juridiques sont multiples. Ils sont disponibles dans les bibliothèques, mais ils sont de plus en plus accessibles sur Internet.

i+ Pour en savoir davantage sur les différentes sources de droit

1.10.1 Les bibliothèques

Le *Code civil du Québec,* le *Code de procédure civile,* les autres codes, les lois, les règlements, la jurisprudence et la doctrine sont tous disponibles sous forme imprimée dans des recueils, des volumes ou des ouvrages que l'on peut consulter dans les bibliothèques juridiques du Québec. Mais il faut s'assurer que la version consultée est à jour au moment de la recherche.

1.10.2 Internet

Les sources de droit, y compris la majorité des ouvrages de doctrine, sont accessibles sur les nombreux sites qui fournissent de l'information juridique sur Internet. C'est le cas notamment des sites de l'Institut canadien d'information juridique (IIJCAN) et du Centre d'accès à l'information juridique (CAIJ). C'est surtout cette forme de documentation juridique qui retient notre attention, car elle est souvent gratuite et facilement accessible, pour n'importe quel citoyen.

i+ Pour en savoir davantage sur le guide de navigation vous permettant de vous familiariser avec les ressources en ligne

1.10.3 Le vocabulaire juridique

À l'instar de nombreux domaines, le droit possède un vocabulaire qui lui est propre. Il est donc important pour quiconque effectue une recherche documentaire en droit d'utiliser le vocabulaire du droit et de bien en comprendre le sens. C'est pourquoi, dans le présent manuel, certains mots sont définis dans la marge.

1.10.4 Les abréviation juridiques

Les abréviations juridiques sont également très importantes. Ainsi, à la simple lecture d'une citation de jurisprudence faite dans un ouvrage de doctrine ou sur le site des jugements des tribunaux du Québec, on peut savoir s'il s'agit d'une décision de la Cour du Québec, de la Cour supérieure, de la Cour d'appel ou de la Cour suprême. Les abréviations revêtent une importance particulière quand on sait que les décisions des plus hauts tribunaux sont suivies par les tribunaux inférieurs en vertu de la règle du *stare decisis.*

i+ Pour en savoir davantage sur la liste des abréviations juridiques les plus courantes

RETOUR SUR LA MISE EN SITUATION

Rosaire Tremblay a rencontré Me Andrée Talbot et après avoir obtenu les informations pertinentes et examiné les documents que M. Tremblay lui a transmis, Me Talbot lui fait parvenir la lettre d'opinion suivante concernant le problème de vices cachés de sa nouvelle résidence :

Monsieur Rosaire Tremblay

799, chemin du Lac Millette

Saint-Sauveur, Québec, J0R 1K0

Objet : Opinion concernant le problème d'infiltration d'eau à votre résidence

Monsieur,

La présente fait suite à notre rencontre du 5 mai 2016 et a pour but de vous transmettre notre opinion juridique en ce qui concerne votre problème d'infiltration d'eau au sous-sol de la résidence que vous avez acquise en date du 1er décembre 2015 à Saint-Sauveur.

Vous nous avez remis les documents suivants :

- promesse d'achat en date du 1er décembre 2015 ;
- inspection préachat en date du 10 décembre 2015 ;
- acte de vente en date du 25 février 2016 ;
- expertise de Denis Lapierre, ingénieur en date du 1er avril 2016 ;
- soumission de Excavations Boileau Inc. en date du 10 avril 2016 pour réparer les fissures et le drain français.

Vous nous avez informés que le sous-sol était entièrement fini et que, de plus, au moment de votre achat, il y avait un mètre de neige autour des fondations. Vous avez également mentionné que c'est à la fonte des neiges que vous avez découvert le problème et qu'à ce moment, vous avez ouvert le mur de votre sous-sol, pour découvrir les fissures à trois endroits différents.

Tout d'abord, votre contrat de vente indique que vous avez acquis la propriété avec la garantie légale. Cela veut donc dire que votre vendeur est responsable de tout défaut caché, à moins que vous ayez omis de faire un examen diligent avant la signature du contrat chez le notaire. Ce n'est pas le cas, puisque vous avez procédé à une expertise pré-achat par monsieur Bilodeau et que celui-ci n'a rien découvert relativement à des réparations ou à des infiltrations d'eau.

Par ailleurs, l'expert que vous avez retenu après la découverte des infiltrations vous a indiqué, après avoir procédé au creusage de deux excavations exploratoires et à un examen par caméra vidéo du drain français de la propriété, que celui-ci était bloqué à plusieurs endroits et devrait être remplacé.

L'article 1726 du *Code civil du Québec* prévoit ceci : « Le vendeur est tenu de garantir à l'acheteur que le bien et ses accessoires sont, lors de la vente, exempts de vices cachés qui le rendent impropre à l'usage auquel on le destine ou qui diminue tellement son utilité que l'acheteur ne l'aurait pas acheté, ou n'aurait pas donné si haut prix, s'il les avait connus. Il n'est, cependant, pas tenu de garantir le vice caché connu de l'acheteur ni le vice apparent : est apparent le vice qui peut être constaté par un acheteur prudent et diligent sans avoir besoin de recourir à un expert. »

En conséquence, vous avez un recours en diminution de prix contre votre vendeur afin de lui réclamer le coût des réparations que vous aurez à faire.

Avant de faire vos travaux et dans le but de protéger votre recours, vous devrez faire parvenir une mise en demeure à votre vendeur, dans un délai raisonnable, dénonçant le vice comme l'exige l'article 1739 du *Code civil du Québec,* pour lui permettre de venir constater le problème, évaluer les dommages que vous avez subis et, le cas échéant, procéder lui-même et à ses frais aux travaux correctifs.

Si votre vendeur ne répond pas à cette mise en demeure ou s'il nie toute responsabilité et refuse de payer, vous devrez intenter votre recours à l'intérieur du délai de prescription de trois ans qui commence à courir à partir de la découverte du problème.

Si vous avez des questions, n'hésitez pas à communiquer avec moi.

Espérant le tout à votre entière satisfaction, nous vous prions d'agréer, Monsieur, l'expression de nos sentiments les meilleurs.

Andrée Talbot, avocate

EN BREF

- Le droit est l'ensemble des règles et des normes établies par les autorités compétentes pour régir les relations entre les individus à l'intérieur de la société.
- Les principales sources historiques du droit sont : le Régime français avant 1760 et le Régime anglais par la suite.
- Les principales sources constitutionnelles du droit sont : l'*Acte de Québec* (1774), l'*Acte constitutionnel* (1791), l'*Acte d'union*, l'*Acte de l'Amérique du Nord britannique* (AANB), le *Statut de Westminster* (1931), la *Loi constitutionnelle de 1982,* la *Charte canadienne des droits et libertés.*
- Les sources du droit sont la législation et plus particulièrement les lois, les chartes, le *Code civil du Québec,* les autres codes, les ordonnances et les décrets et les règlements. Ces sources comprennent aussi la jurisprudence, la doctrine ainsi que l'usage et la coutume.
- Les principales branches du droit sont le droit international public et privé et le droit national public et privé.
- L'avènement de l'informatique a révolutionné la recherche documentaire en droit.

- La documentation juridique comprend l'ensemble des documents qui contiennent les sources du droit (les lois, les règlements, la jurisprudence et la doctrine).
- Faire une recherche documentaire en droit, c'est rassembler les éléments de droit applicables à une situation en vue de donner une opinion juridique ou de prendre une décision. Il est essentiel de bien cerner l'objet et le but de la recherche juridique.
- Les trois étapes de la recherche juridique sont la préparation, la recherche elle-même et la rédaction d'une opinion, d'un rapport de recherche ou d'une note de service.
- Les bibliothèques et Internet constituent les principaux outils de recherche en droit.

EXERCEZ-VOUS

VOCABULAIRE

Parmi les termes suivants, choisissez ceux qui conviennent pour compléter les définitions ci-dessous.

- loi
- droit administratif
- péréquation
- droit commercial
- jurisprudence
- *Code civil du Bas-Canada*
- constitution
- législation
- *Code civil du Québec*
- *Charte canadienne des droits et libertés*
- droit international public
- pouvoir résiduaire
- usage et coutume
- *Loi constitutionnelle de 1982*
- Protecteur du citoyen
- séparation des pouvoirs
- clause nonobstant
- *Acte de Québec*

1. Pour procéder au rapatriement de la Constitution canadienne, le Parlement anglais adopta la *Loi sur le Canada* (*Canada Act*). En même temps, le Parlement du Canada adopta la ____________.

2. La ____________ constitue l'ensemble des décisions rendues par les différents tribunaux appelés à se prononcer sur des litiges.

3. Le ____________ vise à régir les rapports interétatiques au moyen de traités, d'accords, de conventions, de coutumes et de pourparlers.

4. Le ____________ constitue la source essentielle de notre droit des affaires. Il regroupe plus de 3 168 articles, dont plusieurs réglementent les activités commerciales de tous les jours. Depuis le 1er janvier 1994, il remplace le ____________.

5. On appelle ____________ la répartition des paiements du fédéral aux provinces qui comptent des inégalités régionales, afin de promouvoir l'égalité des chances et de favoriser un équilibre dans le développement économique du Canada.

6. Une ____________ est la loi fondamentale qui définit la structure politique d'un pays, le mode d'élection de ses dirigeants, le rôle des tribunaux et les garanties dont tout citoyen dispose face aux abus de pouvoir des gouvernants.

7. L'article 33 de la *Charte canadienne des droits et libertés* prévoit que le Parlement fédéral ou une province peut adopter une loi excluant l'application de l'article 2 et des articles 7 à 15 de la Charte. Il s'agit de la ____________.

8. La ____________ est formée de l'ensemble des lois votées par nos corps législatifs, c'est-à-dire le Parlement du Canada et l'Assemblée nationale du Québec, des décrets promulgués par le pouvoir exécutif et de tous les règlements émanant de nos institutions municipales, scolaires et professionnelles.

9. Si les articles 91 et 92 n'attribuent pas une matière spécifiquement à un ordre de gouvernement, c'est le gouvernement fédéral qui possède le pouvoir de légiférer dans le domaine. On parle alors du ____________ du Parlement fédéral.

10. En 1774, l' ____________ rétablit le droit français dans tous les domaines concernant le droit civil et la propriété, mais les lois criminelles et pénales ainsi que les lois commerciales anglaises demeurèrent en vigueur.

VRAI OU FAUX

Indiquez si les affirmations suivantes sont vraies ou fausses. Si l'affirmation est fausse, précisez pourquoi.

1. Le *Code civil de l'Ontario* énonce l'ensemble des règles de droit civil s'appliquant dans cette province.
2. Lorsqu'une loi est déclarée inconstitutionnelle, cela signifie que l'ordre de gouvernement qui l'a adoptée n'avait pas la compétence pour le faire en vertu de la Constitution.
3. Le droit du travail fait partie de la catégorie du droit social.
4. C'est le traité de Paris qui a rétabli le droit français dans tous les domaines concernant le droit civil et la propriété.
5. Le mariage d'une Québécoise avec un Haïtien est régi par les règles du droit international public.
6. C'est en vertu du principe de la territorialité du droit qu'un touriste anglais en visite au Québec doit respecter le *Code de la sécurité routière du Québec*.
7. C'est en 1866 que le *Code civil du Québec* a été adopté.
8. Le droit familial fait partie du droit national public.
9. L'article 33 de la *Charte canadienne des droits et libertés* permet au gouvernement fédéral ou à une province d'adopter une loi excluant l'application de l'article 2 et des articles 7 à 15 de la *Charte*. On appelle cette disposition « pouvoir résiduaire ».

CHOIX MULTIPLES

Encerclez la bonne réponse parmi les choix proposés.

1. C'est dans la *Loi constitutionnelle de 1982* que l'on trouve
   a) le *Code criminel* ;
   b) le *Code civil* ;
   c) la loi-cadre ;
   d) la *Charte canadienne des droits et libertés.*
2. Le document en vertu duquel la France a cédé la Nouvelle-France à l'Angleterre s'appelle :
   a) l'*Acte d'union* ;
   b) l'*Acte de Québec* ;
   c) le *Statut de Westminster* ;
   d) le traité de Paris.
3. Un conflit éclate entre une entreprise québécoise et une entreprise américaine ; il s'agit d'un conflit relevant du :
   a) droit national public ;
   b) droit international privé ;
   c) droit national privé ;
   d) droit international public.
4. Les cinq membres permanents du Conseil de sécurité de l'ONU possèdent chacun un ________________ sur les questions qui y sont discutées.
   a) droit résiduaire
   b) droit d'arbitrage
   c) droit d'appel
   d) droit de *veto*
5. La théorie selon laquelle le pouvoir de l'État se divise en trois pouvoirs distincts : le pouvoir législatif, le pouvoir exécutif et le pouvoir judiciaire, s'appelle
   a) la théorie du partage des compétences.
   b) la théorie du partage des pouvoirs.
   c) la théorie de la séparation des pouvoirs.
   d) la théorie de l'*ultra vires.*

FAITES LE POINT

1. Quelles sont les sources historiques du droit québécois et canadien ?
2. Qu'est qu'une constitution ?
3. Expliquez brièvement les différentes sources du droit sur lesquelles les juges se basent pour rendre un jugement.
4. Expliquez comment le gouvernement pourrait procéder à un amendement de la constitution canadienne.
5. Enumérez et expliquez brièvement les étapes menant à l'adoption d'une loi par l'Assemblée nationale.
6. Qu'est-ce que la péréquation ?
7. Énumérez cinq juridictions exclusives à chaque palier de gouvernement.
8. Quelles sont les trois étapes d'une bonne recherche juridique ?

RECHERCHE EN LIGNE

Pour réaliser l'activité suivante, consultez le site de la ***Charte de la langue française***.

Vous êtes canadien francophone et vous avez deux enfants qui commenceront l'école en septembre. Votre conjoint et vous souhaitez que les enfants deviennent parfaitement bilingues et, pour les aider, vous décidez de les inscrire dans une école anglophone dès le primaire. À votre grande surprise, vos enfants ne sont pas admissibles.

a) Quelles sont les règles d'admissibilité à l'école anglophone ?
b) Est-ce que ces règles s'appliquent à tous les niveaux d'enseignements ?
c) Auprès de quel palier de gouvernement pourriez-vous faire campagne pour modifier cette loi ? Et pourquoi ?

CAS PRATIQUES

1. Compte tenu du nombre sans cesse croissant d'étudiants désireux de fréquenter les universités au Québec et du nombre limité de places disponibles, le gouvernement fédéral annonce la création d'une nouvelle université. Il soumet à cette fin un projet de loi au Parlement, qui l'adopte majoritairement. Le gouvernement de la province de Québec retient vos services pour étudier la constitutionnalité de cette loi. Donnez-lui votre opinion et justifiez-la.

a) Le gouvernement fédéral a-t-il juridiction pour adopter cette loi ?
b) Quels articles de la Constitution canadienne s'appliquent à cette situation ?
c) Quels recours devra prendre le gouvernement du Québec, le cas échéant ?

2. En 2013, le ministre responsable des Institutions démocratiques et de la Participation citoyenne, M. Bernard Drainville, a déposé le projet de loi n° 60, intitulé : « Charte affirmant les valeurs de laïcité et de neutralité religieuse de l'État ainsi que d'égalité entre les femmes et les hommes et encadrant les demandes d'accommodement[1] ». Des opposants à un tel projet de loi viennent vous consulter à titre de juriste. Ils vous demandent votre opinion :

a) Est-ce qu'un tel projet de loi est de compétence provinciale ou fédérale en vertu de l'*Acte de l'Amérique du Nord britannique* (AANB) de 1867 ? Justifiez votre opinion juridique.
b) De la façon dont ce projet de loi est rédigé, existe-t-il selon vous certains critères déterminant l'inconstitutionnalité de cette future loi en regard de la *Charte canadienne des droits et libertés* enchâssée dans la loi constitutionnelle de 1982 ? Justifiez votre opinion juridique.
c) Si la cour confirmait l'inconstitutionnalité d'une telle loi, que pourrait faire le gouvernement du Québec pour aller de l'avant avec la loi et pour combien de temps ?

3. Pour la semaine de relâche, vous décidez, avec des amis, d'aller skier à Jay Peak dans le Vermont. Vous demandez à votre père de vous prêter sa fourgonnette, voiture plus grande que votre petite voiture, vous pouvez y ranger les skis et bagages de vos deux amis ainsi que les vôtres. Malheureusement, vous avez un accident de voiture aux États-Unis. La route était vraiment très glissante, et vous avez été impliqué dans un carambolage. Il y a des poursuites pour dommages matériels et corporels et vous clamez que vous n'êtes pas responsable. De quelle sorte de droit s'agit-il et quelles lois s'appliqueront ?

1. www.nosvaleurs.gouv.qc.ca/medias/pdf/Projet_de_loi.pdf

CHAPITRE

2

L'ENVIRONNEMENT JURIDIQUE AU QUÉBEC

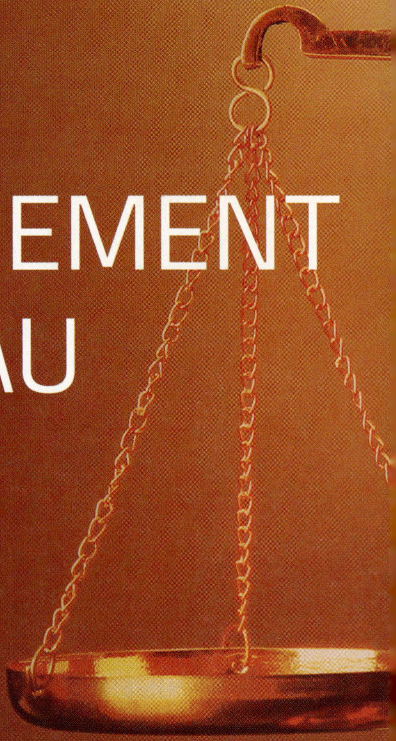

OBJECTIFS D'APPRENTISSAGE

À la fin de ce chapitre, vous devriez être en mesure :

1. d'expliquer le fonctionnement des tribunaux et le rôle du personnel judiciaire ;
2. de distinguer un tribunal de première instance d'un tribunal d'appel ;
3. de définir les différents tribunaux civils, pénaux et criminels, de nommer leurs juridictions respectives et de les différencier dans des situations précises ;
4. d'énumérer les principales étapes d'une cause civile et d'un procès pénal ou criminel ;
5. d'expliquer la procédure de l'action collective ;
6. de décrire les conséquences d'un casier judiciaire ainsi que la procédure pour obtenir une suspension de casier (pardon) ;
7. de décrire les modes alternatifs de résolution des conflits et leur procédure ;
8. d'appliquer les notions apprises dans ce chapitre à des situations pratiques et de trouver l'information pertinente au moyen de divers outils de recherche juridique.

MISE EN SITUATION

Rosaire Tremblay travaille pour Herbocide Québec inc., entreprise spécialisée dans la production d'herbicides. Située sur les rives de la rivière Richelieu, elle vient de recevoir un avis d'infraction du ministère du Développement durable, de l'Environnement et de la Lutte contre les changements climatiques. À la suite d'une enquête sur la mort de nombreux poissons en aval de l'usine, le Ministère accuse l'entreprise d'avoir procédé à des déversements illégaux de déchets chimiques dans la rivière. Cette poursuite implique des amendes considérables, la fermeture potentielle de l'usine, des poursuites pénales de la part du ministère de l'Environnement et des poursuites civiles de la part de nombreux agriculteurs de la région qui se plaignent que ces déversements ont contaminé la nappe phréatique et mettent en péril leur bétail et leurs récoltes, non seulement contre l'entreprise, mais aussi contre ses principaux administrateurs. À titre de directeur des opérations de cette entreprise, Monsieur Tremblay s'inquiète à ce sujet.

Questions

1. Il se demande devant quels tribunaux ces poursuites seront intentées et quelles étapes devront suivre les procédures.
2. Quel genre de preuve devra être faite contre l'entreprise et ses administrateurs pour déterminer s'ils seront responsables :
   a) Devant les tribunaux civils ?
   b) Devant les tribunaux criminels ?

SIGNETS INTERNET

Ce chapitre renvoie aux sites Internet des organismes (ou documents) suivants :

- *Code de procédure civile*
- Commission des droits de la personne et des droits de la jeunesse
- Cour du Québec
- Institut de médiation et d'arbitrage du Québec (IMAQ)
- Ministère de la justice
- *Nouveau Code de procédure civile*
- Tribunaux

INTRODUCTION

Celui qui affronte, pour la première fois, le système judiciaire est généralement désemparé et incapable d'établir la différence entre une cause civile et un procès criminel ou pénal. La plupart du temps, il ignore le nom des divers tribunaux auxquels il peut s'adresser pour faire valoir ses droits. Les gens d'affaires, comme les autres citoyens, sont souvent appelés devant les tribunaux pour faire valoir leurs droits ou encore pour se défendre s'ils sont poursuivis. De plus en plus d'entreprises sont poursuivies devant les tribunaux criminels et pénaux parce qu'elles ne se sont pas conformées aux dispositions de lois à caractère pénal et se retrouvent en défaut, par exemple, d'obtenir un permis, d'employer des travailleurs qualifiés comme l'exige la loi, ou encore de produire un rapport à l'intention d'un ministère ou d'un organisme gouvernemental.

En matière civile, les causes importantes résultent de la responsabilité extracontractuelle ou contractuelle. Aussi nous paraît-il essentiel d'exposer dans le présent chapitre la structure et le rôle des tribunaux au Québec.

2.1 L'ORGANISATION DES TRIBUNAUX JUDICIAIRES

Au sein des tribunaux judiciaires évoluent de nombreuses personnes, désignées comme officiers de justice, qui exercent un rôle important au sein de l'organisation des tribunaux et remplissent de multiples fonctions. On peut citer les juges, les avocats, les huissiers, les greffiers, les coroners, etc.

Pour en savoir davantage sur les fonctions du personnel judiciaire

Les tribunaux judiciaires sont considérés comme nos tribunaux de droit commun, c'est-à-dire qu'ils s'occupent de tous les autres litiges qu'une loi particulière n'a pas confiés exclusivement à un tribunal administratif. Ce sont ces tribunaux qui entendent les causes de citoyens québécois relativement à leurs droits et obligations découlant du *Code civil du Québec*, du *Code de procédure civile*, du *Code criminel canadien*, du *Code de la sécurité routière* et des autres lois à caractère pénal. Ils ont juridiction en matière civile, criminelle et pénale. La figure 2.1 présente l'organisation des tribunaux judiciaires au Québec.

FIGURE 2.1 Les tribunaux judiciaires au Québec

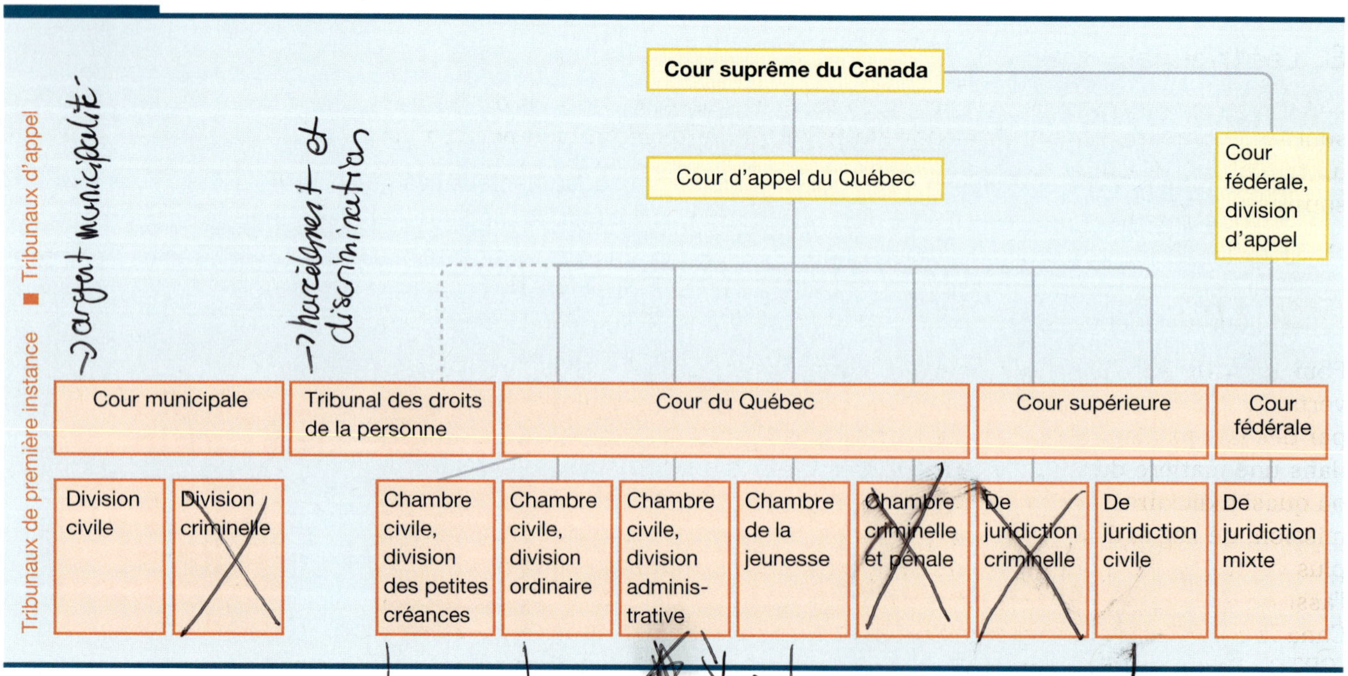

2.1.1 La juridiction et les districts judiciaires

Le Québec est actuellement divisé en 36 districts judiciaires à l'intérieur desquels on trouve les différents tribunaux. Dans chacun des districts judiciaires de Montréal, Québec, Laval, Longueuil, etc., il existe un palais de justice où siègent les différents tribunaux et où sont regroupés les services judiciaires d'une région. Les causes touchant des personnes, des entreprises ou des biens résidant ou situés dans ce district judiciaire y sont entendues. La *Constitution canadienne* répartit les compétences relatives du système judiciaire entre le gouvernement fédéral et le gouvernement provincial.

Ainsi, le Québec, comme les autres provinces, est responsable de l'administration de la justice sur son territoire. Le gouvernement provincial a donc procédé à la création, à la mise en place et à l'organisation des tribunaux provinciaux en matière civile et pénale. Il a créé, notamment, la Cour du Québec, les cours municipales et les tribunaux administratifs québécois.

Quant au gouvernement fédéral, il a compétence exclusive en matière criminelle et pour la nomination des juges des différents tribunaux supérieurs dans les 10 provinces canadiennes. Il a aussi la compétence exclusive pour la mise sur pied des tribunaux d'appel et autres tribunaux nécessaires à la bonne administration des lois canadiennes. Il a créé la Cour supérieure, la Cour d'appel, la Cour suprême, la Cour fédérale et les tribunaux administratifs canadiens.

2.1.2 Les tribunaux de première instance et les tribunaux d'appel

Les **tribunaux judiciaires** se répartissent en **tribunaux de première instance** et en tribunaux d'appel.

> **Tribunaux de première instance** *(Trial courts)*
> Tribunaux civils, criminels ou pénaux devant lesquels on se présente, dans un premier temps, pour obtenir un jugement.

A. Les tribunaux de première instance

La Cour du Québec, la Cour supérieure, la Cour municipale et la Cour fédérale sont les tribunaux de première instance. Ils incluent également les tribunaux administratifs provinciaux et fédéraux.

B. Les tribunaux d'appel

La Cour d'appel du Québec, la Cour suprême et la Cour fédérale, division d'appel, sont les tribunaux d'appel. On définit un **tribunal de dernière instance** comme un tribunal dont on ne peut en appeler de la décision. C'est le cas de la Cour suprême.

2.2 LES TRIBUNAUX ADMINISTRATIFS

Pour trancher les litiges qui peuvent survenir dans les relations entre le gouvernement fédéral ou provincial et les citoyens, les gouvernements ont créé, par des lois particulières, des organismes possédant une compétence exclusive dans une matière donnée. Ces organismes forment les tribunaux administratifs ou quasi judiciaires. On leur attribue le plus souvent le titre de tribunal, de commission, de régie, d'office, de conseil ou de bureau. Les tribunaux fédéraux les plus connus sont la Commission canadienne des transports, la Commission de l'assurance-emploi, la Commission de l'immigration et du statut de réfugié du Canada et le Conseil de la radiodiffusion et des télécommunications canadiennes (CRTC). Parmi les tribunaux québécois les plus connus, on peut citer la Régie du logement, le Tribunal des professions, le Tribunal des droits de la personne et le Tribunal administratif du Québec, que nous étudierons dans les sous-sections suivantes. Certaines décisions rendues par les tribunaux administratifs peuvent être portées en appel devant d'autres organismes ou tribunaux.

> **Exemple** On peut en appeler devant le Tribunal administratif du Québec des décisions rendues par les tribunaux de révision paritaire de la Commission des normes, de l'équité, de la santé et de la sécurité du travail (C.N.E.S.S.T.); il en va de même des décisions rendues par la Société de l'assurance automobile du Québec (SAAQ).

Certaines lois créant les tribunaux administratifs prévoient également la possibilité de porter leurs décisions en appel directement devant les tribunaux judiciaires.

> **Exemple** On peut en appeler devant la Cour du Québec, Chambre civile, d'une décision de la Régie du logement; on peut aussi en appeler devant la Cour fédérale d'une décision rendue par la Commission d'appel de l'immigration.

Rappelons enfin que tous ces organismes spécialisés sont soumis au contrôle de tribunaux de droit commun, soit la Cour supérieure, en ce qui concerne les tribunaux québécois, et la Cour fédérale, en ce qui concerne les tribunaux fédéraux (*voir la figure 2.2*). L'une et l'autre pourront, dans certains cas, casser ou réviser les décisions de ces organismes. Nous examinerons de plus près deux de ces tribunaux: le Tribunal des droits de la personne et le Tribunal administratif du Québec.

FIGURE 2.2 Les tribunaux civils et administratifs

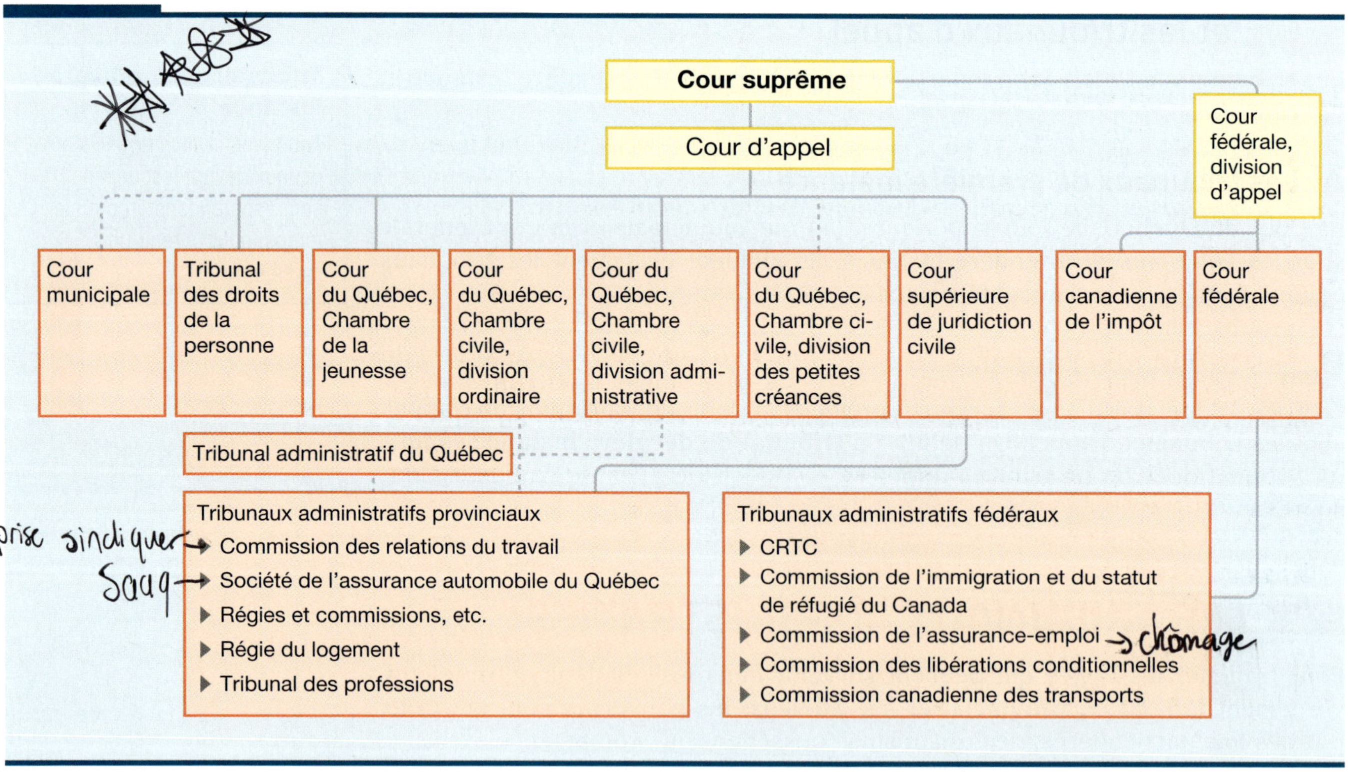

2.2.1 Le Tribunal des droits de la personne

Depuis l'entrée en vigueur de la *Charte des droits et libertés de la personne* le 28 juin 1976, la **Commission des droits de la personne et des droits de la jeunesse** assume la promotion et le respect des droits et libertés de la personne inscrits dans la Charte. La Commission fait une enquête à la suite de plaintes reçues de citoyens concernant la discrimination et décide des poursuites qui seront intentées devant le Tribunal des droits de la personne si les deux parties ne parviennent pas à une entente. Le Tribunal des droits de la personne est donc l'instance devant laquelle les causes de discrimination sont inscrites. Trois personnes siègent à ce tribunal : un juge de la Cour du Québec et deux assesseurs.

Ce tribunal est doté d'une autonomie complète vis-à-vis de la Cour du Québec. On y entend des litiges fondés sur la discrimination et le harcèlement (art. 10 et 10.1 de la *Charte*), ainsi que sur l'accès à des locaux d'habitation (art. 13), aux baux publics et aux moyens de transport (art. 15) ou à l'embauche (art. 16). L'encadré 2.1 résume les principales caractéristiques du Tribunal des droits de la personne.

ENCADRÉ 2.1 **Les caractéristiques du Tribunal des droits de la personne**

- Juridiction sur l'ensemble du Québec en vertu de la *Charte des droits et libertés de la personne*
- Compétence exclusive pour entendre les causes de discrimination et de harcèlement
- Composé de 1 président, de 3 juges de la Cour du Québec et de 9 assesseurs qui jouent un rôle d'assistance et de conseil

TAQ

2.2.2 Le Tribunal administratif du Québec

(7)

Plus connu sous son abréviation, le TAQ (Tribunal administratif du Québec) a été créé en 1998 afin de favoriser l'accès à la justice administrative en vertu des lois québécoises et d'en accroître l'efficacité. Les citoyens non satisfaits des décisions rendues par les régies, les commissions, les ministères, les sociétés et les organismes gouvernementaux s'adressent maintenant à ce tribunal pour faire valoir leurs droits.

> **Exemple** Karl Tremblay n'est pas satisfait de la décision rendue par la Société de l'assurance automobile à la suite des blessures subies lors d'un accident d'automobile. La loi prévoit qu'il peut en appeler de cette décision au TAQ.

Il est important de noter que, pour avoir accès au TAQ, une loi particulière comme la *Loi sur l'assurance automobile* (L.R.Q. c. A-25) du Québec, en vertu de laquelle la décision initiale a été rendue, doit autoriser un appel de cette décision au TAQ. Ce tribunal est divisé en quatre sections : 1) les affaires sociales ; 2) les affaires immobilières ; 3) les affaires économiques ; et 4) le territoire et l'environnement. Les cas d'expropriation et les appels d'une décision de l'Office de la protection du territoire agricole du Québec sont désormais traités par le TAQ. L'encadré 2.2 résume les principales caractéristiques du TAQ.

ENCADRÉ 2.2 **Les caractéristiques du Tribunal administratif du Québec**

(7)

- Juges nommés par le gouvernement provincial
- Juridiction sur tout le territoire du Québec
- Appel de décisions de divers organismes gouvernementaux provinciaux

2.3 LES TRIBUNAUX CIVILS

Contrairement aux tribunaux pénaux et criminels, le rôle des tribunaux civils n'est pas de déterminer si une personne est coupable ou non, mais plutôt de régler les litiges qui peuvent survenir dans les relations civiles, commerciales ou sociales entre les individus. En matière civile, on est toujours en présence d'une personne physique ou morale qui en poursuit une autre dans le but de: 1) recevoir une compensation en argent; 2) la forcer à exécuter une obligation légale ou contractuelle; 3) l'empêcher ou l'arrêter de commettre un acte déterminé susceptible de causer préjudice à autrui.

2.3.1 La Cour municipale

La plupart des villes et des municipalités du Québec possèdent une Cour municipale. Le gouvernement provincial en nomme les juges, mais ces derniers sont rémunérés par chacune des municipalités en question. Dans les plus petites municipalités, le juge municipal ne siège que quelques soirs par semaine; c'est souvent un avocat de pratique privée qui troque sa toge d'avocat contre celle de juge. À Montréal, à Québec et à Laval, les juges municipaux sont soumis à une loi spéciale; ils sont nommés de façon permanente et siègent à plein temps. L'encadré 2.3 résume les principales caractéristiques de la Cour municipale.

ENCADRÉ 2.3 Les caractéristiques de la Cour municipale

- Juges nommés par le gouvernement provincial
- Juridiction limitée à la municipalité visée
- Poursuites contre les personnes qui refusent ou négligent d'acquitter les sommes d'argent dues aux municipalités

En matière civile, l'article 28 de la *Loi sur les cours municipales* (L.R.Q. c. C-72.01) précise la compétence des cours municipales:

> **Art. 28 En matière civile, la cour a notamment compétence relativement à:**
>
> **1° tout recours intenté en vertu d'un règlement, d'une résolution ou d'une ordonnance de la municipalité pour le recouvrement d'une somme d'argent due à la municipalité à raison notamment de taxe, licence, tarif, taxe de l'eau, droit, compensation ou permis;**
>
> **2° tout recours intenté en recouvrement de taxe scolaire que la municipalité perçoit au nom d'une commission scolaire;**
>
> **3° tout recours de moins de 30000 $ intenté par la municipalité à titre de locateur de biens meubles ou immeubles, autre qu'un immeuble destiné à l'habitation, situés sur son territoire, ou tout recours de même nature intenté contre la municipalité par le locataire de ces biens.**

2.3.2 La Cour du Québec

i+

On retrouve la **Cour du Québec**, Chambre civile dans tous les districts judiciaires du Québec. Ses juges sont nommés et rémunérés par le gouvernement du Québec. En date de la publication de cet ouvrage, ils sont 290 et ont à leur tête un juge en chef, un juge en chef associé et quatre juges en chef adjoints.

En matière civile, la Cour du Québec est composée de quatre chambres: 1) la Chambre civile, division ordinaire; 2) la Chambre civile, division des petites créances; 3) la Chambre civile, division administrative; et 4) la Chambre de la jeunesse. Par ailleurs, la Cour du Québec, Chambre civile entend, sous réserve de la compétence attribuée aux cours municipales et à l'exclusion de la Cour supérieure:

- toute demande pour le recouvrement d'un impôt foncier, d'une taxe ou toute autre somme d'argent due à une municipalité ou une commission scolaire en application d'une loi ou des demandes contestant l'existence ou le montant d'une telle dette (art. 36 du N.C.p.c.);
- toute demande de remboursement d'un trop-perçu par une municipalité ou une commission scolaire;
- toute demande relative à un arbitrage dans la mesure où elle aurait compétence pour statuer sur l'objet du différend confié à l'arbitre ainsi que des demandes de reconnaissance et d'exécution d'une décision rendue hors du Québec dans les matières relevant de sa compétence (art. 39 du N.C.p.c.);
- les causes d'impôt et de taxes dus au gouvernement provincial à l'intérieur de sa compétence (au fédéral, la Cour canadienne de l'impôt joue ce rôle);
- toute matière relative à l'adoption et à la protection de la jeunesse;
- toute demande ayant pour objet, en l'absence de consentement de la personne concernée, la garde dans un établissement de santé ou de services sociaux en vue ou à la suite d'une évaluation psychiatrique (art. 38 du N.C.p.c.) pour une personne visée par la *Loi sur la protection des personnes dont l'état mental présente un danger pour elles-mêmes ou pour autrui* (L.R .Q. c. P-38.001).

A. La Chambre civile, division ordinaire

Depuis le 1er janvier 2016, la compétence monétaire de la division ordinaire passe de 70000 $ à 85000 $; cette limite monétaire sera par la suite haussée annuellement suivant l'indice des prix à la consommation pour le Québec déterminé par Statistique Canada. Sa compétence s'applique à l'exception des demandes de pension alimentaire et des causes spécifiquement attribuées à un autre tribunal, telle la Cour fédérale ou la Cour supérieure. Les jugements de la Cour du Québec, Chambre civile sont tantôt définitifs et sans appel, tantôt susceptibles d'appel. Depuis le 1er janvier 2016, pour toutes les causes dont le montant de la réclamation est supérieur à 60 000 $, le justiciable dispose d'**appel de plein droit.** Le ***Code de procédure civile*** prévoit la possibilité d'en appeler d'un jugement de la Cour du Québec, Chambre civile dans les causes où ce tribunal exerce une juridiction qui lui est attribuée exclusivement par un autre texte de loi, ainsi que pour les causes dont le montant en litige est inférieur à 50000 $ sur requête, avec la permission d'un juge de la Cour d'appel, lorsque ce dernier est d'avis que la question devrait être soumise à la Cour d'appel. À compter du 1er janvier 2016, ce montant passe à 60000 $. Dans tous les autres cas, les jugements de la Cour du Québec, Chambre civile sont définitifs. L'encadré 2.4, à la page suivante, résume les principales caractéristiques de la Cour du Québec, Chambre civile, division ordinaire.

B. La Chambre civile, division des petites créances

La Cour du Québec, Chambre civile, division des petites créances est une division de la Cour du Québec, Chambre civile. Elle a été créée en 1972 dans le but de rendre la justice plus accessible aux citoyens et de leur éviter des coûts et des honoraires d'avocat trop élevés par rapport au faible montant de leurs réclamations. Elle vise en outre à accélérer le processus judiciaire. Au moment de sa création, en 1972, sa juridiction était de 300 $. Elle a augmenté au fil des ans et, depuis le 1er janvier 2015, la compétence monétaire de la division des petites créances est passée de 7000 $ à 15000 $, sans tenir compte des intérêts. Les articles 536 à 541 du *Nouveau Code de procédure civile* établissent la juridiction de ce tribunal. Cette division entend les causes civiles, mais seulement celles dont le montant de la créance réclamée n'excède pas 15000 $. Ses dispositions excluent les actions intentées par des personnes morales comptant plus de dix employés même si l'objet du litige n'excède pas 15000 $.

ENCADRÉ 2.4 Les caractéristiques de la Cour du Québec, Chambre civile, division ordinaire

- Juges nommés par le gouvernement provincial
- Juridiction sur l'ensemble du Québec
- Causes où le montant en litige est inférieur à 85000 $, à l'exclusion des pensions alimentaires
- Causes visant le recouvrement d'une taxe ou d'une somme d'argent due à une municipalité ou à une commission scolaire
- Demandes d'évaluation psychiatrique et de garde en établissement en vertu de la *Loi sur la protection des personnes dont l'état mental présente un danger pour elles-mêmes ou autrui*
- Tribunal d'appel dans les cas de contestation des décisions rendues par certains tribunaux administratifs québécois

Ainsi, une entreprise présentant ces caractéristiques qui voudrait poursuivre une personne physique ou une entreprise pour un montant de 15000 $ ou moins devrait s'adresser à la Cour du Québec, Chambre civile, division ordinaire. La loi prévoit cependant qu'une personne physique poursuivie par une telle entreprise, devant la Cour du Québec, Chambre civile, pour une somme de 15000 $ ou moins peut faire transférer son dossier à la Cour du Québec, division des petites créances. Par ailleurs, rien ne s'oppose à ce qu'on réduise volontairement une dette d'un montant supérieur; par exemple, une dette de 25000 $ à 15000 $, si l'on désire poursuivre un débiteur à la Cour des petites créances, mais il est interdit de la diviser en deux réclamations distinctes de 15000 $ et 10000 $, par exemple.

Si le défendeur condamné ne se conforme pas au jugement, le tribunal pourra ordonner la saisie de ses biens.

Sont exclues les demandes résultant d'un bail de logement, portant sur une pension alimentaire ou alléguant diffamation ou de personne, société ou autre groupement sans personnalité juridique ayant acquis à titre onéreux la créance d'autrui. Les dispositions du *Code de procédure civile* relatives au recouvrement des petites créances ont considérablement simplifié la façon de procéder devant cette cour:

- le justiciable ne peut être représenté par un avocat devant la Cour des petites créances: il doit plaider lui-même sa cause, ce qui réduit considérablement ses coûts;
- les frais des services offerts par la Cour des petites créances sont indexés chaque année;
- la division des petites créances offre aussi un service de médiation, prodigué par des médiateurs accrédités.

Une fois la cause entendue, on avise les parties du jugement rendu et le défendeur condamné doit satisfaire à ce jugement dans les 30 jours. S'il ne le fait pas, le tribunal ordonnera l'exécution forcée du jugement par le recours à la saisie des biens ou du salaire du défendeur. Les jugements de la Cour des petites créances sont des jugements définitifs et sans appel. Le seul recours possible à l'encontre de ces jugements est une demande en rétractation de jugement, demande que l'on n'accorde que dans des cas très spéciaux. L'encadré 2.5 résume les principales caractéristiques de la Cour du Québec, Chambre civile, division des petites créances.

ENCADRÉ 2.5 Les caractéristiques de la Cour du Québec, Chambre civile, division des petites créances

- Juridiction sur l'ensemble du territoire du Québec
- Exclusion des demandes résultant d'un bail de logement, portant sur une pension alimentaire ou alléguant diffamation ou de personne, société ou autre groupement sans personnalité juridique ayant acquis à titre onéreux la créance d'autrui
- Causes dans le cadre desquelles le montant de la créance n'excède pas 15 000 $ et résultant d'une obligation contractuelle ou extracontractuelle d'un débiteur résidant au Québec ou y ayant un bureau d'affaires
- Poursuites intentées par une personne physique ou morale qui, en tout temps au cours des 12 mois précédents, avait au plus dix employés
- Appel sommaire en matière de fiscalité provinciale et de plaintes relatives à l'évaluation foncière

C. La Chambre civile, division administrative

La Cour du Québec, Chambre civile possède également une juridiction en vertu de laquelle elle devient un tribunal d'appel dans les cas de contestations de certaines décisions rendues par plusieurs régies et commissions, notamment le Registraire des entreprises, la Régie du logement, le Tribunal des professions, le Bureau de révision de l'évaluation foncière, de même que dans les cas d'appels de cotisations d'impôt du ministère du Revenu du Québec et de taxes municipales et scolaires ; c'est la division administrative de la Cour du Québec. L'encadré 2.6 résume les principales caractéristiques de la Cour du Québec, Chambre civile, division administrative.

ENCADRÉ 2.6 Les caractéristiques de la Cour du Québec, Chambre civile, division administrative

- Juridiction sur l'ensemble du territoire du Québec
- Causes en appel de certaines décisions rendues par la Régie du logement, la Commission de la protection du territoire agricole, cotisations d'impôt provincial et évaluation foncière visant les taxes municipales et scolaires et le Registraire des entreprises, appel du Tribunal administratif du Québec

D. La Chambre de la jeunesse

La juridiction civile de la Cour du Québec, Chambre de la jeunesse lui est conférée par une loi provinciale destinée à assurer la protection, le développement et la sécurité des jeunes âgés de moins de 18 ans. Cette loi s'appelle la *Loi sur la protection de la jeunesse* (L.R.Q. c. P-34.1). Les cas les plus fréquents dont le tribunal est saisi sont ceux d'enfants abandonnés, battus ou victimes d'agressions sexuelles. Cette loi oblige toute personne qui a connaissance ou qui soupçonne qu'un enfant est battu ou victime d'agressions sexuelles à signaler le cas de cet

Signalement *(Report)*
Dénonciation à la DPJ par une personne qui a constaté ou soupçonne qu'un enfant est maltraité ou victime de sévices ou d'agression.

enfant au Directeur de la protection de la jeunesse (DPJ). C'est ce qu'on appelle un **signalement**. Par exemple, une personne qui constate que son voisin maltraite son enfant âgé de cinq ans doit le signaler, car la loi l'y oblige; elle n'a pas à craindre de représailles puisque cette démarche demeure anonyme.

La loi prévoit la présence d'un Directeur de la protection de la jeunesse dans les principales régions du territoire québécois. Le directeur de la Direction de la protection de la jeunesse est entouré de spécialistes tels des travailleurs sociaux, des médecins et des psychologues pour l'aider à évaluer et à analyser les situations dont on le saisit, et à prendre les mesures qui s'imposent.

La loi vise également à protéger les enfants dont la sécurité et le développement sont compromis: enfants abandonnés par leurs parents ou sur le point de l'être; enfants dont le milieu familial peut nuire à leur développement physique, intellectuel ou émotif (isolement, absence de soins appropriés, conditions matérielles inadéquates, exploitation, négligence, usage de drogue, etc.); enfants qui manifestent des troubles de comportement sérieux (fugues, absences fréquentes de l'école sans raison valable, etc.). La Cour du Québec, Chambre de la jeunesse n'intervient que lorsque le Directeur de la protection de la jeunesse le juge nécessaire ou que l'enfant ou ses parents en font la demande. Il faut enfin noter que la Cour du Québec, Chambre de la jeunesse est compétente à l'exclusion de la Cour supérieure en matière d'adoption. De plus, le *Nouveau Code de procédure civile* prévoit que, lorsqu'elle est déjà saisie d'une demande en matière d'adoption ou de protection de la jeunesse, la Cour du Québec, Chambre de la jeunesse peut se prononcer sur les demandes qui y sont liées concernant la garde de l'enfant, son émancipation, l'exercice de l'autorité parentale ou la tutelle demandée par le directeur de la protection de la jeunesse. L'encadré 2.7 résume les principales caractéristiques de la Cour du Québec, Chambre de la jeunesse.

ENCADRÉ 2.7 Les caractéristiques de la Cour du Québec, Chambre de la jeunesse

- Juridiction sur l'ensemble du Québec
- Causes impliquant l'application de la *Loi sur la protection de la jeunesse* pour assurer la protection et la sécurité des jeunes âgés de moins de 18 ans
- Causes en matière d'adoption

2.3.3 La Cour supérieure

Les juges de la Cour supérieure sont nommés et rémunérés par le gouvernement fédéral. En date de la publication de cet ouvrage, ils sont 145. Ils ont à leur tête un juge en chef, un juge en chef adjoint et un juge en chef associé. Au Québec, la Cour supérieure est le Tribunal de droit commun, et sa compétence s'étend à toute la province. D'un point de vue pratique, cela signifie que ce tribunal est habilité à entendre toute cause que la loi n'a pas attribuée spécifiquement à un autre tribunal. En vertu de l'article 34 du *Nouveau Code de procédure civile* (ancien article 33 du *Code de procédure civile*), la Cour supérieure exerce un pouvoir général de contrôle judiciaire et de surveillance sur les tribunaux du Québec autres que la Cour d'appel (Cour du Québec, Chambre civile; Cour du Québec, Chambre criminelle et Cour du Québec, Chambre de la jeunesse, tribunaux administratifs) ainsi que sur les organismes publics, sur les personnes morales de droit public et de droit privé, sur les sociétés et les associations et sur les autres organismes sans personnalité juridique. Ce pouvoir lui permet, par exemple, de réviser une décision rendue par un juge de la Cour du Québec, une régie ou une commission gouvernementale, si cette dernière a excédé sa juridiction. Depuis le 1er janvier 2016, la Cour supérieure entend toutes les causes dont le montant en litige est de plus de 85 000 $. Lorsque l'article 35 du N.C.p.c. sera en vigueur, ce montant sera indexé annuellement. En outre, elle entend toutes les demandes d'**injonction** (art. 509 du N.C.p.c., ancien article 751 du C.p.c.) et d'évocation contre les tribunaux inférieurs et les tribunaux administratifs ou les organismes quasi judiciaires.

Injonction *(Injunction)*
Ordonnance de la Cour supérieure enjoignant à une personne ou, dans le cas d'une personne morale, d'une société, d'une association ou d'un groupement sans personnalité juridique, à ses dirigeants ou représentants, de ne pas faire ou de cesser de faire quelque chose ou d'accomplir un acte déterminé.

La Cour supérieure possède également une juridiction exclusive en matière de faillite et de droit de la famille, par exemple le divorce, la séparation de corps, les pensions alimentaires, la tutelle, l'homologation d'un mandat en prévision de l'inaptitude, etc. À moins d'une disposition contraire de la loi, depuis le 1er janvier 2016, tous les jugements définitifs de la Cour supérieure peuvent être portés en appel devant la Cour d'appel du Québec, à l'exception de ceux dont le montant en litige devant la Cour d'appel est inférieur à 60 000 $. Sont également sujets à appel devant la Cour d'appel du Québec tous les autres jugements de la Cour supérieure. La permission d'un juge de la Cour d'appel est cependant nécessaire ; il examine alors la question en litige pour déterminer si elle peut ou non être soumise à la Cour d'appel. Le délai pour en appeler d'un tel jugement est de 30 jours à compter de la date du jugement. L'encadré 2.8 résume les principales caractéristiques de la Cour supérieure de juridiction civile.

ENCADRÉ 2.8 Les caractéristiques de la Cour supérieure de juridiction civile

- Juges nommés par le gouvernement fédéral
- Juridiction sur l'ensemble du Québec
- Toutes les causes dont le montant en litige dépasse 85 000 $ et celles qui n'ont pas été attribuées spécifiquement à un autre tribunal
- Pouvoir général de contrôle judiciaire et de surveillance des tribunaux du Québec
- De façon exclusive toutes les causes d'injonction, de faillite, de divorce, de droit de la famille

2.3.4 La Cour fédérale

La Cour fédérale est un tribunal civil qui relève essentiellement du gouvernement du Canada, lequel en nomme les juges et les rémunère. En date de la publication de cet ouvrage, ce tribunal compte 36 juges dont un juge en chef et un juge en chef adjoint. Ce nombre peut être augmenté selon les besoins. À l'instar de la Cour supérieure, ce tribunal exerce un pouvoir de surveillance et de contrôle sur les tribunaux administratifs fédéraux, tels la Commission canadienne des relations industrielles, la Commission canadienne des transports, le Conseil de la radiodiffusion et des télécommunications canadiennes (CRTC), etc.

La Cour fédérale comporte une division de première instance et une division d'appel. Dans sa division de première instance, elle entend à peu près tous les litiges opposant le gouvernement du Canada à tout citoyen ou organisme fédéral. Elle fait office de tribunal de droit commun quand aucun autre tribunal n'a juridiction pour entendre un litige relatif à des lois canadiennes. La Cour fédérale a compétence pour des questions qui relèvent de la juridiction exclusive du Parlement fédéral, tels les droits d'auteur, les marques de commerce, les brevets d'invention, le droit maritime, les appels des décisions relatives à la *Loi fédérale de l'impôt sur le revenu* et les appels des décisions rendues en vertu de la *Loi sur la citoyenneté canadienne*. L'encadré 2.9 résume les principales caractéristiques de la Cour fédérale.

ENCADRÉ 2.9 Les caractéristiques de la Cour fédérale

- Juges nommés par le gouvernement fédéral
- Juridiction sur l'ensemble du territoire canadien
- Pouvoir de surveillance des tribunaux administratifs fédéraux
- Division de première instance : tous les litiges relevant de la compétence exclusive du gouvernement fédéral
- Division d'appel : révision des jugements rendus par la division de première instance ainsi que les décisions relatives à la *Loi de l'impôt sur le revenu* (fédéral) et la *Loi sur la citoyenneté canadienne*

2.4 LA PROCÉDURE CIVILE

Les dispositions du *Nouveau Code de procédure civile* (N.C.p.c.) sont entrées en vigueur le 1er janvier 2016, y compris la hausse de la juridiction de la Cour du Québec, division ordinaire à 85 000 $ mais à l'exception de son indexation annuelle subséquente. Il en est donc de même pour la procédure civile, qui subit des modifications majeures en vertu du *Nouveau Code de procédure civile*.

Pour cette raison, nous avons choisi de faire référence à la fois au *Code de procédure civile* et au *Nouveau Code de procédure civile*. Nous y ferons référence comme le C.p.c. et le N.C.p.c. On peut définir la procédure civile comme étant l'ensemble des actes de procédure et du processus que doivent suivre les avocats et les parties qui se représentent elles-mêmes lorsqu'ils intentent une action civile ou qu'ils sont poursuivis. La procédure à suivre devant la Cour du Québec, Chambre civile et la Cour supérieure de juridiction civile est la même. C'est le *Code de procédure civile* qui l'a définie jusqu'au 1er janvier 2016 ; puis il a été remplacé par le *Nouveau Code de procédure civile*. Cette procédure vise :

- à permettre au juge d'encadrer la gestion des dossiers de façon plus serrée afin d'accélérer leur cheminement jusqu'à l'audition ;
- à imposer aux avocats et aux personnes qui se représentent elles-mêmes l'obligation de s'entendre sur un échéancier appelé « protocole » dans le *Nouveau Code de procédure civile*, à défaut de quoi l'échéancier ou le protocole est imposé par le tribunal ;
- à imposer aux avocats et aux personnes qui se représentent elles-mêmes l'obligation d'inscrire le dossier pour enquête et audition à l'intérieur d'un délai de rigueur de 180 jours à compter de l'introduction de l'instance (en vertu du *Code de procédure civile*) et de six mois suivant la date où le protocole de l'instance est présumé accepté ou depuis la conférence de gestion qui suit le dépôt du protocole (en vertu du *Nouveau Code de procédure civile*) ;
- à permettre la possibilité de conférences de règlement présidées par un juge.

Afin d'illustrer cette procédure commune, prenons l'exemple suivant.

Exemple La compagnie Pro-Dépôt inc. a vendu des matériaux d'une valeur de 77 500 $ aux Constructions du Faubourg inc. Malgré le paiement d'une somme de 45 000 $ à Pro-Dépôt et malgré les promesses répétées de Constructions du Faubourg, un solde de 32 500 $ demeure impayé. Sylvie Tremblay, une technicienne en comptabilité et en gestion responsable des comptes-clients et travaillant chez Pro-Dépôt, est mandatée par son employeur pour récupérer les sommes dues.

Avant d'intenter une action, il est important de se poser les deux questions suivantes : 1) La personne qui intente l'action a-t-elle un lien de droit ou un intérêt suffisant pour intenter l'action ? Si la réponse est « non », l'action ne doit pas être intentée. 2) Le droit d'intenter l'action est-il prescrit ou périmé par l'écoulement du temps ou du délai de prescription ? Si la réponse est « non », l'action peut être intentée.

2.4.1 Les étapes de la procédure civile

Tout débiteur qui ne s'acquitte pas de son obligation de paiement se rend passible d'une poursuite en réclamation de la somme due, en plus des dommages et intérêts que le créancier peut exiger dans tous les cas.

i+ Pour en savoir davantage sur les étapes de la procédure civile

A. La mise en demeure

Une action civile est souvent précédée d'une demande écrite : la **mise en demeure** (*voir la figure 2.3*). À ce stade, on ne parle pas encore de procédure judiciaire : le créancier réclame son dû sans recourir aux tribunaux. La mise en demeure peut aussi être utilisée pour sommer un débiteur de faire ou de ne pas faire quelque chose (comme nous le verrons dans le chapitre 5), dans un délai précis (de 10 jours, par exemple) et de l'informer qu'à défaut de satisfaire à la demande, des procédures judiciaires seront intentées contre lui sans autre avis ni délai.

Mise en demeure
(Demand letter)
Lettre que le créancier (ou son avocat) expédie à son débiteur, de préférence par courrier recommandé ou certifié, et qui le somme de régler sa dette dans un délai précis, à défaut de quoi des procédures judiciaires seront intentées contre lui sans autre avis ni délai.

FIGURE 2.3 Un exemple de mise en demeure

TALBOT & ASSOCIÉS, AVOCATS
6430, avenue des Oiseaux
Laval QC H7L 3V7

Laval, le 14 février 2016

Constructions du Faubourg inc.
84, chemin du Ruisseau
Laval QC H7L 1M7

« Sans préjudice »

Objet : Mon client : Pro-Dépôt inc. c. vous-mêmes

Monsieur,

Nous agissons pour notre client précité, Pro-Dépôt inc., relativement au compte en souffrance n° 3644 pour marchandises vendues et livrées à votre demande et en votre faveur pour une somme totale de 77 500 \$ et dont le solde impayé est de 32 500 \$. Vous trouverez sous pli un état de compte détaillé.

Mon client vous a envoyé une lettre de mise en demeure vous demandant de payer la somme due, à laquelle vous avez omis de donner suite et de payer.

Mes instructions sont formelles, à défaut par vous de payer cette somme de 32 500 \$, par chèque visé de 32 500 \$, payable à l'ordre de Pro-Dépôt inc., et ce, dans les 5 jours de la réception par vous des présentes, les procédures judiciaires appropriées seront immédiatement intentées contre vous sans autre avis ou délai.

Veuillez donc agir en conséquence.

Andrée Talbot, avocate

> **Exemple** L'acheteur d'un bien entaché d'un défaut de qualité ou d'un vice caché, comme la maison achetée par Rosaire Tremblay, doit envoyer une mise en demeure à son vendeur dans laquelle il dénoncera le vice et il lui demandera de remédier au défaut à l'intérieur d'un certain délai avant de faire corriger lui-même le défaut ou d'intenter son action. Dans un tel cas, le défaut de dénoncer le vice caché avant de procéder aux réparations et avant d'intenter son action peut être fatal à la partie demanderesse.

B. L'action

Le réclamant (ou créancier) qui intente une action civile s'appelle la **partie demanderesse** ou **demandeur** et celui qui est poursuivi s'appelle la **partie défenderesse** ou **défendeur.** La partie demanderesse détermine d'abord devant quel tribunal elle devra intenter son action: c'est la **compétence d'attribution,** qui sera établie en fonction de la nature de la demande et du montant de la réclamation ou selon la juridiction du tribunal. Dans notre exemple, Pro-Dépôt doit intenter son action devant la Cour du Québec, Chambre civile, étant donné que le montant en litige est de 32500 $. Une fois que le demandeur a choisi le tribunal, il détermine dans quel district judiciaire il intentera son action: c'est la **compétence territoriale.** En matière civile, la règle est la suivante: le demandeur intente son action devant le tribunal du domicile du défendeur ou devant le tribunal du lieu où l'objet du litige a pris naissance. Ainsi, Pro-Dépôt a le choix d'intenter son action dans le district judiciaire de Laval, domicile du défendeur, ou dans le district de Montréal, lieu où le contrat de vente des matériaux a été signé.

Demande introductive d'instance (N.C.p.c.)
(Motion to institute proceedings)
Document écrit dans lequel le demandeur expose, sous forme de paragraphes distincts, les motifs de son action contre le défendeur; conclut à la responsabilité de ce dernier et demande au tribunal de condamner le défendeur, par exemple, à lui payer la somme d'argent qu'il lui réclame.

C. La demande introductive d'instance et l'avis d'assignation (N.C.p.c)

Toutes les actions débutent par l'émission d'une **demande introductive d'instance (N.C.p.c.)**. Rappelons qu'en vertu du C.p.c., les actions débutaient en vertu de l'émission d'une requête introductive d'instance. La figure 2.4 reproduit une demande introductive d'instance

La **demande introductive d'instance** est accompagnée d'un avis d'assignation à la partie défenderesse. L'article 146 du N.C.p.c. énonce le contenu de celui-ci:

> **Art. 146 du N.C.p.c. L'avis d'assignation doit être conforme au modèle établi par le ministre de la Justice.**
>
> **Il y est notamment mentionné que le défendeur devra coopérer avec le demandeur pour préparer le protocole qui régira le déroulement de l'instance; il y est également indiqué la sanction à laquelle il s'expose s'il fait défaut de transmettre sa réponse à la demande formée contre lui dans les 15 jours de sa signification. [...]**

i+ Pour en savoir davantage sur l'avis d'assignation

Il est important de noter qu'il n'est plus question de comparution dans les 10 jours de la signification, mais plutôt de réponse à la demande dans un délai de 15 jours de la signification.

Généralement, l'avocat du demandeur ou de la partie demanderesse fait émettre la demande ou la requête en se présentant au greffe de la Cour choisie, dans le district judiciaire visé. À cet effet, il doit payer une taxe appelée **timbre judiciaire**;

le prix de ce timbre est fixé par règlement et varie selon la nature de l'action, le montant réclamé et le tribunal devant lequel l'action est intentée. Un **huissier** est alors chargé de notifier ou de signifier la demande et l'avis d'assignation ou la requête et l'avis au défendeur auxquels sont généralement annexées les pièces alléguées à l'appui de la demande. C'est ce que l'on appelle la **signification ou la notification de procédures.**

Huissier *(Bailiff)*
Officier de justice chargé de signifier les actes de procédure et de mettre à exécution certaines décisions des tribunaux ayant force exécutoire, comme la saisie-exécution de biens meubles d'un débiteur.

FIGURE 2.4 La demande introductive d'instance (N.C.p.c.)

C A N A D A
PROVINCE DE QUÉBEC
DISTRICT DE LAVAL

N° : 540-22-007087-161

C O U R D U QUÉBEC
(Chambre civile)

PRO-DÉPÔT INC., corporation dûment constituée en vertu de la loi et ayant son siège social au 4177, boul. Industriel à Laval, H7T 1W8 district de Laval

Partie demanderesse

c.

LES CONSTRUCTIONS DU FAUBOURG INC. corporation dûment constituée en vertu de la loi, ayant son siège social au 84, chemin du Ruisseau à Laval, H7L 1M7 district de Laval

Partie défenderesse

DEMANDE INTRODUCTIVE D'INSTANCE (N.C.p.c.)

AU SOUTIEN DE SA DEMANDE, LA DEMANDERESSE EXPOSE CE QUI SUIT :

1. Elle est une entreprise spécialisée dans la vente de matériaux de construction et elle réclame à la défenderesse Les Constructions du Faubourg inc. la somme de 32 500 $.

2. Dans le cours de ses affaires, elle a vendu et livré à la défenderesse Les Constructions du Faubourg inc. des matériaux de construction pour une valeur de 77 500 $, sur laquelle la défenderesse a déjà payé 45 000 $, laissant un solde encore dû et impayé de 32 500 $ tel qu'il appert de sa facture portant le numéro 3644 et de l'état de compte qui y est annexé, lesquels sont produits en liasse comme Pièce P-1.

3. Malgré ses demandes répétées et bien que dûment mise en demeure, par lettre de mise en demeure, la défenderesse Les Constructions du Faubourg inc. refuse et/ou néglige de payer le solde impayé de 32 500 $ à la demanderesse, copie de la lettre de mise en demeure est produite au soutien des présentes comme Pièce P-2.

4. La présente demande est bien fondée en faits et en droit.

PAR CES MOTIFS, PLAISE AU TRIBUNAL :

ACCUEILLIR la présente demande de la demanderesse.

CONDAMNER la défenderesse Les Constructions du Faubourg inc. à payer à la demanderesse Pro-Dépôt inc. la somme de 32 500 $ avec les intérêts et les frais ainsi que l'indemnité prévue à l'article 1619 du *Code civil du Québec*.

Laval, le 11 mars 2016

Talbot & Associés, avocats
Avocats de la partie demanderesse

L'article 174 du *Nouveau Code de procédure civile* parle d'« inscription pour instruction et jugement » et indique de quelle manière celle-ci se fait de même que son contenu :

Art. 174 du N.C.p.c. La demande d'inscription pour instruction et jugement est faite au moyen d'une déclaration commune des parties indiquant que le dossier est en état et énonçant les éléments suivants :

1° le nom des parties et, si elles sont représentées, celui de leur avocat ainsi que leurs coordonnées;

2° l'inventaire des pièces et des autres éléments de preuve communiqués aux autres parties;

3° la liste des témoins que les parties entendent convoquer et la liste de ceux dont elles entendent présenter le témoignage par déclaration, à moins que des motifs valables ne justifient de taire leur identité;

4° la liste des faits admis;

5° la liste des points à trancher par expertise;

6° l'estimation de la durée de l'instruction et le recours, le cas échéant, aux services d'un interprète ou à des moyens technologiques. [...]

Si la déclaration ne peut être commune, le demandeur ou à défaut une autre partie produit la déclaration et la notifie aux autres parties. Celle-ci est réputée confirmée, à moins que les autres parties n'indiquent, dans les 15 jours qui suivent la notification de la déclaration, ce qui doit selon eux y être ajouté ou retranché.

L'article 173 du N.C.p.c., quant à lui, indique le délai pour produire la demande d'inscription pour instruction et jugement :

Art. 173 du N.C.p.c. Le demandeur est tenu, dans un délai de six mois ou, en matière familiale, d'un an à compter de la date où le protocole de l'instance est présumé accepté ou depuis la tenue de la conférence de gestion qui suit le dépôt du protocole, ou encore depuis la date où celui-ci est établi par le tribunal, de procéder à la mise en état du dossier et, avant l'expiration de ce délai de rigueur, de déposer au greffe une demande pour que l'affaire soit inscrite pour instruction et jugement.

Le tribunal peut néanmoins, lors d'une conférence de gestion, prolonger ce délai si le degré élevé de complexité de l'affaire ou des circonstances spéciales le justifient. Il peut également le faire, même par la suite avant l'expiration du délai de rigueur, si les parties lui démontrent qu'elles étaient en fait dans l'impossibilité, lors de cette conférence, d'évaluer adéquatement le délai qui leur était nécessaire pour mettre le dossier en état ou que, depuis, des faits alors imprévisibles sont survenus. Le délai fixé par le tribunal est aussi de rigueur.

Si les parties ou le demandeur n'ont pas déposé le protocole de l'instance ou la proposition de protocole dans le délai imparti de 45 jours ou de trois mois, le délai de six mois ou d'un an se calcule depuis la signification de la demande. Le tribunal ne peut alors prolonger ce délai que si l'une ou l'autre des parties était en fait dans l'impossibilité d'agir.

i+ Pour en savoir davantage sur l'inscription pour instruction et jugement

Finalement, l'article 177 du N.C.p.c. précise que, faute de demander l'inscription dans le délai de rigueur, le demandeur est présumé s'être désisté de sa demande, mais il ajoute que le tribunal peut lever la sanction s'il est convaincu qu'il était dans l'impossibilité d'agir dans le délai imparti. Il modifie alors le protocole de l'instance et prolonge le délai de production de la demande d'inscription. Le **greffier**, aussi appelé le « maître des rôles », placera alors la cause sur un rôle provisoire et les parties seront convoquées par un juge pour fixer la date à laquelle elles devront se présenter devant le juge qui procédera à l'enquête et à l'audition de la cause. Par la suite, elles reçoivent la notification de leur date d'audition devant le tribunal.

> **Greffier**
> *(Clerk of the court)*
> Officier chargé, entre autres, d'énumérer la liste des causes que le juge aura à entendre, d'assermenter les témoins, de prendre en note les interventions importantes du juge et de dresser le procès-verbal de la cause.

L. L'instruction (N.C.p.c.)

Au moins un mois avant la date fixée pour l'enquête et l'audition, le greffier ou maître des rôles fait parvenir aux avocats des parties un avis de la date, de l'heure et du lieu de l'audition. Ces derniers avisent leurs clients respectifs, préparent leur dossier et convoquent les témoins par une citation à comparaître. Dans notre exemple, l'avocat du demandeur envoie une **citation à comparaître** (N.C.p.c.) à Richard Petit, directeur de Constructions du Faubourg inc., l'obligeant à venir témoigner au moment de l'audience.

> **Citation à comparaître (N.C.p.c.)**
> Ordre de la cour, habituellement signifié par un huissier, qui enjoint une personne de se présenter devant le tribunal pour témoigner dans une cause civile ou criminelle.

i+ Pour en savoir davantage sur la citation à comparaître

M. La preuve

Contrairement au procès au criminel, la preuve présentée dans une cause civile est évaluée selon le critère de la **prépondérance de preuve,** c'est-à-dire que la preuve de l'une ou l'autre des parties doit être la meilleure. Une fois la preuve de la partie demanderesse présentée, il appartient à la partie défenderesse de faire valoir ses moyens de défense. Soulignons que, après l'interrogatoire de chacun des témoins par le procureur du demandeur, ces derniers peuvent faire l'objet d'un contre-interrogatoire de la part du procureur du défendeur. Un avocat n'a pas le droit de poser de questions qui suggèrent la réponse au témoin quand il interroge ses propres témoins, mais il peut le faire lorsqu'il contre-interroge les témoins de la partie adverse.

> **Exemple** « N'est-il pas vrai, Madame, que le trottoir était glacé et que la municipalité n'y avait pas fait épandre de sable ? » Plutôt que : « Madame, pouvez-vous me décrire l'état du trottoir à ce moment ? »

La défense tentera de contredire la preuve présentée par la demande en faisant entendre des témoins et en produisant des éléments de preuve contraires. Tout au long de l'interrogatoire des témoins par l'un des deux procureurs en présence, l'autre peut faire valoir des objections dont le juge aura à évaluer la pertinence. Ces objections sont fondées sur les règles de la preuve énoncées aux articles 2803 à 2874 du *Code civil du Québec*. Les objections les plus fréquentes soulèvent le fait qu'une question n'est pas pertinente au litige (exemple : un avocat qui interroge un témoin sur son état de santé au cours d'un procès en recouvrement d'un chèque sans provision), ou encore qu'il s'agit de **ouï-dire** (ce qu'on ne connaît que pour l'avoir entendu dire par une autre personne).

> **Exemple** Une affirmation formulée de la façon suivante : « Mon frère m'a dit que son amie Johanne avait vu Richard le pousser dans l'escalier » constituerait un ouï-dire. Le Code interdit de recourir à ce moyen de preuve ; le juge accueillera donc l'objection.

N. Le jugement

Après avoir entendu les plaidoyers de chacun des avocats, le juge rend sa décision. Toutefois, il peut prendre la cause en délibéré pour étudier la preuve qui a été présentée devant lui et rendre son jugement par écrit à une date ultérieure. Dans sa décision, le juge résume les faits de la cause, récapitule la preuve offerte par les parties et expose les motifs de son jugement. Finalement, il décide quelle partie devra payer les frais judiciaires, ou dépens. Ordinairement, c'est la partie perdante qui les paie, mais le juge jouit d'un pouvoir discrétionnaire à cet égard. Une fois le jugement rendu, si la partie défenderesse ne paie pas dans les 30 jours, on procède à l'émission d'un **avis d'exécution.** En vertu du *Nouveau Code de procédure civile,* l'exécution débute par le dépôt au greffe d'un avis d'exécution conforme au modèle établi par le ministre de la Justice. Nous vous référons à ce sujet au chapitre 9. Le tableau 2.1 met en parallèle les dispositions pertinentes du *Nouveau Code de procédure civile* avec celles du *Code de procédure civile.*

Pour en savoir davantage sur l'avis d'exécution

TABLEAU 2.1 Les différentes étapes de la procédure civile

Code de procédure civile (C.p.c.)	Nouveau Code de procédure civile (N.C.p.c.)
Envoi d'une mise en demeure : Avant l'émission de la requête introductive d'instance, le cas échéant	Envoi d'une mise en demeure : Avant l'émission de la demande introductive d'instance, le cas échéant
Requête introductive d'instance et avis de présentation (art. 119)	Demande introductive d'instance et avis d'assignation (art. 145)
Comparution (art. 149 et ss.)	Réponse (art. 145 et 147)
Comparution du défendeur : Dans les 10 jours suivant la signification de la requête introductive et de l'avis de présentation (art. 119)	Réponse du défendeur : Dans les 15 jours suivant la notification de la demande introductive d'instance (art. 145 alinéa 2)
Si défaut de comparution : Dans les 10 jours (art. 119), le demandeur fait une inscription par défaut (art. 192)	Si défaut de répondre : À l'expiration du délai de 15 jours de la notification de l'avis d'assignation et de la demande introductive d'instance (art. 175) L'inscription par défaut est faite par le greffier (art. 175)
Moyens préliminaires (art. 159 et ss.) et calendrier des échéances (art. 151.1)	Moyens préliminaires (art. 166 et ss.) et protocole de l'instance (art. 148 et ss.)
Dénonciation des moyens préliminaires et/ou préparation du calendrier des échéances ou entente sur le déroulement de l'instance afin de déterminer les moyens préliminaires si la défense est écrite (art. 151.1) Ou Dans le cas d'une défense orale (art. 151.5), dénonciation des motifs de défense. À défaut d'entente, c'est le tribunal qui établit le calendrier des échéances lors de la présentation.	Dénonciation par écrit des moyens préliminaires ▸ avant la date prévue pour le dépôt du protocole ; ▸ ou à la date prévue au protocole ; ▸ ou au plus tard trois jours avant la date fixée par le tribunal pour la conférence de gestion sur le protocole (art. 166). Examen du protocole par le tribunal dans les 20 jours suivant son dépôt. Le protocole est présumé accepté si les parties ne sont pas convoquées à une conférence de gestion. Dans la négative, le tribunal convoque les parties à une conférence de gestion dans les 20 jours (art. 150).
L'entente doit être déposée au greffe sans délai, au plus tard à la date fixée pour la présentation de la demande (art. 151.1).	En cas de mésentente, chaque partie produit sa proposition de protocole et le tribunal convoque les parties pour l'établir ou fixe le protocole d'office (art. 152). Dépôt du protocole dans les 45 jours suivant la signification de l'avis d'assignation (90 jours en matière familiale (art. 149).

TABLEAU 2.1 Les différentes étapes de la procédure civile (*suite*)

Code de procédure civile (C.p.c.)	Nouveau Code de procédure civile (N.C.p.c.)
Conférence de gestion (art. 151.11): Lorsque l'instance le requiert en raison de sa nature, de son caractère ou de sa complexité ou dans les cas où le délai de rigueur de 180 jours est prolongé, le juge en chef peut, en tout état de cause, d'office ou sur demande, ordonner une gestion particulière de l'instance. Dans ce cas, il confie au juge qu'il désigne la charge d'assurer le bon déroulement de l'instance (art. 151.11). Le juge ainsi désigné convoque les parties et leur procureur à une conférence de gestion pour que ceux-ci négocient une entente sur le déroulement de l'instance (art. 151.12).	Conférence de gestion (art. 153 et ss): La conférence de gestion se tient dans les 30 jours suivant l'avis de convocation de la conférence de gestion (art. 150). Il peut aussi y avoir en même temps, le cas échéant, audition des moyens préliminaires et même audition au fond lorsque la défense est orale (art. 150, 154 et 166).
Défense (art. 172 et ss.)	Défense (art. 170 et ss.)
La défense est soit écrite, soit orale (art. 171.1)	Contestation au moyen d'une défense écrite ou orale (art. 170 et 171). En principe, la défense est orale, à moins que l'affaire ne présente un degré élevé de complexité ou que des circonstances spéciales ne le justifient.
Si défaut de produire défense: Inscription par défaut) de plaider par le demandeur (art. 192)	Si défaut de produire défense: Inscription pour jugement par défaut de plaider si le demandeur le requiert (art. 175)
Inscription pour enquête et audition: dans le délai de rigueur de 180 jours à compter de la signification de la requête introductive d'instance ou d'un an en matière familiale (art. 110.1): ▶ Signification et dépôt de la déclaration en vertu de l'article 274.1 du C.p.c. par la partie demanderesse ▶ Signification et dépôt de la déclaration en vertu de l'article 274.2 du C.p.c. par la partie défenderesse ▶ Ou de la déclaration commune en Cour supérieure	Inscription pour instruction et jugement: Demande d'inscription dans un délai de 6 mois en matière civile ou d'un an en matière familiale: ▶ à compter du dépôt du protocole de l'instance; ▶ ou depuis la tenue de la conférence de gestion (art. 173). Au moyen d'une déclaration commune des parties indiquant que le dossier est en état et énonçant; 1. le nom des parties et de leurs avocats, si elles sont représentées, ainsi que leurs coordonnées; 2. l'inventaire des pièces et des éléments de preuve communiqués aux autres parties; 3. la liste des témoins que les parties entendent convoquer et de ceux dont elles entendent présenter le témoignage par déclaration; 4. la liste des faits admis; 5. la liste des points à trancher par expertise; 6. l'estimation de la durée de l'instruction (art. 174).
L'enquête et audition (art. 288, 289, 291)	L'instruction (art. 265 et ss.)
Le jugement (art. 457 et ss.)	Le jugement (art. 321 et ss.)
La rétractation du jugement, le cas échéant (art. 482 et ss.)	La rétractation du jugement, le cas échéant (art. 345 et ss.)
L'appel en Cour d'appel, le cas échéant (art. 491 et ss.)	L'appel en Cour d'appel, le cas échéant (art. 351 et ss.)
L'exécution du jugement (art. 543 et ss.)	L'exécution du jugement (art. 679 et ss.)

2.4.2 Les frais de justice

Il ne faut pas confondre les frais de justice avec les honoraires professionnels des avocats, qui sont à la charge de chacune des parties. Ceux-ci sont communément appelés **frais extrajudiciaires.** Les frais de justice comprennent les différents débours, tels les timbres judiciaires, les frais d'huissier, la taxation des témoins. Contrairement à un préjugé fort courant, celui qui gagne une cause civile doit quand même acquitter les honoraires de son avocat : rencontres avec le client, correspondance, téléphones, recherches, étude du dossier, etc. Pour sa part, la partie qui voit son action rejetée, si elle a été condamnée avec dépens, comme c'est le cas la plupart du temps, devra payer non seulement les honoraires de son propre avocat, mais également les frais de justice de la partie adverse. Le *Nouveau Code de procédure civile* précise aux articles 339 et suivants la façon dont le juge peut disposer des frais de justice.

Art. 339 du N.C.p.c. Les frais de justice afférents à une affaire comprennent les frais et droits de greffe, y compris les débours engagés pour la confection matérielle des mémoires et des exposés d'appel, les frais et honoraires liés à la signification ou à la notification des actes de procédure et des documents et les indemnités et allocations dues aux témoins ainsi que, le cas échéant, les frais d'expertise, la rémunération des interprètes et les droits d'inscription sur le registre foncier ou sur le registre des droits personnels et réels mobiliers. Ils peuvent aussi comprendre les frais liés à la prise et à la transcription des témoignages produits au dossier du tribunal, si cela était nécessaire.

Les frais d'expertise incluent ceux qui sont afférents à la rédaction du rapport, à la préparation du témoignage le cas échéant et au temps passé par l'expert pour témoigner ou, dans la mesure utile, pour assister à l'instruction.

Article 340 du N.C.p.c. Les frais de justice sont dus à la partie qui a eu gain de cause, à moins que le tribunal n'en décide autrement.

Cependant, les frais de justice sont à la charge, en matière familiale, de chacune des parties, en matière d'intégrité ou d'état, du demandeur et, en matière de capacité, de la personne concernée par la demande. Dans l'un ou l'autre de ces cas, le tribunal peut en décider autrement. […]

Les frais afférents aux demandes conjointes sont répartis également entre les parties, à moins qu'elles n'aient convenu du contraire.

Finalement, l'article 342 du N.C.p.c précise que, dans le cas de manquements importants constatés dans le déroulement de l'instance, par exemple des procédures jugées abusives, le tribunal peut les sanctionner de la façon suivante :

Art. 342 du N.C.p.c. Le tribunal peut, après avoir entendu les parties, sanctionner les manquements importants constatés dans le déroulement de l'instance en ordonnant à l'une d'elles, à titre de frais de justice, de verser à une autre partie, selon ce qu'il estime juste et raisonnable, une compensation pour le paiement des honoraires professionnels de son avocat ou, si cette autre partie n'est pas représentée par avocat, une compensation pour le temps consacré à l'affaire et le travail effectué.

Dans le cas où Pro-Dépôt inc. gagnerait sa cause, et que Constructions du Faubourg inc. refuserait ou négligerait de satisfaire au jugement le condamnant à payer la somme de 32500 $, le procureur de Pro-Dépôt inc. pourrait procéder à l'interrogatoire, après

CLIN D'ŒIL DE LA COUR

Les procédures abusives et leur sanction

Viel c. Entreprises immobilières du terroir Ltée (2002 R.J.Q. 1262 [C.A.])

Ce n'est qu'exceptionnellement que le tribunal condamnera une partie à payer les frais extrajudiciaires de l'autre partie. En effet, dans la cause de *Viel c. Entreprises immobilières du terroir Ltée,* la Cour d'appel du Québec a établi des normes précises permettant à un juge d'agir de la sorte lorsqu'il est d'avis que l'autre partie a agi de façon abusive et de mauvaise foi dans l'exercice de ses droits à l'encontre de l'autre en multipliant les procédures judiciaires. C'est notamment le cas d'un demandeur ou d'un défendeur qui multiplierait les requêtes et les procédures judiciaires pour occasionner des frais de justice et extrajudiciaires importants à l'autre partie.

Les articles 54.1 à 54.6 du C.p.c de même que les articles 51 à 56 du N.C.p.c accordent eux aussi au juge le pouvoir de déclarer une demande en justice ou un acte de procédure abusif dans les cas qui y sont précisés. Le tableau ci-dessous énonce ces principaux articles en vertu des deux codes.

Code de procédure civile	Nouveau Code de procédure civile
Article 54.1 Les tribunaux peuvent à tout moment, sur demande et même d'office après avoir entendu les parties sur le point, déclarer qu'une demande en justice ou un autre acte de procédure est abusif et prononcer une sanction contre la partie qui agit de manière abusive. L'abus peut résulter d'une demande en justice ou d'un acte de procédure manifestement mal fondé, frivole ou dilatoire, ou d'un comportement vexatoire ou quérulent. Il peut aussi résulter de la mauvaise foi, de l'utilisation de la procédure de manière excessive ou déraisonnable ou de manière à nuire à autrui ou encore du détournement des fins de la justice, notamment si cela a pour effet de limiter la liberté d'expression d'autrui dans le contexte de débats publics.	**Article 51** Les tribunaux peuvent à tout moment, sur demande et même d'office, déclarer qu'une demande en justice ou un autre acte de procédure est abusif. L'abus peut résulter, sans égard à l'intention, d'une demande en justice ou d'un autre acte de procédure manifestement mal fondé, frivole ou dilatoire, ou d'un comportement vexatoire ou quérulent. Il peut aussi résulter de l'utilisation de la procédure de manière excessive ou déraisonnable ou de manière à nuire à autrui ou encore du détournement des fins de la justice, entre autres si cela a pour effet de limiter la liberté d'expression d'autrui dans le contexte de débats publics.

Cet article vise notamment à sanctionner et à empêcher les poursuites de type « bâillon » contre les groupes environnementaux qui dénoncent les pratiques environnementales de certaines multinationales et qui se voyaient, ainsi que leurs administrateurs, poursuivis en dommages pour plusieurs centaines de milliers de dollars par ces entreprises disposant de moyens financiers de beaucoup supérieurs à eux pour faire taire leurs critiques. Les articles 54.3 et 54.4 du C.p.c. et les articles 53 et 54 du N.C.p.c. définissent les sanctions que peut rendre le juge qui déclare une procédure abusive :

Code de procédure civile	Nouveau Code de procédure civile
Article 54.3 Le tribunal peut, dans un cas d'abus, rejeter la demande en justice ou l'acte de procédure, supprimer une conclusion ou en exiger la modification, refuser un interrogatoire ou y mettre fin ou annuler le bref d'assignation d'un témoin. Dans un tel cas ou lorsqu'il paraît y avoir un abus, le tribunal peut, s'il l'estime approprié : 1° assujettir la poursuite de la demande en justice ou l'acte de procédure à certaines conditions ; 2° requérir des engagements de la partie concernée quant à la bonne marche de l'instance ; 3° suspendre l'instance pour la période qu'il fixe ;	**Article 53** Le tribunal peut, dans un cas d'abus, rejeter la demande en justice ou un autre acte de procédure, supprimer une conclusion ou en exiger la modification, refuser un interrogatoire ou y mettre fin ou encore annuler une citation à comparaître. Dans un tel cas ou lorsqu'il paraît y avoir un abus, le tribunal peut, s'il l'estime approprié : 1° assujettir la poursuite de la demande en justice ou l'acte de procédure à certaines conditions ; 2° requérir des engagements de la partie concernée quant à la bonne marche de l'instance ; 3° suspendre l'instance pour la période qu'il fixe ;

Code de procédure civile	Nouveau Code de procédure civile
4° recommander au juge en chef d'ordonner une gestion particulière de l'instance; 5° ordonner à la partie qui a introduit la demande en justice ou l'acte de procédure de verser à l'autre partie, sous peine de rejet de la demande ou de l'acte, une provision pour les frais de l'instance, si les circonstances le justifient et s'il constate que sans cette aide cette partie risque de se retrouver dans une situation économique telle qu'elle ne pourrait faire valoir son point de vue valablement. **Article 54.4** Le tribunal peut, en se prononçant sur le caractère abusif d'une demande en justice ou d'un acte de procédure, ordonner, le cas échéant, le remboursement de la provision versée pour les frais de l'instance, condamner une partie à payer, outre les dépens, des dommages-intérêts en réparation du préjudice subi par une autre partie, notamment pour compenser les honoraires et débours extrajudiciaires que celle-ci a engagés ou, si les circonstances le justifient, attribuer des dommages-intérêts punitifs. Si le montant des dommages-intérêts n'est pas admis ou ne peut être établi aisément au moment de la déclaration d'abus, il peut en décider sommairement dans le délai et sous les conditions qu'il détermine.	4° recommander au juge en chef d'ordonner une gestion particulière de l'instance; 5° ordonner à la partie qui a introduit la demande en justice ou présenté l'acte de procédure de verser à l'autre partie, sous peine de rejet de la demande ou de l'acte, une provision pour les frais de l'instance, si les circonstances le justifient et s'il constate que sans cette aide cette partie risque de se retrouver dans une situation économique telle qu'elle ne pourrait faire valoir son point de vue valablement. **Article 54** Le tribunal peut, en se prononçant sur le caractère abusif d'une demande en justice ou d'un autre acte de procédure, incluant celui présenté sous la présente section, ordonner, le cas échéant, le remboursement de la provision versée pour les frais de l'instance, condamner une partie à payer, outre les frais de justice, des dommages-intérêts en réparation du préjudice subi par une autre partie, notamment pour compenser les honoraires et les débours que celle-ci a engagés ou, si les circonstances le justifient, attribuer des dommages-intérêts punitifs. Si le montant des dommages-intérêts n'est pas admis ou ne peut être établi aisément au moment de la déclaration d'abus, le tribunal peut en décider sommairement dans le délai et aux conditions qu'il détermine ou, s'agissant de la Cour d'appel, celle-ci peut alors renvoyer l'affaire au tribunal de première instance qui en était saisi pour qu'il en décide.

Les articles 54.5 du C.p.c. et 55 du N.C.p.c. précisent que lorsque l'abus résulte de la quérulence d'une partie (c'est le cas notamment des personnes qui intentent toutes sortes de procédures judiciaires à répétition contre d'autres individus sans de véritables motifs ou fondements juridiques), le tribunal peut, en outre, déclarer cette personne «quérulente» et lui interdire d'introduire une demande en justice à moins d'obtenir l'autorisation du juge en chef et de respecter les conditions déterminées par ce dernier.

jugement, d'un représentant de Constructions du Faubourg inc. (art. 543 du C.p.c. ou 688 et 689 du N.C.p.c.) pour tenter de connaître ses actifs et ses sources de revenus. Ces renseignements permettraient alors au procureur de Pro-Dépôt inc. de décider s'il procéderait à une saisie-exécution des biens meubles ou immeubles de son débiteur ou à une saisie-arrêt. Dans le cas présent, le procureur de Pro-Dépôt inc. a choisi de procéder à l'émission d'un bref de saisie-exécution (en vertu des art. 580 et ss. du C.p.c.) ou d'un avis d'exécution (en vertu des art. 679 et suiv. du N.C.p.c.) de ses biens meubles. Nous expliquerons cette procédure d'exécution de façon détaillée au chapitre 9.

2.4.3 L'action collective

Le *Code de procédure civile* parle de recours collectif aux articles 1002 et suivants. En vertu du *Nouveau Code de procédure civile* (art. 571 et suivants), le

→ Cours supérieur

recours collectif porte maintenant le nom d'**action collective**. Celle-ci peut être entreprise pour n'importe quel type d'action civile par un individu ayant un intérêt dans l'action, de même que par toute corporation sans but lucratif, tout syndicat ou toute association (de consommateurs, par exemple). Avant d'intenter une action, l'intéressé doit préparer une requête adressée à la Cour supérieure, demandant qu'on lui reconnaisse le droit d'utiliser l'action collective.

Action collective
(Class action)
Moyen de procédure qui permet à une personne d'agir en demande, même sans mandat, pour le compte de tous les membres d'un groupe dont elle fait partie et de les représenter pour faire valoir non seulement ses propres droits, mais aussi les droits d'autres individus ayant des réclamations qui se ressemblent suffisamment pour justifier leur regroupement dans une même action.

Exemples Les propriétaires d'automobiles de marque ZX 2015 intentent une action collective en responsabilité contre le fabricant produisant les automobiles de marque ZX 2000 qui rouillent prématurément. Une preuve commune est présentée, puis le jugement exige que chacun des acheteurs fasse la preuve, devant le greffier, des dommages qu'il a subis. Finalement, le jugement ordonne la publication d'un avis pour informer les membres de la décision rendue en leur faveur.

Dans un jugement rendu le 24 avril 2008, la Cour d'appel du Québec a accueilli un recours collectif contre Toyota Canada inc. la filiale canadienne du fabricant japonais d'automobiles Toyota. Celle-ci offrait, moyennant paiement, la possibilité aux acquéreurs de se protéger pour une période maximale de 6 ans contre les coûts associés à certains bris au-delà de la garantie offerte par le fabricant. Elle appelait ce produit « Protection extra-attentive » (PEA). Pour les contrats PEA délivrés avant le 1er mars 1994, l'intimée a exigé des acheteurs subséquents qu'ils lui versent, dans les 30 jours de l'acquisition du véhicule, des frais de transfert de 200 $, plus les taxes applicables, pour leur reconnaître le bénéfice de la protection achetée par l'acquéreur initial. De tels frais ont été perçus jusqu'au 29 février 2000. Le recours collectif qui a été accueilli visait environ 17 000 contrats PEA qui auraient été transférés à la suite du paiement de frais à l'intimée variant de 25 à 200 $, pour un total d'un million et demi de dollars. (Association pour la protection des automobilistes inc. c. Toyota Canada inc. (Soquij AZ-50487470).

CLIN D'ŒIL DE LA COUR

L'action collective contre un syndicat

Biondi c. Syndicat des cols bleus regroupés de Montréal (Soquij AZ-50669266)

Dans le cadre d'un recours collectif basé sur les agissements fautifs du Syndicat des cols bleus regroupés de Montréal (SCFP-301) (le « Syndicat ») et de la Ville de Montréal (la « Ville »), la demanderesse, Grace Biondi, les poursuit solidairement et réclame, pour les membres du groupe, une somme de 2 000 000 $ à titre de dommages punitifs. Elle demande également la liquidation des réclamations individuelles des membres, le cas échéant, ainsi qu'une condamnation solidaire des défendeurs à payer à chacun des membres du groupe le montant de sa réclamation individuelle. Le groupe qu'elle représente est constitué de toutes les personnes ayant subi des dommages à la suite d'un incident survenu entre le 5 et le 12 décembre 2004 en raison des moyens de pression illégaux exercés par les membres du Syndicat des cols bleus regroupés de Montréal (SCFP-301) dans l'arrondissement Ville-Marie, ayant eu pour effet de retarder les opérations de déglaçage et d'épandage d'abrasifs sur la chaussée et les trottoirs de Montréal.

Dans un jugement rendu le 3 septembre 2010, la juge Danielle Grenier de la Cour supérieure a condamné le Syndicat à des dommages punitifs de 2 000 000 $ et a accueilli les actions individuelles de chacun des membres du groupe.

2.5 LES TRIBUNAUX CRIMINELS ET PÉNAUX

Le rôle des tribunaux criminels et pénaux est d'entendre les procès intentés contre des individus qui ont commis des actes criminels ou des infractions pénales, par exemple à l'encontre du *Code de la sécurité routière du Québec* (L.R.Q. c. C-24.2). Devant ces tribunaux, ce n'est pas un citoyen qui poursuit un citoyen, mais c'est l'État, soit le gouvernement fédéral, provincial ou municipal, qui intente la poursuite contre une personne physique ou morale dans le but de faire reconnaître sa culpabilité et d'obtenir sa condamnation.

2.5.1 La Cour municipale

Nous avons vu que les villes et les municipalités du Québec avaient le pouvoir de décréter des règlements qui s'appliquent exclusivement dans les limites de leur territoire. La juridiction première d'une cour municipale est d'entendre les litiges relatifs aux infractions à ces divers règlements, tels par exemple, les règlements de circulation de la municipalité, les règlements sur la salubrité des établissements commerciaux et les règlements relatifs aux divers permis d'exploitation d'un commerce. L'article 29 de la *Loi sur les cours municipales* précise :

Art. 29 En matière pénale, la cour a notamment compétence relativement aux poursuites pénales pour la sanction de quelque infraction à une disposition :

1° de la charte, d'un règlement, d'une résolution ou d'une ordonnance de la municipalité ;

2° d'une loi régissant la municipalité.

Lorsqu'il rend jugement, le juge peut en outre ordonner toute mesure utile pour la mise à effet d'un règlement, d'une résolution ou d'une ordonnance de la municipalité, à l'exception d'une mesure visant la démolition d'un immeuble.

La juridiction des cours municipales de Montréal, Québec, Laval et autres s'étend aussi à certaines poursuites relatives à des infractions ou délits mineurs commis contre le *Code criminel,* si la poursuite choisit de procéder sur infraction punissable sur déclaration de culpabilité par procédure sommaire, dans les cas de troubles de la paix, de profération de menaces, de harcèlement criminel, de vol à l'étalage, de voies de fait ou lésions corporelles simples, de vol simple, etc.

L'article 787 (1) du C.cr. énonce :

Art. 787 (1) du C.cr. Sauf disposition contraire de la loi, toute personne déclarée coupable d'une infraction punissable sur déclaration de culpabilité par procédure sommaire est passible d'une amende maximale de cinq mille dollars et d'un emprisonnement maximal de six mois, ou de l'une de ces peines.

Ce tribunal a également juridiction pour juger des infractions aux lois statutaires, comme le *Code de la sécurité routière.* La procédure de la Cour municipale s'apparente beaucoup à celle de la Cour du Québec, Chambre criminelle et pénale. L'encadré 2.10 résume les principales caractéristiques de la Cour municipale.

ENCADRÉ 2.10 Les caractéristiques de la Cour municipale

- Juges nommés par le gouvernement du Québec
- Juridiction limitée à la municipalité, qui peut dans certains cas être étendue à des lois à caractère pénal, québécoises ou fédérales.
- Causes relatives aux infractions aux règlements municipaux

2.5.2 La Cour du Québec

La Cour du Québec comprend plusieurs chambres dont les juridictions diffèrent selon la nature des causes entendues.

A. La Cour du Québec, Chambre de la jeunesse

La procédure utilisée dans la Cour du Québec, Chambre de la jeunesse est beaucoup moins formaliste que celle utilisée dans les autres tribunaux de droit commun et, en matière criminelle et pénale, l'accent est davantage mis sur la réhabilitation de l'adolescent fautif que sur la punition.

En matière criminelle et pénale, la Cour du Québec, Chambre de la jeunesse possède une juridiction qui lui est attribuée par deux lois importantes: d'abord la *Loi sur le système de justice pénale pour les adolescents,* qui confère au Tribunal sa juridiction criminelle; ensuite, sa juridiction pénale, qui couvre les infractions aux lois québécoises et lui est attribuée par le *Code de procédure pénale.* La compétence du Tribunal de la jeunesse s'applique aux jeunes âgés de moins de 18 ans qui ont commis un acte contraire au droit criminel ou aux lois pénales, de même qu'aux adultes qui ont incité des jeunes à commettre de tels actes.

Il est toujours possible pour un adolescent d'interjeter appel d'une décision de la Cour du Québec, Chambre de la jeunesse devant la Cour d'appel du Québec lorsqu'il s'agit d'une infraction au *Code criminel* punissable en vertu de la *Loi sur le système de justice pénale pour les adolescents.* S'il s'agit d'une infraction aux lois québécoises punissable en vertu du *Code de procédure pénale,* il pourra alors interjeter appel devant la Cour supérieure du Québec. Cependant, dans des cas de crimes graves, le procureur de la Couronne peut demander que le jeune soit jugé par un tribunal pour adultes. L'encadré 2.11 résume les principales caractéristiques de la Cour du Québec, Chambre de la jeunesse.

ENCADRÉ 2.11 Les caractéristiques de la Cour du Québec, Chambre de la jeunesse

- Juges nommés par le gouvernement du Québec
- Juridiction sur l'ensemble du territoire du Québec, en vertu de la *Loi sur le système de justice pénale pour les adolescents* et le *Code de procédure pénale*
- Causes relatives aux infractions et aux actes criminels commis par des mineurs et par des adultes qui incitent des jeunes à commettre de tels actes

B. La Cour du Québec, Chambre criminelle et pénale

La Cour du Québec, Chambre criminelle et pénale possède une juridiction à double volet. En premier lieu, en vertu de l'article 553 du *Code criminel,* elle a une juridiction exclusive pour entendre des procès portant sur certaines infractions et crimes mineurs commis contre le *Code criminel canadien,* et pour lesquels la loi prévoit une peine d'emprisonnement ne dépassant pas deux ans (exemple: vol simple, fraude, recel, méfaits de moins de 5000 $, manquement à un engagement ou à une ordonnance de probation, etc.). Le prévenu qui se voit inculpé d'un des crimes précités n'a pas le choix: il doit nécessairement subir son procès devant un juge seul. En second lieu, la Cour du Québec, Chambre criminelle et pénale possède une juridiction concurrente qu'elle partage avec la Cour supérieure de juridiction criminelle pour juger tous les crimes que l'article 469 du *Code criminel* n'attribue pas spécifiquement à cette dernière. Pour tous les autres crimes, et ils sont très nombreux (vol avec violence, agression sexuelle, enlèvement, homicide involontaire, vol qualifié, attentat à la pudeur, etc.), un accusé a donc le choix de accusée de menaces de mort ou de lésion si cette dernière est poursuivie en vertu d'un acte criminel alors que la peine maximale est de 18 mois si elle est poursuivie par infraction sommaire.

2.6.2 La sommation et le mandat

Pour en savoir davantage sur la sommation ou citation à comparaître

Sommation ou citation à comparaître *(Summons)*
Ordre de la cour qui ordonne à l'accusé de comparaître à une date déterminée devant un tribunal pénal ou criminel pour répondre à une accusation.

Mandat d'arrestation *(Arrest warrant)*
Ordre de la cour qui enjoint les policiers de trouver l'accusé, de le mettre en état d'arrestation et de l'amener devant le tribunal pour répondre à une accusation relative à une infraction ou à un acte criminel dont on le soupçonne.

Habituellement à la suite de la dénonciation, une sommation (ou citation à comparaître) ou un mandat d'arrestation peuvent être émis. Dans les cas d'infractions ou d'actes criminels mineurs, et lorsqu'on a toutes les raisons de croire que l'accusé se présentera devant le tribunal, on émet une **sommation** ou une **citation à comparaître** ou une **promesse de comparaître,** qui est signifiée à l'accusé par un policier, par un huissier ou par courrier recommandé. La citation peut être accompagnée de conditions de remise en liberté, émises par les policiers.

Dans le cas d'infractions plus graves, ou lorsque le suspect se soustrait à la signification d'une sommation, on émet un **mandat d'arrestation**, il peut être accompagné d'un **mandat de perquisition,** si on recherche des éléments de preuve ce qui permet aux policiers de fouiller une résidence ou un local quelconque. Il doit être accompagné d'un **mandat d'entrer,** si on veut procéder à l'arrestation d'un individu dans sa résidence. Selon l'accusation, les policiers peuvent convoquer l'accusé pour procéder à la prise d'empreintes digitales (bertillonage) en vertu de la *Loi sur l'identification des criminels.*

2.6.3 La comparution

Lorsque l'accusé reçoit une sommation, il doit comparaître en personne ou représenté par son avocat devant le tribunal à la date indiquée pour enregistrer un plaidoyer de culpabilité ou de non-culpabilité relativement au crime dont on veut l'inculper. Dans le cas d'un mandat, on doit faire comparaître l'accusé dans les 24 heures suivant son arrestation. Au moment de sa comparution, on lui demande s'il plaide coupable ou non coupable[1]. S'il plaide coupable, le juge peut soit fixer immédiatement sa sentence, soit lui demander de se représenter à une date ultérieure. S'il plaide non coupable, on lui demandera, selon le cas, s'il choisit de procéder avec ou sans enquête. On fixera la date de l'enquête préliminaire ou *pro forma* ou celle du procès, selon le cas.

2.6.4 L'enquête sur remise en liberté

L'accusé sera libéré avec ou sans conditions jusqu'à la date fixée pour son procès ou pour son enquête préliminaire. En règle générale, il est libéré sans conditions, et il y a divulgation de la preuve à son avocat. Si le procureur de la Couronne indique au juge qu'il s'oppose à la libération de l'accusé parce que ce dernier a commis un crime grave ou parce qu'on craint qu'il ne se présente pas à son procès, on tient une enquête sur remise en liberté. À la suite de cette enquête, le juge peut accorder une libération conditionnelle au prévenu ou lui imposer des conditions comme l'obligation de déposer un cautionnement et de ne pas contacter la victime et les témoins ou il peut lui refuser sa libération.

2.6.5 L'enquête préliminaire ou *pro forma*

La procédure normale qui suit la comparution s'appelle l'enquête préliminaire. Elle doit se tenir dans les huit jours suivant la comparution de l'accusé si celui-ci est incarcéré. Elle a lieu devant la Cour du Québec, Chambre criminelle. À ce stade,

1. Dans les cas d'actes criminels, comme le plaidoyer n'est plus enregistré au moment de la comparution, l'accusé peut exercer son choix au moment où l'on fixe la date du procès.

le substitut du procureur aux poursuites criminelles et pénales (le procureur de la Couronne) présente au juge chargé de l'enquête les principaux éléments de preuve qu'il a en main, et le juge, sans proclamer la culpabilité ni l'innocence de l'accusé, doit décider s'il y a ou non matière à procès. À cette étape, le fardeau de preuve est allégé: il n'a pas à faire une preuve hors de tout doute raisonnable. Il n'a qu'à présenter une preuve suffisante. La jurisprudence parle d'un soupçon de preuve. Dans l'affirmative, l'accusé est cité à son procès; dans le cas contraire, il est libéré de l'accusation sans autre formalité. Cette étape est d'autant plus importante qu'elle permet à l'avocat de la défense de prendre connaissance de la nature de la preuve dont la Couronne dispose contre son client. À noter que, dans les causes sommaires ainsi que dans les infractions criminelles de la juridiction du juge seul (par exemple, pour des vols de moins de 5000 $), il n'y a pas d'enquête préliminaire; on passe alors directement de la comparution au procès.

En droit criminel et pénal, la comparution doit se faire en personne ou par désignation de procureur.

2.6.6 Le procès

Le procès criminel peut revêtir l'une des formes suivantes: procès devant juge sans jury ou procès devant un juge et un jury. Dans notre système anglo-saxon de droit criminel et pénal, un accusé est présumé innocent jusqu'à preuve du contraire. Au cours d'une instance criminelle, on n'assiste pas à un échange de procédures écrites, comme c'est le cas dans une instance civile. Il appartient à la Couronne d'établir la preuve de la culpabilité de l'accusé. Pour établir la culpabilité de l'accusé, la **preuve** exigée doit être **hors de tout doute raisonnable,** c'est-à-dire qu'il ne doit pas subsister l'ombre d'un doute dans l'esprit du juge ou du **jury** quant à la culpabilité de l'accusé. Le rôle du procureur de la défense consiste donc à soulever et à créer dans l'esprit du juge ou du jury un doute raisonnable sur la culpabilité de son client. L'avocat de la défense doit tenter de fournir au tribunal une explication suffisamment plausible pour repousser la responsabilité criminelle de l'accusé. Si le procureur de la défense réussit à semer un doute dans l'esprit du juge ou du jury, en présentant par exemple une preuve d'alibi ou de légitime défense, l'accusation tombe et l'accusé est acquitté sur-le-champ.

Jury *(Jury)*
Regroupement de 12 personnes appelées « jurés » et choisies par le Tribunal pour entendre une cause criminelle particulièrement grave et rendre jugement sur la culpabilité de l'accusé.

2.6.7 Le verdict et la sentence

Une fois la preuve close de part et d'autre, le juge ou le jury délibère et rend une décision: le verdict. Si le verdict est négatif, l'accusé est acquitté; s'il est positif, l'accusé est déclaré coupable et attend le prononcé de la sentence. À la lumière des représentations faites par le procureur de la Couronne et celui de la défense, le juge impose une sentence à l'accusé (emprisonnement, amende, travaux communautaires, etc.). Le juge exige souvent de la part d'un **agent de probation** un **rapport présentenciel** sur l'accusé. Le juge fonde sa décision sur les recommandations de cet agent.

Agent de probation *(Parole officer)*
Personne chargée d'étudier le dossier de l'accusé, sa personnalité, ses chances de récidive et les circonstances du crime dont il a été reconnu coupable.

2.6.8 Le casier judiciaire et la demande de suspension du casier (pardon)

Toute personne mineure ou majeure reconnue coupable d'une infraction ou d'un acte criminel possède un casier judiciaire. Le **casier judiciaire** suit une personne et peut lui causer préjudice dans bien des circonstances: recherche d'un emploi, obtention d'un passeport, admission à la pratique de certaines professions, etc.

Casier judiciaire *(Criminal record)*
Bilan des condamnations prononcées par les tribunaux contre un individu.

Certaines lois interdisent l'octroi de permis (permis d'alcool, de chauffeur de taxi, etc.) à une personne reconnue coupable d'infractions au *Code criminel*.

Notez que le casier judiciaire des moins de 18 ans demeure confidentiel, sauf pour le **ministère de la Justice**. Ainsi, un adolescent n'est pas tenu de dire qu'il possède un casier judiciaire à un éventuel employeur. Devenu majeur, si ce jeune revient devant le tribunal, le procureur de la Couronne pourra révéler au juge que cet individu n'a pas d'antécédents judiciaires en tant qu'adulte, mais qu'à 17 ans, par exemple, il avait été reconnu coupable de conduite en état d'ébriété et qu'il avait été condamné. Les crimes d'un jeune récidiviste de 20 ans pourront donc être exposés devant le juge qui devra en tenir compte dans le prononcé de sa sentence. La *Loi sur le système de justice pénale pour les adolescents* prévoit la possibilité de détruire le dossier d'un adolescent qui n'a pas récidivé durant une période de cinq à dix ans, selon la gravité de l'infraction reprochée ; le délai commence dès l'expiration de la sentence. Dans le cas des personnes majeures, la *Loi sur le casier judiciaire* (L.R.C. 1985 c. N-4) permet à un individu ayant un casier judiciaire de présenter une demande de suspension de casier (anciennement appelée demande de pardon). Pour l'obtenir, la personne ne doit pas avoir récidivé au cours d'une période qui varie de cinq à dix ans, selon la gravité de l'infraction ou de l'acte criminel. On adresse la demande de pardon à la Commission nationale des libérations conditionnelles. Le pardon n'efface pas un casier, mais il fait en sorte qu'on ne puisse plus utiliser ce casier contre la personne visée, à moins de récidive de sa part. La figure 2.10 présente les étapes de la procédure pénale et criminelle.

FIGURE 2.10 Les étapes de la procédure pénale et criminelle

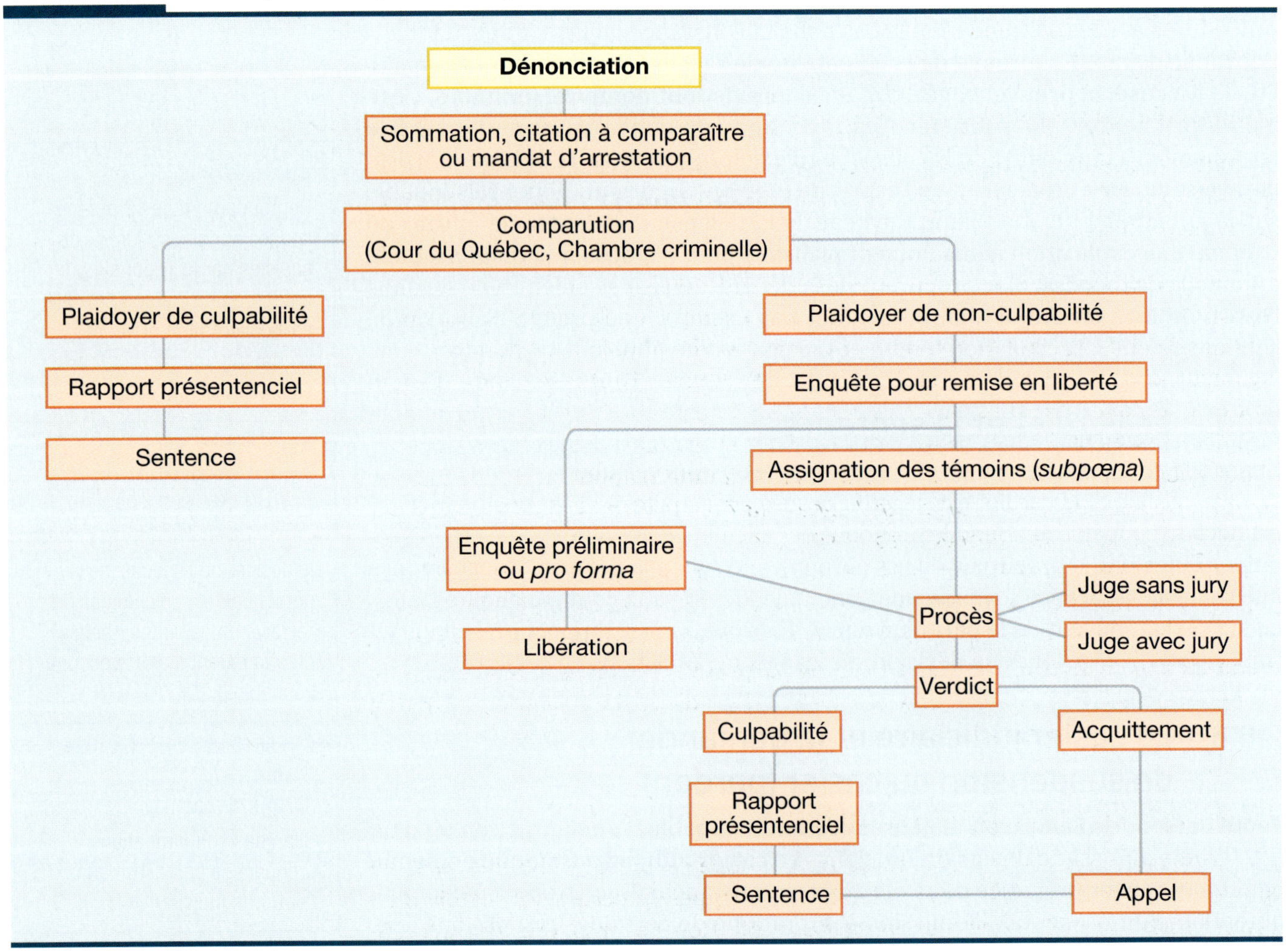

2.7 LES TRIBUNAUX D'APPEL

Les tribunaux d'appel peuvent confirmer, réviser, modifier ou infirmer un jugement rendu par un tribunal de première instance et, dans certains cas, ordonner la tenue d'un nouveau procès. Au Québec, le plus haut tribunal porte le nom de **Cour d'appel du Québec** ; le plus haut tribunal du Canada s'appelle la **Cour suprême du Canada.**

2.7.1 La Cour d'appel du Québec

Les juges de la **Cour d'appel** sont nommés par le gouvernement fédéral. En date de la publication de cet ouvrage, ils sont plus de 20 avec, à leur tête, le juge en chef de la province de Québec.

> **Cour d'appel**
> *(Court of Appeal)*
> Tribunal d'appel ou tribunal de dernière instance, dans le cas de la Cour suprême du Canada, devant lequel on peut en appeler d'une décision rendue par un tribunal de première instance.

La Cour d'appel du Québec est le tribunal général d'appel pour la province en matière civile et criminelle. Elle siège à Montréal et à Québec seulement. En matière civile, sont sujets à appel devant cette Cour :

- tous les jugements définitifs de la Cour supérieure et de la Cour du Québec dont le montant en litige est de 60 000 $ ou plus en vertu du *Nouveau Code de procédure civile* ;
- les jugements définitifs de la Cour du Québec dans les causes où cette Cour exerce une juridiction exclusive ;
- les autres jugements définitifs de la Cour supérieure et de la Cour du Québec, avec la permission d'un juge de la Cour d'appel, lorsque, suivant l'opinion de ce juge, la question en jeu doit être soumise à la Cour d'appel parce qu'il n'existe aucun autre recours (par exemple, l'appel d'un jugement condamnant une personne pour outrage au tribunal) ;
- l'appel d'un jugement ou d'une ordonnance en matière d'adoption.

En matière criminelle ou pénale, l'accusé ou le procureur général peut interjeter appel d'une condamnation, d'une sentence sur permission seulement ou des deux à la fois.

En Cour d'appel siègent toujours un nombre impair de juges (trois ou cinq) pour entendre une cause, puisque les décisions sont prises à la majorité, et non à l'unanimité. Un juge qui ne partage pas l'opinion de la majorité doit rédiger un jugement écrit exposant les motifs de sa dissidence. Toute demande d'appel doit être déposée dans les 30 jours suivant le jugement définitif du tribunal de première instance. En principe, la Cour d'appel examine les erreurs de droit plutôt que les erreurs de faits. Une fois la demande d'appel reçue, le dossier complet du tribunal de première instance doit être transmis à la Cour d'appel. Il doit comprendre les procédures écrites, les pièces justificatives, les notes sténographiques, les plaidoiries et l'argumentation des avocats. La Cour d'appel n'entend aucun témoin. Seuls les procureurs des deux parties y font valoir leurs prétentions et leurs arguments en faveur de leur client respectif. Les juges prennent connaissance de l'ensemble de la preuve et rendent une décision. On peut interjeter appel d'un jugement de la Cour d'appel du Québec devant la Cour suprême du Canada sur permission.

2.7.2 La Cour d'appel fédérale

Une personne insatisfaite d'une décision d'un juge de la Cour fédérale peut en appeler du jugement rendu devant la division d'appel de cette Cour. La division d'appel révise les décisions des juges de la division de première instance, de même que certaines décisions rendues en vertu de lois fédérales. Il est possible d'interjeter appel d'un jugement de cette division de la Cour fédérale devant la Cour suprême du Canada sur permission.

2.7.3 La Cour suprême du Canada

La Cour suprême du Canada constitue le plus haut tribunal du pays auquel on puisse s'adresser pour en appeler des jugements rendus par les tribunaux d'appel de toutes les provinces, y compris les jugements de la Cour fédérale, division d'appel. Le gouvernement fédéral nomme et rémunère les juges de la Cour suprême du Canada. Ce tribunal est composé du juge en chef du Canada et de huit autres juges. Ces juges sont choisis en partie au Québec (trois), en partie en Ontario (trois); un est issu des Provinces maritimes et deux des provinces de l'Ouest. Cette répartition obligatoire vise à assurer un certain équilibre entre la *common law* et le droit civil.

La Cour suprême du Canada possède, à titre exclusif, une juridiction finale en matières civile et criminelle. Sa compétence territoriale couvre toutes les provinces canadiennes. Elle ne siège qu'à Ottawa. La Cour suprême est souvent appelée à se prononcer sur la constitutionnalité des lois adoptées par les provinces ou par le fédéral. En Cour suprême, les juges siègent toujours en nombre impair (cinq, sept ou neuf) pour entendre une cause. Comme à la Cour d'appel, les décisions sont prises à la majorité et les juges dissidents doivent exprimer par écrit les motifs de leur dissidence. Avant de porter une cause devant la Cour suprême, on doit d'abord présenter une requête pour permission d'en appeler. Cette requête est entendue par trois juges qui décident si l'affaire offre suffisamment d'intérêt en droit pour qu'elle fasse l'objet d'un nouvel examen.

La procédure devant la Cour suprême s'apparente à celle utilisée devant la Cour d'appel du Québec. Les jugements de la Cour suprême du Canada servent de précédents aux avocats de même qu'aux juges des tribunaux inférieurs, qui s'en inspirent dans l'interprétation de la loi. Ils sont définitifs et sans appel.

2.8 LES MODES ALTERNATIFS DE RÉSOLUTION DE CONFLITS

Les deux principales solutions de remplacement de la résolution des conflits sont l'arbitrage et la médiation.

2.8.1 L'arbitrage

Arbitrage *(Arbitration)*
Procédure consistant à confier à un ou plusieurs arbitres la mission de trancher un différend conformément aux règles du droit et, s'il y a lieu, de déterminer les dommages-intérêts (art. 620 du N.C.p.c.).

Le *Nouveau de Code de procédure civile* (art. 620 à 655) contient des dispositions permettant aux citoyens de recourir à l'**arbitrage** pour régler leurs différends. Devant le coût élevé et la durée prolongée des causes civiles et commerciales, de plus en plus de commerçants et de citoyens utilisent ce mode de résolution de conflits pour régler leurs litiges. La durée moyenne d'un arbitrage est de six mois, comparativement à près de deux ans pour une cause en Cour supérieure.

Le *Nouveau Code de procédure civile* prévoit la possibilité pour les parties impliquées de nommer un arbitre ou plusieurs arbitres, qui sont généralement des experts dans la matière qui touche au litige. Rien ne force les parties au litige à recourir à l'arbitrage. De plus, il faut que toutes les parties soient d'accord pour procéder par arbitrage plutôt que par la procédure habituelle devant les tribunaux. En cas de refus de l'arbitrage par l'une d'elles, on doit obligatoirement recourir aux tribunaux. Des organismes, tel l'**Institut de médiation et d'arbitrage du Québec (IMAQ)**, offrent des services d'arbitres aux commerçants et aux citoyens. Ces organismes regroupent des professionnels de diverses disciplines parmi lesquels les parties peuvent choisir leurs arbitres. Notez que c'est un organisme privé qui n'a rien à voir avec le ministère de la Justice ou les tribunaux ordinaires. Les parties peuvent aussi choisir leurs propres arbitres sans recourir à un tel organisme.

La plus importante procédure d'arbitrage à avoir été entendue est celle qui concerne le litige entre la Régie des installations olympiques (RIO) et l'entreprise Lavalin pour le parachèvement du mât du Stade olympique de Montréal et l'installation de la toile du stade. La RIO et Lavalin avaient conclu un contrat de 117,7 millions de dollars pour ce travail et Lavalin a présenté une réclamation additionnelle de 42,5 millions pour des frais imprévus. Trois arbitres ont tranché ce litige pour 23 millions.

L'arbitrage est aussi un mode de règlement des litiges qui peuvent mettre en cause des citoyens ordinaires. Ainsi, de plus en plus de groupements de marchands et de fabricants, soucieux de conserver de bonnes relations avec leurs clients, offrent à ces derniers la possibilité de recourir à l'arbitrage pour régler leurs plaintes. C'est le cas par exemples de l'Association des fabricants de meubles, de l'Organisme d'autoréglementation du courtage immobilier du Québec (OACIQ) de la Corporation des marchands de meubles du Québec et des Bureaux d'éthique commerciale (BEC) de Montréal et de Québec.

Les fabricants automobiles du Canada ont mis sur pied un programme national d'arbitrage permettant aux consommateurs qui achètent ou louent des véhicules automobiles usagés et qui en sont insatisfaits de régler leur litige en ayant recours à l'arbitrage. Au Québec, ce programme s'appelle le *Programme d'arbitrage des véhicules automobiles canadiens* (PAVAC) et il est administré de concert avec l'Office de la protection du consommateur. En vertu de ce programme, les fabricants se sont engagés à accepter l'arbitrage s'il est demandé par un consommateur. Lors d'un arbitrage, l'arbitre écoute les prétentions et les arguments des parties, puis il rend une décision définitive et sans appel à laquelle les parties ont préalablement consenti de se soumettre sans s'adresser aux tribunaux.

2.8.2 La médiation

La **médiation** se distingue de l'arbitrage par le rôle du médiateur qui consiste à écouter les prétentions et les arguments des parties, mais qui ne peut leur imposer une décision. Le médiateur est une tierce personne totalement impartiale qui écoute les parties et les aide à trouver des solutions à leur situation conflictuelle. Son rapport de médiation ne peut pas être utilisé devant les tribunaux sans le consentement de toutes les parties impliquées dans le différend.

Médiation *(Mediation)*
Négociation entre deux ou plusieurs parties en présence d'un tiers impartial, le médiateur, dans le but d'en arriver à une entente commune permettant d'éviter des procédures judiciaires devant les tribunaux.

On utilise souvent la médiation pour tenter de régler des problèmes commerciaux avant qu'ils n'aboutissent devant les tribunaux. En matière familiale, le gouvernement du Québec a mis sur pied un programme de médiation gratuite, depuis le 1er septembre 1997, obligeant les conjoints qui ont des enfants mineurs à suivre au moins une séance d'information sur la médiation avant d'intenter des procédures. Ce programme offre aux parents six séances d'une heure et quart payées par le gouvernement. Les tribunaux recommandent de plus en plus aux parties la possibilité de recourir aux services d'un juge médiateur pour régler les causes en attente.

Par ailleurs, tant la Cour du Québec que la Cour supérieure favorisent la médiation dans les causes civiles, avant l'audition de la cause. Ce sont des juges qui rencontrent les parties et leurs avocats respectifs, le cas échéant, afin de tenter de trouver une solution négociée à leur litige. De plus en plus de dossiers sont ainsi réglés à l'étape de ce qu'on appelle les « conférences de règlement à l'amiable ». Le *Nouveau Code de procédure civile* privilégie les modes alternatifs de règlement des conflits. Les dispositions préliminaires de celui-ci précisent :

> **Le Code de procédure civile établit les principes de la justice civile et régit, avec le Code civil et en harmonie avec la Charte des droits et libertés de la personne (chapitre C-12) et les principes généraux du droit, la procédure applicable aux modes privés de prévention et de règlement des différends lorsque celle-ci n'est pas autrement fixée par les parties, la procédure applicable devant les tribunaux de l'ordre judiciaire de même que la procédure d'exécution des jugements et de vente du bien d'autrui.**
>
> **Le Code vise à permettre, dans l'intérêt public, la prévention et le règlement des différends et des litiges, par des procédés adéquats, efficients, empreints d'esprit de justice et favorisant la participation des personnes. Il vise également à assurer l'accessibilité, la qualité et la célérité de la justice civile, l'application juste, simple, proportionnée et économique de la procédure et l'exercice des droits des parties dans un esprit de coopération et d'équilibre, ainsi que le respect des personnes qui apportent leur concours à la justice […].**

Il accorde une place importante à la gestion d'instance et aux conférences de règlement à l'amiable aussi appelées « CRA » (art. 161 à 165 du N.C.p.c.). Ces conférences permettent ainsi aux citoyens et aux entreprises de régler leurs litiges sans avoir recours aux tribunaux et d'éviter les coûts considérables liés à un procès devant un juge.

RETOUR SUR LA MISE EN SITUATION

Les poursuites pénales intentées par le ministère de l'Environnement contre Herbocide Québec inc. et ses administrateurs seront intentées devant la Cour du Québec, chambre criminelle et pénale. Les poursuites civiles intentées par les agriculteurs seront intentées soit devant la Cour du Québec, division ordinaire en Chambre civile, soit devant la Cour supérieure, selon le montant des différentes réclamations individuelles. Les agriculteurs pourraient intenter une action collective, le cas échéant, devant la Cour supérieure plutôt que des réclamations individuelles.

En matière criminelle et pénale, la preuve est une preuve hors de tout doute raisonnable alors qu'en matière civile, c'est une preuve par prépondérance de preuve. En ce qui concerne les différentes étapes que suivront les procédures tant en matière civile que criminelle et pénale, nous référons le lecteur aux tableaux qui se trouvent dans le présent chapitre.

EN BREF

- Les gens d'affaires, tout comme les citoyens ordinaires, sont souvent appelés devant les tribunaux pour faire valoir leurs droits ou encore parce qu'ils sont poursuivis.
- Les principaux intervenants dans l'environnement judiciaire sont : le juge, le jury, le greffier, le greffier spécial, le procureur de la Couronne, le maître des rôles, l'huissier, le directeur de la publicité des droits, le coroner, l'avocat et le notaire.
- Les tribunaux administratifs ou quasi judiciaires possèdent une juridiction exclusive sur une matière donnée. Les tribunaux judiciaires se divisent en tribunaux civils et en tribunaux criminels et pénaux.
- Les principaux tribunaux civils de première instance sont la Cour municipale, la Cour du Québec, Chambre civile, division ordinaire, la Cour du Québec, Chambre civile, division des petites créances, la Cour du Québec, Chambre de la jeunesse, la Cour du Québec, le Tribunal des droits de la personne, la Cour supérieure de juridiction civile et la Cour fédérale.
- En vertu du *Nouveau code de procédure civile,* les principales étapes de la procédure civile sont l'envoi d'une mise en demeure, la demande introductive d'instance, le protocole de l'instance, la réponse, l'inscription pour instruction et jugement, l'instruction, et le jugement.
- Les principaux tribunaux pénaux et criminels sont la Cour municipale, la Cour du Québec, Chambre de la jeunesse, la Cour du Québec, Chambre criminelle et pénale, et la Cour supérieure de juridiction criminelle.
- Les principales étapes de la procédure criminelle et pénale sont la dénonciation, l'émission d'une sommation, d'une citation à comparaître ou d'un mandat, la comparution, l'enquête préliminaire, le procès, le verdict et la sentence. L'accusé qui est condamné possède un casier judiciaire.
- Les principaux tribunaux d'appel sont la Cour d'appel du Québec, la Cour d'appel fédérale et la Cour suprême du Canada.
- Les deux principaux modes alternatifs de résolution de conflits sont l'arbitrage et la médiation.

EXERCEZ-VOUS

VOCABULAIRE

Parmi les termes suivants, choisissez ceux qui conviennent pour compléter les définitions ci-dessous.

- médiation
- frais de justice
- casier judiciaire
- DPJ (Directeur de la protection de la jeunesse)
- prépondérance de preuve
- hors de tout doute raisonnable
- Cour supérieure de juridiction criminelle
- agent de probation
- demande introductive d'instance
- mandat
- citation à comparaître ou sommation
- arbitrage
- déclaration
- Cour du Québec, Chambre civile, division ordinaire
- Cour fédérale
- action collective
- demandeur
- défense
- mise en demeure

1. La ____________ entend les causes civiles dont le montant en litige n'excède pas la somme de 85 000 $ et possède une juridiction exclusive pour entendre les demandes de recouvrement de taxes et les demandes en cassation des rôles d'évaluation municipale et scolaire.
2. La ____________ est un tribunal criminel composé d'un juge et d'un jury.
3. La ____________ est un tribunal qui entend à peu près tous les litiges opposant le gouvernement du Canada à tout citoyen ou organisme fédéral.

4. L' ____________ est une procédure qui permet à une personne de s'adresser à la Cour supérieure de juridiction civile pour faire valoir ses droits et ceux des autres individus ayant des réclamations semblables.

5. Le ____________ est le bilan des condamnations prononcées par les tribunaux contre un individu.

6. Le document qui ordonne à un accusé de comparaître à une date déterminée devant un tribunal pénal ou criminel, pour répondre à une accusation, s'appelle une ____________.

7. La ____________ est la procédure qui explique les motifs invoqués par la partie demanderesse contre la partie défenderesse dans une action civile, ainsi que les conclusions recherchées dans l'action.

8. L' ____________ est le règlement d'un litige par un ou plusieurs arbitres nommés par les parties elles-mêmes, règlement qui ne fait pas appel à l'intervention des tribunaux.

9. La ____________ est une lettre que le créancier ou son avocat envoie à son débiteur en le sommant de régler sa dette dans un délai précis, à défaut de quoi des procédures judiciaires seront intentées contre lui.

10. En matière criminelle, le procureur de la Couronne doit convaincre le juge ou le jury de la culpabilité de l'accusé : ____________.

VRAI OU FAUX

Indiquez si les affirmations suivantes sont vraies ou fausses. Si l'affirmation est fausse, précisez pourquoi.

1. Toute personne mineure ou majeure reconnue coupable d'une infraction ou d'un acte criminel possède un casier judiciaire.
2. Un avocat peut poser des questions suggestives en interrogeant ses témoins.
3. L'arbitrage doit obligatoirement se faire devant la Cour supérieure de juridiction civile.
4. Lorsqu'une personne a connaissance ou soupçonne qu'un enfant est battu ou victime d'agressions sexuelles, elle doit aviser la DPJ. C'est ce qu'on appelle une « dénonciation ».
5. La compétence d'attribution d'un tribunal civil est déterminée en fonction du montant en litige ou du *Nouveau Code de procédure civile.*

CHOIX MULTIPLES

Encerclez la bonne réponse parmi les choix proposés.

1. La cause criminelle débute toujours à la suite :
   a) d'une sommation ;
   b) d'un mandat ;
   c) d'une citation à comparaître ;
   d) d'une dénonciation.

2. Dans un procès avec jury devant la Cour supérieure de juridiction criminelle, le jury doit rendre sa décision :
   a) à la majorité ;
   b) au moins à sept contre cinq ;
   c) à l'unanimité ;
   d) aucune des réponses précédentes.

3. Depuis le 1er janvier 2016, la Cour supérieure, Chambre civile, division ordinaire entend les causes civiles :
   a) de 15 000 $ et moins ;
   b) jusqu'à concurrence de 85 000 $;
   c) de 85 000 $ et plus ;
   d) aucune des réponses précédentes.

4. Le document qui enjoint un individu de se présenter devant le tribunal pour y servir de témoin se nomme :
   a) un mandat ;
   b) une citation à comparaître ;
   c) un bref d'assignation ;
   d) une mise en demeure.

5. La procédure permettant au demandeur qui a obtenu un jugement contre le défendeur de saisir les biens de ce dernier s'appelle :
   a) un bref d'assignation ;
   b) une citation à comparaître ;
   c) un avis d'exécution ;
   d) une mise en demeure.

FAITES LE POINT

1. Qu'est-ce qui distingue un tribunal de première instance d'un tribunal d'appel?
2. Quels sont les domaines de compétence exclusive de la Cour du Québec en matière civile à l'exclusion de la Cour supérieure et de la Cour municipale?
3. Expliquez la juridiction de la Cour du Québec, Chambre de la jeunesse en matière civile et en matière criminelle et pénale.
4. Distinguez les principales étapes de la procédure civile telles que prévues au *Code de procédure civile* de celles prévues au *Nouveau Code de procédure civile*.
5. Expliquez quelles sont les sanctions prévues au *Code de procédure civile* et celles prévues au *Nouveau Code de procédure civile* contre toute partie à une action civile qui intente des procédures abusives en matière civile.
6. Expliquez les principales étapes de la procédure criminelle et pénale.
7. Distinguez l'arbitrage de la médiation.

RECHERCHE EN LIGNE

Pour réaliser l'activité suivante, consultez le site de la ***Commission des droits de la personne et des droits de la jeunesse.***

Ahmed Razhi est à la recherche d'un logement pour lui et son épouse. Voyant une annonce de location rue Saint-Denis, il sonne à la porte. Georges Bûche, le propriétaire, lui répond. Accompagné de son épouse, Ahmed se présente et explique qu'il serait intéressé à visiter le logement. Avant qu'il ait terminé, Georges Bûche lui coupe la parole, dit qu'il a oublié d'enlever la pancarte «À louer» et qu'il a promis le logement à René Simard, qui vient tout juste de s'en aller. Sans attendre, il ferme la porte en disant: «Encore un autre Arabe... S'il pense que je vais lui louer mon appartement...!»

Ahmed, qui est un de vos amis, vous raconte l'histoire en ajoutant que l'affiche «À louer» est demeurée devant la maison pendant les deux semaines suivantes. Puis, le propriétaire l'a retirée, une fois que son logement a été loué. Ahmed vous demande ce qu'il peut faire.

a) En consultant les sites Internet appropriés, expliquez ses droits à votre ami Ahmed.
b) Quels articles de la *Charte des droits et libertés de la personne* s'appliquent dans ce cas?
c) Devant quel tribunal Ahmed devra-t-il intenter une poursuite, le cas échéant?
d) Comment procèdent les demandes devant ce tribunal?
e) Quel autre organisme sera impliqué dans cette affaire?

CAS PRATIQUES

1. Titulaire d'un DEC en Techniques de comptabilité et de gestion, vous décrochez un emploi de commis aux comptes clients pour un commerce de grande surface spécialisé en rénovation et en construction, à Montréal. Ce commerce offre aux entrepreneurs d'avoir ce qu'ils appellent des «comptes ouverts». Le client peut «porter» au compte ses achats et, selon la politique du commerce, il a 30 jours pour payer. Lors de votre première semaine de travail, le contrôleur sort la liste des comptes clients et il insiste pour que vous vous attardiez aux clients qui ont dépassé le délai de 30 jours. Vous constatez que trois clients n'ont pas payé leur compte depuis plus de 90 jours. Vous sortez les trois dossiers, soit celui de la boucherie Au jambon fameux, pour marchandises vendues et livrées mais non payées dont la facture s'élève à 820,50 $ plus 41,05 $ de frais de retard; celui du restaurant La fine cuisine, pour marchandises vendues et livrées mais non payées dont la facture s'élève à 14 500 $ plus 360,29 $ de frais de retard, et celui de l'entreprise de construction La pyramide solide, pour marchandises vendues et livrées mais non payées dont la facture s'élève à 58 850,10 $ plus 2 942,51 $ de frais de retard.

   Expliquez quelles démarches doivent être entreprises pour recouvrer les sommes dues pour chacun des trois comptes clients.

2. Comme propriétaire d'un véhicule Mazda, vous recevez un constat d'infraction mentionnant que vous avez omis de faire un arrêt obligatoire à une intersection dans un quartier résidentiel de Montréal. C'est une rue où vous circulez régulièrement, vous connaissez bien l'arrêt et vous êtes convaincu de faire tous vos arrêts comme il se doit. Vous souhaitez donc contester ce constat.

a) Que devez-vous faire pour le contester?
b) Devant quelle cour serez-vous auditionné?
c) Qu'arrivera-t-il si vous perdez votre contestation?

3. Pendant que vos voisins sont en Floride pour quelques semaines, vous avez la responsabilité d'entretenir leur résidence ainsi que de nourrir et de sortir leurs animaux domestiques. Profitant de leur absence, vous décidez d'inviter quelques amis pour écouter le fameux «Super Bowl» sur leur cinéma-maison. Bien que cet événement sportif soit diffusé en plein hiver, vous sortez le barbecue du garage et vous faites griller des ailes de poulet. Malheureusement, à cause d'une erreur de manipulation de votre part, une explosion survient, causant un incendie qui endommage la porte de garage et l'intérieur de celui-ci.

a) Vos voisins veulent vous poursuivre pour un montant de 15 000 $: le barbecue d'une valeur de 3 000 $ est une perte totale, et les dommages causés au garage s'élèvent à 12 000 $. Devant quel tribunal devront-ils intenter leur poursuite?
b) Décrivez les étapes que vos voisins devront suivre jusqu'à l'audition de la cause.
c) Que devrez-vous faire pour vous défendre?

3a) petite créances 15 000 et –

mise en demeure

c) défense lui même | négo médiation

coupable/preuve

~~30~~ 20 jours max sinon saisis des biens

ou du salaire

PARTIE 2

Les activités juridiques liées à l'exploitation d'une entreprise

CHAPITRE

3

LE DROIT DES PERSONNES, DE LA FAMILLE ET DES SUCCESSIONS

OBJECTIFS D'APPRENTISSAGE

À la fin de ce chapitre, vous devriez être en mesure :

1. de distinguer la personne physique de la personne morale et d'énumérer les principaux droits rattachés à la personne physique et les attributs de la personne morale ;
2. de décrire les régimes de protection du majeur ;
3. d'expliquer les incidences de la notion de patrimoine familial sur les relations entre les conjoints et les époux, et de décrire les droits et devoirs de ceux-ci dans le mariage, l'union civile et l'union de fait ;
4. de distinguer les différents régimes matrimoniaux au Québec ;
5. de distinguer les différents types de testaments ;
6. d'effectuer la distribution des biens d'une personne décédée sans testament au Québec ;
7. d'appliquer les notions apprises dans ce chapitre à des situations pratiques du domaine des affaires et de trouver l'information pertinente au moyen de divers outils de recherche juridique.

MISE EN SITUATION

Roméo Tremblay, un homme d'affaires prospère âgé de 74 ans et père de Rosaire Tremblay, commence à perdre la mémoire. Un test de dépistage de la maladie d'Alzheimer lui a révélé qu'il en était au premier stade de la maladie. Roméo est marié avec Blanche Lamoureux depuis 55 ans, sous le régime de la séparation de biens, et il veut tout faire pour protéger son épouse Blanche et ses trois enfants, Rosaire, Claire et Denise.

Il détient deux immeubles en son nom personnel, soit sa résidence principale, évaluée à 700 000 $, et un chalet dans les Laurentides, évalué à 500 000 $, de même que des intérêts dans trois entreprises.

- Il est actionnaire majoritaire et président de la compagnie Construction Tremblay-Dallaire inc., dans laquelle il détient 55 % des actions votantes. L'autre 45 % des actions est détenu respectivement par son ami Richard Dallaire, qui détient 25 % des actions votantes et par son fils, Rosaire, qui détient 20 % des actions votantes. Cette entreprise possède un chiffre d'affaires annuel de plusieurs millions de dollars.
- Il est actionnaire unique et président de Gestion Roméo Tremblay inc., une compagnie de placements qui, à son tour, est propriétaire de trois immeubles à logements et de sept terrains sur lesquels, il prévoit construire des condominiums et un développement résidentiel.
- Il est aussi associé à parts égales avec un autre de ses amis, Robert Letendre, dans La Pourvoirie Labelle-Lanaudière, une société en nom collectif qui exploite un vaste territoire de chasse et pêche. Son ami Robert, qui est marié avec Solange Larivière sous le régime de la société d'acquêts, vient de lui apprendre que son épouse et lui sont en instance de divorce. Pour Robert Letendre, sa participation dans la Pourvoirie Labelle-Lanaudière constitue la plus grande partie de son patrimoine acquis après son mariage avec Solange.

Roméo n'a jamais fait de testament.

Questions

1. Quelle action recommandez-vous à Roméo concernant ses problèmes de mémoire, afin de protéger sa famille et ses activités commerciales ?
2. Que lui recommandez-vous concernant la protection de sa famille advenant son décès ?
3. Qu'arrivera-t-il à ses biens advenant son décès ?

SIGNETS INTERNET

Ce chapitre renvoie aux sites Internet des organismes (ou documents) suivants :

- *Charte canadienne des droits et libertés*
- *Charte des droits et libertés de la personne*
- *Code civil du Québec*
- Curateur public
- Registre de l'état civil
- Société québécoise d'information juridique (SOQUIJ)

INTRODUCTION

Plusieurs lecteurs se demandent probablement pourquoi traiter du droit des personnes et de la famille dans le cadre d'un ouvrage de droit des affaires.

La réponse est fort simple: le droit des personnes, le droit de la famille et le droit des biens constituent la base de notre système juridique. Ce sont des personnes qui exercent tous les droits énoncés au *Code civil du Québec*. C'est d'ailleurs ce que précisent les dispositions préliminaires du code:

> **Le *Code civil du Québec* régit, en harmonie avec la *Charte des droits et libertés de la personne* et les principes généraux du droit, les personnes, les rapports entre les personnes, ainsi que les biens.**

Ces droits, nous les exerçons également par rapport à des biens qui nous appartiennent ou qui appartiennent aux autres et en fonction d'un patrimoine qui nous est propre.

Il est donc primordial de maîtriser les règles de base à ce sujet avant d'aller plus loin dans l'étude du droit des affaires, car les gens d'affaires auront à exercer des choix dans le domaine de la famille et du droit des successions. Ainsi, le choix d'un régime matrimonial, le patrimoine familial, la rédaction d'un **mandat en prévision de l'inaptitude** et celle d'un **testament** ainsi que la signature d'un contrat de société ou d'une **convention d'actionnaires** prennent une importance encore plus grande pour les gens d'affaires, car ces mesures ont une incidence directe sur leur patrimoine. Ce sera l'objet de ce chapitre et du suivant.

Les droits des personnes physiques et morales

Quand devient-on une personne? Malheureusement, le *Code civil* ne répond pas directement à cette question. Il n'indique pas non plus quand ou à partir de quel moment le fœtus est considéré comme une personne physique avec des droits.

Les seuls articles du *Code civil du Québec* qui reconnaissent des droits au fœtus sont les articles 192 et 617, qui mentionnent l'enfant conçu, mais qui n'est pas encore né; ces articles lui reconnaissent, entre autres, le droit de succéder à ses parents, à la condition de naître vivant et viable. La question de savoir quand on devient une personne n'est pas réglée, mais on peut dire sans se tromper que l'on est une personne au moment de notre naissance.

La première condition essentielle à la validité d'un contrat est que celui-ci intervienne entre deux personnes qui ont la capacité juridique de contracter. Il est donc essentiel, pour contracter avec une autre personne, de s'assurer que son cocontractant possède vraiment la capacité juridique de signer le contrat, de disposer de ses biens et d'exercer ses droits civils sans nécessiter l'assistance d'une autre personne. Non seulement les mineurs et les majeurs protégés requièrent une telle assistance, mais également les personnes morales.

Le droit des biens

Les personnes exercent leurs droits civils en fonction d'elles-mêmes et des autres, ainsi qu'en fonction de leur patrimoine propre dont elles peuvent disposer. Ces droits incluent le droit de propriété et le patrimoine, et s'exercent par l'entremise des objets et des choses qu'une personne acquiert et dont elle dispose. Le droit de propriété est la base même de notre système économique et des échanges interpersonnels et commerciaux dans notre société.

En termes juridiques, ces objets, ces choses, ces trucs, ces machins s'appellent des biens et, comme tels, ils font partie intégrante du patrimoine d'une personne au même titre que ses droits et ses obligations.

3.1 LA PERSONNE PHYSIQUE

Le *Code civil du Québec* rattache la notion de personne physique à l'être humain: sur le plan biologique, la vie humaine se situe entre deux pôles diamétralement opposés: la naissance et la mort; sur le plan juridique, le législateur a réglementé les étapes importantes que tout individu est susceptible de franchir entre ces deux extrêmes: actes de l'état civil (naissance, mariage, sépulture), domicile, absence, mariage, filiation, minorité et tutelle, majorité, régime de protection d'une personne majeure, décès, successions, testaments. Les articles 1 à 9 du *Code civil du Québec* définissent la manière dont les personnes peuvent exercer leurs droits civils et en jouir dans la province de Québec.

Les articles 1, 2 et 3 du *Code civil du Québec* définissent certaines caractéristiques de la personne humaine et les principaux droits de la personnalité dont elle a la jouissance.

> **Art. 1 du C.c.Q. Tout être humain possède la personnalité juridique; il a la pleine jouissance des droits civils.**
>
> **Art. 2 du C.c.Q. Toute personne est titulaire d'un patrimoine. Celui-ci peut faire l'objet d'une division ou d'une affectation, mais dans la seule mesure prévue par la loi.**
>
> **Art. 3 du C.c.Q. Toute personne est titulaire de droits de la personnalité, tels le droit à la vie, à l'inviolabilité et à l'intégrité de sa personne, au respect de son nom, de sa réputation et de sa vie privée.**

Quand devient-on une personne?

3.1.1 La personnalité juridique

Chaque être humain possède des parents, une date de naissance, un sexe, un état civil, un nom, un domicile, un patrimoine qui lui sont propres. Il possède également des droits et des obligations qui lui sont propres et qu'il exerce. C'est ce que nous appelons la **personnalité juridique**.

> **Exemple** Jean-François n'est pas Nicolas, lequel n'est pas Sylvie, qui elle-même n'est pas Monique. Chacun d'entre eux a une personnalité juridique propre et autonome, et exerce ses droits et ses obligations selon les dispositions du *Code civil du Québec*.

Personnalité juridique
(Juridical personality)
Résultat de l'ensemble des dispositions légales qui font en sorte que chaque être humain se distingue de son voisin et que chaque personne est juridiquement distincte, différente et autonome par rapport aux autres personnes.

3.1.2 Les droits liés à la personnalité juridique

L'article 3 du *Code civil du Québec* énonce trois droits: 1) le droit à la vie; 2) le droit à l'inviolabilité et à l'intégrité de sa personne; 3) le droit au respect de son nom, de sa réputation et de sa vie privée. Les articles 32 à 34 ajoutent le principe du respect des droits de l'enfant.

A. Les libertés et les droits fondamentaux

Les dispositions qui précèdent intègrent dans le *Code civil du Québec* des principes déjà reconnus dans la *Charte des droits et libertés de la personne*, notamment aux articles 1 à 9-1. Les libertés et droits fondamentaux s'exercent dans le respect des valeurs démocratiques, de l'ordre public et du bien-être général des citoyens du Québec. La loi peut, à cet égard, en fixer la portée et en aménager l'exercice.

La ***Charte canadienne des droits et libertés*** et la ***Charte des droits et libertés de la personne*** énoncent l'ensemble des droits fondamentaux des citoyens québécois.

Le préambule de la *Charte des droits et libertés de la personne* définit ainsi les quatre principes de base de celle-ci:

> Considérant que tout être humain possède des droits et libertés intrinsèques, destinés à assurer sa protection et son épanouissement;
>
> Considérant que tous les êtres humains sont égaux en valeur et en dignité et ont droit à une égale protection de la loi;
>
> Considérant que le respect de la dignité de l'être humain, l'égalité entre les femmes et les hommes et la reconnaissance des droits et libertés dont ils sont titulaires constituent le fondement de la justice, de la liberté et de la paix;
>
> Considérant que les droits et libertés de la personne humaine sont inséparables des droits et libertés d'autrui et du bien-être général;
>
> Considérant qu'il y a lieu d'affirmer solennellement dans une charte les libertés et droits fondamentaux de la personne afin que ceux-ci soient garantis par la volonté collective et mieux protégés contre toute violation.

Le droit à l'égalité Les articles 10 à 20.1 de la *Charte québécoise des droits et libertés de la personne* définissent les principes qui régissent le **droit à l'égalité** dans l'exercice des droits civils. Ce sont ces articles que tout citoyen qui s'estime victime de discrimination dans l'exercice de ses droits civils ou dans le monde du travail sur le plan de son embauche ou de son emploi soulèvera devant le tribunal et qui lui permettront de réclamer non seulement des dommages-intérêts à l'auteur de la discrimination, mais aussi, dans certains cas, des dommages punitifs.

Les droits politiques Les articles 21 et 22 de la *Charte québécoise des droits et libertés de la personne* définissent les **droits politiques** des citoyens québécois. Ces articles régissent les pétitions présentées à l'Assemblée nationale et les candidatures lors d'une élection.

Les droits judiciaires Les articles 23 à 38 de la *Charte québécoise des droits et libertés de la personne* définissent les **droits judiciaires** des citoyens québécois. Ils protègent ceux-ci contre la privation de liberté, les saisies, les arrestations, les perquisitions ou fouilles abusives, leur assure notamment l'assistance d'un avocat, le droit d'être informés de l'infraction particulière qu'on leur reproche, d'avoir droit à une défense pleine et entière, d'être présumés innocents jusqu'à ce que la preuve de leur culpabilité soit établie suivant la loi et d'être jugés dans un délai raisonnable. Sur ce dernier point, nous vous référons au jugement rendu par le juge Brunton à la suite de l'Opération SharQc (*voir le chapitre 1*).

Les droits économiques et sociaux Les articles 39 à 48 de la *Charte québécoise des droits et libertés de la personne* définissent les droits économiques et sociaux des citoyens du Québec. Nous vous invitons à en prendre connaissance, en consultant les sites des chartes canadienne et québécoise.

B. L'intégrité et la libre disposition de son corps

L'article 10 du *Code civil* énonce que toute personne est inviolable et a droit à son intégrité. Sauf dans les cas prévus par la loi, nul ne peut lui porter atteinte sans son consentement libre et éclairé. Autrement dit, nul ne peut être soumis sans son consentement à des soins quelle qu'en soit la nature, qu'il s'agisse d'examens, de prélèvements, de traitements ou de toute autre intervention. Si l'intéressé est inapte à donner ou à refuser son consentement à des soins, une personne autorisée par la loi ou par un mandat donné en prévision de son inaptitude peut le remplacer. À ce sujet, nous vous référons au Dossier spécial sur la *Loi concernant les soins en fin de vie* du chapitre 12, à la page 414.

Ce sont les articles 10 à 31 du *Code civil du Québec* qui réglementent **les soins.** Dans le monde médical, les dons d'organes illustrent bien ce que l'on entend par l'**intégrité de la personne** et la **libre disposition de son corps.** Les demandes d'examens psychiatriques et de garde en établissements, l'expérimentation de nouveaux médicaments, les prises de sang, les traitements de chimiothérapie ou de radiothérapie, les examens et prélèvements, les tests de dépistage du sida, par exemple, font également partie de cette catégorie. Il est important de noter que le donneur ou le malade peut en tout temps révoquer son consentement, même verbalement.

> **Exemple** Luc, qui est atteint d'un cancer en phase terminale, peut refuser de subir des traitements. S'il est incapable d'indiquer son consentement ou son refus, ce sera son conjoint ou son époux ou, à défaut, un proche parent ou la personne à qui il a donné un mandat en prévision de son inaptitude, qui le donnera à sa place.

Par ailleurs, en cas d'urgence, le consentement aux soins médicaux n'est pas nécessaire lorsque la vie de la personne est en danger ou que son intégrité est menacée, et que son consentement ne peut être obtenu en temps utile. Toutefois, ce consentement sera nécessaire lorsque les soins seront inusités ou devenus inutiles, ou que leurs conséquences risquent d'être intolérables pour la personne.

Dans le cas de mineurs, les personnes autorisées par la loi sont les parents, le tuteur ou le titulaire de l'autorité parentale si les parents sont divorcés. Dans le cas de personnes majeures, c'est le conjoint ou l'époux ou, à défaut, un proche parent ou une personne qui démontre un intérêt particulier, un ami de la famille par exemple. Dans le cas d'un mineur de 14 ans et plus, il est important de noter que le consentement des parents ne sera pas requis si le mineur est en mesure de donner lui-même son consentement aux soins requis.

CLIN D'ŒIL DE LA COUR

Le droit de cesser des traitements et de les refuser

Nancy B. c. Hôtel-Dieu de Québec et le docteur Danièle Marceau (1992 R.J.Q.)

Ce cas illustre certains concepts de base sur les droits de la personne et est toujours d'actualité. Nancy B., âgée de 25 ans, est clouée à son lit d'hôpital. Elle est atteinte de paralysie motrice causée par le syndrome de Guillain et Barré. Il y a deux ans et demi, les médecins ont procédé à une intubation et l'ont branchée sur un respirateur. Ce traitement est essentiel pour la maintenir en vie. La demanderesse, Nancy B., dont les facultés intellectuelles sont intactes, a été informée de l'irréversibilité de sa maladie et elle demande que le respirateur soit débranché.

Le juge Jacques Dufour de la Cour supérieure a soupesé différents articles du *Code civil* (art. 19. du C.c.Q.) et du *Code criminel* (art. 45, 217 et 219 ss. du C.cr.) et a rendu un jugement très intéressant dans lequel il accueille la requête de Nancy B. Il permet au médecin traitant, Dr Danièle Marceau, de cesser le traitement de soutien respiratoire au moment choisi par Nancy B., avec son consentement, et en respectant la dignité de celle-ci.

C. Le respect de la réputation et de la vie privée

Le *Code civil du Québec* codifie le principe du **respect de la réputation et de la vie privée.** Les articles 35 à 41 du *Code civil du Québec* énoncent que nulle atteinte ne peut être portée à la vie privée d'une personne sans que celle-ci ou ses héritiers y consentent ou sans que la loi l'y autorise. L'encadré 3.1 reprend l'article 36 du *Code civil du Québec,* qui énonce les actes considérés comme des **atteintes à la vie privée** d'une personne.

ENCADRÉ 3.1 Les atteintes à la vie privée d'une personne

En vertu de l'article 36 du *Code civil du Québec,* les actes suivants portent atteinte à la vie privée:

- pénétrer chez elle ou y prendre quoi que ce soit;
- intercepter ou utiliser volontairement une conversation privée;
- capter ou utiliser son image ou sa voix lorsqu'elle se trouve dans des lieux privés;
- surveiller sa vie privée par quelque moyen que ce soit;
- utiliser son nom, son image, sa ressemblance ou sa voix à toute autre fin que l'information légitime du public;
- utiliser sa correspondance, ses manuscrits ou ses autres documents personnels.

Ces articles s'appliquent également au dossier de crédit et autres renseignements recueillis sur une personne. Ce sujet sera repris au chapitre 13 traitant de la *Loi sur la protection du consommateur.* Ces dispositions sont complétées par celles de la *Loi sur l'accès aux documents des organismes publics et sur la protection des renseignements personnels* (L.R.Q. chap. A-21) et par les dispositions de la *Loi sur la protection des renseignements personnels dans le secteur privé,* qui établit notamment les sanctions relativement au non-respect de ces droits.

L'omniprésence des médias sociaux tels que Facebook et Twitter ainsi que l'usage de plus en plus répandu des appareils photo intégrés aux téléphones intelligents pour filmer en mode direct toutes sortes d'événements publics ou privés, parfois même à caractère sexuel, et à les diffuser sur Internet font en sorte que de plus en plus de ces cas se retrouvent devant les tribunaux. Ainsi, les juges sont appelés à condamner ces individus à des dommages-intérêts importants pour atteinte à la réputation et à la vie privée.

CLIN D'ŒIL DE LA COUR

Facebook et le respect de la vie privée et de la réputation

Lapointe c. Gagnon (2013 QCCQ 923)

Dans ce dossier, les demanderesses Johanne Lapointe et le Centre de la petite enfance Blé d'Or réclamaient au défendeur, Dany Gagnon, 40000 $ pour atteinte à leur réputation et 10000 $ pour dommages punitifs et exemplaires concernant les propos tenus à leur égard par ce dernier. Les demanderesses lui reprochent notamment d'avoir écrit des propos diffamatoires, intimidants et menaçants sur le réseau social Facebook.

Dans un jugement élaboré sur la question de l'atteinte à la réputation et à la vie privée sur les médias sociaux, dont Facebook, rendu le 15 janvier 2013, l'Honorable Denis LeReste de la Cour du Québec a condamné le défendeur Dany Gagnon à payer les dommages suivants aux demanderesses:

- à la demanderesse Johanne Lapointe, 11000 $, soit:
  - 8000 $ pour atteinte à sa réputation;
  - 3000 $ pour dommages punitifs et exemplaires;

avec intérêts au taux légal majoré de l'indemnité additionnelle prévue à l'article 1619 du *Code civil du Québec* à compter de l'assignation;

- à la demanderesse Centre de la petite enfance Blé d'Or, 4000 $, soit:
  - 3000 $ pour atteinte à sa réputation;
  - 1000 $ pour dommages punitifs et exemplaires;

avec intérêts au taux légal majoré de l'indemnité additionnelle prévue à l'article 1619 du *Code civil du Québec* à compter de l'assignation.

Le tout avec dépens.

Après une analyse de la question de l'usage des médias sociaux et de l'atteinte à la réputation et à la vie privée, le juge LeReste s'exprime ainsi aux paragraphes 111 à 123 de son jugement:

[111] Le Tribunal considère que tout citoyen ordinaire estimerait que les propos tenus par le défendeur, pris dans leur ensemble, déconsidèrent la réputation des demanderesses.

[112] Les propos ayant été tenus verbalement et par écrit et ce, à de multiples reprises démontrent, sans l'ombre d'un doute, l'intention coupable du défendeur. Il est clair que ce dernier a intentionnellement voulu s'attaquer à la réputation des demanderesses.

[113] Le Tribunal est conscient que l'avancement des moyens technologiques peut être tellement profitable pour la société.

[114] Cependant, les médias sociaux, bien qu'ils aient une grande efficacité au niveau de la communication, peuvent, d'un autre côté, être beaucoup trop puissants lorsqu'utilisés avec des intentions de nuire.

[115] Les tribunaux sont actuellement, et le seront encore plus dans le futur, confrontés à des situations où des gens utilisent les médias sociaux pour donner libre cours à leur pensée, sans aucune conscience sociale, notamment sur l'impact de leurs écrits.

[116] Que leurs écrits soient fondés ou non, l'interprétation qu'en font les gens qui les lisent laisse des marques et des traces ineffaçables dans bien des cas.

[117] Plusieurs des utilisateurs qui agissent comme l'a fait le défendeur se croient tout permis, ce qui est illégal en vertu des règles du *Code civil du Québec*.

[118] Certes, la *Charte des droits et libertés de la personne* et le *Code civil du Québec* procurent des droits à tout individu. Cependant, plusieurs personnes oublient qu'elles ont également des obligations et la protection de la vie privée et la sauvegarde de la réputation constituent aussi un droit fondamental reconnu par la législation.

[119] Peut-être sommes-nous à l'ère où les gens doivent faire preuve d'un peu plus de retenue dans l'utilisation des médias sociaux.

[120] Ici, jamais le défendeur ne s'est excusé de la tenue de ces propos, ayant même refusé de les retirer malgré les demandes qu'on lui a formulées à cet effet.

[121] Malheureusement, la situation a culminé dans la violence et l'agressivité, des actes d'accusation portés à l'endroit du défendeur le démontrent.

[122] Le défendeur aurait dû être beaucoup plus conscient que l'usage qu'il a fait des médias sociaux, des messages textes et que tous ses faits et gestes constituaient une nuisance et causaient des préjudices aux demanderesses.

[123] Dans ces circonstances, le Tribunal estime que la réclamation est partiellement bien fondée.

i+ Nous invitons à lire l'analyse des points de droit que fait le juge LeReste en consultant sa décision sur le site **Société québécoise d'information juridique (SOQUIJ)**.

D. Le respect des droits de l'enfant

Le *Code civil du Québec* reconnaît le principe du **respect des droits de l'enfant.** Ainsi, toute décision prise à son sujet doit avoir pour but premier son intérêt et le respect de ses droits. Ses besoins moraux, affectifs et physiques ainsi que son âge, sa santé, son caractère et son milieu familial sont pris en considération. De plus, l'enfant a le droit d'être entendu par le tribunal chaque fois qu'il y va de son intérêt et que la chose est possible, compte tenu de son âge et de son degré de compréhension. Les articles 32 à 34 du code reprennent certains principes énoncés par la *Loi sur la protection de la jeunesse*. L'enfant a aussi droit aux services d'un avocat pour le représenter, le cas échéant.

3.1.3 L'état civil des personnes

L'état d'une personne est constitué de son nom, de son sexe, de son domicile, de son âge et de son état civil (mineure, majeure, célibataire, mariée, en union civile, séparée, divorcée).

A. Le nom

Toute personne a un nom qui lui est attribué à la naissance et qui est énoncé dans son acte de naissance. Il comprend le nom de famille et les prénoms de la personne. L'article 5 du *Code civil du Québec* précise que toute personne exerce ses droits civils sous le nom qui lui est attribué et qui est énoncé dans son acte de naissance. Les parents ont l'entière liberté de donner à leurs enfants soit le nom du père, soit le nom de la mère, soit les deux (art. 51 du C.c.Q.). Il est cependant utile de souligner que le nom composé ne peut comporter plus de deux parties.

Exemple Emma est la fille de Geneviève Dupont-Harpin et de Mathieu Veilleux-Brière. L'enfant pourra porter l'un des noms composés suivants provenant du nom de son père et de sa mère. Par exemple : Emma Dupont-Veilleux ou Emma Brière-Dupont.

Il est important de rappeler que les articles 3, 35, 36 et 56 du *Code civil* introduisent la notion du respect du nom de la personne. Ainsi, le titulaire du nom, de même que son époux ou son conjoint et ses propres parents, peut s'opposer à l'utilisation illégale de son nom et demander la réparation du préjudice causé. Finalement, le *Code civil du Québec* prévoit les modalités nécessaires pour obtenir un changement de nom.

Domicile *(Domicile)*
Lieu principal d'établissement d'une personne quant à l'exercice de ses droits civils.

B. Le domicile

En droit civil, la notion du **domicile** d'une personne est importante. Ainsi, l'article 957 du *Code de procédure civile du Québec* énonce que, dans une action civile, le tribunal compétent est soit celui du domicile du débiteur ou, si ce dernier n'est pas domicilié au Québec, celui de sa résidence ou de son bureau d'affaires, soit celui du lieu où la cause d'action a pris naissance.

De plus, l'article 3083 du *Code civil du Québec* énonce que l'état et la capacité d'une personne physique sont régis par la loi de son domicile. On sait que dans plusieurs États américains, dont le Maine, l'âge de la majorité est de 21 ans, alors qu'il est de 18 ans au Québec. Ainsi, si Jean-François, qui est âgé de 19 ans, déménage à Ogunquit, dans le Maine, il ne sera plus considéré comme majeur par les lois de son nouveau domicile et il ne pourra pas consommer de boissons alcoolisées avant d'avoir atteint l'âge de 21 ans.

Le *Code civil du Québec* utilise la notion de résidence et celle de domicile, mais cette dernière est la plus importante du point de vue de l'exercice des droits civils d'une personne. Il indique qu'une personne est soumise aux lois en vigueur sur le territoire où est situé son domicile. Ce sont les articles 75 à 83 du *Code civil du Québec* qui énoncent les principes généraux concernant le **domicile.** Les articles suivants illustrent bien l'importance du domicile:

- Les effets du mariage, la séparation de corps et le divorce sont régis par la loi du domicile des époux (art. 3089, 3090 et 3091 du C.c.Q.);
- Le paiement des obligations se fait au domicile du débiteur (art. 1566 du C.c.Q.);
- Le lieu d'introduction d'une action civile se fait normalement dans le district judiciaire dans lequel réside la partie défenderesse (art. 68 et ss. et 958 du C.p.c.).

> **Exemple** Léa, étudiante au cégep qui demeure chez ses parents à Québec, aura comme domicile la résidence de ses parents et sera soumise aux lois de la province du Québec et à celles du Canada. Si, par la suite, elle va étudier à Boston, aux États-Unis, et décide de s'y marier et d'y demeurer, son domicile changera.

Le changement de domicile s'opère par le fait d'établir sa résidence principale dans un autre lieu; c'est une question de fait. L'article 77 du *Code civil du Québec* clarifie le cas de personnes qui possèdent plusieurs résidences:

> **Art. 77 du C.c.Q. La résidence d'une personne est le lieu où elle demeure de façon habituelle; en cas de pluralité de résidences, on considère pour l'établissement du domicile celle qui a le caractère principal.**

C. Le registre et les actes de l'état civil

i+

C'est dans le **Registre de l'état civil** que l'on retrouve l'information essentielle sur une personne, soit son nom, celui de son père et de sa mère, sa date de naissance, son sexe, son état civil (célibataire, mariée, divorcée ou séparée) ainsi que son âge, que l'on peut déterminer à partir de sa date de naissance.

Le directeur de l'état civil est le seul officier de l'état civil chargé de dresser les actes de l'état civil, de les modifier, de tenir et garder le Registre de l'état civil et d'en assurer la publication. Les actes de l'état civil sont: les actes de naissance, les actes de mariage et les actes de décès. Depuis l'entrée en vigueur du *Code civil du Québec,* seuls les actes de l'état civil émis et attestés par le directeur de l'état civil sont reconnus comme valides légalement au Québec. Ces actes sont énumérés au tableau 3.1.

TABLEAU 3.1 Les actes de l'état civil

Acte	Processus	Utilité
Acte de naissance	▶ L'accoucheur dresse le **constat de naissance** et en remet une copie aux parents. ▶ Les parents doivent remplir une **déclaration de naissance** et la transmettre au directeur de l'état civil. ▶ Le directeur de l'état civil dresse l'**acte de naissance** et le publie dans le Registre de l'état civil.	▶ Établit la naissance d'une personne, son nom, sa date de naissance et le nom de sa mère et de son père. ▶ Utilisé à divers moments de la vie.
Acte de mariage ou d'union civile	▶ La personne qui célèbre un mariage ou une union civile remplit une **déclaration de mariage ou d'union civile,** dans les 30 jours suivant la célébration. ▶ Elle la transmet ensuite au directeur de l'état civil. ▶ Ce dernier dresse l'**acte de mariage ou d'union civile** et le publie dans le Registre.	▶ Prouve le mariage ou l'union civile, sa date, son lieu et les noms des époux. ▶ Il en découle divers droits et obligations (patrimoine familial, régime matrimonial, filiation, succession).
Acte de décès	▶ Le médecin qui constate le décès remplit le **certificat de décès.** À défaut d'un médecin, le décès doit être constaté par deux agents de la paix. ▶ Le constat de décès est remis à l'époux, au conjoint, à un parent proche ou à une personne capable d'identifier le défunt et est transmis au directeur de l'état civil. ▶ Cette personne remplit la **déclaration de décès** et la transmet sans délai au directeur de l'état civil, qui publie l'**acte de décès** dans le Registre de l'état civil.	▶ Prouve le décès de façon officielle (date, heure, lieu). ▶ Document essentiel pour procéder au règlement d'une succession.

3.1.4 La capacité des personnes

En matière contractuelle, la **capacité** est l'aptitude à faire seul et librement un contrat valable. L'article 1385 du *Code civil du Québec* traite de cette capacité. Dans notre droit, la règle générale dit que toute personne est capable de contracter.

> **Capacité** *(Capacity)*
> Aptitude d'un individu à être titulaire de droits et à les exercer seul.

L'article 4 du *Code civil du Québec* énonce:

> **Art. 4 du C.c.Q. Toute personne est apte à exercer pleinement ses droits civils. Dans certains cas, la loi prévoit un régime de représentation ou d'assistance.**

Cependant, comme le prévoit l'article 4 du C.c.Q., le législateur a cru bon d'apporter un tempérament à ce principe en privant momentanément certaines personnes de cette capacité pour les protéger contre elles-mêmes, en raison soit de leur inexpérience, soit de leur inaptitude à discerner le bien du mal. On nomme ces personnes les **incapables.** Les personnes considérées comme incapables en vertu de notre droit sont les mineurs et les majeurs protégés. L'incapacité du majeur peut être causée par: un accident; une maladie; le vieillissement; et l'abus de médicaments ou de drogues.

> **Incapacité de jouissance** *(Incapacity to enjoy)*
> Inaptitude d'un individu à acquérir un droit et à en jouir.

On distingue deux sortes d'incapacité juridique: l'**incapacité de jouissance** et l'**incapacité d'exercice**. On ne peut pas remédier à une incapacité de jouissance. Par exemple, l'article 1813 du *Code civil du Québec* énonce qu'un mineur ne peut faire de donation de son vivant, sauf des biens de peu de valeur. Dans un tel cas, personne ne pourrait donc se substituer au mineur et agir à sa place, tandis qu'un individu frappé d'une incapacité d'exercice peut se voir nommer un représentant pour exercer ses droits et agir momentanément à sa place: c'est le cas du majeur protégé.

> **Incapacité d'exercice** *(Incapacity to exercise)*
> Inaptitude d'un individu à exercer seul un droit dont il est titulaire.

C. Les régimes de protection pour les majeurs

Les régimes de protection du majeur sont établis dans son intérêt. Ils sont destinés à assurer la protection de sa personne, l'administration de son patrimoine et, en général, l'exercice de ses droits civils. Il arrive des situations où une personne majeure est incapable d'administrer ses biens et d'exercer ses droits. Le législateur québécois a prévu dans de tels cas l'ouverture d'un régime de protection.

> **Art. 258 du C.c.Q. Il est nommé au majeur un curateur ou un tuteur pour le représenter, ou un conseiller pour l'assister dans la mesure où il est inapte à prendre soin de lui-même ou à administrer ses biens, par suite, notamment, d'une maladie, d'une déficience ou d'un affaiblissement dû à l'âge qui altère ses facultés mentales ou son aptitude physique à exprimer sa volonté.**

Toute décision relative à l'ouverture d'un tel régime doit être prise dans l'intérêt de la personne en question, le respect de ses droits et la sauvegarde de son autonomie. Le *Code civil du Québec* prévoit à l'article 257 que le majeur doit, dans la mesure du possible et sans délai, en être informé.

Il peut aussi être nommé un **tuteur** ou un **conseiller** au prodigue qui met en danger le bien-être de son époux, de son conjoint ou de ses enfants mineurs. Le *Code civil du Québec* appelle la personne incapable **majeur protégé**. Dans un tel cas, tout parent, l'époux, le conjoint, toute personne intéressée ou la personne elle-même peut présenter une requête dans ce sens à la Cour.

> **Majeur protégé**
> *(Protected person of full age)*
> Personne majeure que la loi déclare momentanément incapable de gérer son patrimoine et, dans certains cas, de veiller sur elle-même par suite, notamment, d'une maladie, d'une dépendance aux drogues ou d'une déficience à cause de l'âge, qui altère ses facultés mentales ou physiques à exprimer sa volonté, ou par suite de prodigalité.

Seul le tribunal a le pouvoir de prononcer un jugement concernant l'ouverture d'un régime de protection d'une personne majeure. Dans le choix d'un régime de protection, on tient compte du degré d'inaptitude de la personne à prendre soin d'elle-même ou à administrer ses biens. L'encadré 3.3 présente les différents régimes de protection d'une personne majeure.

ENCADRÉ 3.3 Les régimes de protection d'une personne majeure

Curatelle au majeur
Le tribunal ouvre une curatelle s'il est établi que l'inaptitude du majeur à prendre soin de lui-même et à administrer ses biens est **totale et permanente** et s'il a besoin d'être représenté dans l'exercice de ses droits civils. Il nomme alors un curateur qui a la **pleine administration** (articles 1306 et 1307 du C.c.Q.) des biens du majeur protégé.

Tutelle au majeur
Le tribunal ouvre une tutelle s'il est établi que l'inaptitude du majeur est **partielle ou temporaire.** Il nomme alors un tuteur pour la personne et les biens ou un tuteur soit pour la personne, soit pour les biens. Dans ce dernier cas, le tuteur a la **simple administration** (articles 1301 à 1305 du C.c.Q.) des biens du majeur protégé.

Conseil au majeur
Le tribunal nomme un conseiller pour le majeur si celui-ci, bien que généralement ou habituellement apte à prendre soin de lui-même et à administrer ses biens, a besoin pour certains actes ou temporairement d'être assisté ou conseillé dans l'administration de ses biens. Le conseiller **n'a pas l'administration** des biens du majeur protégé, mais il doit intervenir dans les cas d'actes pour lesquels il est tenu de lui prêter assistance.

> **Art. 295 du C.c.Q. Le régime de protection cesse par l'effet d'un jugement de mainlevée ou par le décès du majeur protégé. Il cesse aussi par l'expiration du délai prévu pour contester le rapport qui atteste la cessation de l'inaptitude.**

L'administration des biens confiés aux tuteurs et aux curateurs privés est soumise au contrôle régulier d'un organisme du gouvernement du Québec qui s'appelle le **Curateur public.** Les tuteurs et les curateurs privés doivent soumettre à ce dernier un rapport annuel de leur gestion. Le Curateur public a donc pour mandat de protéger les biens des incapables, mais il exerce également sa juridiction dans d'autres domaines. Il administre, par exemple :

- les biens d'une personne absente ;
- les biens trouvés sur le cadavre d'une personne inconnue ou sur un cadavre non réclamé ;
- les biens situés au Québec dont les héritiers ou les propriétaires sont inconnus ou introuvables ;
- le produit d'une police d'assurance sur la vie d'une personne domiciliée au Québec et dont on ne peut retrouver le bénéficiaire, etc.

À défaut d'un mandat en cas d'inaptitude ou à défaut d'un régime de protection pour le majeur, c'est le **Curateur public** qui administre les biens d'une personne incapable.

i+

3.1.5 Le mandat en prévision de l'inaptitude

Le *Code civil du Québec* permet à toute personne majeure et saine d'esprit de rédiger un mandat pour nommer un mandataire qui prendra soin d'elle et administrera ses biens dans l'éventualité de son inaptitude à le faire. Ce sont les articles 2166 et 2167 du C.c.Q. qui précisent la manière dont un tel mandat doit être rédigé. Aussi, lorsqu'une personne majeure devient incapable d'administrer ses biens et de s'occuper d'elle-même, on doit, si elle n'a pas rédigé un tel mandat, convoquer un conseil de famille et lui nommer un curateur, un tuteur ou un conseiller. Si l'on ne procède pas ainsi, c'est le Curateur public qui est responsable d'administrer les biens de cette personne. On doit notamment prendre de telles dispositions dans les cas suivants : paralysie ou coma prolongé à la suite d'un accident ou d'une opération ; amnésie ; ou maladie d'Alzheimer.

Le mandat en prévision de l'inaptitude doit être écrit devant deux témoins ou par acte notarié. L'exécution du mandat est subordonnée à la survenance de l'inaptitude et à l'homologation (la reconnaissance par le tribunal), sur demande du mandataire désigné à l'acte.

i+

Pour en savoir davantage sur le mandat en prévision de l'inaptitude

> **Exemple** Julianne possède un commerce de vente au détail et se sent vieillir mais, alors qu'elle est encore en pleine possession de ses moyens, elle rédige un mandat en faveur de sa fille, Fanny, en vertu duquel cette dernière peut administrer tous ses biens et même les hypothéquer et les vendre. Quelque temps plus tard, Julianne est victime d'une crise cardiaque qui la laisse paralysée du côté droit et incapable de marcher, de parler, de lire et d'écrire. Fanny pourra, à condition que le mandat soit homologué, administrer tous les biens de Julianne y compris son commerce, signer et endosser ses chèques, les déposer et même emprunter en hypothéquant les biens de sa mère. Ainsi, les employés et les fournisseurs du commerce pourront être payés.

Les articles 2172 et 2174 du *Code civil du Québec* traitent de la fin du mandat.

> **Art. 2172 du C.c.Q. Le mandat cesse d'avoir effet lorsque le tribunal constate que le mandant est redevenu apte ; ce dernier peut alors, s'il le considère approprié, révoquer son mandat.**
>
> **Art. 2174 du C.c.Q. Le mandataire ne peut, malgré toute stipulation contraire, renoncer à son mandat sans avoir au préalable pourvu à son remplacement si le mandat y pourvoit, ou sans avoir demandé l'ouverture d'un régime de protection à l'égard du mandant.**

3.2 LA PERSONNE MORALE

Parallèlement à la personne physique, le législateur a défini un concept purement fictif de la personne ; il s'agit de la personne morale.

> **Art. 298 du C.c.Q. Les personnes morales ont la personnalité juridique. Elles sont de droit public ou de droit privé.**

Cette création forme une entité juridique distincte des membres qui la composent ; elle se présente sous forme de groupements d'individus, de sociétés par actions. Les personnes morales de droit public comprennent les villes et municipalités du Québec, les commissions scolaires, les universités, les sociétés d'État telles qu'Hydro-Québec, Radio-Canada, Télé-Québec, etc., qui visent à satisfaire des intérêts non plus individuels mais collectifs. Les autres sont des personnes morales de droit privé et elles incluent les sociétés par actions, les coopératives, les associations, les syndicats de copropriétaires d'immeubles et les sociétés sans but lucratif.

3.2.1 Le début de l'existence d'une personne morale

L'article 299 du *Code civil du Québec* définit la personne morale et détermine le début de son existence.

> **Art. 299 du C.c.Q. Les personnes morales sont constituées suivant les formes juridiques prévues par la loi, et parfois directement par la loi. Elles existent à compter de l'entrée en vigueur de la loi ou au temps que celle-ci prévoit si elles sont de droit public, ou si elles sont constituées directement par la loi ou par l'effet de celle-ci ; autrement, elles existent au temps prévu par les lois qui leur sont applicables.**

> **Exemple** Planifitech inc. existe à compter de la date indiquée dans son certificat de constitution.

> **Exemple** Les articles 1038 et 1039 du C.c.Q. précisent que la copropriété d'un immeuble est établie par la publication d'une déclaration en vertu de laquelle la propriété de l'immeuble est divisée en fractions appartenant à une ou à plusieurs personnes. La collectivité des copropriétaires constitue, dès la publication de la déclaration de copropriété, une personne morale qui prend le nom de « syndicat ».

3.2.2 Les caractéristiques et les attributs de la personne morale

Les personnes morales ont la pleine jouissance des droits civils (art. 301 du C.c.Q.). Ce sont les articles 298 à 364 du *Code civil du Québec* ainsi que leur loi constitutive, par exemple la *Loi sur les sociétés par actions,* qui régissent les personnes morales. On peut notamment déduire de ces articles que les personnes morales sont distinctes de leurs membres, qu'elles possèdent un patrimoine propre, qui est distinct de celui de leurs membres ou de leurs actionnaires, dont la responsabilité est limitée à leur mise de fonds. L'encadré 3.4 résume les caractéristiques et les attributs de la personne morale.

A. Le pouvoir d'ester en justice

La personne morale jouit aussi d'autres attributs importants ; par exemple, elle peut **ester en justice**. La personne morale a un nom (art. 305, 306 et 308 du C.c.Q.), un domicile ou un siège social (art. 307 du C.c.Q.), une nationalité (canadienne ou étrangère) ; elle peut s'obliger et engager ses biens (signature de contrats). La société par actions, anciennement appelée la « compagnie », représente le type par excellence de personne morale (ces sujets seront étudiés aux chapitres 7 et 8).

Ester en justice *(Sue)*
Action d'intenter des actions devant les tribunaux et de se défendre lorsqu'on est l'objet de poursuites.

ENCADRÉ 3.4 Les caractéristiques et attributs de la personne morale

La personne morale :

- possède une personnalité juridique propre (art. 298 du C.c.Q.) ;
- a la pleine jouissance de ses droits civils et le pouvoir d'ester en justice (art. 301 du C.c.Q.) ;
- est titulaire d'un nom et d'un domicile (art. 305 et 307 du C.c.Q.) ;
- peut exercer ses activités sous un autre nom (art. 305 et 306 du C.c.Q.) ;
- est distincte de ses membres, actionnaires et administrateurs (art. 309 du C.c.Q.) ;
- possède une existence permanente (art. 314 du C.c.Q.).

Ses actes n'engagent qu'elle-même.

Son fonctionnement est réglé par :

- la loi ;
- un acte constitutif ;
- des règlements ;
- une convention unanime des membres ou actionnaires, le cas échéant.

La responsabilité de ses membres est limitée à leur mise de fonds.

En plus des droits qui lui sont conférés par ses statuts de constitution, elle exerce tous les droits et recours que les lois fédérales ou provinciales lui accordent. En contrepartie, la société par actions est une personne et, en ce sens, elle est sujette aux droits et aux obligations affectant les personnes, mais elle est également soumise au régime spécial des lois constitutives.

La personne morale possède les mêmes droits que la personne physique, à l'exception des incapacités qui résultent de sa nature. Ainsi, l'ensemble des droits extrapatrimoniaux (*voir le chapitre 4, à la page 137*) qui résultent de la nature même de la personne physique échappent à la personne morale.

> **Exemple** Une personne morale ne peut agir comme tuteur à la personne d'un enfant mineur, mais elle peut agir comme tuteur aux biens de ce dernier.

B. La capacité juridique

La personne morale possède également la capacité juridique de disposer de ses biens dans la mesure où ses documents constitutifs et ses règlements lui en accordent le droit. C'est par l'entremise de ses administrateurs et de son conseil d'administration que la personne morale agit et signe des contrats, par exemple.

C. La responsabilité limitée

Comme nous l'avons vu, la personne morale possède un patrimoine qui lui est propre. Ceci fait en sorte qu'une personne morale est pleinement responsable de ses engagements, de ses dettes, des contrats qu'elle signe et des dommages qu'elle ou ses employés peuvent causer dans l'exécution de leurs fonctions. Ainsi, advenant une poursuite en dommages contre elle, ses créanciers peuvent saisir l'ensemble de ses biens pour se faire payer. Cela amène souvent les entreprises constituées comme des personnes morales à faire cession de leurs biens et à faire faillite. Nous en avons eu un exemple, à l'été 2013, avec la compagnie de chemin de fer Montreal, Maine & Atlantic Railway à la suite de la tragédie de Lac-Mégantic et aux poursuites de dizaines de millions de dollars contre elle.

Par ailleurs, sa principale caractéristique est que son patrimoine est distinct de celui des membres qui la composent ; par exemple, ses administrateurs et actionnaires, dans le cas d'une société par actions. Cela fait en sorte que la responsabilité personnelle de ses membres est limitée à leur mise de fonds. C'est le principe de la **responsabilité limitée.** Comme nous le verrons au chapitre 9, il arrive souvent que les banques fassent en sorte d'écarter le principe de la responsabilité limitée en demandant aux actionnaires et aux administrateurs de garantir les prêts ou les marges de crédit accordés à l'entreprise.

> **Art. 309 du C.c.Q. Les personnes morales sont distinctes de leurs membres. Leurs actes n'engagent qu'elles-mêmes, sauf les exceptions prévues par la loi.**
>
> **Art. 315 du C.c.Q. Les membres d'une personne morale sont tenus envers elle de ce qu'ils promettent d'y apporter, à moins que la loi n'en dispose autrement.**

Il s'ensuit qu'en cas de faillite d'une personne morale, si ses biens sont insuffisants pour payer ses dettes vis-à-vis de ses créanciers, ces derniers ne peuvent pas poursuivre personnellement ses administrateurs et actionnaires pour se faire payer pour les dettes de l'entreprise. C'est le cas notamment pour la compagnie Montreal, Maine & Atlantic Railway. C'est le principe du **voile corporatif** que nous verrons plus en détail dans le dossier, à la page suivante.

Voile corporatif
(Corporate veil)
Principe en vertu duquel les créanciers de la personne morale ne peuvent pas poursuivre personnellement ses actionnaires ou administrateurs sauf lorsque le tribunal autorise à lever le voile corporatif.

C'est ainsi que la jurisprudence, en appliquant le principe de la responsabilité limitée de la personne morale, a élaboré le principe du **voile corporatif,** qui protège la responsabilité personnelle des actionnaires et des administrateurs et les dégage de toute responsabilité personnelle concernant les contrats signés par la société par actions et concernant les dommages causés par cette dernière à des tierces personnes.

En pratique, les seuls cas où la responsabilité personnelle d'un actionnaire ou d'un administrateur peut être retenue sont les suivants:

- Il a cautionné personnellement les obligations contractuelles de l'entreprise au sens des articles 2333 et suivants du C.c.Q., en signant un cautionnement envers une institution financière ou un fournisseur de l'entreprise pour garantir le remboursement d'une marge de crédit, par exemple, ou le paiement des factures dues par l'entreprise.
- Il a lui-même commis une faute engageant sa responsabilité extracontractuelle en vertu de l'article 1457 du C.c.Q., causant des dommages à autrui. Par exemple, en falsifiant des documents tels des états financiers ou en faisant des représentations qu'il sait fausses.
- Il a lui-même participé à une faute extracontractuelle commise par son entreprise pour laquelle il est trouvé solidairement responsable en vertu des articles 1457 et 1526 du C.c.Q. Par exemple, l'actionnaire ou l'administrateur a soustrait les biens de l'entreprise ou se les a accaparés pour échapper aux créanciers de cette dernière, ou il a commis une fraude, comme ce fût le cas de Vincent Lacroix, un courtier en valeurs mobilières qui fut impliqué dans une fraude aux dépens de centaines d'investisseurs par l'entremise de son entreprise Norbourg.
- Il contrôle une entreprise et il l'utilise comme un écran pour camoufler une fraude, un abus de droit ou une contravention à une règle intéressant l'ordre public. Par exemple, utiliser des stratagèmes fiscaux tels de fausses factures en vue d'éviter de payer les impôts corporatifs ou pour blanchir de l'argent ou obtenir des commissions illégales. De tels cas ont été entendus devant la Commission Charbonneau, qui a enquêté sur la corruption dans l'industrie de la construction au Québec et sur le financement des partis politiques québécois.
- De plus, comme nous le verrons dans le chapitre 8, la responsabilité personnelle des actionnaires et des administrateurs d'une société par actions peut aussi être engagée en vertu de certaines dispositions de la *Loi sur les sociétés par actions* et de diverses autres lois.

Faculltatif

Les principes de base de la levée du voile corporatif

La levée du voile corporatif fait en sorte d'écarter le principe de la responsabilité limitée des actionnaires et administrateurs d'une personne morale dans certaines situations. Ils engagent alors leur responsabilité personnelle.

***Lanoue c. Brasserie Labatt ltée* (1999 13784)**

La Cour d'appel du Québec a résumé les principes de base concernant la levée du voile corporatif en précisant que celle-ci ne s'applique que si l'actionnaire majoritaire et administrateur d'une entreprise a utilisé cette dernière comme écran ou paravent pour tenter de camoufler le fait qu'il a commis une fraude, un abus de droit ou qu'il a contrevenu à une règle d'ordre public. La jurisprudence parle notamment du fait que l'actionnaire ou administrateur utilise à toutes fins pratiques la compagnie ou société par actions comme son *alter ego*. En d'autres mots, dans la pratique, ce n'est pas l'entreprise qui agit, mais plutôt l'actionnaire, qui vise à camoufler ses propres intentions et gestes illégaux afin d'éviter d'en porter la responsabilité.

Les articles 316 et 317 du C.c.Q. apportent donc une exception importante au principe de la responsabilité limitée de la personne morale.

> **Art. 316 du C.c.Q. En cas de fraude à l'égard de la personne morale, le tribunal peut, à la demande de tout intéressé, tenir les fondateurs, les administrateurs, les autres dirigeants ou les membres de la personne morale qui ont participé à l'acte reproché ou en ont tiré un profit personnel responsables, dans la mesure qu'il indique, du préjudice subi par la personne morale.**
>
> **Art. 317 du C.c.Q. La personnalité juridique d'une personne morale ne peut être invoquée à l'encontre d'une personne de bonne foi, dès lors qu'on invoque cette personnalité pour masquer la fraude, l'abus de droit ou une contravention à une règle intéressant l'ordre public.**

Ces deux articles constituent une exception au principe de la responsabilité juridique distincte de la personne morale et des membres qui la composent, tel qu'énoncé dans l'article 309 du C.c.Q.

Il résulte de ces deux articles qu'une personne ou entreprise qui s'estime lésée ou qui réclame des dommages à l'encontre d'une personne morale avec laquelle elle a fait affaire peut également poursuivre les administrateurs et actionnaires de cette personne morale si elle réussit à démontrer au Tribunal que les administrateurs et actionnaires visés ont utilisé celle-ci pour masquer la fraude, l'abus de droit ou une contravention à une règle intéressant l'ordre public.

Ces articles permettent la levée du voile corporatif. La jurisprudence s'est prononcée plusieurs fois sur ce principe. Nous vous invitons à lire les décisions suivantes qui ont traité de la levée du voile corporatif.

- Masquer une fraude : *Camions Maska inc. c. Rajotte* et al. (2013 QCCQ 1884)

Lorsqu'on est en présence de deux sociétés par actions distinctes, ce n'est qu'exceptionnellement que les tribunaux interviennent pour soulever le voile corporatif.

- Abus de droit : *Publicité postale Premier choix c. Groulx* (2007 QCCQ 7394)

Groulx se devait d'être loyal et de refuser de signer un contrat avec un tiers au nom d'une compagnie qu'il savait insolvable. En omettant de dévoiler la situation financière réelle de la compagnie au nom de laquelle il signait le contrat, il a tenté de frustrer un créancier. Lui et son *alter ego* sont donc tenus solidairement responsables du remboursement de la créance.

- Contravention à une règle d'ordre public : *Québec (Sous-ministre du Revenu) c. 9087-3118 Québec inc.* (2010 QCCA 1470)

La vente des actifs de la compagnie 9087-3118 Québec inc. à la compagnie 9153-8629 Québec inc. a été faite en fraude des droits du ministère du Revenu et dans le but d'éviter le paiement de taxes et d'impôts. Ces deux sociétés ne sont que des paravents utilisés par l'administrateur et son groupe pour masquer une fraude ou une contravention aux lois fiscales d'ordre public.

Les articles 310 à 313 du C.c.Q. définissent le mode de fonctionnement des personnes morales.

> **Art. 310 du C.c.Q. Le fonctionnement, l'administration du patrimoine et l'activité des personnes morales sont réglés par la loi, l'acte constitutif et les règlements; dans la mesure où la loi le permet, ils peuvent aussi être réglés par une convention unanime des membres. En cas de divergence entre l'acte constitutif et les règlements, l'acte constitutif prévaut.**

> **Art. 311 du C.c.Q. Les personnes morales agissent par leurs organes, tels le conseil d'administration et l'assemblée des membres.**

> **Art. 312 du C.c.Q. La personne morale est représentée par ses dirigeants, qui l'obligent dans la mesure des pouvoirs que la loi, l'acte constitutif ou les règlements leur confèrent.**

> **Art. 313 du C.c.Q. Les règlements de la personne morale établissent des rapports de nature contractuelle entre elle et ses membres.**

Dans le cas des sociétés par actions, dont nous étudierons le fonctionnement dans le chapitre 8, il faut donc se référer à leur acte constitutif et à leurs règlements internes pour en connaître le fonctionnement particulier. Ce sont les dirigeants et les administrateurs de l'entreprise qui engagent sa responsabilité dans ses opérations quotidiennes et qui lient celle-ci.

D. Les devoirs et inhabilités des administrateurs

Ce sont les articles 321 à 324 du C.c.Q. qui définissent les devoirs et inhabilités des administrateurs et dirigeants des personnes morales. Ces derniers sont considérés comme les mandataires de la personne morale. Ces devoirs et inhabilités sont complétés notamment par les dispositions du *Code civil du Québec* concernant le mandat ainsi que les lois constitutives des personnes morales, dont la plus importante est la *Loi sur les sociétés par actions,* que nous examinerons en détail au chapitre 7.

> **Art. 321 du C.c.Q. L'administrateur est considéré comme mandataire de la personne morale. Il doit, dans l'exercice de ses fonctions, respecter les obligations que la loi, l'acte constitutif et les règlements lui imposent et agir dans les limites des pouvoirs qui lui sont conférés.**

> **Art. 322 du C.c.Q. L'administrateur doit agir avec prudence et diligence. Il doit aussi agir avec honnêteté et loyauté dans l'intérêt de la personne morale.**

> **Art. 323 du C.c.Q. L'administrateur ne peut confondre les biens de la personne morale avec les siens; il ne peut utiliser, à son profit ou au profit d'un tiers, les biens de la personne morale ou l'information qu'il obtient en raison de ses fonctions, à moins qu'il ne soit autorisé à le faire par les membres de la personne morale.**

> **Art. 324 du C.c.Q. L'administrateur doit éviter de se placer dans une situation de conflit entre son intérêt personnel et ses obligations d'administrateur.**

Il doit dénoncer à la personne morale tout intérêt qu'il a dans une entreprise ou une association susceptible de le placer en situation de conflit d'intérêts, ainsi que les droits qu'il peut faire valoir contre elle, en indiquant, le cas échéant, leur nature et leur valeur. Cette dénonciation d'intérêt est consignée dans le procès-verbal des délibérations du conseil d'administration ou ce qui en tient lieu.

En vertu de la notion de « mandat apparent » que nous verrons plus loin, les administrateurs et dirigeants de la personne morale sont présumés avoir le pouvoir de la représenter et d'engager la responsabilité de l'entreprise pour les contrats qu'ils signent au nom de cette dernière.

Mais il est préférable de recommander à toute personne qui fait affaire avec une personne morale de s'assurer que la personne qui prétend représenter une entreprise possède bien le droit et le pouvoir de la représenter. La meilleure façon de s'en assurer est d'exiger la production d'une résolution du conseil d'administration de la personne morale autorisant spécifiquement la personne à la représenter et à signer le contrat visé. Par ailleurs, le Registre des entreprises (REQ) permet à toute personne de vérifier l'identité des actionnaires, administrateurs et dirigeants de l'entreprise.

3.2.3 La fin de l'existence de la personne morale

En principe, l'existence d'une personne morale est perpétuelle, à moins que la loi ou son acte constitutif n'en dispose autrement.

> **Art. 355 du C.c.Q. La personne morale est dissoute par l'annulation de son acte constitutif ou pour toute autre cause prévue par l'acte constitutif ou par la loi.**
>
> **Elle est aussi dissoute lorsque le tribunal constate l'avènement de la condition apposée à l'acte constitutif, l'accomplissement de l'objet pour lequel la personne morale a été constituée ou l'impossibilité d'accomplir cet objet, ou encore l'existence d'une autre cause légitime.**
>
> **La personne morale peut aussi être dissoute à la suite du consentement d'au moins les deux tiers des voix exprimées à une assemblée des membres convoquée expressément à cette fin.**

Exemple Les actionnaires de Constructions Bois d'Or inc. décident à l'unanimité de dissoudre et de liquider leur compagnie.

3.3 LA FAMILLE

D'entrée de jeu, il est important de préciser que les enfants issus de conjoints de faits ou d'une union libre possèdent les mêmes droits extrapatrimoniaux que ceux issus d'une **famille** structurée à l'intérieur des liens du mariage ou d'une union civile[1]. Par ailleurs, nous verrons que les conjoints de fait ne possèdent pas, quant à eux, les mêmes droits et obligations que les époux unis par les liens du mariage ou d'une union civile. La filiation, l'autorité parentale, l'obligation alimentaire, le patrimoine familial et le droit d'hériter sont des exemples de droits extrapatrimoniaux qui découlent de la notion de famille. Le titulaire de ces droits ne peut ni les céder ni les transmettre à ses héritiers; il doit les exercer lui-même. En outre, ces droits ne peuvent faire l'objet d'une saisie et ils échappent à la prescription.

> **Famille** *(Family)*
> Ensemble des personnes unies par le mariage, l'union civile, ou par la filiation, ou par la parenté et l'alliance, résultant elles-mêmes du mariage, de l'union civile et de la filiation.

Le droit de la famille est basé sur trois principes directeurs:

1. l'égalité des époux ou des conjoints devant la loi;
2. la liberté des personnes dans la façon d'organiser leurs relations familiales;
3. l'égalité économique des époux dans le mariage et l'union civile.

3.3.1 Le mariage et l'union civile

Deux institutions familiales sont officiellement reconnues par le *Code civil du Québec*: le mariage et l'union civile. Depuis le 19 mars 2004, un mariage civil peut être contracté entre des personnes de même sexe. Tout comme le mariage civil, l'union civile est offerte autant aux couples homosexuels qu'hétérosexuels. Toutefois, la plupart des religions ne reconnaissent pas le mariage de personnes du même sexe et ces dernières ne peuvent forcer un prêtre, un imam, un rabbin ou tout autre ministre du culte à les marier. En conséquence, elles doivent choisir entre le mariage civil, l'union civile ou une religion qui permet un tel mariage.

1. Le terme «conjoint» est utilisé pour désigner les personnes unies civilement ou par les liens du mariage. En ce qui a trait à la situation particulière des conjoints de fait, une précision sera effectuée à chaque fois.

A. Le mariage

Le *Code civil du Québec* ne donne pas de définition du mariage comme tel. Un mineur âgé de 16 ans peut se marier si les formalités prévues au *Code civil* sont respectées (art. 373 du C.c.Q.). Le mariage est une institution publique, et la loi exige qu'il soit célébré par un officier compétent et devant deux témoins (art. 365 du C.c.Q.). Le législateur québécois reconnaît deux formes de célébration du mariage qui ont la même valeur juridique: le mariage religieux, célébré devant un ministre du culte, et le mariage civil, célébré devant un officier du tribunal. Dans les deux cas, il faut respecter des formalités strictes, dont notamment le fait de procéder à une publication de l'annonce du mariage 20 jours avant sa célébration (art. 368 du C.c.Q.). La preuve officielle du mariage est l'acte de mariage (art. 378 du C.c.Q.).

B. L'union civile

L'article 521.1 du *Code civil* définit l'union civile de la façon suivante:

> **Art. 521.1 du C.c.Q. L'union civile est l'engagement de deux personnes âgées de 18 ans ou plus qui expriment leur consentement libre et éclairé à faire vie commune et à respecter les droits et obligations liés à cet état. Elle ne peut être contractée qu'entre personnes libres de tout lien de mariage ou d'union civile antérieurs et que si l'une n'est pas, par rapport à l'autre, un ascendant, un descendant, un frère ou une sœur.**

i+ Ce sont les articles 521.1 à 521.19 du ***Code civil du Québec*** qui énoncent les modalités de l'union civile.

Le cadre juridique qui découle de l'union civile est le même que celui du mariage en ce qui concerne:

- les droits et obligations des conjoints, articles 392 à 400 du *Code civil du Québec*;
- le choix d'un régime matrimonial;
- le patrimoine familial;
- la déclaration de résidence familiale;
- la contribution aux charges du ménage et l'obligation alimentaire;
- la prestation compensatoire;
- le droit d'hériter de son conjoint qui décède sans testament;
- la dissolution de l'union civile.

Les couples qui désirent s'unir ont le choix entre le mariage ou l'union civile.

Les conjoints de fait ne bénéficient pas de ces protections, comme l'a réitéré la Cour suprême dans la cause de *Éric c. Lola* (2013 CSC 5). Dans cette affaire, la Cour suprême du Canada a dû se prononcer sur les dispositions du *Code civil du Québec* portant sur la résidence familiale, le patrimoine familial, la prestation compensatoire, la société d'acquêts et l'obligation alimentaire entre conjoints. Ces dispositions, prévues par la loi, portent-elles atteinte à la garantie d'égalité, étant donné que leur application se limite aux rapports juridiques privés entre les conjoints mariés ou unis civilement, à l'exclusion des conjoints de faits?

> **Art. 521.2 du C.c.Q. L'union civile doit être contractée publiquement devant un célébrant compétent à célébrer les mariages et en présence de deux témoins.**
>
> **Aucun ministre du culte ne peut être contraint à célébrer une union civile contre laquelle il existe un empêchement selon sa religion et la discipline de la société religieuse à laquelle il appartient.**

Exemple Un prêtre catholique refusera de célébrer une union civile ou un mariage entre deux personnes du même sexe, car sa religion ne reconnaît pas le mariage de personnes du même sexe.

La loi permet également aux greffiers de la Cour supérieure, aux notaires ou à toute autre personne dûment autorisée de célébrer un mariage ou une union civile (art. 366 du C.c.Q.).

C. Les droits et les devoirs des époux

Le mariage et l'union civile accordent certains droits et imposent certains devoirs aux époux et conjoints. Ces droits et obligations sont énumérés aux articles 392 à 400 du *Code civil du Québec*. Ces dispositions, notamment celles visant la résidence familiale et le patrimoine familial, illustrent de façon évidente le principe de l'égalité de fait et une égalité économique entre les époux et conjoints dans le mariage et l'union civile et celui de la protection de la famille.

Art. 392 du C.c.Q. Les époux ont, en mariage, les mêmes droits et les mêmes obligations. Ils se doivent mutuellement respect, fidélité, secours et assistance. Ils sont tenus de faire vie commune.

Art. 393 du C.c.Q. Chacun des époux conserve, en mariage, son nom ; il exerce ses droits civils sous ce nom.

Art. 394 du C.c.Q. Ensemble, les époux assurent la direction morale et matérielle de la famille, exercent l'autorité parentale et assument les tâches qui en découlent.

Art. 395 du C.c.Q. Les époux choisissent de concert la résidence familiale. En l'absence de choix exprès, la résidence familiale est présumée être celle où les membres de la famille habitent lorsqu'ils exercent leurs principales activités.

Art. 396 du C.c.Q. Les époux contribuent aux charges du mariage à proportion de leurs facultés respectives. Chaque époux peut s'acquitter de sa contribution par son activité au foyer.

Art. 397 du C.c.Q. L'époux qui contracte pour les besoins courants de la famille engage aussi pour le tout son conjoint non séparé de corps. Toutefois, le conjoint n'est pas obligé à la dette s'il avait préalablement porté à la connaissance du cocontractant sa volonté de n'être pas engagé.

Art. 398 du C.c.Q. Chacun des époux peut donner à l'autre mandat de le représenter dans des actes relatifs à la direction morale et matérielle de la famille. Ce mandat est présumé lorsque l'un des époux est dans l'impossibilité de manifester sa volonté pour quelque cause que ce soit ou ne peut le faire en temps utile.

Art. 399 du C.c.Q. Un époux peut être autorisé par le tribunal à passer seul un acte pour lequel le consentement de son conjoint serait nécessaire, s'il ne peut l'obtenir pour quelque cause que ce soit ou si le refus n'est pas justifié par l'intérêt de la famille. L'autorisation est spéciale et pour un temps déterminé ; elle peut être modifiée ou révoquée.

Art. 400 du C.c.Q. Si les époux ne parviennent pas à s'accorder sur l'exercice de leurs droits et l'accomplissement de leurs devoirs, les époux ou l'un d'eux peuvent saisir le tribunal qui statuera dans l'intérêt de la famille, après avoir favorisé la conciliation des parties.

D. La résidence familiale

L'article 395 du *Code civil du Québec* énonce que les époux choisissent de concert la résidence familiale et que, en l'absence de choix exprès, la résidence familiale est présumée être celle où les membres de la famille exercent leurs principales activités. En un mot, c'est là où réside la famille.

La résidence familiale peut être louée ou appartenir à l'un ou l'autre des époux, ou aux deux. Les articles 401 à 413 du *Code civil du Québec* énoncent les principes qui régissent la résidence familiale.

Ainsi, par une **déclaration de résidence familiale,** le *Code civil du Québec* protège la résidence familiale de la famille et son contenu, tant que dure la vie commune des époux. Ainsi, un époux ne peut, sans le consentement de son conjoint, disposer de quelque façon de l'immeuble et des meubles affectés à l'usage du ménage.

L'article 403 du *Code civil du Québec* interdit à l'époux locataire de la résidence familiale de sous-louer cette dernière ou de résilier le bail sans le consentement de son conjoint. De même, l'époux propriétaire enregistré d'un immeuble qui sert, en tout ou en partie, de résidence familiale, ne peut l'hypothéquer ni le vendre ou le louer, sans le consentement de son conjoint.

3.3.2 Le patrimoine familial

Le patrimoine familial constitue la pierre angulaire de notre régime de droit de la famille et consacre le principe de l'égalité économique des époux. Certains y voient même un obstacle au mariage ou au remariage, ou à l'union civile en raison des conséquences qu'il peut avoir sur le patrimoine individuel de chacun des époux. L'ensemble des relations économiques entre époux est subordonné au principe du patrimoine. Le tableau 3.2 résume les diverses composantes du patrimoine familial, essentiellement constitué de biens dont l'un ou l'autre des deux époux est propriétaire. C'est en quelque sorte le patrimoine collectif accumulé par les conjoints durant leur vie commune.

TABLEAU 3.2 Les composantes du patrimoine familial

Biens inclus	Biens exclus
▶ Toutes les résidences de la famille comprenant la résidence principale et toutes les résidences secondaires. ▶ Meubles affectés à l'usage du ménage qui garnissent ou ornent la ou les résidences. ▶ Véhicules automobiles utilisés pour les déplacements de la famille. ▶ Droits accumulés durant le mariage ou l'union civile au titre d'un régime de retraite. ▶ Gains inscrits durant le mariage ou l'union civile au nom de chaque époux en application de la *Loi sur le régime de rentes du Québec* ou de programmes équivalents, tels les REERS.	▶ Biens échus à l'un des époux par succession, legs ou donation avant ou pendant le mariage ou l'union civile. ▶ Gains inscrits, durant le mariage ou l'union civile, au nom de chaque époux, en application de la *Loi sur le régime de rentes du Québec* ou de programmes équivalents si la dissolution du mariage ou de l'union civile résulte du décès. ▶ Tous les autres biens personnels des conjoints qui ne sont pas énumérés ci-contre.

La valeur nette du patrimoine familial est établie selon la valeur marchande des biens qui le constituent, moins les dettes liées à leur acquisition, leur amélioration, leur entretien ou leur conservation. C'est au moment du décès ou de l'introduction de la procédure de divorce ou de séparation de corps ou à la date de la cessation de vie commune que se fait cette évaluation (*voir l'encadré 3.5*). Il faut ensuite calculer la valeur partageable (art. 418 du C.c.Q.).

ENCADRÉ 3.5 Le partage du patrimoine familial

Le patrimoine familial est partagé dans les cas suivants :
- le divorce des époux ;
- leur séparation de corps ;
- l'annulation du mariage ou de l'union civile ;
- le décès de l'un des époux.

Advenant l'une de ces situations, chacun des époux a le droit d'exiger sa part de ce qui constitue le patrimoine familial, c'est-à-dire la moitié de sa valeur (*voir les articles 417 et 418 du C.c.Q.*).

C'est la première étape du partage des biens advenant un décès, un divorce ou une séparation. Par la suite, les autres biens qui ne font pas partie du patrimoine familial sont divisés selon le régime matrimonial choisi par les époux au moment du mariage ou de l'union civile.

> **Exemple** Marc et Geneviève sont mariés depuis 10 ans sous le régime de la séparation de biens et propriétaires des biens suivants :

- un bungalow à Laval, au nom de Marc, d'une valeur de 250 000 $, grevé d'une hypothèque de 155 000 $;
- un chalet dans les Laurentides, au nom de Geneviève, d'une valeur de 155 000 $, grevé d'une hypothèque de 125 000 $;
- les meubles de ces deux maisons, payés par les deux en parts égales et totalisant 40 000 $;
- la Chevrolet, au nom de Marc, d'une valeur de 18 000 $;
- la Honda, au nom de Geneviève, d'une valeur de 12 000 $;
- leurs régimes de retraite respectifs totalisant 125 000 $.

La valeur brute de leur patrimoine familial est de 600 000 $ et les dettes totalisent 280 000 $; la valeur nette sera donc de 320 000 $, c'est-à-dire 600 000 $ – 280 000 $. Chacun des conjoints aura droit à la moitié du patrimoine familial, donc une valeur de 160 000 $ c'est-à-dire 320 000 $ divisés par deux. Ils devront donc se partager les biens et l'argent afin que chacun obtienne cette moitié (art. 418 du C.c.Q.). Ce partage peut se faire à l'amiable ou nécessiter l'intervention du tribunal. C'est la valeur nette des biens et non les biens eux-mêmes qui est partagée.

De plus, les époux ne peuvent renoncer, par contrat de mariage, d'union civile ou autrement, à leurs droits dans le patrimoine familial, sauf dans les cas d'exception prévus à l'article 423 du *Code civil du Québec*. Dans les cas de divorce ou de séparation, le tribunal interviendra pour s'assurer que toute entente conclue entre les parties quant au partage du patrimoine familial protège bien les deux conjoints. Dans la négative, le juge peut la modifier ; les dispositions du *Code civil du Québec* accordent au juge une très grande discrétion dans le but d'éviter des injustices entre les conjoints quant au partage du patrimoine. Dans les cas de la dissolution du mariage ou de l'union civile à la suite du décès de l'un des conjoints, on doit d'abord procéder au partage du patrimoine familial en parts égales pour déterminer le patrimoine du défunt.

Par ailleurs, dans le but d'éviter la fraude entre conjoints, l'article 421 du *Code civil du Québec* énonce que, lorsqu'un bien du patrimoine familial a été aliéné dans l'année précédant le décès de l'un des époux ou l'introduction de l'instance en divorce, en séparation ou en annulation du mariage ou de l'union civile, et que le bien n'a pas été remplacé, le tribunal peut ordonner qu'un paiement compensatoire soit fait à l'époux à qui aurait profité l'inclusion de ce bien dans le patrimoine familial.

> **Exemple** Ce serait le cas, dans l'exemple précité, si Geneviève vendait le chalet enregistré à son nom dans l'année précédant le divorce et qu'elle encaissait le produit de la vente. Marc pourrait exiger un paiement compensatoire équivalant au montant dont il aurait bénéficié si le chalet était demeuré dans le patrimoine familial.

Le *Code civil du Québec* prévoit même la possibilité de revenir plus d'un an en arrière si l'on peut prouver l'intention de frauder le conjoint.

Toutes les personnes qui se sont mariées après le 1er juillet 1989 et celles qui vivent en union civile sont automatiquement assujetties à la réglementation concernant le patrimoine familial et ne peuvent demander d'en être exemptées. La seule autre façon de ne pas être soumis aux dispositions obligatoires et prioritaires du patrimoine familial est de résider en dehors du Québec, de vivre comme conjoints de fait ou d'y avoir renoncé avant le 1er janvier 1991 par acte notarié ou déclaration judiciaire.

3.3.3 Les régimes matrimoniaux

Régime matrimonial
(Matrimonial regime)
Ensemble des règles régissant les liens économiques entre les époux unis par le mariage ou l'union civile en ce qui concerne la propriété et le partage de certains biens entre eux.

Avant de parler des régimes matrimoniaux, une mise au point s'impose: le patrimoine familial ne constitue pas un **régime matrimonial**. C'est une conséquence, un effet obligatoire du mariage et de l'union civile. Les dispositions du *Code civil du Québec* concernant les régimes matrimoniaux sont donc subordonnées et soumises aux dispositions prioritaires et obligatoires régissant le patrimoine familial. Ainsi, au moment de la dissolution du mariage ou de l'union civile, on procède d'abord au partage des biens faisant partie du patrimoine familial. Puis, les biens qui restent sont partagés entre les époux selon les dispositions du régime matrimonial qu'ils ont choisi.

A. Le régime matrimonial

Dans le domaine des affaires, le régime matrimonial d'un individu peut avoir une incidence importante sur l'établissement de son bilan personnel et, par conséquent, sur les garanties qu'il peut être appelé à fournir à ses créanciers lorsque vient le temps d'obtenir du crédit. La notion de patrimoine familial vient compliquer encore davantage la distinction qui existait entre les biens propres des conjoints et ceux qui composent le patrimoine familial.

Il existe trois régimes matrimoniaux au Québec (art. 431 à 492 du C.c.Q.):

1. la **séparation de biens,** qui est un régime conventionnel, c'est-à-dire choisi par contrat de mariage ou d'union civile passé devant un notaire;
2. la **société d'acquêts,** qui est le régime légal s'appliquant automatiquement par défaut depuis le 1er juillet 1970 si les époux ne choisissent pas un régime conventionnel;
3. la **communauté de biens,** qui était le régime légal s'appliquant automatiquement avant le 1er juillet 1970.

Avant de se marier, les futurs époux peuvent donc choisir un régime matrimonial. Ils ont le choix entre le **régime légal** ou un régime conventionnel.

Régime légal
(Legal regime)
Régime matrimonial qui s'applique automatiquement en vertu de la loi si les époux ne choisissent pas un régime matrimonial conventionnel comme la séparation de biens par contrat de mariage ou d'union civile.

Avant le 1er juillet 1970, le régime légal qui s'appliquait au Québec était celui de la **communauté de biens.** Ainsi, toute personne mariée au Québec sans contrat de mariage avant cette date était, et est encore, automatiquement soumise au régime légal de la communauté de biens. Le 1er juillet 1970, le législateur a remplacé le régime légal de la communauté de biens par celui de la **société d'acquêts.** Depuis cette date, toute personne mariée sans contrat de mariage ou d'union civile au Québec est automatiquement soumise au régime légal de la société d'acquêts et possède deux catégories de biens: les biens propres et les acquêts (art. 432 du C.c.Q.). Le *Code civil du Québec* permet aux époux soumis à l'un ou à l'autre des régimes de changer ce dernier par un acte notarié. Cette modification peut se faire d'un commun accord dans la mesure où elle ne cause pas préjudice aux membres de la famille ni aux créanciers des conjoints.

La séparation de biens Ce sont les articles 485 à 487 qui définissent les principes de la **séparation de biens.**

Art. 485 du C.c.Q. Le régime de séparation conventionnelle de biens s'établit par la simple déclaration faite à cet effet dans le contrat de mariage.

Art. 486 du C.c.Q. En régime de séparation de biens, chaque époux a l'administration, la jouissance et la libre disposition de tous ses biens.

Art. 487 du C.c.Q. Le bien sur lequel aucun des époux ne peut justifier de son droit exclusif de propriété est présumé appartenir aux deux indivisément, à chacun pour moitié.

Le contrat de mariage est un acte notarié. Ce régime prévoit que « ce qui est à moi est à moi et ce qui est à toi reste à toi, que l'on parle de mes biens ou de mes dettes ». Ainsi, chaque époux a l'administration, la jouissance et la libre disposition de tous ses biens.

La société d'acquêts Depuis le 1er juillet 1970, la société d'acquêts est le régime légal au Québec et plus de 50 % des personnes mariées ou qui sont en union civile sont régies par ce régime. Dans les faits, on peut aussi choisir le régime de la société d'acquêts par contrat de mariage.

Selon l'article 448 du C.c.Q., les biens que chaque époux possède au début du régime et ceux qu'il acquiert par la suite constituent soit des acquêts, soit des biens propres. Ainsi, chacun des époux possède des biens propres et des acquêts.

Les articles 449 à 451 définissent chacune de ces catégories de biens :

Art. 449 du C.c.Q. Les acquêts de chaque époux comprennent tous les biens non déclarés propres par la loi et notamment :

1° Le produit de son travail au cours du régime ;

2° Les fruits et revenus échus ou perçus au cours du régime, provenant de tous ses biens, propres ou acquêts.

Art. 450 du C.c.Q. Sont propres à chacun des époux :

1° Les biens dont il a la propriété ou la possession au début du régime ;

2° Les biens qui lui échoient au cours du régime, par succession ou donation et, si le testateur ou le donateur l'a stipulé, les fruits et revenus qui en proviennent ;

3° Les biens qu'il acquiert en remplacement d'un propre de même que les indemnités d'assurance qui s'y rattachent ;

4° Les droits ou avantages qui lui échoient à titre de titulaire subrogé ou à titre de bénéficiaire déterminé d'un contrat ou d'un régime de retraite, d'une autre rente ou d'une assurance de personnes ;

5° Ses vêtements et ses papiers personnels, ses alliances, ses décorations et ses diplômes ;

6° Les instruments de travail nécessaires à sa profession, sauf récompense s'il y a lieu.

En d'autres mots, les biens qui nous appartiennent avant le mariage et ceux que l'on acquiert par succession ou donation par la suite sont des biens propres, alors que la très grande majorité des biens acquis pendant le mariage ou l'union civile par les époux sont des acquêts, de sorte que la valeur de ces derniers augmente au fil des ans. C'est le cas du salaire d'une personne, de ses placements hors REER, des dividendes qu'elle reçoit et de toutes ses autres acquisitions, par exemple une entreprise, un immeuble à revenus, ses revenus d'intérêts ou une œuvre d'art. Au moment de la dissolution du mariage, chaque époux a droit à la moitié des acquêts de son partenaire.

Par ailleurs, les articles 459 et 460 du C.c.Q. précisent que tout bien est présumé acquêt, tant entre les époux qu'à l'égard des tiers, à moins qu'il ne soit établi qu'il est un bien propre. Il incombe donc à l'époux qui revendique un bien comme étant un bien propre d'en faire la preuve devant le tribunal. Par ailleurs, le bien qu'un époux ne peut prouver lui être exclusivement propre ou acquêt est présumé appartenir aux deux indivisément, à chacun pour moitié. Il s'agit alors d'un acquêt commun.

Les articles 451 à 458 du C.c.Q. établissent d'autres distinctions entre les biens propres et les acquêts et introduisent la notion de **récompense.**

> **Art. 451. du C.c.Q. Est également propre, à charge de récompense, le bien acquis avec des propres et des acquêts, si la valeur des propres employés est supérieure à la moitié du coût total d'acquisition de ce bien. Autrement, il est acquêt à charge de récompense.**
>
> **La même règle s'applique à l'assurance sur la vie, de même qu'aux pensions de retraite et autres rentes. Le coût total est déterminé par l'ensemble des primes ou sommes versées, sauf dans le cas de l'assurance temporaire où il est déterminé par la dernière prime.**
>
> **Art. 452 du C.c.Q. Lorsque, au cours du régime, un époux, déjà propriétaire en propre d'une partie indivise d'un bien, en acquiert une autre partie, celle-ci lui est également propre, sauf récompense s'il y a lieu.**

Toutefois, si la valeur des acquêts employés pour cette acquisition est égale ou supérieure à la moitié de la valeur totale du bien dont l'époux est devenu propriétaire, ce bien devient **acquêt à charge de récompense.** Cette notion de **récompense** s'applique dans les cas où l'un des époux utilise une partie de ses acquêts pour acquérir un bien en remplacement d'un bien propre ou pour payer une partie d'un bien propre non encore complètement payé.

> **Exemple** Au moment de son mariage, Caroline est propriétaire d'un duplex d'une valeur de 175 000 $, qu'elle loue. Deux ans plus tard, elle le vend 200 000 $ et elle applique cette somme comme dépôt pour un nouvel immeuble à logements, qu'elle paie 500 000 $. En principe, ce nouvel immeuble est un bien propre, car il remplace un bien propre. Mais, dans les faits, si elle doit utiliser son salaire et ses autres revenus pour payer la différence, ce bien deviendra un acquêt à charge pour les acquêts de rembourser la somme de 200 000 $ aux biens propres de Caroline.

La communauté de biens Le régime légal pour les personnes mariées avant le 1er juillet 1970 était celui de la **communauté de biens.** Le *Code civil du Québec* n'en fait pas mention, bien que de nombreux couples mariés avant cette date sont encore régis par les dispositions du *Code civil du Bas-Canada* sur ce régime matrimonial.

Sa caractéristique principale est que la plupart des biens des époux sont considérés comme étant des **biens communs.** Cela comprend les biens meubles possédés ou acquis avant ou après le mariage ainsi que les immeubles acquis après le mariage, les revenus provenant du travail des époux et de leurs biens. De plus, c'est le mari qui administre tous les biens communs, à l'exception de certains biens réservés de la femme. Comme les biens sont communs, les dettes des époux sont également communes.

Pour les gens d'affaires, le régime matrimonial est particulièrement important compte tenu des conséquences qu'il peut avoir sur le partage des biens advenant un divorce ou une séparation de corps (situation juridique qui met fin à l'obligation de vie commune d'un couple marié), comme l'illustre l'encadré 3.6. Afin d'éviter bien des problèmes concernant la valeur de leurs biens, il est recommandé aux époux d'en dresser un inventaire.

ENCADRÉ 3.6 Le régime matrimonial appliqué aux gens d'affaires

La **séparation de biens** est souvent le régime matrimonial qui est recommandé aux personnes qui partent en affaires et qui veulent se marier ou contracter une union civile.

Prenons l'exemple du **divorce** de Marc et de Geneviève, dont nous avons parlé plus tôt, pour illustrer le partage du patrimoine familial.

Dans le cas du partage du régime matrimonial

En plus des biens déjà mentionnés, Geneviève est également propriétaire des biens suivants, qui ne font pas partie du patrimoine familial : un immeuble à revenus, un commerce de marketing et des placements hors REER. Lors du partage du régime matrimonial, ces biens seront partagés comme suit, selon le régime matrimonial s'appliquant à Geneviève et à Marc.

Le régime de la séparation de biens

S'ils sont mariés en vertu du régime de la **séparation de biens,** le commerce de marketing, l'immeuble à revenus et les placements hors REER demeurent des **biens propres,** qui ne font pas partie du patrimoine familial et qui ne seront pas non plus divisés entre les époux en vertu du régime matrimonial.

La société d'acquêts

S'ils ont choisi le régime de la **société d'acquêts** et si les biens ont été acquis avant le mariage par Geneviève, l'immeuble, le commerce de marketing et les placements hors REER sont des biens propres appartenant à Geneviève.

Si ces biens ont été acquis **avant le mariage** et si plus de 50 % de la valeur de ceux-ci a été payée pendant le mariage, ils constituent des acquêts de Geneviève, et Marc pourra en réclamer la moitié. Par contre, Geneviève pourra demander un partage inégal à charge de récompense pour tenir compte de la plus-value acquise avant le mariage.

D'autre part, si ces biens ont été acquis **pendant le mariage,** ils constituent des acquêts de Geneviève, et Marc a droit à 50 % de la valeur de ces biens au moment de la dissolution du mariage ou de l'union civile.

Par contre, advenant la **faillite** de Geneviève ou de son entreprise, ses biens ci-dessus mentionnés et ceux de l'entreprise ne seront pas protégés contre les créanciers, quel que soit le régime matrimonial choisi.

B. L'union libre

L'union libre, ou **de fait,** est aussi appelée **concubinage.** Il est indispensable de préciser certains points importants à son sujet. À part quelques allusions (art. 555, 1938 et 1958 du C.c.Q.), le *Code civil du Québec* est muet au sujet des concubins, et les personnes qui vivent sous ce régime n'ont aucun droit et ne sont soumises à aucune des obligations prévues par le *Code civil du Québec* pour les personnes mariées légalement ou ayant choisi l'union civile.

Le patrimoine familial ne s'applique pas aux personnes qui choisissent cette façon de vivre. Le législateur a voulu respecter la liberté des individus dans l'organisation de leurs relations familiales. Toutefois, les enfants issus de ces unions jouissent des mêmes droits et ont les mêmes obligations que ceux dont les parents sont unis par les liens du mariage ou de l'union civile.

Ajoutons que de plus en plus de lois à portée sociale reconnaissent, après un certain temps, l'union de fait. Sur le plan provincial, il y a, par exemple, la subvention pour frais de garde, l'aide juridique, le régime de rentes du Québec, les accidents du travail et les maladies professionnelles, l'assurance automobile, l'impôt du Québec, les prêts et bourses, le *Code de procédure civile* en matière de saisie ;

sur le plan fédéral, on peut citer la sécurité de la vieillesse, l'assurance-emploi, les allocations aux anciens combattants, l'impôt du Canada et certains régimes de retraite.

Compte tenu du fait que de plus en plus de personnes choisissent cette façon de vivre ensemble, ont des enfants et amassent des biens, il est préférable que les conjoints de fait signent entre eux une **convention de vie commune** prévoyant les modalités de leur vie commune, l'inventaire des biens appartenant à chacun et les modalités de partage en cas de décès ou de séparation, afin d'éviter des problèmes à ce moment-là.

De plus, ils ont aussi avantage à rédiger un testament, car, dans les cas de décès, le *Code civil du Québec* ne reconnaît pas le conjoint de fait au même titre qu'un conjoint marié. Il n'a pas le droit d'hériter de son conjoint de fait qui avait omis de faire un testament, même s'il demeure avec lui depuis 20 ans.

3.3.4 La filiation (art. 522 à 584 du C.c.Q.)

Filiation *(Filiation)*
Lien juridique qui unit un enfant à son père ou à sa mère ; la filiation résulte des liens du sang ou de l'acte ou du jugement d'adoption.

Le lien de **filiation** se matérialise par l'enregistrement de la naissance de tout enfant dans les registres de l'état civil et se prouve par l'acte de naissance. Avec les progrès de la science, les tests d'ADN sont devenus le meilleur moyen de prouver la filiation d'un enfant. La Cour d'appel a d'ailleurs statué pour le droit d'imposer un test d'ADN afin de prouver la filiation dans le dossier *P.(A.) c. D.(L.) REJB 2000-21326.* Par ailleurs, le délai accordé à un père pour contester sa paternité est de un an à compter de la naissance ou de la connaissance de celle-ci.

De plus, il est intéressant de noter que les articles 538 à 541 du *Code civil du Québec* prévoient des dispositions concernant la **procréation médicalement assistée,** dont le problème des mères porteuses qui a déjà fait les manchettes. L'article 538 énonce que la contribution au projet parental d'autrui par un apport de forces génétiques (par exemple un ovule ou du sperme) à la procréation médicalement assistée ne permet de fonder aucun lien de filiation entre l'auteur de la contribution et l'enfant issu de la procréation. Les cas de mères porteuses et des banques de sperme sont ainsi réglementés pour éviter des poursuites en reconnaissance de paternité ou de maternité. L'article 542 du *Code civil* déclare nulles les **conventions de procréation** ou de gestation pour le compte d'autrui.

3.3.5 L'adoption (art. 543 à 584 du C.c.Q.)

Toute personne majeure peut, seule ou conjointement avec une autre personne, adopter un enfant. L'intérêt de l'enfant demeure le pivot de ces dispositions. Il est important de noter que l'article 583 du *Code civil du Québec* permet au mineur âgé de plus de 14 ans ainsi qu'au majeur d'obtenir les renseignements lui permettant de retrouver ses parents biologiques si ces derniers ont consenti à dévoiler leur identité. Un enfant adopté possède les mêmes droits et obligations que ses frères et sœurs nés de ses parents adoptifs.

3.3.6 L'autorité parentale (art. 597 à 613 du C.c.Q.)

Conçu de manière à faire respecter le principe d'égalité entre les conjoints, le *Code civil du Québec* impose à la mère et au père la même responsabilité envers leurs enfants. Selon l'alinéa 1 de l'article 600 du *Code civil du Québec,* le père et la mère exercent ensemble l'**autorité parentale.** En vertu du *Code civil du Québec,* l'exercice de l'autorité parentale accorde automatiquement aux parents la tutelle légale de leurs enfants.

3.3.7 Le divorce, la séparation et la dissolution

Le mariage et l'union civile prennent fin par leur dissolution ou le divorce, qui mettent un terme au régime matrimonial et au patrimoine familial. La séparation, quant à elle, ne met fin qu'au régime matrimonial et au patrimoine familial, mais elle ne met pas fin au mariage ou à l'union civile.

A. La dissolution du mariage et de l'union civile

Les articles 516 et 521.12 du *Code civil du Québec* énoncent les façons dont le mariage et l'union civile sont dissous.

> **Art. 516 du C.c.Q. Le mariage est dissous par le décès de l'un des conjoints ou par le divorce.**
>
> **Art. 521.12 du C.c.Q. L'union civile se dissout par le décès de l'un des conjoints. Elle se dissout également par un jugement du tribunal ou par une déclaration commune notariée lorsque la volonté de vie commune des conjoints est irrémédiablement atteinte.**

B. Le décès

Dans le cas du décès de l'un des conjoints, on doit alors procéder au partage du patrimoine familial et des biens selon le régime matrimonial, puis de la succession du conjoint défunt, c'est-à-dire de son patrimoine propre. Nous expliquerons ce processus dans les pages qui suivent.

C. Le divorce, la séparation de corps, l'annulation et la dissolution de l'union civile

Les époux mariés s'adressent au tribunal pour demander le divorce ou la séparation de corps. Cette dernière délie les époux de l'obligation de faire vie commune, mais ne rompt pas le lien du mariage. Seuls le décès d'un conjoint ou le divorce ont cette conséquence. Le juge qui entend une cause de divorce ou de séparation de corps statue sur l'entretien et la garde des enfants, le paiement de l'obligation alimentaire, la dissolution du régime matrimonial et le partage du patrimoine familial et la prestation compensatoire, le cas échéant. Il est important de noter qu'en vertu de l'article 494(2) du *Code civil*, les époux peuvent demander la séparation dès qu'ils ne font plus vie commune, alors que, pour demander le divorce, ils doivent avoir cessé de faire vie commune depuis un an, ou invoquer l'adultère de leur conjoint ou la cruauté physique ou mentale, qui rend le maintien de la cohabitation intolérable (art. 8 de la *Loi sur le divorce*).

Dans le cas de l'union civile, le législateur a introduit la possibilité pour les conjoints de dissoudre leur union par consentement mutuel en rédigeant une déclaration et un accord qui doivent être reçus et authentifiés par un notaire. À défaut d'un tel accord, ils devront s'adresser au tribunal. L'article 521.18 du *Code civil* ajoute que :

> **Art. 521.18 du C.c.Q. La dissolution de l'union civile ne prive pas les enfants des avantages qui leur sont assurés par la loi ou le contrat d'union civile. Elle laisse subsister les droits et les devoirs des parents à l'égard de leurs enfants.**

Ces droits touchent notamment à la question de l'obligation alimentaire, à la garde des enfants et aux droits de visite. Par ailleurs, il est important de préciser que si le mariage n'est pas célébré suivant les prescriptions de la loi, l'un des époux ou toute personne intéressée peut en demander l'annulation à l'intérieur d'un délai de trois ans depuis la célébration, sauf si l'ordre public est en cause (art. 380 du C.c.Q.).

D. L'obligation alimentaire (art. 585 à 596 du C.c.Q.)

Le *Code civil du Québec* impose aux époux de même qu'aux parents en ligne directe (enfants, père, mère) l'obligation d'assurer la subsistance de ceux d'entre eux qui sont dans le besoin. L'**obligation alimentaire** existe durant le mariage, l'union civile ou l'union de fait, et subsiste après le divorce, la dissolution, la séparation et même le décès. Dans les cas de divorce, les articles 15.2 (4) et (6) de la *Loi sur le divorce* énoncent les règles dont le tribunal tient compte pour établir le montant de la pension alimentaire entre conjoints.

L'obligation alimentaire peut prendre la forme d'une pension versée à un membre de la famille incapable de subvenir à ses besoins essentiels. Les tribunaux tiennent toutefois compte des moyens et des besoins de chacun dans l'octroi d'une telle pension afin de ne pas sacrifier la subsistance de l'un au profit de l'autre. En plus de cette obligation alimentaire, les parents ont celle de veiller à l'éducation de leurs enfants mineurs. L'obligation alimentaire prend le plus souvent la forme d'une pension alimentaire payable au conjoint dans le besoin et aux enfants, dans les cas de divorce et de séparation. La pension alimentaire pour enfant est fixée selon un barème et un formulaire établis par le ministère de la Justice. Elle tient compte des revenus disponibles de chacun des parents, des modalités de garde et des besoins des enfants.

Il est important de noter que l'obligation alimentaire envers les enfants ne cesse pas automatiquement lorsqu'ils deviennent majeurs. Ainsi, elle pourra continuer si les circonstances le justifient. C'est le cas notamment des enfants qui poursuivent leurs études et ne sont pas en mesure de subvenir entièrement à leurs besoins. Une jurisprudence abondante à ce sujet établit notamment que l'enfant doit démontrer son incapacité à subvenir seul à ses besoins, un intérêt marqué et des efforts sérieux dans la poursuite et la réussite de ses études. La poursuite d'études n'est donc pas une garantie d'obtenir une pension alimentaire.

Dans le cas du décès de celui qui paie une pension alimentaire, l'article 684 du *Code civil du Québec* précise que le créancier de la pension alimentaire, généralement le conjoint ou les enfants mineurs du défunt, peut, dans les six mois qui suivent le décès, réclamer de la succession une contribution financière à titre de pension alimentaire. Celle-ci est attribuée sous forme d'une somme forfaitaire payable au comptant ou par versements. Si c'est l'ex-conjoint du défunt qui la réclame, elle est égale à 12 mois d'aliments (art. 688 du C.c.Q.).

Il est important de noter que les conjoints de fait n'ont pas de pension alimentaire à se verser entre eux advenant leur séparation, et ce, même s'ils ont vécu ensemble pendant 15 ans ou plus. Par ailleurs, en vertu du lien de filiation, ils doivent continuer l'entretien de leurs enfants mineurs et peuvent se voir condamner à leur payer une pension alimentaire.

E. La garde légale des enfants

Durant la vie commune, le père et la mère ont la garde légale de leurs enfants mineurs et exercent l'autorité parentale. Même après un divorce, une séparation ou la dissolution de l'union civile, ils ont le devoir de veiller à leur entretien et à leur éducation. Généralement, le juge qui prononce le jugement de divorce, de séparation ou de dissolution accordera la garde légale des enfants mineurs à celui des époux avec lequel les enfants mineurs vont demeurer, l'autre conjoint ayant alors des droits d'accès, de visite et de sortie. Le critère retenu par le juge est l'intérêt de l'enfant.

F. La prestation compensatoire

La loi tient aussi compte de la contribution d'un conjoint à l'enrichissement de l'autre en dehors des charges du mariage ou de l'union civile. Ainsi, dans le cas de la dissolution de l'union civile, à la suite d'un divorce, d'une séparation du corps, d'une annulation de mariage ou d'un décès, le tribunal peut accorder à un conjoint qui en fait la demande une **prestation compensatoire.** Cette prestation revêt la forme d'une indemnité versée à l'un des deux conjoints pour des services rendus gratuitement. L'article 427 est à la base de la demande de prestation compensatoire par l'un des époux:

> **Art. 427 du C.c.Q. Au moment où il prononce la séparation de corps, le divorce ou la nullité du mariage, le tribunal peut ordonner à l'un des époux de verser à l'autre, en compensation de l'apport de ce dernier, en biens ou en services, à l'enrichissement du patrimoine de son conjoint, une prestation payable au comptant ou par versements, en tenant compte, notamment, des avantages que procurent le régime matrimonial et le contrat de mariage. Il en est de même en cas de décès; il est alors, en outre, tenu compte des avantages que procure au conjoint survivant la succession.**

Lorsque le droit à la prestation compensatoire est fondé sur la collaboration régulière de l'époux à une entreprise, que cette entreprise ait trait à un bien ou à un service et qu'elle soit ou non à caractère commercial, la demande peut en être faite dès la fin de la collaboration, si celle-ci est causée par l'aliénation, la dissolution ou la liquidation volontaire ou forcée de l'entreprise.

Pour avoir droit à une prestation compensatoire, trois conditions doivent être présentes:

1. Le conjoint qui la demande doit avoir fourni un apport au patrimoine de l'autre conjoint.
2. Le patrimoine de l'autre conjoint doit en être enrichi.
3. On doit pouvoir démontrer que cet enrichissement est dû à l'apport du conjoint qui fait la demande de prestation compensatoire et dans quelle proportion.

> **Exemple** Il s'agit, notamment, du conjoint ou de la conjointe qui travaille comme s'il était employé dans un commerce dont l'autre détient la propriété exclusive, sans recevoir de salaire ou en recevant un salaire dérisoire. C'est le cas de Sarah, qui a travaillé comme secrétaire pour l'entreprise de son mari, Martin, et qui s'est aussi occupée de la comptabilité de l'entreprise pendant 20 ans, sans recevoir de salaire.

N'importe lequel des époux qui s'estime lésé peut demander une prestation compensatoire. Celle-ci prend généralement la forme du paiement d'une somme d'argent en un ou plusieurs versements, mais le juge peut intervenir et forcer le conjoint débiteur à transférer un ou plusieurs biens au conjoint lésé. Dans son évaluation, le tribunal tiendra compte de la rémunération raisonnable à laquelle Sarah aurait eu droit pendant ces 20 ans.

> **Exemple** Une épouse séparée de biens qui a versé tous ses salaires pour pourvoir à l'entretien, à l'habillement et à l'alimentation de la famille pourra réclamer une prestation compensatoire au moment du divorce et de la séparation si, pendant le mariage, son mari a acheté en son nom personnel pour 100 000 $ d'obligations d'épargne du Québec à même son salaire.

3.4 LES SUCCESSIONS

Souvent, le décès d'une personne amène de nombreux problèmes à ses héritiers parce qu'elle a mal planifié ou n'a pas planifié du tout le partage de sa succession avant son décès. Dans le cas des gens d'affaires, cela peut engendrer de sérieux problèmes, non seulement en ce qui concerne les actifs personnels du défunt, mais surtout en ce qui concerne l'entreprise dont il était propriétaire avant son décès et les personnes avec lesquelles il était associé. Dans certains cas, le décès de l'actionnaire majoritaire peut même mettre en péril la survie de l'entreprise.

Exemple Pierre-Yves est marié avec Martine. Quatre enfants, encore mineurs, sont nés de leur mariage: Yves, Chantal, Mario et Diane. Il est propriétaire de 50 % des actions de la compagnie ABC inc., et l'autre moitié des actions appartient à son associé, Rolland. Chacun d'eux détient 60 actions de l'entreprise, pour un total de 120 actions émises et détenues par les deux actionnaires.

Pierre-Yves décède à la suite d'un accident de la route.

- Qu'adviendra-t-il de ses actions dans la compagnie ABC inc.?
- Est-ce que Rolland aura comme associés Martine et les quatre enfants de Pierre-Yves?

La réponse à ces questions variera considérablement, selon que Pierre-Yves ait rédigé un testament ou non, et selon qu'il ait rédigé ou non une convention entre actionnaires avec Rolland dans la compagnie ABC inc.

Les articles 613 à 702 du *Code civil du Québec* établissent les règles applicables aux droits successoraux et aux successions légales.

Le *Code* précise que la succession d'une personne s'ouvre par son décès, au lieu de son dernier domicile (art. 613 du C.c.Q.). Elle est dévolue suivant la prescription de la loi, à moins que le défunt n'ait, par des dispositions testamentaires, réglé autrement la dévolution de ses biens. Dès le moment du décès, les héritiers exercent la **saisine** des biens du défunt.

Saisine *(Seisin)*
Droit des héritiers à la transmission automatique et immédiate du patrimoine du défunt, dès le moment de son décès, et donc à l'ouverture de la succession sans autres formalités.

Pour hériter d'une personne décédée, il faut être une personne physique vivante et viable (article 617 du C.c.Q.). L'article 618 du *Code civil du Québec* ajoute que l'État et les personnes morales peuvent aussi hériter.

Exemple Dans son testament, Rosaire Tremblay fait un legs de 10 000 $ à la Société de recherche sur le cancer.

Exemple Dans un accident d'automobile causant la mort de plusieurs personnes, sans qu'on soit capable de déterminer laquelle d'entre elles est décédée après l'autre, les dispositions de l'article 616 du C.c.Q. précisent qu'elles sont réputées être décédées au même instant et leur succession respective est alors dévolue aux personnes qui auraient été appelées à la recueillir à leur défaut.

Par ailleurs, pour hériter, il ne faut pas avoir été déclaré «indigne», comme il est défini aux articles 620 et 621 du *Code civil du Québec*.

> **Art. 620 du C.c.Q. Est de plein droit indigne de succéder:**
>
> **1° Celui qui est déclaré coupable d'avoir attenté à la vie du défunt;**
>
> **2° Celui qui est déchu de l'autorité parentale sur son enfant, avec dispense pour celui-ci de l'obligation alimentaire, à l'égard de la succession de cet enfant.**
>
> **Art. 621 du C.c.Q. Peut être déclaré indigne de succéder:**
>
> **1° Celui qui a exercé des sévices sur le défunt ou a eu autrement envers lui un comportement hautement répréhensible;**
>
> **2° Celui qui a recelé, altéré ou détruit de mauvaise foi le testament du défunt;**
>
> **3° Celui qui a gêné le testateur dans la rédaction, la modification ou la révocation de son testament.**

Le *Code civil du Québec* utilise un vocabulaire particulier en ce qui concerne les successions. Il est donc important de bien préciser ce vocabulaire avant d'aller plus loin.

Le *Code civil du Québec* prévoit trois niveaux de **successibles**:

1. le **premier** niveau comprend le conjoint survivant et les **descendants**;
2. le **deuxième** niveau comprend le conjoint survivant, quand il n'y a pas d'enfant, ainsi que les **ascendants privilégiés** (père et mère du défunt) et les **collatéraux privilégiés** (frères et sœurs et leurs descendants au premier degré, c'est-à-dire leurs enfants);
3. le **troisième** niveau comprend les **ascendants** ordinaires et les **collatéraux** ordinaires.

Les enfants de frères et sœurs du défunt héritant de la part dont aurait hérité leur mère ou leur père déjà décédé sont appelés à hériter par la **représentation** de leur père ou de leur mère. La représentation n'existe qu'en matière de succession légale. Elle a lieu à l'infini dans la ligne directe descendante. Pour qu'elle s'applique dans une succession testamentaire, elle doit faire l'objet d'une clause particulière du testament à ce sujet.

Dans une succession testamentaire on distingue trois types de **légataires**:

- **le légataire particulier,** à qui le défunt lègue un bien en particulier, par exemple une montre en or ou toutes ses actions dans la compagnie ABC inc.;
- **le légataire universel,** à qui le défunt lègue la totalité de ses biens;
- **le légataire à titre universel,** à qui le défunt lègue une partie ou une catégorie de ses biens, par exemple sa collection de peintures ou ses placements en Bourse.

3.4.1 La transmission des biens

Au moment de son décès, le défunt est propriétaire de certains biens (ceux-ci constituent l'actif de la succession) et il est en même temps débiteur de certaines dettes (celles-ci constituent le passif de la succession). L'ensemble des deux constitue le **patrimoine qu'il laisse à son décès.** L'article 625 du C.c.Q. précise que les héritiers sont automatiquement saisis du patrimoine du défunt. C'est ce qu'on appelle la **saisine de la succession.**

> **Art. 625 du C.c.Q. Les héritiers sont, par le décès du défunt ou par l'événement qui donne effet à un legs, saisis du patrimoine du défunt, sous réserve des dispositions relatives à la liquidation successorale.**
>
> **Ils ne sont pas, sauf les exceptions prévues au présent livre, tenus des obligations du défunt au-delà de la valeur des biens qu'ils recueillent et ils conservent le droit de réclamer de la succession le paiement de leurs créances.**
>
> **Ils sont saisis des droits d'action du défunt contre l'auteur de toute violation d'un droit de la personnalité ou contre ses représentants.**

3.4.2 La succession déficitaire

Il arrive souvent que les héritiers ou successibles ne connaissent pas vraiment la valeur ou l'état du patrimoine ou de la succession du défunt. À la suite de la réalisation d'un inventaire de la succession, ils ont parfois la mauvaise surprise de constater que celle-ci est **déficitaire.** L'article 630 du *Code civil du Québec* énonce que tout successible a le droit d'accepter la succession ou d'y renoncer (*voir le tableau 3.3, à la page suivante*). Il précise que ce droit d'option est indivisible. C'est donc dire que les héritiers ne peuvent choisir d'accepter une partie de la succession et en refuser une autre partie. En d'autres mots,

Successibles *(Successor)*
Personnes susceptibles d'hériter du défunt, qu'on appelle aussi légataires, héritiers et ayants droit.

Descendants *(Descendants)*
Enfants, petits-enfants et arrière-petits-enfants du défunt, c'est-à-dire ceux qui viennent après lui.

Ascendants *(Ascendants)*
Parents, grands-parents et arrière-grands-parents du défunt, c'est-à-dire ceux qui viennent avant lui.

Collatéraux *(Collaterals)*
Frères, sœurs, oncles, tantes, neveux, nièces, cousins et cousines, c'est-à-dire ceux qui sont de même degré que le défunt, mais qui ne sont pas ascendants ou descendants.

Légataire *(Legatee)*
Terme utilisé dans les successions testamentaires pour définir les héritiers du défunt.

FIGURE 3.3 La succession avec un conjoint et collatéraux privilégiés

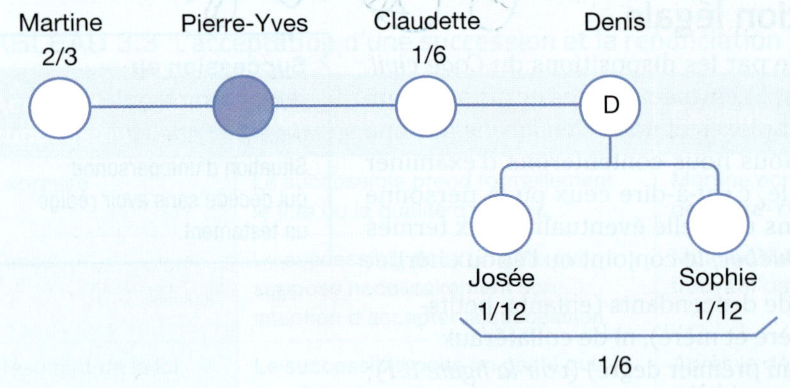

Pierre-Yves décède en laissant dans le deuil son épouse, Martine, sa sœur Claudette et ses deux nièces, Josée et Sophie, filles de son frère Denis, déjà décédé. Sa succession sera partagée de la façon illustrée ci-contre. Selon ce scénario, Rolland se retrouverait associé avec Martine, qui détiendrait 40 actions, soit les 2/3 des 60 actions de Pierre-Yves et avec Claudette, qui détiendrait 10 actions, soit 1/6 des actions de Pierre-Yves, alors que Josée et Sophie, les enfants de Denis, qui est décédé, détiendraient chacune 5 actions, soit 1/12 chacun des 60 actions de Pierre-Yves.

FIGURE 3.4 La succession avec un conjoint de fait et des enfants

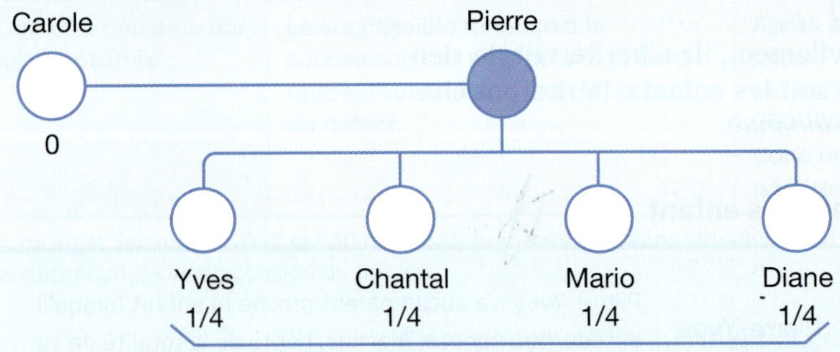

Dans cet exemple, Carole et Pierre sont conjoints de fait, et donc non mariés ni unis civilement, comme c'est le cas d'environ 50 % de la population du Québec. Dans un tel cas de décès sans testament, la conjointe de fait ne reçoit rien de la succession, dont les actifs sont partagés également entre les quatre enfants nés de l'union de Carole et Pierre. Quant à Rolland, il se retrouve donc associé avec les quatre enfants mineurs, qui détiennent chacun 15 actions, pour un total de 60 actions, correspondant à 50 % des actions de la compagnie ABC inc. Carole est leur tutrice, même si elle n'est pas mariée ou unie civilement. C'est donc elle qui exercera le droit de vote pour les enfants.

FIGURE 3.5 La succession avec un conjoint, des ascendants et des collatéraux privilégiés

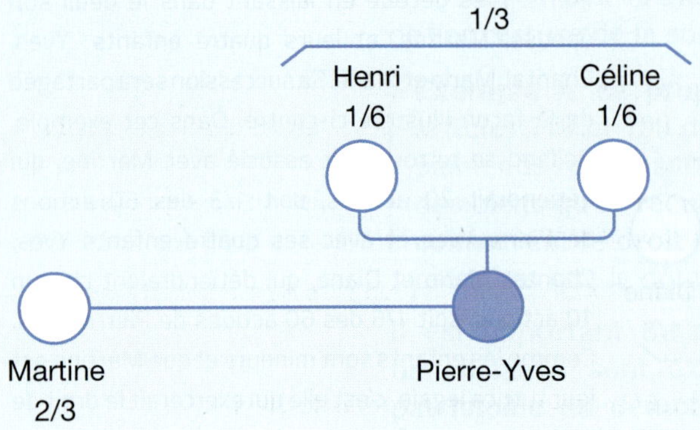

Pierre-Yves décède en laissant dans le deuil son épouse, Martine, sa mère, Céline, son père, Henri, sa sœur Claudette, ses deux nièces Josée et Sophie, issues de son frère Denis, déjà décédé. Sa succession sera partagée de la façon illustrée ci-contre. Il est important de noter que les ascendants privilégiés (père et mère du défunt) héritent prioritairement sur les collatéraux privilégiés (frères, sœurs, neveux et nièces). Selon ce scénario, Rolland se retrouverait associé avec Martine qui détiendrait 40 actions, soit les 2/3 des 60 actions de Pierre-Yves et avec Henri et Céline, les père et mère de Pierre-Yves, qui détiendraient chacun 10 actions, soit 1/6 chacun des 60 actions de Pierre-Yves.

3.4.4 La succession testamentaire

La succession testamentaire survient lorsqu'une personne décède après avoir exprimé ses dernières volontés quant à la dévolution de ses biens ; on suit alors les dernières volontés exprimées par le défunt dans son testament. Un **testament** est un acte important qui doit être fait de façon judicieuse ; pour l'essentiel, il contient la description des biens du testateur, leur mode de distribution aux légataires, les conditions de ses funérailles, le mode de disposition de son cadavre et, enfin, le nom de son ou de ses liquidateurs.

> **Testament** *(Will)*
> Acte juridique unilatéral révocable établi dans l'une des formes prévues par la loi, par lequel le testateur dispose de tous ses biens ou d'une partie de ceux-ci, et qui n'a d'effet qu'à son décès (art. 704 du C.c.Q.).

Exemple Pierre-Yves a rédigé un testament dans lequel il a précisé qu'il lègue toutes ses actions dans la compagnie ABC inc. à sa conjointe, Martine.

Au Québec, tout majeur sain d'esprit peut tester. Tout citoyen du Québec dispose de la liberté totale de tester et de disposer de ses biens de la manière qu'il l'entend, conformément aux dispositions du *Code civil du Québec*. En général, les incapables (mineurs, majeurs protégés) ne peuvent léguer leurs biens par testament. Toutefois, le *Code civil du Québec* établit qu'un mineur peut tester pour ses biens de valeur modique (art. 708 du C.c.Q.) et, dans certaines circonstances, il reconnaît à un majeur mis en tutelle la possibilité de tester (art. 709 et 710 du C.c.Q.). Le *Code civil du Québec* reconnaît trois formes de testament : le testament notarié, le testament olographe et le testament devant témoins. Il faut aussi ajouter à ces trois formes de testament une clause fort utilisée au Québec dans les contrats de mariage et d'union civile : la **clause testamentaire.** Cette clause est habituellement rédigée de la façon suivante : « Au dernier vivant les biens », c'est-à-dire que le conjoint survivant hérite de tous les biens de celui qui le précède. Cette clause, comme d'ailleurs tout testament, peut être modifiée par un autre testament ou un codicille.

Pour être reconnu comme un testament valide sous l'une ou l'autre des formes précitées, le document doit respecter les règles formelles énoncées au *Code civil du Québec*. S'il ne respecte pas celles-ci, il pourra être déclaré invalide et la succession du défunt sera partagée selon les règles de la succession ou de la dévolution légale précitées. Le tableau 3.4 présente un résumé de ces trois formes de testament.

TABLEAU 3.4 Les formes de testament

Forme	Caractéristiques
Testament notarié*	▶ Signé par le testateur devant un notaire et deux témoins ou devant deux notaires ▶ Copie conservée au greffe du notaire ▶ Consigné au Registre des dispositions testamentaires et des mandats du Québec pour qu'il soit facile à retrouver
Testament olographe	▶ Écrit en entier et signé de la main du testateur autrement que par un moyen technique ▶ Aucun témoin requis ▶ Danger de ne pas le retrouver ou qu'un parent insatisfait le fasse disparaître
Testament devant témoins	▶ Intervention du notaire non requise ▶ Écrit par le testateur ou une autre personne, par exemple un avocat ▶ Présence et signature requises de deux témoins majeurs lors de la signature du document par le testateur, et chaque page doit être paraphée ▶ Possibilité d'en déposer copie chez un avocat et de l'enregistrer au Registre des dispositions testamentaires et des mandats du Québec pour le retrouver facilement
Clause testamentaire dans un contrat de mariage ou d'union civile	▶ Intervention requise d'un notaire pour la rédaction du contrat de mariage ou d'union civile dans lequel cette clause est ajoutée ▶ Copie conservée au greffe du notaire ▶ Consigné au Registre des dispositions testamentaires et des mandats du Québec

* Les articles 719 à 722.1 du C.c.Q. permettent aux personnes handicapées, aveugles, sourdes et muettes de rédiger un testament notarié.

CHOIX MULTIPLES

Encerclez la bonne réponse parmi les choix proposés.

1. Les principaux droits de la personnalité sont le droit à la vie, au respect de son nom, de sa réputation et de sa vie privée ainsi que le droit:
   a) à un domicile légal;
   b) à l'inviolabilité et l'intégrité de son corps;
   c) à un patrimoine;
   d) à un testament.
2. Lorsque l'un des époux a contribué à l'enrichissement de l'autre pendant le mariage en dehors des charges du mariage, il a le droit, en cas de dissolution du mariage, d'obtenir:
   a) une prestation patrimoniale;
   b) une pension alimentaire;
   c) une prestation de dissolution;
   d) une prestation compensatoire.
3. Les biens que des époux mariés en 1980, sans contrat de mariage, ont acquis après le mariage s'appellent:
   a) biens propres;
   b) biens communs;
   c) biens communaux;
   d) biens d'acquêts.
4. Le testament rédigé de façon manuscrite et signé par le testateur s'appelle:
   a) olographe;
   b) authentique;
   c) suivant la forme dérivée de la loi d'Angleterre;
   d) aucune des réponses précédentes.
5. La personne chargée d'administrer une succession s'appelle:
   a) le liquidateur;
   b) l'exécuteur testamentaire;
   c) le Curateur public;
   d) le curateur.

FAITES LE POINT

1. Nommez les principaux droits de la personnalité juridique.
2. Quels sont les quatre principes de base qui sont définis par la *Charte des droits et libertés du Québec*? Nommez au moins cinq des droits fondamentaux énoncés par la *Charte des droits et libertés du Québec*.
3. Expliquez les principes sous-jacents au droit à l'intégrité de la personne et à la libre disposition de son corps.
4. Expliquez certaines restrictions ou balises que la jurisprudence est venue apporter à l'usage des médias sociaux, concernant les droits fondamentaux et l'atteinte à la réputation et à la vie privée.
5. Distinguez le mariage, l'union civile et l'union de fait.
6. De quoi est constitué le patrimoine familial?
7. Faites la distinction entre les ascendants, les descendants et les collatéraux et indiquez dans quel type de succession on retrouve ces personnes.

RECHERCHE EN LIGNE

Pour réaliser l'activité suivante, consultez le site de **Justice Québec.**

Vous avez un couple d'amis de même sexe qui s'est uni civilement le 14 février 2015. Lors d'un souper, sachant que vous avez étudié le droit, ils vous demandent de leur expliquer:

a) Comment est déterminé le partage du patrimoine familial lorsqu'il y a annulation de l'union civile?
b) Est-ce qu'il y a partage du patrimoine familial lorsque l'un des deux décède? Si oui, ils vous demandent d'expliquer pourquoi.
c) Quels sont précisément les biens qui sont exclus du patrimoine familial?

CAS PRATIQUES

1. Geneviève, citoyenne canadienne, est mariée sous le régime de la société d'acquêts du Québec avec Simon-Olivier depuis trois ans. Simon-Olivier a la citoyenneté française, mais il détient la résidence permanente du Québec (Canada) depuis trois ans également. Ils veulent divorcer. Geneviève possède 30 000 $ de biens propres et ses acquêts accusent un déficit de 15 000 $, alors que Simon-Olivier possède 5 000 $ de biens propres et 20 000 $ en acquêts. Les époux sont propriétaires des biens suivants :
   - un condo enregistré aux deux noms d'une valeur de 235 000 $ et grevé d'une hypothèque de 180 000 $;
   - les meubles du condo, qui valent 25 000 $ et qui sont entièrement payés ;
   - une Mazda 2 d'une valeur de 12 000 $;
   - Geneviève possède 15 000 $ en REER ;
   - Simon-Olivier possède 7 000 $ en REER.

   a) Est-ce que le mariage est valide étant donné que Simon-Olivier est citoyen français ?

   b) En supposant que la dissolution est tendue et que chacun veille farouchement à ses intérêts propres, combien chacun des deux recevra-t-il ? Détaillez votre réponse.

   c) Qu'adviendrait-il du partage si Geneviève et Simon-Olivier étaient conjoints de fait ?

2. Alexandre, un militaire de 24 ans, souvent appelé à faire des missions à l'étranger, a fait un testament olographe en date du 8 août 2015, léguant ses biens meubles et son condominium à sa copine, Stéphanie. À son retour de mission, le 15 décembre 2015, il signe un testament notarié devant Maître Martine Légaré, léguant tous ses biens meubles à sa sœur Annie. Le 15 janvier 2016, il met fin à sa relation avec Stéphanie. Le 14 février 2016, il rédige un nouveau testament olographe léguant tous ses biens meubles à sa nouvelle copine, Camille. Il mentionne que, dès son retour de sa nouvelle mission, il refera son testament chez le notaire. Il décède à son retour dans un accident de voiture, le 15 mai 2016.

   a) Stéphanie se présente chez le notaire, alléguant que le testament olographe d'Alexandre qu'elle détient a priorité sur le testament notarié. A-t-elle raison ? Expliquez votre réponse.

   b) Annie déclare que les testaments olographes ne sont pas valides puisqu'il n'y a pas eu de témoins. A-t-elle raison ? Expliquez votre réponse.

   c) Quelle est la première action que Stéphanie et Annie doivent poser pour vérifier la validité du testament fait en leur faveur ? Lors de la liquidation du testament ou de la succession de défunt, qui « héritera » des biens meubles et de l'immeuble ?

3. Stéphane, Caroline et Julien, qui ont fréquenté la même polyvalente, se retrouvent à fréquenter le même cégep depuis le 23 août 2015. À l'occasion d'une fête chez leur amie Dodo, à laquelle vous êtes invité, le 30 août 2015, ils vous racontent les faits suivants :

   a) Patricia, une amie de Caroline âgée de 16 ans, lui a dit qu'elle était enceinte. Patricia aura 17 ans le 30 septembre 2015. Elle n'est pas certaine de vouloir garder le bébé, mais elle hésite à se faire avorter, car elle est certaine que sa mère s'y opposera. Commentez en expliquant les droits de Patricia.

   b) Que devra faire Patricia après la naissance de son enfant si elle décide de le garder ? Expliquez votre réponse.

   c) Les parents de Patricia peuvent-ils la forcer à subir des examens médicaux pour déterminer qui est le père de l'enfant ? Expliquez votre réponse.

   d) Advenant que Francis, qui est le père de l'enfant et qui vient d'hériter de 300 000 $ de sa grand-mère, décède avant la naissance de l'enfant, est-ce que l'enfant peut hériter de son père naturel ? Expliquez votre réponse.

a) oui
p. 44 Domicile : Lieu principal d'établissement d'une personne quant à l'exercice de ses droits civils.
b)
c)
3. D)

2. a) Non car il y a eu modification après avec un notaire.
b) Non. testament olographe nécessite pas témoins
c) vérifier la date
- Camille hérite

3. a) elle a tout droit de son choix depuis ses 14 ans
b) acte de naissance directeur état civil
c) Non

CHAPITRE

4

LE PATRIMOINE, LES BIENS ET LA PROPRIÉTÉ

OBJECTIFS D'APPRENTISSAGE

À la fin de ce chapitre, vous devriez être en mesure :

1. de différencier les biens selon le *Code civil du Québec* ;
2. de comprendre les conséquences juridiques de la distinction entre les biens meubles et les biens immeubles, et de les appliquer à des mises en situation ;
3. de distinguer le patrimoine du droit de propriété ;
4. de décrire les divers modes d'acquisition du droit de propriété ;
5. d'expliquer les principales modalités de la propriété, dont la copropriété divise ;
6. d'appliquer les notions apprises dans ce chapitre à des situations pratiques et de trouver l'information pertinente au moyen de divers outils de recherche juridique.

MISE EN SITUATION

Après avoir été locataires pendant les cinq dernières années, Marie-Ève et David sont prêts à acheter leur premier condominium. Dans le *Journal de Québec,* ils voient une publicité sur un projet de copropriétés qui en est rendu à la phase 2 de la construction. Ils décident d'aller le visiter. Après avoir examiné les condos modèles, ils décident d'aller visiter une unité du projet qui a été mise en vente par ses propriétaires. Marie-Ève et David constatent alors que les propriétaires actuels, Richard et Louise, sont en instance de divorce. Ils ont mis leur condo à vendre à un prix inférieur d'environ 20 000 $ aux prix affichés par le constructeur pour les nouveaux modèles, car ils veulent vendre leur unité rapidement. L'endroit leur plaît, le condo répond à leurs besoins et le prix correspond à leur budget. Les vendeurs, qui procèdent eux-mêmes à la vente sans courtier immobilier afin d'éviter de payer une commission, veulent leur faire signer une promesse d'achat sur-le-champ. Marie-Ève et David hésitent, car ils ne connaissent pas les obligations liées à l'achat d'une propriété divisée en condominiums. Ils voudraient consulter Rosaire Tremblay, l'oncle de Marie-Ève, qui en a déjà possédé une avant de signer cette promesse d'achat. De plus, ils sont intéressés à acheter certains luminaires ainsi que les stores et rideaux, et le cellier encastré dans le mur de même que le lave-vaisselle encastré dans le comptoir de la cuisine qui se trouvent dans l'unité de condo des vendeurs.

Questions

1. L'achat d'un condo diffère-t-il de l'achat d'une résidence unifamiliale ?
2. À quels points particuliers Marie-Ève et David devraient-ils prêter attention ?
3. Que doivent-ils faire concernant l'achat de certains biens contenus dans le condo ?

SIGNETS INTERNET

Ce chapitre renvoie aux sites Internet des organismes (ou document) suivants :

- *Code civil du Québec*
- Registre des droits personnels et réels mobiliers (RDPRM)
- Registre foncier du Québec

INTRODUCTION

Dans les chapitres précédents, nous avons parlé des droits de la personne. L'actif d'une personne est composé de ses droits mais aussi de ses biens. Dans le présent chapitre, nous allons faire le lien entre les personnes, leurs droits et leurs biens. Ces notions passent par le patrimoine d'une personne ainsi que les objets et les choses qu'elle acquiert, notamment par l'entremise du droit de propriété, qui est la base de notre économie et des échanges interpersonnels et commerciaux dans notre société. En termes juridiques, ces objets et ces choses s'appellent des « biens » et, comme tels, ils font partie du patrimoine d'une personne au même titre que ses droits et ses obligations.

4.1 LE PATRIMOINE

Patrimoine *(Patrimony)*
Ensemble des biens, des droits et des obligations d'une personne physique ou morale, appréciables en argent, correspondant à son actif moins son passif.

En principe, toute personne possède un **patrimoine** et un seul, et une personne ne peut disposer de celui-ci (sauf par succession à la mort du titulaire). Soulignons que l'état d'un patrimoine fluctue au fil des années; en effet, il est rarement fixe ou figé. On n'a qu'à faire la lecture des états financiers d'individus ou de sociétés pour se rendre compte de ces variations.

Tout administrateur averti fait régulièrement le point sur sa situation financière. Il évalue alors l'ensemble des biens qu'il possède comparativement aux dettes qu'il a contractées. En comptabilité, cette opération porte le nom de bilan et illustre l'état financier d'une personne à une date donnée. Le bilan permet ainsi de déterminer la solvabilité ou l'insolvabilité d'une personne physique ou morale. En droit, on désigne cette même réalité par le terme « patrimoine ». Le patrimoine d'une personne correspond à son actif moins son passif. Le patrimoine a une valeur positive si l'actif est supérieur au passif. Le tableau 4.1 illustre le patrimoine de Carl Lafortune qui a une valeur positive, car son actif dépasse son passif. Le patrimoine pourrait aussi avoir une valeur négative si son passif dépassait son actif. Dans un tel cas, la personne dont le patrimoine est négatif peut être considérée comme insolvable ou en faillite, le cas échéant, et son crédit en sera donc affecté.

i+ Pour en savoir davantage sur le patrimoine à valeur négative

TABLEAU 4.1 Le patrimoine à valeur positive

Carl Lafortune		
Actif	Résidence principale Chalet d'été Actions de compagnies Meubles et objets divers Automobiles (2) Compte bancaire Obligations d'épargne **Total**	325 000 $ 155 000 $ 150 000 $ 27 000 $ 25 000 $ 16 000 $ 10 000 $ **708 000 $**
Passif	Solde sur l'hypothèque de sa résidence principale Solde sur l'hypothèque de son chalet Emprunt personnel Cartes de crédit Emprunt pour l'achat d'actions **Total**	135 000 $ 45 000 $ 15 000 $ 4 000 $ 1 900 $ **200 900 $**
Valeur nette de son patrimoine		**507 100 $**

Cette notion de patrimoine se révèle d'autant plus importante que c'est sur elle que repose le droit des créanciers de se faire payer et de saisir, le cas échéant, les biens d'un débiteur. On exprime ce principe juridique en disant que « les biens d'un débiteur sont le gage commun de ses créanciers », c'est-à-dire que l'ensemble de ses biens servent à payer l'ensemble de ses dettes. Les articles 2644 et 2645 du *Code civil du Québec* confirment ce principe, sur lequel repose la notion de garantie de paiement.

Art. 2644 du C.c.Q. Les biens du débiteur sont affectés à l'exécution de ses obligations et constituent le gage commun de ses créanciers.

Art. 2645 du C.c.Q. Quiconque est obligé personnellement est tenu de remplir son engagement sur tous ses biens meubles, immeubles, présents et à venir, à l'exception de ceux qui sont insaisissables et de ceux qui font l'objet d'une division de patrimoine permise par la loi.

Toutefois, le débiteur peut convenir avec son créancier qu'il ne sera tenu de remplir son engagement que sur les biens qu'ils désignent.

Droits patrimoniaux *(Patrimonial rights)*
Ensemble des droits, appréciables en argent, possédés par une personne physique ou morale et provenant de son activité économique.

Droits extrapatrimoniaux *(Extrapatrimonial rights)*
Ensemble des droits possédés par une personne physique, non appréciables en argent, qui lui sont conférés par la loi en raison de la place qu'occupe cette personne dans la société.

> **Exemple** Une personne peut consentir une hypothèque immobilière sur le bâtiment abritant son usine ou une hypothèque mobilière sans dépossession sur son équipement et sa machinerie. Si cette personne fait défaut de les rembourser, ses créanciers pourront faire saisir tous ses biens mobiliers et immobiliers (à l'exception de ceux que la loi déclare insaisissables), les faire adjuger par vente en justice et, enfin, se faire payer à même le produit de cette vente.

4.1.1 Les personnes et leurs droits

On divise habituellement les droits qui se rattachent à la personne en deux grandes catégories : les **droits patrimoniaux** et les **droits extrapatrimoniaux** *(voir la figure 4.1)*.

FIGURE 4.1 Les droits des personnes

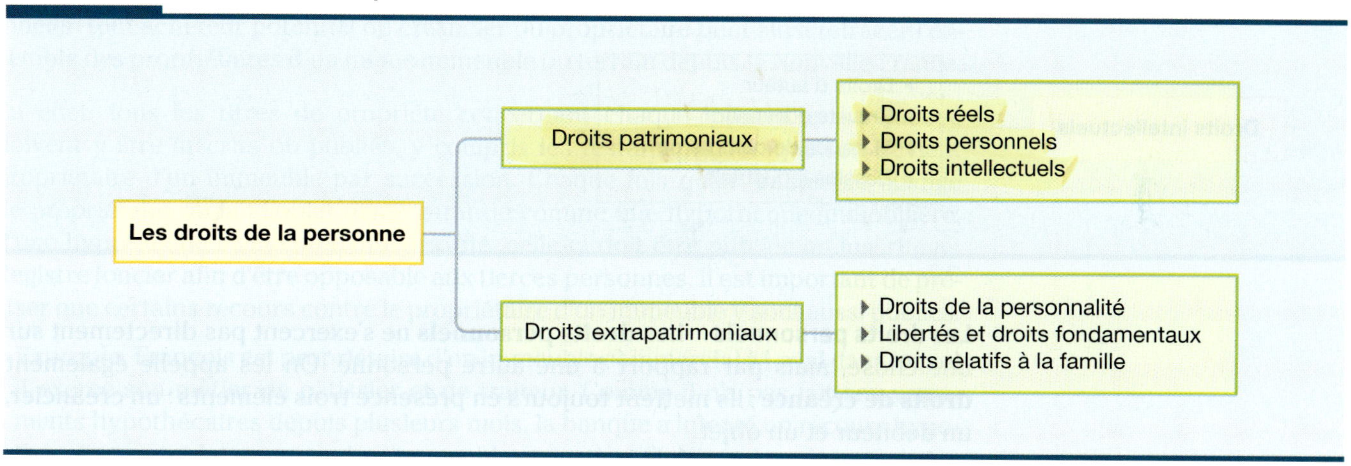

A. Les droits patrimoniaux

Les personnes physiques et les personnes morales possèdent des droits liés à leur patrimoine qui sont appréciables en argent : ce sont les droits patrimoniaux. Ce sont essentiellement des droits à caractère économique. Ils s'organisent en trois catégories : les droits réels, les droits personnels et les droits intellectuels[1] *(voir la figure 4.2, à la page suivante)*.

Droits réels *(Real rights)*
Droits qu'une personne peut exercer directement par rapport à une chose ; ils sont peu nombreux.

Les droits réels Le *Code civil du Québec* reconnaît comme **droits réels** principaux la propriété, l'usufruit, l'usage, les servitudes et l'emphytéose ; il reconnaît comme droit réel accessoire l'hypothèque. En vertu du *Code civil du Québec*,

1. Jean-Louis Beaudoin, *Les obligations*, 7e édition, Cowansville, Les Éditions Yvon Blais inc., 2013, p. 3.

p.138-139-140 7 ✡

On y retrouve également les « réserves de droit de propriété sur les automobiles » que les concessionnaires ou les institutions financières inscrivent sur les véhicules vendus ou financés. Toute personne qui achète un véhicule automobile a donc intérêt à consulter le RDPRM afin de s'assurer que celui-ci a été entièrement payé par le précédent propriétaire (et nouveau vendeur) à son institution financière. Cette précaution permet d'éviter la mauvaise surprise de posséder un véhicule sur lequel un solde demeure impayé par le précédent propriétaire à son institution financière. Dans un tel cas, cette dernière serait alors en droit de saisir le véhicule et de le vendre pour se faire payer, et ce, même si le nouveau propriétaire a payé la totalité du prix demandé par le vendeur lors de l'achat du véhicule.

4.2 LES BIENS

Biens corporels *(Corporeal property)*
Biens matériels, que l'on peut voir et toucher.

Biens incorporels *(Incorporeal property)*
Biens immatériels et impalpables, que l'on perçoit.

L'article 899 du *Code civil du Québec* énonce que tous les biens, qu'ils soient corporels ou incorporels, se divisent en immeubles et en meubles. Les **biens corporels** sont des biens matériels; on peut donc les toucher, les palper. Dans cette catégorie entrent une maison, une automobile, une chaise, un arbre, etc. Les **biens incorporels** sont des biens immatériels et impalpables que l'on perçoit par l'esprit. Dans cette catégorie entrent les droits d'auteur, les droits de créance et de propriété, les salaires, les actions et les obligations d'une société, les fonds de commerce, etc.

Dans le langage courant, on utilise souvent les expressions « meubles » et « immeubles » pour décrire certains biens ou certaines situations : « les meubles de ma maison » ; « un huissier a saisi tous les meubles appartenant à la compagnie ».

Dans la pratique, on peut cependant distinguer les catégories présentées dans le tableau 4.2.

TABLEAU 4.2 Les catégories de biens

Biens meubles	▸ par nature ▸ par anticipation ▸ par qualification de la loi
Biens immeubles	▸ par nature ▸ par intégration ▸ par attache ou réunion ▸ par qualification de la loi

4.2.1 Les meubles

Le *Code civil du Québec* reconnaît trois catégories de biens meubles : les meubles par nature, les meubles par anticipation et les meubles par qualification de la loi.

Meubles par nature *(Movables by nature)*
Choses qui peuvent se transporter, soit qu'elles se meuvent par elles-mêmes, soit qu'il faille une force étrangère pour les déplacer (art. 905 du C.c.Q.).

A. Les meubles par nature

On retrouve, dans la catégorie des **meubles par nature**, ce que l'on peut qualifier de « biens meubles corporels » (fauteuils, tables, pupitres, chaises, téléviseurs, automobiles, cuisinières, etc.), c'est-à-dire tout ce que l'on déplace dans un déménagement. L'article 898.1 du C.c.Q. énonce que les animaux ne sont pas des biens, mais des êtres doués de sensibilité et ayant des impératifs biologiques. Il précise que, outre les dispositions des lois particulières qui protègent les animaux, les dispositions du *Code civil* et de toute autre loi relative aux biens leur sont néanmoins applicables.

Meubles par anticipation *(Movables by anticipation)*
Biens qui sont au départ des immeubles corporels, mais qui peuvent être considérés d'avance par les parties à un contrat comme des biens meubles (art. 900 du C.c.Q.).

B. Les meubles par anticipation

Les **meubles par anticipation** sont, au départ, des biens immeubles corporels, mais qui peuvent être considérés d'avance par les parties à un contrat comme des biens meubles. C'est aussi le cas des fruits et autres produits du sol tels les végétaux, les minéraux et les matériaux de démolition, qui sont considérés comme partie intégrante de l'immeuble ou du fonds de terre tant qu'ils n'en sont pas séparés ou extraits.

C. Les meubles par qualification de la loi

Le *Code civil du Québec* qualifie un certain nombre de biens comme étant des meubles. C'est le cas de l'énergie électrique et du gaz (art. 906 du C.c.Q.). De plus, l'article 907 énonce que tous les autres biens que la loi n'a pas qualifiés autrement que meuble ou immeuble sont automatiquement des meubles. C'est aussi le cas des droits réels qui portent sur des meubles et des actions qui tendent à les faire valoir, ainsi que de ceux qui visent à obtenir la possession d'un bien meuble.

On classe dans la catégorie des **meubles par qualification de la loi** tous les droits personnels et intellectuels et les actions qui se rattachent à ces droits : les actions ou obligations de sociétés, les salaires, les brevets, les droits relatifs à des actions ou à des créances et les comptes bancaires.

> **Meubles par qualification de la loi** *(Deemed movables)*
> Sont réputées meubles corporels les ondes ou l'énergie maîtrisées par l'être humain et mises à son service, quel que soit le caractère mobilier ou immobilier de leur source [ainsi que tous] les autres biens que la loi ne qualifie pas (art. 906 et 907 du C.c.Q.).

4.2.2 Les immeubles

Le *Code civil du Québec* reconnaît quatre catégories de biens immeubles : les immeubles par nature, les immeubles par intégration, les immeubles par attache ou réunion et les immeubles par qualification de la loi.

A. Les immeubles par nature

L'article 900 du *Code civil du Québec* définit cette catégorie de biens. Les fonds de terre, les bâtiments, les maisons, les piscines creusées et les édifices sont des **immeubles par nature**.Ce sont des biens à caractère fixe, immobile. L'immeuble est essentiellement un bien qui ne peut être déplacé.

> **Immeubles par nature** *(Immovables by nature)*
> Sont immeubles les fonds de terre, les constructions et ouvrages à caractère permanent qui s'y trouvent et tout ce qui en fait partie intégrante. Le sont aussi les végétaux et les minéraux, tant qu'ils ne sont pas séparés ou extraits du fonds (art. 900 du C.c.Q.).

B. Les immeubles par intégration

Les articles 901 et 902 du *Code civil du Québec* précisent ce qui fait partie intégrante d'un immeuble. Ils rattachent cette notion au fait que certains biens meubles sont incorporés à l'immeuble et que, de ce fait, ils perdent leur individualité (par exemple, une brique perd son individualité quand elle est intégrée à un immeuble) et assurent l'utilité de cet immeuble. On parle alors d'**immeubles par intégration**. En d'autres mots, sans eux, l'immeuble par nature perdrait son utilité. Les parties intégrantes d'un immeuble qui sont temporairement détachées de l'immeuble, conservent leur caractère immobilier, si ces parties sont destinées à y être replacées (art. 902 du C.c.Q.).

> **Immeubles par intégration** *(Immovables by integration)*
> Biens meubles qui ont été incorporés à un immeuble par nature, qui ont perdu leur individualité et qui assurent l'utilité de l'immeuble par nature.

C'est le cas de la tuyauterie, du filage électrique, des conduits pour le système de chauffage et de climatisation, des ascenseurs, des portes et fenêtres, briques, gouttières, robinetterie, aspirateur central et recouvrements de planchers et lumières encastrés qui assurent l'**utilité de l'immeuble.** Ils sont indispensables à son bon fonctionnement, ils servent à en permettre la pleine utilisation. Dans le cas d'une résidence, la fonction de l'immeuble est d'assurer le confort et le gîte à ses occupants. Ainsi, les appareils électroménagers qui sont encastrés dans une résidence pourront être considérés comme immeubles par intégration.

Dans le cas d'un immeuble commercial, on doit aussi prendre en considération la vocation de celui-ci. Les bancs dans une aréna, un théâtre, un restaurant ou une église pourront être considérés comme immeubles par intégration s'ils satisfont au critère précité d'utilité de l'immeuble.

C. Les immeubles par attache ou réunion

Immeubles par attache ou réunion *(Immovables by attachment or joining)*
Meubles qui sont, à demeure, matériellement attachés ou réunis à l'immeuble, sans perdre leur individualité et sans y être incorporés; sont immeubles tant qu'ils restent attachés ou réunis (art. 903 du C.c.Q.).

L'article 903 du *Code civil du Québec* donne la définition des **immeubles par attache ou réunion**.

Contrairement aux biens meubles qui font partie intégrante d'un immeuble et qui ont perdu leur individualité pour devenir immeubles par intégration, les immeubles par attache ou réunion ne perdent pas leur individualité. Le mot « attache » implique la fixation du bien meuble à l'immeuble, par exemple par de la colle, des vis ou des clous, qui retiennent le bien meuble à un endroit fixe dans l'immeuble. C'est le cas des lustres, plafonniers électriques, ventilateurs à palmes, miroirs, antennes, stores et rideaux installés dans une résidence et qui servent à l'utilité de celle-ci. La machinerie lourde de production manufacturière se trouvant dans une usine et qui est fixée au sol par le propriétaire de l'immeuble sera considérée comme un immeuble par attache ou réunion. Ce ne sera pas le cas si elle se trouve dans un local loué. Ainsi, des articles tels qu'un spa, une maison mobile, une piscine hors terre ou une roulotte qui sont rattachés au sol ou installés à demeure pourront être considérés immeubles par attache ou réunion, alors que les meubles d'un hôtel seront considérés comme des meubles, car ils servent à l'exploitation d'une entreprise dans l'immeuble et non à l'utilité de l'immeuble lui-même en tant qu'immeuble. Le tableau dans une classe et l'affiche devant un magasin sont d'autres exemples d'immeubles par attache ou réunion. Au moment de la vente d'un immeuble résidentiel ou commercial ou d'un commerce, il est particulièrement important pour le vendeur et l'acheteur de préciser quels sont les biens qui sont inclus et exclus de la transaction de l'achat de l'immeuble pour éviter des problèmes. Dans les faits, certains biens sont considérés comme étant des biens meubles alors que d'autres sont considérés soit comme étant des biens immeubles par intégration, soit immeubles par attache ou réunion.

Une piscine creusée est considérée comme un immeuble par nature alors qu'une piscine hors terre est un immeuble par attache ou réunion.

Toutefois, il est important de préciser que les meubles qui, dans l'immeuble, servent à l'exploitation d'une entreprise ou à la poursuite d'activités demeurent meubles.

D. Les immeubles par qualification de la loi

La loi qualifie certains biens d'« immeubles ». L'article 904 du *Code civil du Québec* énonce notamment ceci:

> **Art. 904 du C.c.Q. Les droits réels qui portent sur des immeubles, les actions qui tendent à les faire valoir et celles qui visent à obtenir la possession d'un immeuble sont immeubles.**

> **Exemple** Une action en bornage ou en reconnaissance du droit de propriété sur une parcelle de terrain ainsi qu'une hypothèque sur un immeuble sont des biens immeubles.

Les démembrements du droit de propriété, tels que l'usufruit, l'usage, les servitudes et l'emphytéose, que nous définirons plus loin, font également partie de ces droits réels.

4.2.3 Les conséquences juridiques de la distinction entre meubles et immeubles

Les conséquences de la distinction entre les meubles et les immeubles sont nombreuses. On peut même parler de deux régimes juridiques différents, notamment dans les cas présentés dans le tableau 4.3.

TABLEAU 4.3 La distinction entre meuble et immeuble

Situation	Modalités	Exemples
La prescription acquisitive	La durée de la prescription acquisitive (*voir la sous-section 4.3.3, page 145*) est de: ▸ trois ans pour les meubles; ▸ 10 ans pour les immeubles.	Denis trouve une montre dans la rue. Après trois ans, la montre sera considérée comme sa propriété si l'ancien propriétaire ne la réclame pas.
La saisie	Le créancier qui a obtenu un jugement contre son débiteur peut saisir les biens de ce dernier. On procède à la saisie des meubles avant celle des immeubles, laquelle n'aura lieu que si le produit de la vente aux enchères des meubles est insuffisant. La résidence principale du débiteur est exclue de la saisie pour une dette inférieure à 10 000 $, à moins qu'il ne s'agisse d'une créance hypothécaire ou alimentaire. La saisie mobilière est effectuée par un huissier, et la saisie immobilière, par un officier de justice: le «shérif». Les formalités de la saisie mobilière sont plus simples que celles de la saisie immobilière.	Lucie obtient un jugement condamnant Nancy à lui payer 9 000 $. Lucie pourra envoyer un huissier chez Nancy pour saisir ses biens meubles, mais elle ne pourra pas saisir la maison de Nancy (sa résidence principale), qui est un immeuble, car le montant du jugement ne dépasse pas 10 000 $.
L'aliénation ou le transfert de propriété d'un bien	L'aliénation ou le transfert de propriété d'un bien comprend la vente et la donation entre vifs et par succession. Le contrat d'aliénation d'un immeuble ou de droits réels immobiliers doit être notarié et publié au Bureau de la publicité des droits dans le Registre foncier. Pour la donation ou la vente d'un bien meuble, le contrat verbal suffit. Toutefois, le transfert des droits personnels et réels mobiliers, comme les hypothèques mobilières garantissant les prêts automobiles, doit être enregistré. Ces documents sont publiés dans le RDPRM.	Claude veut donner ou léguer son chalet à Colette. Pour que la donation soit valide, il doit faire un contrat qui sera publié au Registre foncier, au Bureau de la publicité des droits du district judiciaire où l'immeuble est situé. En revanche, si Marjolaine vend son fonds de commerce à Ronald, le contrat peut très bien être verbal ou écrit. Par contre, il sera important de vérifier au RDPRM si les biens qui constituent le commerce ont déjà été donnés en garantie.
Le choix du lieu d'un procès	Une action civile intentée relativement à un immeuble est entreprise dans le district judiciaire dans lequel se trouve cet immeuble. Dans le cas d'un bien meuble, l'action est habituellement entreprise dans le district judiciaire où réside le défendeur, ou encore dans celui où a eu lieu le contrat ou les dommages faisant l'objet d'une réclamation.	Élie poursuit Josée parce que la maison qu'elle lui a vendue a un défaut caché. Son action sera intentée dans le district judiciaire où se trouve la maison. Par contre, si Pierre poursuit Louise pour une dette impayée de 15 000 $, il intentera son action soit dans le district judiciaire où Louise réside, soit dans celui où le contrat a été signé.
La taxation municipale et scolaire	Les taxes municipales et scolaires ne s'appliquent qu'aux immeubles. Les tribunaux doivent parfois trancher sur la nature d'un bien, meuble ou immeuble, car seuls les immeubles sont considérés dans l'évaluation municipale d'une propriété aux fins des taxes foncières.	Monique paiera ses taxes foncières à la Ville de Laval sur la valeur de l'évaluation municipale de sa maison et de son terrain. Si elle ajoute une piscine creusée, il s'agit d'un immeuble qui fera augmenter la valeur de sa propriété et, par conséquent, son compte de taxes. Par ailleurs, si elle achète des meubles d'une valeur de 50 000 $ pour sa maison, cela n'augmentera pas la valeur de son évaluation ni les taxes municipales et scolaires.

TABLEAU 4.3 La distinction entre meuble et immeuble (*suite*)

Situation	Modalités	Exemples
La priorité du vendeur impayé	Le vendeur impayé d'un bien meuble vendu à une personne physique qui n'exploite pas une entreprise possède un droit de priorité, c'est-à-dire le droit de se faire payer avant les autres créanciers de l'acheteur pour le prix du bien vendu (art. 2651 du C.c.Q.). Cette priorité ne s'applique qu'au vendeur d'un bien meuble et non au vendeur d'un immeuble.	Meubles Beaubois ltée vend des meubles à Jean Larivière, qui est en défaut d'en payer le solde. Si, après avoir obtenu un jugement, le marchand saisit les meubles vendus et les fait vendre aux enchères, il se fera payer avant les autres créanciers de Jean Larivière à même le produit de la vente aux enchères des meubles vendus qu'il a saisis. Le constructeur qui a vendu la maison à Jean Larivière ne dispose pas d'une telle priorité.
Les sûretés	Toute personne peut, à des fins de financement, donner ses biens en garantie d'un emprunt, laquelle prend généralement le nom d'« hypothèque ». L'hypothèque immobilière doit être constituée par un acte notarié en minute (art. 2693 du C.c.Q.) alors qu'un simple contrat suffit pour l'hypothèque mobilière (art. 2697 du C.c.Q.).	Le restaurant Le Maestro désire obtenir un prêt de 500 000 $. À cette fin, il devra signer un acte d'hypothèque notarié pour donner son immeuble en garantie à la banque, mais il n'aura pas besoin d'un acte notarié pour donner ses équipements en garantie à la même banque, parce que ce sont des biens meubles. Par contre, tant l'hypothèque mobilière que l'hypothèque immobilière sera publiée, la première au RDPRM et la seconde au Registre foncier.

4.3 LA PROPRIÉTÉ

Le législateur reconnait à toute personne le droit d'acquérir des biens meubles et immeubles, d'en user, d'en jouir, d'en percevoir les fruits et les revenus et d'en disposer librement et complètement sous réserve des limites et des conditions d'exercice fixées par la loi (art. 947 du C.c.Q.) ; c'est là l'essence même du **droit de propriété**.

Droit de propriété
(Right of ownership)
Droit d'acquérir des biens meubles et immeubles, d'en user, d'en jouir, d'en percevoir les fruits et les revenus et d'en disposer librement et complètement sous réserve des limites et des conditions d'exercice fixées par la loi (art. 947 du C.c.Q.).

4.3.1 Les attributs du droit de propriété

Le droit de propriété se caractérise par les trois éléments suivants : le droit d'utiliser un bien et d'en jouir (l'*usus*), le droit de percevoir les fruits et les revenus d'un bien (le *fructus*) et le droit de disposer d'un bien (l'*abusus*).

A. Le droit d'utiliser un bien et d'en jouir (l'*usus*)

Le propriétaire d'un bien peut l'utiliser à sa guise. Il peut donc, s'il le souhaite, en laisser l'usage à d'autres personnes ; par exemple, il peut consentir à ce qu'une personne habite sa maison ou son chalet. Il peut aussi louer ses biens, pourvu qu'il respecte les lois et les règlements.

> **Exemple** Un propriétaire n'a pas le droit d'augmenter le loyer de son locataire en vertu d'un bail résidentiel, sans motif suffisant ; il appartient alors au propriétaire de justifier la hausse du loyer exigée (par exemple, par l'augmentation des coûts d'entretien et de rénovation de l'immeuble).

B. Le droit de percevoir les fruits et les revenus d'un bien (le *fructus*)

Le propriétaire d'un bien peut en percevoir, d'une part, les fruits naturels, par exemple les récoltes, le produit et l'accroissement des animaux, et, d'autre part, les fruits civils, par exemple les loyers des logements loués, les intérêts des placements bancaires, les dividendes de ses actions, etc.

> **Exemple** Le propriétaire d'un immeuble à logements a le droit de percevoir les loyers de ses locataires.

C. Le droit de disposer d'un bien (l'*abusus*)

En principe, le *Code civil du Québec* accorde au propriétaire un droit absolu de disposer de son bien. Il peut donc le vendre, l'hypothéquer, le donner, le louer, le diviser et même le détruire. Toutefois, ce droit d'en disposer a ses limites et ne doit en aucune façon aller à l'encontre de l'ordre public.

> **Exemple** Un propriétaire n'a pas le droit de mettre le feu à son bien et d'en réclamer le produit à sa compagnie d'assurances.

> **Exemple** La *Loi sur la protection du territoire et des activités agricoles* interdit au propriétaire de vendre ou de morceler ses terres agricoles sans une autorisation émise par la Commission de protection du territoire agricole.

4.3.2 Les limites d'exercice du droit de propriété

Personne ne peut exercer son droit de propriété sur un bien de manière illimitée ou excessive. Le législateur est venu en limiter l'exercice au moyen de certaines lois et de certaines dispositions du *Code civil du Québec*.

A. L'ordre public

On entend par ordre public les limites imposées par les lois. L'article 952 du *Code civil du Québec* énonce qu'un propriétaire ne peut être contraint de céder sa propriété si ce n'est par voie d'expropriation, faite suivant la loi pour une cause d'utilité publique et moyennant une juste indemnité versée au préalable. Dans de tels cas, les différentes instances gouvernementales ont donc le droit d'exproprier un immeuble, voire de contraindre le propriétaire à s'en départir. Le seul recours du propriétaire exproprié est de contester la valeur que le gouvernement lui offre pour sa propriété. Citons quelques cas de notoriété publique :

- l'expropriation en mars 1969 de terrains et de fermes à Sainte-Scholastique couvrant plus de 100 000 acres de terre pour la construction de l'aéroport de Mirabel ;
- l'expropriation de terrains, d'édifices et de maisons pour la construction du métro de Montréal et de Laval.

Les municipalités viennent également limiter le droit absolu d'un citoyen de disposer de son bien en réglementant la création de zones résidentielles, commerciales et industrielles. Ces règlements visent notamment les normes de sécurité routière, celles entourant les piscines, la hauteur des clôtures et des haies.

Un citoyen peut donc se voir refuser un permis d'exploitation de commerce de vente au détail dans un immeuble si ce dernier est situé dans un quartier résidentiel ; il en va de même de l'octroi d'un permis de construction d'usine si l'emplacement choisi se trouve sur un territoire commercial.

> **Exemple** Un règlement de construction adopté par une municipalité pour l'ensemble ou pour une partie de son territoire en vertu de la *Loi sur l'aménagement et l'urbanisme*.

De plus en plus de lois à portée sociale tendent à restreindre l'exercice du droit de propriété individuelle en obligeant les citoyens et les entreprises à obtenir des autorisations et des permis de toutes sortes pour qu'ils respectent l'environnement et le mieux-être collectif. Citons notamment :

- les règlements de zonage des municipalités, qui limitent la construction et l'exploitation des entreprises ;

- la *Loi sur la qualité de l'environnement,* portant sur la pollution, la gestion des déchets, l'épuration des eaux usées, etc. ;
- la *Loi sur l'aéronautique,* qui limite la hauteur des édifices à proximité des aéroports ;
- la *Loi sur la protection du territoire et des activités agricoles,* qui défend l'utilisation d'une terre agricole à des fins autres que l'agriculture ;
- la *Loi sur les biens culturels,* qui vise à protéger certains immeubles historiques ;
- la *Loi sur la Régie du logement,* qui vise à mieux protéger et à encadrer les relations entre propriétaires et locataires dans le domaine résidentiel.

B. Le voisinage

L'exercice du droit de propriété d'une personne est aussi limité par l'exercice du droit de propriété de ses voisins sur leurs propres immeubles.

> **Art. 976 du C.c.Q. Les voisins doivent accepter les inconvénients normaux du voisinage qui n'excèdent pas les limites de la tolérance qu'ils se doivent, suivant la nature ou la situation de leurs fonds ou suivant les usages locaux.**

Le législateur québécois a donc élaboré toute une série de règles à ce sujet. Ces règles constituent en quelque sorte le code du bon voisinage que le législateur a énoncé aux articles 976 à 1008 du *Code civil du Québec*.

Elles traitent notamment :

- du bornage (art. 977 et 978 du C.c.Q.) ;
- de l'écoulement des eaux (art. 979 à 983 du C.c.Q.) ;
- des arbres (art. 984 à 986 du C.c.Q.) ;
- de l'accès au fonds d'autrui (art. 987 à 992 du C.c.Q.) ;
- des vues sur la propriété d'autrui (art. 993 à 996 du C.c.Q.) ;
- des droits de passage (art. 997 à 1001 du C.c.Q.) ;
- des clôtures et ouvrages mitoyens (art. 1002 à 1008 du C.c.Q.).

Parmi les problèmes les plus fréquents entre voisins, soulignons les vues illégales, les droits de passage et les clôtures.

Les vues illégales Tout propriétaire a un droit de vue en ligne droite ou oblique chez le voisin, mais le *Code civil du Québec* énonce qu'il doit respecter une distance d'au moins un mètre cinquante de la ligne séparative.

> **Exemple** Raymond ne pourrait percer un trou dans un mur de sa maison pour ajouter une fenêtre avec vue chez le voisin si ce mur est situé à moins d'un mètre cinquante de la ligne séparative. Le voisin pourrait alors le forcer à boucher l'ouverture.

Lorsqu'une propriété est complètement enclavée, sans issue sur le chemin public, son propriétaire peut exiger un droit de passage.

Les droits de passage Un droit de passage est une servitude imposée à un immeuble au profit d'un autre immeuble (servitude réelle) ou en faveur d'une autre personne (servitude personnelle).

> **Exemple** Andrée possède un terrain en montagne à proximité d'un lac. Son acte d'achat inclut une servitude d'accès au lac qui est publiée au Registre foncier. Il s'agit donc d'un cas de servitude réelle.

> **Exemple** Adèle est propriétaire d'un terrain en bordure d'un lac. Elle donne le droit à sa voisine Naomie de passer son terrain pour accéder au lac. Advenant qu'Adèle vende son terrain, Naomie ne pourra pas continuer ce droit de passage à moins qu'une servitude notariée en bonne et due forme ne soit publiée au Registre foncier. Il s'agit donc d'un cas de servitude personnelle.

Seules les servitudes réelles sont transmissibles avec l'immeuble au profit duquel elles sont accordées, à condition qu'elles soient publiées dans le Registre foncier au Bureau de la publicité des droits.

Art. 997 du C.c.Q. Le propriétaire dont le fonds est enclavé soit qu'il n'ait aucune issue sur la voie publique, soit que l'issue soit insuffisante, difficile ou impraticable, peut, si on refuse de lui accorder une servitude ou un autre mode d'accès, exiger de l'un de ses voisins qu'il lui fournisse le passage nécessaire à l'utilisation et à l'exploitation de son fonds. Il paie alors une indemnité proportionnelle au préjudice qu'il peut causer.

Droit d'accession *(Right of accession)*
Tout ce qui s'unit et s'incorpore à un bien appartient au propriétaire de ce bien.

Les clôtures (art. 1002 à 1008 du C.c.Q.) Qu'on le veuille ou non, souvent les résidences se touchent. On parle alors de mur mitoyen servant aux deux immeubles. Les terrains aussi se touchent et le législateur a prévu que tout propriétaire a le droit d'ériger une clôture pour assurer son intimité et protéger sa propriété.

Art. 1002 du C.c.Q. Tout propriétaire peut clore son terrain à ses frais, l'entourer de murs, de fossés, de haies ou de toute autre clôture.

Il peut également obliger son voisin à faire sur la ligne séparative, pour moitié ou à frais communs, un ouvrage de clôture servant à séparer leurs fonds et qui tienne compte de la situation et de l'usage des lieux.

Possession *(Possession)*
Détention de fait, par soi-même ou par l'intermédiaire d'une autre personne, d'un bien qui nous appartient ou qui appartient à une autre personne.

4.3.3 Les modes d'acquisition du droit de propriété

Le tableau 4.4 illustre les divers modes d'acquisition du droit de propriété.

TABLEAU 4.4 Les modes d'acquisition du droit de propriété

Mode d'acquisition	Exemples
Achat Le contrat d'achat constitue le mode d'acquisition de biens le plus courant. Ce contrat peut être verbal ou écrit. Dans le cas de l'acquisition d'un immeuble, le contrat doit être écrit et publié au Bureau de la publicité des droits.	Vous achetez une automobile usagée annoncée dans un site Internet d'annonces classées (par exemple, LesPAC). Vous achetez une nouvelle résidence.
Succession ou donation On peut acquérir des biens à la suite du décès d'une personne: ▸ soit à titre d'héritier, dans le cas d'une personne décédée sans testament; ▸ soit à titre de légataire expressément nommé dans le testament du défunt.	Vous héritez du chalet familial avec votre frère et votre soeur au décès de vos parents. Votre père vous fait don de son automobile de son vivant, c'est ce qu'on appelle une «donation entre vifs».
Occupation Les biens vacants ou laissés sans maître, selon le *Code civil*, appartiennent à la personne qui se les approprie par occupation. C'est aussi le cas des trésors qu'on découvre (art. 938).	Les animaux sauvages et la faune aquatique se trouvant sur votre propriété vous appartiennent, ainsi que les récoltes. Les trésors appartiennent à ceux qui les découvrent sur leur propriété. Si on les découvre sur le terrain d'autrui, la moitié appartient à celui qui les découvre et l'autre moitié au propriétaire du terrain.
Accession La propriété d'une chose mobilière ou immobilière donne droit de propriété sur tout ce qu'elle produit et sur tout ce qui s'y unit de façon naturelle ou artificielle. Ce droit se nomme **droit d'accession**.	Ce droit s'applique aux améliorations apportées par le propriétaire ou le locataire, à moins de dispositions contraires prévues au bail.

TABLEAU 4.4 Les modes d'acquisition du droit de propriété (*suite*)

Mode d'acquisition	Exemples
Effet de la loi La propriété d'un bien meuble ou immeuble peut s'acquérir à la suite: ▸ d'un jugement; ▸ d'une saisie-exécution; ▸ de l'exercice d'un recours hypothécaire.	Un jugement peut ordonner à la compagnie Transbec inc. de remettre les marchandises saisies à la compagnie ABC ltée. Un créancier hypothécaire exerce son recours de reprise de possession d'un immeuble et s'en fait déclarer propriétaire lorsque l'emprunteur qui l'avait donné en garantie manque à ses engagements.
Prescription acquisitive et possession Une personne ayant la **possession** d'un bien meuble ou immeuble peut en devenir propriétaire après l'écoulement d'un certain laps de temps si sa possession remplit les conditions prévues au *Code*. Il faut être possesseur de bonne foi pour devenir propriétaire par le biais de la prescription acquisitive, ce qui n'est pas le cas du voleur ou du receleur. L'écoulement et la possession font présumer de la propriété et transfèrent la propriété au possesseur par la continuation de sa possession. Dans le cas d'un bien meuble, la prescription acquisitive par la possession est de 3 ans, alors qu'elle est de 10 ans pour un immeuble. (Le dossier spécial, à la page 148, explique plus en détails les applications de la prescription acquisitive.)	Richard cultive depuis plus de 15 ans une portion de terre qu'il croit être sa propriété, puisqu'elle est située à l'intérieur des clôtures que l'ancien propriétaire de la ferme avait installées. Durant cette période, il a payé les taxes municipales et scolaires de cette partie de lot et son voisin ne lui a jamais manifesté de signes d'opposition, même lorsqu'il y a construit un garage. En faisant arpenter sa propriété, Richard s'aperçoit que cette parcelle n'est pas comprise dans son lot. Il peut s'adresser au tribunal pour lui demander de reconnaître son droit de propriété acquis par suite de prescription. Andrée découvre un collier en or sur le trottoir à la sortie d'un restaurant.

4.3.4 La copropriété

Une des principales modalités de la propriété est la copropriété. La copropriété est le droit que possèdent plusieurs personnes d'user, de jouir et de disposer librement d'un seul et même bien. Elle peut être divise ou indivise.

> **Art. 1010 du C.c.Q. La copropriété est la propriété que plusieurs personnes ont ensemble et concurremment sur un même bien, chacune d'elles étant investie privativement d'une quote-part du droit.**

CLIN D'ŒIL DE LA COUR

La découverte de 20 000 $ en bordure d'une route

Mallette c. Sûreté du Québec, 1994 R.J.Q 2963; SOQUIJ AZ – 94021738

Le juge Vital Cliche de la Cour supérieure du district de Montréal, dans le dossier n° 500-05-007289-943, a rendu un jugement en faveur de Carl Mallette, qui avait trouvé une somme d'environ 20 000 $ en bordure de la route. Dans le but d'en découvrir le propriétaire, ce dernier l'avait remise à la Sûreté du Québec. Un an plus tard, la Sûreté l'a avisé que l'argent n'avait pas été réclamé et que l'enquête n'avait pas permis de retrouver son propriétaire. M. Mallette a alors réclamé la restitution de l'argent trouvé.

Dans sa décision, le juge Cliche a indiqué que les règles énoncées aux articles 934 à 941 du *Code civil du Québec* concernant les biens vacants et les biens meubles perdus ou oubliés s'appliquaient à ce cas précis mais que, dans ce cas, il ne s'agissait pas d'un bien sans maître ou abandonné au sens du *Code civil du Québec*. Il a ajouté que le bien constituait plutôt un bien perdu et que c'est par l'entremise de la prescription acquisitive que M. Mallette pourrait en devenir propriétaire. Comme ce dernier ne pouvait être considéré comme un possesseur de bonne foi, il ne pouvait invoquer la prescription acquisitive de trois ans prévue à l'article 2919 du *Code civil du Québec* et que, dans les circonstances, c'est la prescription acquisitive de 10 ans prévue à l'article 2917 qui s'appliquait. Dans *Pace c. Provigo Québec inc (Maxi & Cie),* 2009 QCCQ 6236, la Cour a décidé de ne pas permettre à l'employé de récupérer l'argent car, il a été trouvé sur les lieux de son travail.

Exemple Danièle achète un condominium dans un complexe immobilier du Vieux-Port à Québec. Elle est propriétaire exclusive de l'appartement et détient une quote-part des espaces communs (corridors, murs extérieurs, piscine, etc.).

A. La copropriété divise

La **copropriété divise** est aussi appelée « condominium » ou plus simplement « condo ». Le *Code civil du Québec* traite de ce sujet aux articles 1038 à 1109. La personne morale qui représente la collectivité des copropriétaires prend le nom de **syndicat** et doit être immatriculée au Registre des associations et entreprises. Bien que dans la majorité des cas on parle de copropriété divise dans le domaine résidentiel, on retrouve aussi, de plus en plus, cette forme de copropriété en matière commerciale, où des entreprises achètent des condominiums dans des immeubles commerciaux pour y installer leurs bureaux.

Copropriété divise
(Divided co-ownership)
Droit de propriété réparti entre les copropriétaires par fractions comprenant chacune une partie privative matériellement divisée et une quote-part des parties communes.

> **Art. 1039 du C.c.Q. La collectivité des propriétaires constitue, dès la publication de la déclaration de copropriété, une personne morale qui a pour objet la conservation de l'immeuble, l'entretien et l'administration des parties communes, la sauvegarde des droits afférents à l'immeuble ou à la copropriété ainsi que toutes les opérations d'intérêt commun [...].**

La copropriété divise existe lorsque le droit de propriété d'un immeuble est divisé en fractions entre une ou plusieurs personnes. Ainsi, la personne qui achète un appartement en devient le propriétaire exclusif, il s'agit ici de sa **partie exclusive**; par ailleurs, on dira que cette même personne est copropriétaire d'une fraction des **parties communes** de l'immeuble, comme le stationnement, les corridors, le terrain, la piscine, de même que de tout ce qui est affecté à l'utilité de tous les copropriétaires divis: les ascenseurs, les caves, les systèmes centraux de chauffage et de climatisation, etc. Cette quote-part de propriété dans les parties communes est calculée en fonction de la valeur que représente l'appartement acheté par rapport à la valeur totale de l'édifice; cette valeur doit faire l'objet d'une clause dans la déclaration de copropriété. Aux fins d'évaluation et d'imposition foncières, chaque appartement forme une entité distincte.

Exemple Si Gilles achète un appartement en copropriété divise d'une valeur de 300 000 $ dans un immeuble ayant une valeur totale de 6 millions de dollars, sa quote-part attribuée aux parties communes devrait être de 5/100 (300 000/6 000 000 × 100 % = 5 % ou 5/100). Gilles devra donc débourser 5 % de la facture du système de chauffage central, 5 % de l'entretien des corridors, des ascenseurs, etc. Il est toutefois responsable à 100 % de tout ce qui concerne l'appartement dont il est le propriétaire exclusif.

Exemple Si Rosaire Moreno-Tremblay achète un condominium commercial, comme de plus en plus de gens d'affaires le font aujourd'hui, pour y installer le siège social de son entreprise, les mêmes principes s'appliqueront à celui-ci. Dans les deux cas, l'acheteur du condominium devra s'assurer d'acheter deux polices d'assurance. La première servira à protéger sa partie exclusive et la deuxième, à couvrir sa responsabilité advenant qu'il cause des dommages aux parties communes de l'immeuble.

La déclaration de copropriété L'acheteur qui désire se porter acquéreur d'un appartement en copropriété divise doit examiner avec soin la déclaration de copropriété afin d'éviter les mauvaises surprises; par exemple, devoir se débarrasser de son chat parce que les animaux sont interdits dans l'immeuble.

Cette déclaration contient: 1) la définition de la destination de l'immeuble; 2) les précisions concernant les parties qui sont exclusives et celles qui sont communes; 3) la désignation cadastrale; 4) une liste des règlements de l'immeuble quant à son administration générale; et 5) un état des fractions et de leur valeur relative.

L'acquisition de la propriété par prescription

Le *Code civil du Québec* édicte que la possession d'un meuble corporel en fait présumer le juste titre. C'est au réclamant de prouver, outre son droit, les vices de possession et du titre du possesseur. La propriété d'un bien meuble se déduit à partir de sa possession. C'est à celui qui réclame la propriété d'un bien meuble de faire la preuve de son titre de propriété. La propriété est présumée. Si elle fait défaut, il y a détention. Dans le cas d'un immeuble, la loi exige l'inscription ou la publication au Bureau de la publicité des droits pour établir le juste titre du propriétaire.

Pour les immeubles

Dans le cas d'un immeuble, en principe, si le possesseur acquiert de bonne foi et par titre translatif de propriété un immeuble corporel, il peut en devenir propriétaire par la prescription acquisitive après 10 ans de possession (art. 2918 du C.c.Q.). La possession d'un immeuble doit être :

- continue (ininterrompue) ;
- paisible (assurée par des moyens autres que la violence) ;
- publique (non cachée : le fait d'habiter une maison ou de cultiver une terre par exemple) ;
- non équivoque (elle ne doit pas prêter à confusion) ;
- à titre de propriétaire (le possesseur doit agir comme s'il était le vrai propriétaire de l'immeuble ; il doit, entre autres, en payer les taxes foncières).

Pour les meubles

Dans le cas d'un meuble, l'article 2919 du *Code civil du Québec* fixe à trois ans la prescription acquisitive. Soulignons que la prescription de trois ans ne s'applique qu'en cas de possession de bonne foi.

> **Art. 2919 du C.c.Q. Le possesseur de bonne foi d'un meuble en acquiert la propriété par trois ans à compter de la dépossession du propriétaire.**
>
> **Tant que ce délai n'est pas expiré, le propriétaire peut revendiquer le meuble, à moins qu'il n'ait été acquis sous l'autorité de la justice.**

Exemple Chantal trouve un collier de perles. Sa propriétaire, Josée, dispose d'un délai de trois ans pour récupérer le bien.

C'est le cas de choses ou de biens perdus ou volés et aussi de ce que l'on appelle la « vente de la chose d'autrui ». D'une part, le principe sous-jacent est de permettre au propriétaire d'un bien meuble perdu ou volé de le récupérer ou de le revendiquer auprès du nouvel acquéreur ou possesseur dans un délai de trois ans ; d'autre part, ce principe tend à protéger le nouvel acquéreur ou possesseur d'un bien qu'aurait acheté ce dernier d'un commerçant trafiquant en semblables matières.

Si le nouvel acquéreur a acquis ce bien d'un commerçant et si l'ancien propriétaire veut reprendre son bien, ce dernier devra rembourser au nouvel acquéreur le prix payé au commerçant. L'ancien propriétaire pourra ensuite poursuivre l'auteur du vol ou, le cas échéant, le receleur. À noter que les voleurs, les receleurs et les fraudeurs ne peuvent devenir propriétaires (art. 927 du C.c.Q.).

Si le nouvel acquéreur n'a pas acquis le bien d'un commerçant mais l'a trouvé ou l'a acheté d'un receleur, l'ancien propriétaire n'aura absolument rien à rembourser au nouvel acquéreur pour récupérer son bien ; il devra cependant faire la preuve que ce bien lui appartenait.

Il faut aussi noter les dispositions des articles 939 à 946 du *Code civil du Québec,* qui énoncent que, pour prescrire un bien perdu ou oublié, celui qui trouve un bien perdu doit déclarer le fait à un agent de la paix de la municipalité où il a trouvé le bien ou à la personne qui a la garde du bien où il a été trouvé. Il peut alors, à son choix, garder le bien, le remettre à la personne à qui il a fait la déclaration pour qu'elle le détienne ou, s'il n'est pas réclamé dans les 60 jours, procéder à sa vente aux enchères après l'expiration d'un délai d'au moins 10 jours à la suite de la publication d'un avis dans le journal du lieu où le bien a été trouvé.

S'il décide plutôt de garder le bien, le propriétaire du bien disposera du délai de trois ans pour le revendiquer, mais il devra payer au détenteur les frais d'administration du bien (par exemple les frais d'entreposage ou d'entretien). Le *Code civil du Québec* prévoit aussi la possibilité de remettre le bien à un organisme de bienfaisance.

Finalement, les articles 944 et 945 du *Code civil du Québec* prévoient le cas d'un bien oublié chez un commerçant qui en avait la garde ou qui l'a réparé et énoncent que le commerçant peut en disposer après une période de 90 jours ou l'expiration de la période convenue en donnant avis de la même durée à celui qui lui a confié le bien.

Cette déclaration, y compris les modifications que l'on peut y apporter à l'occasion, doit être notariée, enregistrée et signée par tous les propriétaires de l'immeuble. Il est important de la lire attentivement avant de signer l'offre d'achat d'une copropriété divise (condo) parce qu'il s'agit d'un document complexe. On recommande de signer une promesse d'achat conditionnelle à l'examen de la déclaration de copropriété.

Dans les règlements de l'immeuble, on prévoit la composition du conseil d'administration du syndicat ainsi que le mode de nomination, de remplacement ou de rémunération des administrateurs (art. 1084 du C.c.Q.). L'administration courante du syndicat peut être confiée à un gérant, choisi ou non parmi les copropriétaires. Le conseil d'administration du syndicat doit rendre compte de sa gestion, au moins une fois par année, à une assemblée générale des copropriétaires. L'avis de convocation de cette assemblée annuelle doit être accompagné, en plus du bilan, de l'état des résultats de l'exercice écoulé, de l'état des dettes et créances, du budget prévisionnel, de tout projet de modification à la déclaration de copropriété et d'une note sur les modalités essentielles de tout contrat proposé et de tous travaux projetés (art. 1087 du C.c.Q.). Chaque copropriétaire dispose, à l'assemblée, d'un nombre de voix proportionnel à la valeur relative de sa fraction.

Les frais de condo servent généralement à payer les frais communs, tels l'entretien et les assurances. Il est important de préciser qu'une partie de ces frais doivent être versés dans un fonds de prévoyance, qui servira à défrayer les coûts de réparations majeures aux espaces communs, le cas échéant.

> **Exemple** Refaire la couverture ou le drain français de l'immeuble.

B. La copropriété indivise ou indivision

La **copropriété indivise** ou **indivision** existe lorsque plusieurs personnes détiennent ensemble le droit de propriété d'un meuble ou d'un immeuble, sans que cet immeuble ait fait l'objet d'un partage en parts divises. Elle se distingue de la copropriété divise par le fait qu'aucun copropriétaire ne possède la propriété exclusive d'une partie de l'immeuble. Le copropriétaire indivis («indivisaire») qui détient, par exemple, 4/10 de la propriété, est propriétaire des 4/10 de tous les appartements et des 4/10 de tous les espaces communs. Selon cette forme de copropriété, chacun des copropriétaires possède donc des droits sur l'ensemble de l'immeuble, mais aucun ne possède de droit exclusif de propriété sur un appartement en particulier, ce qui suppose l'accord de tous pour la prise de décisions importantes : vente, location, hypothèque de l'immeuble, etc.

Copropriété indivise
(Undivided co-ownership)
Droit de propriété qui ne s'accompagne pas d'une division matérielle du bien.

L'indivision découle d'un contrat, d'une succession, d'un jugement ou de la loi (art. 1012 du C.c.Q.). Afin d'éviter les controverses et les malentendus, les indivisaires doivent établir entre eux une convention écrite et la faire publier par dépôt. Cette convention doit comporter : 1) la désignation du bien, en l'occurrence de l'immeuble ; 2) la description des parts appartenant à chaque copropriétaire ;

et 3) les règles à suivre au moment de la vente ou de la location d'une unité de l'immeuble, ou du décès d'un indivisaire.

La copropriété indivise n'étant qu'un état temporaire, l'alinéa 2 de l'article 1013 du *Code civil du Québec* prévoit que la convention qui la réglemente ne doit pas excéder 30 ans. Les indivisaires peuvent toutefois la renouveler à l'échéance. Par ailleurs, elle peut prendre fin en tout temps par la vente de l'immeuble en justice et le paiement de sa part au copropriétaire indivis qui a exigé le partage conformément à l'article 1030 du *Code civil du Québec,* qui prévoit que « Nul n'est tenu de demeurer dans l'indivision. » Dans les faits, le partage peut toujours être provoqué, à moins qu'il n'ait été reporté par une convention, par une disposition testamentaire, par un jugement ou par l'effet de la loi, ou qu'il n'ait été rendu impossible du fait de l'affectation du bien à un but durable.

Après avoir examiné les principales caractéristiques de ces deux variantes de la copropriété, on peut en déduire que l'une et l'autre ont un avantage commun : celui de permettre un accès à la propriété plus facile et à un coût moindre que la maison individuelle.

4.3.5 La propriété superficiaire

L'article 1011 du *Code civil du Québec* définit la propriété superficiaire comme étant la propriété des constructions, ouvrages ou plantations situés sur l'immeuble appartenant à une autre personne, le tréfoncier. La propriété superficiaire résulte notamment de la division du droit de propriété d'un immeuble entre la propriété de la surface et son exploitation et celle du sous-sol.

> **Exemples** Tout en exploitant sa ferme en surface, le propriétaire d'un terrain, le tréfoncier, accorde à une autre personne, le superficiaire, le droit d'exploiter le sous-sol de son terrain pour en extraire du gaz de schiste.
>
> Le propriétaire d'un terrain où se trouve un bâtiment et qui a cédé ses droits sur le sous-sol pour la construction d'une mine d'or se trouve dans le même cas.

4.3.6 Les démembrements du droit de propriété

On parle de « démembrement du droit de propriété » lorsque deux ou plusieurs personnes exercent chacune un des attributs du droit de propriété. L'usufruit, l'usage, la servitude et l'emphytéose sont des démembrements du droit de propriété ; ils constituent des droits réels.

A. L'usufruit

Usufruit *(Usufruct)*
Droit d'user et de jouir, pendant un certain temps, d'un bien dont un autre a la propriété, comme le propriétaire lui-même, mais à charge d'en conserver la substance et d'en respecter la destination.

L'article 1120 du *Code civil du Québec* définit l'usufruit. L'**usufruit** se crée par contrat, par testament ou par la loi. Par exemple, un conjoint rédige un testament aux termes duquel il lègue, à sa mort, la propriété de sa maison à ses enfants, mais il assortit son legs d'un droit d'usufruit viager en faveur de son conjoint survivant. En pratique, cela signifie que le conjoint survivant pourra utiliser la maison comme bon lui semblera jusqu'à sa mort ; par la suite, la maison reviendra aux enfants. Dans cet exemple, le conjoint survivant est l'**usufruitier** tandis que les enfants sont les **nus-propriétaires.** Avec l'augmentation du nombre de familles reconstituées, on voit de plus en plus souvent des testaments dotés d'une clause spéciale d'usufruit. En vertu de cette clause, le défunt donne l'usufruit d'un bien, le plus souvent la résidence familiale, à sa nouvelle conjointe pendant un certain nombre d'années ou sa vie durant, et la nue-propriété à ses enfants.

L'entretien et l'assurance du bien légué en usufruit appartiennent à l'usufruitier; seules les réparations majeures (poutres, murs portants, système de chauffage, plomberie, électricité, etc.) sont à la charge du nu-propriétaire.

B. L'usage

Par le droit d'**usage**, on peut permettre à une personne de demeurer sur une terre dont on est le propriétaire à la condition que cette personne la défriche et l'exploite.

C. La servitude

La **servitude** peut découler de la situation naturelle des lieux; elle peut s'établir par l'effet de la loi ou par la volonté humaine, c'est-à-dire par contrat ou par testament. Parmi les servitudes les plus courantes, citons: les servitudes de vue sur la propriété du voisin, de non-construction, d'égouts, de toits, de murs et de fossés mitoyens, de droit de passage, etc.

> **Exemple** Un propriétaire dont le terrain est enclavé et qui n'a pas directement accès au chemin public a le droit d'exiger un passage sur le terrain de l'un ou de l'autre de ses voisins. Si ce droit de passage occasionne des dépenses d'entretien, elles seront évidemment à la charge de celui qui fait la demande.

D. L'emphytéose

L'**emphytéose** est un type de bail aux termes duquel le preneur ou locataire s'engage à payer au bailleur une redevance annuelle. En vertu de l'article 1197 du *Code civil du Québec,* l'emphytéose doit avoir une durée prévue au contrat d'au moins 10 ans et d'au plus 100 ans. Le bail emphytéotique confère au preneur un droit réel susceptible d'hypothèque. Le propriétaire reprend le bien avec toutes les améliorations effectuées par le locataire pendant la durée de son bail.

> **Exemple** Antoine loue un espace commercial à Denis pour y exploiter un restaurant haut de gamme pendant une période de 25 ans à charge d'y construire à ses frais une terrasse couverte avec une fontaine d'une valeur de 750 000 $. À la fin du bail, tous ces aménagements appartiendront à Antoine, sans aucune compensation à l'intention de Denis pour les travaux exécutés.

Usage *(Use)*
Droit de se servir temporairement du bien d'autrui et d'en percevoir les fruits et les revenus, mais jusqu'à concurrence des besoins de l'usager et, le cas échéant, des personnes qui habitent avec lui ou qui sont à sa charge.

Servitude *(Servitude)*
Charge établie sur un immeuble, appelé le « fonds servant », pour l'usage et l'utilité d'un autre immeuble, appelé le « fonds dominant », et qui appartient à un propriétaire différent.

Emphytéose *(Emphyteusis)*
Type de bail par lequel le propriétaire d'un immeuble cède celui-ci pendant un certain temps à un autre, à condition qu'il n'en compromette pas l'existence et à charge d'y faire des améliorations (constructions, plantations, etc.) qui augmentent sa valeur.

RETOUR SUR LA MISE EN SITUATION

Marie-Ève et David ont eu un bon réflexe de vouloir obtenir plus d'information avant d'acheter rapidement le condo de Richard et de Louise, car la copropriété divise diffère beaucoup de la propriété traditionnelle. L'acheteur d'une unité de condominium n'achète pas uniquement l'appartement qui l'intéresse et qui constitue sa part exclusive; il achète en même temps une part des espaces communs du bâtiment qui constitue sa partie commune. Cette dernière correspond à un pourcentage qui est égal au pourcentage que représente sa partie exclusive en rapport avec l'ensemble de l'immeuble en copropriété. Cela implique que Marie-Ève et David en deviennent en même temps responsables, advenant des dommages ou réparations aux espaces communs.

Aussi, advenant des réparations majeures à la toiture ou à la structure de l'immeuble abritant l'ensemble des condominiums, Marie-Ève et David devront payer leur part de ces réparations ou de l'entretien aux espaces communs. Si leur condominium représente 5 % de l'ensemble des parties exclusives du projet, ils seront responsables de

CHAPITRE 5

LES OBLIGATIONS ET LES CONTRATS

OBJECTIFS D'APPRENTISSAGE

À la fin de ce chapitre, vous devriez être en mesure :

1. de reconnaître les différentes espèces d'obligations ;
2. de distinguer les obligations conditionnelles des obligations à terme ;
3. de distinguer la responsabilité solidaire de la responsabilité conjointe ;
4. d'expliquer les différents modes d'extinction des obligations ;
5. d'expliquer les cinq conditions essentielles à la validité d'un contrat ;
6. d'établir les principaux moyens de preuve d'un contrat ;
7. d'appliquer les notions apprises dans ce chapitre à des situations pratiques et de trouver l'information pertinente au moyen de divers outils de recherche juridique.

MISE EN SITUATION

Jean-Philippe, Éric et Carl, les neveux de Rosaire Tremblay, décident de s'associer et de créer une entreprise d'entretien paysager, de tonte de gazon, de déneigement et de peinture. Louis Demers, un ami de Carl, offre de leur vendre son entreprise d'entretien paysager et de déneigement qu'il exploite depuis cinq ans sous le nom Paysagement et déneigement des Laurentides inc. pour la somme de 90 000 $, comprenant tous ses équipements et sa clientèle. Il leur assure qu'ils font une bonne affaire, car il a déjà refusé une offre de 100 000 $. Il leur déclare que le chiffre d'affaires de l'entreprise dépasse 240 000 $, pour une moyenne d'environ 20 000 $ par mois. Pour appuyer ses dires, il leur remet une copie des états financiers des deux dernières années d'opération ainsi qu'une liste de 125 clients de son entreprise. Cela représente un investissement de 30 000 $ pour chacun d'entre eux. Ils obtiennent tous un emprunt personnel de 10 000 $ pour la mise de fonds, mais ils doivent emprunter la différence, soit 60 000 $, auprès de la Caisse régionale des Québécois. La Caisse exige qu'ils cautionnent tous les trois la marge de crédit de 30 000 $ de leur nouvelle entreprise.

Après neuf mois d'opération, Jean-Philippe, Éric et Carl constatent que la liste de clients fournie par Louis Demers est inexacte. En effet, sur les 125 clients, seulement 50 faisaient encore affaire avec Paysagement et déneigement des Laurentides inc. au moment de l'achat de l'entreprise.

Quant au chiffre d'affaires, après neuf mois d'activités, il est de 120 000 $ en dépit des efforts de Jean-Philippe, d'Éric et de Carl pour recruter de nouveaux clients. Leur comptable les avise que Louis Demers leur a fort probablement soumis des états financiers falsifiés. Les nouveaux propriétaires connaissent des difficultés financières, tant personnellement qu'au niveau de l'entreprise, et songent sérieusement à fermer celle-ci.

Questions

1. Ont-ils des recours contre Louis Demers et contre son entreprise Paysagement et déneigement des Laurentides inc. ? Quelles seraient les bases d'un tel recours ?
2. Quelles sont les options de remboursement des dettes encourues pour l'achat de leur entreprise ?

SIGNETS INTERNET

Ce chapitre renvoie aux sites Internet de l'organisme (ou document) suivant :

- *Code civil du Québec*
- Éducaloi

INTRODUCTION

Sur le plan juridique, toute personne a des droits; en contrepartie, elle doit s'acquitter de certaines obligations. Pris au sens large, le terme «obligation» peut avoir plusieurs significations. Par exemple, on dira d'une personne qu'elle a beaucoup d'obligations; cela peut vouloir dire qu'elle a des dettes et qu'elle doit de l'argent à plusieurs créanciers, ou encore qu'elle s'est engagée à faire beaucoup de choses. C'est ce dernier sens du mot «obligation» qui retiendra notre attention et qui nous amènera à formuler une définition juridique.

5.1 LES OBLIGATIONS

Le *Code civil du Québec* consacre aux obligations les articles 1371 à 2643, soit le Livre cinquième intitulé «Des obligations», qui regroupe plus de 1272 articles formant un peu plus de 40% de l'ensemble du ***Code civil du Québec*** et qui comprend également les articles concernant les contrats. Ces dispositions s'appliquent à l'ensemble des relations personnelles et contractuelles des résidents du Québec et constituent la base de notre droit civil et de la responsabilité civile.

Les obligations énoncées dans le *Code civil du Québec* portent le nom d'**obligations civiles.** Elles sont complètes parce qu'elles comportent une sanction qui peut prendre la forme de dommages-intérêts et qu'elles sont susceptibles d'exécution forcée. On peut les opposer aux **obligations naturelles** ou **morales**, qui sont quant à elles incomplètes parce que dépourvues de sanction légale. Elles se fondent exclusivement sur la conscience et l'honneur. L'aide apportée à une personne dans le besoin ou l'obligation résultant d'une dette de jeu sont des exemples d'obligations morales.

Obligation naturelle ou morale *(Natural or moral obligation)*
Obligation qui se fonde sur l'honneur et la conscience des individus.

Exemple Ayant fait faillite, vous êtes maintenant libéré de toutes vos dettes. Vous remboursez tout de même les 10000 $ que votre mère vous avait prêtés avant la faillite.

Exemple Monique aide une vieille dame à traverser la rue. Elle verse également 100 $ à la Fondation Pain et Espoir pour venir en aide aux personnes démunies atteintes du cancer.

Soulignons l'article 1375 du *Code civil du Québec,* qui établit que la **bonne foi** doit gouverner la conduite des parties tant au moment de la naissance de l'obligation qu'à celui de son exécution et de son extinction, reprenant ainsi le principe posé à l'article 6 du *Code civil du Québec* qui énonce que:

> **Art. 6 du C.c.Q. Toute personne est tenue d'exercer ses droits civils selon les exigences de la bonne foi.**

Cela signifie que les droits civils ne peuvent être exercés de façon abusive. Dans le présent chapitre, nous étudierons l'obligation civile qui est à la base des contrats et nous définirons les conditions nécessaires à la validité de tous les contrats telles qu'elles sont énoncées dans le *Code civil du Québec*.

Obligation de résultat *(Obligation of result)*
Obligation selon laquelle le débiteur doit garantir un résultat à son créancier.

Obligation de moyen *(Obligation of due care)*
Obligation selon laquelle le débiteur n'est pas tenu de garantir un résultat, mais d'utiliser tous les moyens dont il dispose pour arriver au meilleur résultat possible.

L'obligation civile peut être de deux ordres. Il peut s'agir d'une **obligation de résultat** ou d'une **obligation de moyen**. La première impose au débiteur un plus haut degré de responsabilité dans l'exécution de l'obligation, puisqu'il doit garantir le résultat de ce qu'il s'est engagé à faire. La deuxième lui impose seulement la responsabilité de prendre les moyens pour exécuter son obligation.

Exemple L'obligation du transporteur de livrer la marchandise à l'endroit convenu au contrat est une obligation de résultat.

Exemple WEB-PLUS s'engage à réaliser le site Internet de votre entreprise dans un délai de trois mois. En signant un tel contrat, WEB-PLUS vous garantit un résultat: dans trois mois, elle vous livrera un site Internet qui doit fonctionner. Il s'agit d'une obligation de résultat.

> **Exemple** Le fait pour un avocat de ne pas gagner la cause de son client n'entraîne pas automatiquement sa responsabilité s'il a mis à profit toutes les ressources de son art.

> **Exemple** Il en est de même du médecin que vous consultez pour guérir la maladie dont vous êtes affligé. Il ne peut pas toujours vous garantir la guérison.

Tant le médecin que l'avocat doivent prendre tous les moyens dont ils disposent soit pour vous guérir, soit pour gagner votre cause. Toutefois, ils ne vous garantissent pas de vous guérir ou de gagner votre cause. Il s'agit d'exemples d'obligation de moyen.

5.1.1 Les éléments constitutifs de l'obligation

L'article 1371 du *Code civil du Québec* définit ainsi les éléments constitutifs de l'obligation civile :

> **Art. 1371 du C.c.Q. Il est de l'essence de l'obligation qu'il y ait des personnes entre qui elle existe, une prestation qui en soit l'objet et, s'agissant d'une obligation découlant d'un acte juridique, une cause qui en justifie l'existence.**

Obligation *(Obligation)*
Lien de droit qui contraint une personne (le débiteur) envers une autre (le créancier) de faire ou de ne pas faire quelque chose.

L'**obligation** est la relation qui existe entre un créancier et un débiteur par rapport à un objet ; elle constitue un droit personnel ou droit de créance. La figure 5.1 présente les éléments constitutifs de l'obligation.

FIGURE 5.1 Les éléments constitutifs de l'obligation

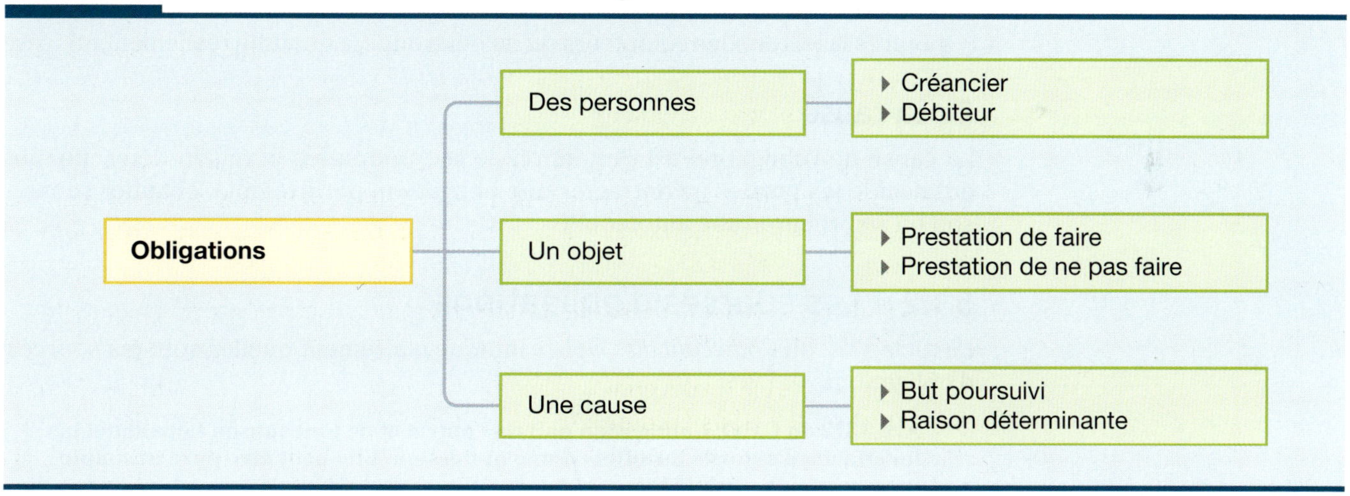

A. Les personnes

Les personnes liées par l'obligation sont le **créancier** et le **débiteur**.

Créancier *(Creditor)*
Personne à qui l'on doit quelque chose ou en faveur de laquelle on doit exécuter l'obligation.

Débiteur *(Debtor)*
Personne qui doit quelque chose ou qui doit exécuter l'obligation.

B. L'objet

> **Art. 1373 du C.c.Q. L'objet de l'obligation est la prestation à laquelle le débiteur est tenu envers le créancier et qui consiste à faire ou à ne pas faire quelque chose.**

La prestation doit être possible et déterminée ou déterminable ; elle ne doit être ni prohibée par la loi ni contraire à l'ordre public. La clause résolutoire dans un contrat de vente d'une entreprise permet au vendeur de demander la résolution du contrat si l'acheteur ne respecte pas ses obligations.

> **Exemple** La compagnie Construction du faubourg s'est engagée à construire une résidence pour personnes retraitées qu'entend exploiter Les résidences du bel âge inc. Il s'agit d'une **obligation de faire quelque chose.**

> **Exemple** Andrée, qui exploite une entreprise de consultants en informatique sous le nom Logiciels D.D. ltée, emprunte 15000 $ de la Banque de Montréal en vue d'acheter de nouveaux ordinateurs. Pour la Banque et Logiciels D.D. ltée, il s'agit de deux **obligations de faire,** soit le fait de prêter l'argent en ce qui concerne la Banque et de rembourser les mensualités du prêt en ce qui concerne l'entreprise.

> **Exemple** Antoine achète le dépanneur Laval Nord de Maya pour la somme de 500000 $. Souhaitant éviter que celle-ci n'ouvre un autre dépanneur à proximité de celui qu'il vient d'acheter, Antoine fait ajouter au contrat une clause selon laquelle Maya ne pourra pas ouvrir de dépanneur ni même travailler dans un dépanneur dans un rayon de 20 kilomètres de l'établissement vendu, pendant trois ans. Il s'agit d'une **obligation de ne pas faire quelque chose** (clause pénale de non-concurrence).

Art. 1374 du C.c.Q. La prestation peut porter sur tout bien, même à venir, pourvu qu'il soit déterminé quant à son espèce et déterminable quant à sa quotité.

Il s'agit notamment de biens dont on doit déterminer le volume, la masse ou une autre mesure quantitative.

> **Exemple** Victor achète toute la récolte de pommes MacIntosh de Rosaire.

> **Exemple** Marjolaine chauffe sa maison au gaz naturel ou à l'électricité. Ce n'est qu'après la lecture des compteurs qu'on détermine la quantité réellement utilisée.

C. La cause

La cause de l'obligation est l'intention, le but poursuivi, la raison déterminante qui décide les parties à contracter une obligation, par exemple, chauffer sa maison ou se procurer une automobile.

5.1.2 Les sources d'obligations

L'article 1372 du *Code civil du Québec* indique clairement quelles sont les sources d'obligations :

Art. 1372 du C.c.Q. L'obligation naît du contrat et de tout acte ou fait auquel la loi attache d'autorité les effets d'une obligation. Elle peut être pure et simple ou assortie de modalités.

Le tableau 5.1 présente des exemples de sources d'obligations. C'est ainsi que l'on parle d'**obligations contractuelles** et d'**obligations extracontractuelles,** selon leur source. Ainsi, lorsqu'une personne manque à l'une ou l'autre de ces obligations, il en résulte une responsabilité soit contractuelle, soit extracontractuelle, comme nous le verrons dans le chapitre suivant.

A. L'acte juridique

L'**acte juridique** est un acte d'une personne voulu par elle, et par lequel elle recherche volontairement et directement des effets juridiques.

> **Exemple** Le contrat de vente est l'acte juridique le plus courant. On parle alors de responsabilité contractuelle.

TABLEAU 5.1 Les sources d'obligations

Sources d'obigations	Exemples
Les **actes** juridiques	▶ Un contrat de bail, un contrat de vente ou un contrat de prêt sont quelques exemples d'actes juridiques
Les **faits** juridiques	▶ Un accident d'automobile ▶ Une personne glisse et se blesse sur votre trottoir mal entretenu ▶ Votre chien mord le facteur
La loi	▶ Obligation des parents de voir à l'éducation et à l'entretien de leurs enfants mineurs (art. 599 du C.c.Q.) ▶ Le vendeur est responsable vis-à-vis de l'acheteur pour les vices cachés dont le bien qu'il lui a vendu est entaché (article 1726 du C.c.Q.) ▶ Le tuteur doit rendre compte de l'administration des biens du mineur à la curatelle publique (art. 246 et 247 du C.c.Q.) ▶ Obligation de détenir un permis de vendeur itinérant en vertu de la *Loi sur la protection du consommateur* (art. 321 de la *Loi sur la protection du consommateur*)

B. Le fait juridique

Le fait juridique est celui qui produit des effets en droit, que ces effets aient été voulus ou non. L'ensemble des dispositions du *Code civil du Québec* relatives à la responsabilité civile créent des obligations. Il s'agit en général de gestes, de situations ou d'événements qui entraînent la responsabilité extracontractuelle d'une personne.

> **Exemple** Jean est victime d'un accident de travail ; c'est un fait juridique.

C. La loi

Certaines obligations naissent directement de la loi, sans la moindre intervention de l'individu.

> **Exemple** L'obligation pour les parents de voir à l'éducation et à l'entretien de leurs enfants mineurs et, le cas échéant, de payer une pension alimentaire.

D. Les autres sources d'obligations

Notons que les articles 1482 à 1496 du *Code civil du Québec* mentionnent trois autres sources d'obligation.

La gestion d'affaires (art. 1482 à 1490)

Art. 1482 du C.c.Q. Il y a gestion d'affaires lorsqu'une personne, le gérant, de façon spontanée et sans y être obligée, entreprend volontairement et opportunément de gérer l'affaire d'une autre personne, le géré, hors la connaissance de celle-ci ou à sa connaissance si elle n'était pas elle-même en mesure de désigner un mandataire ou d'y pourvoir de toute autre manière.

> **Exemple** Rosaire Tremblay constate qu'une branche a endommagé l'entrée électrique et le toit de la remise de son voisin Robert Groulx, qui est en vacances dans le Sud pour deux mois. Il la fait réparer par un électricien.

La réception de l'indu (art. 1491 et 1492)

Art. 1491 du C.c.Q. Le paiement fait par erreur, ou simplement pour éviter un préjudice à celui qui le fait en protestant qu'il ne doit rien, oblige celui qui l'a reçu à le restituer.

> **Exemple** Ne portant pas attention au paiement de vos comptes, vous payez deux fois votre abonnement au journal *Les Affaires*.

L'enrichissement injustifié (art. 1493 à 1496)

> **Art. 1493 du C.c.Q. Celui qui s'enrichit aux dépens d'autrui doit, jusqu'à concurrence de son enrichissement, indemniser ce dernier de son appauvrissement corrélatif s'il n'existe aucune justification à l'enrichissement ou à l'appauvrissement.**

> **Exemple** Marie constate que la Banque a versé 500 $ par erreur dans son compte.

Obligation conditionnelle
(Conditional obligation)
Obligation qui dépend d'un événement futur et incertain, soit en suspendant sa naissance jusqu'à ce que l'événement arrive ou qu'il devienne certain qu'il n'arrivera pas (condition suspensive), soit en subordonnant son extinction au fait que l'événement arrive ou n'arrive pas (condition résolutoire).

5.1.3 Les modalités des obligations

L'article 1372 du *Code civil du Québec* énonce que l'obligation peut être pure et simple.

> **Exemple** Louise achète un volume à la coopérative. Elle paie le prix demandé et on lui remet le volume.

L'article mentionne aussi que l'obligation peut être assortie de modalités. Les articles 1497 et 1552 du *Code civil du Québec* énoncent ces modalités, auxquelles il faut ajouter l'obligation assortie d'une clause pénale prévue aux articles 1622 à 1625 du *Code civil du Québec,* en raison de son utilisation de plus en plus fréquente dans le domaine des affaires. La figure 5.2 présente les différentes modalités dont les obligations peuvent être assorties.

FIGURE 5.2 Les modalités des obligations

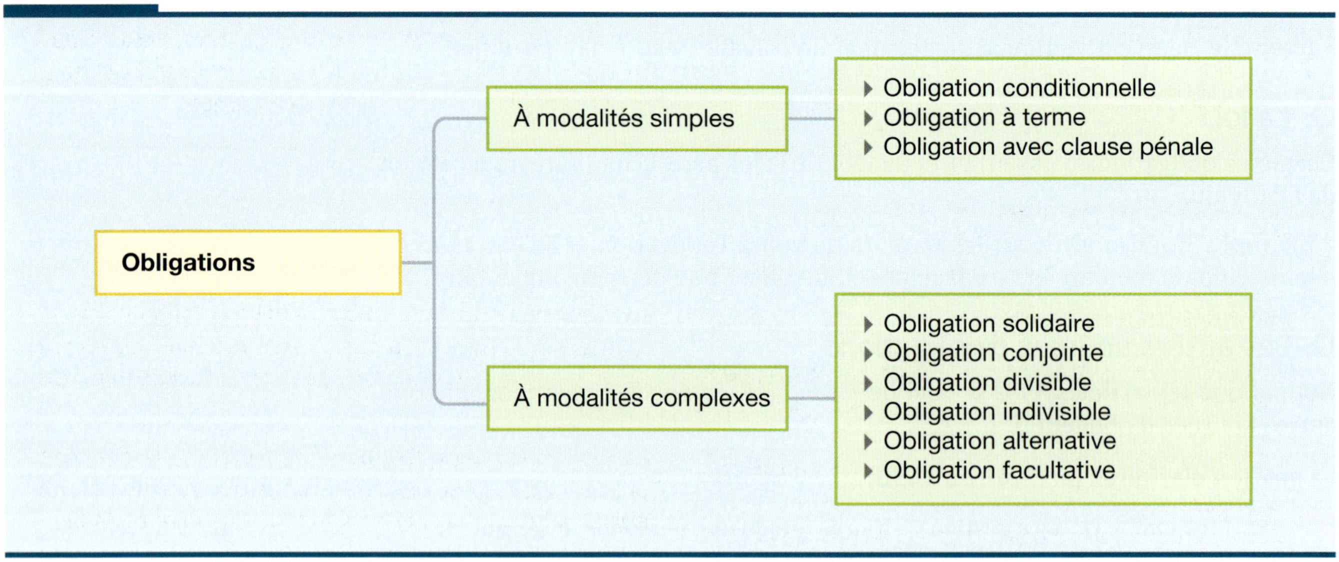

Nous ne traiterons ici que des modalités les plus courantes de l'obligation ; ce sont les obligations conditionnelles, les obligations à terme, les obligations avec clause pénale, les obligations solidaires, ainsi que les obligations conjointes.

A. Les obligations à modalités simples

Parmi les obligations simples, les plus fréquentes sont les obligations conditionnelles, les obligations à terme et les obligations avec clause pénale.

Les obligations conditionnelles Les obligations qui découlent d'un événement futur et incertain dont on fait dépendre soit la naissance, soit la réalisation d'une obligation sont des **obligations conditionnelles**. Le contrat d'assurance incendie constitue une illustration de ce principe. Ainsi, celui qui souscrit à une police d'assurance incendie reçoit le produit de sa police seulement s'il a perdu ses biens dans un incendie.

En se référant aux règles du *Code civil du Québec,* on constate qu'il peut exister divers types de conditions : la condition suspensive, la condition résolutoire, la condition impossible et la condition contraire à l'ordre public (art. 1499 du C.c.Q.). Voyons plus en détail la condition suspensive et la condition résolutoire. La condition dite suspensive ne donnera naissance à l'obligation que si l'événement se produit ultérieurement.

> **Exemple** Dans l'assurance automobile, l'obligation de votre assureur naîtra à la suite d'un accident d'automobile ou du vol de celle-ci.

La condition suspensive accomplie oblige le débiteur à exécuter l'obligation, comme si celle-ci avait existé depuis le jour où il s'est obligé sous telle condition, d'où son caractère rétroactif. Les contrats de vente à l'essai constituent une application de cet article en ce qui concerne la condition suspensive.

Dans l'assurance habitation, l'obligation de l'assureur naîtra à la suite d'un incendie, d'un vol ou de dommages.

> **Exemple** L'achat d'une chaîne stéréophonique que l'on prend à l'essai pendant 10 jours et dont on ne désire plus se porter acquéreur une fois cette période écoulée. On doit alors retourner le bien au commerçant ou au fabricant qui, même pendant la période d'essai, en a toujours conservé la propriété.

CLIN D'ŒIL DE LA COUR

Une église non construite…

François Cimon et un autre c. *l'Archevêque catholique romain de Québec et la Ville de Loretteville,* 1990 R.J.Q. 729.

Cette cause était un appel d'un jugement de la Cour supérieure qui avait rejeté une action en annulation de la vente d'un terrain et une action en dommages et intérêts. La mère des appelants avait vendu un terrain à l'Archevêque catholique romain de Québec en 1967. Le contrat de vente prévoyait expressément une condition selon laquelle ce dernier devait utiliser le terrain pour la construction d'une église. En août 1981, l'Archevêque a avisé les héritiers de Mme Cimon qu'il ne pourrait réaliser cette condition. Ceux-ci ont alors intenté une action demandant la résolution de la vente précitée, alléguant que le non-respect de la condition par l'Archevêque leur donnait le droit d'exiger la rétrocession du terrain contre remise du prix de vente. Il est évident que, 14 ans plus tard, ce terrain avait pris beaucoup de valeur.

La Cour supérieure a rejeté l'action, statuant que la clause énoncée au contrat constituait une condition accessoire qui ne donnait pas droit à la résolution du contrat.

La Cour d'appel du Québec a renversé cette décision en disant que la clause relative à la construction d'une église est non pas une condition accessoire mais bien une condition essentielle du contrat. En effet, la preuve a clairement démontré que Mme Cimon n'aurait pas vendu son terrain à l'Archevêque si ce dernier ne s'était pas engagé à respecter son obligation d'y ériger une église. Il s'agissait d'un contrat de vente sous condition résolutoire.

De plus, il ne s'agissait pas d'une stipulation contraire à l'ordre public et aux bonnes mœurs puisque le fait d'énoncer qu'une vente est conditionnelle à ce que l'acheteur en fasse un usage particulier n'est ni contre l'ordre public, ni contre les bonnes mœurs.

La condition de type résolutoire entraîne une obligation qui prend naissance au moment même où le contrat entre en vigueur, mais qui s'éteint avec la réalisation de la condition stipulée. Une fois accomplie, la condition résolutoire oblige chacune des parties à restituer à l'autre les prestations qu'elle a reçues en vertu de l'obligation, comme si celle-ci n'avait jamais existé.

> **Exemple** Un concessionnaire automobile utilise un contrat de vente à tempérament lors de ses transactions. Ce contrat lui permet de reprendre le bien vendu si l'acheteur est en défaut.

Terme *(Term)*
Événement futur et certain.

Les obligations à terme Le **terme** retarde l'échéance de l'obligation, mais celle-ci doit nécessairement s'exécuter. Voyons plus en détail le bénéfice du terme et la déchéance du bénéfice du terme.

> **Exemple** C'est le cas du divan acheté à crédit par Louise, de la facture de téléphone payable après 30 jours de Pierre, de l'emprunt à la banque de Richard et du bail de Ginette.

1. **Le bénéfice du terme** L'article 1511 du *Code civil du Québec* mentionne que le terme est établi en faveur du débiteur et profite à ce dernier à moins de stipulations contraires. Le débiteur pourra rembourser un emprunt en tout temps avant sa date d'exigibilité, sans être pénalisé, à moins de stipulations contraires dans le contrat.

   > **Exemple** Si vous empruntez sur hypothèque pour acheter une propriété, le prêteur vous accordera un terme de trois ans ou de cinq ans pour rembourser le prêt. Aussi longtemps que les paiements mensuels sont respectés, vous conservez, en tant qu'emprunteur le bénéfice du terme. Dans le cas contraire, vous en êtes déchu.

2. **La déchéance du bénéfice du terme**

   Art. 1514 du C.c.Q. Le débiteur perd le bénéfice du terme s'il devient insolvable, est déclaré failli ou diminue, par son fait et sans le consentement du créancier, les sûretés qu'il a consenties à ce dernier.

   Il perd aussi le bénéfice du terme s'il fait défaut de respecter les conditions en considération desquelles le bénéfice lui a été accordé.

   En effet, il s'agit là de violations du contrat, et le créancier peut exiger le paiement immédiat de tout solde. D'après la jurisprudence, le fait de ne pas effectuer un paiement à une date d'échéance précise ne constitue pas une présomption suffisante d'insolvabilité et n'entraîne pas la déchéance du bénéfice du terme. C'est pourquoi la majorité des contrats de prêts contiennent une clause de ce type:

   Tout défaut de la part de l'emprunteur de rembourser les paiements mensuels prévus au contrat de prêt ou de respecter toute autre obligation prévue au contrat entraînera la déchéance du bénéfice du terme et l'exigibilité immédiate de tout solde alors dû et impayé en capital, intérêts et frais de crédit.

   Dans certains contrats, on trouve des clauses qui stipulent que, à défaut de paiement d'une mensualité, le solde total devient exigible. Il s'agit là d'une application du deuxième alinéa de l'article 1514 du *Code civil du Québec*.

Clause pénale
(Penal clause)
Clause par laquelle les parties évaluent par anticipation les dommages et intérêts en stipulant que le débiteur se soumettra à une peine au cas où il n'exécuterait pas son obligation (art. 1622 du C.c.Q.).

Les obligations avec clause pénale La **clause pénale** est une sanction civile prévue au contrat dans le cas où le débiteur ne respecte pas ses obligations. Les obligations avec clause pénale sont assorties d'une pénalité en cas d'inexécution, ou d'un retard dans leur exécution, de la part du débiteur.

> **Exemple** En tant qu'entrepreneur, vous vous êtes engagé à construire un gymnase pour une municipalité dans un délai de trois mois, mais vous n'avez pas terminé les travaux à temps. Vous aurez alors une pénalité de 1 000 $ par jour de retard tel que votre contrat le stipule.

Les articles 1622 et 1623 du *Code civil du Québec* définissent la clause pénale et ses conséquences.

> **Art. 1622(2) du C.c.Q. Elle donne au créancier le droit de se prévaloir de cette clause au lieu de poursuivre, dans les cas qui le permettent, l'exécution en nature de l'obligation; mais il ne peut en aucun cas demander en même temps l'exécution et la peine, à moins que celle-ci n'ait été stipulée que pour le seul retard dans l'exécution de l'obligation.**

> **Art. 1623 du C.c.Q. Le créancier qui se prévaut de la clause pénale a droit au montant de la peine stipulée sans avoir à prouver le préjudice qu'il a subi. Cependant, le montant de la peine stipulée peut être réduit si l'exécution partielle de l'obligation a profité au créancier ou si la clause est abusive.**

Ce type de clause est souvent utilisé dans des contrats d'engagement de personnel, de vente ou d'achat d'entreprise et dans des conventions entre actionnaires.

> **Exemple** Dans un contrat de vente d'entreprise, on trouve souvent une clause de non-concurrence assortie d'une clause pénale stipulant que le vendeur n'a pas le droit d'exploiter un commerce similaire sur un territoire donné et pendant une période de temps déterminée, et que, en cas de contravention de sa part, il devra payer une pénalité de 500 $ pour chaque jour où il est en défaut.

B. Les obligations à modalités complexes

L'obligation solidaire est celle que l'on retrouve plus souvent dans le domaine civil que dans le cadre de l'exploitation d'une entreprise. C'est la solidarité entre les débiteurs qui retiendra particulièrement notre attention.

Les obligations solidaires Jusqu'ici, nous avons vu qu'il pouvait exister différentes espèces d'obligations entre un débiteur et un créancier. Il faut noter qu'on peut aussi se trouver en présence de plusieurs créanciers ou de plusieurs débiteurs liés par une seule obligation: c'est ce qu'on appelle l'**obligation solidaire** ou, en langage juridique, la **solidarité.**

La solidarité entre les créanciers (solidarité active) apparaît quand un seul débiteur doit une somme d'argent à plusieurs créanciers. Le débiteur peut payer la totalité de la dette à l'un des créanciers et en être libéré; il n'a pas à payer, à chacun des créanciers, une somme égale à leur quote-part dans le montant de la dette totale qui leur est due. En pratique, cette forme de solidarité se rencontre très rarement.

> **Exemple** Diane et Claude prêtent 50 000 $ à Jean-Philippe.

La solidarité entre les débiteurs (solidarité passive), qui est définie dans les articles 1523 à 1544 du *Code civil du Québec,* se trouve habituellement dans les contrats. Elle existe lorsqu'un créancier a plusieurs débiteurs pour une même obligation. Le créancier peut alors, à son choix, poursuivre un ou plusieurs débiteurs, ou tous les débiteurs à la fois. Après jugement, il peut réclamer le paiement partiel de la dette à l'un ou à l'autre des débiteurs, ou le paiement entier à un seul débiteur.

> **Exemple** Jean-Pierre et Andrée achètent un chalet ensemble.

En matière civile, la solidarité entre les débiteurs ne se présume pas; elle existe seulement lorsqu'elle est expressément stipulée par les parties dans une clause au contrat ou prévue par la loi. En matière commerciale, elle est au contraire présumée entre les débiteurs d'une obligation contractée pour le service ou l'exploitation d'une entreprise.

Exploitation d'une entreprise *(Carrying on of an enterprise)*
Exercice par une ou plusieurs personnes d'une activité économique organisée, qu'elle soit ou non à caractère commercial, et consistant en la production ou la réalisation de biens, leur administration ou leur aliénation, ou en la prestation de services.

L'article 1525, qui définit la solidarité, introduit une nouvelle notion dans le *Code civil du Québec,* soit l'**exploitation d'une entreprise**. Lorsque nous examinons un contrat, il faut déterminer s'il s'agit d'un contrat civil ou d'une obligation contractée pour le service ou l'exploitation d'une entreprise. Dans un contrat civil, la solidarité devra y être stipulée, sinon les débiteurs n'ont qu'une responsabilité conjointe, c'est-à-dire que chacun n'est responsable que de sa quote-part de la dette et non de la dette en entier.

> **Exemple** La Caisse régionale des Québécois octroie une marge de crédit de 350 000 $ à Immeubles du terroir inc. pour un nouveau projet domiciliaire dans la région de Mirabel. La Caisse exige que les trois principaux actionnaires et administrateurs de l'entreprise, Nicolas, Jean-François et Sylvie, cautionnent personnellement ce prêt en cas de difficultés financières, si l'entreprise se révèle incapable de rembourser sa marge de crédit. Advenant l'incapacité de Immeubles inc. du terroir de rembourser la marge de crédit, la Caisse pourra poursuivre personnellement et solidairement Nicolas, Jean-François et Sylvie pour se faire payer. Et si l'un d'eux est insolvable, les autres devront assumer sa part des dettes de l'entreprise.

> **Exemple** Anne, Marc et Pauline vous doivent la somme de 90 000 $ pour l'achat d'une maison. Une clause de solidarité est prévue entre les débiteurs. Vous pouvez, à votre guise, poursuivre l'un ou l'autre des débiteurs ou les trois à la fois et vous pouvez, après jugement, recouvrer toute la dette d'Anne, de Marc ou de Pauline, ou encore une partie de la dette de l'un et le reste des autres. Si la dette est divisée en parts égales entre Anne, Marc et Pauline et si Pauline a dû vous payer en entier la somme de 90 000 $, Pauline pourra ensuite réclamer de Marc et d'Anne les deux tiers de la somme qu'elle a dû vous verser, soit la part de chacun d'eux.

En effet, un débiteur solidaire est responsable de toute la dette, mais il peut recouvrer de ses codébiteurs la quote-part de chacun en prenant une action en remboursement (art. 1537 du C.c.Q.). De plus, si l'un des débiteurs est insolvable, la perte qu'occasionne son insolvabilité se répartit par contribution entre tous les autres codébiteurs solvables, y compris celui qui a fait le paiement. En matière de responsabilité extracontractuelle, l'article 1526 du *Code civil du Québec* énonce ce qui suit :

> **Art. 1526 du C.c.Q. L'obligation de réparer les préjudices causés par la faute de deux personnes ou plus est solidaire lorsque cette obligation est extracontractuelle.**

> **Exemple** Si un chirurgien se rend responsable d'un acte dommageable à la santé de son patient et si cet acte est attribuable à une faute professionnelle, le chirurgien n'assumera pas seul cette responsabilité ; elle pourra aussi être partagée par l'hôpital si l'on peut démontrer une faute de celui-ci.

Cette responsabilité est solidaire, c'est-à-dire que la victime du dommage pourra intenter des poursuites et se faire indemniser soit par le chirurgien, soit par l'hôpital (art. 1526 du C.c.Q.).

Les obligations conjointes divisibles ou indivisibles Dans l'exemple précédent, où Anne, Marc et Pauline vous devaient 90 000 $ à la suite de l'achat d'une maison selon un contrat ne comportant pas de clause de solidarité, chacun n'aurait eu à rembourser que sa quote-part de 30 000 $. L'obligation n'aurait pas été solidaire, mais **conjointe,** c'est-à-dire que chacun d'eux n'aurait été responsable que de 30 000 $ envers vous. Les articles 1518 à 1520 du *Code civil du Québec* définissent les obligations conjointes, divisibles et indivisibles.

> **Art. 1518 du C.c.Q. L'obligation est conjointe entre plusieurs débiteurs lorsque ces derniers sont obligés à une même chose envers le créancier, mais de**

manière que chacun d'eux ne puisse être contraint à l'exécution de l'obligation que séparément et jusqu'à concurrence de sa part dans la dette.

L'obligation est conjointe entre plusieurs créanciers lorsque chacun d'eux ne peut exiger, du débiteur commun, que l'exécution de sa part dans la créance.

Art. 1519 du C.c.Q. L'obligation est divisible de plein droit, à moins que l'indivisibilité n'ait été expressément stipulée ou que l'objet de l'obligation ne soit pas, de par sa nature, susceptible de division matérielle ou intellectuelle.

Art. 1520 du C.c.Q. L'obligation indivisible ne se divise ni entre les débiteurs ou les créanciers, ni entre leurs héritiers.

Exemple L'obligation de vous rembourser la somme de 90000 $ sera **divisible** entre Anne, Marc et Pauline s'il s'agit d'une obligation conjointe selon la définition ci-dessus et, dans un tel cas, l'exécution du remboursement se fera par les trois paiements individuels de 30000 $ chacun d'Anne, de Marc et de Pauline.

L'obligation sera **indivisible** s'il est impossible de la diviser pour l'exécuter.

Exemple Daniel s'engage à donner un tableau de Marc-Aurèle Fortin. Cette obligation est indivisible, car il ne peut donner le tableau en pièces détachées.

5.1.4 La transmission et les mutations des obligations

Dans le cours de l'exécution d'un contrat ou d'une obligation, il peut arriver que cette obligation subisse des changements (mutations) ou que le débiteur ou le créancier soit lié à un autre créancier ou à un autre débiteur parce que la personne a transmis ses droits ou ses obligations à quelqu'un d'autre. Le *Code civil du Québec* prévoit quatre moyens de transmission d'une obligation : 1) la cession de créance ; 2) la subrogation ; 3) la novation ; et 4) la délégation.

A. La cession de créance (art. 1637 à 1650 du C.c.Q.)

Art. 1637 du C.c.Q. Le créancier (le cédant) peut céder à un tiers (le cessionnaire) tout ou partie d'une créance ou d'un droit d'action qu'il a contre son débiteur (le cédé).

Art. 1641 du C.c.Q. La cession est opposable au débiteur et aux tiers, dès que le débiteur y a acquiescé ou qu'il a reçu une copie ou un extrait pertinent de l'acte de cession ou, encore, une autre preuve de la cession qui soit opposable au cédant.

Exemple Les contrats de prêts hypothécaires contiennent des clauses en vertu desquelles l'emprunteur cède au prêteur les droits qu'il détient dans les loyers dus par ses locataires advenant qu'il soit en défaut en vertu du prêt.

B. La subrogation (art. 1651 à 1659 du C.c.Q.)

Art. 1651 du C.c.Q. La personne qui paie à la place du débiteur peut être subrogée dans les droits du créancier. Elle n'a pas plus de droits que le subrogeant.

C'est la substitution d'une personne par une autre qui peut alors exercer les droits de la première. Le subrogé n'acquiert pas plus de droits contre le débiteur que le créancier initial n'en possédait. La subrogation peut être légale lorsqu'elle découle de l'application de la loi.

Art. 1656 du C.c.Q. La subrogation s'opère par le seul effet de la loi :

1° Au profit d'un créancier qui paie un autre créancier qui lui est préférable en raison d'une créance prioritaire ou d'une hypothèque ;

2° Au profit de l'acquéreur d'un bien qui paie un créancier dont la créance est garantie par une hypothèque sur ce bien ;

TABLEAU 5.2 Les principaux modes d'extinction des obligations (*suite*)

Mode d'extinction	Définition	Exemples
	La preuve d'une force majeure incombe au débiteur. Les cas de force majeure consistent en des événements ou des suites d'événements imprévisibles, échappant à tout contrôle humain, qui empêchent le débiteur d'exécuter une obligation. Le terme anglais *Act of God* illustre bien en quoi consiste le cas de force majeure.	
Prescription extinctive	**Art. 2921 du C.c.Q. La prescription extinctive est un moyen d'éteindre un droit par non-usage ou d'opposer une fin de non-recevoir à une action.** **Elle éteint le droit que pourrait avoir un créancier de demander l'exécution d'une obligation ou la reconnaissance d'un droit s'il n'agit pas dans le temps ou le délai fixé par la loi.**	▸ Vous devez 300 $ à un dentiste qui, soit par négligence ou autrement, omet de vous réclamer ce montant. Une telle dette pour services professionnels se prescrivant par trois ans, le dentiste ne pourra vous réclamer cette somme au-delà de cette période.

TABLEAU 5.3 Les principaux délais de prescription

Dix ans	Trois ans	Un an
Art. 2922 du C.c.Q. Le délai de la prescription extinctive est de 10 ans, s'il n'est autrement fixé par la loi. **Art. 2923 du C.c.Q. Les actions qui visent à faire valoir un droit réel immobilier se prescrivent par 10 ans.** **Art. 2924 du C.c.Q. Le droit qui résulte d'un jugement se prescrit par 10 ans s'il n'est pas exercé.** ▸ Quelqu'un qui obtient un jugement contre son débiteur dispose de 10 ans pour se faire payer. ▸ L'action en reconnaissance du droit de propriété sur un terrain.	**Art. 2925 du C.c.Q. L'action qui tend à faire valoir un droit personnel ou un droit réel mobilier et dont le délai de prescription n'est pas autrement fixé se prescrit par trois ans.** Cet article vient fixer la prescription pour la majorité des actions civiles : ▸ action en dommages matériels ; ▸ action en dommages corporels ; ▸ action en annulation d'un contrat ; ▸ action pour percevoir une dette impayée par le débiteur ; ▸ action sur lettre de change ou chèque.	▸ Action sur atteinte à la réputation (art. 2929 du C.c.Q.) ▸ Action pour prestation compensatoire à compter du décès (art. 2928 du C.c.Q.) ▸ Action en inopposabilité (ancienne action paulienne, art. 1635 du C.c.Q.)

B. Les autres cas d'extinction des obligations

Il existe d'autres moyens de mettre fin à ses obligations ou de se libérer de ses dettes. Nous ne ferons pas une étude détaillée de ces moyens, mais nous en citerons certains à titre d'exemple. L'article 1695 du *Code civil du Québec* s'applique notamment au cas d'un débiteur qui se voit dépossédé d'un bien en faveur de son créancier prioritaire ou hypothécaire.

Lorsqu'un créancier prioritaire ou hypothécaire acquiert le bien sur lequel porte sa créance, à la suite d'une vente en justice, d'une vente faite par le créancier ou d'une vente sous contrôle de justice, le débiteur est libéré de sa dette envers ce créancier, jusqu'à concurrence de la valeur marchande du bien au moment de l'acquisition, déduction faite de toute autre créance ayant priorité de rang sur celle de l'acquéreur. Le jugement d'annulation prononcé par le tribunal constate la nullité d'une obligation et, de ce fait, l'éteint.

> **Exemple** Ce serait le cas d'un mineur dont le contrat le liant à une société de financement est annulé pour cause de lésion.

Mentionnons finalement que la réalisation d'une condition résolutoire contenue dans un contrat peut entraîner la libération du débiteur.

> **Exemple** Si vous promettez 500 $ à Pierre pour qu'il ne déménage pas et que ce dernier déménage quand même, la condition résolutoire se réalise et votre obligation s'en trouve éteinte.

Les actes juridiques, et plus précisément les contrats, sont une source constante d'obligations quotidiennes.

5.2 LES CONTRATS

Nous avons vu que les obligations pouvaient naître, entre autres, d'actes voulus et recherchés directement par une personne, dans le but d'engendrer des effets juridiques. Le contrat constitue l'acte juridique par excellence qui engendre l'obligation telle que nous l'avons considérée précédemment. Dans le chapitre 6, nous examinerons les conséquences et les recours résultant de l'inexécution par l'une des parties des obligations prévues dans un contrat. Le *Code civil du Québec* définit clairement le **contrat** ainsi que les différents types de contrats (art. 1377 à 1384 du C.c.Q.). Le contrat peut être d'adhésion ou de gré à gré, synallagmatique ou unilatéral, à titre onéreux ou gratuit, commutatif ou aléatoire et à exécution instantanée ou successive; il peut aussi être de consommation.

> **Contrat** *(Contract)*
> Accord de volontés par lequel une ou plusieurs personnes s'obligent envers une ou plusieurs autres à exécuter une prestation.

5.2.1 La classification des différentes espèces de contrats

Une classification des différentes espèces de contrats permet de répertorier tous les différents types de contrats. Un contrat peut répondre à plusieurs des classifications.

i+ Pour en savoir davantage sur la classification des contrats

> **Exemple** Le contrat de vente est à la fois un contrat de gré à gré, synallagmatique, onéreux, principal, nommé, de consommation ou, dans le cadre de l'exploitation d'une entreprise, à exécution instantanée ou successive; il peut prendre une forme verbale ou écrite, notariée ou sous seing privé, selon ses modalités, comme nous le verrons dans la section suivante.

5.2.2 Les cinq conditions de validité des contrats

L'article 1385 du *Code civil du Québec* énonce cinq conditions nécessaires (la capacité des parties, le consentement libre et éclairé, l'objet, la cause et la forme) à la validité d'un contrat. Les modalités de ces conditions sont illustrées dans le tableau 5.4, à la page suivante.

> **Art. 1385 du C.c.Q. Le contrat se forme par le seul échange de consentement entre des personnes capables de contracter, à moins que la loi n'exige, en outre, le respect d'une forme particulière comme condition nécessaire à sa formation, ou que les parties n'assujettissent la formation du contrat à une forme solennelle.**
>
> **Il est aussi de son essence qu'il ait une cause et un objet.**

A. La capacité des parties

La règle générale dans notre droit est que **toute personne est capable de contracter.** Cependant, le législateur a cru bon d'apporter un tempérament à ce principe

Capacité *(Capacity)*
Aptitude que possède un individu à être titulaire de droits et à les exercer seul. En matière contractuelle, la capacité est donc l'aptitude à faire seul et librement un contrat valable.

en privant momentanément certaines personnes de **capacité** pour les protéger contre elles-mêmes, en raison de leur inexpérience à discerner le bien du mal. On nomme ces personnes les **incapables.** Les principaux incapables auxquels fait allusion notre droit sont les mineurs et les personnes majeures pour lesquelles on a ouvert un régime de protection. À ce sujet, nous vous reportons au chapitre 3 qui porte sur les personnes. Le *Code civil du Québec* a aussi prévu que certaines personnes ne peuvent acquérir des droits litigieux en raison de leur emploi.

> **Art. 1783 du C.c.Q. Les juges, avocats, notaires et officiers de justice ne peuvent se porter acquéreurs de droits litigieux, sous peine de nullité absolue de la vente.**

TABLEAU 5.4 Les conditions et les modalités d'un contrat

Condition	Modalités	Exemples
Capacité des parties	Toute personne est capable de contracter, sauf : ▸ le mineur ; ▸ le majeur protégé. – Le mineur de 14 ans et plus est réputé majeur pour les actes relatifs à son emploi ou à sa profession. – Le mineur est émancipé par un jugement du tribunal ou par le mariage.	▸ Rosaire Tremblay achète une voiture. ▸ Félix, âgé de 10 ans, ne peut signer de contrat. ▸ Roméo Tremblay, le père de Rosaire, a été déclaré inapte par son médecin traitant. ▸ Wilfred, âgé de 16 ans, devient un chanteur populaire et part en tournée en Europe. ▸ Isabelle, âgée de 17 ans, se marie.
Consentement libre et éclairé	▸ Exprès ▸ Tacite	▸ Rosaire signe le contrat d'achat de sa nouvelle voiture. ▸ Dominique emménage dans un appartement appartenant à Denis sans qu'un bail formel soit signé.
Vices de consentement	▸ Erreur ▸ Violence ou crainte ▸ Dol ou fraude ▸ Lésion	▸ Valérie achète une Honda avec une transmission automatique et on lui livre un véhicule à transmission manuelle. ▸ Cédant à des menaces visant sa famille, Frédéric vend son resto-bar à un membre des Hells Angels. ▸ Après avoir acheté un dépanneur sur la foi d'un chiffre de ventes de 100 000 $ par semaine mentionné dans les états financiers, Richard s'aperçoit qu'il est plutôt de 50 000 $ par semaine et que les états financiers ont été falsifiés. ▸ Antoine, âgé de 16 ans, achète un véhicule usagé de marque Toyota Corolla 2007 d'Autos d'occasion inc. au prix de 17 000 $. Il réalise qu'il s'est fait rouler par le vendeur.
Objet	▸ Faire ▸ Ne pas faire	▸ Diane engage Daniel pour peindre sa maison. ▸ Après avoir vendu son commerce, Richard a convenu de ne pas ouvrir un commerce similaire ni d'y travailler pendant deux ans, dans un rayon de 50 kilomètres de l'ancien commerce.
Cause	▸ Le but poursuivi par les parties ne doit pas être contraire à l'ordre public et aux lois.	▸ Rosaire veut acquérir une nouvelle voiture. ▸ Diane veut faire repeindre sa maison.
Forme	▸ Verbale ▸ Écrite : – sous seing privé ; – notarié.	▸ Denis engage Jacques pour réparer sa clôture et ils conviennent verbalement des modalités du contrat. ▸ Rosaire signe le contrat pour l'achat de sa voiture avec le garage Lacroix Mazda. ▸ Nicolas et Nadine signent un contrat de mariage devant la notaire Francine Dubois.

B. Le consentement libre et éclairé

L'article 1386 du *Code civil du Québec* précise que le **consentement** peut être exprès ou tacite. Le **consentement exprès** peut prendre la forme de la signature des parties au bas du contrat alors que le **consentement tacite** peut se déduire des agissements des parties.

> **Consentement** *(Consent)*
> Expression de la volonté des parties. Pour qu'il y ait contrat, il faut un accord de volontés, et le consentement est l'extériorisation de cet accord.

Exemple L'acheteur qui, sans avoir donné son consentement écrit à une offre d'acheter, mandate son notaire pour préparer un contrat écrit selon les modalités de l'entente verbale intervenue avec le vendeur offrant donne un consentement tacite.

L'offre et l'acceptation Pour qu'il y ait contrat, il faut un accord de volontés, accord qui doit être extériorisé. Le consentement réciproque des parties est atteint en trois étapes: 1) l'existence d'une offre, 2) l'acceptation qui y correspond (l'offre seule n'est donc pas un contrat) et 3) la réception de l'acceptation par celui qui a fait l'offre.

L'échange de consentement se réalise par la manifestation expresse ou tacite de la volonté d'une personne d'accepter l'**offre de contracter** que lui fait une autre personne. Le contrat est conclu au moment du consentement mutuel. Si les parties sont en présence l'une de l'autre, le contrat prend naissance dès l'instant où chacune d'elles prend connaissance de l'acceptation formulée par l'autre. Mais si les parties sont éloignées l'une de l'autre et qu'elles communiquent entre elles par la poste, par exemple, le cas se présente de façon différente.

> **Offre de contracter**
> *(Offer to contract)*
> Proposition qui comporte tous les éléments du contrat envisagé et qui indique la volonté de son auteur d'être lié en cas d'acceptation (art. 1386 du C.c.Q.).

L'article 1387 du *Code civil* clarifie cette situation.

Art. 1387 du C.c.Q. Le contrat est formé au moment où l'offrant reçoit l'acceptation et au lieu où cette acceptation est reçue, quel qu'ait été le moyen utilisé pour la communiquer et lors même que les parties ont convenu de réserver leur accord sur certains éléments secondaires.

En matière immobilière, le consentement et l'accord des volontés font souvent l'objet de négociations et de discussions, d'offre et de contre-offre d'achat.

Les vices de consentement En d'autres mots, si un consentement a été donné, mais qu'il se trouve entaché d'un des vices mentionnés dans la loi, le contrat peut être annulé.

Art. 1398 du C.c.Q. Le consentement doit être donné par une personne qui, au temps où elle le manifeste, de façon expresse ou tacite, est apte à s'obliger.

Art. 1399 du C.c.Q. Le consentement doit être libre et éclairé. Il peut être vicié par l'erreur, la crainte ou la lésion.

Le *Code civil du Québec* prévoit donc les vices de consentement suivants: l'erreur; le dol ou la fraude; la violence et la crainte; la lésion.

1. **L'erreur** L'article 1400 du *Code civil du Québec* prévoit trois cas d'erreur qui frappent le contrat de nullité relative:

   Art. 1400 du C.c.Q. L'erreur vicie le consentement des parties ou de l'une d'elles lorsqu'elle porte sur la nature du contrat, sur l'objet de la prestation ou, encore, sur tout élément essentiel qui a déterminé le consentement. L'erreur inexcusable ne constitue pas un vice de consentement.

   Exemple À la suite d'une annonce parue dans les journaux, Arthur désire louer la maison d'Henri et il prend contact avec lui à ce sujet. Henri se rend chez Arthur avec un acte de vente en main, croyant que celui-ci désire acheter sa propriété. Arthur pense qu'il s'agit d'un bail de location et il signe l'acte de vente. Il y a ici **erreur sur la nature même du contrat,** et celui-ci est frappé de nullité absolue.

> **Exemple** Charles croit acheter une voiture à transmission automatique, et le vendeur lui vend une voiture à transmission manuelle. Il y a là **erreur sur l'objet de la prestation** et le contrat est, de ce fait, nul.

> **Exemple** Diane croit acheter des boucles d'oreilles en or, alors que le bijoutier lui vend des boucles d'oreilles plaquées or. Il s'agit d'une erreur sur un élément essentiel du contrat.

> **Exemple** Philippe achète un camion en se fiant à la parole du vendeur, qui lui affirme que ce camion peut transporter jusqu'à 15 tonnes de marchandises. Une fois le contrat conclu, Philippe constate que le camion ne peut raisonnablement supporter que des charges de 10 tonnes. Même si le vendeur était de bonne foi, Philippe peut demander au tribunal d'annuler le contrat, car, s'il avait su que le camion ne pouvait transporter que 10 tonnes, il ne l'aurait pas acheté. Voilà un exemple **d'erreur sur un élément essentiel** qui entraîne la nullité relative du contrat.

Dol ou fraude *(Fraud)*
Termes synonymes désignant une ruse, tromperie ou artifice qui a pour but de provoquer le consentement d'un contractant.

2. **Le dol ou la fraude** La conséquence du **dol** ou de la **fraude** est l'erreur qui rend le consentement vicié.

Art. 1401 du C.c.Q. L'erreur d'une partie, provoquée par le dol de l'autre partie ou à la connaissance de celle-ci, vicie le consentement dans tous les cas où, sans cela, la partie n'aurait pas contracté ou aurait contracté à des conditions différentes; le dol peut résulter du silence ou d'une réticence.

> **Exemple** Si Pascal achète une voiture dont l'odomètre a été sciemment faussé par le vendeur, il y a fraude. S'il avait connu le véritable kilométrage de l'automobile, il ne l'aurait pas achetée ou l'aurait payée moins cher. Le contrat est donc nul.

> **Exemple** Vincent produit de faux états financiers en indiquant à la banque un chiffre d'affaires de beaucoup supérieur au chiffre réel en vue d'obtenir une marge de crédit importante ou en vue de vendre son entreprise plus cher à Denis Desruisseaux, qui envisage de l'acheter. Si la banque connaissait le véritable état des finances de son entreprise, elle ne lui aurait jamais accordé cette marge de crédit. De la même manière, si Denis Desruisseaux connaissait le véritable chiffre d'affaires de l'entreprise, il n'en offrirait pas un prix aussi élevé ou n'envisagerait même pas de l'acheter.

3. **La violence et la crainte** La violence consiste à provoquer chez une personne la crainte d'un mal sérieux, physique ou moral, à l'égard d'elle-même, de son conjoint, de ses enfants ou de ses proches, dans le but de lui faire passer un contrat.

Art. 1402 du C.c.Q. La crainte d'un préjudice sérieux pouvant porter atteinte à la personne ou aux biens de l'une des parties vicie le consentement donné par elle, lorsque cette crainte est provoquée par la violence ou la menace de l'autre partie ou à sa connaissance.

Le préjudice appréhendé peut aussi se rapporter à une autre personne ou à ses biens et il s'apprécie suivant les circonstances.

Art. 1403 du C.c.Q. La crainte inspirée par l'exercice abusif d'un droit ou d'une autorité ou par la menace d'un tel exercice vicie le consentement.

> **Exemple** Éric est propriétaire d'un commerce prospère et livre une dure concurrence à son voisin André, qui possède un commerce similaire. Ce dernier force Éric à lui signer un acte de vente de son commerce en le menaçant d'enlever ses enfants. Le consentement arraché à Éric dans ces circonstances n'est pas libre et il constitue une cause d'annulation du contrat.

> **Exemple** Un homme menace sa femme de la battre si elle ne renonce pas à certains droits.

4. **La lésion** La lésion résulte de l'exploitation de l'une des parties par l'autre qui entraîne une disproportion importante entre les prestations des parties ; le fait même qu'il y ait une disproportion importante fait présumer l'exploitation. En vertu de l'article 1405 du *Code civil,* la lésion n'est une cause de nullité des contrats que pour certaines personnes (les mineurs, les majeurs protégés). La lésion ne s'applique pas de plein droit en faveur du mineur. En effet, si ce dernier veut faire résilier un contrat pour cause de lésion, il devra prouver qu'il a réellement subi un préjudice et que la personne avec qui il a signé le contrat a réellement profité de son état.

> **Exemple** Le tribunal n'hésitera pas à annuler un contrat de vente d'automobile conclu par un mineur à un prix qui dépasse de beaucoup la valeur de l'automobile, surtout si le mineur n'a pas la capacité de payer, compte tenu de ses ressources financières. Toutefois, dans un tel cas, le garagiste ne serait pas tenu de rembourser au mineur plus que la portion du montant dont ce dernier n'a pas profité. En d'autres termes, le mineur ou le majeur protégé dont le contrat est annulé par le tribunal doit toujours payer une part équivalant aux avantages qu'il a retirés de l'objet du contrat.

Il est à remarquer que la loi considère le mineur de 14 ans et plus qui exploite une entreprise comme un majeur aux fins de son entreprise (art. 156 du C.c.Q.) ; il ne pourra donc invoquer la lésion pour faire annuler un contrat passé en raison de son commerce. Toutefois, un majeur se croyant victime d'une transaction abusive concernant un prêt d'argent peut toujours, en vertu de l'article 2332 du *Code civil du Québec,* s'adresser au tribunal pour demander la réduction ou l'annulation de son obligation. Dans ce cas, le tribunal jouit d'un pouvoir discrétionnaire et doit fonder sa décision sur cette notion de justice naturelle qu'est l'**équité.**

Le contrat comportant un vice de consentement est nul.

L'article 8 de la *Loi sur la protection du consommateur* prévoit pour sa part l'application de la lésion au consommateur qui signe un contrat avec un commerçant.

> **Art. 8. de la L.P.C. Le consommateur peut demander la nullité du contrat ou la réduction des obligations qui en découlent lorsque la disproportion entre les prestations respectives des parties est tellement considérable qu'elle équivaut à de l'exploitation du consommateur, ou que l'obligation du consommateur est excessive, abusive ou exorbitante.**

C. L'objet du contrat

> **Art. 1412 du C.c.Q. L'objet du contrat est l'opération juridique envisagée par les parties au moment de sa conclusion, telle qu'elle ressort de l'ensemble des droits et obligations que le contrat fait naître.**

> **Art. 1413 du C.c.Q. Est nul le contrat dont l'objet est prohibé par la loi ou contraire à l'ordre public.**

Cette opération juridique peut être l'achat d'un bien meuble, la location d'un appartement, un emprunt bancaire, l'engagement d'un entrepreneur, etc. Le contrat dont l'objet est prohibé par la loi ou contraire à l'ordre public est prohibé. En droit québécois, la liberté contractuelle est absolue, sous réserve des restrictions qu'imposent les articles 8 et 9 du *Code civil du Québec,* selon lequel:

> **Art. 8 du C.c.Q. On ne peut renoncer à l'exercice des droits civils que dans la mesure où le permet l'ordre public.**
>
> **Art. 9 du C.c.Q. Dans l'exercice des droits civils, il peut être dérogé aux règles du présent code qui sont supplétives de volonté; il ne peut, cependant, être dérogé à celles qui intéressent l'ordre public.**

Le *Code civil du Québec* fait souvent allusion à la notion d'ordre public sans jamais cependant la définir. C'est donc par l'entremise de la jurisprudence qu'on peut tenter d'en élaborer une définition. L'**ordre public** est un concept variable qui est à la base de toute la structure de notre société.

Ordre public *(Public order)*
«Ensemble des dispositions légales édictées en vue d'assurer la protection matérielle et morale des personnes groupées en société, notamment en matière de statut familial, d'organisation politique, économique et sociale[1].»

> **Exemple** Au Québec, une personne qui se livrerait au commerce de la prostitution n'aurait aucun recours légal contre un client qui refuserait de lui verser la somme convenue.

> **Exemple** Paul loue sa maison à Albert, qui a l'intention de l'utiliser pour la tenue d'un bar clandestin. L'objet du contrat est contraire à l'ordre public.

> **Exemple** Le contrat de mère porteuse est prohibé par la loi et contraire à l'ordre public.

D. La cause du contrat

On ne peut assumer d'obligation sans cause. La cause, c'est le but poursuivi par le débiteur au moment où il s'engage envers le créancier. L'article 1410 du *Code civil du Québec* la définit ainsi:

> **Art. 1410 du C.c.Q. La cause du contrat est la raison qui détermine chacune des parties à le conclure. Il n'est pas nécessaire qu'elle soit exprimée.**
>
> **Art. 1411 du C.c.Q. Est nul le contrat dont la cause est prohibée par la loi ou contraire à l'ordre public.**

> **Exemple** J'achète une résidence pour me loger ainsi que ma famille.

> **Exemple** Geneviève achète un système de cinéma maison et une télévision HD pour remplacer sa vieille télévision.

> **Exemple** Si Brigitte paie par erreur deux fois la même facture de téléphone, le deuxième paiement est fait sans cause et elle a droit à un remboursement.

Comme pour l'objet du contrat, la cause du contrat ne doit pas être prohibée par la loi ou contraire à l'ordre public.

E. La forme du contrat

Quant à sa forme, le contrat peut être écrit, verbal ou tacite (implicite par les agissements des parties, comme le bail par tolérance) sous réserve des règles concernant la preuve et la publication de certains contrats. Le tableau 5.5 présente les différentes formes de contrat.

Comme nous le verrons, la loi impose la forme écrite à certains contrats. Un **contrat** écrit peut être notarié ou **sous seing privé** (*voir la figure 5.3*).

Contrat sous seing privé *(Contract by private writing)*
Contrat pour lequel la loi n'exige aucune formalité. Il peut être soit manuscrit, dactylographié ou imprimé selon une formule type; c'est notamment ce type de contrat que rédigent les avocats.

1. R. Barraine, *Dictionnaire de droit,* Paris, Librairie générale de droit et de jurisprudence, 1967, p. 216.

TABLEAU 5.5 Les formes de contrat

Contrat écrit		Contrat verbal
Le contrat écrit est rédigé par les parties; il peut être notarié ou sous seing privé. Le contrat d'achat d'une maison, un contrat d'assurance ou une convention collective sont des exemples de contrat écrit.	ou son contraire	Sauf lorsque la loi oblige les parties à rédiger un contrat écrit, le contrat verbal est valide et accepté par les tribunaux. Il peut par ailleurs causer des problèmes de preuve entre les parties devant le tribunal. Un bail par tolérance et la vente ou le prêt d'un bien sont des exemples de contrat verbal.
Contrat notarié		**Contrat sous seing privé**
Le contrat notarié est un texte écrit qui a été reçu ou attesté par un officier public (le notaire) selon les formalités requises, qui fait preuve de son contenu, sans qu'il soit nécessaire de prouver la signature qui y apparaît. En général, la loi exige que certains contrats soient notariés, par exemple le contrat de mariage et le contrat d'hypothèque immobilière.	ou son contraire	Le contrat sous seing privé (contrat de vente d'entreprise, contrat de bail, contrat soumis à la *Loi sur la protection du consommateur,* etc.) peut être manuscrit, dactylographié ou imprimé selon une formule type. La loi n'exige aucune formalité pour ce contrat.

FIGURE 5.3 Exemple d'un contrat sous seing privé

Laval, le 14 mars 2016

Je, soussigné, Robert Dalla, vends par les présentes à Daniel Séguin mon voilier Windstar 2012 d'une longueur de cinq mètres pour la somme de 25 000 $, payée comptant à la signature des présentes, par chèque visé.

Daniel Séguin déclare avoir examiné le voilier, se déclare satisfait de son état et l'achète tel que vu, sans autre garantie de la part du vendeur.

L'acheteur prend possession du voilier à la signature des présentes.

En foi de quoi nous avons signé

Témoin	Robert Dalla
Témoin	Daniel Séguin

Le non-respect des exigences de la loi peut entraîner la nullité d'un contrat, comme l'indique l'article 1414 du *Code civil du Québec.*

> **Art. 1414 du C.c.Q. Lorsqu'une forme particulière ou solennelle est exigée comme condition nécessaire à la formation du contrat, elle doit être observée; cette forme doit aussi être observée pour toute modification apportée à un tel contrat, à moins que la modification ne consiste qu'en stipulations accessoires.**

5.2.3 Les effets du contrat

L'article 1433 du *Code civil du Québec* précise les effets qui résultent d'un contrat.

> **Art. 1433 du C.c.Q. Le contrat crée des obligations et quelquefois les modifie ou les éteint.**
>
> **En certains cas, il a aussi pour effet de constituer, transférer, modifier ou éteindre des droits réels.**

Selon l'article 1440 du *Code civil du Québec,* les contrats n'ont d'effet **qu'entre les parties** contractantes. L'article 1443 du *Code civil du Québec* énonce qu'on ne peut, par un contrat en son propre nom, engager que soi-même et ses héritiers. Le contrat a donc force de loi entre les parties. Il est obligatoire pour chacune des parties, qui doivent remplir les obligations qu'elles ont contractées l'une envers l'autre. L'article 1439 du *Code civil du Québec* précise les conditions qui permettent de résoudre, de résilier ou de modifier un contrat.

> **Art. 1439 du C.c.Q. Le contrat ne peut être résolu, résilié, modifié ou révoqué que pour les causes reconnues par la loi ou de l'accord des parties.**

Même le tribunal ne peut modifier un contrat, il ne peut que le reconnaître ou l'annuler. Il existe toutefois certains contrats à durée indéfinie et susceptibles de révocation unilatérale (mandat, louage et société pour un temps illimité).

Mis à part ces exceptions, l'inexécution ou la rupture d'un contrat par l'une des parties confère à la partie lésée le droit d'intenter des poursuites en justice pour demander soit l'exécution du contrat, soit sa résiliation ou sa résolution, avec ou sans dommages-intérêts dans un cas comme dans l'autre. Un contrat ne peut engager ni lier les tiers, c'est-à-dire les personnes qui n'y sont pas parties.

> **Exemple** Pierre ne peut vous vendre l'automobile de son voisin, à moins d'être autorisé par ce dernier à le faire en vertu d'un mandat ou d'une procuration.

Il existe certaines exceptions que l'on trouve notamment aux articles 1443 et suivants du *Code civil du Québec* (promesse du fait d'autrui et stipulation pour autrui) et dans les conventions collectives. Le *Code civil du Québec* prévoit des cas où un créancier, même s'il n'est pas partie au contrat, peut intervenir et exercer à la place de ses débiteurs négligents les droits qu'ont ces derniers. De même, un créancier peut intervenir pour faire annuler un contrat entre son débiteur et un tiers, si ce contrat est de nature frauduleuse et lui cause préjudice. L'action qu'intentera alors ce créancier porte le nom d'**action en inopposabilité.**

> **Exemple** Jean se trouve dans une situation financière précaire et son automobile est sur le point d'être saisie. Il s'empresse de la vendre à Gérard pour 1 $, privant ainsi le créancier de son droit de recouvrement. Ce dernier pourra alors intenter une action en inopposabilité afin de faire annuler la vente et de rétablir l'automobile dans le patrimoine de Jean.

A. La contre-lettre

Les parties ont souvent recours à un procédé appelé la « contre-lettre ». Ce procédé permet de simuler, par exemple, qu'une partie possède des droits alors que ce n'est pas le cas en vertu de la contre-lettre. C'est un contrat secret entre les personnes qui le signent.

> **Exemple** Claude veut acheter un immeuble de bureaux à l'insu de ses créanciers. Il demande à sa femme, Diane, de l'acheter à son nom propre. Entre eux, ils signent une contre-lettre stipulant que l'immeuble appartient en fait à Claude dans une proportion de 80 % et à Diane dans une proportion de 20 %.

L'article 1451 du *Code civil du Québec* définit ce procédé de la façon suivante :

> **Art. 1451 du C.c.Q. Il y a simulation lorsque les parties conviennent d'exprimer leur volonté réelle non point dans un contrat apparent, mais dans un contrat secret, aussi appelé contre-lettre.**
>
> **Entre les parties, la contre-lettre l'emporte sur le contrat apparent.**

5.2.4 La preuve du contrat

Dans le cas où l'une des parties néglige de se conformer à une convention parfaitement valide, l'autre partie peut s'adresser au tribunal pour en exiger l'exécution, sous réserve toutefois d'en faire la preuve[2] à la satisfaction du juge.

- Il appartient à celui qui réclame l'exécution d'une obligation d'en faire la preuve.
- La preuve offerte doit être la meilleure possible.

L'article 2857 du *Code civil du Québec* énonce que la preuve de tout fait lié au litige est recevable et peut être faite par tous les moyens, mais que les catégories de preuve n'ont pas toutes la même valeur probante et ne sont pas nécessairement permises. Les meilleurs moyens de faire la preuve d'un contrat sont les suivants : l'écrit, les témoins, la présomption, l'aveu et la présentation d'un élément matériel. Dans le *Code civil du Québec,* la preuve est réglementée par les articles 2803 à 2874. La force probante des divers moyens de preuve est laissée à l'appréciation du tribunal.

A. L'écrit

La preuve littérale est celle découlant d'actes ou de titres écrits. Les écrits, comme nous l'avons déjà mentionné, peuvent être notariés ou sous seing privé. Les articles 2860 à 2862 du *Code civil du Québec* énoncent les principes généraux de la preuve d'un écrit.

> **Art. 2860 du C.c.Q. L'acte juridique constaté dans un écrit ou le contenu d'un écrit doit être prouvé par la production de l'original ou d'une copie qui légalement en tient lieu.**
>
> **Toutefois, lorsqu'une partie ne peut, malgré sa bonne foi et sa diligence, produire l'original de l'écrit ou la copie qui légalement en tient lieu, la preuve peut être faite par tous moyens.**
>
> **Art. 2861 du C.c.Q. Lorsqu'il n'a pas été possible à une partie, pour une raison valable, de se ménager la preuve écrite d'un acte juridique, la preuve de cet acte peut être faite par tous moyens. [...]**
>
> **Art. 2862 du C.c.Q. La preuve d'un acte juridique ne peut, entre les parties, se faire par témoignage lorsque la valeur du litige excède 1 500 $.**
>
> **Néanmoins, en l'absence d'une preuve écrite et quelle que soit la valeur du litige, on peut prouver par témoignage tout acte juridique dès lors qu'il y a commencement de preuve ; on peut aussi prouver par témoignage, contre une personne, tout acte juridique passé par elle dans le cours des activités d'une entreprise.**

B. Les témoins

La preuve testimoniale est celle qui trouve son fondement dans les déclarations des témoins, c'est-à-dire le **témoignage**. Aux articles 2811 et suivants, le *Code civil du Québec* établit des règles en matière de preuve par témoin. Un principe ressort de ces articles : la preuve par témoins ne peut, en aucun cas, contredire un écrit valablement fait et produit en preuve.

> **Témoignage** *(Testimony)*
> Déclaration par laquelle une personne relate les faits dont elle a eu personnellement connaissance ou par laquelle un expert donne son avis.

Exemple Si Haïfa produit devant le tribunal un contrat stipulant qu'elle vend son commerce pour la somme de 750 000 $, l'autre partie ne peut faire entendre de témoins qui viendraient dire que le prix convenu était de 800 000 $ et qu'une somme de 50 000 $ a été donnée au comptant au vendeur. Il y aura objection à une telle preuve qui contredit le contrat écrit.

2. Les éléments de preuve énoncés ici s'appliquent également dans toute autre poursuite civile, y compris dans les cas de responsabilité extracontractuelle, telle que définie dans le chapitre 6.

Aveu *(Admission)*
Reconnaissance d'un fait de nature à produire des conséquences juridiques contre son auteur.

Présomption *(Presumption)*
Conséquence que la loi ou le tribunal tire d'un fait connu à un fait inconnu.

C. Les présomptions

En l'absence d'**aveu**, de preuve par écrit ou par témoins, il arrive que le juge puisse parvenir à la vérité à partir d'une **présomption**.

> **Exemples** En matière de droit criminel, l'accusé est présumé innocent jusqu'à preuve du contraire. En matière de possession, les articles 921 et suivants du *Code civil du Québec* énoncent qu'il existe une présomption en faveur du possesseur de bonne foi d'un bien, selon laquelle il est propriétaire de ce bien.

D. L'aveu de la partie adverse

Si la partie poursuivie reconnaît l'existence d'un contrat et en admet le contenu, le contrat s'en trouve prouvé ; si cet aveu a lieu au cours du procès et devant le juge, il prend le nom d'**aveu judiciaire** et constitue une preuve irréfutable qui sera retenue contre elle. Il existe une autre forme d'aveu que l'on nomme **aveu extrajudiciaire.** Cet aveu est celui fait à l'extérieur de la Cour (une reconnaissance de dettes, par exemple).

> **Exemple** Paul confie à Claude qu'il doit 2000 $ à Pierre. Pour valoir comme preuve, cet aveu doit être fait par écrit. Si Paul fait cet aveu sous serment, le tribunal peut également l'admettre en preuve. Par ailleurs, le témoignage de Claude est irrecevable comme moyen de preuve, car la somme réclamée excède 1500 $. Le tribunal aurait admis en preuve le témoignage de Claude si le montant réclamé avait été inférieur à 1500 $ (art. 2862 du C.c.Q.), sauf s'il s'était agi d'une matière commerciale. En effet, l'article 2862 énonce :
>
> **Art. 2862 du C.c.Q. La preuve d'un acte juridique ne peut, entre les parties, se faire par témoignage lorsque la valeur du litige excède 1500 $.**
>
> Néanmoins, en l'absence d'une preuve écrite et quelle que soit la valeur du litige, on peut prouver par témoignage tout acte juridique dès lors qu'il y a commencement de preuve. On peut aussi prouver par témoignage, contre une personne, tout acte juridique passé par elle dans le cours des activités d'une entreprise.

Il est important de noter que l'aveu ne peut résulter du silence d'une personne, sauf si cela est prévu par la loi.

> **Exemple** Si Catherine ne répond pas à l'avis d'augmentation de loyer de son propriétaire dans les délais prescrits, elle est réputée avoir accepté l'augmentation de loyer.

E. La présentation d'un élément matériel

Il s'agit ici de la présentation par l'une des parties à un litige d'un élément matériel, d'un objet, d'un fait, d'un lieu ou de leur représentation, qui permet au juge de tirer ses propres constatations. Dans le langage juridique, les avocats utilisent le terme **pièces** lorsqu'ils les présentent devant le tribunal. En droit criminel, cela pourrait être l'arme du crime ; en droit civil, une pièce défectueuse d'un appareil acheté d'un commerçant. L'article 2854 du *Code civil du Québec* énonce ce qui suit :

> **Art. 2854 du C.c.Q. La présentation d'un élément matériel constitue un moyen de preuve qui permet au juge de faire directement ses propres constatations. [...]**

5.2.5 L'interprétation du contrat

Les parties doivent remplir les obligations qu'elles ont assumées en passant le contrat, ce qui suppose que le contrat est rédigé en des termes clairs et précis dont les parties saisissent bien la portée. Au départ, on présume de la bonne foi des contractants. Malheureusement, les contrats ne répondent pas tous à ces critères d'excellence et ils contiennent souvent des clauses ambiguës qui suscitent des controverses entre les parties.

A. Les règles générales

Pour régler ces litiges et s'assurer, par le fait même, de l'exécution mutuelle du contrat, les parties doivent alors s'adresser aux tribunaux; ceux-ci disposent de règles d'interprétation pour les aider à trancher ces mésententes. Ce sont les articles 1425 à 1432 du *Code civil du Québec,* dont voici quelques exemples:

Art. 1425 du C.c.Q. Dans l'interprétation du contrat, on doit rechercher quelle a été la commune intention des parties plutôt que de s'arrêter au sens littéral des termes utilisés.

Art. 1426 du C.c.Q. On tient compte, dans l'interprétation du contrat, de sa nature, des circonstances dans lesquelles il a été conclu, de l'interprétation que les parties lui ont déjà donnée ou qu'il peut avoir reçue, ainsi que des usages.

Art. 1427 du C.c.Q. Les clauses s'interprètent les unes par les autres, en donnant à chacune le sens qui résulte de l'ensemble du contrat.

Art. 1432 du C.c.Q. Dans le doute, le contrat s'interprète en faveur de celui qui a contracté l'obligation et contre celui qui l'a stipulée. Dans tous les cas, il s'interprète en faveur de l'adhérent ou du consommateur.

B. Les clauses externes, les clauses illisibles ou incompréhensibles et les clauses abusives

Le *Code civil du Québec* offre trois protections en faveur du consommateur et de l'adhérent en ce qui concerne les clauses illisibles, incompréhensibles et abusives figurant dans un contrat de consommation ou d'adhésion ainsi que les références à une clause externe au contrat.

Art. 1435 du C.c.Q. La clause externe à laquelle renvoie le contrat lie les parties.

Toutefois, dans un contrat de consommation ou d'adhésion, cette clause est nulle si, au moment de la formation du contrat, elle n'a pas été expressément portée à la connaissance du consommateur ou de la partie qui y adhère, à moins que l'autre partie ne prouve que le consommateur ou l'adhérent en avait par ailleurs connaissance.

> **Exemple** La clause d'une offre de location qui se réfère à la formule de bail standard du locateur.

Art. 1436 du C.c.Q. Dans un contrat de consommation ou d'adhésion, la clause illisible ou incompréhensible pour une personne raisonnable est nulle si le consommateur ou la partie qui y adhère en souffre préjudice, à moins que l'autre partie ne prouve que des explications adéquates sur la nature et l'étendue de la clause ont été données au consommateur ou à l'adhérent.

> **Exemple** Certaines clauses figurant au verso de billets d'avion ou d'autres contrats qui sont écrites en caractères tellement petits qu'elles sont illisibles.

Art. 1437 du C.c.Q. La clause abusive d'un contrat de consommation ou d'adhésion est nulle ou l'obligation qui en découle, réductible.

Est abusive toute clause qui désavantage le consommateur ou l'adhérent d'une manière excessive et déraisonnable, allant ainsi à l'encontre de ce qu'exige la bonne foi.

> **Exemple** Une clause dans un contrat de consommation qui obligerait un consommateur à envoyer au commerçant un avis écrit supplémentaire à ceux prévus en vertu de la loi pour bénéficier des dispositions de la *Loi sur la protection du consommateur.*

La clause qui est nulle n'invalide pas le reste du contrat à moins qu'il n'apparaisse que le contrat doit être considéré comme un tout individuel. Il en est de même pour la clause qui est sans effet ou réputée non écrite.

5.2.6 Les contrats nommés

Le titre deuxième du Livre cinquième du *Code civil du Québec*, qui comprend 936 articles (art. 1708 à 2643 du C.c.Q.), s'intitule *Des contrats nommés*. Les contrats de vente et de louage sont les deux **contrats nommés** les plus fréquents et les plus utilisés tant par les consommateurs que par les gens d'affaires. Les 19 contrats nommés retenus par le *Code civil du Québec* sont présentés dans le tableau 5.6.

Contrat nommé
(Nominate contract)
Contrat défini dans le *Code civil*, dont le législateur québécois a codifié les principales caractéristiques ainsi que les droits et obligations des parties qui le signent.

Contrairement aux contrats nommés, qui sont clairement définis dans le *Code civil du Québec* et qui font l'objet d'articles précis de ce dernier, les **contrats innommés** sont soumis aux dispositions générales du *Code civil du Québec* et ne font pas l'objet de dispositions particulières.

Contrat innommé
(Innominate contact)
Contrat qui n'est pas mentionné dans le *Code civil du Québec* et qui ne fait pas l'objet de ses dispositions, mais qui est soumis aux dispositions générales de ce dernier.

Les contrats nommés les plus importants comme la vente, le louage, le contrat de société et d'association, le contrat de travail, le crédit-bail et le cautionnement font déjà l'objet de notre étude.

TABLEAU 5.6 Les contrats nommés

Nom du contrat	Articles du C.c.Q.
La vente	Articles 1708 à 1805
La donation	Articles 1806 à 1841
Le crédit-bail	Articles 1842 à 1850
Le louage	Articles 1851 à 2000
L'affrètement	Articles 2001 à 2029
Le transport	Articles 2030 à 2084
Le contrat de travail	Articles 2085 à 2097
Le contrat d'entreprise ou de service	Articles 2098 à 2129
Le mandat	Articles 2130 à 2185
Le contrat de société et le contrat d'association	Articles 2186 à 2279
Le dépôt	Articles 2280 à 2311
Le prêt	Articles 2312 à 2332
Le cautionnement	Articles 2333 à 2366
La rente	Articles 2367 à 2388
Les assurances	Articles 2389 à 2628
Le jeu et le pari	Articles 2629 et 2630
La transaction	Articles 2631 à 2637
La convention d'arbitrage	Articles 2638 à 2643

RETOUR SUR LA MISE EN SITUATION

De toute évidence, Jean-Philippe, Éric et Carl sont les victimes de fausse représentation et de manœuvres dolosives de la part de Louis Demers. En effet, ce dernier leur a remis une liste de 125 clients qui ne reflète pas la réalité puisque seulement 50 parmi eux faisaient encore affaire avec l'entreprise Paysagement et déneigement Laurentides inc. au moment de l'acquisition de l'entreprise.

De plus, les états financiers qu'il leur a remis, et qui faisaient miroiter un chiffre d'affaires dépassant les 240 000 $, ont été falsifiés et ne reflètent pas le véritable chiffre d'affaires de Paysagement et déneigement Laurentides inc.

Dans les circonstances, Jean-Philippe, Éric et Carl n'auraient jamais acheté l'entreprise s'ils avaient connu la véritable situation financière de celle-ci. Leur consentement n'a pas été libre et éclairé; il a été vicié par les fausses représentations et la fraude de Louis Demers.

En conséquence, ils pourraient s'adresser au tribunal afin de demander la résolution de la vente et de réclamer des dommages à Louis Demers. Une telle action risque de prendre plusieurs années avant d'être entendue, si elle est contestée par Louis Demers.

Entretemps, Jean-Philippe, Éric et Carl font face à des difficultés financières personnelles importantes, car ils doivent rembourser leurs obligations, et l'entreprise doit rembourser le prêt de 60 000 $ contracté pour son achat ainsi que la marge de crédit de 30 000 $ à la Caisse régionale des Québécois, alors qu'elle ne dispose pas des liquidités pour le faire.

En outre, ils sont personnellement responsables de rembourser les emprunts personnels de 10 000 $.

Par ailleurs, en cautionnant personnellement et solidairement l'emprunt de 60 000 $ et la marge de crédit de 30 000 $, ils sont devenus personnellement et solidairement responsables de rembourser ces deux emprunts, et ce, même si l'entreprise devait fermer ses portes ou faire faillite. Advenant que l'un d'entre eux fasse une faillite personnelle, sa part de la dette devrait être assumée par les deux autres.

Afin de tenter de minimiser ces difficultés financières jusqu'au moment de l'audition de leur action contre Louis Demers, ils pourraient soit tenter d'augmenter le chiffre d'affaires de l'entreprise en multipliant leurs efforts et leur énergie, soit trouver un nouveau partenaire qui serait prêt à investir dans celle-ci, soit tenter de renégocier le remboursement de leurs emprunts avec la Caisse régionale des Québécois.

EN BREF

- L'obligation est un lien de droit qui contraint une personne (le débiteur) envers une autre (le créancier) à faire ou à ne pas faire quelque chose.
- L'obligation naît d'un contrat ou de tout acte ou fait auquel la loi attache d'autorité les effets d'une obligation.
- L'obligation peut être pure et simple ou assortie de modalités.
- Les obligations à modalités simples sont l'obligation conditionnelle, l'obligation à terme et l'obligation avec clause pénale.
- Les obligations à modalités complexes sont l'obligation solidaire, l'obligation conjointe, l'obligation divisible, l'obligation indivisible, l'obligation alternative et l'obligation facultative.
- Les quatre moyens de transmission des obligations sont: la cession de créance, la subrogation, la novation et la délégation.
- L'extinction d'une obligation peut résulter du paiement, de l'arrivée du terme extinctif, de la novation, de la prescription extinctive, de la compensation, de la confusion, de la remise, des cas de force majeure, d'un jugement et de la prescription.
- Le contrat est un accord de volontés par lequel une ou plusieurs personnes s'obligent envers une ou plusieurs autres à exécuter une prestation.
- Les cinq conditions de validité du contrat sont la capacité, le consentement libre et éclairé, un objet, une cause et la forme du contrat lui-même, le cas échéant.
- À moins d'exception, le contrat n'a d'effet qu'entre les parties contractantes.
- Les moyens de preuve d'un contrat sont l'écrit, les témoins, la présomption, l'aveu et la présentation d'un élément matériel.
- En cas de doute sur l'interprétation des contrats, le *Code civil du Québec* a prévu un ensemble de règles d'interprétation de ceux-ci.
- La deuxième partie du Livre cinquième du *Code civil du Québec* est consacrée aux contrats nommés qui y sont définis. Les principaux contrats tels la vente, le louage, le contrat de société, le mandat, le contrat de travail et les assurances font l'objet du présent manuel.

EXERCEZ-VOUS

VOCABULAIRE

Parmi les termes suivants, choisissez ceux qui conviennent pour compléter les définitions ci-dessous:

- objet
- subrogation
- compensation
- présomption
- cas de force majeure
- cession de créance
- prescription extinctive
- contrat de consommation
- lésion
- solidarité passive
- clause pénale
- contrat d'adhésion
- violence
- clause résolutoire
- contrat signé sous seing privé
- capacité

1. Lorsqu'un créancier cède à un tiers en tout ou en partie une créance ou un droit d'action contre son débiteur, on parle de ____________.

2. Le ____________ est celui dont les stipulations essentielles ont été imposées par l'une des parties ou rédigées par elle pour son compte ou suivant ses instructions et ne pouvaient être librement discutées.

3. On appelle ____________ des événements ou des suites d'événements imprévisibles, échappant à tout contrôle humain, qui empêchent le débiteur d'exécuter son obligation.

4. L' ____________ de l'obligation est la prestation à laquelle le débiteur est tenu envers le créancier et qui consiste à faire ou à ne pas faire quelque chose.

5. L'aptitude que possède un individu à être titulaire de droits et à les exercer seul s'appelle la ____________.

6. La ____________ est celle par laquelle les parties évaluent par anticipation les dommages-intérêts en stipulant que le débiteur se soumettra à une peine au cas où il n'exécuterait pas son obligation principale.

7. Le ____________ est un contrat pour la validité duquel la loi n'exige aucune formalité particulière, qu'il soit manuscrit, dactylographié ou imprimé à l'avance sur une feuille type.

8. La ____________ éteint le droit que pourrait avoir un créancier de demander l'exécution de son obligation ou la reconnaissance de son droit s'il n'agit pas dans le temps fixé par la loi.

9. La solidarité entre plusieurs débiteurs porte le nom de ____________.

10. Il y a ____________ lorsque deux personnes sont mutuellement débitrices et créancières l'une de l'autre.

VRAI OU FAUX

Indiquez si les affirmations suivantes sont vraies ou fausses. Si l'affirmation est fausse, précisez pourquoi.

1. Lorsqu'il y a contrat par correspondance, le contrat est conclu à l'endroit où celui qui a reçu l'offre met sa réponse à la poste.
2. La prescription extinctive est le délai légal à l'intérieur duquel le demandeur doit intenter son action.
3. En cas de doute, le contrat est interprété en faveur de celui qui a contracté l'obligation.
4. La différence entre l'obligation conditionnelle et l'obligation à terme, c'est que, dans la seconde, l'événement est futur mais non certain, tandis que, dans la première, l'échéance prévue doit nécessairement arriver.
5. Toute personne est tenue d'exercer ses droits civils selon les exigences de la bonne foi.

CHOIX MULTIPLES

Encerclez la bonne réponse parmi les choix proposés.

1. D'après le *Code civil du Québec,* la condition suspensive accomplie:
   a) a un effet rétroactif au jour auquel l'obligation a été contractée;
   b) a un effet rétroactif de deux mois;
   c) n'a pas d'effet rétroactif;
   d) aucune des réponses précédentes.
2. Fausser l'odomètre d'un véhicule constitue:
   a) une erreur sur la substance de la chose vendue;
   b) une lésion;
   c) un faux consentement;
   d) un dol, une fraude.
3. Quelle est la forme de contrat la plus fréquente en affaires?
   a) L'acte notarié
   b) Le contrat par témoins
   c) Le contrat sous seing privé
   d) Aucune des réponses précédentes
4. Laquelle des obligations suivantes n'est pas une obligation conditionnelle?
   a) L'assurance incendie
   b) L'assurance vie
   c) L'assurance vol
   d) L'assurance automobile
5. Le tribunal acceptera une preuve secondaire:
   a) si l'on a déjà fourni la meilleure preuve;
   b) si l'on est incapable de fournir la meilleure preuve;
   c) s'il y a déjà eu un aveu;
   d) aucune des réponses précédentes.

FAITES LE POINT

1. Quels sont les éléments constitutifs d'une obligation?
2. Distinguez l'obligation conditionnelle de l'obligation à terme et donnez un exemple de chacune d'entre elles.
3. Qu'est-ce que la solidarité entre les débiteurs? Comment s'applique-t-elle dans le cadre de l'exploitation d'une entreprise?
4. Expliquez les cinq conditions nécessaires à la validité des contrats.
5. Quels sont les meilleurs moyens de faire la preuve d'un contrat devant les tribunaux? Présentez-les par ordre d'importance.
6. Expliquez en quoi consiste la prescription extinctive ainsi que les principaux délais de prescription.

RECHERCHE EN LIGNE

Pour réaliser l'activité suivante, consultez le site Éducaloi.

Avec votre conjoint, vous décidez de rénover complètement votre cuisine. Le 15 janvier, vous signez un contrat avec un entrepreneur spécialisé en rénovation de cuisine. L'entrepreneur estime la durée de la rénovation à deux semaines avec un coût de 30 000 $. Les rénovations commencent le 1er mars et se déroulent bien.

Votre conjoint et vous travaillez pour la même usine depuis une dizaine d'années. Malheureusement le 5 mars, l'usine met la clé dans la porte et vous perdez tous les deux votre emploi.

a) Puisque vous prévoyez des difficultés financières, vous souhaitez mettre fin au contrat de rénovations. À quelles conditions est-ce possible?
b) L'entrepreneur peut-il être dédommagé?

CAS PRATIQUES

1. Votre jeune frère Jimmy vient vous rencontrer pour vous montrer sa nouvelle voiture. Très content, pour lui, vous lui demandez à quel endroit il l'a achetée et combien il l'a payée. Il vous répond qu'il l'a achetée chez le commerçant d'occasion «La bonne affaire Ltée», qu'il l'a payée 4785 $ et que le vendeur lui a assuré que c'était une aubaine. Vous faites des recherches sur différents sites spécialisés, pour réaliser qu'aucune voiture de cet âge et de ce modèle ne se vend à plus de 1 500 $! Votre frère est déçu de s'être fait «arnaquer» et vous demande s'il peut faire résilier la vente et se faire rembourser.
   a) Votre frère, qui est âgé de 17 ans, dispose-t-il d'un recours? Quel motif peut-il invoquer?
   b) Votre réponse serait-elle différente si votre frère était âgé de 18 ans?
2. Profitant d'une promotion de votre compagnie aérienne, vous décidez d'acheter un billet d'avion aller simple pour la Floride à 150 $ en date du 30 mars, début de votre semaine de congé pascal. Le 6 avril, vous avez acheté votre billet de retour à destination de Montréal, et vous faites enregistrer vos bagages. Parmi vos bagages enregistrés se trouvait une planche de surf haut de gamme, d'une longueur de deux mètres et demi. Votre planche était emballée selon les directives de votre compagnie aérienne. Arrivée à Montréal, votre planche de surf est très endommagée. Vous faites une réclamation auprès de votre compagnie aérienne. Bien que la réparation de votre planche vous ait coûté 625 $, la compagnie vous offre 50 $ de dédommagement, prétextant que ce montant est conforme aux conditions stipulées au

verso de votre billet. Or, même avec une loupe et un dictionnaire anglais, car le texte est écrit seulement en anglais, vous avez de la difficulté à lire et à comprendre ce qui y est écrit. De plus, le texte semble comporter des références à d'autres conventions dont vous n'avez pas de copie.

À votre avis, avez-vous des recours contre la compagnie aérienne et, si oui, en vertu de quels articles du *Code civil du Québec*?

3. Pour chacune des situations suivantes, indiquez le type d'obligation et le mode d'extinction ainsi que les conséquences juridiques de ce dernier, compte tenu des dispositions du *Code civil du Québec.*

a) Le 1er juin 2015, Michel endommage la maison de son voisin André pendant la construction de sa piscine. Le 25 août 2015, André intente une action de 30 000 $ contre Michel pour les dommages causés.

b) Christine prête 10 000 $ à son fils Francis pour l'achat d'une automobile. Six mois plus tard, Christine décède sans que Francis ait remboursé sa dette. Dans son testament, elle nomme Francis légataire universel.

c) Daniel emprunte 45 000 $ à la banque. Il s'engage à rembourser sa dette à raison de 500 $ par mois, par versements égaux et consécutifs payables le premier jour du mois, pendant 10 ans. Ce prêt porte intérêt au taux de 12 % par année. Daniel effectue tous ses versements jusqu'à l'échéance.

d) Robert achète le bateau de Richard. Le prix est fixé à 12 000 $. Il verse 2 000 $ et s'engage à payer le solde à raison de 400 $ par mois jusqu'au paiement complet. Après cinq mois, Robert perd son emploi et ne peut plus payer. Pressé par Richard de le rembourser, il offre à ce dernier de lui donner sa jeep et sa motoneige. Richard accepte et lui signe une quittance.

e) Jacques est comptable et prépare les déclarations de revenus de Nancy, qui est peintre en bâtiment. Il lui envoie une facture de 200 $. Entretemps, il retient les services de Nancy pour repeindre sa maison. Une fois le travail effectué, Nancy lui fait parvenir une facture de 450 $.

f) Jean achète une automobile neuve au garage Bochar inc. Pour payer celle-ci, il emprunte 10 000 $ à la banque et contracte une assurance responsabilité pour protéger son véhicule contre les accidents. Six mois plus tard, il est impliqué dans un grave accident et sa voiture est une perte totale.

g) Serge et Robert achètent un commerce de nettoyage de vêtements qu'ils exploitent en société. À cette fin, la société acquiert une presse d'une valeur de 50 000 $. L'entreprise connaît des difficultés financières et les deux hommes doivent fermer boutique. Le vendeur poursuit la société et réclame le paiement du solde de la presse, qui s'élève à 48 000 $.

CHAPITRE

6

LA RESPONSABILITÉ CIVILE

OBJECTIFS D'APPRENTISSAGE

À la fin de ce chapitre, vous devriez être en mesure :

1. de décrire les différents régimes de responsabilité ;
2. d'appliquer les éléments essentiels de la responsabilité civile extracontractuelle à des cas pratiques ;
3. d'expliquer les diverses catégories de dommages ;
4. de nommer les personnes sur lesquelles la loi fait reposer une présomption de responsabilité ;
5. d'appliquer les différents moyens d'atténuation et d'exonération de responsabilité à des cas précis ;
6. de distinguer les règles de l'acceptation des risques de l'application des clauses de limitation de responsabilité ;
7. de décrire les champs d'application des lois québécoises prévoyant une responsabilité et une indemnisation sans faute ;
8. d'appliquer les notions apprises dans ce chapitre à des situations pratiques et de trouver l'information pertinente au moyen de divers outils de recherche juridique.

MISE EN SITUATION

Le 14 mars, Nicolas Tremblay, le cousin de Rosaire Tremblay, signe un contrat avec Constructions du Nord ltée pour l'agrandissement du centre commercial dont il est propriétaire à Chicoutimi et qui abrite notamment son commerce de vente d'automobiles usagées. Les plans prévoient l'ajout de 10 locaux pour abriter divers commerces de détail ainsi qu'un restaurant Tim Horton. Nicolas a déjà signé des baux pour l'occupation de huit de ces nouveaux locaux commençant le 7 août, dès la fin des vacances de la construction. Les travaux doivent s'échelonner sur plusieurs mois. Ils débutent le 1er mai et doivent se terminer la dernière semaine de juillet, juste au moment du début des vacances de la construction.

Le 7 juin, Donat Paiement, le propriétaire de Constructions du Nord ltée, avise Nicolas qu'il ne peut plus continuer les travaux parce qu'il vient de décrocher un contrat de plusieurs dizaines de millions de dollars avec le ministère des Forêts, de la Faune et des Parcs du gouvernement du Québec pour construire un nouveau pavillon d'accueil et un centre d'interprétation de la nature au parc national du Bic. Nicolas est furieux, car cela met en péril la poursuite et la fin des travaux et fera en sorte de retarder l'ouverture des commerces de ses nouveaux locataires, lui faisant ainsi perdre de milliers de dollars de loyers.

Questions

1. Quels sont les droits de Nicolas dans une telle situation ?
2. Quels recours, le cas échéant, Nicolas pourrait-il exercer contre Constructions du Nord ltée ?

SIGNETS INTERNET

Ce chapitre renvoie aux sites Internet des organismes (ou document) suivants :

- Autorité des marchés financiers
- *Code civil du Québec*
- Commission des normes, de l'équité, de la santé et de la sécurité du travail (C.N.E.S.S.T.)
- Indemnisation des victimes d'actes criminels (IVAC)
- Société d'assurance-dépôts du Canada
- Société de l'assurance automobile du Québec (SAAQ)
- Société québécoise d'information juridique (SOQUIJ)

INTRODUCTION

Comme nous l'avons vu dès le premier chapitre, la vie en société impose aux citoyens des règles de conduite qu'ils doivent respecter. Elles touchent à tous les domaines d'activité des citoyens tant sur le plan personnel que professionnel.

La notion la plus importante est celle de la responsabilité des individus. Les lois et les règlements prévoient essentiellement que l'individu qui ne les respecte pas engage sa responsabilité civile, criminelle ou pénale.

Dans le présent chapitre, nous distinguerons dans un premier temps ces trois régimes de responsabilité, puis nous définirons les règles de base de la responsabilité civile ; celle-ci se divise en responsabilité contractuelle, comme nous l'avons vu au chapitre précédent, et en responsabilité extracontractuelle.

6.1 LES RÉGIMES DE RESPONSABILITÉ

En raison des relations de plus en plus nombreuses et complexes qui s'établissent quotidiennement entre les individus, et en particulier chez les gens d'affaires, dans la société d'aujourd'hui, toute personne physique ou morale est susceptible de poser, volontairement ou non, un geste dommageable à son voisin ou aux biens qui sont la propriété de ce dernier. De la même façon, elle peut commettre un acte de nature à violer l'ordre social. Dans les deux cas, on dit alors que la personne engage sa **responsabilité**.

Responsabilité *(Liability)*
Obligation qui incombe à toute personne d'assumer les conséquences de ses actes et d'en répondre devant les tribunaux criminels, pénaux ou civils, selon le cas.

Toutefois, dans le premier cas, cette personne engage sa **responsabilité extracontractuelle** et l'on intente contre elle une action en dommages-intérêts ; dans le second cas, elle engage sa **responsabilité pénale ou criminelle** et elle est passible d'amende ou d'emprisonnement, et l'on intente contre elle une poursuite criminelle ou pénale.

La même personne peut également négliger d'exécuter ses obligations résultant de divers contrats qu'elle a signés, en ne payant pas ses dettes, par exemple. Elle engage alors sa **responsabilité contractuelle.**

> **Exemple** Un avocat qui ne respecte pas les obligations que le *Code de déontologie des avocats* lui impose engage sa responsabilité et peut être poursuivi par le syndic de son Ordre professionnel.

> **Exemple** Le neveu de Rosaire Tremblay, Hugo Tremblay, un homme d'affaires de 33 ans, s'est retrouvé, au cours de la même journée, impliqué dans plusieurs situations qui engagent sa responsabilité.

Depuis quelque temps, Hugo connaît des difficultés financières qui l'empêchent de payer ses différents créanciers. Ainsi, il n'a pas payé le loyer de son logement depuis quatre mois et il n'a pas acquitté les versements mensuels pour la location de son automobile auprès de Location Québec inc. depuis cinq mois. Ce matin, il a été réveillé par un huissier qui lui a signifié une action de son locateur pour l'annulation de son bail et le paiement des quatre mois de loyer qui lui sont dus. En ne payant pas son loyer, il n'a pas respecté ses obligations stipulées à son bail, engageant ainsi sa responsabilité contractuelle. À l'heure du midi, il se rend à la Brasserie du Coin pour prendre son dîner et consomme sept bières. À la sortie de cet établissement, il est interpellé par un deuxième huissier qui lui présente une action de Location Québec inc. pour l'annulation de son contrat de location d'automobile, le paiement des cinq mensualités impayées ainsi que les pénalités. En ne payant pas les mensualités pour la location de son automobile, Hugo engage sa responsabilité contractuelle.

L'huissier lui explique que, compte tenu des circonstances, il doit saisir l'automobile immédiatement. Hugo se fâche, bouscule l'huissier qui se défend. Hugo le frappe, déchire l'habit de ce dernier, l'huissier tombe et subit une fracture du crâne.

Énervé, Hugo monte dans son automobile et se sauve. Il brûle deux feux rouges et roule à 150km/h avant d'être arrêté par la police, qui l'accuse de conduite en état d'ébriété et de voies de fait sur la personne de l'huissier ; la police l'accuse aussi d'avoir enfreint le *Code de la sécurité routière du Québec* en roulant à une vitesse excessive et en brûlant deux feux rouges.

Hugo a engagé sa responsabilité criminelle en conduisant en état d'ébriété et en se rendant coupable de voies de fait, ainsi que sa responsabilité pénale en enfreignant le *Code de la sécurité routière.*

Six mois plus tard, Hugo est saisi d'une action civile intentée contre lui par l'huissier qu'il a blessé lui réclamant 100 000 $ pour dommages corporels, matériels et moraux. Cette action a trait à la responsabilité extracontractuelle d'Hugo.

6.1.1 La responsabilité criminelle

Dans le cas d'Hugo, ce sont la conduite en état d'ébriété et les voies de fait qui engagent sa **responsabilité criminelle**. Une fois Hugo accusé, il appartiendra au procureur de la Couronne de prouver sa responsabilité criminelle, c'est-à-dire sa culpabilité hors de tout doute raisonnable. Le procureur de la Couronne tentera de faire condamner Hugo soit à une amende, soit à la prison ou à toute autre sentence prévue par la loi, en prouvant le fait et l'intention d'Hugo. Les principaux moyens de défense en matière de responsabilité criminelle sont l'aliénation mentale, la légitime défense, l'automatisme, l'intoxication et l'erreur de fait. Par ailleurs, il est important de préciser qu'un employeur ne sera pas tenu responsable des actes criminels commis par ses employés, même dans l'exécution de leurs fonctions, à moins qu'il ne soit démontré qu'il y a participé.

Responsabilité criminelle
(Criminal liability)
Responsabilité engagée lorsqu'on commet une infraction ou un acte criminel en vertu du *Code criminel du Canada.*

6.1.2 La responsabilité pénale

Il appartiendra au procureur de la Couronne de démontrer que Hugo a commis les actes reprochés, c'est-à-dire qu'il a roulé à 150 km/h et brûlé deux feux rouges, ce qui engage sa **responsabilité pénale**. D'une façon générale, ce sont des infractions de responsabilité stricte contre lesquelles l'accusé n'a pas beaucoup de moyens de défense une fois qu'on a prouvé qu'elles ont été commises. En matière pénale, les tribunaux peuvent condamner la personne coupable au paiement d'une amende, à une peine d'emprisonnement de façon continue ou discontinue ou avec sursis ou à une ordonnance de probation.

Responsabilité pénale
(Penal liability)
Responsabilité engagée lorsqu'on commet une infraction à une loi pénale provinciale, fédérale ou à un règlement municipal qui prévoit des peines pouvant comprendre des amendes, l'emprisonnement, la perte de permis, des points d'inaptitude ou d'autres sentences.

6.1.3 La responsabilité professionnelle

Lorsqu'un professionnel reconnu en vertu du ***Code des professions*** ou d'une loi constitutive d'un ordre professionnel ou de son code de déontologie commet un acte dérogatoire à ceux-ci, il engage sa **responsabilité professionnelle.** Ce serait le cas d'un notaire ou d'un avocat détenant des argents en fidéicommis pour un client qui détournait des fonds appartenant à ce client. Il en serait de même d'un médecin ou d'un dentiste qui abuserait d'une patiente qu'il soigne, ou encore des comptables et des conseillers financiers qui ont une obligation de confidentialité vis-à-vis des informations privilégiées qu'ils obtiennent de leurs clients.

Dans chacun de ces cas, l'ordre professionnel de la personne concernée, soit la Chambre des notaires, le Barreau du Québec, le Collège des médecins ou l'Ordre des dentistes, peut poursuivre le professionnel par l'intermédiaire du syndic de l'ordre ou du son comité de discipline pour lui imposer une ou l'autre des sanctions suivantes :

- Une réprimande, une radiation temporaire ou permanente du tableau de l'ordre professionnel visé, la révocation de son permis ou de son certificat de spécialiste ;
- La limitation de son droit d'exercice, l'obligation de suivre un stage ou des cours de formation ;
- L'obligation de remettre l'argent ou les documents ou renseignements qu'il détient ;
- Une amende.

Responsabilité civile
(Civil liability)
Responsabilité de toute personne douée de raison de ne pas causer de préjudice à autrui et de réparer tout préjudice ou dommage résultant de son défaut de respecter les règles de conduite qui s'imposent ou les engagements qu'elle a contractés.

6.1.4 La responsabilité civile

Le *Code civil du Québec* établit deux régimes distincts de **responsabilité civile** : la responsabilité civile contractuelle et la responsabilité civile extracontractuelle. La responsabilité civile extracontractuelle est considérée comme une des sources des obligations au même titre que le contrat qui engendre la responsabilité contractuelle (*voir la figure 6.1*).

FIGURE 6.1 Les distinctions entre les régimes de responsabilité civile

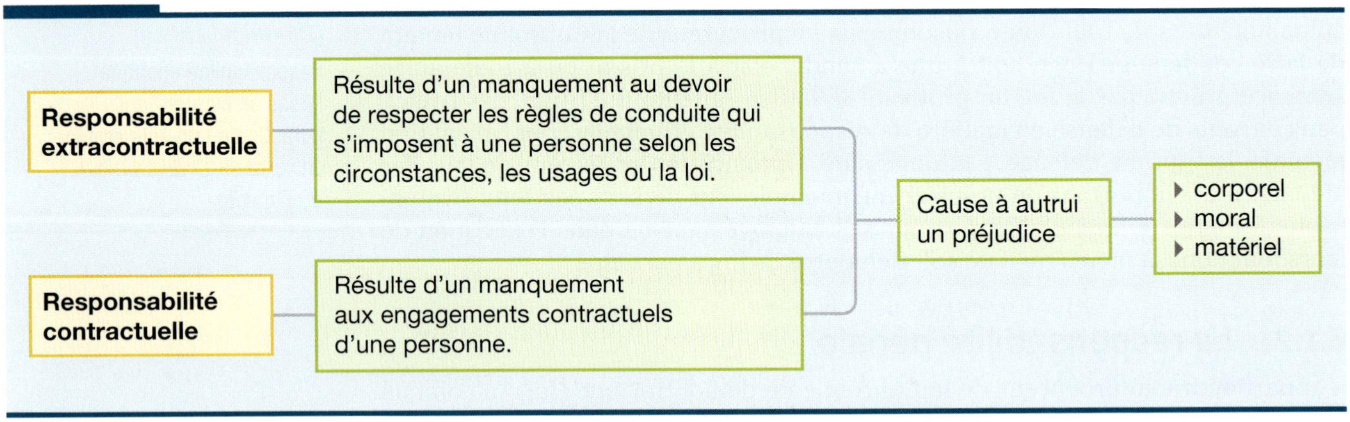

Responsabilité extracontractuelle
(Extracontractual liability)
Responsabilité de toute personne douée de raison de respecter les règles de conduite qui s'imposent de manière à ne pas causer préjudice à autrui, tout défaut entraînant l'obligation de réparer ce préjudice.

A. La responsabilité extracontractuelle

C'est l'article 1457(1) du *Code civil* qui énonce le principe de base de la **responsabilité extracontractuelle**. Dans notre exemple, Hugo n'a pas respecté ces règles de conduite et a causé un préjudice corporel, moral et matériel à l'huissier qui, maintenant, le poursuit. Il a donc l'obligation de réparer ce préjudice.

L'alinéa 3 de l'article 1457 étend cette obligation de réparer le préjudice à tout préjudice corporel, moral ou matériel causé par le fait ou la faute d'une autre personne (ses enfants, ses employés) ou par le fait de biens dont on a la garde.

> **Exemple** Votre chien mord le facteur.

Nous examinerons cette responsabilité plus en détail à la section 6.3.

B. La responsabilité contractuelle

C'est l'article 1458 du *Code civil du Québec* qui établit les bases de la **responsabilité contractuelle** :

> **Art. 1458 du C.c.Q. Toute personne a le devoir d'honorer les engagements qu'elle a contractés. Elle est, lorsqu'elle manque à ce devoir, responsable du préjudice corporel, moral ou matériel qu'elle cause à son cocontractant et tenue de réparer ce préjudice.**

En ne payant pas son loyer et en n'effectuant pas ses versements mensuels de location d'automobile, Hugo engage sa responsabilité contractuelle. Il a donc le devoir de réparer le préjudice causé à ses cocontractants.

Lorsque des personnes signent un contrat, il faut que chacune des parties au contrat exécute les obligations qui y sont mentionnées. L'article 1553 du *Code civil du Québec* définit le paiement de ses obligations comme le versement d'une somme d'argent pour acquitter une obligation, mais aussi l'exécution même de ce qui est l'objet de l'obligation.

> **Exemple** Lorsque Meubles Beaubois ltée vend des meubles pour une somme de 30000 $ à Jean Larivière, la compagnie exécute son obligation en livrant les meubles à la résidence de ce dernier. Quant à Jean Larivière, il devra payer le prix convenu de 30000 $ pour exécuter son obligation.

Il est donc très important de bien indiquer dans le contrat quels sont les droits et les obligations de chacune des parties. La deuxième partie du deuxième alinéa de l'article 1458 du *Code civil du Québec* élimine à toutes fins utiles les possibilités de cumul d'actions dans une même cause, obligeant les parties à opter soit pour le régime de la responsabilité contractuelle, soit pour le régime de la responsabilité extracontractuelle.

Responsabilité contractuelle *(Contractual liability)*
Responsabilité de toute personne qui manque à ses engagements et qui ne peut se soustraire ainsi que son co-contractant à l'application des règles du régime contractuel de responsabilité pour opter en faveur de règles qui leur seraient plus profitables.

6.2 LES ÉLÉMENTS ENTRAÎNANT LA RESPONSABILITÉ CIVILE

Qu'elle soit extracontractuelle ou contractuelle, la responsabilité civile suppose toujours la présence de trois éléments essentiels: la faute, le dommage et le lien de causalité.

6.2.1 La faute

Il ne saurait être question de responsabilité sans qu'une **faute** soit commise. La faute constitue un manque au devoir de respecter les règles de conduite.

Faute *(Fault)*
Manquement ou violation à un devoir sur le plan légal, moral ou contractuel qui incombe à chaque individu de ne pas causer de tort à son semblable.

L'application de la notion de faute est une question de fait et chaque cause doit être appréciée par le tribunal. C'est donc à l'aide de la jurisprudence que l'on peut établir le critère servant à déterminer s'il y a faute ou non. En résumé, chaque fois qu'une personne manque à un devoir qui lui incombe et, par conséquent, ne se conduit pas comme une personne raisonnable et de bonne foi, et selon les règles, compte tenu des circonstances, des usages et de la loi, elle commet une faute qui engage sa responsabilité et exige réparation. En langage juridique, on parle alors d'« abus de droit ». Ces principes sont énoncés dans les articles 6 et 7 du *Code civil du Québec*.

> **Art. 6 du C.c.Q. Toute personne est tenue d'exercer ses droits civils selon les exigences de la bonne foi.**
>
> **Art. 7 du C.c.Q. Aucun droit ne peut être exercé en vue de nuire à autrui ou d'une manière excessive et déraisonnable, allant ainsi à l'encontre des exigences de la bonne foi.**

A. L'imputabilité de la faute

Sur le plan juridique, une faute n'existe que dans la mesure où on peut l'imputer à quelqu'un. En vertu de l'article 1457 du *Code civil,* la personne à qui l'on reproche d'avoir commis une faute doit être capable de discernement; elle doit être douée de raison et avoir manqué à ses devoirs.

L'âge est une façon d'apprécier la capacité de discernement. Le *Code civil* n'en parle pas, mais les tribunaux sont enclins à considérer qu'un enfant de sept ans intellectuellement normal a atteint l'âge de raison et est en mesure de juger de la portée de ses actes. Toutefois, il ne s'agit pas d'un critère absolu en matière civile, et le juge a l'entière discrétion pour apprécier chaque cas au mérite. Par contre, en matière pénale, l'enfant ne peut être tenu responsable d'un crime avant l'âge de douze ans.

L'autre catégorie de personnes que la loi considère comme incapables de discerner le bien du mal est celle des aliénés, ou majeurs protégés. Ces personnes sont civilement jugées incapables et ne peuvent, de ce fait, engager leur responsabilité lorsqu'elles font un acte dommageable. Les articles 1461 et 1462 du *Code civil du Québec* traitent spécifiquement de ces personnes. Il nous paraît important de souligner que les tribunaux ont régulièrement rejeté comme moyen de défense contre une action en responsabilité civile l'aberration momentanée d'un individu sous l'influence de l'alcool ou de la drogue.

B. La faute contractuelle

La faute contractuelle consiste essentiellement dans le manquement par une personne à ses engagements contractuels, c'est-à-dire aux obligations stipulées dans un contrat. C'est le cas d'Hugo Tremblay envers son locateur pour son logement et envers Location Québec inc. pour son automobile. Compte tenu des circonstances, nous pouvons nous retrouver avec différents types de fautes contractuelles liées à l'exécution ou à l'inexécution des obligations contractuelles de l'une des parties à un contrat, comme l'indique le tableau 6.1. Chacun des exemples précités entraîne la responsabilité contractuelle de celui qui n'a pas exécuté ses obligations telles que stipulées dans un contrat.

TABLEAU 6.1 Les types de fautes contractuelles

Faute contractuelle	Exemples
Inexécution totale	▶ CIC ltée achète un conteneur de Containbec inc. au coût de 50 000 $. Elle remet un chèque pour ce montant à Containbec et ce chèque revient avec la mention « sans provision suffisante ». ▶ Vous engagez un photographe pour votre mariage et ce dernier ne se présente pas le jour du mariage.
Exécution tardive	▶ Alice engage Constructions Dubois inc. pour bâtir un édifice à bureaux. Elle signe des baux avec ses locataires débutant le 1er septembre, car Constructions Dubois a indiqué dans le contrat que l'édifice serait prêt pour le 1er août. Le 30 septembre, l'édifice n'est pas encore terminé et six locataires ont annulé leur bail.
Exécution partielle	▶ Ginger engage Claude pour effectuer des rénovations dans sa cuisine. Ce dernier exécute la moitié des travaux puis arrête, sous prétexte qu'il vient de signer un gros contrat. ▶ Nathalie n'a pu payer ses deux derniers versements à la Banque Nationale pour son prêt hypothécaire.
Exécution défectueuse ou inadéquate	▶ Garage Autosport ltée répare la transmission de l'automobile d'Antoine. Une semaine plus tard, le même problème resurgit. ▶ Daphnée achète une maison de René. Après la première pluie, elle constate que le toit fuit et que les eaux provenant des égouts remontent dans le sous-sol.

C. La faute extracontractuelle

Une personne qui ne respecte pas les règles de conduite qui s'imposent commet une faute extracontractuelle. Il s'agit ici de comparer les agissements de quelqu'un à ceux d'une personne raisonnable. Une faute extracontractuelle peut être la conséquence des actes de la personne.

> **Exemple** C'est le cas d'Hugo, qui a frappé et blessé l'huissier. Il est évident qu'une personne raisonnable n'aurait pas agi de la sorte.

La faute extracontractuelle peut aussi résulter de la négligence, de l'imprudence.

> **Exemple** Claire laisse traîner une balle dans son escalier, quelqu'un met le pied dessus, glisse et se blesse.

Elle peut également découler de l'inhabileté de la personne.

> **Exemple** Finlay travaille sur son toit et accroche mal son échelle, qui tombe et blesse Louise, qui passait par là.

6.2.2 Le dommage

Le deuxième élément essentiel à l'existence de la responsabilité est le **dommage,** c'est-à-dire le préjudice corporel, moral ou matériel. Il nous arrive fréquemment dans la vie de tous les jours de commettre des actes fautifs, mais fort heureusement ceux-ci ne causent, la plupart du temps, de dommage à personne et n'engagent donc pas notre responsabilité civile.

Par ailleurs, tout dommage imputable à la faute d'une personne engage la responsabilité de son auteur et exige réparation. Les articles 1457 et 1458 du *Code civil* indiquent que cette réparation doit couvrir tout le préjudice subi et prouvé par la victime, qu'il soit corporel, moral ou matériel. Elle comprend donc tous les dommages à la condition qu'ils soient une suite immédiate et directe de la faute.

A. L'évaluation du dommage immédiat

Seul le dommage immédiat et direct peut être réparé. Quant au dommage futur, il ne sera compensé que dans la mesure où il est certain suivant la « prépondérance de preuve ». On n'indemnise pas une victime pour un préjudice éventuel ou purement hypothétique. Par ailleurs, l'article 1615 du *Code civil* introduit cette notion de **dommages additionnels**.

> **Dommages additionnels**
> *(Additional damages)*
> Dommages accordés au créancier par le tribunal, en réparation d'un préjudice corporel, qui peuvent être réclamés par le créancier pour une période d'au plus trois ans, lorsqu'il n'est pas possible de déterminer avec une précision suffisante l'évolution de sa condition physique au moment du jugement.

Pour être réparé, le dommage ou le préjudice doit consister en une atteinte personnelle à la victime qui, seule, pourra intenter une poursuite en responsabilité.

Si une personne se fracture la jambe à la suite d'une chute sur un trottoir mal entretenu, il lui appartient d'intenter une action en responsabilité contre la municipalité. Si elle néglige d'intenter son action, sa sœur, par exemple, ne pourra le faire à sa place.

Enfin, le **dommage doit être direct** pour qu'il donne lieu à une indemnisation. Ainsi, le témoin, victime d'un choc nerveux à la vue d'une personne blessée dans un accident, ne peut réclamer de dommages au responsable de l'accident, car les tribunaux jugent ces dommages trop éloignés pour en tenir compte. L'article 1607 du *Code civil du Québec* précise le droit du créancier de recevoir des dommages-intérêts en réparation du préjudice subi :

> **Art. 1607 du C.c.Q. Le créancier a droit à des dommages-intérêts en réparation du préjudice, qu'il soit corporel, moral ou matériel, que lui cause le défaut du débiteur et qui en est une suite immédiate et directe.**

En droit civil, on reconnaît quatre catégories de dommages : le dommage matériel, le dommage corporel, le dommage moral et le dommage contractuel.

Dommage matériel
(Material damages)
Dommage causé aux biens d'une personne.

B. Le dommage matériel

Le **dommage matériel** se prouve généralement sans difficulté à l'aide de pièces justificatives telles que des reçus, des factures, des devis ou une estimation faite par un spécialiste en la matière. Le recours à un expert qui produit une expertise du problème est le meilleur moyen de prouver le dommage matériel, sa cause et la façon de le corriger. Les deux parties auront donc recours à un expert et le juge devra évaluer les représentations faites par les deux experts avant de rendre sa décision.

> **Exemple** Si Hugo avait endommagé son automobile en se sauvant des lieux de son altercation avec l'huissier, Location Québec inc. aurait pu lui réclamer la valeur des réparations faites au véhicule en produisant soit une estimation, soit une facture pour ces réparations.

Dommage corporel
(Bodily injury)
Blessure subie par le demandeur et imputable à la faute du défendeur.

C. Le dommage corporel

La plupart des réclamations pour **dommages corporels** impliquent des sommes d'argent considérables, et le tribunal ne peut se fier à la seule parole de la victime pour établir le montant des dommages à accorder. On demande donc à un médecin expert, habituellement choisi par la partie demanderesse, de procéder à un examen physique complet du demandeur. Ce médecin rédige ensuite un rapport d'expertise sur la condition physique du demandeur. Ce rapport médical établit le degré d'incapacité de la victime. Le *Code civil* ne traite pas des différentes sortes d'incapacité, mais la jurisprudence les répartit de la façon suivante: l'**incapacité partielle ou totale temporaire** et **l'incapacité partielle ou totale permanente.**

L'incapacité partielle ou totale temporaire Une telle incapacité correspond à la période au cours de laquelle le demandeur a été totalement ou partiellement incapable de travailler et au cours de laquelle il a subi une perte complète partielle de salaire ou de revenu qu'il veut réclamer au défendeur. Ce type d'incapacité se résume donc en une opération comptable fort simple.

> **Exemple** Si l'huissier a été incapable de travailler pendant 30 semaines après sa fracture du crâne, il pourra poursuivre Hugo pour sa perte de salaire. Si son salaire était de 1 000 $ par semaine, alors il poursuivra Hugo pour 30 000 $.

L'incapacité partielle ou totale permanente L'incapacité partielle ou totale permanente correspond à une diminution permanente de la capacité de travailler d'un individu ou encore à une perte totale et définitive de sa capacité de travailler. Les dommages résultant de cette forme d'incapacité sont beaucoup plus difficiles à évaluer, et c'est le rôle des experts médicaux de fixer le taux de cette incapacité.

Le tribunal évalue les dommages en tenant compte du taux déterminé d'après des examens médicaux et en considérant également le genre de profession de la victime, ses chances de réhabilitation ainsi que le nombre d'années pendant lesquelles la victime aurait eu une vie professionnelle active, d'après des tables actuarielles de la moyenne de survie. En pratique, le médecin expert établit le degré d'incapacité et l'actuaire calcule le montant de l'indemnité auquel la victime a droit en guise de compensation jusqu'à la fin de sa vie.

> **Exemple** Le tribunal a accordé une indemnité de 175 000 $ à un garçon de sept ans en raison d'une incapacité partielle permanente évaluée à 15 % pour la perte d'un œil.

Dans le cas d'Hugo, si le médecin expert évalue à 20 % l'incapacité partielle permanente de l'huissier à la suite de sa fracture du crâne, ce dernier pourra réclamer jusqu'à 500 000 $ à Hugo. Le tribunal fixera alors le montant des dommages compte tenu de la preuve qui sera présentée.

D. Le dommage moral

Les tribunaux accorderont une compensation pour certains **dommages moraux**, comme l'atteinte à la réputation ou le préjudice esthétique (le fait d'être défiguré), mais ils refuseront d'indemniser une personne en raison de la douleur ressentie à la suite de la perte d'un être cher, parce qu'il devient impossible d'évaluer en argent ce genre de préjudice. Toutefois, ils accorderont une indemnisation pour perte de soutien moral et de compagnonnage pour la perte d'un conjoint ou d'un enfant. En résumé, on peut dire que tout dommage prouvé ou prouvable sera susceptible de recevoir une compensation pécuniaire.

Dommage moral
(Psychological damage)
Douleurs, souffrances, troubles et inconvénients subis par la victime, tels la perte de jouissance de la vie, l'atteinte à la réputation à la suite d'injures et de paroles ou d'écrits diffamatoires, le préjudice esthétique.

Exemple Le tribunal a accordé 25000 $ à une dame de 43 ans à la suite de la perte de l'usage d'un bras, pour souffrance et inconvénients.

Dans le cas d'Hugo, il appartiendra à l'huissier de convaincre le juge qu'il a droit à de tels dommages en raison des douleurs, souffrances, troubles, inconvénients et perte de jouissance de la vie que sa fracture du crâne lui occasionne.

E. Les dommages punitifs

Les dommages-intérêts punitifs se différencient des autres dommages en ce qu'on leur attribue une double fonction. En effet, leur but n'est pas de réparer le préjudice comme les dommages compensatoires. Ils ont plutôt une fonction dissuasive et punitive en même temps. Leur but est d'abord de dissuader l'auteur de la faute et des dommages de répéter les gestes posés, mais ils visent aussi à dissuader d'autres personnes de poser des gestes similaires à l'avenir. Ainsi, en matière de protection du consommateur, les dommages-intérêts punitifs ont un but persuasif, alors que dans les cas d'atteinte aux droits fondamentaux, ils ont plutôt un aspect punitif. Les articles 1610 et 1621 du *Code civil du Québec* introduisent la notion de **dommages punitifs** en faveur du créancier. C'est l'article 1621 du *Code civil* qui en fixe les balises.

> **Art. 1621 du C.c.Q. Lorsque la loi prévoit l'attribution de dommages-intérêts punitifs, ceux-ci ne peuvent excéder, en valeur, ce qui est suffisant pour assurer leur fonction préventive.**

Ils s'apprécient en tenant compte de toutes les circonstances pertinentes, notamment de la gravité de la faute du débiteur, de sa situation patrimoniale ou de l'étendue de la réparation à laquelle il est déjà tenu envers le créancier, ainsi que, le cas échéant, du fait que la prise en charge du paiement réparateur est, en tout ou en partie, assumée par un tiers.

Ainsi, contrairement à ce qu'une majorité de justiciables croient, les dommages punitifs ne sont pas accordés dans tous les cas de poursuite en dommages. Pour avoir le droit de réclamer des dommages punitifs, il faut qu'un article du *Code civil du Québec* ou d'une loi les autorise. Le tableau 6.2, à la page suivante, en illustre certains cas.

F. Les dommages contractuels

Les dommages dus au créancier compensent la perte qu'il subit et le gain dont il est privé. À ces normes, on doit ajouter les intérêts légaux ou conventionnels et l'indemnité prévue à l'article 1619 du *Code civil du Québec*. Le créancier a droit à des dommages-intérêts en réparation de la perte qu'il a subie ou du gain dont il a été privé à cause du défaut de son débiteur d'exécuter ses obligations contractuelles. En matière contractuelle, le créancier pourra réclamer les dommages-intérêts prévus au contrat ou résultant directement de l'inexécution du contrat.

TABLEAU 6.2 La législation donnant ouverture à une réclamation pour dommages punitifs

Matière	Articles visés
▸ Louage d'habitation : Discrimination	Article 1899 du C.c.Q.
▸ Harcèlement	Article 1902 du C.c.Q.
▸ Éviction de mauvaise foi	Article 1968 du C.c.Q.
▸ Procédures abusives ▸ Abus de droit, mauvaise foi dans les procédures civiles ▸ Procédure de type bâillon	Articles 54.1 à 54.6 du C.p.c. Articles 51 à 56 du N.C.p.c.
▸ Protection du consommateur ▸ Manquement par un commerçant à une obligation que la *Loi sur la protection du consommateur* lui impose	Article 272 de la L.P.C.
▸ *Charte des droits et libertés de la personne* ▸ Atteinte illicite à une liberté ou à un droit reconnu par la *Charte* (droit à la dignité, à l'honneur, à la réputation à la vie privée, à l'intégrité de la personne)	Article 49, alinéa 2 de la *Charte des droits et libertés de la personne*
▸ Protection des arbres ▸ Abattage ou destruction d'arbres, arbustes, forêts	Article 1 de la *Loi sur la protection des arbres* (RLRQ, c. P-37)

> **Exemple** Nadine engage les services de Rénovations PLUS pour effectuer des rénovations à son sous-sol. Insatisfaite des travaux et constatant de nombreuses déficiences, elle demande à Rénovations PLUS de revenir corriger ces malfaçons. Cette dernière refuse. Nadine peut alors retenir les services d'une autre entreprise de rénovation pour venir corriger les défauts, puis poursuivre Rénovations PLUS pour les dommages causés par ces dépenses additionnelles.

Comme nous l'avons vu précédemment, le *Code civil* prévoit la possibilité d'ajouter une **clause pénale** au contrat. Il s'agit essentiellement d'une clause prévoyant au départ l'évaluation des dommages-intérêts auxquels sera tenu le débiteur en cas d'inexécution de son obligation. Le créancier n'a pas alors à prouver les dommages, il reçoit le montant convenu d'avance. Les dommages résultant du retard dans le paiement d'une somme d'argent consistent en l'intérêt au taux convenu dans la convention ou le contrat et, à défaut de convention, au taux légal. Ils sont dus à compter de la mise en demeure sans que le créancier ait à prouver qu'il a subi un préjudice (art. 1617 du C.c.Q.).

L'article 1619 du *Code civil du Québec* prévoit la possibilité d'exiger une **indemnité additionnelle**, soit un pourcentage égal à l'excédent du taux d'intérêt fixé par le ministère du Revenu et le taux d'intérêt convenu entre les parties ou le taux légal, selon le cas. L'article 1617 du *Code civil* ajoute la notion de dommages additionnels distincts des intérêts à la condition qu'ils aient été prévus au contrat et que le créancier puisse en faire la preuve. Dans tous les autres cas, il incombe à la partie qui réclame les dommages-intérêts d'en faire la preuve devant le tribunal en utilisant tous les moyens de preuve prévus au *Code civil*.

CLIN D'ŒIL DE LA COUR

Une partie de hockey qui tourne mal

Alain Proulx c. Patrick Viens (1994) R.J.Q., p. 1130.

Le juge Yves Morier de la Cour du Québec a dû trancher un litige concernant des blessures causées à Alain Proulx lors d'une partie de hockey « amicale ». Alain Proulx a subi des blessures à la suite d'une altercation avec le défenseur Patrick Viens. Leurs équipes font partie d'une ligue amicale assujettie aux règlements du hockey mineur « sans contact ». Vers la fin de la partie, Alain Proulx a poussé Patrick Viens. Ce dernier a alors saisi Alain Proulx par le cou au moment où il lui tournait le dos et, sans lâcher prise, l'a entraîné sur la glace, le blessant au cou et au dos.

Le juge Morier a statué que Patrick Viens avait transgressé les normes de conduite acceptables d'un joueur prudent et raisonnable, ajoutant que les blessures subies par Alain Proulx avaient effectivement été causées par les gestes agressifs de Patrick Viens. En agissant ainsi, ce dernier a démesurément aggravé les risques du sport pratiqué. Il ne s'agit donc pas d'un risque normalement prévisible. Or, la théorie de l'acceptation des risques ne s'applique pas lorsque le dommage découle d'un risque non prévu ou d'une aggravation de celui-ci.

6.2.3 Le lien de causalité

Il doit exister une relation immédiate et directe entre la faute commise et le dommage subi. Le **lien de causalité** constitue le troisième élément essentiel à l'existence de la responsabilité.

> **Exemple** Paul circule en automobile dans une rue où un camion de livraison est stationné transversalement et obstrue la majeure partie de la rue. Afin d'éviter le camion, il donne un brusque coup de volant ; cette manœuvre a pour effet de lui faire perdre la maîtrise du véhicule, qui franchit le trottoir et enfonce une clôture.

Le propriétaire de la clôture endommagée devra poursuivre Paul, car les dommages sont directement de sa faute et non attribuables au camion mal stationné. Le camion étant une cause indirecte de l'accident, Paul ne pourra poursuivre le conducteur du camion.

Dans le cas d'Hugo, il existe un lien de causalité évident entre les dommages subis par l'huissier et les actes d'Hugo. Les trois éléments engageant sa responsabilité civile extracontractuelle sont donc réunis. En matière de responsabilité contractuelle, le lien de causalité est essentiellement le contrat, l'engagement ou l'entente verbale ou écrite existant entre le créancier et le débiteur de l'obligation.

> **Exemple** Divers types de contrats sont possibles entre un créancier et un débiteur :

- contrat de prêt hypothécaire pour Nathalie ;
- bail d'un logement pour Hugo ;
- contrat d'achat d'une maison pour Raymond ;
- contrat de réparation automobile pour Garage Autosport ltée ;
- contrat de construction pour Constructions Dubois inc.

En l'absence de ce lien de droit contractuel, il ne peut y avoir d'action en responsabilité contractuelle.

6.3 LES PRÉSOMPTIONS DE FAUTE EN RESPONSABILITÉ EXTRACONTRACTUELLE

Dans les faits, il existe trois types de responsabilité extracontractuelle :

1. La responsabilité de notre fait personnel (articles 1457 et 1458 du C.c.Q.) ;
2. La responsabilité du fait des autres (articles 1459 à 1464 du C.c.Q.) ;
3. La responsabilité du fait des biens (articles 1465 à 1469 du C.c.Q.).

Nous avons vu que, en vertu des articles 1457 et 1458 du *Code civil du Québec*, la victime d'un dommage résultant de la faute d'un individu a le droit d'être indemnisée par ce dernier. La charge de la preuve incombe alors au demandeur.

Les articles 1459 et 1465 du *Code civil du Québec* renversent cette charge de la preuve en plaçant une présomption de faute sur les épaules de certaines personnes que le *Code* tient responsables de dommages causés par d'autres personnes ou des biens qu'elles ont sous leur garde. Cette responsabilité trouve donc son fondement dans le devoir de surveillance et de contrôle que la loi impose aux personnes dont il est question dans les paragraphes qui suivent.

6.3.1 La responsabilité du fait des autres (art. 1459 à 1464 du C.c.Q.)

En plus de sa responsabilité personnelle pour les actes qu'elle pose et sa négligence, une personne est aussi responsable des dommages causés par les personnes dont elle a la charge ou la responsabilité.

A. La responsabilité du titulaire de l'autorité parentale (art. 1459 du C.c.Q.)

Art. 1459 du C.c.Q. Le titulaire de l'autorité parentale est tenu de réparer le préjudice causé à autrui par le fait ou la faute du mineur à l'égard de qui il exerce cette autorité, à moins de prouver qu'il n'a lui-même commis aucune faute dans la garde, la surveillance ou l'éducation du mineur.

Celui qui a été déchu de l'autorité parentale est tenu de la même façon, si le fait ou la faute du mineur est lié à l'éducation qu'il lui a donnée.

Selon le *Code civil du Québec,* le père et la mère exercent ensemble l'autorité parentale. L'article 599 du *Code civil* leur impose notamment un devoir de garde, de surveillance et d'éducation de leurs enfants. Dans le cas du décès ou de l'incapacité d'agir de l'un d'eux, l'autorité est exercée par l'autre. Dans le cas du décès des deux parents, c'est le tuteur qui exerce l'autorité parentale. Il existe une présomption de faute contre les parents. Cette présomption est **réfragable** (renversable). Pour que celle-ci soit mise en application, trois conditions doivent être réunies : 1) la minorité de l'enfant ; 2) le lien de filiation ; et 3) la preuve de la faute de l'enfant.

Le tribunal apprécie cette présomption en tenant compte de l'âge de l'enfant et du dommage subi par la victime. Pour se disculper, les parents doivent prouver que l'enfant qui est l'auteur du dommage a reçu une bonne éducation, qu'ils ont exercé sur celui-ci une surveillance raisonnable et qu'il y a absence de faute de leur part, eu égard aux circonstances.

> **Exemple** Un enfant blesse un de ses camarades de jeu avec une carabine à plombs. Ses parents ou son tuteur, selon le cas, pourront être tenus responsables des dommages causés.

B. La responsabilité du gardien d'un mineur (art. 1460 du C.c.Q.)

Art. 1460 du C.c.Q. La personne qui, sans être titulaire de l'autorité parentale, se voit confier, par délégation ou autrement, la garde, la surveillance ou l'éducation d'un mineur est tenue, de la même manière que le titulaire de l'autorité parentale, de réparer le préjudice causé par le fait ou la faute du mineur. Toutefois, elle n'y est tenue, lorsqu'elle agit gratuitement ou moyennant une récompense, que s'il est prouvé qu'elle a commis une faute.

Cette responsabilité vise toutes les personnes à qui les parents peuvent confier la garde de leurs enfants mineurs. Les gardiens, les instituteurs, les moniteurs, les entraîneurs sportifs et les préposés de camps de jour entrent dans cette catégorie. En ce qui concerne l'enseignant, il est présumé responsable du dommage causé par les élèves pendant la période de classe. Cette présomption s'applique également à l'établissement d'enseignement. Un élève est réputé être sous la surveillance de l'enseignant dans les salles de classe et dans les cours de récréation pendant les heures normales d'ouverture de l'école. Lorsque l'élève quitte l'école, ses parents en reprennent la responsabilité. Ce devoir de surveillance que la loi impose à l'enseignant ne s'applique qu'au primaire et au secondaire. L'enseignant est aussi responsable de ses élèves à l'occasion de visites culturelles ou de sites industriels.

Il en est de même du personnel en garderie. Ces personnes pourront se dégager de la responsabilité du dommage causé par l'enfant en prouvant que le dommage n'est attribuable à aucune faute de leur part et en faisant appel aux mêmes moyens de défense que le père et la mère pourront utiliser pour se disculper ; ils devront faire la preuve qu'ils n'ont pu empêcher le fait dommageable, qu'ils ont toujours exercé sur l'enfant une surveillance adéquate et qu'ils lui ont inculqué le sens du devoir moral. Précisons que l'article 1460 du *Code civil* énonce que, si la personne agit gratuitement ou moyennant une récompense, sa responsabilité ne sera pas retenue à moins de prouver qu'elle a commis une faute.

Il paraît important de souligner que, en dépit de ces présomptions de responsabilité que la loi fait peser sur les épaules des parents, tuteurs, curateurs, enseignants et autres, l'auteur immédiat d'un dommage, le mineur, n'en demeure pas moins personnellement responsable, si ce dommage est attribuable à une faute ou une négligence grossière de sa part.

> **Exemple** Sylvie amène ses élèves visiter le Musée des beaux-arts. Pendant la visite, deux élèves s'éloignent du groupe et endommagent plusieurs statues. Dans cet exemple, Sylvie, l'école, les deux élèves et même leurs parents pourraient être poursuivis.

C. La responsabilité du curateur ou tuteur d'un majeur protégé (art. 1461 du C.c.Q.)

Le curateur et le tuteur d'un majeur protégé ne sont pas responsables des dommages causés par la faute de la personne dont ils ont la garde, à moins de commettre eux-mêmes une faute intentionnelle ou une faute lourde dans l'exercice de la garde. L'article 1474 du *Code civil* définit la faute lourde comme étant : « celle qui dénote une inconscience, une imprudence ou une négligence grossière ».

Art. 1461 du C.c.Q. La personne qui, agissant comme tuteur, curateur ou autrement, assume la garde d'un majeur non doué de raison n'est pas tenue de réparer le préjudice causé par le fait de ce majeur, à moins qu'elle n'ait elle-même commis une faute intentionnelle ou lourde dans l'exercice de la garde.

> **Exemple** Pierre agit comme curateur de son frère Denis, pyromane reconnu ; il le laisse sans surveillance dans le chalet de Catherine devant un feu de foyer pendant qu'il s'absente pour aller voir un film. À son retour, il constate que Denis a mis le feu à la maison, qui est complètement détruite. Catherine pourrait poursuivre Pierre.

D. La responsabilité de l'employeur (art. 1463 et 1464 du C.c.Q.)

> **Art. 1463 du C.c.Q. Le commettant est tenu de réparer le préjudice causé par la faute de ses préposés dans l'exécution de leurs fonctions; il conserve, néanmoins, ses recours contre eux.**

Le *Code* tient l'employeur responsable du dommage causé par un employé dans l'exécution de ses fonctions. Cette **présomption de responsabilité** est **irréfragable,** c'est-à-dire qu'elle ne peut être repoussée par une preuve contraire. Trois conditions sont essentielles à l'existence de cette présomption : 1) un lien de subordination ou d'emploi ; 2) un dommage causé par le préposé dans l'exécution de ses fonctions ; et 3) une faute du préposé.

Le lien de subordination Pour qu'il y ait présomption de responsabilité, il doit exister entre l'employeur et le préposé un lien de subordination. On peut définir l'employeur ou le commettant comme la personne qui fait appel aux services d'une autre personne pour son compte et son profit personnel, et qui lui donne des ordres et des instructions sur la manière de remplir les fonctions qu'elle lui a confiées. L'autre personne peut prendre le nom d'ouvrier, de mandataire, de préposé ou d'employé.

Le dommage causé par le préposé dans l'exécution de ses fonctions La deuxième condition nécessaire à l'existence de la présomption de responsabilité est que le dommage causé par le préposé l'ait été dans le cadre de l'exercice de ses fonctions, c'est-à-dire pendant ses heures de travail et en exécutant sa tâche. Si l'employeur réussit à prouver que le dommage a été causé par son employé en dehors de ses fonctions, il pourra alors se disculper. Les tribunaux ont également retenu comme moyen d'exonération pour l'employeur le fait que son employé cause un dommage en excédant ses fonctions, même si c'était pendant ses heures de travail.

La faute du préposé Le troisième élément essentiel à l'existence de cette présomption est évidemment la faute du préposé. On peut conclure que cette présomption de responsabilité des employeurs n'offre aucun moyen d'exonération si ce n'est l'absence d'une des conditions nécessaires à son application.

> **Exemple** Jacques est un employé de Plomberie Boileau ltée ; il se rend chez un client pour effectuer un travail et tache le nouveau tapis blanc de Mme Larivée avec ses bottes pleines de graisse. Son employeur est responsable des dommages causés par son préposé dans l'exécution de ses fonctions.

Notons que les fonctionnaires et employés de l'État sont eux aussi, de façon concrète, soumis à ces dispositions dans l'exécution de leurs fonctions.

> **Art. 1464 du C.c.Q. Le préposé de l'État ou d'une personne morale de droit public ne cesse pas d'agir dans l'exécution de ses fonctions du seul fait qu'il commet un acte illégal, hors de sa compétence ou non autorisé ou du fait qu'il agit comme agent de la paix.**

Par ailleurs, il est important de préciser que l'employeur conserve toujours un recours personnel contre l'employé fautif pour récupérer les dommages causés par ce dernier.

6.3.2 La responsabilité du fait des biens (art. 1465 à 1469 du C.c.Q.)

Une personne est aussi responsable des dommages causés par les biens dont elle a la garde ou le contrôle.

A. La responsabilité du gardien d'un bien (art. 1465 du C.c.Q.)

Art. 1465 du C.c.Q. Le gardien d'un bien est tenu de réparer le préjudice causé par le fait autonome de celui-ci, à moins qu'il prouve n'avoir commis aucune faute.

Dans le cas du dommage causé par une chose inanimée dont une personne a la garde, le demandeur devra prouver que c'est la chose elle-même qui a causé le dommage et non la personne en se servant de la chose. Cette présomption vise toutes les choses mobilières ou immobilières dont une personne a la garde juridique : machine industrielle, véhicules de toutes sortes, outils, etc.

> **Exemple** Marguerite a mis des plantes sur le rebord de sa fenêtre, au premier étage de sa maison. Un des pots glisse et tombe sur un passant, lui causant une fracture du crâne. La victime pourra poursuivre Marguerite.

Dès qu'une personne se sert d'une chose pour son profit personnel, cette personne est présumée en avoir la garde juridique et elle est responsable du dommage que cette chose peut causer. Pour repousser cette présomption, le gardien de la chose devra faire la preuve qu'il a agi en personne raisonnable, avec diligence, qu'il n'a pas commis de faute et qu'il n'a rien pu faire pour empêcher le dommage. Il pourra également être exonéré s'il réussit à démontrer qu'il s'agit d'un cas de force majeure, de la faute de la victime ou d'un tiers.

B. La responsabilité du propriétaire d'un animal (art. 1466 du C.c.Q.)

Art. 1466 du C.c.Q. Le propriétaire d'un animal est tenu de réparer le préjudice que l'animal a causé, soit qu'il fût sous sa garde ou sous celle d'un tiers, soit qu'il fût égaré ou échappé.

La personne qui se sert de l'animal en est aussi, pendant ce temps, responsable avec le propriétaire.

Pour que la présomption s'applique, il doit s'agir d'un animal domestique ou d'un animal sauvage sous la garde d'une personne qui en prend soin. Il faut également que le dommage causé résulte du fait autonome de l'animal et non d'un ordre de son maître ; dans ce dernier cas, le maître serait poursuivi suivant les règles générales de la responsabilité. Le demandeur doit toujours prouver que le défendeur est le propriétaire (garde juridique) ou celui qui a la garde physique (l'usager) de l'animal.

On peut conclure en disant qu'un individu victime d'un dommage imputable au fait autonome et actif d'un animal bénéficie de la présomption de l'article 1466 du *Code civil du Québec,* à moins qu'il n'ait contribué à son propre malheur. Ainsi, la Cour supérieure a déjà partagé la responsabilité (deux tiers au demandeur et un tiers au défendeur) dans une action intentée contre le propriétaire d'une station-service dont le berger allemand avait mordu un individu que le tribunal a considéré comme un « intrus ».

Le propriétaire d'un animal est responsable du dommage causé par celui-ci.

C. La responsabilité du propriétaire d'un immeuble (art. 1467 du C.c.Q.)

Art. 1467 du C.c.Q. Le propriétaire, sans préjudice de sa responsabilité à titre de gardien, est tenu de réparer le préjudice causé par la ruine, même partielle, de son immeuble, qu'elle résulte d'un défaut d'entretien ou d'un vice de construction.

Cette responsabilité vise le propriétaire, qu'il s'agisse d'un individu, d'un corps public ou d'une entreprise. Les tribunaux ont défini comme bâtiment une construction faisant partie d'un immeuble; ils ont également reconnu comme ruine la chute ou l'écroulement de pièces majeures faisant partie d'un bâtiment.

> **Exemple** L'affiche d'un commerce se détache et tombe sur un passant.

> **Exemple** Un système de gicleurs se déclenche sans raison, causant des dommages dans un commerce ou un bureau.

Pour que la responsabilité du propriétaire soit retenue, la ruine du bâtiment doit provenir d'un vice de construction ou d'un défaut d'entretien. Finalement, le demandeur devra établir le lien de causalité entre la ruine et le dommage allégué.

Lorsque ces éléments sont établis, nous sommes en présence d'une présomption irréfragable de responsabilité. La seule façon pour le propriétaire du bâtiment de se dégager sera d'invoquer le cas fortuit ou la force majeure ou de faire la preuve de la faute de la victime.

D. La responsabilité du fabricant, du grossiste et du distributeur d'un bien meuble (art. 1468 et 1469 du C.c.Q.)

L'article 1468 du *Code civil du Québec* crée le principe de la responsabilité du fabricant d'un bien meuble en cas de préjudice causé à un tiers par le **défaut de sécurité du bien**.

Défaut de sécurité d'un bien *(Safety defect)*
Défaut d'un bien qui, compte tenu de toutes les circonstances, n'offre pas la sécurité à laquelle on est normalement en droit de s'attendre, notamment en raison d'un vice de conception ou de fabrication du bien, d'une mauvaise conservation ou présentation du bien ou, encore, de l'absence d'indications suffisantes quant aux risques et dangers qu'il comporte ou quant aux moyens de s'en prémunir.

Art. 1468 du C.c.Q. Le fabricant d'un bien meuble, même si ce bien est incorporé à un immeuble ou y est placé pour le service ou l'exploitation de celui-ci, est tenu de réparer le préjudice causé à un tiers par le défaut de sécurité du bien.

Il en est de même pour la personne qui fait la distribution du bien sous son nom ou comme étant son bien et pour tout fournisseur du bien, qu'il soit grossiste ou détaillant, ou qu'il soit ou non l'importateur du bien.

Cette responsabilité dépasse donc la responsabilité contractuelle du vendeur pour les vices cachés dont nous parlerons au chapitre 10.

> **Exemple** En vertu de ces articles, l'acheteur d'une carabine qui serait blessé à la suite de l'explosion de celle-ci, causée par un défaut de fabrication, pourrait poursuivre le fabricant et le distributeur de l'arme pour les blessures subies.

Il est à souligner que le *Code civil du Québec* ne permet pas d'exercer les recours prévus ci-dessus s'il s'agit d'un accident visé par la *Loi sur les accidents du travail et les maladies professionnelles* ou par la *Loi sur l'assurance automobile,* excepté dans la mesure où ces lois le permettent. De plus, il faut noter que la responsabilité contractuelle du fabricant et du vendeur professionnel (les commerçants) est engagée même sans faute de leur part, comme nous le verrons au chapitre 10 qui porte sur la vente.

6.4 LA MISE EN ŒUVRE DU DROIT À L'EXÉCUTION DE L'OBLIGATION : LES RECOURS

Comme nous l'avons vu au chapitre 5, l'article 1372 du *Code civil du Québec* énonce que :

> **Art. 1372 du C.c.Q. L'obligation naît du contrat (responsabilité contractuelle) et de tout acte ou fait auquel la loi attache d'autorité les effets d'une obligation (responsabilité extracontractuelle).**

Les articles 1590 et suivants du *Code civil* viennent compléter ces dispositions en précisant les modalités de la mise en œuvre du droit à l'exécution des obligations contractuelles et extracontractuelles qui font l'objet du présent chapitre et du chapitre 5.

> **Art. 1590 du C.c.Q. L'obligation confère au créancier le droit d'exiger qu'elle soit exécutée entièrement, correctement et sans retard.**
>
> **Lorsque le débiteur, sans justification, n'exécute pas son obligation et qu'il est en demeure, le créancier peut, sans préjudice de son droit à l'exécution par équivalent de tout ou partie de l'obligation :**
>
> **1. forcer l'exécution en nature de l'obligation ;**
>
> **2. obtenir, si l'obligation est contractuelle, la résolution ou la résiliation du contrat ou la réduction de sa propre obligation corrélative ;**
>
> **3. prendre tout autre moyen que la loi prévoit pour la mise en œuvre de son droit à l'exécution de l'obligation.**

La figure 6.2 présente les différentes formes de recours pour le créancier.

FIGURE 6.2 Les recours du créancier

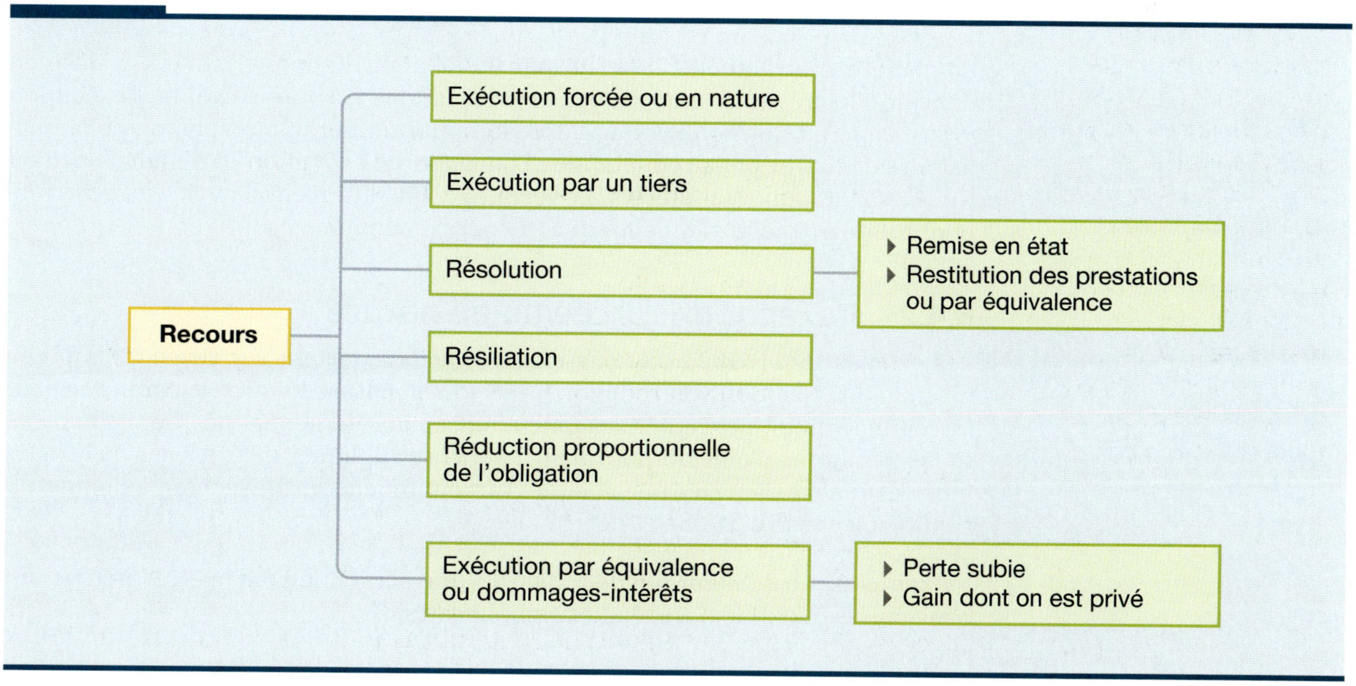

6.4.1 La mise en demeure

Comme nous l'avons vu au chapitre 2, une action civile est habituellement précédée d'**une mise en demeure.** Ce sera le cas lorsqu'une personne entend exercer contre une autre un recours basé sur sa responsabilité contractuelle lorsque l'un ou l'autre des contractants n'exécute pas ses obligations, les exécute en retard, les exécute mal ou ne les exécute que partiellement. Nous parlons alors d'inexécution du contrat.

Ce sera également le cas lorsqu'une personne entend poursuivre une autre personne pour des dommages résultant de sa responsabilité extracontractuelle. Dans chacun de ces cas, le créancier de l'obligation possède contre son débiteur en défaut des droits et des recours que lui accordent les articles 1590 et suivants du *Code civil.* Aux termes des articles 1594 et suivants du *Code civil,* le créancier peut adresser au débiteur une **mise en demeure** ou **demande extrajudiciaire** lui enjoignant d'exécuter son obligation. Il est à noter que l'envoi d'une mise en demeure n'est pas une procédure obligatoire dans tous les cas, mais qu'elle est recommandée au créancier afin d'informer le débiteur de son défaut et de lui permettre une dernière fois d'y remédier. L'article 1594 du *Code* énonce ce qui suit :

> **Art. 1594 du C.c.Q. Le débiteur peut être constitué en demeure d'exécuter l'obligation par les termes mêmes du contrat, lorsqu'il est stipulé que le seul écoulement du temps pour l'exécuter aura cet effet.**
>
> **Il peut aussi être constitué en demeure par la demande extrajudiciaire que lui adresse son créancier d'exécuter l'obligation, par la demande en justice formée contre lui ou encore, par le seul effet de la loi.**

Les articles 1595 à 1597 du *Code civil du Québec* énoncent que la mise en demeure doit être faite par écrit et doit accorder au débiteur un délai d'exécution suffisant eu égard à la nature de l'obligation et aux circonstances. Le défaut d'accorder un tel délai ou le fait d'intenter une demande en justice trop hâtive permettent au débiteur de l'obligation de l'exécuter dans un délai raisonnable à compter de la date à laquelle l'action a été intentée ; les frais de demande en justice sont alors à la charge du créancier.

En matière contractuelle, à défaut par le débiteur de donner suite à la mise en demeure, le créancier a le choix d'exercer un des recours suivants : l'exécution forcée en nature de l'obligation ; l'exécution par un tiers ; la résolution ou la résiliation du contrat ou la réduction de l'obligation ; l'exécution par équivalence ou recours en dommages-intérêts. Le recours le plus fréquent dans le cas de la responsabilité extracontractuelle est le recours en dommages-intérêts.

6.4.2 L'exécution forcée ou en nature

Les articles 1601 à 1603 du *Code civil du Québec* portent sur l'exécution forcée ou en nature. On parle d'exécution forcée ou en nature lorsque le créancier peut forcer le débiteur à exécuter ses obligations, mais ce recours ne s'applique pas à toutes les sortes d'obligations. Ainsi, il pourra s'appliquer dans les cas où le débiteur s'est engagé à payer une somme d'argent ou encore à exécuter, à donner ou à faire une chose certaine et déterminée.

> **Exemples** Le débiteur qui doit 5 000 $ à une personne pourra être forcé par un jugement du tribunal à exécuter son obligation.
>
> Par ailleurs, le créancier ne pourra avoir recours à l'exécution forcée lorsqu'il s'agit d'une obligation se rattachant à la personne même du débiteur.

On engage un chanteur pour donner un spectacle et il refuse de donner suite à son contrat; on ne pourra en aucune manière le forcer à chanter; on devra employer d'autres recours contre ce dernier.

En matière contractuelle, l'exécution forcée peut prendre la forme d'une saisie.

Un transporteur retient illégalement une cargaison appartenant à Réno-Dépôt. Dans ce cas, Réno-Dépôt est en droit de demander la saisie de la marchandise qui lui appartient.

6.4.3 L'exécution par un tiers

L'exécution par un tiers est abordée dans l'article 1590(3) du *Code civil*. Dans certains cas, surtout en matière contractuelle, le créancier préférera, lorsque cela est possible compte tenu de la nature de l'obligation, faire exécuter l'obligation par un tiers plutôt que par le débiteur lui-même. Il arrivera également que le débiteur refuse d'exécuter ses obligations et que le créancier doive recourir aux services d'un tiers pour donner suite à un contrat. Ce type de recours est fréquent, notamment dans le domaine de la construction. Dans un tel cas, la jurisprudence a établi que le créancier doit mettre le débiteur en demeure de corriger lui-même la problématique à ses frais dans un délai défini et qu'à défaut de mise en demeure ou d'urgence à corriger la situation, le créancier risque de voir le Tribunal rejeter sa réclamation.

> **Exemple** Jean-François et Geneviève engagent un entrepreneur pour construire leur nouvelle maison. Après un certain temps, l'entrepreneur décide de cesser la construction. Jean-François et Geneviève devront alors avoir recours à un autre entrepreneur pour terminer la construction et, dans le cas où le coût des travaux est supérieur au montant du contrat initial, ils pourront poursuivre le premier entrepreneur pour la différence de prix.

6.4.4 La résolution ou la résiliation du contrat

En matière contractuelle, le créancier peut également choisir de demander la résolution ou la résiliation du contrat en raison de l'inexécution des obligations du débiteur. En principe, la résolution et la résiliation amènent l'annulation du contrat. L'article 1604 du *Code civil* en énonce les modalités.

Le tribunal prononce la **résiliation** dans le cas de contrats à exécution successive, tels un bail ou un contrat de prêt. Elle vaut pour l'avenir seulement, vu l'impossibilité d'annuler ce qui a été fait dans le passé.

> **Exemple** Le tribunal prononcera la résiliation du bail de Boutique Cinquième Sens inc. avec la Corporation du Carrefour Laval ltée à compter du 31 janvier 2011, alors que le bail devait être en vigueur jusqu'en 2017, et condamnera Boutique Cinquième Sens inc. à payer le loyer impayé jusqu'au 31 janvier 2011 plus des dommages et intérêts qu'il évaluera.

Lorsque le tribunal prononce la **résolution** du contrat, celui-ci est réputé n'avoir jamais existé et chacune des parties est alors tenue de restituer à l'autre les prestations qu'elle a reçues.

> **Exemple** Le tribunal prononcera la résolution du contrat de vente d'entreprise du Restaurant Québec inc. à Restaurant Nouveau-Québec inc. pour motifs de dol et de fausses représentations. Il ordonnera la restitution des prestations aux parties. Cela implique que le vendeur, Restaurant Québec inc., devra rembourser à l'acheteur, Restaurant Nouveau-Québec inc., le prix d'achat de 500 000 $ et que Restaurant Nouveau-Québec inc. devra remettre au vendeur les biens et équipements achetés afin que les parties au contrat soient remises dans l'état où elles étaient au moment de la signature du contrat.

Art. 1474 du C.c.Q. Une personne ne peut exclure ou limiter sa responsabilité pour le préjudice matériel causé à autrui par une faute intentionnelle ou une faute lourde; la faute lourde est celle qui dénote une insouciance, une imprudence ou une négligence grossière.

Elle ne peut aucunement exclure ou limiter sa responsabilité pour le préjudice corporel ou moral causé à autrui.

Art. 1475 du C.c.Q. Un avis, qu'il soit ou non affiché, stipulant l'exclusion ou la limitation de l'obligation de réparer le préjudice résultant de l'inexécution d'une obligation contractuelle n'a d'effet, à l'égard du créancier, que si la partie qui invoque l'avis prouve que l'autre partie en avait connaissance au moment de la formation du contrat.

Ainsi, un jugement a condamné un garagiste à payer à son client le prix de son automobile volée pendant qu'elle était stationnée sur le terrain du garage. Le magistrat a jugé que le garagiste avait fait preuve de négligence en n'exerçant pas une surveillance adéquate du véhicule. De la même manière, bien qu'elle ait signé une déclaration relevant le propriétaire du ranch de toute responsabilité en cas d'accident, la personne qui se blesse en faisant de l'équitation peut obtenir un jugement contre le propriétaire, si elle réussit à prouver la faute ou la négligence grossière de ce dernier. On retrouve ces clauses sur les billets de stationnement, dans des vestiaires, à l'endos de billets de ski, etc. Elles sont valides, mais n'excluent pas la faute lourde ou intentionnelle de celui qui a stipulé la clause.

> **Exemple** Johane se blesse dans un remonte-pente. Le siège sur lequel elle est assise tombe en raison d'une défectuosité.

Art. 1476 du C.c.Q. On ne peut, par un avis, exclure ou limiter, à l'égard des tiers, son obligation de réparer; mais pareil avis peut valoir dénonciation d'un danger.

En matière contractuelle, le créancier pourra réclamer les dommages-intérêts prévus au contrat ou résultant de l'inexécution du contrat (art. 1613 du C.c.Q.). Ils comprennent les dommages additionnels et ceux prévus dans une clause pénale ainsi que les intérêts légaux ou prévus au contrat de même que l'indemnité additionnelle prévue à l'article 1619 du *Code civil* ainsi que les dommages punitifs lorsqu'on peut les réclamer.

Dans tous les cas, en matière contractuelle, le créancier devra choisir entre les trois premiers recours, car ce sont des recours qui s'opposent les uns aux autres. En effet, le créancier ne peut, en même temps, demander l'exécution forcée du contrat par son débiteur, l'exécution par un tiers et la résiliation du contrat. Cependant, il pourra ajouter à l'un ou l'autre de ses recours une réclamation pour les dommages qu'il a subis en raison de l'inexécution du contrat.

En matière extracontractuelle, il devra faire la preuve de tous les dommages qu'il prétend avoir subis. L'article 1476 du *Code civil* s'applique particulièrement en matière extracontractuelle. Par exemple, il arrive qu'une personne mette une pancarte sur sa propriété indiquant: Gare au chien.

Cet avis ne peut la dégager de sa responsabilité, mais il peut valoir comme dénonciation d'un danger; il reviendra alors au tribunal d'en apprécier la valeur et de déterminer les responsabilités respectives des personnes impliquées.

6.5.7 Le partage de responsabilité

Il arrive souvent que les dommages pour lesquels la victime poursuit une personne soient la responsabilité de plusieurs, dont quelquefois la victime elle-même. Le *Code civil* prévoit ces deux cas aux articles 1478 à 1481: la faute causée par plusieurs personnes (ou faute partagée) et la faute commune de la victime.

A. La faute collective ou la faute d'un tiers

Art. 1478 du C.c.Q. Lorsque le préjudice est causé par plusieurs personnes, la responsabilité se partage entre elles en proportion de la gravité de leur faute respective [...].

Art. 1480 du C.c.Q. Lorsque plusieurs personnes ont participé à un fait collectif fautif qui entraîne un préjudice ou qu'elles ont commis des fautes distinctes dont chacune est susceptible d'avoir causé le préjudice, sans qu'il soit possible, dans l'un ou l'autre cas, de déterminer laquelle l'a effectivement causé, elles sont tenues solidairement à la réparation du préjudice.

Lorsque la preuve démontre que plusieurs personnes ont contribué aux dommages causés, le juge rend un jugement de responsabilité partagée.

> **Exemple** Patrice et Claude procèdent à l'installation d'une antenne parabolique sur le toit de la maison de Patrice. Malheureusement, il vente très fort et, malgré leurs efforts pour la retenir, l'antenne tombe sur la maison de Daniel, le voisin de Patrice, fracassant sa nouvelle serre. Les dommages sont évalués à 10 000 $.
>
> Il est évident que Patrice et Claude sont responsables de ces dommages et que le tribunal devrait partager également entre eux la responsabilité à 50 %, à moins de pouvoir départager entre eux des degrés de responsabilité différents. Par exemple, cela aurait été le cas si Lise, la femme de Patrice, les avait aidés en leur prodiguant des conseils sans les aider physiquement. Dans un tel cas, le tribunal aurait pu, par exemple, retenir la responsabilité de Patrice et Claude pour 45 % chacun et celle de Lise pour 10 %, ou selon tout autre pourcentage qu'il aurait établi compte tenu des circonstances. Un tel jugement exige que les personnes impliquées paient chacune leur part des 10 000 $.

En matière contractuelle, et en particulier dans le domaine de la construction, ces articles sont souvent utilisés.

> **Exemple** Un viaduc s'effondre sur l'autoroute 15 à Laval. On peut poursuivre l'architecte, l'ingénieur, l'entrepreneur général, la compagnie de ciment et la compagnie qui a fourni la structure métallique. Selon la preuve présentée, le juge déterminera la responsabilité de chacun, le cas échéant.

Le défendeur peut également invoquer la faute d'un tiers pour se dégager complètement de sa responsabilité.

> **Exemple** Dans le cas précédent, l'entrepreneur peut dire que les plans fournis par l'architecte et l'ingénieur comportent des erreurs qui ont causé l'effondrement et qu'il n'en est pas responsable. Dans un tel cas, l'entrepreneur poursuivi appellera en garantie l'architecte et l'ingénieur.

B. La faute commune de la victime

Art. 1478(2) du C.c.Q. [...] La faute de la victime, commune dans ses effets avec celle de l'auteur, entraîne également un tel partage.

La faute commune de la victime constitue une autre défense dans une poursuite en responsabilité. On parle aussi de faute contributive. Il s'agit alors pour le défendeur de prouver que la victime a contribué par sa propre faute au dommage qu'elle prétend avoir subi. Si le défendeur réussit à prouver que la victime est responsable, par exemple, dans une proportion de 25 %, 50 % ou 75 % du dommage subi, il atténuera sa responsabilité d'autant.

> **Exemple** La personne qui fait de l'équitation et qui, défiant les directives du guide, fait galoper son cheval, tombe et se blesse sérieusement, pourrait voir le juge tenir compte de sa faute contributive.

CAS PRATIQUES

1. Votre conjoint et vous avez tous les deux terminé votre formation technique et avez trouvé chacun un emploi en gestion dans la région de la capitale nationale, ville de Québec. Vous louez actuellement un appartement dans les résidences étudiantes de la région de Montréal et votre bail se termine le 30 juin.

Tous les deux, vous êtes entrés en fonction le 1er juin dans votre nouveau poste et vous avez décidé de prendre le mois de juin pour vous trouver un appartement dans la région de Québec. Le 15 juin, vous signez un bail de location pour un grand cinq pièces et demie. L'immeuble où se trouve votre futur logement est actuellement en rénovations majeures, mais le locateur vous promet que l'appartement sera fini de rénover et prêt à emménager pour le 30 juin, date prévue du départ de votre résidence actuelle. Votre conjoint et vous signez un bail de deux ans, débutant le 1er juillet de l'année en cours. Quelques jours plus tard, votre conjoint apprend qu'il y a une grève dans le secteur de la construction et que le chantier de rénovation de l'immeuble où vous deviez emménager est arrêté! Votre appartement ne sera donc pas prêt pour le 1er juillet!

a) Comme vous étiez meilleur que lui en droit, il vous demande si vous avez des recours et sous quels régimes de responsabilité ils se retrouveront.

b) Vous allez devoir louer un entrepôt et dormir à l'hôtel jusqu'à ce que l'appartement soit prêt, ce qui représente des frais imprévus. Il veut savoir si vous pouvez demander au locateur un dédommagement pour ces frais.

c) Pouvez-vous demander également un dédommagement pour dommage moral?

2. Alors que vous échangez sur votre compte Facebook avec quelques-uns de vos amis, vous voyez, dans la file des nouvelles, une photo d'une de vos amies dans une situation embarrassante: elle semble être dans un bar, en état d'ébriété et dans une position dégradante. Vous êtes étonné, puisque vous la connaissez bien, et cela ne lui ressemble pas du tout. En lisant les commentaires, vous êtes «estomaqué» par la teneur et la méchanceté des propos. Vous appelez votre amie pour lui apprendre l'existence de cette photo. Elle ouvre son compte, et est dévastée par ce qu'elle voit et lit. Elle ignore qui a pris cette photo à son insu.

a) Au bord de la crise de nerfs, elle vous demande si elle a des recours et contre qui.

b) Elle vous demande si elle peut aussi poursuivre Facebook, et par quel moyen.

c) En supposant que la photo a été prise lors de son voyage de mi-session à Cuba et que l'auteur de la photo est un Cubain, employé du bar avec qui elle était «amie Facebook», a-t-elle des recours?

d) En consultant la jurisprudence, recherchez des décisions se rapportant à l'utilisation d'images, de photos ou de commentaires sur Facebook ou Twitter et à la responsabilité extracontractuelle.

3. Vous assistez à une compétition de véhicules tout terrain (VTT) à laquelle participent plusieurs de vos amis. Éric, votre meilleur ami, est officiel et signaleur de piste. Bien que ces compétitions soient de niveau amateur et qu'il ne soit pas rémunéré pour cette activité, Éric occupe cette fonction avec passion depuis plusieurs étés. Il en connaît en profondeur les règlements et le fonctionnement. Alors qu'Éric agite le drapeau du dernier tour, il est violemment heurté par un VTT. Il subit des fractures au bassin et aux jambes. De plus, ses lunettes correctrices ainsi que ses lunettes de protection sont brisées, ce qui représente plusieurs centaines de dollars.

Éric décide donc de poursuivre au tribunal civil les organisateurs de la course et le pilote. L'organisation n'est pas assujettie au Régime québécois de santé et de sécurité du travail. Quels moyens de défense ceux-ci pourront-ils invoquer?

PARTIE 3

Les formes juridiques des entreprises

CHAPITRE

7

LE CHOIX ET LA MISE SUR PIED D'UNE ENTREPRISE

OBJECTIFS D'APPRENTISSAGE

À la fin de ce chapitre, vous devriez être en mesure :

1. d'expliquer l'importance des implications légales, fiscales, économiques et des risques de faillite personnelle dans le choix d'une forme d'entreprise ;
2. d'expliquer les principes établis par la *Loi sur la publicité légale des entreprises* quant au choix et à l'utilisation du nom d'une entreprise ;
3. de connaître les sanctions, les pénalités administratives et les dispositions pénales en cas de non-respect des dispositions de la *Loi sur la publicité légale des entreprises* ;
4. de différencier l'entreprise individuelle, la société en nom collectif, la société en commandite, la société en participation et la société par actions ;
5. d'expliquer les formalités de mise sur pied d'une entreprise individuelle, d'une société de personnes et d'une société par actions afin de bien les distinguer les unes des autres ;
6. de rédiger les différentes déclarations (immatriculation, mise à jour et radiation) d'une entreprise individuelle, d'une société de personnes et d'une société par actions nécessaires à leur mise sur pied ;
7. d'expliquer la responsabilité et les obligations du propriétaire individuel, des associés d'une société en nom collectif et des actionnaires et administrateurs d'une société par actions quant aux obligations, au partage des pertes et des dettes de la société de l'entreprise qu'ils exploitent ;
8. d'appliquer les notions apprises dans ce chapitre à des situations pratiques et de trouver l'information pertinente au moyen de divers outils de recherche juridique.

MISE EN SITUATION

Adèle Tremblay, une des petites filles de Rosaire Tremblay, est étudiante en gestion informatisée. Afin d'arrondir ses fins de mois, elle a commencé à offrir ses services à certaines de ses connaissances pour rédiger leurs rapports d'impôts moyennant une rémunération. Après un certain temps, elle constate que le nombre de ses clients augmente de même que ses revenus. Récemment, Robert Lafortune, un ami de son père pour qui elle a fait le rapport d'impôts et qui est propriétaire du nettoyeur du coin, vient de lui demander de faire la tenue de livre et la comptabilité de son entreprise. Adèle réalise que ce qui avait commencé comme une sorte de passe-temps pour elle se développe rapidement et elle souhaite organiser ses affaires en conséquence.

Pour le moment, elle est encore seule, mais Alexandre Larose, un ami et confrère d'étude qui a commencé lui aussi à faire les rapports d'impôts et la comptabilité de l'entreprise de son père, lui a proposé de se lancer en affaires avec lui à la fin de l'année scolaire, lorsque tous deux auront obtenu leur diplôme. Ils ont même une idée de nom pour leur future entreprise, soit « Services comptables T.L. », pour Tremblay Lafortune.

Questions

1. Quels sont les bons gestes à poser et les choix que devraient faire Adèle Tremblay et Robert Lafortune pour partir officiellement en affaires individuellement ?
2. Examinez les possibilités qui s'offrent à Adèle Tremblay et Robert Lafortune pour faire affaire ensemble.
3. Quelles démarches devront-ils effectuer pour lancer officiellement leur entreprise respective ?

SIGNETS INTERNET

Ce chapitre renvoie aux sites Internet des organismes (ou document) suivants :

- *Code civil du Québec*
- Corporations Canada
- Registraire des entreprises
- RÉSO Gestion corporative
- Solutions juridiques Carswell

INTRODUCTION

Qui n'a pas un jour rêvé de posséder sa propre entreprise? La réalisation d'un tel rêve n'est toutefois pas à la portée de tout le monde, et ceux qui se lancent dans cette aventure doivent connaître les principales formes juridiques que peut prendre une entreprise ainsi que les conséquences liées au choix d'une forme plutôt que d'une autre. De cette manière, les futurs gestionnaires maximiseront leurs chances de réussir et sauront opter pour la meilleure forme d'entreprise, compte tenu du genre d'activités qu'ils entendent exercer.

Dans le présent chapitre, nous étudierons d'abord les différentes formes d'organisation juridique d'une entreprise qui existent au Québec. Nous verrons ensuite les formalités nécessaires à la mise sur pied, au fonctionnement interne et au mode d'extinction de même que les lois ou règlements qui régissent les entreprises. Les formes d'organisation juridique des entreprises reposent sur la personne physique qui exploite seule une entreprise individuelle ou qui exploite une société avec d'autres personnes physiques. D'une façon générale, elles sont régies par les dispositions du *Code civil du Québec* et par la *Loi sur la publicité légale des entreprises individuelles, des sociétés et des personnes morales.* Pour éviter de répéter le nom de la loi au long, nous utiliserons le nom *Loi sur la publicité légale des entreprises* (L.P.L.E.). La société par actions et la coopérative, quant à elles, sont des **personnes morales** constituées en vertu d'une loi particulière qui leur donne naissance. Ce sont des personnes morales de droit privé (*voir le chapitre 3*).

Lorsque les dispositions de leurs lois constitutives sont silencieuses sur un sujet particulier, celles du *Code civil du Québec* viennent les compléter. Ce sera le cas, par exemple, de la question des inhabilités et des conflits d'intérêts des administrateurs d'une compagnie ou société par actions, où les dispositions du *Code civil du Québec* viennent compléter celles de la *Loi sur les sociétés par actions* et même y suppléer.

En droit commercial, la société par actions porte plusieurs noms: compagnie; corporation; société par actions; société. Le *Code civil du Québec* n'emploie aucun de ces termes pour désigner la société par actions ou la compagnie; il utilise le terme « personne morale ». Dans le présent chapitre, pour éviter toute ambiguïté, nous utiliserons exclusivement le nom « société par actions », même si la loi fédérale parle de sociétés par actions et de sociétés, et le *Code civil du Québec,* de personnes morales.

7.1 L'EXPLOITATION D'UNE ENTREPRISE

Le *Code civil du Québec* définit l'**exploitation d'une entreprise** à l'article 1525. Cette définition recouvre l'ensemble des commerces et entreprises de production, de services et de vente au détail avec lesquels le consommateur fait affaire dans le cadre de ses activités économiques, tels: les dépanneurs; les cafés-bistro; les cliniques et les cabinets de dentistes, de comptables, d'avocats, etc.

Exploitation d'une entreprise *(Carrying on of an enterprise)*
Exercice, par une ou plusieurs personnes, d'une activité économique organisée, qu'elle soit ou non à caractère commercial, consistant dans la production ou la réalisation de biens, leur administration ou leur aliénation, ou dans la prestation de services (art. 1525(3) du C.c.Q.).

i+

7.1.1 Le cadre législatif

Le ***Code civil du Québec*** et certaines lois à caractère particulier régissent l'exploitation de ces différents types d'entreprise. Les lois les plus importantes sont:

- la *Loi sur les sociétés par actions* (R.L.R.Q., c. S-31.1);
- la *Loi canadienne sur les sociétés par actions* (L.R.C. (1985), ch. C-44);
- la *Loi sur les coopératives* (R.L.R.Q., c. C-67.2);
- la *Loi sur la publicité légale des entreprises* (L.R.Q., c. P-44.1));
- la *Loi sur le transfert des valeurs mobilières et l'obtention de titres intermédiés* (R.L.R.Q., c. T-11.002).

Ces lois reconnaissent cinq grandes formes d'organisation juridique d'une entreprise: 1) l'entreprise individuelle exploitée par une personne physique; 2) la société de personnes; 3) l'association; 4) la compagnie ou société par actions; et 5) la coopérative.

Elles établissent également une distinction importante entre la **personne physique,** qui exploite une entreprise et la **personne morale,** qui exploite une entreprise. La principale distinction entre la personne physique et la personne morale repose sur le principe de la responsabilité limitée des actionnaires de la personne morale.

Dans le chapitre 3, nous avons déjà établi la distinction entre une personne physique et une personne morale. Il est important de comprendre comment cette distinction s'applique en pratique dans le cadre de l'exploitation d'une entreprise. Alors qu'une personne physique est essentiellement un **être humain,** la personne morale peut revêtir plusieurs formes, selon la loi qui lui a donné naissance. C'est pourquoi, lorsqu'on parle d'une personne morale, on parle d'une entreprise constituée selon telle ou telle loi :

- une société par actions est constituée en vertu de la *Loi sur les sociétés par actions* ou de la *Loi canadienne sur les sociétés par actions* ;
- une corporation sans but lucratif est constituée en vertu de la partie III de la *Loi sur les compagnies du Québec* ou de la partie 2 de la *Loi canadienne sur les sociétés par actions* ;
- une compagnie est constituée en vertu d'une loi étrangère ;
- une coopérative est constituée en vertu de la *Loi sur les coopératives.*

Contrairement à l'entreprise individuelle, à la société et à la société par actions, la coopérative est avant tout une association de personnes qui désirent se procurer mutuellement divers produits ou services. Les personnes qui choisissent ce type d'entreprise ne recherchent pas leur profit personnel. Dans cet ouvrage, bien que nous fassions référence à la coopérative en tant que personne morale, nous ne développerons pas l'étude de cette forme juridique particulière d'entreprise. Nous invitons le lecteur à consulter le matériel complémentaire disponible en ligne.

i+ Pour en savoir davantage sur la coopérative

7.1.2 Le choix d'une forme d'entreprise

Toute personne qui désire exploiter une entreprise doit se poser deux questions importantes (*voir la figure 7.1, à la page suivante*) avant d'arrêter son choix.

A. Faire affaire seul ou avec d'autres ?

La personne physique qui exploite une entreprise peut choisir de le faire seule. Deux possibilités s'offrent alors à elle : l'entreprise individuelle ou la société par actions à **actionnaire** et **administrateur** unique. La société par actions est une personne morale alors que l'entreprise individuelle ne l'est pas. La personne physique peut choisir d'exploiter son entreprise avec d'autres personnes. Ses possibilités sont alors plus nombreuses : société en nom collectif ; société en commandite ; société en participation ; association ; société par actions ou coopérative.

Actionnaire *(Shareholder)*
Personne ou groupement qui détient une ou plusieurs actions d'une société par actions.

Administrateur *(Administrator)*
Personne physique élue par les actionnaires pour agir à titre de mandataire de la société par actions, pour la représenter dans ses activités et pour voir à son administration.

Seules les deux dernières formes d'entreprise constituent une personne morale. Selon le choix de la forme d'entreprise, le propriétaire portera un nom différent :

- entreprise individuelle : propriétaire ;
- société : associé ;
- association : membre ;
- compagnie : actionnaire ;
- coopérative : membre ou sociétaire.

Notre étude se fera en deux parties : nous étudierons l'entreprise non constituée en société par actions dans le présent chapitre et l'entreprise constituée en société par actions dans le chapitre 8.

FIGURE 7.1 Le choix d'une forme d'entreprise

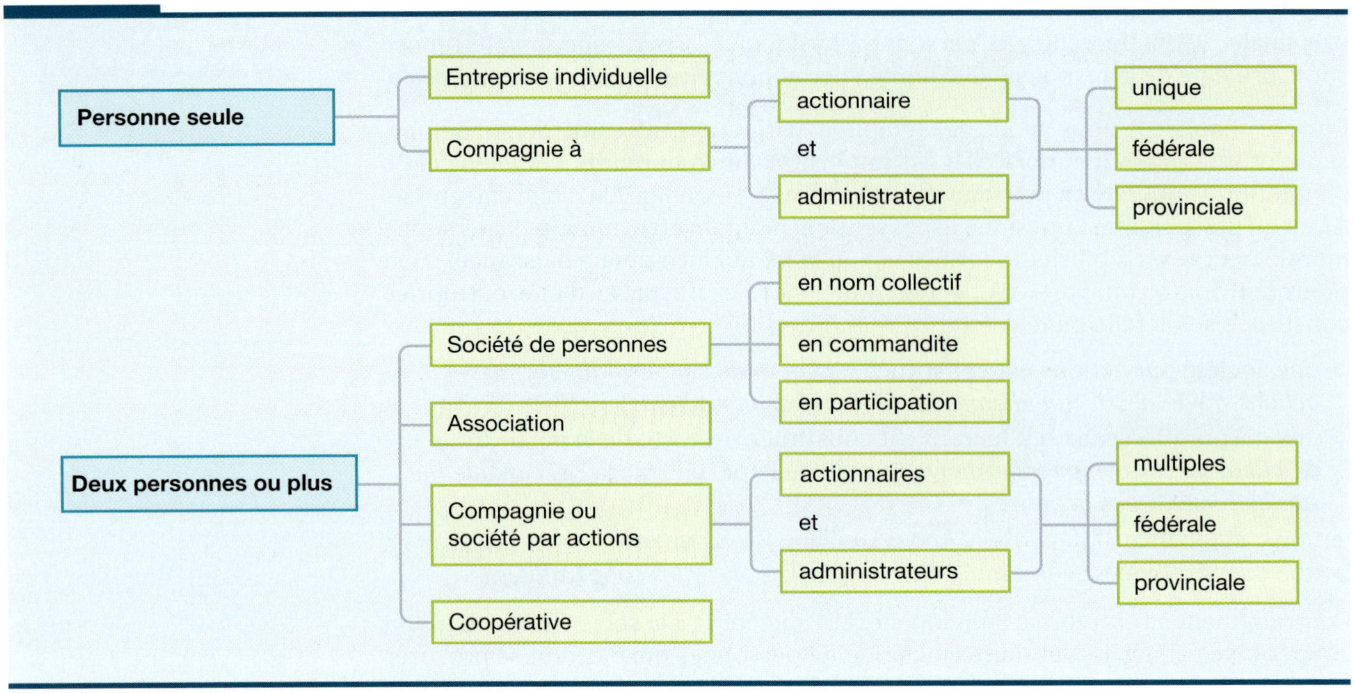

B. Quelle forme juridique choisir ?

Les cinq éléments suivants ont une incidence importante sur la forme juridique que les gens d'affaires choisiront : 1) la personnalité juridique de l'entreprise ; 2) le nombre de personnes qui participent aux décisions importantes et les relations qu'elles entretiennent ; 3) la responsabilité quant aux dettes de l'entreprise ; 4) la continuité de l'existence de l'entreprise ; et 5) la fiscalité propre à la forme d'entreprise. Afin de bien illustrer les choix qui s'offrent aux gens d'affaires et aux personnes qui désirent se lancer en affaires, nous suivrons l'exemple d'un futur entrepreneur.

> **Exemple** Jean-François Archambault désire exploiter une entreprise d'hôtellerie et de restauration dans les Laurentides. Il devra franchir plusieurs étapes et prendre plusieurs décisions d'affaires avant d'ouvrir ses portes.

Nous nous attarderons ici à celles qui touchent la forme juridique de sa future entreprise : le choix d'un nom, la constitution, l'immatriculation et l'obtention de permis. Peu importe la forme juridique que Jean-François choisira, il sera soumis à la L.P.L.E.

7.2 LA *LOI SUR LA PUBLICITÉ LÉGALE DES ENTREPRISES*

L'article 21 de la L.P.L.E. (R.L.R.Q. c.P-44.1) oblige toute personne physique ou morale, société ou groupement qui exploite une entreprise au Québec à s'immatriculer.

> **Art. 21 de la L.P.L.E. Est soumise à l'obligation d'immatriculation :**
>
> **1° la personne physique qui exploite une entreprise individuelle au Québec, qu'elle soit ou non à caractère commercial, sous un nom ne comprenant pas son nom de famille et son prénom ;**

2° la société en nom collectif ou la société en commandite, qui est constituée au Québec;

3° la société de personnes qui n'est pas constituée au Québec, si elle y exerce une activité, incluant l'exploitation d'une entreprise, ou y possède un droit réel immobilier autre qu'une priorité ou une hypothèque;

4° la personne morale de droit privé qui est constituée au Québec;

5° la personne morale de droit privé qui n'est pas constituée au Québec, ou celle constituée au Québec qui a continué son existence sous le régime d'une autre autorité législative que le Québec, si elle y a son domicile, y exerce une activité, incluant l'exploitation d'une entreprise, ou y possède un droit réel immobilier autre qu'une priorité ou une hypothèque;

6° la personne morale de droit privé visée au paragraphe 4° ou 5° qui est issue d'une fusion, autre qu'une fusion simplifiée au sens de la Loi sur les sociétés par actions (chapitre S-31.1);

7° la société d'économie mixte constituée en vertu de la Loi sur les sociétés d'économie mixte dans le secteur municipal (chapitre S-25.01).

Malgré le paragraphe 1° du premier alinéa, est également soumise à l'obligation d'immatriculation, une personne physique qui exploite, sous un nom comprenant son nom de famille et son prénom:

1° un point de vente de tabac au sens de la Loi sur le tabac (chapitre T-0.01);

2° un salon de bronzage au sens de la Loi visant à prévenir les cancers de la peau causés par le bronzage artificiel (chapitre C-5.2).

L'article 18 de la L.P.L.E. définit ces personnes et entreprises comme étant des «assujettis».

Art.18 de la L.P.L.E. Pour l'application de la présente loi, l'expression «assujetti» signifie la personne ou le groupement de personnes qui est immatriculé volontairement ou toute personne ou société de personnes qui est tenue de l'être.

Cette loi est appliquée par le Registraire des entreprises. Comme son nom l'indique, elle vise à réglementer la publicité légale des entreprises faisant affaire au Québec, et ce, quelle que soit leur forme juridique. Elle prévoit l'obligation pour toute personne physique exploitant une entreprise individuelle, de même que pour toute société, tout groupement, ou toute compagnie ou personne morale, de déposer une **déclaration d'immatriculation** auprès du Registraire des entreprises et de tenir à jour les informations la concernant.

La personne physique exploitant seule une entreprise individuelle sous son nom propre, la société en participation et l'association ne sont pas soumises à l'obligation de l'immatriculation.

> **Exemple** Auberge Jean-François Archambault.

De plus, un **Registre des entreprises** a été créé. Le mode d'immatriculation, les formulaires utilisés et les renseignements qu'on trouve sur le site du Registraire des entreprises diffèrent selon le type d'entreprise.

7.2.1 La publicité légale des entreprises

Le but du Registre des entreprises est de permettre à toute personne et en particulier aux créanciers et à ceux qui font affaire avec une entreprise de connaître le nom des véritables propriétaires de l'entreprise.

> **Exemple** Dans le cas de Jean-François, si son entreprise s'était nommée l'« Auberge Oasis », le nom du véritable propriétaire n'aurait pas été évident pour une tierce personne.

L'article 99 de la L.P.L.E. énonce:

> **Art. 99. de la L.P.L.E. Toute personne peut consulter le registre.**
>
> **La consultation se fait aux endroits et heures désignés par le registraire. Elle peut aussi se faire à distance, au moyen des technologies qu'il détermine.**
>
> **La consultation est gratuite. Toutefois, elle est sujette aux frais prescrits par règlement du gouvernement dans les cas qui y sont déterminés.**

De plus, l'article 106 de la L.P.L.E. précise que le registraire peut délivrer une copie de tout document déposé au Registre des entreprises à toute personne qui en fait la demande.

> **Art 106. de la L.P.L.E. Sur paiement des frais prescrits par règlement du gouvernement, le registraire doit délivrer à toute personne qui lui en fait la demande une copie ou un extrait d'un document déposé au registre (...).**

Le Registre est informatisé; toute personne intéressée peut y avoir accès grâce aux ordinateurs qui se trouvent dans la plupart des palais de justice ou au bureau du Registraire des entreprises, ou encore par Internet à partir de son domicile.

> **Exemple** La compagnie Prosan inc. vend des produits sanitaires à l'Auberge Oasis et désire avoir plus de renseignements sur cette entreprise. Elle peut consulter le Registre des entreprises pour connaître la forme juridique de l'entreprise et le nom des propriétaires. Elle peut ensuite obtenir une enquête de crédit pour connaître la solvabilité de Jean-François.

En plus de l'**immatriculation** obligatoire des entreprises faisant affaire au Québec, la loi énonce les conditions à respecter dans le **choix** et l'**utilisation d'un nom** ou d'une dénomination sociale par une entreprise.

7.2.2 Le choix d'un nom

La personne qui exploite une entreprise au Québec doit choisir le nom sous lequel elle fera affaire. La L.P.L.E. réglemente de façon très stricte le choix et l'utilisation d'un nom ou d'une dénomination sociale par une personne physique ou morale, une société ou un groupement au Québec.

> **Exemple** Si Jean-François Archambault choisit de se lancer en affaires comme entreprise individuelle, comme société en nom collectif ou comme compagnie, il devra respecter les dispositions de l'article 17 de la L.P.L.E.

> **Art. 17 de la L.P.L.E. L'assujetti ne peut déclarer ni utiliser au Québec un nom:**
>
> **1° qui n'est pas conforme aux dispositions de la Charte de la langue française (chapitre C-11);**
>
> **2° qui comprend une expression que la loi réserve à autrui ou dont elle lui interdit l'usage;**
>
> **3° qui comprend une expression qui évoque une idée immorale, obscène ou scandaleuse;**
>
> **4° qui indique incorrectement sa forme juridique ou omet de l'indiquer lorsque la loi le requiert, en tenant compte des normes relatives à la composition des noms déterminées par règlement du gouvernement;**
>
> **5° qui laisse faussement croire qu'il est un groupement sans but lucratif;**

6° qui laisse faussement croire qu'il est une autorité publique visée au règlement du gouvernement ou qu'il est lié à celle-ci;

7° qui laisse faussement croire qu'il est lié à une autre personne, à une autre société de personnes ou à un autre groupement de personnes, dans les cas et en tenant compte des critères déterminés par règlement du gouvernement;

8° qui prête à confusion avec un nom utilisé par une autre personne, une autre société de personnes ou un autre groupement de personnes au Québec, en tenant compte des critères déterminés par règlement du gouvernement;

9° qui est de toute autre manière de nature à induire les tiers en erreur.

L'assujetti dont le nom est dans une langue autre que le français doit déclarer la version française de ce nom qu'il utilise au Québec dans l'exercice de son activité, incluant l'exploitation de son entreprise, ou aux fins de la possession d'un droit réel immobilier autre qu'une priorité ou une hypothèque.

Le deuxième alinéa ne s'applique pas à la personne physique qui est immatriculée sous un nom comprenant uniquement son nom de famille et son prénom.

De plus, les articles 1, 3, 4 et 5 du *Règlement d'application de la Loi sur la publicité légale des entreprises* (R.A.L.P.L.E., Chap. P-44.1, r.1) ajoutent un certain nombre de critères pour nous guider dans le choix d'un nom:

- Ce peut être son propre nom, le nom d'une autre personne (avec son accord) ou encore un nom créé de toutes pièces.
- Le nom doit être descriptif (par exemple, «**Constructions**», «**Restaurant**», «**Transport**») et distinctif (par exemple, Construction **Bois d'or,** Restaurant **La Bonne bouffe,** Transport **St-Hyacinthe**), afin de bien désigner le genre d'entreprise et de permettre de la distinguer des autres appartenant au même secteur d'activité.
- Le nom choisi ne doit pas être le nom ou la désignation d'une entreprise déjà existante.
- Il ne doit pas être déjà immatriculé ni présenter des ressemblances qui pourraient prêter à confusion avec un autre nom.
- De plus, le nom choisi doit être conforme aux exigences de la *Charte de la langue française,* c'est-à-dire qu'il doit être en français[1].

A. La vérification

Les articles 150 et 36 de la L.P.L.E. énoncent:

Art. 150 de la L.P.L.E. Le gouvernement peut, par règlement, déterminer:

1° les normes relatives à la composition des noms pour l'application du paragraphe 4° du premier alinéa de l'article 17;

2° les autorités publiques visées au paragraphe 6° du premier alinéa de l'article 17;

3° les cas où un nom d'un assujetti laisse faussement croire qu'il est lié à une autre personne, à une autre société de personnes ou à un autre groupement de personnes pour l'application du paragraphe 7° du premier alinéa de l'article 17;

1. Canadian Tire, Second Cup et Walmart sont des marques de commerce, donc réglementées par la *Loi sur les marques de commerce,* une loi fédérale qui permet l'affichage de ces marques de commerce. Toutefois, si l'on consulte le Registre des entreprises, on constate que le nom de ces entreprises est précédé des mots «Magasins», «Restaurants» ou d'un autre mot français, ou qu'il s'agit d'une société par actions avec un nom numérique. On constate également que les noms précités apparaissent sous la rubrique «Autres noms utilisés par l'entreprise».

4° les critères devant être pris en compte pour l'application des paragraphes 7° et 8° du premier alinéa de l'article 17.

Art. 36 de la L.P.L.E. Le registraire doit refuser d'immatriculer l'assujetti :

1° lorsque son nom n'est pas conforme aux dispositions de l'un des paragraphes 1° à 6° du premier alinéa ou du deuxième alinéa de l'article 17 ;

2° lorsque sa déclaration d'immatriculation est incomplète, inexacte ou ne respecte pas les dispositions de l'article 68 ou les exigences déterminées par le ministre en vertu de l'un des articles 109, 112 ou 114.

Le registraire doit également refuser d'immatriculer l'assujetti qui est déjà immatriculé ou dont l'immatriculation est radiée lorsque la radiation peut être révoquée en vertu de la sous-section 3 de la section III.

Il informe l'assujetti des motifs de son refus.

Le Registraire des entreprises vérifie si le nom proposé respecte les six premiers paragraphes de l'alinéa 1 de l'article 17 et peut refuser l'immatriculation d'une entreprise qui y contrevient. Par ailleurs, pour les paragraphes 7e, 8e et 9e de l'alinéa 1, de même pour les critères additionnels prévus aux articles 1, 3, 4 et 5 du R.A.L.P.L.E., c'est l'assujetti ou son conseiller juridique qui doivent s'assurer que le nom choisi n'y contrevient pas. À cette fin, il est important de consulter le Registre des entreprises avant de choisir un nom afin d'éviter d'engager sa responsabilité civile en utilisant un nom déjà immatriculé par une autre personne ou entreprise.

> **Exemple** Jean-François peut, lui-même, effectuer la vérification en se rendant au palais de justice de son district judiciaire ou au bureau du Registraire des entreprises ; il peut aussi le faire par Internet, ce qui est la façon la plus rapide de procéder sans frais. Jean-François ne peut pas utiliser le nom d'une entreprise déjà existante ou un nom qui porte à confusion avec celui d'une entreprise déjà existante, comme les noms suivants : Château Bonne Entente ; Hôtel Chanteclerc ; Hôtel Chante-Claire ; Hôtel de la Montagne.

La personne ou l'entreprise qui a procédé la première à l'immatriculation d'un nom ou d'une dénomination sociale a priorité sur son utilisation et peut empêcher une autre personne ou entreprise d'utiliser son nom. Dans un tel cas, l'intéressé s'adresse au Registraire des entreprises, qui doit statuer par écrit et aviser le contrevenant de changer de nom sous peine d'annulation et de poursuite en dommages-intérêts, le cas échéant.

> **Exemple** Supposons que Jean-François achète l'entreprise de Marie-Claude Raymond : l'Auberge Mariclau. Voici les possibilités qui s'offrent à lui quant au choix du nom de sa nouvelle entreprise.
>
> - Il peut faire affaire sous son propre nom : Auberge Jean-François Archambault.
> - Il peut créer un nom de toutes pièces : Auberge Bon Repos, Relaxhôtel.
> - Il peut aussi reprendre le nom que Marie-Claude Raymond utilisait. Dans ce cas, il devra ajouter un élément distinctif, telle l'année de l'acquisition de l'entreprise : Auberge Mariclau (2011).

Finalement, l'article 1 du R.A.L.P.L.E., l'article 20 de la *Loi sur les sociétés par actions du Québec* (L.S.A.), qui a remplacé l'ancien article 123.22 de la *Loi sur les compagnies du Québec* (L.C.Q.) et l'article 10 de la *Loi canadienne sur les sociétés par actions* (L.C.S.A.) imposent l'obligation d'utiliser certains mots ou certaines abréviations dans le nom de l'entreprise pour indiquer aux personnes faisant affaire avec l'entreprise la forme juridique choisie (*voir le tableau 7.1*).

TABLEAU 7.1 Les critères à respecter dans le choix d'un nom selon les formes juridiques de l'entreprise

Type d'entreprise	Article de loi visé	Exemple
Entreprise individuelle	**Art. 1 du R.A.L.P.L.E. La personne physique qui exploite une entreprise individuelle au Québec ne peut ajouter à la suite de son nom un mot ou une phrase indiquant une pluralité de membres.**	Si Jean-François choisit l'entreprise individuelle, il ne pourra pas l'appeler « Hôtel-Restaurant les associés ».
Société en nom collectif	**Art. 1 du R.A.L.P.L.E. La société en nom collectif indique correctement sa forme juridique si elle utilise dans son nom les mots « société en nom collectif » ou si elle utilise, à la fin de son nom, le sigle « S.E.N.C. ».**	Si Jean-François choisit la société en nom collectif, il devra ajouter les mots « société en nom collectif » ou l'abréviation « S.E.N.C. » à la fin du nom choisi, par exemple « Auberge Oasis (S.E.N.C.) ».
Société en nom collectif à responsabilité limitée	**Art. 1 du R.A.L.P.L.E. Si elle est à responsabilité limitée, la société en nom collectif indique correctement sa forme juridique si elle utilise dans son nom ou à la suite de son nom les mots « société en nom collectif à responsabilité limitée » ou si elle utilise, seulement à la suite de son nom, le sigle « S.E.N.C.R.L. ».**	Audrey Chevrette, Sonia Beauchamp, Marie-Pier Lacas et Gabriel Serena viennent d'être reçus avocats et décident de former un bureau d'avocats en société en nom collectif à responsabilité limitée sous le nom de Chevrette, Beauchamp, Lacas, Serena avocats. Ils doivent ajouter les lettres S.E.N.C.R.L. à la fin du nom de leur entreprise.
Société en commandite	**Art. 1 du R.A.L.P.L.E. La société en commandite indique correctement sa forme juridique si elle utilise dans son nom les mots « société en commandite » ou si elle utilise, à la fin de son nom, le sigle « S.E.C. ».**	Si Jean-François choisit la société en commandite, il devra écrire « Auberge Oasis (S.E.C.) ».
Société par actions provinciale	**Art. 20 de la L.S.A. (Entreprise à responsabilité limitée) La dénomination sociale de la compagnie qui ne comprend pas l'expression « société par actions », « compagnie » ou « corporation » doit comporter, à la fin, l'expression « s.a. », « inc. » ou « ltée » afin d'indiquer qu'elle est une entreprise à responsabilité limitée.**	Si Jean-François choisit la compagnie, il ajoutera fort probablement l'expression « limitée » ou « incorporée » ou son abréviation à la fin du nom choisi : Auberge Oasis inc. ou ltée.
Société par actions fédérale	**Art. 10(1) de la L.C.S.A. (Dénomination sociale) Les mots ou expressions « limitée », « Limited », « incorporée », « Incorporated », « Société par actions de régime fédéral », « Société commerciale canadienne » ou « Corporation », ou leurs abréviations « ltée », « Ltd. », « inc. », « S.A.R.F. », « S.C.C. » ou « Corp. » doivent faire partie, autrement que dans un sens figuratif ou descriptif, de la dénomination sociale de toute société ; la société peut aussi bien utiliser le mot, l'expression ou l'abréviation et être légalement désignée de cette façon.**	Le même exemple que pour la société par actions provinciale s'applique dans le cas de la société par actions fédérale.

7.2.3 La déclaration d'immatriculation

Toute entreprise assujettie à la L.P.L.E. doit déposer une **déclaration d'immatriculation** auprès du Registraire des entreprises. Il est important de noter que, dans le cas d'une compagnie incorporée constituée en vertu de la L.S.A., celle-ci

Certificat de constitution *(Certificate of constitution)*
Document, appelé aussi « acte constitutif », délivré par l'autorité compétente provinciale ou fédérale, selon le cas, qui lui donne son existence légale.

est automatiquement immatriculée au moment de la délivrance de son **certificat de constitution**, et ce, sans frais pour les fondateurs (art. 30 de la L.P.L.E.).

Art. 30 de la L.P.L.E. Le registraire procède à l'immatriculation de l'assujetti sur production de sa déclaration d'immatriculation ou, dans le cas d'une personne morale constituée au Québec, sur dépôt de son acte constitutif au registre conformément à la loi applicable à son espèce.

Si l'original de l'acte constitutif n'est pas disponible, le registraire dépose au registre une copie certifiée conforme de celui-ci.

Art. 31 de la L.P.L.E. Pour l'application de la présente loi, l'expression « personne morale constituée au Québec » désigne une personne morale constituée en vertu d'une loi du Québec et, sauf pour l'application du deuxième alinéa de l'article 36, une personne morale constituée sous le régime d'une autre autorité législative que le Québec qui a continué son existence sous le régime d'une loi du Québec.

Art. 32 de la L.P.L.E. La déclaration d'immatriculation doit être produite au registraire au plus tard 60 jours après la date à laquelle l'obligation d'immatriculation s'impose et être accompagnée des droits prévus par la présente loi.

La dénomination sociale choisie ne doit pas présenter avec un autre nom des ressemblances qui pourraient prêter à confusion.

Les sociétés par actions constituées en vertu de la *Loi canadienne sur les sociétés par actions* sont elles aussi tenues de s'immatriculer en produisant une déclaration d'immatriculation auprès du Registre des entreprises dans les 60 jours après leur constitution si elles ont un siège social au Québec ou si elles y exercent une activité ou y exploitent une entreprise. Elles utilisent le même formulaire, mais elles y précisent le nom de la loi sous l'autorité de laquelle elles ont été constituées.

Ce sont les articles 33, 34 et 35 de la L.P.L.E. qui précisent ce que doit contenir la déclaration d'immatriculation. L'article 33 énonce les renseignements obligatoires que tous les assujettis doivent produire alors que l'article 34 précise les informations additionnelles qu'une société de personnes doit y ajouter et que l'article 35 précise les informations additionnelles qu'une personne morale doit fournir.

Cette déclaration initiale d'immatriculation doit être déposée au plus tard 60 jours après la date du début des activités de l'entreprise (art. 32 de la L.P.L.E.). Toutes les déclarations d'immatriculation sont déposées dans le Registre des entreprises. Ces formulaires sont disponibles en ligne sur le site du Registraire des entreprises.

Exemple Ainsi donc, si Jean-François choisit l'entreprise individuelle, il utilisera le formulaire d'immatriculation intitulé « Personne physique exploitant une entreprise individuelle ».

Après avoir rempli le formulaire, Jean-François le transmettra au Registraire des entreprises et acquittera les frais d'immatriculation.

7.2.4 La déclaration de mise à jour des informations en cours d'année

Si l'assujetti constate que sa déclaration est incomplète ou qu'elle contient un renseignement inexact ou modifié en cours d'année, il doit redresser la situation en produisant une **déclaration de mise à jour** auprès du Registraire des entreprises. Ce serait le cas s'il y avait un changement de siège social, si l'entreprise était vendue ou si elle accueillait de nouveaux actionnaires ou administrateurs, par exemple. L'article 41 de la L.P.L.E. précise que ces modifications au dossier doivent être faites dans les 30 jours suivant le changement visé.

Art. 41 de la L.P.L.E. L'assujetti doit mettre à jour les informations visées aux articles 33 à 35 le concernant, contenues au registre, en produisant une déclaration de mise à jour dans les 30 jours de la date où survient un changement, à moins que la loi ne prévoie un délai plus court.

Il en est de même de la personne morale issue d'une fusion simplifiée au sens de la Loi sur les sociétés par actions (chapitre S-31.1) quant aux informations concernant l'assujetti dont elle conserve le numéro d'entreprise du Québec.

7.2.5 La déclaration annuelle de mise à jour des informations

L'article 45 de la L.P.L.E. précise que toute entreprise immatriculée a l'obligation de faire une mise à jour annuelle des informations qui la concernent afin qu'on puisse tenir à jour l'information contenue dans le Registre des entreprises.

Art. de la 45 L.P.L.E. L'assujetti doit, une fois par année, durant la période déterminée par règlement du ministre, produire une déclaration de mise à jour dans laquelle il indique que les informations visées aux articles 33 à 35 le concernant, contenues au registre, sont exactes ou, le cas échéant, les changements qui devraient y être apportés.

Cette obligation naît à compter de l'année suivant celle au cours de laquelle l'assujetti a été immatriculé.

De plus, la déclaration de l'assujetti, autre que celui visé à l'article 46, doit être accompagnée des droits annuels d'immatriculation prévus par la présente loi.

Les entreprises doivent produire simultanément leur déclaration annuelle de mise à jour des informations pour le Registre des entreprises et leur **déclaration de revenus du Québec.** En effet, en faisant sa déclaration de revenus, l'entreprise coche une case indiquant si les informations contenues au Registre des entreprises sont à jour. Si elles ne le sont pas, l'entreprise doit produire une déclaration de mise à jour. Comme le Registraire ne transmet plus d'avis de retard de production des déclarations de mise à jour annuelle des informations apparaissant au Registre des entreprises, il est important pour les entreprises de consulter le Registre pour s'assurer que les informations qui y apparaissent sont exactes.

L'article 46 de la L.P.L.E. énonce :

Art. 46 de la L.P.L.E. L'assujetti qui est tenu de produire au ministre une déclaration de revenus en vertu de l'article 1000 de la Loi sur les impôts (chapitre I-3) ou, s'il est une personne physique qui exploite une entreprise individuelle, serait tenu de la produire s'il avait un impôt à payer en vertu de la partie I de cette loi, peut, pendant la période déterminée par règlement, déclarer dans sa déclaration de revenus que les informations visées aux articles 33 à 35 le concernant, contenues au registre, sont ou non à jour.

Lorsque l'assujetti déclare que ces informations sont à jour, le registraire inscrit à l'état des informations qu'il a satisfait à son obligation de mise à jour annuelle pour l'année en cours.

Lorsqu'il déclare que ces informations ne sont pas à jour, l'assujetti doit produire une déclaration de mise à jour conformément à l'article 45.

7.2.6 La radiation

Lorsque l'obligation de l'immatriculation ne s'impose plus, par exemple lorsque l'assujetti vend, transfère ou liquide son entreprise, il doit, conformément à l'article 54 de la L.P.L.E., produire sans délai une **déclaration de radiation** selon le type d'entreprise choisi pour faire disparaître l'obligation d'immatriculation.

Art. 54 de la L.P.L.E. L'immatriculation d'un assujetti est radiée sur production d'une déclaration de radiation dans les cas prévus par la présente sous-section.

De plus, la déclaration de radiation d'un assujetti doit être accompagnée de tout montant exigible dont il est redevable en vertu de la présente loi à l'exception des montants auxquels s'applique l'article 85.

Le registraire informe l'assujetti de la radiation de son immatriculation.

> **Exemple** Le 24 septembre 2015, Jean-François vend son auberge à Sylvie. Cette dernière décide de conserver le nom « Auberge Oasis » pour éviter de dérouter la clientèle.

Jean-François doit déposer une déclaration de radiation indiquant qu'il a cessé d'utiliser le nom « Auberge Oasis » depuis le 24 septembre 2015. Le but de cette déclaration est de dégager Jean-François de toute responsabilité liée aux dettes de l'entreprise qui seront contractées par Sylvie à compter du 24 septembre 2015. Quant à Sylvie, elle doit déposer une nouvelle déclaration d'immatriculation indiquant qu'elle exploite une entreprise individuelle sous le nom d'« Auberge Oasis » depuis le 24 septembre 2015.

Pour éviter la confusion, il existe une pratique non obligatoire en vertu de la L.P.L.E. qui consiste à ajouter l'année d'acquisition après le nom de l'entreprise. Ainsi, Sylvie pourrait utiliser le nom « Auberge Oasis (2015) ». Tant que Jean-François n'aura pas déposé sa déclaration de radiation, il sera responsable des dettes contractées après la vente de son commerce.

A. La radiation d'office

La radiation d'office intervient lorsque le Registraire des entreprises constate qu'une entreprise est en défaut. L'article 59 de la L.P.L.E. énonce :

Art. 59 de la L.P.L.E. Le registraire peut, après avoir avisé l'assujetti conformément à l'article 73, radier d'office son immatriculation si celui-ci est en défaut de produire, à l'égard de deux années consécutives, ses déclarations de mise à jour conformément à l'un des articles 45 ou 46.

Il peut également radier l'immatriculation de l'assujetti qui ne se conforme pas à toute autre demande qui lui a été faite en vertu de l'article 73.

Le registraire dépose un arrêté à cet effet au registre et en informe l'assujetti.

La radiation de l'immatriculation d'une personne morale constituée au Québec emporte sa dissolution.

Cette personne morale est toutefois réputée conserver son existence afin de terminer toute procédure judiciaire ou administrative.

La radiation d'immatriculation d'une société fédérale ou étrangère n'entraîne pas sa dissolution.

B. La révocation de la radiation

L'article 63 de la L.P.L.E. prévoit que toute personne intéressée peut demander la révocation de la radiation d'une entreprise :

Art. 63 de la L.P.L.E. Le registraire peut, à la demande de l'assujetti, révoquer la radiation qu'il a effectuée en vertu de l'article 59.

L'assujetti doit accompagner sa demande de la déclaration initiale et de toute déclaration de mise à jour annuelle qu'il était en défaut de produire avant sa radiation ainsi que des mises à jour annuelles visant les années écoulées depuis sa radiation.

De plus, il doit accompagner sa demande de révocation du paiement:

1° des droits prévus par la présente loi pour cette demande;

2° des droits annuels d'immatriculation prévus par la présente loi pour toute année précédant la radiation où il était en défaut, pour l'année en cours et pour les années écoulées depuis la radiation, à l'exception des droits auxquels s'applique l'article 85;

3° de la pénalité prévue aux articles 87 et 88 pour chacune des années visées au paragraphe 2°.

Le registraire révoque la radiation de l'immatriculation d'une entreprise en déposant un arrêté à cet effet au Registre et il en informe l'entreprise. La révocation de la radiation de l'immatriculation d'une personne morale constituée au Québec, si la radiation a été effectuée en vertu de l'article 59, a pour effet de lui faire reprendre son existence à la date du dépôt de l'arrêté. Sous réserve des droits acquis par un tiers, l'immatriculation d'un assujetti est réputée n'avoir jamais été radiée et la personne morale constituée au Québec visée à l'article 59 est réputée n'avoir jamais été dissoute. La demande de révocation doit être accompagnée des droits prescrits par règlement.

7.2.7 Les recours

Comme nous l'avons indiqué précédemment, l'article 59 de la L.P.L.E. prévoit que le registraire peut, après avoir avisé l'entreprise visée conformément à l'article 73, radier d'office son immatriculation si celle-ci est en défaut de produire, à l'égard de deux années consécutives, ses déclarations de mise à jour conformément à l'un des articles 45 ou 46. Il peut également radier l'immatriculation de l'assujetti qui ne se conforme pas à toute autre demande qui lui a été faite en vertu de l'article 73.

A. Les pénalités administratives

Les articles 86 à 88 de la L.P.L.E. prévoient des pénalités administratives pour les entreprises qui omettent de produire leur déclaration initiale, de respecter leur obligation de mise à jour annuelle ou de payer les droits annuels d'immatriculation.

Art. 86 de la L.P.L.E. L'assujetti qui omet de produire sa déclaration initiale dans le délai prévu à l'article 38 doit payer une pénalité égale aux droits annuels d'immatriculation prévus par la présente loi applicables à sa forme juridique le jour suivant l'expiration de ce délai.

Art. 87 de la L.P.L.E. L'assujetti qui omet de satisfaire à son obligation de mise à jour annuelle dans la période déterminée par règlement doit payer une pénalité égale à 50% des droits annuels d'immatriculation prévus par la présente loi applicables à sa forme juridique le jour suivant l'expiration de cette période.

Le premier alinéa ne s'applique pas à un assujetti visé à l'article 46 qui a déclaré dans sa déclaration de revenus que les informations le concernant sont à jour.

Art. 88 de la L.P.L.E. L'assujetti qui omet de payer les droits annuels d'immatriculation dans le délai prévu à l'article 82 doit payer une pénalité égale à 5% des droits impayés et une pénalité additionnelle de 1% de ces droits pour chaque mois entier de retard, jusqu'à concurrence de 12 mois.

Le premier alinéa ne s'applique pas à un assujetti visé à l'un des articles 83 ou 84.

> **Exemple** Prosan inc., qui n'a pas fait la mise à jour des informations apparaissant au Registre des entreprises ni payé les droits annuels d'immatriculation pour les années 2013, 2014 et 2015, se verra imposer des pénalités administratives équivalentes à 150 % de la valeur des droits annuels d'immatriculation pour les années visées, plus des pénalités additionnelles.

B. Les recours pénaux

La L.P.L.E. prévoit une série d'infractions aux articles 152 à 163. Parmi les plus importantes, notons le défaut de s'immatriculer ou de produire une déclaration annuelle ou modificative, ou encore une fausse déclaration. Les articles 159 à 162 prévoient des sanctions sévères à ce sujet.

> **Art. 159 de la L.P.L.E. Quiconque commet une infraction visée à l'un des articles 152 à 158 est passible d'une amende d'au moins 400 $ et d'au plus 4 000 $ s'il s'agit d'une personne physique, et d'une amende d'au moins 600 $ et d'au plus 6 000 $ dans les autres cas.**
>
> **En cas de récidive, les amendes sont portées au double.**
>
> **Art. 161 de la L.P.L.E. Tout administrateur, administrateur du bien d'autrui, dirigeant ou fondé de pouvoir d'un assujetti qui a ordonné, autorisé ou conseillé la perpétration d'une infraction visée à l'un des articles 152, 153, 154 ou 158, ou qui y a consenti ou autrement participé, commet une infraction et est passible d'une amende d'au moins 400 $ et d'au plus 4 000 $.**
>
> **En cas de récidive, les amendes sont portées au double.**

Pour terminer, il est important de préciser que l'article 2814 (5) du C.c.Q. déclare que le Registre des entreprises constitue un acte authentique au sens du *Code civil du Québec* et qu'il fait donc foi des informations qui y sont inscrites. C'est pourquoi il est important pour les entreprises et leurs administrateurs de vérifier l'exactitude des informations qu'ils y produisent et de les corriger, le cas échéant (art. 39 de la L.P.L.E.).

7.3 L'ENTREPRISE INDIVIDUELLE

Entreprise individuelle *(Sole proprietorship)*
Entreprise composée d'un seul propriétaire qui dirige toutes les activités de l'entreprise, aussi bien ce qui touche la capitalisation et la direction des activités commerciales que la responsabilité.

L'**entreprise individuelle** est l'organisation commerciale la plus répandue chez nous. Elle représente près de la moitié des entreprises et elle consiste en une personne physique qui exploite seule une entreprise. Le propriétaire ne partage donc ni les profits ni les pertes de son commerce.

Selon les dimensions de l'affaire, le propriétaire peut engager des employés et, à l'occasion, un directeur pour l'aider à administrer son commerce. Contrairement à une société par actions (compagnie), la loi ne reconnaît pas de personnalité morale à l'entreprise individuelle. Cette dernière n'a pas d'existence propre ni de patrimoine distinct et elle se confond avec son propriétaire. Les petites entreprises à caractère local, les travailleurs autonomes et les personnes qui se lancent en affaires pour la première fois et qui disposent d'un capital limité choisissent souvent cette forme juridique.

7.3.1 La constitution

L'entreprise individuelle n'est régie par aucune loi particulière. Les principes généraux du *Code civil du Québec* concernant la capacité légale de contracter, les obligations, les contrats et la responsabilité réglementent ses activités. Comme nous l'avons vu dans le chapitre 3, qui porte sur les personnes, l'article 156 du *Code civil du Québec* énonce que :

> **Art. 156 du C.c.Q. Le mineur âgé de 14 ans est réputé majeur pour tous les actes relatifs à son emploi ou à l'exercice de son art ou de sa profession.**

Un mineur peut donc mettre sur pied une entreprise individuelle. Par ailleurs, toute personne mariée ou en union civile peut tenir un commerce sans obtenir le consentement de son conjoint.

7.3.2 L'immatriculation

Dans notre exemple, Jean-François Archambault devra déposer une déclaration d'immatriculation auprès du **Registraire des entreprises**. Il doit aussi s'assurer que le nom choisi, l'Auberge Oasis, ne contrevient pas aux dispositions de la L.P.L.E. et qu'il ne porte pas à confusion avec le nom d'une entreprise déjà existante.

i+

CLIN D'ŒIL DE LA COUR

Le premier nom immatriculé a priorité

Cause *9042-5703 Québec inc. et Restaurant L'Ancestral (1988) inc. c. 9089-6663 Québec inc.* (nº 700-05-009674-007)

La juge Marie-France Courville, juge à la Cour supérieure du district de Terrebonne, devait se prononcer sur les faits suivants :

- Depuis 1988, les parties demanderesses 9042-5703 Québec inc. et Restaurant L'Ancestral (1988) inc. exploitent un restaurant au 625, boulevard Saint-Martin Ouest à Laval, sous le nom de « Restaurant L'Ancestral ». À compter du 4 avril 2000, date de sa constitution, la partie défenderesse 9089-6663 Québec inc. ouvre un restaurant au 13234, boulevard Labelle à Mirabel sous la raison sociale « Restaurant L'Ancestral ».
- Informées de ce fait par un de leurs clients, les parties demanderesses mettent la partie défenderesse en demeure de cesser l'utilisation du nom « Restaurant L'Ancestral ». Celle-ci répond qu'il s'agit d'une erreur et qu'elle va changer le nom pour « Restaurant L'Ancestral II ». Ces modifications étant insuffisantes pour éviter toute confusion, les parties demanderesses envoient une nouvelle mise en demeure et intentent une action en Cour supérieure.

Dans son jugement, la juge Courville a accueilli la requête des parties demanderesses et a ordonné à la partie défenderesse 9089-6663 Québec inc. de cesser d'utiliser les raisons sociales « Restaurant L'Ancestral II » et « Restaurant Maison L'Ancestral II ». Elle l'a aussi sommée de retirer immédiatement les annonces extérieures et de ne plus utiliser la papeterie à en-tête de son commerce situé au 13234, boulevard Labelle à Mirabel.

7.3.3 L'obtention d'un permis

Quelle que soit la forme juridique choisie, l'entreprise doit aussi se conformer à d'autres lois ou règlements propres au genre de commerce exploité ainsi qu'aux exigences concernant les rapports et les sommes d'argent que l'entreprise doit remettre aux différents ministères et organismes provinciaux et fédéraux. Les gens d'affaires doivent également se conformer à ces exigences. Nous vous référons à la section 8.7 (*voir la page 296*) qui porte sur un petit guide pratique de démarrage et d'exploitation d'une entreprise.

7.3.4 L'extinction de l'entreprise

L'entreprise individuelle prend fin automatiquement par le décès, la faillite et l'ouverture d'un régime de protection à l'égard de l'entrepreneur individuel. De plus, lorsque le propriétaire d'une entreprise individuelle décide de mettre fin à ses activités et de liquider son commerce, il doit déposer une déclaration de radiation à cet effet auprès du Registraire des entreprises. Cette formalité est particulièrement importante dans le cas de la vente d'un commerce. Sans une telle déclaration, le vendeur peut être tenu responsable des dettes du commerce dont il s'est défait.

7.3.5 Les avantages et les inconvénients de l'entreprise individuelle

L'encadré 7.1 illustre les avantages et les inconvénients de l'entreprise individuelle. Malgré la présence de nombreux avantages, son principal inconvénient touche à la responsabilité du propriétaire individuel pour ce qui est des dettes de son entreprise.

> **Exemple** Jean-François connaît des difficultés financières avec son entreprise et est poursuivi par les créanciers de l'Auberge Oasis. Si les biens de l'entreprise sont insuffisants pour payer les dettes de cette dernière, les créanciers pourront saisir les biens personnels de Jean-François (maison, meubles et compte de banque personnel) puisque ceux-ci ne sont pas protégés contre les créanciers de l'entreprise. Ce dernier pourrait ainsi être acculé à la faillite personnelle. De la même façon, il sera personnellement responsable des dommages causés par ses employés. Pour se protéger de sa responsabilité à l'égard des fautes de ses employés, il aurait intérêt à se munir d'assurances en responsabilité civile suffisantes pour parer à toute éventualité.

En conclusion, même si chaque cas est particulier et mérite d'être examiné en profondeur, il n'en demeure pas moins que l'entreprise individuelle n'est pas celle qui offre la plus grande sécurité au commerçant, compte tenu de la responsabilité personnelle et illimitée du propriétaire. Les gens d'affaires exploitant cette forme d'entreprise devraient songer sérieusement à réviser leur choix et à se tourner vers l'incorporation s'ils souhaitent donner de l'ampleur à leur entreprise et en assurer la stabilité, d'autant plus que les lois fédérale et provinciale régissant les compagnies permettent de créer des compagnies à actionnaire et administrateur unique. De plus, l'aspect fiscal doit aussi être pris sérieusement en considération lorsque les revenus dépassent les 50 000 $.

> **Exemple** Si nous reprenons notre exemple de Jean François, si celui-ci avait constitué son entreprise en société par actions, la faillite de cette dernière n'entraînerait pas nécessairement sa faillite personnelle à moins qu'il n'ait cautionné personnellement les obligations de l'entreprise vis-à-vis des créanciers de cette dernière.

ENCADRÉ 7.1 Les avantages et les inconvénients de l'entreprise individuelle

AVANTAGES

La facilité de mise sur pied

Elle nécessite très peu de formalités juridiques hormis le dépôt de la déclaration d'immatriculation.

Le coût peu élevé

Les coûts de mise sur pied de l'entreprise individuelle sont minimes. Ils incluent:

- l'immatriculation de la déclaration;
- les permis requis pour l'exercice du commerce;
- s'il y a lieu, les honoraires d'un spécialiste en la matière.

La simplicité d'administration

- Le propriétaire décide seul de l'administration de son entreprise, il n'a pas à tenir compte de l'avis d'associés ou d'un conseil d'administration.
- Il a l'entière liberté d'action quant à la cessation des affaires de son entreprise.

Aucun partage des profits

- N'ayant pas d'associés, le propriétaire individuel n'a pas à verser de dividendes ni à partager ses profits.
- Il ne paie que les salaires de ses employés, s'il en a.

ENCADRÉ 7.1 Les avantages et les inconvénients de l'entreprise individuelle (*suite*)

L'aspect fiscal

Si l'entreprise connaît un déficit, l'entrepreneur peut déduire les pertes d'entreprise de ses autres revenus personnels, car le fisc associe l'entreprise individuelle à son propriétaire.

Le recours à la Cour du Québec, division des petites créances

Lorsqu'il intente des actions devant les tribunaux, le propriétaire individuel peut s'adresser à la division des petites créances de la Cour du Québec pour les montants n'excédant pas 15 000 $.

INCONVÉNIENTS

La responsabilité personnelle et illimitée

- Le propriétaire individuel est responsable sur l'ensemble de ses biens personnels des dettes et des engagements de son entreprise, et cette responsabilité est illimitée. Advenant des difficultés financières au niveau de l'entreprise individuelle, le propriétaire individuel doit souvent faire une faillite personnelle.
- Il est personnellement responsable des dommages causés par ses employés dans l'exercice de leurs fonctions (art. 1463 du C.c.Q.).
- Les biens du propriétaire et sa stabilité financière sont garants des obligations de l'entreprise. Ses problèmes financiers personnels auront donc une incidence sur l'entreprise.

La responsabilité et l'immatriculation

- La personne dont le nom figure sur la déclaration d'immatriculation est responsable des dettes de l'entreprise individuelle.
- Advenant la vente ou le transfert du commerce à une autre personne, le propriétaire est responsable à l'endroit des créanciers du commerce tant qu'il n'a pas déposé une déclaration de dissolution.

L'investissement limité

- Le propriétaire individuel ne dispose souvent que de ses économies personnelles pour financer son entreprise.
- Il contracte parfois un emprunt qui lui sera accordé en fonction des garanties personnelles qu'il peut offrir, et qui sont souvent limitées.

L'extinction de l'entreprise

- Le décès du propriétaire entraîne automatiquement la dissolution de l'entreprise individuelle.
- L'actif fait partie de la succession du défunt et est divisé entre ses héritiers, qui choisissent souvent de ne pas continuer l'administration du commerce.
- La maladie prolongée du propriétaire peut entraîner la perte de la clientèle si aucune personne compétente ne peut assurer la relève.

L'aspect fiscal

- Les revenus provenant de l'entreprise s'ajoutent aux autres revenus personnels du propriétaire individuel, augmentant ainsi son fardeau fiscal.
- Dès qu'elle réalise des profits importants, l'entreprise a avantage à se constituer en compagnie, car le taux d'imposition des compagnies est beaucoup plus avantageux que celui des particuliers. Ainsi, au 31 décembre 2014, alors que le taux d'imposition pour une personne physique peut se situer entre 0 % et 48,05 %, le taux d'imposition combiné fédéral provincial d'une société par actions est de 19 % pour les premiers 500 000 $ de revenus et de 26,9 % sur l'excédent.

7.4 LA SOCIÉTÉ DE PERSONNES

La société de personnes est le deuxième type d'organisation juridique d'une entreprise. Comme nous le verrons au chapitre 8, elle se distingue de la **société par actions.** C'est le *Code civil du Québec* qui forme la base de la législation québécoise en la matière. La société présente une **personnalité morale incomplète.** En effet :

- elle est distincte des associés qui la composent ;
- elle possède un patrimoine propre ;
- elle a la capacité de s'engager et de s'obliger quant à ses biens propres ;
- elle peut signer des contrats et payer ses dettes à même son actif ;
- elle possède un nom et un siège social ;
- elle peut intenter des actions en justice et être elle-même poursuivie ;
- les associés possèdent des parts sociales et non pas les biens de la société.

Cependant, et c'est la raison pour laquelle elle ne possède pas la pleine personnalité morale, si les biens de la société sont insuffisants pour payer ses dettes, les créanciers de la société peuvent poursuivre personnellement les associés, qui peuvent être tenus de les payer à même leurs biens personnels.

7.4.1 Les types de sociétés de personnes

Le *Code civil du Québec* établit trois formes de sociétés :

- la société en nom collectif (art. 2198 à 2235 du C.c.Q.) ;
- la société en commandite (art. 2236 à 2249 du C.c.Q.) ;
- la société en participation (art. 2250 à 2266 du C.c.Q.).

Le *Code civil du Québec* ajoute aussi l'association (art. 2267 à 2279 du C.c.Q.) pour prévoir le cas de nombreux regroupements de personnes œuvrant dans le secteur social, culturel, sportif ou philanthropique. Le tableau 7.2 présente les principales caractéristiques de ces différents types de sociétés.

TABLEAU 7.2 Les principales caractéristiques des différents types de sociétés de personnes

Type de société	Caractéristiques
Société en nom collectif	▸ La **société en nom collectif** est une forme d'entreprise commerciale qu'on exploite pour en retirer des bénéfices et les partager entre associés. C'est la forme de société la plus courante : environ 12 % des entreprises québécoises ont choisi d'exploiter leur commerce sous cette forme juridique. ▸ Cette société comprend une seule catégorie d'associés, lesquels possèdent les mêmes droits, obligations et responsabilités, entre eux et auprès des tiers. Ces droits, obligations et responsabilités sont sujets aux dispositions de leur contrat de société et du *Code civil du Québec*. ▸ Les associés conviennent de leur apport respectif et décident entre eux du partage des profits et des dettes de la société. Leur responsabilité est personnelle, solidaire et illimitée à l'égard des dettes et des créanciers de la société. ▸ Le nom de la société doit être suivi des lettres « S.E.N.C. ». ▸ Elle doit publier une déclaration d'immatriculation. ▸ Depuis juin 2001, la *Loi modifiant le Code des professions* et d'autres dispositions législatives concernant l'exercice des activités professionnelles ou d'une société (L.Q., 2001, c. 34) permet aux membres de diverses associations professionnelles d'exercer leurs activités professionnelles au sein d'une **société en nom collectif à responsabilité limitée.** C'est le cas notamment des avocats, des notaires, des comptables agréés et des comptables généraux licenciés. ▸ Le nom de la société en nom collectif à responsabilité limitée doit être suivi des lettres « S.E.N.C.R.L. ». ▸ La société en nom collectif à responsabilité limitée obéit aux mêmes règles du *Code civil* que la société en nom collectif, sauf en ce qui concerne la responsabilité. L'associé n'est pas personnellement et solidairement responsable des dommages résultant de la faute ou de la négligence professionnelle d'un autre associé qui est régi par le *Code des professions*. Il n'est responsable que de ses propres fautes professionnelles et des obligations de la société découlant des activités et de l'exploitation de celle-ci. > **Exemple** Le paiement du loyer et les salaires des employés de la société sont de la responsabilité de l'associé.
Société en commandite	▸ La **société en commandite** est connue à l'extérieur du Québec sous le nom de « limited partnership ». Son but est également le partage des bénéfices entre les associés. Elle est souvent utilisée pour le financement d'entreprises faisant l'objet d'intéressantes déductions fiscales, notamment dans les secteurs de l'exploitation minière ou pétrolière, de la production de films, de l'acquisition d'immeubles et des sports professionnels. > **Exemple** Les Alouettes de Montréal S.E.C. est une société en commandite. ▸ Son nom doit inclure les mots « société en commandite » ou être suivi des lettres « S.E.C. ». ▸ Elle doit publier une déclaration d'immatriculation. ▸ La société en commandite s'apparente à la compagnie sur certains points. ▸ On y trouve deux catégories d'associés ; les **commandités** (gérants) et les **commanditaires** : – Les commandités mettent l'entreprise sur pied, l'administrent et y travaillent. Ils sont personnellement et solidairement responsables des dettes de la société en commandite vis-à-vis de ses créanciers.

TABLEAU 7.2 Les principales caractéristiques des différents types de sociétés de personnes (*suite*)

Type de société	Caractéristiques
	– Les commanditaires investissent des capitaux ou des biens dans l'entreprise, sans prendre une part active à son administration. Comme les actionnaires d'une compagnie, ils ne sont ni personnellement, ni solidairement responsables des dettes de la société. Advenant la faillite de celle-ci, tout ce qu'ils risquent de perdre est l'argent qu'ils ont investi dans la société à titre de commanditaires. – L'article 2246 du *Code civil* prévoit que toute clause du contrat de société en commandite obligeant un associé commanditaire à cautionner les dettes de la société est nulle.
Société en participation	▶ La **société en participation** regroupe l'ensemble des sociétés peu organisées ou de fait qui ne sont pas déclarées. La loi ne lui impose pas de publier une déclaration d'immatriculation, contrairement aux deux autres types de sociétés. C'est souvent l'attitude des associés qui détermine si elle existe vraiment. Ceux-ci choisissent entre eux leur mode de fonctionnement. ▶ Dans ce type de société, l'apport respectif des associés demeure leur propriété, car cette société ne dispose pas d'un patrimoine distinct comme la société en nom collectif. En conséquence, l'associé contracte en son nom personnel et il est donc seul responsable de ses obligations envers les tiers. Les articles 2253 à 2255 du *Code civil* traitent de la responsabilité des associés vis-à-vis des tiers. ▶ Dans le cas du décès d'un associé, on peut prévoir que la société ne prendra pas fin. ▶ Finalement, dans le cas d'une société en participation à durée indéterminée, la loi prévoit qu'un associé pourra y mettre fin par un simple avis produit dans un délai raisonnable. **Exemple** On trouve ce type de société lorsque des conjoints de fait décident d'établir entre eux leurs conventions financières ou lorsque deux ou plusieurs personnes achètent un immeuble en copropriété indivise.
Association	▶ L'article 2186(2) du *Code civil* définit le **contrat d'association** comme étant un contrat par lequel les parties conviennent de poursuivre un but commun autre que la réalisation de bénéfices pécuniaires à partager entre les membres de l'association. De nombreux regroupements de personnes œuvrant dans les secteurs social, culturel, sportif ou philanthropique forment des associations. **Exemple** Club optimiste, Club de l'âge d'or, regroupement des propriétaires de Longueuil, clubs sportifs ou ligues de hockey, de soccer ou de baseball. ▶ L'association n'est pas une société. Les personnes qui la composent portent le nom de « membres » et non d'« associés ». ▶ Elle n'a pas à publier une déclaration d'immatriculation comme la société. ▶ Ce sont les articles 2267 à 2279 du *Code civil du Québec* qui régissent les activités d'une association. Les administrateurs de tels organismes ont intérêt à bien lire ces articles. En effet, bien que les membres ne soient pas responsables des dettes de l'association, ils sont responsables des contributions promises et du paiement de leur cotisation. ▶ L'article 2274 du *Code civil du Québec* précise que ceux qui ont participé à l'administration (les administrateurs) sont responsables de la même façon que les associés d'une société en nom collectif des dettes résultant des décisions auxquelles ils ont souscrit durant leur administration.

7.4.2 La constitution d'une société de personnes

Comme l'entreprise individuelle, la société requiert très peu de formalités au moment de sa constitution. Les futurs associés doivent: 1) se choisir un nom; 2) déposer une déclaration d'immatriculation auprès du greffier de la Cour supérieure du district où la société exploite son entreprise; 3) s'entendre sur les modalités de leur **contrat de société**; et 4) obtenir les permis nécessaires à l'exploitation de leur entreprise.

> **Contrat de société**
> *(Contract of partnership)*
> Contrat par lequel les parties conviennent, dans un esprit de collaboration, d'exercer une activité, incluant celle d'exploiter une entreprise, d'y contribuer par la mise en commun de biens, de connaissances ou d'activités et de partager entre elles les bénéfices pécuniaires qui en résultent.

A. Le choix d'un nom

Comme l'entreprise individuelle, la société doit se choisir un nom. Les principes étudiés préalablement à propos de la L.P.L.E. s'appliquent à la société. L'une des

Commandités
(General partners)
Associés qui mettent l'entreprise sur pied, la dirigent, l'administrent et y travaillent.

Commanditaires
(Special partners)
Personnes qui investissent dans l'entreprise des capitaux ou des biens, sans prendre une part active à son administration (art. 2236 du C.c.Q.).

particularités du nom de certaines sociétés de personnes exerçant une profession libérale est l'utilisation du nom d'un ou de plusieurs associés dans le nom de la société, par exemple : Turcotte, Nolet et Associés (S.E.N.C.) ou Gaudreau, Dubé, Hénault, et associés, avocats (S.E.N.C.). Finalement, les associés d'une société en nom collectif, en nom collectif à responsabilité limitée ou en commandite doivent indiquer le type de société qu'ils ont choisi soit dans le nom de la société, soit à la fin du nom, par les lettres S.E.N.C., S.E.N.C.R.L. ou S.E.C., selon le cas.

> **Exemple** Monique, Nicolas et Sylvie ont choisi le nom « Au croissant doré (S.E.N.C.) ».

B. L'immatriculation

Toute société en nom collectif ou en commandite ainsi que tout groupement doit produire sa déclaration d'immatriculation, au plus tard 60 jours après le début de ses activités. L'article 2189 du *Code civil du Québec* énonce que l'omission de remplir l'obligation de déposer une déclaration d'immatriculation ne rend pas la société nulle, mais qu'on la considère alors comme une société en participation. Par conséquent, seules les sociétés en nom collectif et les sociétés en commandite sont soumises à l'obligation de produire une déclaration. Comme pour l'entreprise individuelle, lorsqu'un associé décède ou vend sa part, il est essentiel de déposer une déclaration de mise à jour ou de radiation, le cas échéant, afin d'éviter que celui qui s'est retiré continue d'être tenu personnellement responsable des dettes de la société.

C. Les permis et le numéro d'entreprise du Québec (NEQ)

À ce sujet, nous vous référons à la section 8.7, qui porte sur un petit guide pratique de démarrage et d'exploitation d'une entreprise (*voir le chapitre 8, page 296*).

7.4.3 L'extinction et la dissolution de la société de personnes

Contrairement à l'entreprise individuelle, le décès d'un associé, sa faillite ou l'ouverture d'un régime de protection à son égard ne mettent pas fin à la société.

A. La perte de la qualité d'associé

Afin de protéger et d'assurer l'existence de la société, le *Code civil du Québec* a introduit la notion de perte de la qualité d'associé à l'article 2226 :

> **Art. 2226 du C.c.Q. Outre qu'il cesse d'être membre de la société par la cession de sa part ou par son rachat, un associé cesse également de l'être par son décès, par l'ouverture à son égard d'un régime de protection, par sa faillite ou par l'exercice de son droit de retrait ; il cesse aussi de l'être par sa volonté, par son expulsion ou par un jugement autorisant son retrait ou ordonnant la saisie de sa part.**

Par ailleurs, l'associé qui cesse d'être membre de la société autrement que par suite de la cession ou de la saisie de sa part a droit d'obtenir la valeur de sa part au moment où il cesse d'être associé. Les autres associés sont tenus au paiement de sa part à lui ou à ses héritiers, dès que la valeur en est établie avec intérêt à compter du moment où il a cessé d'être associé. À défaut de stipulation au contrat de société ou d'accord entre les associés, cette valeur sera déterminée par un expert désigné par le tribunal.

L'article 2210 du *Code civil du Québec* prévoit précisément qu'un associé peut céder sa part dans la société soit à un autre associé, soit à la société elle-même.

Il s'agit d'un droit qui permet à la société de racheter la part d'un associé de la même manière qu'une compagnie peut racheter les actions d'un actionnaire.

Par ailleurs, l'article 2209(2) du C.c.Q. prévoit que tout associé peut, dans les 60 jours où il apprend qu'une personne étrangère à la société a acquis à titre onéreux la part d'un associé, l'écarter de la société en remboursant à cette personne le prix de la part et les frais qu'elle a acquittés. Ce droit ne peut être exercé que dans l'année qui suit l'acquisition de la part.

B. Le retrait d'un associé

L'associé d'une société dont la durée n'est pas fixe ou dont le contrat de société réserve le droit de retrait peut se retirer de la société en donnant de bonne foi et à un moment ne pouvant causer préjudice à la société un avis de son retrait de la société. Il faut donc s'assurer que le retrait inopportun d'un associé ne cause pas de dommages à la société. Dans le cas d'une société dont la durée est fixe, l'associé ne peut se retirer qu'avec l'accord de la majorité des autres associés à moins d'une clause spéciale à cet effet dans le contrat de société.

C. L'expulsion d'un associé

L'article 2229 du *Code civil du Québec* prévoit que la majorité des associés peut expulser un autre associé.

> **Art. 2229 du C.c.Q. Les associés peuvent, à la majorité, convenir de l'expulsion d'un associé qui manque à ses obligations ou nuit à l'exercice des activités de la société.**
>
> **Dans les mêmes circonstances, un associé peut demander au tribunal l'autorisation de se retirer de la société; il est fait droit à cette demande, à moins que le tribunal ne juge plus approprié d'ordonner l'expulsion de l'associé fautif.**

D. La dissolution de la société

Outre les causes de dissolution prévues dans le *Code civil du Québec* pour tous les contrats, la société peut être dissoute pour les causes suivantes: l'accomplissement de son objet ou l'expiration du terme; l'impossibilité de l'accomplir; le consentement de tous les associés; une décision du tribunal pour une cause légitime; la faillite de la société.

E. L'expiration du terme

Dans le cas des sociétés formées pour une durée limitée, par exemple pour six mois, un an, deux ans ou cinq ans, à l'expiration de ce terme, elles prennent automatiquement fin. Par ailleurs, la loi permet de stipuler une clause de reconduction tacite à l'expiration du terme si les associés ne donnent pas un préavis à l'effet contraire.

F. L'objet impossible ou illégal

Il y a objet impossible ou illégal lorsqu'une loi déclare que l'activité commerciale de la société est considérée comme illégale; il pourrait s'agir, par exemple, d'une loi édictant que la fabrication, la vente ou la distribution du tabac sous toutes ses formes est illégale. Il est important de noter que l'objet impossible ou illégal est également une cause d'extinction ou de dissolution de l'entreprise, quelle que soit sa forme juridique.

G. Le consentement de tous les associés

La société peut prendre fin lorsque tous les associés décident d'y mettre fin d'un commun accord. Le *Code civil du Québec* prévoit le cas de l'associé qui, à la suite du décès ou du retrait des autres associés, se retrouve seul avec toutes les parts sociales entre les mains. L'article 2232 du *Code civil* prévoit qu'une telle situation n'entraîne pas la dissolution de la société pourvu que dans les 120 jours suivants ou moins, un autre associé se joigne à la société.

7.4.4 Les conséquences de la dissolution

La dissolution de la société entraîne sa liquidation. La **liquidation** peut être faite à l'**amiable** entre les associés si les circonstances s'y prêtent ; il peut aussi y avoir **liquidation forcée.**

A. La liquidation à l'amiable

Dans le cas d'une liquidation à l'amiable, on nomme habituellement un associé pour agir comme liquidateur. Ce dernier dresse la liste des biens et des dettes de la société, liquide ces biens en les vendant, paie les différents créanciers de la société et, s'il reste de l'argent, il le partagera entre les associés selon les modalités du contrat de société.

B. La liquidation forcée

Selon les dispositions des articles 2264 à 2266 du *Code civil du Québec,* on procède par liquidation forcée lorsque les associés n'arrivent pas à s'entendre. Cette méthode est plus complexe et plus onéreuse pour la société et, en conséquence, elle est souvent désastreuse pour les associés. Une demande est alors adressée au tribunal par l'un des associés par voie de requête en liquidation et en désignation d'un liquidateur. Un avis de cette requête est expédié aux autres associés.

C. Les effets de la liquidation

L'article 2262 du *Code civil du Québec* traite des effets de la liquidation et énonce que les pouvoirs et le mandat des associés d'agir pour la société cessent par la dissolution de la société. Ensuite, on paie les divers créanciers de la société. Les associés se partagent alors le solde restant du produit de la liquidation, selon les modalités de leur contrat de société ou celles du *Code civil du Québec.* Il est important pour les associés de déposer une déclaration de radiation d'immatriculation, car ce n'est qu'à partir de la date du dépôt de cette déclaration qu'ils cesseront d'être responsables des dettes de la société ; mais ils restent responsables des dettes contractées avant cette date, quand ils étaient encore associés.

7.4.5 La société en nom collectif : la forme préférée des gens d'affaires

Comme nous l'avons vu précédemment, la société en nom collectif est la forme préférée des personnes qui choisissent d'exploiter une entreprise sous forme de société. De plus, les trois éléments essentiels de la société en nom collectif s'appliquent aux trois types de sociétés, avec certaines particularités ou distinctions pour chacun d'entre eux. Ce sont : l'intention (*affectio societatis*) de constituer une société, une mise en commun de biens et le partage des bénéfices.

A. L'intention de constituer une société

La société repose sur un contrat, une convention, une entente entre deux ou plusieurs personnes ; c'est là un premier élément qui distingue la société de l'entreprise individuelle, qui ne compte qu'un seul propriétaire. Cette entente peut être verbale ou écrite. Le *Code civil du Québec* et la jurisprudence reconnaissent la validité du contrat verbal, mais, compte tenu des difficultés de preuve, d'interprétation et d'application que l'on peut trouver dans un contrat de société, il est fortement recommandé aux associés de choisir un contrat écrit qui devra mentionner clairement les droits et obligations de chacun. Cette convention se révélera des plus utiles pour trancher un litige éventuel entre les associés.

Exemple Monique, Sylvie et Nicolas forment une société ayant pour objet l'exploitation de la pâtisserie Au croissant doré.

i+ Pour en savoir davantage sur les clauses principales du contrat de société Au croissant doré

Le contenu du contrat de société fera l'objet de discussions et de négociations entre les associés. À défaut de stipulations précises dans le contrat de société, les dispositions du *Code civil du Québec* suppléeront. Dans notre exemple, Monique, Sylvie et Nicolas ont négocié un contrat de société en nom collectif.

À défaut d'un contrat explicite, les faits doivent démontrer clairement l'intention des futurs associés de former une société. Le *Code civil du Québec* parle d'un **esprit de collaboration.** De plus, les dispositions du *Code civil du Québec* viennent suppléer au défaut de contrat écrit entre les associés (art. 2186 et ss).

B. Un apport ou une mise de fonds

L'article 2186 du *Code civil du Québec* énonce qu'il est de l'essence du contrat de société que chacun des associés y contribue par une mise en commun de biens, de connaissances ou d'activités. L'apport des associés peut être inégal, mais il entre dans le patrimoine de la société et il n'appartient plus à l'associé qui l'a fourni.

Exemple Monique, Sylvie et Nicolas forment une société ayant pour objet l'exploitation de la pâtisserie Au croissant doré. Monique fournit l'immeuble destiné à abriter le commerce de même que les meubles, fours et ustensiles nécessaires à ce genre de commerce. La valeur totale de ces biens est fixée à 75 000 $. Sylvie verse une contribution de 45 000 $ en argent. Nicolas, qui n'a ni biens ni argent, mais qui est un excellent cuisinier et maître pâtissier, apporte ses connaissances et son expérience professionnelle, de même que sa propre clientèle. La valeur de son apport est évaluée à 30 000 $. Ainsi, l'immeuble et les biens fournis par Monique à la société Au croissant doré ne lui appartiennent plus; ils deviennent la propriété de l'entreprise. S'il y a dissolution, ils seront divisés entre les associés, selon les modalités du partage qui auront été convenues.

De plus, l'associé qui fournit un bien à la société doit donner à cette dernière une garantie contre les défauts cachés de ce bien et une garantie contre l'éviction, c'est-à-dire contre les troubles de fait et de droit relatifs à ce bien.

Exemple Monique devra garantir la société contre tout vice caché de l'immeuble de la pâtisserie (le toit qui coule, par exemple) et contre l'éviction, c'est-à-dire, par exemple, contre quelqu'un qui se prétendrait propriétaire de l'immeuble et en réclamerait la possession.

Tout comme le vendeur d'un bien, l'associé qui fournit un bien doit donner ces garanties et il est passible d'une poursuite en dommages-intérêts s'il ne peut offrir à la société de telles garanties.

L'article 2198 du *Code civil du Québec* énonce que chaque associé est débiteur envers la société de tout ce qu'il a promis d'y apporter, ce qui comprend aussi bien les choses corporelles (meubles et immeubles) que les choses incorporelles (créances ou autres biens). De plus, toute somme d'argent qu'un associé s'est engagé à fournir porte intérêt à compter de la date où elle aurait dû être versée. La société peut poursuivre celui qui a omis ou négligé d'apporter les biens promis.

Par ailleurs, l'action intentée par la société contre l'associé récalcitrant n'empêche pas l'action des autres associés en dommages-intérêts contre ce dernier. Les associés peuvent demander la dissolution de la société en alléguant que l'une des parties n'a pas exécuté ses obligations.

C. La participation aux bénéfices et aux pertes

Le troisième élément essentiel à la formation de la société est la participation des associés aux bénéfices de la société. La résultante logique de la participation aux bénéfices est l'obligation de partager les pertes de la société. En principe, un associé a le droit de recevoir sa part des bénéfices, comme le stipule le contrat de société, et il peut exiger de la société le remboursement des frais qu'il a engagés pour elle. Les articles 2202 et 2203 du *Code civil du Québec* établissent les principes de base quant au partage des bénéfices et des pertes de la société :

> **Art. 2202 du C.c.Q. La part de chaque associé dans l'actif, dans les bénéfices et dans la contribution aux pertes est égale si elle n'est pas déterminée par le contrat.**
>
> **Si le contrat ne détermine que la part de chacun dans l'actif, dans les bénéfices ou dans la contribution aux pertes, cette détermination est présumée faite pour les trois cas.**

En pratique, la part d'un associé porte le nom de « part sociale » et est représentée en pourcentage (%).

Exemple Dans leur contrat de société, Monique, Sylvie et Nicolas ont prévu le partage de la façon suivante :

	Bénéfices	Pertes
Monique	45 %	45 %
Sylvie	30 %	30 %
Nicolas	25 %	25 %

Il est important de souligner qu'un associé peut céder ou vendre sa part dans la société, conformément au contrat de société ou aux dispositions du *Code civil du Québec,* le cas échéant. Ainsi, la plupart des contrats de société contiennent une clause prévoyant le rachat de la part d'un associé qui se retire ou qui meurt. En vertu du contrat de société, on ne peut exclure un associé du partage des profits. On peut cependant l'exclure du partage des dettes ou encore limiter sa responsabilité à un certain pourcentage (45 %, 30 %, 25 %). Cette clause d'exclusion est valide et opposable aux associés entre eux, quoique nulle et inopposable aux tiers, c'est-à-dire à ceux qui font affaire avec la société (les fournisseurs, les banques, etc.).

> **Art. 2203 du C.c.Q. La stipulation qui exclut un associé de la participation aux bénéfices de la société est sans effet.**
>
> **Celle qui dispense l'associé de l'obligation de partager les pertes est inopposable aux tiers.**

> **Exemple** Au moment de la signature de leur contrat de société, MM. Lachance et Lalumière ont réussi à convaincre leur associé, M. Beignet, qu'ils se partageront les bénéfices de la société, alors que lui ne retirera qu'un salaire; toutefois, les associés se partageront les pertes en parts égales. Si les associés exploitent leur entreprise, on considérera que la clause n'a jamais été écrite et M. Beignet aura droit à une part égale des profits.

Contrairement au partage des profits, on peut exclure l'un des associés du partage des dettes.

La responsabilité des dettes L'article 2221 du *Code civil du Québec* mentionne que les associés d'une société qui exploitent une entreprise sont solidairement responsables des dettes ou obligations contractées au nom de la société.

Art. 2221 du C.c.Q. À l'égard des tiers, les associés sont tenus conjointement des obligations de la société; mais ils en sont tenus solidairement si les obligations ont été contractées pour le service ou l'exploitation d'une entreprise de la société.

Les créanciers ne peuvent poursuivre le paiement contre un associé qu'après avoir, au préalable, discuté les biens de la société; même alors, les biens de l'associé ne sont affectés au paiement des créanciers de la société qu'après paiement de ses propres créanciers.

> **Exemple** Si un fournisseur poursuit la société Au croissant doré pour une somme de 10000 $ et si celle-ci ne peut la payer, il pourra forcer tous les associés ou un seul d'entre eux à payer la dette de la société. Celui qui doit payer une telle somme a alors le droit de se faire rembourser la part qu'il a payée pour ses associés. La clause qui limite leur responsabilité quant aux pertes et aux dettes de la société est valide entre les associés seulement; elle n'est pas opposable aux créanciers de la société.
>
> En pratique, cela veut dire que Nicolas ne pourra pas proposer de payer seulement 25% des 10000 $, puisque la clause n'est valide qu'entre les associés et non opposable aux fournisseurs. Il devra payer la somme de 10000 $ au fournisseur, mais il pourra se faire rembourser 4500 $ par Monique (45%) et 3000 $ par Sylvie (30%).

Pour plus de renseignements sur cette question, nous vous référons à la section 5.1 du chapitre 5 qui porte sur les obligations solidaires.

L'administration de la société En principe, chacun des associés participe à l'administration de la société, signe des contrats et prend des engagements en son nom. Les associés sont à la fois les mandants et les mandataires les uns des autres pour ce qui est des affaires de la société.

Art. 2219 du C.c.Q. À l'égard des tiers de bonne foi, chaque associé est mandataire de la société et lie celle-ci pour tout acte conclu au nom de la société dans le cours de ses activités.

Toute stipulation contraire est inopposable aux tiers de bonne foi.

Art. 2220 du C.c.Q. L'obligation contractée par un associé en son nom propre lie la société lorsqu'elle s'inscrit dans le cours des activités de celle-ci ou a pour objet des biens dont cette dernière a l'usage.

Le tiers peut, toutefois, cumuler les moyens opposables à l'associé et à la société, et faire valoir qu'il n'aurait pas contracté s'il avait su que l'associé agissait pour le compte de la société.

> **Exemple** Le contrat de société entre quatre avocats, Me Gaudreau, Me Hénault, Me L'Heureux et Me Dubé, ne contient pas de clause spéciale concernant l'administration de la société. Un jour, Me Dubé décide de s'acheter un voilier de 45000 $ et il signe un contrat sur le papier de la société. Le vendeur sait qu'il s'agit d'un

achat personnel, mais il a préparé le contrat au nom de la société. Me Dubé le signe sans prévenir ses associés. Après avoir effectué les 10 premiers versements et après avoir signé un contrat de rénovation des bureaux de la société pour la somme de 35 000 $, il quitte le pays sans laisser d'adresse.

L'achat du voilier n'est pas compris dans le cours normal des activités de la société et n'a pas été fait dans l'intérêt de celle-ci. Il s'agit donc d'un achat personnel. De plus, le vendeur n'était pas de bonne foi en rédigeant le contrat sur le papier de la société, puisqu'il s'agissait d'un achat personnel. La société et les autres associés ne seront donc pas responsables de cet achat.

En ce qui concerne les travaux de rénovation des bureaux de la société, il s'agit d'un acte fait au nom de la société, dans son intérêt et avec un tiers de bonne foi. La société et ses membres en seront donc responsables et devront payer les 35 000 $.

Pour simplifier les choses, il vaut mieux stipuler, à la signature du contrat de société, que les décisions seront prises à un certain pourcentage de vote des associés.

> **Exemple** Le contrat entre Monique, Sylvie et Nicolas prévoit que les décisions se prendront par un vote des associés représentant 75 % des parts totales ; Monique, avec sa part de 45 % et Sylvie, avec sa part de 30 % disposent ensemble de 75 % des parts lors du vote.

Si les associés n'ajoutent aucune clause spéciale au contrat de société quant à l'administration, les articles 2215 et 2216 du *Code civil du Québec* suppléeront.

Art. 2215 du C.c.Q. À défaut de stipulation sur le mode de gestion, les associés sont réputés s'être donné réciproquement le pouvoir de gérer les affaires de la société.

Tout acte accompli par un associé concernant les activités communes oblige les autres associés, sauf le droit de ces derniers, ensemble ou séparément, de s'opposer à l'acte avant que celui-ci ne soit accompli.

De plus, chaque associé peut contraindre ses coassociés aux dépenses nécessaires à la conservation des biens mis en commun, mais un associé ne peut changer l'état de ces biens sans le consentement des autres, si avantageux que soit le changement.

Art. 2216 du C.c.Q. Tout associé a le droit de participer aux décisions collectives et le contrat de société ne peut empêcher l'exercice de ce droit.

À moins de stipulation contraire dans le contrat, ces décisions se prennent à la majorité des voix des associés, sans égard à la valeur de l'intérêt de ceux-ci dans la société, mais celles qui ont trait à la modification du contrat de société se prennent à l'unanimité.

Dans les contrats de société, il serait opportun de prévoir les modalités d'administration, comme la signature des contrats et des chèques de la société, et la prise des décisions importantes, car on voit facilement les conséquences du mandat réciproque entre les associés.

7.4.6 Les avantages et les inconvénients de la société de personnes

L'encadré 7.2 illustre les avantages et les inconvénients de la société de personnes. Celle-ci offre certains avantages de plus que l'entreprise individuelle, mais, encore une fois, son principal inconvénient concerne la responsabilité personnelle solidaire et illimitée des associés à l'égard des dettes de l'entreprise.

ENCADRÉ 7.2 Les avantages et les inconvénients de la société de personnes

AVANTAGES

La facilité de mise sur pied

Comme pour l'entreprise individuelle, la mise sur pied de la société requiert très peu de formalités juridiques, si ce n'est un contrat entre les associés et l'immatriculation d'une déclaration au Bureau du greffier.

Le coût peu élevé

Le coût de l'immatriculation de la déclaration est minime, même s'il faut y ajouter celui des permis requis pour l'exercice du commerce et, s'il y a lieu, les honoraires de spécialistes en la matière.

La capacité financière accrue

La société offre une plus grande capacité financière puisqu'elle permet la mise en commun du capital de chacun des associés. En outre, sa capacité d'emprunt est plus grande que celle d'une entreprise individuelle. En effet, les institutions financières hésitent moins à prêter aux associés, étant donné que chacun d'eux assume une responsabilité solidaire de toutes les obligations de la société. L'apport éventuel d'un nouvel associé peut représenter également une source de fonds additionnelle.

La complémentarité des associés

Un des éléments essentiels à la formation d'un contrat de société est la mise en commun des talents, souvent complémentaires, de plusieurs personnes. Si chacun des associés avait fondé une entreprise individuelle, il aurait été privé de la compétence des autres; la société permet, au contraire, de combiner les compétences particulières de chacun.

L'aspect fiscal

Sur le plan fiscal, contrairement à la société par actions (compagnie), la loi ne reconnaît pas à la société une existence distincte. Il est donc possible pour un associé de déduire les pertes de la société de ses propres revenus. De plus, la société elle-même n'est pas imposée sur ses revenus d'entreprise; ce sont les associés qui le sont sur leur part respective des profits de la société.

INCONVÉNIENTS

La responsabilité personnelle solidaire et illimitée

Dans la société, pour l'exploitation d'une entreprise, chacun des associés est responsable sur ses biens personnels des dettes et des engagements de l'entreprise, et cette responsabilité est solidaire et illimitée. L'associé est aussi responsable des actes des autres associés dans le cours normal des affaires de la société. Ainsi, un seul associé pourrait être poursuivi par les créanciers et être forcé de payer la totalité des dettes de l'entreprise, et ce, malgré que son contrat de société indique qu'il n'est responsable que de 10 % des dettes. Cette stipulation n'est pas opposable aux tiers et ne s'applique qu'entre les associés.

Les conflits personnels

Un contrat de société soulève souvent des controverses et peut donner lieu à des divergences d'opinions entre les associés quant à son interprétation et à la conduite des affaires de l'entreprise. Il est donc essentiel de rédiger un contrat clair et précis.

Le manque de continuité

Si un associé décède, n'est plus en mesure de participer à la société ou n'est plus intéressé à y participer en raison, par exemple, de ses difficultés financières, la continuité de l'entreprise s'en trouve alors menacée et, dans bien des cas, il peut se retirer de la société; cela risque d'entraîner des démarches complexes et coûteuses.

La responsabilité et l'immatriculation

Les personnes dont les noms figurent dans la déclaration d'immatriculation sont responsables des dettes de la société. Advenant la vente ou le transfert du commerce à d'autres personnes, les associés sont responsables à l'endroit des créanciers du commerce tant qu'ils n'ont pas déposé une déclaration de mise à jour ou de radiation.

L'aspect fiscal

Les associés doivent ajouter à leurs revenus personnels les revenus qu'ils retirent de la société, ce qui risque d'augmenter considérablement leur fardeau fiscal. Ajoutons que la planification fiscale et successorale des membres d'une société est beaucoup plus complexe que celle des actionnaires d'une compagnie.

7.5 LA SOCIÉTÉ PAR ACTIONS

La société par actions est la troisième forme d'organisation juridique d'une entreprise. Elle est aussi une personne morale, comme nous l'avons vu au chapitre 3. Sa principale caractéristique est qu'elle est une entité juridique distincte de ses actionnaires et administrateurs et que la responsabilité de ces derniers est limitée à leurs mises de fonds. À moins d'une exception, les créanciers de la société par actions ne peuvent pas poursuivre personnellement et solidairement les actionnaires et les administrateurs de cette dernière.

7.5.1 La compagnie devient la société par actions

La *Loi sur les sociétés par actions* (L.Q. S-31.1) (L.S.A.) fut sanctionnée le 4 décembre 2009.

Elle a remplacé la *Loi sur les compagnies du Québec* (L.C.Q.). Le législateur québécois a choisi d'harmoniser sa loi avec la *Loi canadienne sur les sociétés par actions* (L.C.S.A.), mais il a aussi choisi de la bonifier par rapport à la loi fédérale. Pour faire référence à cette loi, nous utiliserons l'abréviation L.C.S.A. Dans un premier temps, force est de constater que la loi provinciale ne parle plus de « compagnie ». Elle remplace ce terme par **société par actions** pour décrire l'entreprise incorporée, mais, dans le langage populaire l'expression « compagnie » est toujours utilisée.

Société par actions ou compagnie *(Business corporation ou company)*
Personne morale de droit public ou de droit privé.

L'article 1 de la loi définit comme suit son champ d'application :

> **Art. 1 de la L.S.A. La présente loi s'applique à toute société par actions constituée, continuée ou issue d'une fusion sous le régime de ses dispositions. Elle s'applique aussi à toute société par actions constituée par une autre loi ou en vertu d'une autre loi, lorsqu'il y a lieu d'en compléter les dispositions.**
>
> **À moins que le contexte n'indique un sens différent, le mot « société » utilisé sans qualificatif dans la présente loi s'entend indistinctement de l'une ou l'autre de ces sociétés.**

Elle s'applique donc à toutes les compagnies ou sociétés par actions constituées en vertu de l'ancienne L.C.Q. ou continuées en vertu de la L.S.A.

7.5.2 Les attributs de la société par actions, selon la loi provinciale

La loi précise que, à compter de sa constitution, la société par actions dispose de tous les attributs de la personne morale prévus aux articles 298 à 333 du *Code civil du Québec*. Comme nous l'avons vu au chapitre 3, les personnes morales sont de droit public (par exemple les sociétés d'État comme Radio-Canada ou Hydro-Québec) ou de droit privé (par exemple, les syndicats de copropriété et les sociétés par actions). À cette fin, l'article 300 du *Code civil* énonce :

> **Art. 300 du C.c.Q. Les personnes morales de droit public sont d'abord régies par les lois particulières qui les constituent et par celles qui leur sont applicables ; les personnes morales de droit privé sont d'abord régies par les lois applicables à leur espèce.**
>
> **Les unes et les autres sont aussi régies par le présent code lorsqu'il y a lieu de compléter les dispositions de ces lois, notamment quant à leur statut de personne morale, leurs biens ou leurs rapports avec les autres personnes.**

7.5.3 Les types de sociétés par actions

L'objectif principal de ce type d'entreprise est de réaliser des profits qui seront par la suite soit réinvestis dans l'entreprise, soit distribués aux actionnaires. Les sociétés par actions qui exploitent une entreprise au sens de l'article 1525(2) du *Code civil du Québec* sont des sociétés à but lucratif. Elles se subdivisent en sociétés publiques, ou « émetteurs assujettis », et en sociétés privées, ou « émetteurs fermés ».

A. La société publique ou « émetteur assujetti »

Ce type de société à but lucratif comprend généralement les sociétés qui sont cotées à la Bourse, comme Couche-Tard et Jean Coutu. Ce sont en général de grandes entreprises dont toute personne peut acquérir des actions. Leur but est de faire des profits. On ne peut acquérir leurs actions directement de l'entreprise, il faut le faire par l'intermédiaire d'un courtier en valeurs mobilières dûment accrédité auprès de l'Autorité des marchés financiers. Elles doivent transmettre un prospectus à l'occasion de l'émission de leurs actions et produire des états financiers annuels auprès de l'Autorité des marchés financiers du Québec.

B. La société privée ou « émetteur fermé »

Ce type d'entreprise comprend la grande majorité des entreprises constituées en société par actions faisant affaire au Québec. Ce sont généralement de petites ou moyennes entreprises qui sont contrôlées par un nombre restreint de personnes et dont les actions ne sont pas cotées à la Bourse. Leur certificat de constitution doit contenir des dispositions précisant notamment que tout transfert des titres ou des actions de la société est sujet à certaines restrictions. Il doit, par exemple, être approuvé par le vote majoritaire des actionnaires ou administrateurs. Il doit aussi préciser que le nombre de leurs actionnaires est limité à 50 et qu'elles ne peuvent faire un appel au public pour vendre ou offrir en vente leurs actions.

C. La société sans but lucratif

Ce type d'entreprise ne vise pas à réaliser des profits pour ses membres. Elle est généralement à caractère religieux, culturel, social ou philanthropique. Elle ne possède pas de capital-actions et les personnes qui la composent s'appellent des membres plutôt que des actionnaires. Ce sont par exemple l'Association des résidents de Champfleury, l'Union des écrivaines et écrivains québécois ou la Fondation Pain et Espoir.

D. La société étrangère

L'entreprise de ce type n'a pas été constituée en vertu de la loi fédérale ou de la loi provinciale applicable aux sociétés par actions, mais plutôt en vertu de la loi d'un autre pays ou d'une autre province. Elle est cependant soumise à la L.P.L.E. et doit être immatriculée au Québec. De plus, si elle ne possède aucun domicile ou établissement au Québec, elle doit désigner un fondé de pouvoir qui y réside et indiquer ses coordonnées dans la déclaration d'immatriculation. C'est le cas des sociétés américaines, françaises ou autres qui font affaire au Québec telles que Walmart, Home Depot ou Burger King.

E. La société de la Couronne ou d'État

Ces types d'entreprises appartiennent soit au gouvernement fédéral, soit au gouvernement provincial. Ce sont des personnes morales de droit public. Elles sont généralement constituées par des lois spéciales comme la *Loi sur les banques* ou la *Loi sur les assurances* et non en vertu des lois générales applicables aux sociétés par actions. C'est le cas d'Hydro-Québec, de Loto-Québec, de Radio-Canada, de la Société des alcools du Québec et de Postes Canada.

7.5.4 Les lois constitutives

Au Québec, toute personne qui désire constituer une société par actions peut le faire en vertu de la L.S.A. ou de la L.C.S.A. Il est important de préciser que ces deux lois permettent d'incorporer une société par actions ou société avec un actionnaire et administrateur unique ou avec plusieurs actionnaires et administrateurs. Les dispositions de la L.C.S.A. et de la L.S.A. de même que le contenu des divers formulaires d'incorporation sont très similaires. Notons que les dispositions de la L.S.A. permettent la continuation d'une compagnie ou société par actions constituée en vertu de la L.C.Q. ou de la L.C.S.A. afin qu'elle soit régie par la L.S.A. à l'avenir.

Fondateur *(Founder)*
Personne en fonction jusqu'à l'assemblée d'organisation de la société par actions qui signe les documents d'incorporation ou constitutifs d'une société par actions.

7.5.5 Les contrats préconstitutifs

Il arrive fréquemment que les **fondateurs** d'une société par actions en voie de formation, mais dont le certificat de constitution n'a pas encore été délivré, passent des contrats au nom de celle-ci. Si une offre alléchante se présente à eux, ils achètent, par exemple, un fonds de commerce, de l'actif ou de l'équipement, et ce, avant même que la société ait une existence légale. On désigne ces transactions par l'expression **contrat préconstitutif.** Si cet achat est fait au nom personnel des fondateurs, il est évident qu'ils en assument l'entière responsabilité.

> **Exemple** Rosaire Tremblay et ses amis Raymond Durocher, Gratien Viens, Gilbert Cadieux et Élie Salem désirent s'associer dans le but d'exploiter un centre sportif dans le Vieux-Terrebonne. Ils ont trouvé un nom : Centre sportif du Vieux-Terrebonne. Ils ont aussi trouvé un local à louer dans un vieil entrepôt désaffecté sur la rue St-Pierre. C'est le local idéal pour leur entreprise. Malheureusement, le local intéresse plusieurs autres personnes et le propriétaire ne veut pas attendre. Rosaire et ses amis ne veulent pas perdre cette occasion, mais ils ne veulent pas non plus être personnellement responsables du bail. Ils ont choisi la société par actions comme type d'entreprise. Ils devront donc signer un contrat préconstitutif pour le bail et le faire ratifier par la société par actions par la suite conformément aux articles 319 et 320 du *Code civil du Québec*.

Il est préférable pour les fondateurs de rédiger le contrat d'achat « au nom de la société par actions à être constituée ». La L.C.S.A. permet la conclusion de contrats préconstitutifs et énonce qu'une société par actions est liée par tout acte fait dans son intérêt avant sa constitution, si elle le ratifie dans les 90 jours qui suivent dans le cas d'une société provinciale, et dans un délai raisonnable (art. 14 de la L.C.S.A.) dans le cas d'une société fédérale. Pour les sociétés par actions québécoises, régies par la L.S.A., les articles 319 et 320 du *Code civil du Québec* reprennent ce principe.

> **Art. 319 du C.c.Q. La personne morale peut ratifier l'acte accompli pour elle avant sa constitution ; elle est alors substituée à la personne qui a agi pour elle. […]**

La ratification n'opère pas novation ; la personne qui a agi a, dès lors, les mêmes droits et est soumise aux mêmes obligations qu'un mandataire à l'égard de la personne morale. Dans *Société sylvicole de l'Outaouais c. Rasmussen,* la Cour d'appel du Québec a statué que la ratification du contrat par la société par actions libérait le promoteur du projet en le remplaçant par la société par actions.

> **Art. 320 du C.c.Q. Celui qui agit pour une personne morale avant qu'elle ne soit constituée est tenu des obligations ainsi contractées, à moins que le contrat ne stipule autrement et ne mentionne la possibilité que la personne morale ne soit pas constituée ou n'assume pas les obligations ainsi souscrites.**

Ces articles précisent également que la personne qui conclut ce contrat engage aussi sa responsabilité personnelle. La meilleure façon d'éviter d'être ainsi personnellement lié serait d'ajouter au contrat préconstitutif une clause qui exclurait ou limiterait cette responsabilité. Il appartient donc au tiers qui contracte avec les fondateurs d'une société par actions non encore constituée de bien réfléchir avant de signer un tel contrat préconstitutif s'il veut préserver ses recours éventuels. La ratification par la société par actions libère le fondateur. Les contrats préconstitutifs les plus fréquents sont la signature d'un bail, l'achat ou l'offre d'achat d'un immeuble ou d'une entreprise, la mise sur pied de la société par actions.

Par ailleurs, comme la mise sur pied d'une société par actions peut maintenant se faire par voie électronique directement sur le site du Registraire des entreprises, et ce, en quelques heures seulement, ce type de contrat sera plus rare à l'avenir.

7.5.6 La mise sur pied de la société par actions : deux choix importants à considérer

Avant de constituer une entreprise en société par actions, les fondateurs devraient se poser les deux questions suivantes : 1. « Est-il préférable de former sa société par actions en vertu de la loi fédérale ou en vertu de la loi provinciale ? », 2. « Une fois constituée, la société par actions sera-t-elle un émetteur fermé ou un émetteur assujetti ? »

A. Une société fédérale ou provinciale ?

Pour déterminer si une société par actions doit être fondée selon les dispositions de la L.C.S.A. ou selon celles de la L.S.A., il faut prendre en considération plusieurs éléments. Parmi ceux-ci, l'étendue territoriale des activités de l'entreprise revêt une importance primordiale. En effet, on choisira habituellement l'incorporation provinciale lorsque l'entreprise a une vocation purement locale ou restreinte au Québec (dépanneur, restaurant, commerce de vente au détail, etc.). Par ailleurs, si l'entreprise entend exercer des activités commerciales dans plusieurs provinces et à l'étranger (transport, import-export, etc.) ou si les fondateurs croient qu'à plus ou moins brève échéance leur entreprise devrait prendre une expansion considérable, alors ils opteront pour l'incorporation fédérale.

En outre, comme les dispositions de la L.C.S.A. et celles de la L.S.A. ne sont pas exactement les mêmes, il arrive que certaines d'entre elles constituent le facteur déterminant de ce choix. La décision de constituer une société par actions en vertu de la loi fédérale ou en vertu de la loi provinciale repose donc sur plusieurs facteurs et dépend des objectifs que se sont fixés les fondateurs. Nous croyons que les modifications apportées par l'entrée en vigueur de la L.S.A. présentent de nombreux avantages en faveur de la loi provinciale.

B. Un émetteur fermé ou un émetteur assujetti ?

Pour déterminer si une entreprise doit être un émetteur fermé ou un émetteur assujetti, il convient encore une fois d'examiner les objectifs des fondateurs. L'article 68 de la L.V.M. définit l'émetteur assujetti comme étant celui qui a fait un appel public à l'épargne. L'article 68 indique qu'un émetteur est réputé avoir fait un appel public à l'épargne, notamment dans les cas suivants : 1) si une de ses valeurs a fait l'objet d'un prospectus visé par l'Autorité des marchés financiers ; 2) si ses titres offerts en contrepartie dans une offre publique d'échange ont fait l'objet d'une note d'information déposée auprès de l'Autorité des marchés financiers ; 3) si une de ses valeurs a été cotée en Bourse au Québec à n'importe quel moment depuis le 6 avril 1983.

L'article 2.4(1) du Règlement 45-106 de la L.V.M. a créé une exemption importante à l'obligation de produire un prospectus et le Règlement 31-103 énonce les exemptions à l'obligation de s'inscrire comme courtier imposée par la L.V.M. à toute personne qui fait un appel public à l'épargne. Cette exemption sera particulièrement utile à ceux qui souhaitent constituer une société par actions et qui n'entendent pas émettre d'actions ou de valeurs mobilières à la Bourse.

Notons que, dans la majorité des cas, les fondateurs voudront que leur société par actions possède le statut d'émetteur fermé afin de profiter des dispenses énoncées dans les Règlements 45-106 et 31-103. Il sera alors important d'inclure les dispositions nécessaires à cette fin dans les documents constitutifs.

i+ Pour en savoir davantage sur les dispenses du statut d'émetteur fermé

7.5.7 La constitution de la société par actions et le choix d'un nom

Afin d'illustrer les diverses étapes suivies par les fondateurs pour constituer leur société par actions, reprenons le cas de Rosaire Tremblay et de ses associés, qui doivent choisir un nom à leur société.

> **Exemple** Rosaire Tremblay et ses associés ont décidé d'exploiter à Terrebonne une entreprise récréative offrant divers services, tels un golf intérieur, des terrains de tennis et de racquetball, une salle de conditionnement physique et de musculation, soins de massage et de physiothérapie, etc. Ils seront les seuls actionnaires et administrateurs de la société par actions pour l'instant. Ils ont trouvé un local désaffecté situé au 2800, rue St-Pierre à Terrebonne, G1R 4M9.

La société par actions est une personne morale et, comme telle, elle a un nom. L'article 305 du *Code civil du Québec* confirme cette affirmation :

> **Art. 305 du C.c.Q. Les personnes morales ont un nom qui leur est donné au moment de leur constitution ; elles exercent leurs droits et exécutent leurs obligations sous ce nom.**
>
> **Ce nom doit être conforme à la loi et inclure, lorsque la loi le requiert, une mention indiquant clairement la forme juridique qu'elles empruntent.**
>
> **Art. 306 du C.c.Q. La personne morale peut exercer une activité ou s'identifier sous un nom autre que le sien. Elle doit en donner avis au registraire des entreprises en lui produisant une déclaration en ce sens conformément à la Loi sur la publicité légale des entreprises (chapitre P-44.1) et, si elle est un syndicat de copropriétaires, requérir l'inscription d'un tel avis sur le registre foncier.**

Les articles 20 et 21 de la L.S.A. précisent :

> **Art. 20 de la L.S.A. Le nom de la société qui ne comprend pas l'expression « société par actions » ou « compagnie » doit comporter, à la fin, la mention « s.a. », « ltée » ou « inc. », indiquant qu'elle est une société à responsabilité limitée.**
>
> **Art. 21 de la L.S.A. La société peut exercer ses activités et s'identifier sous un autre nom que le sien si ce nom ne comprend pas l'expression « société par actions » ou « compagnie » ou les mentions « s.a. », « ltée » ou « inc. ».**

La L.C.S.A. prévoit que le nom d'une société par actions peut aussi s'appeler **dénomination sociale.** Cette expression est également utilisée pour désigner les noms d'emprunt qu'une société par actions peut choisir d'utiliser. Ce nom est choisi par les fondateurs, qui doivent respecter certaines exigences de la loi. Les normes fixées par le gouvernement fédéral et par le gouvernement du Québec quant au choix du nom sont sensiblement les mêmes. Elles se résument à ce qui suit. Nous vous référons à la sous-section 7.2.2, pour plus de détails. Au provincial, le règlement énonce que le nom doit comporter trois parties :

- un élément générique (par exemple « Centre sportif ») ;
- un élément spécifique (par exemple « du Vieux-Terrebonne ») ;
- un élément légal (par exemple « société par actions », « compagnie » ou les abréviations : « s.a. », « inc. » ou « ltée »).

Il peut également être un nom forgé comme « Sobec inc. », formé des mots « société » et « Québec ». Par ailleurs, rien n'empêche les fondateurs d'utiliser un nom déjà existant s'ils ont obtenu la permission de ceux qui l'ont enregistré les premiers. Un tel consentement est habituellement donné lorsqu'une société désire vendre des franchises ou ouvrir des divisions ; on ajoute alors souvent le nom d'une ville à la suite du nom de la société. Lorsqu'on achète l'actif d'une société déjà existante, on peut obtenir l'autorisation d'utiliser son nom en y ajoutant l'année de la formation de la nouvelle société par actions (par exemple « Dépanneur du coin [2015] ltée »).

Une société par actions provinciale ou fédérale peut s'identifier sous un nom autre que celui indiqué dans ses documents constitutifs. Elle peut, par exemple, enregistrer plusieurs noms pour les divisions qu'elle compte établir. Cependant, la loi provinciale interdit que les mots « compagnie », « société par actions » ou les abréviations « s.a. », « inc. » ou « ltée » apparaissent dans ces noms d'emprunt. La loi provinciale l'oblige également à mentionner clairement sur ses contrats, factures et effets de commerce son véritable nom. Il est à noter qu'au fédéral, l'article 10(6) de la L.C.S.A. n'impose pas une telle obligation.

Exemple Rosaire Tremblay et ses amis ont choisi le nom de « Centre sportif du Vieux-Terrebonne inc. ».

A. La désignation numérique ou numéro matricule

Les fondateurs qui n'ont pas arrêté leur choix sur un nom en particulier, mais qui veulent constituer leur société par actions le plus rapidement possible, peuvent se faire attribuer, sur demande, par le Registraire ou le Directeur général, une désignation numérique en vertu de la L.S.A. (par exemple, 4400-5500 Québec ltée) ou un numéro matricule en vertu de la L.C.S.A. (par exemple, 140711 Canada inc.).

> **Art. 23 de la L.S.A. À la demande des fondateurs ou de la société, le registraire des entreprises attribue à celle-ci, pour tenir lieu de nom, une désignation numérique.**

Ces désignations numériques sont distinctes du numéro d'entreprise du Québec (NEQ) qui comprend 10 chiffres et qui est émis lors de l'immatriculation d'une entreprise.

B. La réservation de nom

Pour éviter tout délai dans la délivrance du certificat de constitution de leur nouvelle société par actions, pour protéger le nom qu'ils désirent utiliser et pour ne pas utiliser un nom déjà choisi par un concurrent, les fondateurs peuvent recourir à une procédure que l'on appelle la « réservation de nom ». Vous trouverez le formulaire intitulé « Demande de réservation de noms » sur le site du Registraire des entreprises. Au fédéral, la réservation de nom se fait obligatoirement par l'entremise d'entreprises spécialisées, telles **RÉSO Gestion corporative** ou **Solutions juridiques Carswell** (anciennement Marque d'Or). Pour réserver un nom, il faut débourser une centaine de dollars pour chaque nom faisant l'objet d'une vérification. Au provincial, il n'est pas nécessaire de faire appel à une entreprise spécialisée.

Exemple Rosaire et ses amis peuvent remplir eux-mêmes le formulaire de réservation au Québec.

Si un nom est disponible, on émet, au fédéral comme au provincial, un avis de réservation pour une période de 90 jours au cours desquels personne n'est autorisé à se servir de ce nom. Il est important de préciser que la L.S.A. n'oblige pas les fondateurs à transmettre un rapport de recherche de nom au Registraire des entreprises. Celui-ci est remplacé par une Déclaration du ou des fondateurs (article 8(3) L.S.A.) à l'effet que ceux-ci ont pris les moyens raisonnables pour s'assurer que le nom choisi est conforme à la loi. Advenant une contestation, la L.S.A. prévoit qu'il incombe aux intéressés de s'assurer de la conformité du nom choisi. C'est donc dire qu'ils engagent leur responsabilité face aux tiers en choisissant le nom de l'entreprise.

7.5.8 Les fondateurs

La L.S.A. et la L.C.S.A. désignent sous le nom de « fondateur » toute personne ou tout groupe de personnes qui décide d'attribuer à une entreprise le statut de société par actions. Celle-ci peut être constituée par une seule personne et même par une autre personne morale. Les conditions requises pour mettre sur pied une société par actions sont les suivantes : 1) être une personne physique âgée d'au moins 18 ans ; 2) ne pas être un majeur en tutelle ou en curatelle ; 3) ne pas être un failli non libéré ; 4) ne pas être une entreprise en liquidation. Ajoutons qu'une personne morale (une autre société par actions, par exemple) peut agir comme fondateur.

A. Les documents constitutifs

Une fois la demande de réservation de nom effectuée, les fondateurs doivent remplir les **statuts de constitution** (provincial), ou les **statuts constitutifs** (fédéral). Il est important de noter que la déclaration prévue à l'article 8(3) de la L.S.A. à l'effet que les fondateurs ont pris les moyens raisonnables afin de s'assurer que le nom choisi est conforme fait l'objet d'une affirmation du ou des fondateurs sur le Formulaire de statuts de constitution.

i+ Pour connaître les documents constitutifs nécessaires à la mise sur pied d'une société par actions fédérale, consultez le site de Corporations Canada.

L'encadré 7.3 illustre les étapes pour constituer une société par actions en vertu de la L.S.A. en ayant recours aux services en ligne offerts sur le site du Registraire des entreprises. Tout au long de votre démarche, vous trouverez des explications directement sur le site quant à la manière de procéder pour remplir les formulaires. Vous pouvez même communiquer avec le service à la clientèle afin d'obtenir de l'aide pour remplir une demande.

ENCADRÉ 7.3 Les étapes de constitution d'une société par actions provinciale par Internet

1. Cliquez sur la rubrique « Démarrer votre entreprise »
2. Cliquez sur la rubrique « Constituer une société par actions ».
3. Dirigez-vous vers la rubrique « Services en ligne ».
4. Cliquez au choix sur « Statuts de constitution avec l'avis établissant le siège et la liste des administrateurs » ou sur « Statuts de constitution avec une déclaration initiale ».
5. En cliquant sur l'une de ces rubriques, accédez au formulaire approprié. Celui-ci peut être rempli et transmis directement par Internet.

Pour produire des statuts de constitution pour une société par actions québécoise, les fondateurs doivent fournir les informations suivantes :

- Le nom et l'adresse du domicile de chacun des fondateurs ;
- Le nom de la société par actions, les versions de ce nom dans une autre langue que le français, le cas échéant, ainsi que le numéro de référence de la réservation de nom s'il y a lieu, à moins que les fondateurs n'aient choisi de demander une désignation numérique au lieu d'un nom ;
- Les dispositions concernant le capital-actions autorisé ;
- Les restrictions sur le transfert des titres ou des actions de la société ;
- Les limites imposées aux activités ;
- Les autres dispositions que l'on veut faire figurer dans les statuts de constitution ;

- L'adresse du siège de la société;
- Le nombre des administrateurs ainsi que leur nom et leur adresse domiciliaire respective;
- Le cas échéant, la date à laquelle on souhaite établir le certificat si l'on ne souhaite pas que le Registraire lui attribue la date de la réception de la demande;
- Les coordonnées de la personne à contacter advenant que le Registraire ait besoin d'informations supplémentaires.

Au provincial, c'est l'article 5 de la L.S.A. qui précise ces informations alors qu'au fédéral, c'est l'article 6(1) de la L.C.S.A. Examinons plus en détail chacune des rubriques mentionnées dans les statuts de constitution de la L.S.A., comme le ferait Rosaire Tremblay pour constituer la société par actions Centre sportif du Vieux-Terrebonne inc.

La rubrique « Fondateurs » La L.S.A. et la L.C.S.A. permettent à une seule personne de former une société par actions, il n'est donc pas nécessaire que tous les futurs actionnaires ou administrateurs signent les documents constitutifs.

> **Exemple** Dans le cas de Rosaire et de ses amis, seul Rosaire signera les documents constitutifs en son nom et son adresse domiciliaire.

La rubrique « Nom de la société par actions » On y indique le nom choisi.

> **Exemple** Centre sportif du Vieux-Terrebonne inc.

La rubrique « Précisions sur le nom » Si le nom a fait l'objet d'une demande de réservation de nom, Rosaire devra inscrire le numéro de référence de la réservation.

> **Exemple** Rosaire indiquera une description sommaire des activités (soit exploitation d'un centre sportif) et le territoire où sont exercées les activités (soit la région de Laurentides, Lanaudière).

La rubrique « Déclaration relative au nom » Il faut également signer la Déclaration relative au nom.

> **Exemple** Rosaire indiquera: « Je, soussigné Rosaire Tremblay, déclare que des moyens raisonnables ont été pris afin de s'assurer que le nom choisi est conforme à la loi, et que je suis la personne autorisée à signer la présente déclaration. »

La rubrique « Capital-actions, restrictions sur le transfert des titres ou des actions, limites imposées aux activités et autres dispositions » De toutes les rubriques contenues dans les formulaires de constitution d'une société par actions, la description du capital-actions est la plus importante et celle à laquelle les fondateurs doivent accorder le plus d'attention. La compréhension du capital-actions est donc très importante pour les fondateurs d'une société par actions, les gens d'affaires et tout investisseur potentiel dans une entreprise incorporée. À défaut d'indication contraire dans les statuts, le capital-actions autorisé sera composé d'un nombre illimité d'actions d'une seule catégorie d'actions, qui seront sans valeur nominale et comporteront le droit de voter à toutes les assemblées des actionnaires et de recevoir tout **dividende** déclaré et de partager le reliquat des biens de la société en cas de liquidation de celle-ci.

> **Dividende** *(Dividend)*
> Part des profits d'une société par actions qui est versée aux actionnaires à la suite d'une décision des administrateurs selon la catégorie d'actions qu'ils détiennent.

Advenant que vous désiriez un autre type de capital-actions autorisé, vous devez en faire la description complète et annexer celle-ci à votre demande en pièce jointe. À titre d'exemple, le tableau 7.3 (*voir la page suivante*) présente un exemple de capital-actions simple qui pourrait s'appliquer à une société par actions constituée en vertu soit de la L.S.A., soit de la L.C.S.A.

CHAPITRE 8

LE FONCTIONNEMENT D'UNE SOCIÉTÉ PAR ACTIONS

OBJECTIFS D'APPRENTISSAGE

À la fin de ce chapitre, vous devriez être en mesure:

1. d'expliquer les principaux modes d'acquisition d'une action;
2. d'exercer les droits fondamentaux se rattachant aux actions d'une société par actions;
3. de convoquer une réunion des administrateurs et une assemblée des actionnaires d'une société par actions;
4. de distinguer les administrateurs provisoires des administrateurs permanents;
5. de décrire les conditions d'éligibilité au poste d'administrateur d'une société par actions;
6. d'expliquer les responsabilités particulières des administrateurs;
7. de procéder à la fusion et à la dissolution d'une société par actions provinciale et d'une société par actions fédérale;
8. de comparer les différentes formes d'entreprise selon leur constitution, leur organisation et leur mode de dissolution;
9. d'appliquer les notions apprises dans ce chapitre à des situations pratiques et de trouver l'information pertinente au moyen de divers outils de recherche juridique.

MISE EN SITUATION

Antoine Tremblay est actionnaire de la société par actions Systèmes informatiques intégrés inc., dans laquelle il détient 500 actions ordinaires. Il vient de recevoir un avis de convocation pour l'assemblée annuelle de la société. Il ignore en vertu de quelle loi cette société par actions est constituée et se demande si c'est en vertu de la *Loi canadienne sur les sociétés par actions* (L.C.S.A.) ou de la *Loi sur les sociétés par actions* (L.S.A.). Il se demande également en quoi consiste l'assemblée annuelle et s'il peut y voter. De plus, comme il sera peut-être à l'extérieur du pays à la date de l'assemblée, il aimerait savoir s'il peut se faire remplacer, par qui et de quelle manière.

Il est aussi administrateur de Gestocar inc., une société par actions qui connaît des difficultés financières. La société n'a pas payé les remises d'impôt sur les salaires de ses employés ni ses remises de taxe sur les produits et services (TPS) depuis trois mois et les salaires des employés sont dus et impayés depuis une semaine.

Finalement, ses sœurs, Alice et Adèle, ont acheté des actions dans la société par actions Investissements de l'avenir inc. Malheureusement, la société a accumulé des dettes de plus de 1 000 000 $, que l'entreprise est incapable de payer, car sa situation financière est précaire. Les créanciers de la société s'impatientent et Antoine s'inquiète de la responsabilité de ses sœurs en cas de faillite de l'entreprise.

Questions

1. Comment Antoine peut-il savoir en vertu de quelle loi est constituée Systèmes informatiques intégrés inc. ?
2. Antoine pourra-t-il voter à l'Assemblée annuelle ? Comment peut-il se faire remplacer, le cas échéant ?
3. Sachant qu'Antoine entend démissionner de son poste, quelle serait sa responsabilité concernant les sommes en jeu ?
4. Les sœurs d'Antoine pourront-elles être tenues responsables personnellement des dettes de l'entreprise en cas de faillite ?

SIGNETS INTERNET

Ce chapitre renvoie aux sites Internet des organismes (ou documents) suivants :

- Autorité des marchés financiers
- *Charte de la langue française*
- Commission des normes, de l'équité, de la santé et de la sécurité du travail (C.N.E.S.S.T.)
- Commission de l'immigration et du statut de réfugié du Canada
- Revenu Canada
- Revenu Québec
- Registraire des entreprises

La *Loi sur les sociétés par actions* et la *Loi canadienne sur les sociétés par actions* prévoient la possibilité de créer différentes catégories d'actions.

En pratique, la notion d'actions avec valeur nominale n'est presque plus utilisée. On l'utilise notamment lors de planifications fiscales, lorsqu'on veut geler la valeur de certaines actions, par exemple.

B. Les actions sans valeur nominale (ou « sans valeur au pair »)

Lorsque la valeur pécuniaire n'est pas précisée, on parle d'« actions sans valeur nominale » ; l'action ne représente alors qu'une unité du capital-actions. Dans le cas de l'émission d'actions sans valeur nominale, c'est au conseil d'administration de la société par actions qu'il appartiendra d'en déterminer le prix. On parle alors généralement de « valeur marchande des actions ».

Une fois cette valeur pécuniaire fixée, l'action participante suit les fluctuations de l'actif de la société par actions et reflète sa situation financière et sa capacité à générer des profits. L'article 54 de la L.S.A. parle de « juste équivalent ». D'une façon générale, l'action prend la forme d'un document écrit appelé « certificat d'actions », que la société remet à l'actionnaire.

Pour conclure, on peut dire que les fondateurs auraient avantage à consulter un spécialiste tel un avocat, un comptable, un notaire ou un fiscaliste au moment de la rédaction de la description du capital-actions autorisé de leur société par actions.

8.2 LES ACTIONNAIRES

Les actionnaires d'une société par actions sont en fait les propriétaires de celle-ci. Leur titre de propriété est représenté par les certificats d'actions qu'ils détiennent et les mentions apparaissant dans les registres de cette dernière.

8.2.1 L'acquisition d'actions

On devient généralement actionnaire d'une société par actions de deux façons : par la souscription d'actions ou par le transfert d'actions. Ces deux modes d'acquisition sont réglementés par la loi, et la procédure est différente selon qu'il s'agit d'une société publique (émetteur assujetti) ou d'une société fermée (émetteur fermé).

Souscription d'actions
(Share subscription)
Achat d'actions non encore émises ou non encore en circulation d'une société par actions, soit directement de cette dernière, dans le cas d'une entreprise qui se qualifie d'émetteur fermé, ou par l'intermédiaire d'un courtier, dans le cas d'un émetteur assujetti au sens de la L.V.M.

A. L'émission et le transfert d'actions dans une société fermée

Dans le dossier spécial « L'émetteur fermé », auquel nous vous avons référé dans le chapitre 7, nous avons vu que l'adoption du Règlement 45-106 sur les dispenses de prospectus, du Règlement 31-103 sur les dispenses d'inscriptions comme courtier et les modifications à la *Loi sur les valeurs mobilières* (L.V.M.) ont fait en sorte que dorénavant, toutes les sociétés par actions doivent s'inscrire comme courtiers et établir un prospectus pour émettre leurs actions ou leurs titres à moins de se prévaloir de l'une des nouvelles dispenses stipulées dans les Règlements 45-106, 31-103 ou dans la L.V.M.

B. La souscription d'actions

i+ Pour en savoir davantage sur les dispenses du statut d'émetteur fermé

On définit la **souscription d'actions** comme :

- l'achat d'actions directement de la société par actions, dans le cas d'une entreprise qui se qualifie comme émetteur fermé ou qui bénéficie de l'une des dispenses prévues par le Règlement 45-106 ou par la loi ;

- ou par l'intermédiaire d'un courtier en valeurs mobilières dûment enregistré auprès de l'Autorité des marchés financiers, dans le cas d'une société par actions considérée comme un émetteur assujetti au sens de la L.V.M.

La société publique, qui est cotée à la Bourse, par exemple, ne peut refuser les souscriptions d'actions ni les offres d'achat d'actions de qui que ce soit. Dans le cas d'un « émetteur fermé », le transfert, la vente, l'offre de vente et la distribution des actions et autres titres au public sont assujettis à des restrictions. Ainsi, toute souscription ou offre d'achat d'actions, de même que tout transfert d'actions d'un « émetteur privé », est soumise, par exemple, à l'approbation des administrateurs, qui peuvent l'accepter ou la refuser (habituellement par un vote majoritaire des administrateurs). Pour les émetteurs fermés, qui comprennent la majorité des petites et moyennes entreprises et les sociétés qui ne sont pas cotées à la Bourse, il peut également exister des ententes ou des conventions entre les actionnaires quant à l'émission de nouvelles actions ou au transfert d'actions. Ces ententes sont généralement appelées « conventions entre les actionnaires » ou « conventions unanimes des actionnaires ». Lorsque les administrateurs acceptent une souscription ou un transfert, cette acceptation prend la forme d'une résolution du conseil d'administration de la société par actions ; on inscrit alors le nom de l'actionnaire dans le registre des actionnaires et dans le registre des valeurs mobilières.

> **Exemple** La société par actions ABC ltée peut émettre au nom de son avocate, Andrée Talbot, 4 000 actions ordinaires d'une valeur marchande de 1 $ chacune, en contrepartie de services juridiques de même valeur rendus à la société.

C. Le transfert d'actions

Le transfert d'actions peut résulter : 1) d'une vente d'actions entre deux personnes ; 2) d'une donation ; 3) d'une succession ; ou 4) de l'application de la loi. En général, le transfert d'actions a lieu lorsqu'un actionnaire de la société par actions vend, donne ou aliène des actions déjà en circulation à une autre personne (morale ou physique). Le transfert met en présence les parties suivantes : l'actionnaire qui vend ses actions (le cédant), celui qui offre de les acheter (le cessionnaire) et, finalement, la société par actions elle-même.

i+ Pour en savoir davantage sur l'émission et le transfert d'actions

Le contrat a lieu entre le cédant et le cessionnaire, mais le transfert d'actions n'est valide qu'au moment où il est inscrit dans le registre des transferts de la société et dans le Registre des valeurs mobilières. Aussi longtemps que le transfert intervenu entre le cédant et le cessionnaire n'est pas inscrit dans les registres, l'acquéreur ne possède pas de titre valable, et le vendeur demeure toujours actionnaire aux yeux de la société par actions. Au dos des certificats d'actions, on trouve une formule type suivant laquelle le cédant vend, donne ou transfère ses actions au cessionnaire. Il est très important pour le cessionnaire de faire signer cette formule par le cédant, qui, en quelque sorte, endosse le certificat d'actions en sa faveur. S'il s'agit d'un émetteur fermé, le cessionnaire doit s'assurer que toutes les étapes lui permettant de devenir actionnaire ont été suivies, car il existe certaines restrictions relatives au transfert d'actions.

> **Exemple** Les documents constitutifs d'une société par actions qui est un émetteur fermé peuvent contenir la clause suivante : « Aucune action du capital-actions de la société ne pourra être transférée sans le consentement de la majorité des administrateurs et des actionnaires de la société. » Une telle clause restreint le droit d'un actionnaire de vendre ses actions à une autre personne.

Certaines dispositions de la loi présument temporairement du transfert d'actions entre les mains de syndics de faillite, de fiduciaires ou de liquidateurs de succession. Ces transferts sont toujours assujettis aux restrictions contenues dans les documents constitutifs de la société par actions et ne sont que temporaires.

Nous parlons alors de « transmission d'actions ». Si les actions ou titres transférés sont ceux d'une société qui est un émetteur assujetti, la transaction de transfert doit obligatoirement être effectuée par l'intermédiaire d'un courtier dûment inscrit auprès de l'Autorité des marchés financiers.

> **Exemple** Le père de Mario décède et dans son testament, il lui lègue tous ses biens, dont des actions de Bombardier, de Couche-Tard et de la Banque Nationale, qui sont toutes les trois des sociétés par actions cotées à la Bourse, donc des émetteurs assujettis. Une telle transaction devra se faire par l'intermédiaire d'un courtier.

8.2.2 Le certificat d'actions

Le titre de propriété des actions d'un actionnaire est représenté par son certificat d'actions. Celui-ci peut prendre plusieurs formes. Généralement, la société par actions utilise des formulaires de certificats d'actions déjà imprimés. Il faut noter que la L.S.A. prévoit qu'une société par actions pourrait choisir de ne pas émettre de certificats d'actions. Toutefois, dans les faits, ceci est l'exception et non la règle. Les articles 46 de la L.S.A. et 24 de la L.C.S.A. énoncent que les actions doivent être « nominatives », c'est-à-dire qu'elles doivent être émises au nom d'une personne précise; par exemple, Rosaire Tremblay. Les actions au porteur sont maintenant interdites dans le but notamment d'éviter le blanchiment d'argent. L'article 62 de la L.S.A. précise que les certificats doivent être signés par au moins un administrateur ou dirigeant ou une personne autorisée.

i+ Pour en savoir davantage sur un exemple de certificat d'actions

> **Exemple** Le certificat d'actions n°1 représente les 200 actions ordinaires de catégorie « A » de Rosaire Tremblay dans la société par actions le Centre sportif du Vieux-Terrebonne inc.

8.2.3 Les droits des actionnaires

Le fait pour une personne de détenir une action dans une société par actions lui confère certains droits. Ces droits et restrictions sont les mêmes s'il n'y a qu'une seule catégorie d'actions, mais s'il y a plusieurs catégories, elles sont décrites au capital-actions joint au certificat de constitution de la société. Il est important de noter que la L.S.A. permet qu'une société par actions possède plusieurs catégories ou séries d'actions possédant les mêmes droits. Ceci est un avantage souvent utilisé lors d'une planification fiscale. Pour déterminer les droits des actionnaires au sein d'une société par actions, il faut donc examiner son certificat de constitution. Ainsi, comme nous l'avons indiqué dans le tableau 8.1 (*page 273*), les détenteurs d'actions ordinaires ou de catégorie « A » ont le droit d'assister et de voter à toutes les assemblées d'actionnaires, alors que les détenteurs d'actions privilégiées ou de catégorie « B » n'ont habituellement pas le droit d'assister ni de voter aux assemblées d'actionnaires. Ces derniers ne reçoivent même pas d'avis de convocation aux assemblées d'actionnaires, sauf exception.

A. Les principaux droits des actionnaires

L'examen détaillé de la L.S.A. et de la L.C.S.A. permet de préciser que les détenteurs d'actions possèdent des droits qui sont sujets aux droits, restrictions et limites imposés par le certificat de constitution de leur société par actions respective. Parmi ces droits, on compte les suivants :

- Droit de recevoir l'avis de convocation des assemblées d'actionnaires
- Droit de voter aux assemblées selon la catégorie d'actions détenues

- Droit d'élire les administrateurs à l'assemblée annuelle de la société par actions et de les révoquer, le cas échéant
- Droit de recevoir un dividende
- Droit de ratifier et de modifier les règlements de la société
- Droit de participer à l'augmentation de valeur de la société par actions selon la catégorie d'actions détenues
- Droit de nommer et de révoquer les vérificateurs de la société par actions et d'obtenir copie des états financiers
- Droit de demander la convocation d'une assemblée des actionnaires
- Droit de signer une convention unanime des actionnaires
- Droit de se prononcer sur certaines questions importantes telles que:
  - le nom de la société par actions
  - son siège social
  - les modifications apportées à son capital-actions et à son certificat de constitution
  - sa continuation
  - le nombre de ses administrateurs
  - sa vente
  - sa fusion
  - sa liquidation
- Droit de consulter certains registres de la société et d'en obtenir des copies ainsi qu'un exemplaire des états financiers annuels de la société par actions
- Droit de demander une enquête au Tribunal et la liquidation de la société dans certains cas où les actionnaires majoritaires et les administrateurs agissent de façon abusive, frauduleuse ou en cas d'impasse
- Droit de voter lors de la vente, de l'échange ou de la location de biens de la société, si une telle transaction a pour effet d'affecter la poursuite des activités substantielles de la société, laissant cette dernière avec moins de 25 % de ses activités antérieures
- Droit de partager le reliquat des biens à la suite de la liquidation ou de la dissolution de la société

B. Le droit de dissidence

Dans la lignée de la nouvelle législation visant à mieux protéger les actionnaires minoritaires des sociétés par actions, la L.S.A accorde aux actionnaires de la société un droit de dissidence. Ce droit vise à accroître la protection des actionnaires minoritaires à l'encontre de certaines décisions prises par les actionnaires majoritaires. Les articles 372 à 398 de la L.S.A. ainsi que l'article 190 de la L.C.S.A. leur permettent d'exercer leur droit de dissidence dans certains cas et d'exiger le rachat de leurs actions à leur juste valeur.

> **Art. 372 de la L.S.A. L'adoption de l'une des résolutions énumérées ci-après confère à un actionnaire le droit d'exiger le rachat par la société de la totalité de ses actions dès lors qu'il exerce, contre la résolution, la totalité des droits de vote que comportent ces actions:**
>
> **1. la résolution ordinaire qui autorise la société à procéder à une expulsion d'actionnaires;**
>
> **2. la résolution spéciale qui autorise une modification aux statuts pour y ajouter, modifier ou supprimer une restriction aux activités de la société ou au transfert d'actions de celle-ci;**
>
> **3. la résolution spéciale autorisant une aliénation de biens de la société lorsque, par suite de cette aliénation, elle ne peut poursuivre des activités substantielles;**

4. **la résolution spéciale autorisant la société à permettre l'aliénation des biens de sa filiale ;**
5. **la résolution spéciale approuvant une convention de fusion ;**
6. **la résolution spéciale autorisant la continuation d'une société sous le régime de la loi d'une autre autorité législative que le Québec ;**
7. **la résolution par laquelle le consentement à la dissolution de la société est rétracté lorsque, par suite de l'aliénation de ses biens entreprise au cours de sa liquidation, elle ne peut poursuivre des activités substantielles.**

L'adoption d'une résolution visée par les paragraphes 3 à 7 du premier alinéa confère à l'actionnaire ne détenant pas d'actions comportant le droit de vote le droit d'exiger le rachat par la société de la totalité de ses actions.

C. Le recours au tribunal

De la même manière, la L.S.A. a introduit aux articles 421 à 467 des dispositions calquées sur celles de la L.C.S.A., qui permettent aux actionnaires de s'adresser au Tribunal pour demander la tenue d'une enquête sur les activités de la société ainsi que la nomination d'un inspecteur à cette fin. Le Tribunal visé est la Cour supérieure. Ces articles visent l'obtention d'une ordonnance du Tribunal :

- pour annuler un acte de la société ou de ses administrateurs ou actionnaires majoritaires qui est abusif, inéquitable ou injuste à leur égard ;
- pour la contestation d'une élection ;
- pour la rectification des livres ou la correction d'erreurs ;
- pour forcer la société ou ses administrateurs, dirigeants ou employés à observer la loi, le certificat de constitution, le règlement interne de la société ou une convention unanime des actionnaires ;
- pour demander la dissolution, l'annulation des statuts et la liquidation de la société.

D. La convention unanime des actionnaires

La convention unanime des actionnaires est un contrat conclu entre tous les actionnaires d'une société par actions ou compagnie régie par la L.S.A. (art. 213) ou la L.C.S.A. (art. 145.1 et 146). Cette convention permet aux actionnaires d'une société par actions de restreindre les pouvoirs accordés aux administrateurs de la société par la loi et de retirer ou de restreindre ces pouvoirs pour les exercer eux-mêmes. Comme son nom l'indique, cette convention doit être signée par tous les actionnaires de la société. Ce type de convention est très utilisé au sein des petites et moyennes entreprises qui sont des émetteurs fermés, de même que dans les sociétés qui comptent des administrateurs non actionnaires de la société. Cette convention a pour effet de décharger les administrateurs des obligations et des responsabilités que la loi leur impose ; ce sont alors les actionnaires eux-mêmes qui les assument. Il arrive souvent que les actionnaires d'une telle société signent entre eux une convention unanime qui vise à prévoir et à déterminer leur façon d'agir ou de voter dans certaines circonstances.

> **Exemple** Les actionnaires conviennent de s'élire mutuellement administrateurs de la société ; toute décision importante requerra le vote unanime de 75 % des actionnaires (signature de contrats et des documents bancaires, achat d'équipement ou d'immeubles, hypothèque, emprunt, etc.).
>
> Les actionnaires qui désirent se retirer de la société devront offrir en premier lieu leurs actions aux autres actionnaires de la société à une valeur établie selon cette convention ; c'est ce que l'on nomme le « droit de premier refus » ou de « préemption ».

Au décès d'un actionnaire, les autres actionnaires de la société auront un droit de préférence pour acheter les actions à ses héritiers, lesquels devront les leur céder à une valeur établie par la convention; des assurances vie prises par la société ou par les actionnaires serviront à couvrir le coût de cette transaction.

Finalement, signalons que tout certificat d'actions d'une société par actions où il existe une convention unanime des actionnaires doit faire référence à cette convention pour être opposable aux tiers, en cas de transfert, par exemple.

8.2.4 La responsabilité des actionnaires

La responsabilité de l'actionnaire est limitée à sa mise de fonds. Ce dernier n'engage aucune responsabilité à l'égard des créanciers de la société, à moins que, dans le cas d'une société par actions constituée en vertu de la loi québécoise, ses actions ne soient pas entièrement payées ou que, quel que soit le type de société par actions, il n'ait donné des garanties personnelles, tel un cautionnement pour garantir solidairement les obligations de la société vis-à-vis des créanciers.

Par ailleurs, en appliquant les dispositions de l'article 317 du *Code civil*, les tribunaux ont développé la notion de l'*alter ego* afin de retenir la responsabilité personnelle de certains administrateurs et actionnaires uniques d'entreprises incorporées. Ces dispositions énoncent que la personnalité juridique d'une personne morale ne peut être invoquée à l'encontre d'une personne de bonne foi, dès lors qu'on invoque cette personnalité pour masquer la fraude, l'abus de droit ou une contravention à une règle intéressant l'ordre public (*voir le chapitre 3, section 3.2*).

> **Exemple** Frédéric, administrateur et actionnaire unique de Construction F.D. inc., construit un immeuble de 20 logements. Il ne révèle pas la mauvaise situation financière de son entreprise à Richard, qui l'a engagé, ni aux nombreux sous-traitants qu'il engage pour faire la construction. Il se fait payer par Richard au fur et à mesure que la construction avance. Il paie un peu ses sous-traitants, mais leur dit que Richard retarde ses paiements. Lorsque l'immeuble est construit à 75 % et que Richard lui a versé 75 % du prix convenu, il cesse les travaux, cesse les opérations de sa société par actions et la met en faillite sans avoir payé ses sous-traitants.

8.2.5 Les assemblées des actionnaires

L'article 311 du *Code civil du Québec* énonce:

> **Art. 311 du C.c.Q. Les personnes morales agissent par leurs organes, tels le conseil d'administration et l'assemblée des membres.**

A. Les dispositions générales

Les assemblées d'actionnaires d'une société constituée en vertu de la L.S.A. doivent avoir lieu au Québec, sauf si les statuts le permettent et si l'on obtient l'assentiment des actionnaires, auquel cas elles peuvent avoir lieu à l'extérieur du Québec. La L.C.S.A. précise que les assemblées d'actionnaires doivent avoir lieu au Canada, mais qu'elles peuvent avoir lieu à l'extérieur du pays si tous les actionnaires y consentent. Ce sont généralement les administrateurs de la société par actions qui convoquent ces assemblées. Dans les réunions des administrateurs et les assemblées des actionnaires, les décisions se prennent au moyen de résolutions.

- Les résolutions qualifiées d'« ordinaires » ou de « spéciales » expriment les décisions votées au cours d'une assemblée d'actionnaires ou d'une réunion du conseil d'administration d'une société par actions.

- Une résolution ordinaire doit être adoptée par la majorité (50 % + 1 des voix exprimées) lors d'une assemblée des actionnaires habiles à voter sur celle-ci. Une résolution spéciale doit quant à elle être adoptée par au moins les deux tiers (66 2/3 %) des voix exprimées lors d'une assemblée des actionnaires habiles à voter sur celle-ci.
- Le règlement intérieur, longtemps nommé « règlements généraux » en vertu de la L.C.Q., détermine le mode de fonctionnement de la société par actions, tandis que d'autres règlements sont requis pour apporter certains changements à la société.

Ce sont généralement le président et le secrétaire de la société par actions qui s'occupent de convoquer les assemblées selon les modalités prévues au règlement intérieur de la société. Le président est responsable du déroulement de ces assemblées et le secrétaire en tient les procès-verbaux ou comptes rendus. Les points importants concernant toute assemblée des actionnaires sont : 1) l'avis de convocation ; 2) le quorum ; 3) le vote ; et 4) le procès-verbal.

L'avis de convocation D'une façon générale, tout actionnaire détenant des actions comportant le droit de vote, ou encore dont la loi requiert le vote sur les questions à l'ordre du jour, doit être convoqué à l'assemblée selon les modalités prévues au règlement intérieur de la société. La L.S.A. prévoit que l'avis doit également être envoyé à chaque administrateur de la société. Les personnes qui ont le droit d'assister à une assemblée d'une société fédérale ou provinciale peuvent renoncer à l'avis de convocation. Leur présence à cette assemblée équivaut à une telle renonciation, sauf s'ils sont là pour s'opposer aux délibérations d'une assemblée qui n'est pas régulièrement convoquée.

L'avis doit indiquer le jour, le lieu et l'heure de l'assemblée ainsi que les questions qui y seront traitées et le texte de toute résolution spéciale qui y sera soumise. L'avis doit être expédié à chaque actionnaire à sa dernière adresse connue, de la façon et dans les délais prévus dans le règlement intérieur de la société ou, à défaut :

- pour une société provinciale, au moins 10 jours avant la date de l'assemblée pour un émetteur fermé ;
- pour une société provinciale qui est un émetteur assujetti, au moins 21 jours et au plus 60 jours avant la date de l'assemblée ;
- pour une société fédérale, entre le 21e et le 60e jour avant la date de l'assemblée ;
- pour une société fédérale qui n'est pas un émetteur assujetti, les statuts et règlements peuvent prévoir un délai plus court.

La L.S.A. prévoit qu'un actionnaire ou un groupe d'actionnaires représentant 10 % des actions ayant droit de voter peut demander la convocation d'une assemblée extraordinaire des actionnaires et, au besoin, la convoquer lui-même. Si le conseil d'administration omet de le faire dans les 21 jours suivant la réception de l'avis, l'un des signataires peut convoquer une assemblée. La L.C.S.A. fixe à 5 % le nombre des actionnaires requis à cette fin.

Les petites sociétés par actions n'adressent, bien souvent, aucun avis de convocation à leurs actionnaires ; il suffit que les personnes présentes à l'assemblée signent une renonciation pour rendre cette assemblée valide. Notons que l'avis de convocation peut être envoyé par voie électronique.

Le quorum Le quorum est le nombre minimal de personnes présentes ou représentées nécessaire pour qu'une assemblée soit valide et que l'on puisse passer au vote. C'est généralement le règlement intérieur de la société qui en fixe le quorum. Pour les sociétés comprenant de nombreux actionnaires, un quorum peu élevé (par exemple, 30 % ou moins des actionnaires) est souhaitable, alors que pour les sociétés comprenant un nombre restreint d'actionnaires, le quorum peut être plus élevé (par exemple, 51 %). À défaut de dispositions à cet effet dans le règlement intérieur de la société, la L.S.A. comme la L.C.S.A. fixent le quorum à un ou plusieurs actionnaires détenant la majorité simple des voix (50 % + 1). S'il n'y a pas quorum, les actionnaires ne peuvent commencer l'assemblée. Ils peuvent alors l'ajourner à une date subséquente. Dans le cas d'une société avec un actionnaire unique, l'assemblée peut être tenue en tout temps par lui, son fondé de pouvoir ou mandataire dûment autorisé.

Même un actionnaire minoritaire peut faire valoir ses droits.

Le vote L'actionnaire se voit attribuer un nombre de votes égal au nombre d'actions assorties du droit de vote qu'il détient. Le droit de vote rattaché aux actions est assujetti aux droits et restrictions stipulés dans l'acte constitutif. En général, on respecte le principe suivant : **une action égale un vote.** Ainsi, le vote de la personne qui possède 100 actions ordinaires assorties du droit de vote représente 100 voix. Par ailleurs, la personne qui détient un certain nombre d'actions privilégiées ne comportant pas le droit de vote ne peut pas voter aux assemblées des actionnaires (sauf dans certains cas). Les statuts de constitution peuvent également prévoir une catégorie d'actions donnant plusieurs droits de vote à leur détenteur (par exemple, 10 votes par action). En général, et à moins de dispositions particulières dans une convention d'actionnaires, le vote se prend à la majorité des voix, sauf pour les décisions importantes.

À RETENIR

Ainsi, l'actionnaire ou le groupe d'actionnaires qui détient 50 % + 1 des actions de la société en détient le contrôle. Il pourra donc, à l'assemblée annuelle, élire tous les administrateurs de son choix, y compris lui-même. C'est ce qu'on appelle le « contrôle légal de la société par actions ».

Sauf disposition contraire du règlement intérieur, le vote se prend à main levée, à voix ouverte ; c'est-à-dire que chacun présente oralement le nombre d'actions qu'il détient, ou par scrutin secret, à la demande d'un actionnaire ou de son représentant. Le règlement intérieur de la société précise généralement la forme adoptée, à défaut de quoi il appartient au président de décider.

En cas d'égalité de vote entre les actionnaires et à moins de dispositions contraires dans le règlement intérieur de la société, le président de l'assemblée possède un vote prépondérant qui lui permet de briser l'égalité. La L.S.A. oblige la société à conserver les bulletins de vote et les procurations déposées lors d'une assemblée pendant trois mois et à permettre aux actionnaires et à leurs fondés de pouvoir de les consulter. Il existe plusieurs moyens d'effecteur un vote : 1) par procuration ; 2) par résolutions signées ; 3) par conférence téléphonique ou par voie électronique.

L'actionnaire qui a le droit d'assister et de voter à une assemblée, mais qui ne peut être présent, peut voter par **procuration**. Celle-ci est un écrit en vertu duquel un actionnaire mandate une autre personne pour le représenter à une assemblée d'actionnaires en son absence.

Procuration *(Proxy)*
Écrit par lequel un actionnaire confie à une personne de son choix, qu'on appelle « fondé de pouvoir », le mandat de voter en son nom, et suivant ses recommandations, lors d'une assemblée annuelle, spéciale ou extraordinaire de la société.

Une procuration peut être manuscrite, dactylographiée ou imprimée. Un fondé de pouvoir n'est pas nécessairement un actionnaire de la société. La procuration doit être datée et faire mention explicite de la nomination et du nom du fondé de pouvoir. La L.S.A. permet à un actionnaire de donner une procuration qui est valable pour une durée d'un an. La L.C.S.A. prévoit quant à elle qu'une procuration n'est valable que pour une assemblée précise ou son ajournement. L'actionnaire peut révoquer en tout temps une procuration, à la condition d'en aviser la société.

L'article 178 de la L.S.A. prévoit que la résolution écrite et signée par tous les actionnaires de la société par actions ayant le droit de vote a la même valeur que si elle avait été adoptée à une assemblée dûment convoquée. Un exemplaire d'une telle résolution doit être conservé dans le registre des procès-verbaux de la société. Ces dispositions ne s'appliquent que pour les sociétés par actions qui sont des émetteurs fermés. La L.S.A. (art. 175) et la L.C.S.A. (art. 132(5)) accordent aux sociétés qui sont des émetteurs fermés la possibilité de tenir des assemblées d'actionnaires par conférence téléphonique ou par tout autre moyen électronique permettant aux actionnaires participants de communiquer adéquatement entre eux, si les documents constitutifs ou le règlement intérieur le permettent, ou si tous les actionnaires y consentent. La seule difficulté de ce genre d'assemblée est que le moyen électronique choisi doit permettre de garder le scrutin secret si cela est demandé par un actionnaire.

Le procès-verbal En général, c'est le secrétaire de la société qui rédige le compte rendu ou le procès-verbal d'une assemblée. Une copie du procès-verbal de toutes les assemblées doit être conservée dans le registre des procès-verbaux de la société.

B. Les types d'assemblée

Il existe deux types d'assemblée d'actionnaire : l'assemblée annuelle et l'assemblée spéciale ou extraordinaire.

L'assemblée annuelle Les dispositions des articles 163 et suivants de la L.S.A. et 133 et suivants de la L.C.S.A. obligent les sociétés par actions à tenir une assemblée annuelle. Cette assemblée réunit tous les détenteurs d'actions assorties d'un droit de vote. À cette assemblée annuelle des actionnaires, les administrateurs de la société rendent compte de leur administration pour l'année qui vient de s'écouler. De plus, ils soumettent à l'approbation des actionnaires les sujets suivants :

1. le bilan et les états financiers de la société pour l'exercice terminé ;
2. le rapport des vérificateurs ou des experts-comptables de la société, selon le cas ;
3. le règlement intérieur de la société ;
4. la nomination du vérificateur ou la décision de ne pas nommer de vérificateur des comptes de la société ;
5. l'élection des administrateurs.

L'expert-comptable ou le vérificateur est habituellement un comptable qui ne possède aucun intérêt dans la société par actions. Il ne peut être ni administrateur ni dirigeant de la société. Il a accès à tous les registres et documents et doit préparer les rapports financiers de la société. Dans une société par actions qui n'est pas un émetteur assujetti, les actionnaires peuvent, par vote unanime, choisir de ne pas nommer de vérificateur, auquel cas les administrateurs nomment un expert-comptable. Le mandat de l'expert-comptable dure jusqu'à l'assemblée annuelle suivante.

Généralement, l'assemblée annuelle a lieu à la date et à l'endroit déterminés dans l'acte constitutif ou dans le règlement intérieur de la société par actions.

L'assemblée spéciale ou extraordinaire Certaines décisions des administrateurs requièrent l'approbation des actionnaires. Ces décisions sont prises au moyen de résolutions spéciales. En principe, les opérations régulières de la société par actions ne requièrent pas la convocation d'une assemblée spéciale.

Par ailleurs, les lois fédérale et provinciale prévoient un certain nombre de cas où des décisions importantes doivent être soumises à l'approbation immédiate et à la ratification des actionnaires. On convoque à cette fin une assemblée spéciale. La L.C.S.A. emploie l'expression « assemblée extraordinaire » et la L.S.A., l'expression « assemblée spéciale ». Dans la majorité des cas, c'est par un vote correspondant aux deux tiers au moins des voix exprimées ou signées de tous les actionnaires habiles à voter en l'occurrence que l'on doit ratifier les décisions des administrateurs à une assemblée spéciale ou extraordinaire. Ces dispositions sont aussi soumises à toute convention unanime des actionnaires établissant un pourcentage plus élevé (75 %, par exemple) pour la ratification des décisions et parfois au vote par catégorie d'actions, le cas échéant. Les administrateurs doivent convoquer une assemblée spéciale, notamment dans les cas suivants :

- Changement de dénomination sociale
- Changement de siège social
- Changement du nombre d'administrateurs
- Changement apporté au certificat de constitution
- Changement apporté au capital-actions autorisé
- Diminution des activités de la société
- Changement apporté au règlement interne de la société
- Fusion avec une autre société
- Création d'un comité de direction (comité exécutif)
- Achat d'actions d'autres sociétés
- Liquidation et dissolution volontaire
- Décision de ne pas nommer de vérificateur
- Vente de l'actif ou d'une partie substantielle des activités
- Continuation de la société

C. Les dispositions concernant l'actionnaire unique

L'article 177 de la L.S.A. prévoit qu'une société par actions peut n'avoir qu'un seul actionnaire. Ce dernier peut aussi être le seul administrateur de la société et son seul dirigeant. À ce titre, il peut également nommer et destituer d'autres administrateurs selon son bon vouloir (art. 3 de la L.S.A. et art. 5(1) de la L.C.S.A.).

> **Art. 177 de la L.S.A. L'assemblée peut être tenue par le seul actionnaire de la société, par le seul détenteur des actions d'une catégorie ou une série d'actions de la société ou par leur fondé de pouvoir.**

Dans les faits, s'il est à la fois le seul actionnaire et administrateur de la société, il n'a pas besoin de convoquer d'assemblée des actionnaires ou des administrateurs pour prendre des décisions. Sa seule signature sur une résolution suffit pour engager la responsabilité de la société.

> **Art. 178 de la L.S.A. Une résolution écrite, signée par l'actionnaire unique de la société ou par tous les actionnaires habiles à voter sur cette résolution, a la même valeur que si elle avait été adoptée lors d'une assemblée. Cette résolution doit être conservée avec les procès-verbaux des assemblées.**

8.3 LES ADMINISTRATEURS

Les affaires courantes de la société par actions sont gérées par les administrateurs ou dirigeants de celle-ci.

> **Art. 312 du C.c.Q. La personne morale est représentée par ses dirigeants, qui l'obligent dans la mesure des pouvoirs que la loi, l'acte constitutif ou les règlements leur confèrent.**
>
> **Art. 106 de la L.S.A. Le conseil d'administration de la société se compose d'un ou de plusieurs administrateurs.**
>
> **Lorsque la société est un émetteur assujetti, le conseil d'administration se compose d'au moins trois administrateurs dont deux ne font partie ni des dirigeants ni des employés de la société ou d'une personne morale de son groupe.**
>
> **Art. 102.1 de la L.C.S.A. Sous réserve de toute convention unanime des actionnaires, les administrateurs gèrent les affaires tant commerciales qu'internes de la société.**

Généralement, la rémunération des administrateurs est fixée par le conseil d'administration. On distingue deux sortes d'administrateurs : les premiers administrateurs et les administrateurs permanents.

8.3.1 Les premiers administrateurs

Les premiers administrateurs de la société par actions sont les personnes mentionnées dans la liste des administrateurs qui accompagne les statuts de constitution ou dans la déclaration initiale. Il peut s'agir de personnes différentes du ou des fondateurs. Leur mandat débute à la date mentionnée sur le certificat de constitution et se termine à l'assemblée d'organisation de la société, à l'occasion de laquelle les administrateurs permanents sont élus.

8.3.2 Les administrateurs permanents

Il n'est pas nécessaire d'être actionnaire d'une société par actions pour en être administrateur (art. 109 de la L.S.A. et art. 105(2) de la L.C.S.A.). La loi permet de déterminer le nombre d'administrateurs soit par un nombre précis, soit par un minimum et un maximum.

A. L'éligibilité

Les articles 108 de la L.S.A., 105 de la L.C.S.A. et 327 du *Code civil du Québec* énoncent que toute personne physique peut être administrateur, à l'exception : 1) d'un mineur ; 2) d'un majeur protégé en tutelle ou en curatelle ; 3) d'une personne déclarée incapable par un tribunal d'une autre province ou d'un autre pays ; 4) d'un failli non libéré ; et 5) de toute personne à qui le tribunal interdit l'exercice de cette fonction (par exemple, toute personne trouvée coupable d'un acte criminel comportant fraude ou malhonnêteté en vertu de l'art. 329 du C.c.Q.).

B. L'élection et le mandat

Nous avons vu que les administrateurs de la société par actions sont élus à l'assemblée annuelle, généralement par scrutin secret, par le vote majoritaire des actionnaires votants et pour un mandat dont la durée est généralement fixée par le règlement intérieur. Ils sont habituellement élus pour un an, mais leur mandat peut se prolonger jusqu'à trois ans maximum. Cependant, les administrateurs peuvent être réélus pour plusieurs mandats. S'il subsiste des postes vacants au

MISE EN SITUATION

La société Centre sportif du Vieux-Terrebonne inc., mise sur pied par Rosaire Tremblay et ses quatre associés, souhaite acheter l'immeuble qui va abriter ses activités ainsi que l'équipement nécessaire pour accomplir sa mission. Les associés ont établi leurs besoins de financement comme suit :

- 1 500 000 $ pour les coûts d'acquisition de l'immeuble ;
- 1 250 000 $ pour l'aménagement des locaux comprenant piscines, baignoires à remous et saunas, et l'aménagement des salles pour le squash, le tennis, le badminton et le conditionnement physique ;
- 750 000 $ pour les coûts d'acquisition du matériel et de l'équipement nécessaires.

Comme ils souhaitent réduire leurs coûts d'investissement initiaux pour l'acquisition des équipements et du matériel, ils envisagent d'acquérir les actifs comprenant du matériel et des équipements du Centre de conditionnement des Grandes vallées inc., qui vient de faire faillite après seulement six mois d'opération. À cette fin, ils ont prévu de rencontrer le syndic à la faillite du Centre de conditionnement des Grandes vallées. Ils ont également pris rendez-vous avec les représentants de trois institutions financières afin d'obtenir des offres de financement.

Questions

1. Quels sont les divers modes de financement dont ils pourraient bénéficier ?
2. Quelles garanties seront exigées par les institutions financières pour financer un projet comme le leur ?
3. Comment doivent-ils s'y prendre pour faire une offre pour l'achat des actifs issus de la faillite du Centre de conditionnement ?

SIGNETS INTERNET

Ce chapitre renvoie aux sites Internet des organismes (ou documents) suivants :

- *Code civil du Québec*
- Justice Québec
- *Loi sur la faillite et l'insolvabilité*
- *Loi sur les arrangements avec les créanciers de compagnie*
- *Loi sur les banques*
- *Nouveau code de procédure civile*
- Registre des droits personnels et réels mobiliers (RDPRM)

INTRODUCTION

Après avoir décidé de se lancer en affaires, il faut penser au financement de l'entreprise. Quand on sait que seulement deux entreprises sur dix réussissent à survivre plus de trois ans et que la plupart ferment leurs portes à cause de problèmes de financement et de liquidités, il devient évident que la question du financement est incontournable pour toute personne désireuse de se lancer en affaires. Dans 90 % des cas, les entreprises doivent obtenir un emprunt pour se financer. Les gestionnaires doivent donc s'adresser à des institutions financières. Ces dernières exigent qu'on leur démontre la solvabilité de l'entreprise et sa capacité de payer, mais elles veulent surtout des garanties de paiement pour assurer le remboursement de l'emprunt.

Ces deux sujets importants, le financement et le remboursement de la dette, font l'objet du présent chapitre. Toutefois, l'étude du financement serait incomplète sans un examen attentif de ce qui se passe lorsqu'une personne ou une entreprise est incapable de remplir ses obligations contractuelles ou financières à cause de son insolvabilité. Nous examinerons donc la question de l'insolvabilité du point de vue de la personne ou de l'entreprise insolvable aux yeux de ses créanciers.

9.1 LES SOURCES DE FINANCEMENT

On peut définir le financement de l'entreprise comme la fonction qui consiste à se procurer des fonds et à les utiliser de façon efficace et rationnelle. Le financement représente une préoccupation constante pour l'entreprise. Un financement approprié assure la solvabilité de l'entreprise et sa rentabilité. Le financement d'une entreprise dépend, avant tout, de la nature de celle-ci et de ses objectifs. L'investissement personnel des actionnaires ne suffit habituellement pas à constituer les fonds nécessaires au fonctionnement de l'entreprise. Cette dernière doit donc avoir recours à des sources extérieures de financement. L'entreprise peut se procurer les fonds nécessaires à ses activités commerciales de diverses façons. En général, elle a recours à ce que nous appellerons le **financement par voie d'emprunt.** Ce type de financement est ouvert à toutes les formes d'entreprise. L'entreprise peut aussi se financer sans avoir recours à l'emprunt : c'est ce que nous appelons le **financement sans emprunt.**

> **Financement par voie d'emprunt**
> *(Loan financing or debt financing)*
> Financement qui consiste, pour l'entreprise, à contracter un emprunt auprès d'un établissement financier (banque, société de fiducie, caisse populaire) ou d'autres prêteurs.

9.1.1 Le financement sans emprunt

Le tableau 9.1 illustre les cinq sources de financement sans emprunt existantes : 1) l'investissement personnel ou mise de fonds des propriétaires ; 2) le financement par le capital-actions ; 3) les bénéfices non répartis de l'entreprise ; 4) le crédit commercial ; et 5) la vente en consignation. Néanmoins, la plupart du temps, malgré les avantages du financement sans emprunt, les circonstances sont telles que la majorité des entreprises doivent recourir au financement par voie d'emprunt.

9.1.2 Le financement par voie d'emprunt : le prêt

Le financement par voie d'emprunt signifie que l'entreprise contracte une dette auprès d'un prêteur. Le prêt figure parmi les contrats les plus susceptibles d'être signés par le citoyen ordinaire, en particulier, par les gens d'affaires et les entreprises. En effet, que ce soit pour l'acquisition d'une propriété immobilière, d'une automobile, d'un commerce ou d'une pièce de machinerie importante, nous disposons très rarement des sommes nécessaires pour effectuer un achat important au comptant. Nous devons alors emprunter le capital nécessaire soit à un établissement financier, soit à un prêteur privé. Lorsqu'on parle du financement d'une entreprise par voie d'emprunt, on touche directement à l'endettement de l'entreprise et, par conséquent, à sa capacité de rembourser ses

TABLEAU 9.1 Les cinq sources de financement sans emprunt

Source de financement	Caractéristiques	Exemples
Investissement personnel ou mise de fonds	Sommes d'argent ou des biens injectés par les propriétaires, sous plusieurs formes possibles: ▸ achat d'actions du capital-actions; ▸ achat d'une part dans une société; ▸ prêt.	▸ Jean-François a puisé dans ses économies personnelles pour mettre son entreprise sur pied. ▸ Monique, Sylvie et Nicolas ont fourni des biens, de l'argent ou autre chose à titre d'apports dans la société.
Financement par le capital-actions	Émission d'actions à des personnes autres que les dirigeants et les actionnaires principaux.	En plus des actions qu'ils ont achetées personnellement dans la société, Rosaire et ses associés décident d'intéresser d'autres investisseurs.
Bénéfices non répartis de l'entreprise	Profits réalisés par une entreprise et dont elle dispose (« bénéfices non répartis » sous la rubrique « avoir des actionnaires », dans les états financiers et le bilan d'une entreprise)*.	La société Sportbec inc. a réalisé des profits de 500 000 $ en 2015 et a payé un dividende de 100 000 $ à ses actionnaires. Ses bénéfices non répartis pour 2015 seront donc de 400 000 $. Les administrateurs de la société pourront choisir de réinvestir cette somme pour prendre de l'expansion ou pour acheter de nouveaux équipements.
Crédit commercial	Modalités de crédit ou délais de paiement accordés à l'entreprise par les fournisseurs pour qu'elle acquitte ses factures. Délai de paiement généralement indiqué sur la facture ou le bon de livraison, qui peut porter l'une ou l'autre des mentions suivantes: ▸ payable net 30 jours; ▸ payable 60 jours; ▸ 2 %, 10 jours, net 30 jours. Ainsi, la mention « 2 %, 10 jours, net 30 jours » ou la formulation habituelle (2/10, N/30) que l'on trouve le plus souvent sur les factures signifient que le fournisseur accorde une remise de 2 % au client qui acquitte la facture dans les 10 jours suivant la réception des marchandises. Par ailleurs, certaines entreprises de grande envergure (comme Walmart et Costco) exigent des délais de paiement sans intérêt de leurs fournisseurs, alors qu'elles vendent au comptant à leurs propres clients. Ces délais peuvent varier entre 30 et 120 jours.	En acquittant une facture de 10 000 $, excluant les taxes de vente (TPS et TVQ), dans les 10 jours suivant la réception, l'entreprise KYMS ne paie que 98 % du montant, soit 9 800 $: elle bénéficie ainsi d'une remise ou d'un escompte de 200 $. La mention « net 30 jours » signifie que, si le client ne se prévaut pas de la remise de 2 %, il devra acquitter le compte de 10 000 $ dans les 30 jours. Après cette date, un intérêt sera ajouté pour tout paiement en retard selon la mention précisée sur la facture. En agissant ainsi, une entreprise n'utilise pas sa marge de crédit et ne puise pas dans son compte de banque. En se faisant payer comptant, elle dépose immédiatement l'argent perçu de ses clients dans son compte de banque et ne paye ses propres fournisseurs que 30, 60 ou 120 jours plus tard.
Vente en consignation	Pratique commerciale qui consiste, pour le vendeur d'un bien (habituellement un fabricant ou un distributeur), à laisser une certaine quantité de marchandises en consignation chez un commerçant sans que ce dernier achète ou paie la valeur de ces marchandises, lui évitant ainsi des investissements pour un inventaire de ces biens et lui permettant de conserver ses liquidités pour d'autres fins (*voir le chapitre 10*).	Aimée est artisane et désire vendre ses produits. Alain, propriétaire d'une boutique de cadeaux et d'artisanat, prend en consignation les œuvres d'Aimée et les met en vente dans sa boutique sans les acheter.

* Nous savons qu'une société par actions n'est jamais obligée de payer un dividende à ses actionnaires, et ce, même si elle réalise des profits. Plutôt que payer des dividendes aux actionnaires, les administrateurs peuvent décider d'utiliser les profits de l'entreprise pour acheter de nouveaux équipements.

emprunts. Aucun prêteur consciencieux ne consentira à prêter ni à avancer des fonds à une entreprise sans qu'elle fournisse des garanties à même son actif ou à même les biens personnels des principaux actionnaires ou associés. Ce sont les articles 2312 à 2332 du *Code civil du Québec,* la *Loi sur l'intérêt* et la *Loi sur la protection du consommateur* qui régissent le prêt. Les articles 2312 à 2315 du ***Code civil du Québec*** précisent qu'il existe deux sortes de prêts et en définissent les principales caractéristiques:

> **Art. 2312 du C.c.Q. Il y a deux espèces de prêt: le prêt à usage et le simple prêt.**
>
> **Art. 2313 du C.c.Q. Le prêt à usage est le contrat à titre gratuit par lequel une personne, le prêteur, remet un bien à une autre personne, l'emprunteur, pour qu'il en use, à la charge de le lui rendre après un certain temps.**
>
> **Art. 2314 du C.c.Q. Le simple prêt est le contrat par lequel le prêteur remet une certaine quantité d'argent ou d'autres biens qui se consomment par l'usage à l'emprunteur, qui s'oblige à lui en rendre autant, de même espèce et qualité, après un certain temps.**
>
> **Art. 2315 du C.c.Q. Le simple prêt est présumé fait à titre gratuit, à moins de stipulation contraire ou qu'il ne s'agisse d'un prêt d'argent, auquel cas il est présumé fait à titre onéreux.**

A. Le prêt à usage

Il s'agit d'un contrat de prêt de biens qui ne se consomment pas et qui doivent être restitués par l'emprunteur. Celui-ci doit: 1) agir avec prudence et diligence vis-à-vis la garde et la conservation du bien prêté; 2) l'utiliser pour l'usage pour lequel il l'a emprunté; et 3) le rendre dans le même état quand il a fini de l'utiliser.

> **Exemple** Déneigement Rive-Sud inc. emprunte le camion de Paysagement Belle-Rive inc. pour effectuer certains de ses contrats de déneigement, car un de ses camions est hors d'usage pour une semaine. Déneigement Rive-Sud inc. doit veiller à l'utiliser avec prudence et diligence et le rapporter à Paysagement Belle-Rive inc. dans le même état à la fin de la semaine.

B. Le simple prêt ou prêt d'argent

L'article 2314 du *Code civil du Québec* définit le simple prêt comme étant le contrat par lequel le prêteur remet une certaine somme d'argent ou d'autres biens qui se consomment par l'usage à l'emprunteur, qui s'oblige à lui en rendre autant, de même espèce et qualité, après un certain temps. À moins qu'il ne s'agisse d'un prêt d'argent, le simple prêt est présumé fait à titre gratuit (art. 2315 du C.c.Q.). Par le prêt de consommation, l'emprunteur devient propriétaire du bien prêté et en assume les risques dès la remise du bien.

L'obligation de l'emprunteur L'emprunteur est tenu de remettre, au moment convenu, la même somme d'argent prêtée plus l'**intérêt,** le cas échéant, ou, dans le cas d'un prêt de consommation, de remettre des biens en même quantité et de la même qualité que les biens prêtés. Si les parties ne fixent pas le terme du prêt, le tribunal pourra intervenir pour le déterminer.

> **Exemple** Robert manque de chlore pour sa piscine et son fournisseur habituel l'avise qu'il n'en recevra pas avant une semaine. Son voisin Daniel lui en prête cinq kilos. Dans un tel cas, l'obligation de Robert sera de remettre cinq kilos de chlore à Daniel lorsqu'il prendra livraison de sa commande.

Les obligations du prêteur Le prêteur est tenu aux mêmes obligations que le vendeur en ce qui concerne les dommages causés à l'emprunteur par les vices du bien prêté.

Le remboursement d'un prêt d'argent S'il s'agit d'un prêt d'argent, il est évident que l'emprunteur doit rembourser la somme prêtée même s'il perd l'argent (au jeu, par exemple). De plus, l'article 2329 du *Code civil du Québec* précise que l'emprunteur est tenu de remettre la somme nominale prêtée, nonobstant toute variation de valeur. Ce principe s'applique particulièrement dans les cas d'inflation ou de dévaluation de la monnaie.

> **Exemple** Monique emprunte 10000 $ US pour acheter une roulotte aux États-Unis. Au moment de l'emprunt, le taux de change du dollar canadien est de 1,10 par rapport au dollar américain. Si, à la suite de la dévaluation du dollar canadien, le taux de change passe à 1,30 par rapport au dollar américain, au moment du remboursement de son prêt, Monique devra quand même verser 10000 $ US, soit le montant de son emprunt.

Le paiement des intérêts Les intérêts constituent le coût de l'emprunt que l'emprunteur doit payer au prêteur pour avoir droit à un prêt d'argent. L'article 1565 du *Code civil du Québec* énonce que l'intérêt est celui convenu entre les parties (conventionnel) ou, à défaut d'entente, celui prévu par la loi (légal). Dans le cas d'un prêt d'argent, la plupart des prêteurs exigent de l'emprunteur le paiement d'un intérêt sur la somme qui lui est avancée. Le **taux d'intérêt conventionnel** peut être fixé par les parties dans le contrat de prêt ou dans toute autre convention intervenue entre elles, tel un document servant à l'ouverture d'un compte auprès d'un fournisseur. Ainsi, les établissements financiers prêtent à leurs meilleurs clients au taux préférentiel (*prime rate*) plus 0,5 % ou 1 %. Le taux est souvent établi en fonction du type de contrat et des garanties données au prêteur par l'emprunteur. C'est généralement le prêteur qui fixe ce taux. D'ailleurs, la *Loi sur la protection du consommateur* oblige le commerçant à toujours indiquer le taux d'intérêt applicable sous forme d'un pourcentage annuel dans le cas d'un prêt à un consommateur. En principe, lorsqu'une institution financière accorde un prêt d'argent, c'est elle qui fixe le taux d'intérêt conventionnel.

Si le taux d'intérêt n'est pas fixé dans le contrat, on appliquera alors le **taux d'intérêt légal.**

C'est le gouvernement fédéral qui fixe le taux d'intérêt de l'argent en vertu de l'article 91(19) de l'Acte de l'Amérique du Nord britannique et de la *Loi sur l'intérêt,* qui s'applique partout au Canada. Ce taux légal a été fixé à 5 % par année par le Parlement canadien en 1900, et il n'a jamais changé depuis. De plus, en vertu de la *Loi sur l'intérêt,* le fait pour un créancier d'indiquer sur une facture ou un état de compte que le solde impayé porte intérêt au taux de 1 % ou 2 % par mois ne lui permet pas de réclamer les intérêts à un tel taux, à moins qu'il n'ait signé avec l'emprunteur ou avec son débiteur une convention ou une clause particulière en vertu de laquelle ce dernier s'engage à payer l'intérêt à un tel taux. La loi oblige le commerçant à indiquer le taux d'intérêt annuel (par exemple, 12 % par année). Si le commerçant omet de le faire ou s'il indique un taux d'intérêt quotidien, hebdomadaire ou mensuel (par exemple, 2 % par mois), c'est le taux d'intérêt légal de 5 % qui s'appliquera.

> **Art. 3 de la *Loi sur l'intérêt* Chaque fois que l'intérêt est exigible par convention entre les parties ou en vertu de la loi, et qu'il n'est pas fixé en vertu de cette convention ou par la loi, le taux de l'intérêt est de cinq pour cent par an.**

> **Exemple** Rosaire Tremblay contracte un emprunt hypothécaire de 350000 $ pour l'achat de sa nouvelle copropriété. Le contrat indique que le taux d'intérêt est de 4,5 % par année pendant cinq ans.

Les particularités quant au calcul des intérêts Les articles 2330 à 2332 du *Code civil du Québec* viennent préciser : 1) quand commence le calcul des intérêts ;

2) les effets d'une quittance donnée à l'emprunteur par le prêteur ; et 3) la possibilité pour le tribunal d'intervenir pour prononcer la nullité du contrat de prêt ou la réduction des obligations qui en découlent ou pour en réviser les modalités d'exécution s'il estime qu'il y a lésion vis-à-vis de l'une des parties.

> **Exemple** Pauline prête 50 000 $ à André, qui lui signe une reconnaissance de dette pour cette somme, mais les parties oublient d'indiquer le taux d'intérêt. Ce sera donc l'intérêt légal de 5 % qui s'appliquera, et ce, à compter de la remise de la somme à l'emprunteur en vertu de l'article 2330 du *Code civil du Québec*.

La présentation d'une demande de prêt Dans bien des cas, l'obtention ou le refus d'un prêt repose sur la façon dont la demande est préparée et présentée. Un dirigeant d'entreprise a donc intérêt à s'assurer que sa demande de prêt ou de subvention est bien préparée.

> **Exemple** S'il planifie l'achat d'une pièce d'équipement, il est recommandé au dirigeant d'entreprise de faire une projection des économies que cette pièce permettrait de réaliser, facilitant ainsi le remboursement de l'emprunt.

Dans le cas d'une nouvelle entreprise, il est recommandé de préparer un plan d'affaires accompagné des états financiers et de fournir un bilan *pro forma* des activités prévues pour les premières années d'exploitation. Un dossier de demande de prêt doit être clair et bien étoffé. Les gens d'affaires avertis entretiennent ensuite de bonnes relations avec leur bailleur de fonds et l'informent régulièrement des activités commerciales de l'entreprise.

C. Les critères importants de financement

Les différents modes de financement de l'entreprise dépendent en général de quatre critères : 1) la composition de l'actif de l'entreprise ; 2) la nature de ses activités commerciales ; 3) la solvabilité de l'entreprise ; et 4) la durée de l'emprunt. Si l'argent est le « nerf de la guerre » en affaires, il ne faut jamais oublier que les établissements financiers ne prêtent pas leur argent dans le seul but de plaire à l'emprunteur. Ils ne veulent pas perdre d'argent et exigent toutes sortes de garanties. Le tableau 9.2 illustre les principaux critères qu'un prêteur examine au moment d'accorder un prêt.

9.1.3 Les méthodes de financement

Au fil des ans, les établissements financiers et la pratique commerciale ont mis au point de nombreuses méthodes de financement pour les entreprises. Les plus importantes sont l'emprunt à terme, la marge de crédit, le crédit-bail, la vente à tempérament, l'affacturage, l'émission d'obligations et les subventions. Bien que l'emprunt sans garantie existe, il est de plus en plus rare et il repose généralement sur la bonne réputation de l'emprunteur et sur des liens privilégiés entre ce dernier et son prêteur.

> **Exemple** Rosaire Tremblay prête une somme de 25 000 $ sans intérêt à sa fille Sylvie pour l'aider à acheter sa première maison.

Advenant le défaut par l'emprunteur de rembourser ce type de prêt, le prêteur ne dispose d'aucune préférence ni garantie particulière pour se faire rembourser. Il doit alors intenter une action en justice, obtenir jugement et, par la suite, faire saisir et vendre en justice les biens du débiteur emprunteur pour tenter de se faire rembourser. La plupart des méthodes de financement énoncées ci-dessus reposent sur le principe de l'emprunt garanti.

TABLEAU 9.2 Les critères importants pour le financement

Critères	Explications	Exemples
Composition de l'actif	La composition de l'actif de l'entreprise et de ce qui est susceptible d'être cédé en garantie constitue l'élément primordial d'un financement. L'entreprise doit dresser un inventaire complet de son actif et de son passif actuels ainsi qu'un bilan avant de choisir ses modes ou ses techniques de financement par voie d'emprunt.	Une entreprise qui ne possède aucun élément d'actif corporel important, comme un immeuble ou des équipements, ne peut songer à l'emprunt hypothécaire.
Nature des activités commerciales	Souvent, la nature même des activités commerciales d'une entreprise sera déterminante pour son mode de financement.	Les banques hésiteront à prêter aux entreprises liées à l'industrie du vêtement en raison des risques inhérents à ce secteur d'activité économique. Ces entreprises s'adresseront alors à d'autres sociétés de financement qui offrent notamment des services d'affacturage.
Solvabilité de l'entreprise	Le financement par voie d'emprunt repose avant tout sur la solvabilité de l'entreprise. Une entreprise est évaluée en fonction de critères de solvabilité bien établis, à savoir : ▶ la réputation ou le caractère de l'emprunteur et de ses dirigeants ; ▶ les résultats financiers réels ou projetés de l'entreprise (selon l'âge de l'entreprise) ; ▶ la somme d'argent empruntée ; ▶ les garanties que l'emprunteur peut offrir au prêteur ; ▶ la capacité de remboursement de l'emprunteur ; ▶ les modalités de l'emprunt.	Une nouvelle entreprise sera appelée à déposer un plan d'affaires en bonne et due forme ainsi que des états financiers pour les trois ou cinq premières années de son existence. Une entreprise établie devra déposer ses états financiers et démontrer de bons résultats financiers et une projection pour les prochaines années, le cas échéant.
Durée de l'emprunt	Une entreprise pourra opter pour un financement : ▶ à court et à moyen terme (de quelques jours à moins de cinq ans) ; ▶ ou à long terme (plus de cinq ans).	Le financement à court terme, par exemple une marge de crédit, sert généralement à assurer le fonds de roulement de l'entreprise en mettant à sa disposition les sommes nécessaires au paiement de ses obligations courantes. Le financement à long terme servant à investir, il est utilisé pour un achat important tel que des terrains, des immeubles, de la machinerie ou pour un agrandissement.

A. Le prêt garanti

L'article 2644 du *Code civil du Québec* énonce que les biens d'un débiteur sont affectés à l'exécution de ses obligations. Cela implique que toute personne est obligée de remplir ses engagements sur tous ses biens meubles et immeubles et que, advenant un défaut de la part d'un débiteur de respecter ses obligations et d'acquitter ses dettes, ses créanciers saisiront ses biens meubles et immeubles pour se faire payer. Les articles 2644 à 2647 du *Code civil du Québec* énoncent le principe voulant que le patrimoine d'un débiteur constitue le gage commun de ses créanciers. Le patrimoine représente également la valeur de ce qu'un emprunteur ou débiteur de certains biens particuliers peut donner en garantie à un prêteur. Par ailleurs, l'article 2645(2) du *Code civil du Québec* permet de limiter l'engagement de l'emprunteur à certains biens.

> **Art. 2645(2) du C.c.Q. […] Toutefois, le débiteur peut convenir avec son créancier qu'il ne sera tenu de remplir son engagement que sur les biens qu'ils désignent.**

L'emprunteur accorde alors une garantie particulière, aussi appelée « sûreté », à son prêteur sur un bien ou une catégorie de biens lui appartenant.

Prêt garanti
(Secured loan)
Prêt d'argent en vertu duquel l'emprunteur et le prêteur ont désigné conjointement les biens sur lesquels l'emprunteur est tenu de remplir son engagement de remboursement.

> **Exemple** La société Meubles Beaubois ltée emprunte 875 000 $ à la Banque Nationale pour faire des agrandissements et des rénovations à son usine et cède son usine en garantie de cet emprunt au moyen d'une hypothèque immobilière.

Le prêteur qui consent un **prêt garanti** devient un **créancier garanti** et, à ce titre, il détient un droit qui lui permet d'être remboursé avant les créanciers ordinaires et privilégiés de l'emprunteur, notamment en cas de faillite de ce dernier.

> **Exemple** Si Meubles Beaubois ltée fait faillite et est incapable de rembourser la majorité de ses créanciers, y compris la Banque Nationale, cette dernière pourra, à titre de créancier garanti, être payée avant les autres créanciers ordinaires et privilégiés de Meubles Beaubois ltée grâce à la garantie qu'elle détient sur l'usine.

Prêt à terme *(Term loan)*
Prêt remboursable sur une période donnée, constituant de ce fait une obligation à terme.

Un contrat principal et un contrat accessoire Dans le cas d'un prêt garanti, il est important de souligner que la garantie qui prend le plus souvent la forme d'une hypothèque est un contrat accessoire au contrat de prêt qui constitue le contrat principal. Ainsi, même si, dans le langage populaire, on parle de « son hypothèque », on devrait plutôt parler de « son prêt » ou de « son emprunt », car le contrat principal est le contrat de prêt, et non l'hypothèque. Il est important qu'à la fois le contrat de prêt et le contrat d'hypothèque soient reconnus valides, faute de quoi le remboursement de la somme prêtée ou l'exercice de la garantie consentie pourrait être compromis. Le tableau 9.3 illustre bien cette situation à partir du cas de Meubles Beaubois ltée, qui signe un contrat de prêt de 875 000 $ avec la Banque Nationale et qui accorde une garantie à cette dernière sur son usine au moyen d'une hypothèque immobilière pour le même montant. Quatre situations sont susceptibles de mettre en péril la validité du contrat principal (le prêt) et celle du contrat accessoire (l'hypothèque).

Dans bien des cas, l'obtention ou le refus d'un prêt sollicité par une entreprise repose sur la façon dont la demande est préparée et présentée.

B. Le prêt à terme

Le **prêt à terme** est le prêt le plus fréquent. Ainsi, tout comme le consommateur, l'entreprise peut contracter un prêt à terme auprès d'un établissement financier ou d'un prêteur privé et disposer d'un délai fixe pour le rembourser. Dans la majorité des cas, les prêts consentis par les établissements financiers seront garantis par une partie de l'actif que l'entreprise leur cède en garantie de l'emprunt.

TABLEAU 9.3 L'importance de vérifier la validité du contrat principal et du contrat accessoire

La situation	Validité du contrat principal ou contrat de prêt	Validité du contrat accessoire ou hypothèque	Conséquences
Toutes les formalités et conditions pour la validité des deux contrats ont été respectées, et il n'existe aucun motif pour en attaquer la validité.	Valide	Valide	Le prêt et la garantie sont valides. Le prêteur réclamera le montant prêté et exercera un recours hypothécaire lui donnant un droit de préférence sur les autres créanciers.
Toutes les conditions et formalités pour la validité du contrat de prêt sont respectées, mais l'hypothèque n'a pas été faite sous la forme notariée.	Valide	Invalide	Le prêt sera valide, mais l'hypothèque ne le sera pas. Dans un tel cas, le prêteur pourra réclamer le montant prêté, mais il ne disposera pas de la garantie lui donnant un droit de préférence sur les autres créanciers. Il sera considéré comme un créancier ordinaire.
Toutes les formalités pour la validité du prêt et de l'hypothèque ont été exécutées, mais le prêteur allègue que le prêt a été obtenu à la suite de fausses représentations de la part de Meubles Beaubois. Il s'adresse au tribunal pour faire annuler le prêt.	Invalide	À première vue, l'hypothèque est valide, mais, dans les faits, elle ne l'est pas.	Le contrat accessoire, soit l'hypothèque, suit le contrat principal, soit le prêt, et ce, même si le contrat d'hypothèque respecte toutes les conditions de forme et de validité. Lorsque le contrat principal devient nul, le contrat d'hypothèque subit le même sort. Dans un tel cas, le créancier risque d'avoir de sérieux problèmes pour récupérer le montant prêté.
Ni l'un ni l'autre des deux contrats ne rencontre les conditions de forme et celles de validité.	Invalide	Invalide	Lorsque les deux contrats sont nuls, le créancier aura de sérieux problèmes pour récupérer le montant prêté.

La loi distingue l'emprunt à terme (*voir l'encadré 9.1, à la page suivante*) consenti à un consommateur de celui consenti à une entreprise. Toutefois, dans les deux cas, le prêteur ne peut exiger le remboursement du prêt avant l'échéance convenue à moins que l'emprunteur ne pose un acte lui faisant perdre le bénéfice du terme, comme le mentionnent les articles 1514 et 1515 du *Code civil du Québec.*

> **Art. 1514 du C.c.Q. Le débiteur perd le bénéfice du terme s'il devient insolvable, est déclaré failli, ou diminue, par son fait et sans le consentement du créancier, les sûretés qu'il a consenties à ce dernier.**
>
> **Il perd aussi le bénéfice du terme s'il fait défaut de respecter les conditions en considération desquelles ce bénéfice lui avait été accordé.**
>
> **Art. 1515 du C.c.Q. La renonciation au bénéfice du terme ou la déchéance du terme rend l'obligation immédiatement exigible.**

Ainsi, dans les cas d'insolvabilité, de faillite, de diminution par l'emprunteur des garanties accordées ou de non-respect des conditions mentionnées dans le contrat de prêt, le prêteur peut demander le remboursement du prêt sans devoir attendre l'échéance convenue.

ENCADRÉ 9.1 Les caractéristiques de l'emprunt à terme

- La seule obligation de l'emprunteur consiste à rembourser le prêt à échéance selon les modalités de son contrat.
- L'emprunteur, ou « débiteur », dispose d'un délai pour rembourser son emprunt.
- Tant que l'emprunteur respecte ses obligations et qu'il effectue ses remboursements aux dates convenues, le créancier prêteur ne peut exiger le remboursement du prêt avant l'échéance fixée.
- Si l'emprunteur est en défaut, il y a déchéance du terme et le créancier peut exiger le remboursement immédiat du solde impayé.

Obligation *(Bond)*
Dette de l'entreprise (l'emprunteur) à l'égard d'un bailleur de fonds (le prêteur) par laquelle celle-ci s'engage à lui rembourser à une date déterminée et à lui payer entre-temps un intérêt fixe.

C. Les autres méthodes de financement de l'entreprise

Le tableau 9.4 dresse le portrait des sept autres méthodes de financement.

La marge de crédit ou « crédit rotatif » est la méthode de financement la plus utilisée par les entreprises et par les consommateurs. Il est fréquent d'entendre un commerçant affirmer qu'il dispose d'une marge de crédit (par exemple, de 1 500 000 $). Au fur et à mesure qu'un chèque est payé par la banque, le montant disponible de la marge de crédit est diminué d'autant.

TABLEAU 9.4 Les autres méthodes de financement de l'entreprise

Méthode de financement	Caractéristiques	Exemples
Marge de crédit ou crédit rotatif	Il s'agit d'un prêt consenti sous la forme d'une somme d'argent par un établissement prêteur à l'intention d'un consommateur ou d'une entreprise pour une période d'un an, qui lui permet de payer ses dépenses courantes. L'emprunteur paie des intérêts seulement sur le montant utilisé de la marge de crédit qui porte un intérêt quotidien. Son mode de fonctionnement ressemble à celui de la carte de crédit émise au nom d'une personne par Visa ou MasterCard. En pratique, les marges de crédit consenties aux entreprises sont garanties par une hypothèque mobilière sur une universalité de créances, que nous examinerons en détail.	Transbec inc. jouit d'une marge de crédit de 500 000 $, elle peut donc émettre des chèques jusqu'à concurrence du montant maximal autorisé. Si Transbec inc. émet des chèques pour un total de 57 000 $ durant le mois de mars pour payer ses dépenses courantes et que, dans le même mois, l'entreprise dépose des chèques totalisant 25 000 $ dans son compte bancaire, elle disposera d'un solde de 468 000 $ sur sa marge de crédit.
Crédit-bail (art. 1842 du C.c.Q.)	Le crédit-bail est essentiellement un bail de financement, utilisé exclusivement à des fins commerciales, souvent accompagné d'une option d'achat. Ce type de financement peut se révéler utile pour financer l'acquisition de biens ou de pièces d'équipement dans des secteurs où la technologie change continuellement, comme la bureautique ou l'informatique. En vertu des dispositions du *Code civil du Québec*, les droits de propriété du crédit-bailleur ne sont opposables aux tiers et aux autres créanciers que s'ils sont publiés dans le registre prévu à cette fin au Bureau de la publicité des droits, au Registre des droits personnels et réels mobiliers (RDPRM).	XYZ (le crédit-preneur) signe un crédit-bail avec Desjardins services financiers (le crédit-bailleur) pour l'acquisition de 100 ordinateurs installés en réseau. Desjardins achète les ordinateurs de Ordinateurs PSY et en demeure propriétaire pendant la durée du contrat. PSY est payée en totalité par Desjardins et XYZ s'engage à payer les ordinateurs sur une période de cinq ans. Advenant un défaut de paiement de la part de XYZ, Desjardins pourra exercer ses droits seulement si elle a publié son droit de propriété sur les ordinateurs dans le RDPRM afin de pouvoir opposer son droit aux autres créanciers de XYZ.

TABLEAU 9.4 Les autres méthodes de financement de l'entreprise (*suite*)

Méthode de financement	Caractéristiques	Exemples
Vente à tempérament (*voir le chapitre 10*)	Il s'agit d'un contrat en vertu duquel le vendeur conserve la propriété du bien vendu tant que l'acheteur n'a pas effectué son dernier paiement. Advenant un défaut de la part de l'acheteur, il peut reprendre le bien vendu en gardant les paiements déjà effectués. Comme pour le crédit-bail dans le cas d'un bien meuble vendu pour l'exploitation d'une entreprise, le *Code civil du Québec* énonce que le vendeur à tempérament doit publier son droit de propriété dans le RDPRM pour l'opposer aux tiers et aux autres créanciers de l'acheteur.	XYZ (l'acheteur) achète directement de Ordinateurs PSY (le vendeur) les 100 ordinateurs installés en réseau, en vertu d'un contrat de vente à tempérament, sans que Desjardins n'intervienne, comme dans un crédit-bail. PSY se réserve la propriété des ordinateurs tant que le dernier paiement n'est pas effectué par XYZ. Si PSY a publié son droit de propriété au RDPRM, advenant un défaut de paiement par XYZ, Ordinateurs PSY pourra soit exiger les paiements dus, soit reprendre les ordinateurs et garder les paiements déjà effectués par XYZ.
Affacturage	Pour une entreprise, cette méthode de financement consiste à vendre ses comptes clients à une société d'affacturage. Cette dernière avance en quelque sorte à une entreprise les fonds dont elle a besoin tout en lui épargnant les risques inhérents au recouvrement des comptes clients. Les comptes clients d'une entreprise deviennent la propriété de la société d'affacturage moyennant le paiement par cette dernière d'une somme équivalente à la valeur des comptes clients. La société d'affacturage déduit de cette somme un pourcentage destiné à couvrir les créances douteuses, les frais de financement et une commission sur les ventes. C'est elle qui sera payée par les clients et qui assume les risques de faillite de ces derniers*. Le coût de financement de l'affacturage est supérieur à celui des autres types de financement.	La société Vêtements Sports d'hiver inc., qui ne fabrique et ne vend que des vêtements d'hiver, vend ses comptes clients totalisant 2 000 000 $ à Affacturage Québec afin de financer la production de sa ligne de vêtements pour l'hiver 2015-2016. Cette dernière évalue la solvabilité des clients ainsi que ses chances de se faire payer et verse 1 600 000 $ à Vêtements Sports d'hiver, puis elle tentera de récupérer la totalité de la valeur des 2 000 000 $ en demandant aux clients de lui payer directement les sommes qu'ils doivent à Vêtements Sports d'hiver et, à défaut, en poursuivant directement ces derniers pour se faire payer.
Émission d'obligations	L'**obligation** est un titre de créance négociable, qui peut être créé – à l'instar des gouvernements, par les sociétés par actions en vertu d'un contrat de prêt garanti par une hypothèque ouverte. Elle comporte généralement des garanties précises (hypothèque ouverte) sur l'actif immobilisé de l'entreprise comme les terrains, les immeubles, l'équipement et la machinerie. L'obligataire achète des obligations en investissant dans la société, c'est-à-dire qu'il prête cette somme à l'entreprise dont il devient alors un créancier, puisque celle-ci s'engage à lui rembourser le capital prêté à l'expiration de la période stipulée sur le certificat et à lui verser l'intérêt stipulé sur le certificat aux dates qui y sont mentionnées. Si la société néglige ou omet de remplir ses engagements, l'obligataire pourra la poursuivre devant les tribunaux et l'obliger à lui verser l'intérêt stipulé, contrairement à l'actionnaire qui, lui, ne peut contraindre la société à lui verser un dividende.	Claude Beausoleil décide d'acheter des obligations de la société Bombardier, qui promet le paiement d'un intérêt annuel de 10 % plutôt que des actions à la Bourse en raison des trop grandes fluctuations du marché.
Subventions	Il existe toute une gamme de subventions, de programmes d'aide et de prêts émanant des gouvernements, notamment pour les jeunes entrepreneurs. Pour être admissible à ces programmes, l'entreprise doit correspondre à des normes précises. Les gens d'affaires ont donc intérêt à se renseigner sur la nature de ces programmes.	La municipalité de Courcelles accorde une exemption de taxes foncières et locatives aux entreprises de hautes technologies qui choisissent de s'établir sur son territoire.

* L'affacturage est surtout utilisé dans le domaine du textile et du vêtement ainsi que dans les entreprises saisonnières, auxquelles les institutions financières traditionnelles sont réticentes à prêter.

Généralement, l'entente avec la banque prévoit l'obligation pour l'entreprise de déposer dans son compte bancaire tous les chèques ou revenus qu'elle perçoit, de façon à diminuer sa dette et à rembourser les avances faites par l'établissement financier. À la fin de son exercice, l'entreprise doit fournir à l'établissement prêteur des états financiers détaillés.

9.2 LES GARANTIES LÉGALES DE PAIEMENT

Qu'arrive-t-il lorsque le débiteur refuse de payer malgré les demandes répétées de son créancier? Le créancier doit alors poursuivre son débiteur devant les tribunaux afin d'obtenir un jugement le condamnant à payer. Contrairement à la croyance populaire, le créancier ne peut saisir automatiquement les biens de son débiteur simplement parce que ce dernier lui doit de l'argent. Les cas de saisie avant jugement sont très rares et se font en général lorsque le créancier possède un titre de propriété, une priorité ou une garantie sur les biens du débiteur (par exemple dans les cas de vente à tempérament ou d'hypothèque), ou lorsqu'il démontre au juge que sa créance est en péril à cause des agissements du débiteur. Le créancier dispose de deux sortes de garantie contre son débiteur: les garanties légales et les garanties conventionnelles. Nous étudierons dans cette section les garanties légales, et dans la section suivante, les garanties conventionnelles. Les garanties légales sont prévues au *Code civil du Québec* et s'appliquent à tous les créanciers, sans qu'il soit nécessaire de les mentionner dans un contrat. Elles comprennent le patrimoine du débiteur, la saisie-exécution, les priorités et les hypothèques légales (*voir la figure 9.1*).

9.2.1 Le patrimoine du débiteur

L'article 2644 du *Code civil du Québec* énonce que les biens d'un débiteur sont affectés à l'exécution de ses obligations et constituent le gage commun de ses créanciers. Il vient compléter cette disposition en précisant ce qui suit:

> **Art. 2646 du C.c.Q. Les créanciers peuvent agir en justice pour faire saisir et vendre les biens de leur débiteur. [...]**

Il ressort de ces articles que tous les biens appartenant à un débiteur servent de garanties de paiement à ses créanciers. Autrement dit, si un créancier obtient un jugement contre son débiteur, il pourra saisir tous ses biens meubles et immeubles, de même que son salaire, à l'exception de la partie insaisissable de ce dernier. Avant d'avoir recours à la saisie, ou même avant ou pendant les procédures judiciaires, les parties peuvent régler le litige hors cour. On parle alors d'un **règlement hors cour** ou d'une **transaction** au sens de l'article 2631 du *Code civil du Québec*.

Règlement hors cour ou transaction *(Transaction)*
Contrat par lequel les parties préviennent une contestation à naître, terminent un procès ou règlent les difficultés qui surviennent lors de l'exécution d'un jugement, au moyen de concessions ou de réserves réciproques.

9.2.2 Les saisies-exécutions

Dans l'ancien *Code de procédure civile* (C.p.c.), les règles générales relatives à l'exécution forcée se trouvaient aux articles 554 à 732. Aux fins du présent ouvrage, nous y référons quelques fois, mais nous avons choisi de présenter les dispositions du N.C.p.c. visant les règles générales relatives à l'exécution forcée qui se trouvent aux articles 679 à 777. Les articles 662, 663 et 671 du N.C.p.c. viennent préciser les modalités de l'exécution volontaire, le paiement

FIGURE 9.1 Les types de garanties légales

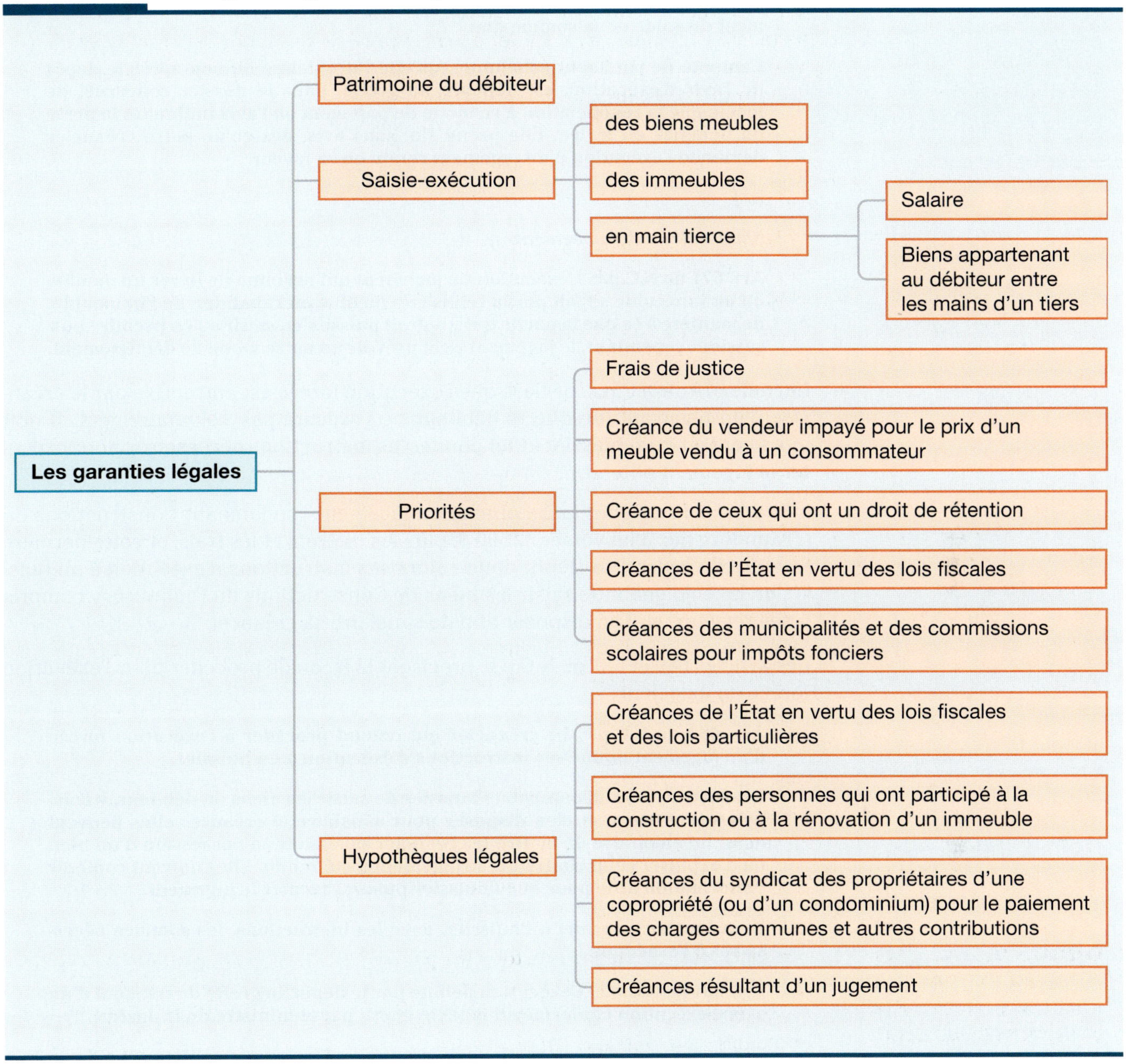

des sommes d'argent qu'un défendeur est condamné à payer en vertu d'un jugement et le délaissement de biens qu'il peut lui être ordonné de livrer.

> **Art. 662 du N.C.p.c L'exécution volontaire d'un jugement qui condamne une partie à payer une somme d'argent s'effectue par le paiement de celle-ci dans les délais et selon les modalités fixés par le jugement ou convenus entre les parties.**

> **Art. 663 du N.C.p.c. Le paiement échelonné est un mode d'exécution par lequel le débiteur s'engage auprès de l'huissier chargé de l'exécution à lui verser régulièrement, au bénéfice du créancier, une somme d'argent en exécution du jugement. Le montant, les modalités et le terme des versements sont fixés dans une entente, laquelle doit être agréée par le créancier.**

L'échelonnement des paiements ne doit pas excéder une année. Le débiteur peut toujours renoncer au bénéfice du paiement échelonné par l'acquittement du solde de la somme due.

L'entente de paiement échelonné, qu'elle intervienne ou non après le dépôt de l'avis d'exécution, est déposée au greffe, dans le dossier concerné, de même que la renonciation à ce mode de paiement ou l'avis indiquant la perte du bénéfice du terme. Elle prend fin, sans avis, dès qu'un autre créancier demande l'exécution d'un jugement rendu en sa faveur.

[...]

Section II Le délaissement

Art. 671 du N.C.p.c. L'exécution du jugement qui ordonne de livrer un meuble ou un immeuble se fait par la remise du meuble ou l'abandon de l'immeuble, de manière à ce que la partie qui y a droit puisse s'en saisir ou en prendre possession; cependant, le jugement peut prévoir un autre mode de délaissement.

L'article 679 du N.C.p.c. déclare que l'exécution forcée est entreprise par le créancier d'un jugement lorsque le débiteur ne l'exécute pas volontairement. Il doit alors contacter un huissier et lui donner les instructions nécessaires pour exécuter le jugement obtenu.

> **Exemple** Pro-Dépôt inc. a obtenu un jugement condamnant Constructions du Faubourg inc. à lui verser 32 500 $, plus les intérêts et les frais, et cette dernière refuse de payer. Pro-Dépôt donne alors ses instructions d'exécution à un huissier, lui enjoignant de saisir les biens de Constructions du Faubourg, y compris ses revenus, et d'en disposer afin de satisfaire sa créance.

Les articles 680 et 681 du N.C.p.c. précisent la façon de procéder pour l'exécution forcée du jugement:

Art. 680 du N.C.p.c. Le créancier qui entend procéder à l'exécution forcée d'un jugement donne ses instructions d'exécution à un huissier.

Ces instructions enjoignent à l'huissier de saisir les biens du débiteur, y compris ses revenus, et d'en disposer pour satisfaire la créance; elles peuvent aussi lui enjoindre de mettre le créancier saisissant en possession d'un bien ou d'expulser celui contre qui le jugement a été rendu. Elles doivent contenir l'information utile pour que l'huissier puisse exécuter le jugement.

Le créancier transmet à l'huissier, avec les instructions, les sommes nécessaires à l'exécution.

Art. 681 du N.C.p.c. L'exécution débute par le dépôt au greffe du tribunal d'un avis d'exécution conforme au modèle établi par le ministre de la Justice.

Dès qu'il reçoit des instructions du créancier, l'huissier complète cet avis en identifiant le jugement à exécuter, en indiquant sa date, le nom et les coordonnées du créancier, du débiteur et les siennes, le montant de la créance et, s'il y a lieu, la mention que le jugement a été partiellement exécuté et en précisant la nature des mesures d'exécution à prendre. Si l'exécution vise un immeuble, celui-ci est désigné conformément aux règles du Code civil ainsi que par son adresse.

L'avis est signifié au débiteur et notifié au créancier.

Le créancier qui a obtenu un jugement contre son débiteur peut exercer en même temps les différents moyens d'exécution que la loi lui accorde. Ainsi, il peut faire saisir les biens meubles du débiteur qui sont en possession de ce dernier ou ceux que lui-même ou un tiers détient. Il peut aussi faire saisir les immeubles que le débiteur possède ainsi que la partie saisissable de ses revenus. Le but de la saisie est de placer entre les mains de la justice les biens appartenant au débiteur. En vertu du N.C.p.c., l'exécution débute par le dépôt au greffe d'un **avis d'exécution** conforme au modèle établi par le ministre de la Justice. C'est donc ce que fera Pro-Dépôt inc. contre Constructions du Faubourg. L'huissier à qui est remis l'avis d'exécution ou le bref de saisie-exécution doit se présenter chez le débiteur, l'informer du jugement rendu contre lui et des montants qu'il doit au créancier, et lui demander s'il peut payer avant de procéder à la saisie.

Avis d'exécution
(Notice of execution)
Ordre de la cour autorisant un huissier à saisir les biens meubles ou immeubles du débiteur, à procéder à la vente aux enchères de ces biens et à prélever à même le produit de cette vente le montant de la dette due au créancier en capital, intérêts et frais.

i+ Pour en savoir davantage sur l'avis d'exécution

Sauf exception, aucune saisie ne peut être effectuée avant 7 h ou après 21 h, ni un dimanche ou un jour férié. La saisie est constatée par un procès-verbal de saisie préparé par l'huissier (art. 707 du N.C.p.c.). Par ailleurs, l'article 731 du N.C.p.c. précise:

> **Art. 731 du N.C.p.c. L'huissier confie la garde des biens saisis au débiteur, qui est tenu de l'accepter. Lorsque le débiteur est une personne morale, il confie la garde des biens à ses dirigeants ou à l'un d'entre eux.**
>
> **L'huissier peut, avec l'autorisation du tribunal, confier les biens saisis à un gardien autre que le débiteur. La garde ne peut en être confiée à une personne insolvable ou susceptible d'être placée en situation de conflit d'intérêts et les frais de garde doivent être raisonnables compte tenu des circonstances. […]**

En vertu de l'article 731(4) du N.C.p.c., le gardien des biens saisis est tenu de dénoncer à l'huissier toute situation susceptible d'emporter la perte ou la destruction des biens. Dans le cas d'une saisie d'un immeuble, l'huissier peut demander au tribunal de nommer un séquestre qui est chargé d'administrer le bien et d'en percevoir les fruits et les revenus, déduction faite des dépenses, ce qui reste étant distribué de la même manière que le prix de vente de l'immeuble. L'article 733 du N.C.p.c. déclare:

> **Art. 733 du N.C.p.c. Le gardien des biens saisis peut, avec l'accord de l'huissier, les déplacer. Il est tenu, sur demande de ce dernier, de lui représenter les biens; il a alors droit à une décharge ou à une quittance des biens qu'il remet.**
>
> **Si le gardien enlève les biens sans l'accord de l'huissier, fait défaut de les représenter, les détériore ou fait défaut de dénoncer une situation qui entraîne leur perte, il est tenu de réparer le préjudice qui en résulte et il est en outre passible d'outrage au tribunal.**

À tout moment avant la vente des biens saisis, le débiteur peut toujours empêcher la vente de ses biens et obtenir la mainlevée de la saisie en payant à l'huissier, avant la vente, sa dette en capital, intérêts et frais (art. 710 du N.C.p.c.). Il peut aussi, lorsque la saisie de certains biens lui cause un préjudice et si l'huissier l'autorise, remplacer les biens saisis, à moins qu'ils ne soient grevés d'une hypothèque, par d'autres biens dont la vente permettra l'exécution entière du jugement. Aussi longtemps que les biens sont sous saisie, le débiteur ne peut ni les vendre, ni les donner, ni en disposer autrement. Il arrive qu'un débiteur ait plusieurs créanciers qui saisissent ses biens. Le fait qu'il soit le premier à saisir les biens de son débiteur n'accorde aucune préférence particulière au créancier, car les autres saisies viennent se greffer à la sienne, et le produit de la vente aux enchères est divisé entre les créanciers au prorata de leurs créances ou selon l'ordre prévu par la loi. Il est important de souligner que le fait de vendre les biens d'un débiteur ne libère pas ce dernier de sa dette si le produit de la vente ne rapporte pas assez d'argent pour la payer en entier.

A. La saisie-exécution des biens meubles

Après l'émission de l'avis d'exécution, lorsque le débiteur possède des biens meubles saisissables en vertu de la loi, l'huissier procède à leur saisie en dressant un procès-verbal ou une liste de ces biens se trouvant sur les lieux. Il doit alors nommer un gardien des biens saisis, qui est responsable des biens jusqu'au jour de leur vente. Une copie du procès-verbal est ensuite laissée au gardien qui est responsable de la perte ou de la destruction des biens saisis.

Le N.C.p.c. prévoit un certain nombre de biens qui sont insaisissables. Les articles 694 à 696 du N.C.p.c., qui remplacent les articles 552 et 553 de l'ancien C.p.c., énoncent la liste de ces biens. Il s'agit des biens meubles garnissant la résidence principale; des instruments de travail; des biens nécessaires à la vie; des véhicules automobiles nécessaires pour l'emploi, la subsistance ou les soins et de certains biens personnels. L'article 694 du N.C.p.c. indique:

> **Art. 694 du N.C.p.c. Peuvent être soustraits à la saisie, jusqu'à concurrence d'une valeur marchande de 7 000 $ établie par l'huissier, les meubles du débiteur qui garnissent ou ornent sa résidence principale, servent à l'usage de la famille et sont nécessaires à la vie de celle-ci et, le cas échéant, pour atteindre ce montant, les objets personnels que le débiteur choisit de conserver. Ces meubles sont présumés appartenir au débiteur.**
>
> **Peuvent être également soustraits à la saisie les instruments de travail nécessaires à l'exercice personnel de l'activité professionnelle du débiteur.**
>
> **Cependant, ces biens peuvent, selon le cas applicable, être saisis et vendus pour les sommes dues sur leur prix ou par un créancier détenant une hypothèque sur ceux-ci.**
>
> **Sont par ailleurs insaisissables entre les mains du débiteur les biens suivants:**
>
> **1° la nourriture, les combustibles, le linge et les vêtements nécessaires à la vie du débiteur et de sa famille;**
>
> **2° les biens nécessaires pour pallier un handicap ou soigner la maladie du débiteur ou d'un membre de sa famille;**
>
> **3° les animaux domestiques de compagnie;**
>
> **4° les papiers, portraits et autres documents de famille, les médailles et les autres décorations.**
>
> **La renonciation à ce bénéfice d'insaisissabilité est nulle.**

Les meubles et instruments de travail sont néanmoins saisissables pour le prix de ces biens par un créancier hypothécaire détenant une hypothèque sur ceux-ci. L'huissier qui procède à la saisie doit laisser entre les mains du débiteur des biens meubles d'une valeur marchande de 7 000 $ et saisir les meubles en sus de cette valeur. En pratique, les biens saisis sont habituellement des objets de luxe, tels les cinémas maison, les systèmes de son, les appareils photographiques, etc. L'article 695 du N.C.p.c. apporte des précisions sur la nature des véhicules automobiles qui ne sont pas saisissables:

> **Art. 695 du N.C.p.c. Le véhicule automobile de promenade ne peut être saisi s'il est nécessaire au maintien du revenu du travail ou d'une démarche active en vue d'occuper un emploi. Il ne peut l'être non plus s'il est nécessaire pour assurer la subsistance, les soins requis par l'état de santé ou l'éducation du débiteur ou des personnes à sa charge. Néanmoins, l'huissier peut le saisir s'il estime que le débiteur peut assurer ses déplacements essentiels à l'aide du transport en commun ou par l'accès qu'il a à un autre véhicule ou à un véhicule de remplacement de moindre valeur. [...]**

D'une façon générale, on procède d'abord à la saisie des meubles. Si la dette est considérable ou si les meubles sont insuffisants et que le débiteur possède des immeubles, on procède ensuite à la saisie de ses immeubles. Étudions la saisie-exécution des immeubles.

B. La saisie-exécution des immeubles

Il est important de préciser que dans le cas des immeubles, l'article 700 du N.C.p.c. indique qu'un immeuble servant de résidence principale au débiteur est insaisissable lorsque la créance est inférieure à 20000 $, sauf pour une créance alimentaire (l'article 553.2 du C.p.c. fixait cette somme à 10000 $). L'avis d'exécution de la saisie immobilière doit désigner le ou les immeubles visés selon leur description cadastrale inscrite dans le Registre foncier au Bureau de la publicité des droits. Les articles 705, 706 et 709 du N.C.p.c. précisent:

> **Art. 705 du N.C.p.c. La saisie immobilière se pratique par l'inscription sur le registre foncier du procès-verbal de saisie, accompagné de l'avis d'exécution et de la preuve de leur signification au débiteur.**
>
> **L'officier de la publicité des droits inscrit la saisie dès que le procès-verbal et l'avis lui sont notifiés.**
>
> **Art. 706 du N.C.p.c. Les meubles qui sont, à demeure, matériellement attachés ou réunis à un immeuble et qui sont ainsi immeubles selon l'article 903 du Code civil ne peuvent être saisis qu'avec l'immeuble auquel ils s'attachent ou sont réunis; ils peuvent cependant être saisis séparément par un créancier prioritaire ou hypothécaire, ou encore par un autre créancier s'ils n'appartiennent pas au propriétaire de l'immeuble.**
>
> **Art. 709 du N.C.p.c. Le débiteur dispose d'un délai de deux mois à compter de la saisie pour procéder lui-même à la vente de gré à gré d'un immeuble saisi, à moins que ce bien ne soit grevé d'une hypothèque. S'il renonce à ce droit ou ne l'exerce pas dans le délai prévu, l'huissier peut procéder à la vente du bien saisi. [...]**

Dans tous les cas, l'huissier doit informer de ses démarches non seulement le créancier et le débiteur, mais aussi toute autre personne intéressée, comme les créanciers hypothécaires qui détiennent des garanties sur les biens meubles ou immeubles saisis. Ce sont les articles 742 à 761 du N.C.p.c. qui indiquent comment la vente sous contrôle de justice est faite par l'huissier ou par la personne désignée par le tribunal, le cas échéant. Les articles 762 à 777 du N.C.p.c., quant à eux, précisent la manière dont est distribué le produit de la saisie et de l'exécution du jugement entre les différents créanciers. Que la vente ait lieu de gré à gré, par un appel d'offres ou aux enchères, l'huissier doit faire publier un avis de vente dans un journal au moins 30 jours avant la date fixée pour la vente (art. 748 du N.C.p.c.). L'huissier peut aussi faire toute publicité complémentaire afin d'obtenir une meilleure réalisation des biens. Ceci se fait généralement sous la rubrique «Avis légaux» dans les journaux. L'immeuble est vendu au plus offrant et un certificat de vente, délivré par l'huissier, est publié, ce qui constitue le titre de propriété de l'acheteur. Le produit de la vente est ensuite distribué selon les dispositions de la loi. L'article 759 du N.C.p.c. indique que la vente en justice purge le bien meuble ou immeuble vendu de tous les droits réels qui s'y rattachent, comme les autres hypothèques consenties par le débiteur en deuxième ou en troisième rang sur ce bien, à l'exception de ce qui suit:

> **Art. 759 du N.c.p.c. [...]**
>
> **1° les servitudes;**
>
> **2° le droit d'emphytéose, des droits nécessaires à l'exercice de la propriété superficiaire et des substitutions non ouvertes, sauf dans le cas où il apparaît au dossier du tribunal qu'il existe une créance antérieure ou préférable;**

3° la charge administrative qui grève un immeuble d'habitation à loyer modique.

Elle ne met pas fin aux baux en cours qui ont été inscrits au registre des droits personnels et réels mobiliers ou au registre foncier.

De plus, elle ne porte pas atteinte à l'hypothèque légale qui garantit les droits des personnes morales de droit public pour les versements non échus de taxes municipales ou scolaires spéciales et dont le paiement est échelonné sur plusieurs années; ces versements ne deviennent pas exigibles par la vente de l'immeuble et ne sont pas portés à l'état de collocation, mais restent payables suivant les termes de leur imposition.

C. La saisie-exécution en main tierce ou saisie-arrêt

Il arrive que certains biens saisissables ne soient pas en possession du débiteur. Il peut s'agir de biens prêtés ou entreposés chez de tierces personnes; de ses comptes bancaires personnels et de ses dépôts à terme; de ses certificats d'obligations, qui peuvent être entre les mains d'une société par actions ou d'un établissement financier; des commissions, traitements, salaires et gages qui lui sont dus ou des sommes qui lui sont dues par ses propres débiteurs. Dans de tels cas, l'huissier notifie l'avis d'exécution au débiteur, ainsi qu'aux personnes qui détiennent entre leurs mains le ou les biens du débiteur et aux personnes qui lui doivent de l'argent comme son employeur par exemple dans le cas d'une saisie de salaires. L'article 711 du N.C.p.c. indique que l'avis d'exécution signifié au tiers-saisi lui enjoint de déclarer à l'huissier, dans un délai de 10 jours, le montant, la cause et les modalités de toute dette qu'il a ou pourrait avoir envers le débiteur au moment de sa déclaration. Il doit également fournir un état détaillé des biens du débiteur qu'il a en sa possession et indiquer en vertu de quels titres il les détient.

La saisie de traitements ou de salaires Cette forme de saisie permet à un créancier de saisir les traitements ou salaires de son débiteur entre les mains de son employeur. L'article 713 du N.C.p.c. énonce que:

> **Art. 713 du N.C.p.c. Lorsque la saisie porte sur des revenus du débiteur, le tiers-saisi est tenu de remettre, dans les 10 jours de la signification de l'avis d'exécution, la partie saisissable de ce qu'il doit au débiteur à l'huissier.**
>
> **Lorsque le débiteur a des sources de revenus multiples, l'huissier, après avoir établi la partie saisissable des revenus du débiteur, détermine la part que chacun des tiers-saisis doit retenir et remettre. Lorsque les sources de revenus du débiteur sont difficilement identifiables ou qu'elles ne sont pas récurrentes, l'huissier détermine, sous réserve d'une entente de paiement échelonné, le montant que doit lui verser le débiteur.**
>
> **Si le tiers-saisi modifie substantiellement ou rompt le lien contractuel avec le débiteur, il est tenu de le déclarer sans délai à l'huissier. En cas de litige entre lui et le débiteur, il lui incombe, sous peine de dommages-intérêts, de prouver que cette mesure n'a pas été prise pour cette raison.**
>
> **La saisie reste tenante aussi longtemps que le débiteur conserve ses sources de revenus et que n'ont pas été acquittées toutes les réclamations produites par ses créanciers.**

Si l'employeur ne dépose pas cette somme, il risque de devenir personnellement responsable de la dette de son employé à l'endroit du créancier. À cette fin l'article 717 du N.C.p.c. prévoit:

> **Art. 717 du N.C.p.c. Le tiers-saisi qui est en défaut, faute de déclarer, de retenir ou de déposer une somme d'argent, ou qui fait une déclaration qui s'avère**

fausse peut être condamné au paiement de la somme due au créancier saisissant comme s'il était lui-même débiteur.

Néanmoins, le tiers-saisi peut en tout temps, même après jugement, obtenir l'autorisation de déclarer ou de déposer en payant les sommes qu'il aurait dû retenir et déposer depuis la notification de l'avis d'exécution ; il est alors tenu des frais occasionnés par son défaut.

Afin d'éviter de sérieux problèmes, l'employeur a donc intérêt à donner suite à l'avis d'exécution, et ce, même si l'employé ne travaille plus pour lui.

Le calcul de la partie saisissable Le salaire d'un débiteur n'est pas totalement saisissable, car celui-ci doit pouvoir subvenir à ses besoins. L'article 553(11) du C.p.c. et l'article 698 du N.C.p.c. établissent ainsi la partie saisissable de son salaire[1] :

Art. 698 du N.C.p.c. Les revenus du débiteur sont saisissables pour la seule portion déterminée selon la formule (A - B) × C.

La lettre A correspond aux revenus du débiteur […], La lettre B correspond au total des exemptions auxquelles le débiteur a droit pour sa subsistance et celle des personnes à sa charge. […]

La lettre C correspond à un taux de saisie de 30 % ; cependant, ce taux est de 50 % pour l'exécution du partage du patrimoine familial, pour le paiement d'une dette alimentaire ou d'une prestation compensatoire.

Illustrons le calcul de la partie saisissable du salaire. Un employé qui n'a aucune personne à sa charge a droit à une déduction de base de 273,17 $ par semaine. Dans le cas d'un individu qui a une personne à sa charge, il peut déduire 382,44 $ de son salaire brut et s'il a deux personnes à sa charge, 437,07 $. Il peut aussi déduire 30 $ supplémentaires par semaine pour chaque personne supplémentaire à partir de la troisième personne à sa charge. Une fois la somme déductible soustraite du salaire brut de l'employé, on calcule 30 % de la somme qui reste (ce montant peut atteindre 50 % s'il s'agit d'une dette alimentaire) et on obtient la part saisissable du salaire (*voir le tableau 9.5*).

TABLEAU 9.5 Le calcul des exemptions

Nombre de personnes à charge	Semaine	Aux deux semaines	Bi-mensuelle	Exemptions mensuelles
Aucune	273,17 $	546,35 $	591,88 $	1 183,75 $
1	382,44 $	764,89 $	828,63 $	1 657,25 $
2	437,07 $	874,15 $	946,99 $	1 893,98 $
3	491,70 $	983,41 $	1 065,36 $	2 130,71 $
4	546,33 $	1 092,67 $	1 183,72 $	2 367,44 $
5	600,96 $	1 201,93 $	1 302,09 $	2 604,17 $
6	655,59 $	1 311,19 $	1 420,45 $	2 840,90 $

Source : Adapté de Ministère de la Justice, « *Calcul des exemptions ($)* (du 1er avril 2016 au 31 mars 2017) », [en ligne], http://www.justice.gouv.qc.ca/francais/publications/generale/saisies.htm#arret (page consultée le 26 juin 2016).

i+ Pour en savoir davantage sur le calcul des exemptions

1. Compte tenu de l'entrée en vigueur des dispositions du N.C.p.c. le 1er janvier 2016, nous avons choisi de ne pas présenter les dispositions du C.p.c. dans le présent ouvrage.

Exemple Jean Larivière est marié et a à sa charge son épouse et ses cinq enfants ; il gagne 500 $ par semaine et travaille chez Décoration Boileau inc. La partie saisissable de son salaire s'établit ainsi :

500 $	Salaire brut
-180 $	Déduction pour les deux premières personnes à charge
320 $	
-120 $	Déduction additionnelle pour les personnes à charge à partir de la troisième personne (2e, 3e, 4e et 5e enfant : 4 × 30 $ = 120 $)
200 $	La partie saisissable du salaire équivaut donc à 30 % de 200 $, c'est-à-dire 200 $ × 0,30 = 60 $ par semaine

Décoration Boileau inc., l'employeur de Jean Larivière, devra déposer au greffe de la cour la somme de 60 $ par semaine, soit la partie saisissable de son salaire.

Créance prioritaire (ou priorité) *(Prior claims)*
Est prioritaire la créance à laquelle la loi attache, en faveur d'un créancier, le droit d'être préféré aux autres créanciers, même hypothécaires, suivant la cause de sa créance.

Droit de rétention *(Right of retention)*
Cause légitime de préférence que la loi accorde à certaines catégories de créanciers de pouvoir retenir certains biens de leur débiteur jusqu'à ce qu'ils soient remboursés.

i+ Pour en savoir davantage sur les créances prioritaires

D. Les priorités

Nous avons vu précédemment que, à moins de posséder une cause légitime de préférence, lorsqu'il y a plusieurs créanciers saisissants, la distribution se fait au prorata de leur créance. Selon l'article 2647 du *Code civil du Québec*, les causes légitimes de préférence qui permettent à un créancier d'être payé avant les autres sont les **créances prioritaires (ou priorités)** et les hypothèques. Les articles 2650 et 2651 du *Code civil du Québec* définissent les créances prioritaires et indiquent si elles s'appliquent aux meubles ou aux immeubles. Les priorités comprennent : les frais de justice, la créance impayée du vendeur relativement à un meuble vendu à un consommateur, la créance de ceux qui ont un **droit de rétention**, les créances de l'État en vertu des lois fiscales et les créances des municipalités et des commissions scolaires pour impôts fonciers.

L'article 2657 du *Code civil du Québec* énonce que les créances prioritaires prennent rang avant les hypothèques mobilières ou immobilières, quelle que soit leur date. Elles sont payées selon leur ordre respectif. Dans une faillite, les seuls détenteurs de créances prioritaires qui sont considérés comme des créanciers garantis sont les municipalités et les commissions scolaires. Contrairement à l'hypothèque, la priorité ou créance prioritaire n'exige pas un acte ou une démarche particulière pour exister ; elle existe de plein droit selon les dispositions du *Code civil du Québec*.

i+ Pour en savoir davantage sur un exemple de collocation de paiements entre plusieurs types de créanciers

E. Les principes propres aux hypothèques

Avant d'entrer dans le détail des modalités de l'hypothèque légale, il est important de prendre connaissance des grands principes propres aux hypothèques. L'article 2664 du *Code civil du Québec* précise que l'hypothèque n'a lieu que dans les conditions et suivant les formes autorisées par la loi : les hypothèques sont soit légales, soit conventionnelles. L'article 2660 du *Code civil du Québec* définit l'hypothèque de la façon suivante :

> **Art. 2660 du C.c.Q. L'hypothèque est un droit réel sur un bien, meuble ou immeuble, affecté à l'exécution d'une obligation ; elle confère au créancier le droit de suivre le bien en quelques mains qu'il soit, de le prendre en possession ou en paiement, de le vendre ou de le faire vendre et d'être alors préféré sur le produit de cette vente suivant le rang fixé dans le présent code.**

Il ressort de cette définition que :

- l'hypothèque peut porter soit sur un bien meuble ou immeuble, soit sur une universalité de biens corporels ou incorporels (par exemple un immeuble, du matériel roulant, des comptes clients) ;

- l'hypothèque mobilière a lieu avec dépossession ou sans dépossession du meuble hypothéqué. Lorsqu'elle a lieu avec dépossession, elle est aussi appelée « gage » (art. 2665 du C.c.Q.). D'une façon générale, l'hypothèque immobilière a lieu sans dépossession;
- l'hypothèque accorde à son détenteur un droit de suite lui permettant d'exercer ses recours sur le bien grevé, et ce, même s'il a été vendu à un tiers (par exemple, une automobile dont le prêt n'a pas été complètement acquitté);
- l'hypothèque confère à son détenteur un droit d'être préféré sur le produit de la vente du bien grevé, faisant en sorte qu'il sera payé avant les autres créanciers suivant le rang fixé par le *Code civil du Québec*.

La figure 9.2 illustre les types d'hypothèques.

FIGURE 9.2 Les types d'hypothèques

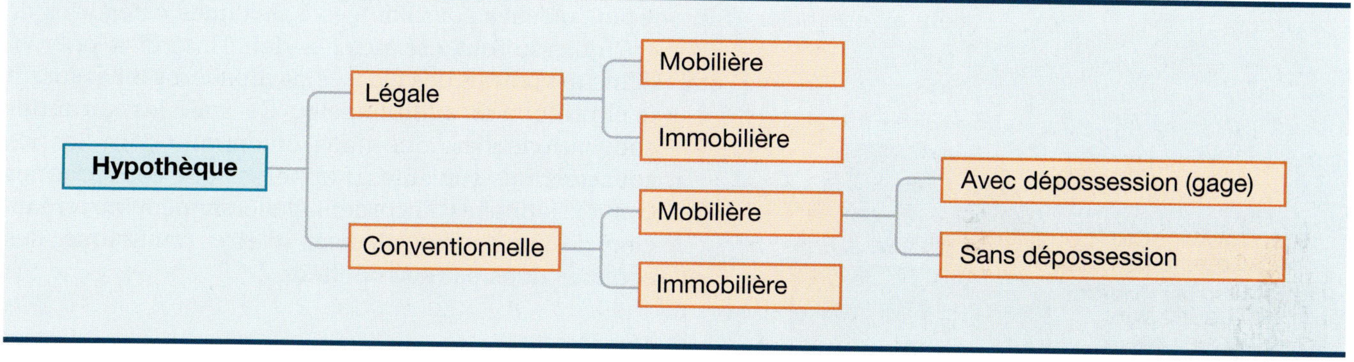

F. Les hypothèques légales

Les **hypothèques légales** portent à la fois sur les biens meubles et sur les biens immeubles du débiteur. Elles jouent sensiblement le même rôle que les priorités. En effet, elles accordent à leur détenteur un droit de préférence sur le produit de la vente des biens visés par l'hypothèque légale. Contrairement aux priorités, elles obligent les créanciers à se conformer à des exigences précises pour pouvoir bénéficier de l'hypothèque légale et devenir ainsi un créancier détenant une sûreté ou une garantie de paiement sur les biens grevés par l'hypothèque.

> **Hypothèque légale**
> *(Legal hypothec)*
> Forme d'hypothèque accordée à certaines catégories de créanciers sans que le débiteur n'ait son mot à dire à ce sujet.

L'article 2724 du *Code civil du Québec* définit l'hypothèque légale de la façon suivante:

> **Art. 2724 du C.c.Q. Les seules créances qui peuvent donner lieu à une hypothèque légale sont les suivantes:**
>
> **1. les créances de l'État pour les sommes dues en vertu des lois fiscales, ainsi que certaines autres créances de l'État ou de personnes morales de droit public, spécialement prévues dans les lois particulières;**
>
> **2. les créances des personnes qui ont participé à la construction ou à la rénovation d'un immeuble;**
>
> **3. la créance du syndicat des copropriétaires pour le paiement des charges communes et des contributions au fonds de prévoyance;**
>
> **4. les créances qui résultent d'un jugement.**

Exemple Les personnes qui ont participé à la construction ou à la rénovation d'un immeuble et qui n'ont pas été complètement payées doivent publier un avis de leur hypothèque légale au registre foncier de la circonscription foncière dans laquelle se trouve l'immeuble visé dans les 30 jours qui suivent la fin des travaux sur l'immeuble. Puis, dans les six mois suivant la fin des travaux, elles doivent intenter une action devant le tribunal. Si elles omettent d'effectuer ces démarches, elles ne peuvent devenir des créanciers garantis détenant une hypothèque légale. Elles sont alors considérées comme créanciers ordinaires sans droit de préférence sur les autres créanciers de leur débiteur. Si, par ailleurs, elles accomplissent ces démarches, elles deviennent des créanciers garantis et ont, de ce fait, préséance sur les créanciers ordinaires de leur débiteur au moment de la vente aux enchères de l'immeuble grevé de l'hypothèque légale.

9.3 LES GARANTIES CONVENTIONNELLES DE PAIEMENT

Les garanties légales n'accordent pas toujours les meilleures chances de paiement au créancier, d'autant plus qu'elles sont limitées à certaines catégories de créanciers. Tout créancier a donc intérêt à prévoir, dans un contrat, des clauses particulières lui assurant une protection additionnelle. Ce sont les garanties conventionnelles, que nous étudierons dans les six sous-sections suivantes. Rappelons que ces garanties conventionnelles accordent généralement au créancier de meilleures chances d'être remboursé des sommes dues par son débiteur.

Durant les 30 jours qui suivent la fin des travaux, l'hypothèque légale en faveur des personnes qui ont participé à la construction ou à la rénovation d'un immeuble subsiste, même si elle n'est pas publiée.

9.3.1 Les hypothèques conventionnelles

L'**hypothèque conventionnelle** est la garantie conventionnelle la plus utilisée par les créanciers pour protéger leurs droits et garantir l'exécution des obligations de leurs débiteurs.

> **Hypothèque conventionnelle**
> *(Conventional hypothec)*
> Forme d'hypothèque constituée en vertu d'un contrat ou d'une convention, généralement conclue entre un prêteur et un emprunteur.

A. Les composantes des hypothèques conventionnelles

L'hypothèque est une garantie ou une sûreté donnée par un débiteur à son créancier pour garantir l'exécution d'une obligation. L'hypothèque est l'accessoire d'une obligation principale. Ainsi, nous avons vu que, la plupart du temps, l'hypothèque vient garantir le remboursement d'un prêt ou l'exécution d'une obligation. Le contrat principal est le prêt, l'hypothèque en est l'accessoire.

L'objet des hypothèques conventionnelles L'hypothèque peut grever un ou plusieurs biens corporels ou incorporels, tels une maison ou des droits d'auteur, ou un ensemble de biens, tels des créances ou comptes clients. Elle s'étend également à tout ce qui s'unit au bien par accession. Elle garantit le capital, les intérêts et les frais légitimement engagés pour les recouvrer et pour conserver le bien grevé. L'article 2668 du *Code civil du Québec* énonce que l'hypothèque ne peut grever des biens insaisissables, ni les meubles du débiteur qui garnissent sa résidence principale, qui servent à l'usage du ménage et qui sont nécessaires à la vie de celui-ci.

> **Exemples** Monique pourra hypothéquer sa maison, mais elle ne pourra pas hypothéquer les meubles qui la garnissent et qui servent à l'usage du ménage. Par ailleurs, Jean-Pierre pourra hypothéquer l'immeuble abritant son entreprise ainsi que les biens meubles, le mobilier et l'équipement affectés à son entreprise.

Les hypothèques légales de la construction

Les hypothèques légales de la construction (art. 2726 à 2728 du C.c.Q.) s'appliquent aux personnes qui ont participé à la construction ou à la rénovation d'un immeuble : l'architecte, l'ingénieur, le fournisseur de matériaux, l'ouvrier, l'entrepreneur, le sous-entrepreneur.

Les hypothèques légales ne s'appliquent que sur cet immeuble et uniquement pour la valeur des travaux, matériaux ou services fournis par le créancier (plus-value ajoutée à l'immeuble). Les articles 2727 et 2728 du *Code civil du Québec* uniformisent leur fonctionnement et leur inscription :

Art. 2727 du C.c.Q. L'hypothèque légale en faveur des personnes qui ont participé à la construction ou à la rénovation d'un immeuble subsiste, quoiqu'elle n'ait pas été publiée, pendant les 30 jours qui suivent la fin des travaux.

Elle est conservée si, avant l'expiration de ce délai, il y a eu inscription d'un avis désignant l'immeuble grevé et indiquant le montant de la créance. Cet avis doit être signifié au propriétaire de l'immeuble.

Elle s'éteint six mois après la fin des travaux à moins que, pour conserver l'hypothèque, le créancier ne publie une action contre le propriétaire de l'immeuble ou qu'il n'inscrive un préavis d'exercice d'un droit hypothécaire.

Art. 2728 du C.c.Q. L'hypothèque garantit la plus-value donnée à l'immeuble par les travaux, matériaux ou services fournis ou préparés pour ces travaux ; mais, lorsque ceux en faveur de qui elle existe n'ont pas eux-mêmes contracté avec le propriétaire, elle est limitée aux travaux, matériaux ou services qui suivent la dénonciation écrite du contrat au propriétaire. L'ouvrier n'est pas tenu de dénoncer son contrat.

Le *Code civil du Québec* impose à l'ouvrier, au fournisseur de matériaux, au constructeur et à l'architecte des règles et des délais très stricts pour faire valoir leur hypothèque légale. À défaut d'observer ces délais, ils perdent leur hypothèque et la loi ne considère plus ces personnes comme des créanciers garantis, mais comme des créanciers ordinaires. Dans leur cas, la fin des travaux ne signifie pas la date à laquelle l'ouvrier a terminé le travail, mais plutôt la date à laquelle l'immeuble est devenu prêt à l'usage auquel on le destinait.

Exemple Un électricien termine les travaux de l'immeuble le 31 décembre 2015 et l'immeuble n'est prêt pour l'usage auquel on le destine que le 31 mars 2016. Le délai de 30 jours pour publier son avis d'hypothèque légale commence à courir à partir du 31 mars 2016 et non à partir du 31 décembre 2015.

Celui qui fait affaire avec un entrepreneur général et non directement avec le propriétaire de l'immeuble doit aviser ce dernier du fait qu'il travaille pour l'entrepreneur s'il a l'intention, par la suite, de faire publier son avis d'hypothèque. Le propriétaire de l'immeuble a le droit de retenir sur le prix du contrat de construction un montant suffisant pour payer l'ouvrier, le fournisseur de matériaux et le sous-entrepreneur, et ce, tant que le constructeur ne lui a pas remis soit une quittance, soit une renonciation signée par eux et par laquelle ils confirment qu'ils ont été payés ou qu'ils renoncent à leur hypothèque légale en faveur d'un créancier hypothécaire ou du constructeur.

Notons que si des travaux sont exécutés par ou pour un locataire, l'hypothèque légale de la construction ne s'applique pas.

Le constituant de l'hypothèque conventionnelle On entend par « constituant de l'hypothèque » la personne (le débiteur) qui donne un bien meuble ou immeuble en garantie. Un certain nombre de conditions régissent l'existence de l'hypothèque conventionnelle (*voir le tableau 9.6, à la page suivante*).

TABLEAU 9.6 Les conditions de l'hypothèque conventionnelle

Conditions	Exemple
L'hypothèque ne peut être consentie que par celui qui a la capacité d'aliéner les biens qu'il y soumet (art. 2681(1) du C.c.Q.).	Denis ne peut hypothéquer l'usine qu'il loue pour exploiter son entreprise, car elle ne lui appartient pas.
Elle peut être consentie par le débiteur de l'obligation qu'elle garantit ou par un tiers (art. 2681(2) du C.c.Q.).	Robert achète une maison et l'hypothèque pour garantir le remboursement du prêt que la banque lui a consenti pour l'achat de la maison. Si Robert n'hypothéquait pas sa maison, son père pourrait hypothéquer sa propre maison en faveur de la banque pour garantir le remboursement du prêt de Robert auprès de celle-ci.
Une personne physique qui n'exploite pas une entreprise ne peut consentir d'autres sortes d'hypothèques que conventionnelle immobilière et mobilière avec dépossession. Elle ne peut consentir une hypothèque mobilière sans dépossession (art. 2683 du C.c.Q.).	André peut hypothéquer sa maison; il peut hypothéquer des biens mobiliers, tels des certificats d'obligations ou d'actions, en s'en dépossédant en faveur d'un établissement financier, par exemple. Toutefois, il ne peut hypothéquer les meubles qui garnissent sa résidence principale ou d'autres biens mobiliers sans dépossession.
Le fiduciaire et la personne morale ou physique qui exploite une entreprise peuvent hypothéquer (art. 2683 à 2686 du C.c.Q.): ▸ leurs biens meubles et immeubles, présents ou à venir, corporels ou incorporels ou une universalité de ces biens; ▸ les animaux, l'outillage, le matériel d'équipement professionnel, les créances, les comptes clients, les brevets, les marques de commerce ou encore les biens meubles corporels qui font partie de l'actif de l'entreprise et qui sont détenus pour être vendus, loués ou traités dans le processus de fabrication ou de transformation d'un bien destiné à la vente, à la location ou à la prestation de services; ▸ les meubles représentés par un connaissement.	Sportbec ltée peut hypothéquer l'immeuble dont elle est propriétaire, qui abrite son magasin. Elle peut aussi hypothéquer: ses meubles, son outillage et son équipement, ses comptes clients et les biens qu'elle détient en stock dans son magasin et ceux qu'elle utilise pour fabriquer d'autres biens (matières premières).
Le *Code civil du Québec* impose la publication (enregistrement) de l'hypothèque pour qu'elle soit opposable aux tiers (art. 2663).	L'hypothèque doit être publiée au Bureau de la publicité des droits, c'est-à-dire inscrite au registre approprié par l'officier de la publicité des droits. L'hypothèque immobilière est publiée dans le Registre foncier alors que l'hypothèque mobilière est publiée dans le RDPRM.
L'acte constitutif d'hypothèque doit obligatoirement indiquer la somme déterminée pour laquelle elle est consentie (art. 2689).	L'acte d'hypothèque garantissant le prêt de Nicolas et Nadine doit préciser que ces derniers consentent à une hypothèque d'une valeur de 250 000 $ sur leur nouvelle maison.

L'obligation garantie par hypothèque L'article 2687 du *Code civil du Québec* énonce que l'hypothèque peut être consentie pour garantir quelque obligation que ce soit. L'acte de l'hypothèque doit indiquer la somme déterminée pour laquelle elle est consentie.

B. Les types d'hypothèques conventionnelles

Le tableau 9.7 énumère les caractéristiques des hypothèques conventionnelles mobilières et immobilières, avec et sans dépossession. Notons que la majorité des hypothèques sont «ouvertes», c'est-à-dire que leurs effets sont suspendus jusqu'au moment où le débiteur ou le constituant manque à ses obligations (art. 2715 et ss du C.c.Q.). Le prêteur doit alors aviser l'emprunteur et les autres personnes visées qu'il ferme l'hypothèque et qu'il exerce ses droits par un avis de clôture (art. 2721 et ss du C.c.Q.).

TABLEAU 9.7 Les types d'hypothèques conventionnelles

Type d'hypothèque	Caractéristiques	Exemples
Hypothèque immobilière sur un immeuble, un terrain ou une maison	▸ Sous peine de nullité, doit être constituée par acte notarié en minutes. ▸ Doit désigner clairement l'immeuble hypothéqué. ▸ Doit être publiée au Registre foncier. ▸ L'hypothèque des loyers présents et à venir que produit un immeuble (y compris les indemnités versées en vertu d'un contrat d'assurance couvrant les loyers) est considérée comme une hypothèque immobilière.	▸ Claude hypothèque son immeuble de 12 logements en faveur de la banque pour garantir le prêt nécessaire à l'achat de l'immeuble. Le contrat contient une clause en vertu de laquelle Claude hypothèque également les loyers de ses 12 logements en faveur de la banque. Ainsi, si Claude cesse de verser ses remboursements mensuels à la banque, celle-ci pourra percevoir les loyers à sa place pour se rembourser.
Hypothèque mobilière sur des biens meubles : animaux, outillage, équipement professionnel, brevets, marques de commerce, inventaire de biens à vendre, inventaire de matières premières	▸ Peut être avec ou sans dépossession. ▸ Doit être publiée au RDPRM.	▸ La banque accorde une marge de crédit de 200 000 $ à Sportbec inc. La société hypothèque : – son inventaire de biens à vendre ; – son outillage et son équipement professionnel.
Hypothèque mobilière sans dépossession	▸ Doit, sous peine de nullité absolue, être constituée par écrit, mais pas obligatoirement par un acte notarié. L'acte constitutif doit contenir une description suffisante du bien qui en est l'objet, ou une description de la nature de cette universalité. ▸ Ne peut être consentie que dans le cadre de l'exploitation d'une entreprise. ▸ Constitue l'une des garanties les plus utilisées par les entreprises qui cèdent en garantie leur outillage, équipement, mobilier et matériel roulant. ▸ Le commerçant conserve la garde et la possession des biens hypothéqués. ▸ Le contrat indique la localisation des biens hypothéqués et énumère de façon claire et précise les biens visés (par exemple, les numéros de série).	▸ Ordinatech inc. obtient une hypothèque sur l'universalité de ses ordinateurs. ▸ Dominique vend des matériaux de construction. Il possède trois camions entièrement payés et de l'outillage. Le tout représente une valeur de 75 000 $. Il pourra obtenir un prêt de 35 000 $ et hypothéquer ses camions et son outillage pour garantir ce prêt, tout en conservant la possession de ces biens. ▸ Sava inc. donne ses comptes clients d'une valeur de 100 000 $ en garantie à la banque pour obtenir une marge de crédit de 50 000 $.
Hypothèque mobilière avec dépossession ou gage	▸ Est constituée par la remise du bien ou du titre au créancier ou, si le bien est déjà entre ses mains, par le maintien de la détention du consentement du constituant afin de garantir sa créance. ▸ Elle porte aussi le nom de « gage ». ▸ La détention doit être continue. ▸ Les institutions financières prêtent à leurs clients en prenant en gage certains biens mobiliers ou valeurs mobilières comme des certificats d'actions ou d'obligations. ▸ Le propriétaire du bien donné en gage doit le remettre à son créancier ; il ne peut le récupérer tant qu'il n'a pas remboursé le prêt ou qu'il ne s'est pas acquitté de ses obligations.	▸ Ginger prête 10 000 $ à Antoine, qui lui donne en garantie le bracelet en or que sa mère lui a laissé en héritage. ▸ Alice emprunte 25 000 $ de la Caisse populaire et donne ses certificats d'actions de la société Bombardier en gage pour garantir le prêt. ▸ Daphnée emprunte 20 000 $ à la banque et donne un certificat de dépôt à terme de 15 000 $ pour garantir le remboursement partiel de son emprunt. Ces certificats sont remis au prêteur, qui les garde jusqu'à ce que le prêt soit remboursé. Il les remet alors au client. En principe, le créancier ne peut se faire justice lui-même ; il doit obtenir un jugement contre le débiteur en défaut avant de saisir les biens, de les vendre et d'en disposer.

Pour en savoir davantage sur des exemples de contrats d'hypothèques

Hypothèque mobilière sur des créances *(Movable hypothec on claims)*
Entente entre une entreprise et une institution financière prêteuse qui stipule que, en garantie du prêt ou d'une marge de crédit que l'établissement financier lui accorde, l'entreprise lui cède tous ses comptes clients.

Hypothèque mobilière avec dépossession ou gage *(Movable hypothec with delivery or pledge)*
Contrat par lequel un bien est mis entre les mains du créancier ou, étant déjà entre ses mains, est retenu par lui avec le consentement du propriétaire pour la sûreté de la dette.

> **Exemple** Clément est en retard de 75 jours pour effectuer son paiement hypothécaire mensuel auprès de la Caisse populaire de Joliette. Cette dernière doit lui transmettre un préavis d'exercice de son recours hypothécaire. La Caisse doit aussi aviser le deuxième prêteur hypothécaire de son intention d'exercer son propre recours hypothécaire.

L'hypothèque mobilière sur des créances La garantie **hypothèque mobilière sur des créances**, autrefois appelée « cession de créances », est l'une des garanties les plus utilisées par les entreprises pour se financer en donnant ses comptes client en garantie. Pour obtenir du financement, le débiteur peut fournir un bien meuble en garantie. Le contrat qui en découle se nomme **hypothèque mobilière avec dépossession ou gage**. Cependant, le créancier ne peut faire valoir son hypothèque à l'encontre des tiers débiteurs des créances hypothéquées, tant qu'elle ne leur est pas rendue opposable de la même façon qu'une cession de créances, c'est-à-dire conformément à l'article 1642 du *Code civil du Québec*.

> **Art. 1642 du C.c.Q. La cession d'une universalité de créances, actuelles ou futures, est opposable aux débiteurs et aux tiers, par l'inscription de la cession au registre des droits personnels et réels mobiliers, pourvu cependant, quant aux débiteurs qui n'ont pas acquiescé à la cession, que les autres formalités prévues pour leur rendre la cession opposable aient été accomplies.**

Habituellement, on s'entend sur une hypothèque sans dépossession, c'est-à-dire que l'entreprise continue de percevoir elle-même ses comptes clients et ses créances. Aussi longtemps que l'entreprise respecte son entente avec l'établissement financier, ou que la marge de crédit n'est pas réduite ou rappelée par ce dernier, les débiteurs ne font affaire qu'avec l'entreprise. Généralement, l'établissement financier exige que l'entreprise lui soumette, tous les mois, une liste de ses comptes clients accompagnée des noms de ses divers débiteurs et des sommes dues par chacun, ainsi qu'une mention de la durée du terme accordé (30, 60, 90 ou 120 jours). Lorsqu'une marge de crédit est garantie par une hypothèque sur des créances, l'établissement financier prête en fonction de la valeur des comptes clients. En général, la valeur de la marge de crédit se situe entre 60 % et 80 % de la valeur totale des comptes clients, moins les créances irrécupérables. Plus une entreprise possède de comptes clients importants, plus sa marge de crédit est élevée. Si l'établissement financier exige le remboursement du prêt ou si l'entreprise ne fait pas ses remboursements, l'établissement financier peut à tout moment retirer l'autorisation de percevoir les créances qu'elle avait donnée à l'entreprise ; elle doit l'aviser, de même que tous les clients dont les créances ont été cédées, de ce **retrait d'autorisation.** Cet avis doit être inscrit au RDPRM. Les articles 2745 à 2747 du *Code civil du Québec* s'appliquent alors.

À compter de la date de l'avis, les débiteurs devront payer directement à l'établissement financier les sommes dues à l'entreprise. Le prêteur devient en quelque sorte subrogé de l'entreprise pour le recouvrement de ses créances. Si les débiteurs de l'entreprise ne remboursent pas directement l'établissement financier après publication de l'avis, ce même établissement peut les obliger à le rembourser, même si les débiteurs ont déjà versé une somme d'argent à l'entreprise.

> **Exemple** Plonibec inc. cède à la banque ses comptes clients totalisant un million de dollars et obtient une marge de crédit de 650 000 $. Tant que Plonibec respecte ses obligations envers la banque, c'est l'entreprise qui perçoit elle-même ses comptes clients. Toutefois, si l'entreprise manque à ses obligations,

la banque devra aviser Plonibec ainsi que tous ses clients du retrait d'autorisation et inscrira cet avis au RDPRM. À compter de cette date, les clients de Plonibec devront cesser de payer l'entreprise et payer les sommes dues directement à la banque.

C. L'exercice des droits hypothécaires

Outre l'action personnelle contre son débiteur pour lui réclamer le solde impayé, le créancier hypothécaire peut exercer ses droits hypothécaires. Les articles 2757 et 2758 du *Code civil du Québec* obligent tout créancier qui entend exercer un droit hypothécaire à produire au Bureau de la publicité des droits un **préavis d'exercice** : 1) dénonçant le défaut du débiteur d'exécuter ses obligations et lui rappelant son droit d'y remédier ; 2) indiquant le montant de la créance en capital et intérêts ainsi que la nature du droit hypothécaire que le créancier entend exercer ; et 3) sommant le débiteur de délaisser le bien avant l'expiration du délai. Il est important de souligner que les créanciers hypothécaires ne peuvent exercer leurs droits avant l'expiration du délai imparti pour délaisser le bien.

> **Art. 2758 du C.c.Q. [...] Ce délai est de 20 jours à compter de l'inscription du préavis s'il s'agit d'un bien meuble, de 60 jours s'il s'agit d'un bien immeuble, ou de 10 jours lorsque l'intention du créancier est de prendre possession du bien ; il est toutefois de 30 jours pour tout préavis relatif à un bien meuble grevé d'une hypothèque dont l'acte constitutif est accessoire à un contrat de consommation.**

> **Exemple** Étant donné que Jacques n'effectue pas ses remboursements hypothécaires mensuels sur sa maison, la banque doit lui faire parvenir un préavis d'exercice de 60 jours l'avisant de son intention d'exercer ses droits hypothécaires. Ce préavis doit préciser quel droit sera exercé.

D. Les recours hypothécaires

Le débiteur qui reçoit l'avis d'exercice d'un recours hypothécaire peut soit remédier à son défaut ou procéder au délaissement volontaire en consentant, par écrit, à remettre le bien au créancier. Dans les autres cas, le créancier hypothécaire pourra exercer l'un des quatre recours suivants :

- prendre possession du bien à des fins d'administration (par exemple, prendre possession d'un immeuble à logements et en percevoir les loyers pour se payer) ;
- procéder à la prise en paiement du bien. Ce recours ne pourra être exercé sans l'autorisation du tribunal, à moins que le débiteur ne délaisse volontairement le bien, si, au moment de l'inscription du préavis, le débiteur a déjà acquitté la moitié ou plus de l'obligation garantie par hypothèque. Notons que la prise en paiement éteint l'obligation ;
- procéder lui-même à la vente du bien s'il a obtenu le délaissement et s'il avait indiqué son intention de vendre dans le préavis ;
- procéder à la vente du bien sous contrôle de justice, lorsque le tribunal en décide ainsi.

E. La priorité de rang entre les hypothèques

Lorsqu'il y a plusieurs hypothèques sur un même immeuble ou sur un même bien meuble, la priorité de paiement dépend de la date de publication ou d'inscription du registre approprié. On parle alors de « première », de « deuxième » ou de « troisième » hypothèque.

TABLEAU 9.8 Les types de cautionnement

Catégorie de cautionnement	Définition	Catégories	Exemples
Cautionnement conventionnel	Contrat par lequel une personne s'oblige envers le créancier d'une obligation à exécuter celle-ci si le débiteur de l'obligation ne l'exécute pas	▶ Cautionnement d'un prêt	▶ Julie se porte caution pour Frédéric pour le remboursement du prêt qu'il a contracté auprès de la Banque Royale en vue de l'achat de sa nouvelle automobile.
		▶ Cautionnement d'une soumission	▶ La compagnie d'assurance Mutuelle de Lanaudière garantit l'engagement de Construction de l'Avenir inc. à signer le contrat avec la Ville de Montréal, si Construction de l'Avenir obtient la plus basse soumission de la Ville de Montréal pour la rénovation de l'Hôtel de Ville.
		▶ Cautionnement d'exécution d'un contrat d'entreprise (généralement dans le domaine de la construction)	▶ La Mutuelle de Lanaudière garantit que Construction de l'Avenir exécutera les rénovations à l'Hôtel de Ville conformément aux plans et devis et dans les délais requis.
		▶ Cautionnement pour le paiement de la main-d'œuvre	▶ La Mutuelle de Lanaudière garantit que si Construction de l'Avenir obtient le contrat, elle s'engage à payer tous les employés et fournisseurs de matériaux afin d'éviter que ceux-ci ne procèdent à la publication d'une hypothèque légale de la construction.
Cautionnement légal	Obligation imposée à une personne, par un article de loi, de déposer une somme d'argent pour garantir son honnêteté et permettre l'indemnisation des personnes pouvant être lésées par ses gestes	▶ Établi par une loi ou un règlement d'application d'une loi ou par le *Code civil du Québec*	▶ La *Loi sur la protection du consommateur* prévoit l'obligation, pour le vendeur itinérant, le vendeur de véhicules automobiles usagés et l'agent de voyage de déposer un cautionnement pour garantir l'indemnisation de leurs clients en cas de fraude ou de fermeture. ▶ Le tuteur qui administre des sommes excédant 25 000 $ pour un mineur doit déposer un cautionnement (art. 242 du C.c.Q.).
Cautionnement judiciaire	Dépôt d'un cautionnement ordonné par un juge pour garantir le paiement de certains frais ou la présence d'un accusé à son procès	▶ En matière civile	▶ En matière civile, certaines dispositions du *Code de procédure civile* permettent au juge d'ordonner à une partie de déposer une somme d'argent ou une garantie équivalente. ▶ Lorsqu'il réside à l'extérieur du Québec.
		▶ En matière criminelle	▶ Richard est soupçonné de vol par effraction et de faire partie d'une bande. Le juge Archambault lui ordonne de déposer un cautionnement d'une somme de 25 000 $ pour garantir sa présence lors de son procès.

Art. 2366 du C.c.Q. L'acceptation volontaire que le créancier a faite d'un bien, en paiement de la dette principale, décharge la caution, encore que le créancier vienne à être évincé.

> **Exemple** Un créancier hypothécaire décide d'exercer la prise en paiement d'un bien meuble ou immeuble au lieu d'exercer un autre recours hypothécaire comme demander le remboursement du solde d'un prêt.

9.3.3 La garantie de l'article 427 de la *Loi sur les banques*

La garantie de l'article 427 de la ***Loi sur les banques*** est une autre garantie utilisée dans le domaine commercial. Aux termes de cet article, tout marchand en gros ou au détail de produits bruts ou finis peut se prévaloir de cette forme de garantie, y compris les fabricants et les manufacturiers, ainsi que les cultivateurs, les pêcheurs et les sylviculteurs. Il est important de souligner que cette garantie ne peut être donnée qu'à une banque au sens de la *Loi sur les banques*. Ainsi, les autres établissements financiers, caisses populaires et sociétés de fiducie ne peuvent accorder de prêts en vertu de ce type de garantie. En garantie du prêt, l'entreprise cède à la banque les biens visés dans l'article 427, c'est-à-dire les matières premières de même que les marchandises ou produits finis ou fabriqués, ainsi que leur emballage. En d'autres mots, cette garantie repose tant sur la matière première servant à fabriquer le produit que sur le produit fini. Elle s'applique sur les biens présents et futurs de l'entreprise. La durée de la garantie de l'article 427 est généralement d'une année et elle se renouvelle d'année en année, selon les conditions du contrat intervenu entre la banque et l'entreprise. Pour que la garantie soit valide et opposable aux tiers, un avis doit être enregistré soit au RPDRM ou au bureau de la Banque du Canada.

9.3.4 L'assurance vie

La plupart du temps, les prêteurs exigent, à titre de garantie additionnelle, une police d'assurance sur la vie de l'emprunteur, de ses associés, des principaux administrateurs et des actionnaires majoritaires d'une société par actions pour répondre du paiement des dettes de l'entreprise. L'établissement prêteur exige que l'entreprise dépose en garantie une police d'assurance vie, surtout si elle repose essentiellement sur les épaules d'une personne, car, advenant son décès, il est fort possible que les activités de l'entreprise soient perturbées, diminuent ou cessent au point de mettre en péril le remboursement des dettes de l'entreprise. Au décès de cette personne, le produit de la police d'assurance sert à rembourser les prêts de l'entreprise à l'établissement qui les a consentis.

9.3.5 La clause de réserve du droit de propriété

Il existe certains types de contrats de vente par lesquels le vendeur réserve son droit de propriété même si le bien est vendu et transféré à un acheteur. Le cas le plus fréquent est celui du **contrat de vente à tempérament,** selon lequel le vendeur demeure propriétaire du bien vendu tant que l'acheteur n'a pas entièrement payé celui-ci. Les articles 1745 et 1750 du *Code civil du Québec* indiquent que, pour être opposable aux tiers, la réserve du droit de propriété ou de la faculté de rachat d'un bien acquis pour le service ou l'exploitation d'une entreprise doit être publiée au registre approprié au Bureau de la publicité des droits (*voir le chapitre 10*).

9.3.6 La clause résolutoire

Dans les chapitres 5 et 10, nous avons examiné les conséquences d'une clause ou d'une condition résolutoire ajoutée à une obligation. Dans le cadre de l'**exploitation d'une entreprise,** de même qu'au moment de la vente d'un immeuble, les parties au contrat doivent ajouter une clause résolutoire dans le but de mieux garantir leurs droits et leurs obligations. La rédaction de ces clauses peut varier d'un contrat à l'autre, mais le but visé est le même: si l'une des parties n'exécute pas ses obligations, l'autre se réserve le droit de demander la résolution du contrat et la remise en état des parties dans la situation qui existait avant la signature du contrat.

> **Exemple** Antoine achète l'entreprise de Finlay au prix de 250000 $. Après avoir constaté que les garanties et les représentations que cette dernière lui avait faites sont inexactes, il demande la résolution du contrat en vertu d'une clause à cet effet dans le contrat de vente. Il remettra l'entreprise à Finlay et celle-ci lui remettra la somme de 250000 $. Ils feront les ajustements nécessaires entre eux.

9.4 LE PAIEMENT DES OBLIGATIONS ET DES DETTES

Toute personne ou entreprise doit remplir ses obligations et acquitter ses dettes. L'article 1553 du *Code civil du Québec* indique que le paiement constitue non seulement le versement d'une somme d'argent pour acquitter une obligation, mais aussi l'exécution même de ce qui est l'objet de l'obligation. Qu'il s'agisse d'un emprunt que l'on doit rembourser ou d'un contrat que l'on doit honorer, le paiement des obligations est régi par le *Code civil du Québec*. Tout paiement suppose donc une obligation ou une dette.

> **Exemples** Resto Melo inc. a emprunté 5000 $ à Johanne et s'est engagé à la rembourser en six mois, tandis que Diane s'est engagée à repeindre la maison de Robert durant ses vacances d'été. Dans le cas de Resto Melo inc., le paiement consistera à verser une somme d'argent alors que, dans le cas de Diane, il consistera à respecter son engagement, c'est-à-dire à repeindre la maison.

9.4.1 Le paiement d'une somme d'argent

L'article 1564 du *Code civil du Québec* résume bien la pratique commerciale établie depuis de nombreuses années concernant la façon de payer une somme d'argent.

> **Art. 1564 du C.c.Q. Le débiteur d'une somme d'argent est libéré par la remise au créancier de la somme nominale prévue, en monnaie ayant cours légal lors du paiement.**

Il est aussi libéré par la remise de la somme prévue au moyen d'un mandat postal, d'un chèque fait à l'ordre du créancier et certifié par un établissement financier exerçant son activité au Québec ou d'un autre effet de paiement offrant les mêmes garanties au créancier, ou encore, si le créancier est en mesure de l'accepter, au moyen d'une carte de crédit ou d'un virement de fonds à un compte que détient le créancier dans un établissement financier.

i+ Pour en savoir davantage sur les effets de commerce

Pour désigner les divers modes de paiement d'une somme d'argent, l'expression « effets de commerce » est la plus couramment utilisée. Les effets de commerce sont des écrits qui portent le nom de chèque, de lettre de change ou « traite », de billet, de lettre et de billet du consommateur. Les effets de commerce servent d'abord à payer une dette ou une obligation, mais ils sont aussi utilisés, comme nous l'avons vu précédemment, pour obtenir des prêts d'argent, du crédit à court terme et des garanties de paiement. La loi traitant des lettres de change, des chèques et des billets à ordre est fédérale; il s'agit de la *Loi sur les lettres de change*. Celle-ci a pour but de faciliter les opérations impliquant la prestation d'une somme d'argent, le paiement et les recours des parties. Il est important de préciser que le chèque et le billet sont largement utilisés pour les opérations entre des entreprises et des consommateurs alors que la lettre de change est surtout utilisée pour des opérations commerciales dans le cadre de l'exploitation d'une entreprise.

9.4.2 Les principales modalités du paiement

Les articles 1553 à 1572 du *Code civil du Québec* régissent le paiement et ses modalités. Le tableau 9.9 présente les principales modalités du paiement d'une somme d'argent.

TABLEAU 9.9 Les principales modalités de paiement

Principe	Exemple	Résultante
Art. 1561(1) du C.c.Q. Le créancier ne peut être contraint de recevoir autre chose que ce qui lui est dû, quoique ce qui est offert soit d'une plus grande valeur.	Denise doit 2000 $ à Ginette. Comme elle n'a pas d'argent, elle offre à Ginette de la payer en lui remettant une bague ornée de diamants d'une valeur de 2500 $.	Ginette ne peut être contrainte d'accepter la bague en paiement de la dette.
Art. 1561(2) du C.c.Q. Il ne peut, non plus, être contraint de recevoir le paiement partiel de l'obligation [...].	Claude doit 15000 $ à André. Comme il ne peut s'acquitter de sa dette en totalité, Claude offre à André de lui remettre 15 chèques postdatés de 1000 $ chacun, payables le premier jour des 15 mois suivants.	André n'est pas obligé d'accepter les modalités de paiement de Claude.
Sauf dans les cas prévus par la *Loi sur la protection du consommateur* (*voir le chapitre 13*), le tribunal ne peut ordonner qu'une dette immédiatement exigible soit payée par versements sans que le créancier y consente.	Le tribunal ne pourrait pas forcer André à accepter d'autres modalités de paiement que le remboursement intégral de la dette de 15000 $.	Les modalités de remboursement seront modifiées uniquement dans le cas de contrats visés par la *Loi sur la protection du consommateur* (par exemple, une vente à tempérament, dans un cas où le consommateur a payé la moitié du prix) ou lorsque le créancier accepte de modifier ces modalités.
Art. 1567 du C.c.Q. Les frais du paiement sont à la charge du débiteur.	C'est le cas des frais d'administration que les emprunteurs doivent payer aux établissements financiers.	À moins de faire modifier ces règles par une clause du contrat, c'est le débiteur qui en est responsable.
Art. 1566 du C.c.Q. Le paiement se fait au lieu désigné expressément ou implicitement par les parties. Si le lieu n'est pas ainsi désigné, le paiement se fait au domicile du débiteur, à moins que ce qui est dû ne soit un bien individualisé, auquel cas le paiement se fait au lieu où le bien se trouvait au moment où l'obligation est née.	Dans le bail, il est habituellement indiqué que le loyer est payable le premier jour de chaque mois au domicile du locateur.	S'il n'est pas indiqué au contrat, le lieu du paiement d'un meuble est généralement le magasin où l'on a acheté le bien en question.

9.5 L'INSOLVABILITÉ

On confond souvent «insolvabilité» et «faillite». Il est donc important de bien distinguer ces deux notions.

9.5.1 La distinction entre «insolvabilité» et «faillite»

L'insolvabilité est un état qui résulte du fait qu'une personne ou une entreprise possède un passif ou des dettes dont la valeur dépasse celle de son actif ou de ses biens. Dans le chapitre 4, nous avons vu les patrimoines à valeur positive et négative (*page 134*). C'est le bilan d'une personne qui détermine son état de solvabilité ou d'insolvabilité. Une personne insolvable n'est pas nécessairement en faillite. La faillite peut être volontaire, lorsque le débiteur décide d'aller voir un syndic de faillite et de faire une **cession de ses biens** en faveur de ses créanciers. La faillite peut aussi résulter d'une requête en **faillite forcée et ordonnance de séquestre** déposée par un ou plusieurs créanciers de la personne insolvable. Quiconque possède des recours contre un débiteur peut obtenir du tribunal un jugement condamnant celui-ci à lui payer une somme d'argent ou à remplir ses obligations. Cependant, en pratique, que vaut un jugement condamnant un débiteur à payer une somme d'argent qu'il ne possède pas? Le créancier doit s'assurer que le débiteur est en mesure de le payer. De même, lorsqu'un homme ou une femme d'affaires conclut un contrat avec une autre personne, il ou elle doit s'assurer de la solvabilité de cette dernière. Une bonne façon de vérifier ceci est d'effectuer une enquête de crédit sur son débiteur. Plusieurs entreprises spécialisées dans ce domaine, telle Équifax, émettent des rapports de crédit permettant de vérifier ces informations. Une autre façon d'y arriver est d'obtenir des garanties quant au paiement des sommes dues, comme nous l'avons vu précédemment.

> **Exemple** Serge recourt aux services d'un entrepreneur pour la construction d'un immeuble de bureaux. Supposons que le contrat qu'il a signé avec ABC Construction inc. contient une clause pénale en vertu de laquelle l'immeuble doit être terminé le 1er décembre 2016, à défaut de quoi l'entrepreneur s'engage à verser une pénalité de 10 000 $ par jour de retard. Si ABC Construction inc. est en retard de 30 jours sur l'échéancier, il devra verser à Serge 300 000 $. Toutefois, si ABC Construction inc. fait faillite ou si elle n'a pas assez d'actif pour payer cette pénalité, et si Serge n'a pas exigé l'intervention d'une entreprise de cautionnement pour garantir cette pénalité, le cas échéant, il devra tenter de la récupérer du syndic de la faillite de ABC Construction inc.

La personne qui n'arrive plus à acquitter ses dettes ni à remplir ses obligations financières dispose d'un certain nombre de moyens pour rétablir sa situation. Elle peut, par exemple, envisager un refinancement ou une consolidation de dettes; elle peut tenter de conclure une entente à l'amiable avec ses créanciers, notamment au moyen d'une **transaction informelle,** par exemple: 1) en diminuant les versements mensuels ou le taux d'intérêt; 2) en allongeant le terme de remboursement de trois à cinq ans; 3) en réduisant la dette ou les obligations du débiteur. Cependant, si l'insolvabilité persiste, le législateur a prévu certaines dispositions en vue de protéger l'ensemble des créanciers d'un débiteur insolvable tout en permettant à un plus grand nombre de consommateurs insolvables et d'entreprises en difficulté financière de réorganiser leurs finances en évitant la faillite. Advenant que cela ne fonctionne pas, la dernière solution sera la faillite, volontaire ou forcée.

9.5.2 Le dépôt volontaire

Nous avons établi que le patrimoine d'un débiteur constitue le gage commun de ses créanciers et que ces derniers, lorsqu'ils ont obtenu un jugement contre un débiteur, peuvent procéder à la saisie de ses biens et d'une partie de son salaire. Pour éviter cette situation pénible, toute personne endettée qui cherche à s'en sortir et qui réside au Québec peut se prévaloir des dispositions sur le **dépôt volontaire**, selon les articles 664 à 670 du N.C.p.c. Pour cela, le débiteur doit déposer régulièrement au greffe de la Cour la partie saisissable de sa rémunération suivant son versement.

> **Dépôt volontaire**
> *(Voluntary deposit)*
> Procédure qui permet à une personne de déposer volontairement la partie saisissable de son salaire au greffe de la Cour du Québec du district de son domicile ou de son lieu de travail pour qu'elle soit répartie entre ses créanciers.

Pour déposer volontairement la partie saisissable de son salaire, le débiteur doit produire, au greffe de la Cour du Québec du district de son domicile ou de son lieu de travail, une déclaration sous serment conforme aux dispositions du N.C.p.c. L'article 664 précise sa forme et son contenu:

> **Art. 664 du N.C.p.c. Le dépôt volontaire est un mode d'exécution par lequel le débiteur s'engage au moyen d'une déclaration réputée sous serment à verser régulièrement au greffe de la Cour du Québec une somme d'argent qui ne peut être moindre que la partie saisissable de ses revenus et à déclarer au greffier tout changement dans sa situation.**
>
> **La déclaration est inscrite au greffe. Elle contient, outre les coordonnées du débiteur et sa déclaration quant à ses revenus, ses charges familiales et ses créanciers, la détermination du montant payable et les modalités du paiement et indique les pièces justificatives que le débiteur doit fournir. [...]**

i+ Pour en savoir davantage sur le dépôt volontaire

9.6 LA FAILLITE

La faillite d'un consommateur ou d'une entreprise canadienne est régie par une loi fédérale, la ***Loi sur la faillite et l'insolvabilité*** (L.F.I.) (L.R.C. (1992) c. 27). Cette loi vise essentiellement trois objectifs: 1) permettre à un plus grand nombre de consommateurs insolvables et d'entreprises en difficulté financière de réorganiser leurs finances sans avoir à déclarer faillite; 2) protéger l'ensemble des créanciers du débiteur insolvable; et 3) libérer le débiteur insolvable de ses dettes et de ses obligations financières antérieures à la faillite pour lui permettre de recommencer à neuf.

i+

9.6.1 Les intervenants

Il existe quatre principaux intervenants dans une faillite: le surintendant des faillites; le séquestre officiel; le syndic et les créanciers. Nous consacrons la sous-section suivante aux créanciers en raison de leur importance dans une faillite.

A. Le surintendant des faillites

Le gouvernement fédéral exerce un contrôle sur l'administration des faillites par l'intermédiaire du surintendant des faillites (art. 5 à 11 de la L.F.I.). Ce dernier est à la tête de la Direction des faillites, et son rôle consiste à surveiller l'administration de tous les actifs auxquels s'applique la L.F.I.

B. Le séquestre officiel

Chaque province constitue un district de faillite, et chacun de ces districts est fractionné en divisions. Dans chacune de ces divisions, des fonctionnaires sont nommés pour administrer la L.F.I.; on les appelle des «séquestres officiels» (art. 12, 49(4), 105, 158 et 159 de la L.F.I.). Leur rôle consiste: 1) à recevoir et à conserver les actes de cession de biens et à nommer les syndics; 2) à interroger les débiteurs sur leur conduite, sur les causes de leur faillite, de même que sur la destination des biens dont ils se sont départis; 3) à fixer le cautionnement qui doit être déposé par un syndic ; et 4) à présider la première assemblée des créanciers du failli.

C. Le syndic

Le syndic est la personne clé dans les procédures de faillite et de propositions concordataires ou de consommateurs (art. 2, 13 à 41 de la L.F.I.). Il agit à double titre : il est officier de justice et mandataire des créanciers et du failli. Pour obtenir une licence de syndic, on doit en faire la demande au surintendant des faillites qui, après examen de la demande et approbation du ministre de la Consommation et des Corporations, délivre cette licence.

9.6.2 Les créanciers

Les créanciers du failli sont aussi des intervenants actifs dans la faillite. C'est à eux que le syndic remet les sommes résultant de la liquidation des actifs du failli, et ce, conformément aux dispositions de la L.F.I. Cette loi crée quatre catégories de créanciers : les créanciers garantis, les créanciers privilégiés, les créanciers ordinaires ou non garantis et les créanciers différés. Les créanciers peuvent en tout temps remplacer le syndic, et celui-ci est tenu de suivre leurs directives pour autant qu'elles ne soient pas contraires à la loi.

CLIN D'ŒIL DE LA COUR

On ne peut se libérer de ses prêts étudiants en cas de faillite

Nicolas Brunette Sireteau c. ministère de l'Éducation, Cour supérieure du district de Terrebonne (700-11-003170-993), 28 mars 2003.

Pendant longtemps, de nombreux étudiants ayant obtenu des prêts de 20000 $ ou de 30000 $ pour leurs études supérieures attendaient d'avoir terminé leurs études et déclaraient faillite afin d'être libérés de leurs dettes et de commencer leur vie professionnelle. Les ministères de l'Éducation des différentes provinces canadiennes garantissent le remboursement de ces prêts aux institutions financières. Pour corriger cette situation, en 1997 et 1998, le gouvernement a modifié l'article 178.1 de la L.F.I. et le paragraphe 1.1 de cet article :

> **Art. 178(1) de la L.F.I. [L'ordonnance de libération ne libère pas des dettes]**
>
> **Une ordonnance de libération ne libère pas le failli :**
>
> **[...]**
>
> **g) de toute dette ou obligation découlant d'un prêt consenti ou garanti au titre de la *Loi fédérale sur les prêts aux étudiants*, de la *Loi fédérale sur l'aide financière aux étudiants* ou de toute loi provinciale relative aux prêts aux étudiants lorsque la faillite est survenue avant la date à laquelle le failli a cessé d'être un étudiant, à temps plein ou à temps partiel, au regard de la loi applicable, ou dans les sept ans suivant cette date ;**
>
> **L'ordonnance de non-application du paragraphe (1)**
>
> **(1.1) Lorsque le failli qui a une dette visée à l'alinéa (1)g) n'est plus un étudiant à temps plein ou à temps partiel depuis au moins cinq ans au regard de la loi applicable, le tribunal peut, sur demande, ordonner que la dette soit soustraite à l'application du paragraphe (1) s'il est convaincu que le failli a agi de bonne foi relativement à ses obligations découlant de cette dette et qu'il a et continuera à avoir des difficultés financières telles qu'il ne pourra pas acquitter celle-ci.**
>
> **[...]**

Dans l'affaire de la faillite de Nicolas Brunette Sireteau, le juge Jean-François de Grandpré devait appliquer ces deux articles et décider s'il libérait Nicolas Brunette Sireteau de sa dette de plus de 45000 $ envers le ministère de l'Éducation. Cette dette résultait des prêts et bourses obtenus pour ses études de pilotage d'avion et représentait plus de 85 % de toutes les dettes de sa faillite. Depuis la fin de ses études jusqu'à l'audition de la cause en 2003, il n'avait remboursé que la somme de 225 $ sur cette dette par l'application du paragraphe 1.1 de l'article 178. Le juge a considéré les deux critères qui y sont énoncés, soit :

- Le débiteur est-il de bonne foi ?
- Le débiteur se heurte-t-il à des difficultés financières telles qu'il ne pourra pas acquitter sa dette ?

Le juge de Grandpré a refusé de libérer Nicolas Brunette Sireteau de sa dette relative aux prêts et bourses.

À la première assemblée des créanciers, ils doivent choisir parmi l'assemblée une ou plusieurs personnes susceptibles de servir au mieux leurs intérêts ; ces personnes portent le nom d'**inspecteurs.** Le nombre d'inspecteurs dépend du nombre de créanciers et ne doit pas dépasser cinq (art. 116 de la L.F.I.). Par l'entremise des inspecteurs à la faillite, les créanciers contrôlent et surveillent l'administration du syndic.

A. Les créanciers garantis

Parmi tous les créanciers du failli, les créanciers garantis sont payés en premier lieu. L'article 2 de la L.F.I. définit les créanciers garantis :

> **Art. 2 de la L.F.I. « créancier garanti » Personne titulaire d'une hypothèque, d'un gage, d'une charge ou d'un privilège sur ou contre les biens du débiteur ou une partie de ses biens, à titre de garantie d'une dette échue ou à échoir, ou personne dont la réclamation est fondée sur un effet de commerce ou garantie par ce dernier, lequel effet de commerce est détenu comme garantie subsidiaire et dont le débiteur n'est responsable qu'indirectement ou secondairement. S'entend en outre :**
>
> **a) de la personne titulaire, selon le *Code civil du Québec* ou les autres lois de la province de Québec, d'un droit de rétention ou d'une priorité constitutive de droit réel sur ou contre les biens du débiteur ou une partie de ses biens;**
>
> **b) lorsque l'exercice de ses droits est assujetti aux règles prévues pour l'exercice des droits hypothécaires au livre sixième du *Code civil du Québec* intitulé *Des priorités et des hypothèques* :**
>
> **(i) de la personne qui vend un bien au débiteur, sous condition ou à tempérament,**
>
> **(ii) de la personne qui achète un bien au débiteur avec faculté de rachat en faveur de celui-ci,**
>
> **(iii) du fiduciaire d'une fiducie constituée par le débiteur afin de garantir l'exécution d'une obligation.**

Habituellement, un créancier garanti qui veut exercer sa garantie doit donner un préavis écrit de 10 jours. En général, la faillite du débiteur ne les affecte pas ou très peu en raison des garanties qu'ils détiennent sur les biens du failli. Ces garanties prennent la forme d'hypothèques ou de sûretés sur ses meubles ou immeubles. Le créancier garanti doit aussi fournir au syndic une preuve de sa réclamation, qui doit préciser le genre de créance de même que la nature de sa garantie. Il est très rare que le syndic s'oppose à la réclamation d'un tel créancier et, sur présentation d'une preuve suffisante, il lui permet de réaliser sa garantie. Si la vente du bien rapporte plus que ce qui lui est dû, tout excédent doit être remis au syndic.

Exemple Charlotte détient une hypothèque de 75 000 $ sur la résidence de Félix. Charlotte peut réaliser sa garantie pour se rembourser, mais, si la vente de l'immeuble rapporte 80 000 $, elle doit verser la différence de 5 000 $ au syndic, car cette somme fait partie de l'actif du failli. Si l'immeuble avait été vendu 20 000 $, elle serait devenue créancière ordinaire dans la faillite pour le solde de 55 000 $.

Lorsqu'il y a plusieurs créanciers garantis, le paiement s'effectue selon l'ordre de priorité de leur garantie.

B. Les créanciers privilégiés

Les créanciers privilégiés au sens de la L.F.I. sont payés à même le produit de la vente de l'actif du failli, après les créanciers garantis. Il est important de ne pas confondre les créanciers privilégiés en vertu de la L.F.I. avec les créanciers prioritaires énumérés à l'article 2651 du *Code civil du Québec*. C'est l'article 136 de la L.F.I. qui énumère les créances privilégiées selon leur ordre de priorité de paiement :

1. Les frais de funérailles et dépenses testamentaires raisonnables, si le failli est décédé.
2. Les frais d'administration et honoraires du syndic comprenant les frais de justice et de sauvegarde des actifs, notamment en cas de poursuite temporaire des affaires.
3. Les gages, salaires, commissions ou rémunérations ou sommes déboursées visés aux articles 81.3 et 81.4 dus à tout employé du failli, pour services rendus au cours des six mois précédant la faillite et qui n'ont pas été versés, jusqu'à concurrence de 2 000 $ dans chaque cas.
4. Les sommes dues relativement aux régimes de pension (aucun maximum) (art. 81.5).
5. Toute dette ou obligation alimentaire due en vertu d'une entente ou d'un jugement pour le total des sommes payables périodiquement qui se sont accumulées au cours de l'année précédant la date de la faillite et de toute somme forfaitaire payable.
6. Les taxes municipales dues au cours des deux années précédant la faillite.
7. Les loyers dus au locateur pour les trois mois précédant la faillite et pour le loyer reçu d'avance pour une période de trois mois après la faillite, s'il y a droit en vertu du bail. (Cependant, le montant total ainsi payable ne doit pas dépasser la somme réalisée par la vente des biens sur les lieux affectés par le bail.)
8. Les réclamations résultant de blessures subies par des employés du failli, que les dispositions d'une loi sur les accidents du travail ne visent pas, mais seulement jusqu'à concurrence des montants d'argent reçus des personnes garantissant le failli contre le préjudice résultant de ces blessures.
9. Les réclamations, de Sa Majesté du chef du Canada ou d'une province, non mentionnées aux alinéas a) à i) de l'article 136 de la L.F.I., au prorata, nonobstant tout privilège prévu par une loi à l'effet contraire.

i+ Pour en savoir davantage sur la protection des travailleurs

La règle veut que l'on paie intégralement une catégorie de créanciers avant de passer à la suivante. S'il ne reste plus d'argent, les autres créanciers ne sont pas payés. En principe, le statut de créancier privilégié n'assure pas nécessairement le paiement de la créance.

C. Les créanciers ordinaires (ou non garantis ou chirographaires)

Les créanciers ordinaires ne détiennent aucune garantie sur les biens du failli. La majorité des créanciers d'une faillite commerciale appartiennent à cette catégorie. C'est le cas, par exemple, de la majorité des fournisseurs du failli, qui bénéficient de 30 jours pour récupérer et revendiquer leurs marchandises vendues au failli, mais qui généralement ne peuvent récupérer leurs biens si la faillite a lieu plus de 30 jours après la livraison de ceux-ci. En général, dans une faillite, les créanciers ordinaires ne sont jamais payés en totalité ; souvent, ils ne reçoivent rien du tout. Lorsqu'il y a paiement de dividendes aux créanciers ordinaires, les paiements se font au prorata de leurs créances respectives, comme dans le cas du dépôt volontaire.

D. Les créanciers différés

Les créanciers différés sont des créanciers ordinaires qui ont des liens de parenté avec le failli. Ils sont payés en dernier lieu, s'il reste de l'argent, lorsque tous les autres créanciers ont reçu leur quote-part.

> **Exemple** Julie est mariée sous le régime de la séparation de biens et son contrat de mariage stipule que son conjoint s'engage à lui faire une donation entre vifs de 5 000 $. Dans le cas où son mari fait faillite, elle peut présenter une réclamation au syndic et devient alors une créancière différée.

9.6.3 Les propositions

Un des buts de la L.F.I. est de permettre aux consommateurs et aux entreprises de réorganiser leurs finances et d'éviter la faillite en faisant une **proposition** à leurs créanciers. La L.F.I. prévoit deux types de propositions : les propositions concordataires et les propositions de consommateur. Si la proposition est refusée, c'est la faillite automatique.

> **Proposition** *(Proposal)*
> Faculté que la *Loi sur la faillite et l'insolvabilité* offre à un débiteur insolvable, qui lui permet de faire une offre de règlement globale à ses créanciers et qui, si elle est acceptée, lui évitera la faillite.

A. Les propositions concordataires

La proposition concordataire est un instrument important pour faciliter les réorganisations commerciales d'entreprises connaissant des difficultés financières temporaires ou ponctuelles et pour sauver des entreprises et des emplois. La réorganisation vise le maintien de l'entreprise dans l'intérêt des créanciers, des employés et, dans certains cas, de la collectivité.

> **Exemples** À Saint-Hyacinthe, un manufacturier de bateaux connaît des difficultés financières en raison de la diminution de la demande de ses produits, car il ne peut fournir à la demande en raison de la vétusté de ses installations. L'usine risque de fermer, ce qui entraînerait la mise à pied d'environ 200 employés. Elle doit renouveler sa chaîne de montage afin de redevenir rentable et d'éviter la faillite. Elle pourrait faire une proposition concordataire à ses créanciers. Pour ce faire, elle devra démontrer qu'elle pourra être rentable une fois qu'elle aura réglé ses difficultés financières.
>
> Une entreprise en état d'insolvabilité à la suite de la faillite de son plus gros client peut faire une proposition concordataire à ses créanciers.

B. Les propositions de consommateur

Les articles 66.11 à 66.40 et 69.2 de la L.F.I. régissent ce type de proposition. L'article 66.11 définit le **débiteur consommateur**.

> **Débiteur consommateur** *(Consumer debtor)*
> Personne physique insolvable dont la somme des dettes, à l'exclusion de celles qui sont garanties par sa résidence principale, n'excède pas 250 000 $ ou tout autre montant prescrit.

> **Exemple** Caroline vient de perdre son poste de directrice d'usine à cause de la faillite de l'entreprise qui l'employait. Depuis neuf mois, elle cherche un emploi sans succès. Durant cette période, elle a dépensé ses économies et a accumulé des dettes sur ses cartes de crédit. Comme elle est incapable de rembourser son hypothèque et son prêt-automobile, et que sa marge de crédit s'accumule, elle songe à faire faillite. Les dispositions de la loi lui permettent de faire une proposition de consommateur. Celle-ci s'apparente à la proposition concordataire pour une entreprise.

C. La protection de la *Loi sur la faillite et l'insolvabilité*

Toute proposition doit être acheminée par l'intermédiaire d'un syndic de faillite. La loi prévoit que, avant de déposer une proposition, le débiteur peut adresser un avis d'intention au séquestre officiel (art. 50.4 de la L.F.I.), accompagné d'une copie de l'acceptation écrite du syndic, énonçant : 1) son intention de faire ne peut les céder, les transférer ni autrement les aliéner. En un mot, il est dessaisi du pouvoir qu'il avait sur ses biens. Les biens du failli sont immédiatement transmis à un fiduciaire nommé syndic et désigné dans l'ordonnance de séquestre ou dans la cession. Signalons que le salaire d'un failli n'est pas automatiquement intégré à la faillite. Il ne le sera que sur demande du syndic au tribunal, qui en déterminera les modalités, compte tenu des charges familiales et de la situation personnelle du failli. Toute ordonnance de séquestre ou cession de biens a priorité sur les saisies, les saisies-arrêts, les jugements et autres procédures contre le failli ou contre ses biens. Sans l'autorisation du tribunal, aucun créancier n'a de recours contre le débiteur ou contre ses biens et ne peut intenter ou continuer une action contre le failli. Dans un tel cas, le syndic avisera les créanciers de cesser immédiatement leurs procédures. Habituellement, on permet aux créanciers garantis d'exécuter leur garantie, mais seulement sur les biens du failli touchés par cette garantie.

9.6.5 L'administration de la faillite

L'administration de la faillite se fait par le syndic, dont nous étudierons la nomination, ses pouvoirs et ses multiples rôles.

i+ Pour en savoir davantage sur les preuves de réclamation

A. La nomination du syndic

Le choix du syndic est assujetti à l'approbation du séquestre officiel, qui peut choisir un autre syndic. De plus, à la première assemblée des créanciers, et par la suite, à toute autre assemblée, les créanciers peuvent, par résolution spéciale, confirmer le syndic ou en nommer un autre. La désignation officielle d'un syndic agissant en matière de faillite est : « Le syndic de l'actif de (nom du failli), failli. »

Pour un débiteur, le fait de quitter le Canada ou sa résidence dans l'intention de retarder les paiements de ses créanciers constitue un acte de faillite.

B. Les devoirs et les pouvoirs du syndic

Le rôle du syndic est de prendre possession des biens du failli, d'en dresser l'inventaire, de les administrer, de les liquider, de les vendre et d'en distribuer le produit aux différents créanciers du failli au prorata de leurs créances.

Le syndic exige du failli la liste complète de tous ses créanciers et de son actif réalisable. Il fait parvenir à chacun des créanciers un avis de convocation à la première assemblée des créanciers. Cet avis de convocation est accompagné d'une liste indiquant le nom et l'adresse de chaque créancier, le montant de la créance ainsi que sa catégorie. Le syndic joint également à cet avis de convocation une preuve de réclamation que tout créancier du failli doit remplir et lui retourner.

Chaque créancier du failli doit prouver sa réclamation dans la faillite. S'il en est incapable, il n'a pas droit au partage éventuel des biens du failli. La loi précise qu'une réclamation doit être prouvée par la remise au syndic d'une preuve de la réclamation sous la forme prescrite. Le syndic examine chaque preuve et décide s'il l'accepte ou la rejette, en tout ou en partie. Un créancier dont la réclamation est rejetée peut en appeler de la décision du syndic devant le tribunal. Un créancier n'a pas le droit de voter à une assemblée, à moins que sa preuve de réclamation n'ait été remise au syndic, qui doit l'avoir acceptée avant l'assemblée.

C. L'administration des biens du failli

Le syndic doit assurer les biens du failli s'ils ne sont pas déjà assurés et, quand les intérêts de l'actif l'exigent, il peut prendre des mesures conservatoires et même disposer sommairement des biens susceptibles de se déprécier ou de s'avarier. Il peut également administrer le commerce du failli jusqu'au jour fixé pour la première assemblée des créanciers et, après cette assemblée, il peut continuer de l'administrer avec le consentement des inspecteurs à la faillite. Avant la première assemblée des créanciers, le syndic a l'autorité nécessaire pour entamer les procédures judiciaires qui s'imposent en vue de recouvrer ou de protéger les biens du failli. Il doit vérifier le bilan du failli et peut intenter des procédures contre toute personne soupçonnée d'avoir commis une infraction à la L.F.I. L'argent provenant de l'actif est déposé dans un compte en fidéicommis, et le syndic ne peut en prélever aucune somme sans une permission écrite des inspecteurs ou une ordonnance du tribunal, sauf pour le paiement de dividendes et de charges se rapportant à l'administration de l'actif. Ces paiements doivent être faits par chèque tiré sur le compte en fidéicommis de l'actif.

Le syndic doit conserver les livres et registres de chaque actif de faillite qu'il administre. De plus, avec la permission des inspecteurs, il peut : vendre ou autrement aliéner, en tout ou en partie, les biens du failli ; louer les immeubles ; continuer le commerce du failli si cela est avantageux pour la liquidation de l'actif ; accepter des compromis ; retenir les services d'un avocat ; contracter des obligations, emprunter de l'argent, fournir des garanties et des hypothèques.

D. Les versements du failli à l'actif de la faillite

Dans le cas d'une faillite personnelle, les obligations du failli énumérées aux articles 158 et suivants de la L.F.I. prévoient notamment l'obligation pour le failli de déclarer au syndic ses sources de revenus de toute provenance, y compris les successions qui pourraient lui échoir pendant la durée de sa faillite. Il doit également soumettre au syndic un état de ses revenus et dépenses afin d'établir les besoins de sa famille durant cette période. L'article 68 de la L.F.I. prévoit que le surintendant fixe, par instruction, pour les provinces ou pour un ou plusieurs districts ou parties de district, des normes visant l'établissement du revenu excédentaire du failli qui est une personne physique et de la somme que celui-ci doit verser à l'actif de la faillite. Il définit le « revenu excédentaire » comme étant le montant du revenu total d'une personne physique en faillite qui excède ce qui est nécessaire au maintien d'un niveau de vie raisonnable. En conséquence, le failli doit déposer ce revenu excédentaire auprès du syndic, pendant toute la durée de sa faillite, afin qu'il soit divisé entre ses créanciers, en plus du produit de la vente de ses actifs.

> **Exemple** Si Richard déclare des revenus excédentaires de 1 500 $ par mois, il devra déposer cette somme auprès du syndic de sa faillite.

E. Les paiements ou traitements préférentiels et les opérations sous-évaluées

Le syndic peut demander au tribunal des instructions relativement à l'administration de l'actif du failli. Ainsi, il peut procéder à l'annulation d'un transfert de biens ou du paiement d'une somme d'argent à un créancier, lorsque cette opération est entachée de préférence frauduleuse. En effet, dans les semaines ou les mois qui précèdent une faillite, il arrive fréquemment que certains débiteurs, prévoyant leur faillite éventuelle, soient tentés de favoriser certains créanciers plutôt que d'autres, voire de dilapider leur patrimoine ou d'en mettre une partie à l'abri en transférant certains biens à des amis ou à des membres de leur famille. Ces actes brisent l'égalité entre les créanciers non garantis et, par le fait même, vont à l'encontre de la L.F.I. Ils constituent un paiement préférentiel ou un traitement préférentiel, qui se définit comme un transport de biens ou un transfert d'argent par le failli à l'un de ses créanciers dans les trois mois précédant la faillite, en dehors du cours normal de ses affaires et au détriment de l'ensemble des créanciers. Si la transaction a été faite avec une personne liée au failli au sens de l'article 4(2) de la L.F.I., notamment un membre de sa famille, un associé ou une personne ayant le contrôle d'une société, par exemple, le délai est de 12 mois. En cas de non-respect de ce délai, le syndic peut s'adresser à ce créancier pour l'obliger à rembourser l'argent ou à remettre le bien reçu.

> **Exemple** Claude rembourse en priorité les 1 000 $ qu'il doit à son ami Roland. Deux mois plus tard, il fait faillite. Le syndic de faillite pourra récupérer cette somme à titre de paiement préférentiel. Si Roland refuse de rembourser, le syndic s'adressera au tribunal pour l'obliger à le faire. S'il est établi à la satisfaction du tribunal que Claude a agi de bonne foi, sans vouloir accorder de préférence à Roland par rapport aux autres créanciers, le paiement ne sera pas annulé.

Il peut également arriver qu'une personne insolvable vende ou transfère un bien à une autre personne ou entreprise pour une valeur ou un prix nettement en dessous de sa véritable valeur marchande; on parle alors d'une opération sous-évaluée. L'article 2 de la L.F.I. définit l'opération sous-évaluée comme étant toute disposition de biens ou fourniture de services pour laquelle le débiteur ne reçoit aucune contrepartie ou en reçoit une qui est manifestement inférieure à la juste valeur marchande de celle qu'il a lui-même donnée.

> **Exemple** Gratien vend son chalet à son amie Daphnée pour la somme de 25 000 $ alors que l'évaluation municipale du chalet est de 250 000 $.

Si la transaction a eu lieu avec une personne sans lien de dépendance avec le failli (art. 96(1) de la L.F.I.) au cours de l'année précédant la date d'ouverture de la faillite, le syndic peut s'adresser au tribunal pour en demander la résiliation. De plus, dans le cas où l'opération visée a eu lieu avec une personne ayant un lien de dépendance ou étant liée au failli, le syndic peut demander la résiliation de la transaction dans les conditions suivantes:

- l'opération sous-évaluée ou le paiement préférentiel a eu lieu dans les cinq ans avant la date de l'ouverture de la faillite;
- le débiteur était insolvable ou l'est devenu au moment de la transaction; et
- le débiteur avait l'intention de frauder un créancier ou d'en retarder le désintéressement.

Ce sont les articles 95 et 96 de la L.F.I. qui s'appliquent à ce type de transactions, malheureusement très fréquentes dans de telles situations. Ces transactions, faites en dehors du cours normal des affaires, sont inopposables au syndic, qui peut en exiger l'annulation et le remboursement aux personnes visées. Par ailleurs, toutes les transactions effectuées avant la faillite, dans le cours normal des affaires ou pour une contrepartie valable et raisonnable et effectuées de bonne foi, sont opposables au syndic. C'est le cas des paiements effectués par le débiteur pour payer le loyer de son entreprise, ses comptes d'électricité et de téléphone et les salaires de ses employés.

F. La vente des actifs

Afin de mettre un terme à la vente ou au transfert d'actifs d'un failli, d'une entreprise ou d'une personne insolvable, notamment à des personnes ou entreprises liées qui ne faisaient que racheter les actifs du failli ou de son entreprise et continuer les opérations de celle-ci (souvent de manière frauduleuse), le législateur a décrété que toute vente à des personnes liées au sens de l'article 30(5) de la L.F.I. exige la permission du tribunal selon l'article 30(4) de la L.F.I. De plus, l'article 65(13) précise qu'il est interdit à la personne insolvable à l'égard de laquelle a été déposé un avis d'intention selon l'article 50.4 ou une proposition selon le paragraphe 62(1) de disposer d'actifs, notamment par la vente, hors du cours ordinaire de ses affaires sans l'autorisation du tribunal. Le Tribunal peut accorder l'autorisation sans qu'il soit nécessaire d'obtenir l'acquiescement des actionnaires, et ce, malgré toute exigence à cet effet, notamment en vertu d'une règle de droit fédérale ou provinciale. Dans les deux cas précités, les articles 30(6) et 65.13(4) et (5) de la L.F.I. imposent des critères sévères au tribunal saisi d'une telle demande.

> **Exemple** Paule veut acheter la moitié indivise de la maison familiale détenue par son conjoint Charles, qui vient de faire faillite. Dans un tel cas, elle devra s'adresser au tribunal afin d'obtenir l'autorisation de procéder à cet achat. Le tribunal s'assurera que le prix payé par Paule ne constitue pas un geste posé à l'encontre des intérêts de l'ensemble des créanciers de la faillite de Charles.

G. La rémunération

La rémunération du syndic est fixée par les créanciers par résolution ordinaire. À défaut d'une telle résolution, la rémunération du syndic ne doit pas dépasser 7,5 % du montant qui subsiste à la réalisation de l'actif du failli à moins d'une permission du tribunal.

H. La liquidation des actifs

Le syndic dispose des actifs du failli ou de l'entreprise en faillite. Dans le cas où il y a peu d'acheteurs intéressés par les actifs du failli, ce dernier peut procéder à une vente de gré à gré en faisant affaire directement avec les personnes intéressées. Dans les autres cas, il fera un appel de soumissions et choisira le plus offrant. Il peut aussi procéder par vente aux enchères. Par la suite, le syndic paie les créanciers du failli selon l'ordre de collocation établi par la L.F.I., en commençant par les créanciers garantis, puis les créanciers privilégiés, les créanciers ordinaires et les créanciers différés. L'ordre de paiement des créanciers doit être rigoureusement respecté. On ne passe pas à la catégorie suivante ou à d'autres créanciers d'une même catégorie avant d'avoir payé en totalité ceux qui ont préséance.

I. La libération du failli

L'un des principaux buts de la L.F.I. est de libérer de ses dettes le débiteur infortuné et de lui permettre de recommencer à neuf. Le syndic adresse une demande de libération au tribunal lorsqu'il a terminé l'administration de la faillite et que les dividendes (quotes-parts des sommes provenant de la réalisation des biens d'un failli attribuées à chacun des créanciers) ont été répartis entre les créanciers. La libération ne libère pas le failli de toutes ses dettes ou obligations antérieures à la faillite. Certaines dettes subsistent, dont les dettes alimentaires et celles résultant d'actes criminels, tel que le prévoit l'article 178(1) de la L.F.I.

i+ Pour en savoir davantage sur la libération du failli

RETOUR SUR LA MISE EN SITUATION

L'investissement personnel des cinq associés servant à acheter les actions du capital-actions du Centre sportif peut constituer leur mise de fonds respective dans l'entreprise. En ce qui concerne l'achat de l'immeuble abritant le Centre sportif, ils peuvent contracter un emprunt auprès d'une institution financière qui exigera une hypothèque immobilière comme garantie sur l'immeuble acheté. Cette hypothèque pourrait aussi être majorée en fonction de la valeur des nouveaux aménagements qu'ils envisagent d'apporter à l'immeuble et qui lui donneront une plus-value. Cela pourra financer une partie des aménagements.

Pour l'achat des équipements et du matériel, ils pourront possiblement financer leur achat au moyen d'un autre prêt qui serait garanti par une hypothèque mobilière sans dépossession sur lesdits équipements et matériel. L'institution financière pourrait également exiger que chacun des associés principaux cautionne personnellement et solidairement les prêts accordés au Centre sportif du Vieux-Terrebonne et que des polices d'assurance soient prises sur la vie des principaux actionnaires. Ils pourraient également obtenir un financement additionnel pour obtenir un prêt afin d'assurer le fonds de roulement de l'entreprise et, de ce fait, le paiement des comptes fournisseurs à court terme en cédant en garantie leurs comptes clients comme les abonnements annuels des membres du Centre sportif du Vieux-Terrebonne par une hypothèque mobilière sur ces créances.

En ce qui concerne l'achat des actifs de la faillite du Centre de conditionnement des Grandes vallées inc., en achetant les équipements et le matériel de la faillite, ils pourraient réduire de manière importante le coût de l'acquisition de ceux-ci en les acquérant alors pour un coût beaucoup moins élevé qu'en achetant des équipements neufs. Ils devront s'adresser au syndic à la faillite de ce dernier et faire une offre d'achat conforme aux modalités établies par lui.

EN BREF

- On définit le financement de l'entreprise comme la fonction qui consiste à se procurer des fonds et à les utiliser de façon efficace et rationnelle. L'entreprise peut se financer sans emprunt ou par voie d'emprunt.
- Les principaux modes de financement sans emprunt sont : l'investissement personnel des propriétaires, la vente en consignation, le crédit commercial, les bénéfices non répartis de l'entreprise et le financement par le capital-actions.
- Les principales méthodes de financement sont : l'emprunt à terme, la marge de crédit, le crédit-bail, la vente à tempérament, l'affacturage, les subventions et l'émission d'obligations.
- Le créancier dispose de deux sortes de garanties possibles contre son débiteur : les garanties légales et les garanties conventionnelles.
- Les principales garanties légales sont : le patrimoine du débiteur, la saisie-exécution des meubles et des immeubles, la saisie-exécution en main tierce (ou saisie-arrêt), les priorités et les hypothèques légales.
- Les hypothèques légales comprennent : les créances de l'État en vertu des lois fiscales et des lois particulières, les créances des personnes qui ont participé à la construction ou à la rénovation d'un immeuble, les créances du syndicat des propriétaires d'un condominium pour le paiement des charges communes et les créances résultant d'un jugement.
- Les garanties conventionnelles sont des garanties ajoutées à un contrat pour mieux protéger les créanciers. Les principales garanties conventionnelles sont : l'hypothèque mobilière ou immobilière, la garantie de l'article 427 de la *Loi sur les banques,* le cautionnement, l'assurance vie, la clause de réserve du droit de propriété et la clause résolutoire.
- La faillite est régie par la *Loi sur la faillite et l'insolvabilité,* qui prévoit trois situations : la proposition aux créanciers, la faillite volontaire ou cession de biens, et la faillite forcée, ou mise sous séquestre.
- Le syndic est le personnage clé de la faillite. Le but de la faillite est la libération du failli.

EXERCEZ-VOUS

VOCABULAIRE

Parmi les termes suivants, choisissez ceux qui conviennent pour compléter les définitions ci-dessous :

- bénéficiaire
- souscripteur
- affacturage
- hypothèque ouverte
- garantie de l'article 427 de la *Loi sur les banques*
- hypothèque mobilière sans dépossession
- crédit commercial
- endosseur
- vente à tempérament
- garanties légales
- cautionnement
- hypothèque légale
- actionnaire
- crédit-bail
- tireur
- assurance
- acte de fiducie
- garanties conventionnelles
- action
- preuve de réclamation
- obligataire
- tiré
- marge de crédit

1. Le ___________ est essentiellement un bail avec option d'achat.
2. Lorsque, pour assurer son financement, une société par actions vend ses comptes clients à une société qui les escompte et lui avance des fonds, nous sommes en présence d'un cas d' ___________ .
3. Le contrat en vertu duquel une entreprise cède en garantie d'un prêt, sans s'en départir, son outillage, sa machinerie et son équipement s'appelle une ___________ .
4. Tout créancier qui veut être payé à même le produit de la faillite doit obligatoirement fournir au syndic une ___________ .
5. On nomme ___________ l'usage commercial qui s'est développé au cours des années et qui veut que les fournisseurs accordent des délais de paiement à leurs clients.
6. La personne qui achète un certificat d'obligations s'appelle un ___________ .
7. La ___________ permet à tout marchand en gros ou au détail de produits bruts ou finis d'obtenir du financement en cédant en garantie à une banque ses matières premières et ses marchandises ou produits finis.
8. Le ___________ est l'acte par lequel une personne s'engage à remplir l'obligation d'une autre personne dans le cas où celle-ci ne la remplirait pas.
9. La ___________ représente une somme d'argent prédéterminée qu'un établissement prêteur met à la disposition d'une entreprise pendant une période d'un an.
10. Les ___________ sont celles qui sont prévues au *Code civil du Québec* et qui s'appliquent à tous les créanciers sans qu'il soit nécessaire de les mentionner dans un contrat.

VRAI OU FAUX

Indiquez si les affirmations suivantes sont vraies ou fausses. Si l'affirmation est fausse, précisez pourquoi.

1. L'employeur qui reçoit un avis d'exécution de saisie de salaires pour un ancien employé n'a pas à répondre à celui-ci.
2. Lorsqu'un établissement financier consent une marge de crédit à une entreprise et obtient en garantie une hypothèque mobilière sans dépossession sur des créances de cette dernière, l'entreprise doit publier cette hypothèque dans le RDPRM.
3. La notion « 5 %/10 jours » signifie que le fournisseur accorde une remise de 5 % à son client qui paie dans les 10 jours suivant la réception des marchandises.
4. Les employés du failli sont considérés comme des créanciers ordinaires.
5. L'hypothèque mobilière sans dépossession doit être publiée dans le registre foncier.

CHOIX MULTIPLES

Encerclez la bonne réponse parmi les choix proposés.

1. Le créancier hypothécaire qui entend exercer un droit hypothécaire doit produire au Bureau de la publicité des droits un préavis accompagné d'une preuve de signification à son débiteur. Ce préavis est de ____________ lorsqu'il s'agit d'un bien immeuble.
   a) 5 jours
   b) 10 jours
   c) 20 jours
   d) 60 jours
2. L'huissier exécutant une saisie mobilière doit laisser pour une valeur de ____________ de meubles meublants et autres objets d'utilité courante au débiteur.
   a) 1 500 $
   b) 2 000 $
   c) 7 000 $
   d) 4 000 $
3. L'hypothèque légale en faveur des personnes qui ont participé à la construction ou à la rénovation d'un immeuble subsiste pendant les ____________ qui suivent la fin des travaux.
   a) 10 jours
   b) 30 jours
   c) 3 mois
   d) 6 mois
4. Un consommateur qui possède des dettes n'excédant pas ____________ peut faire une proposition à ses créanciers.
   a) 100 000 $
   b) 250 000 $
   c) 175 000 $
   d) 150 000 $
5. Emmanuelle a accepté trois hypothèques sur sa maison. Laquelle aura priorité sur les autres ?
   a) La première qu'elle a acceptée ;
   b) La dernière qu'elle a acceptée ;
   c) La dernière qu'elle a inscrite ;
   d) La première qu'elle a inscrite.

FAITES LE POINT

i+

1. Distinguez le taux d'intérêt légal et le taux d'intérêt conventionnel.
2. Expliquez les caractéristiques d'au moins cinq méthodes de financement.
3. Définissez ce que sont les garanties légales et distinguez les priorités et les hypothèques légales.
4. Précisez le fonctionnement des hypothèques légales qui s'appliquent aux créances des personnes qui ont participé à la construction ou à la rénovation d'un immeuble.
5. Expliquez les quatre recours hypothécaires que peut exercer un créancier hypothécaire.
6. En consultant le dossier spécial sur la protection des travailleurs apparaissant sur notre site Web, expliquez le fonctionnement de la super priorité garantie prévue à l'article 81.3 de la *Loi sur la faillite et l'insolvabilité*.
7. Définissez les quatre catégories de créanciers que l'on retrouve dans une faillite et leurs recours respectifs.

RECHERCHE EN LIGNE

i+

Pour réaliser l'activité suivante, consultez le site de **Justice Québec** concernant le dépôt volontaire.

Vous avez deux amis qui sont en couple depuis plus de trois ans et qui ont eu des petites jumelles l'an dernier. Vos amis viennent vous consulter parce qu'ils n'arrivent plus à honorer la totalité de leurs paiements. Comme leurs créanciers les menacent de saisie, ils vous demandent si la procédure du dépôt volontaire pourrait être une mesure de protection.

a) Quels sont les avantages pour eux de faire un dépôt volontaire ?

b) Considérant que votre ami a un salaire brut hebdomadaire de 1 000 $, à raison de 40 heures/semaine et au salaire de 25 $/heure, que sa conjointe ne travaille pas et n'a pas de revenus et qu'ils ont les jumelles à charge, calculez le montant saisissable qu'ils pourraient devoir déposer à la Cour afin que celle-ci le redistribue aux créanciers.

c) Expliquez à vos amis quand ils devront payer ce montant et jusqu'à quel moment.

CAS PRATIQUES

1. Anthony et Roberto viennent d'obtenir leur licence d'entrepreneur général de la Régie du bâtiment. Ils peuvent donc démarrer leur entreprise et soumissionner pour obtenir des contrats. Pour financer leur entreprise, ils ont investi chacun 5000 $ en capital-actions de leur entreprise, détenant chacun le même nombre d'actions ordinaires. Comme ils souhaitaient contracter un prêt commercial de 25000 $ auprès de la Caisse populaire, ils ont dû signer au préalable un formulaire d'ouverture de crédit et fournir un cautionnement personnel. La quincaillerie Aux bons outils leur permet d'acheter à crédit. Avec leur numéro de compte à la quincaillerie, Anthony et Roberto n'ont qu'à dire aux caissiers: «porter au compte» et les caissiers enregistrent les montants. Après deux mois d'exercice de l'entreprise, ils ont acheté à crédit à la quincaillerie pour 30000 $ de matériaux de construction de toute sorte et réalisent qu'ils ne peuvent plus s'acquitter de leurs obligations financières, tant celles liées à l'entreprise que les paiements de leurs dettes d'études. De fait, ils avaient tous deux obtenu un prêt de 10000 $ du ministère de l'Éducation. La Caisse demande le remboursement immédiat de 25000 $, la quincaillerie demande le paiement de 30000 $ sous peine d'entamer une procédure légale et ils reçoivent une lettre du gouvernement leur demandant de commencer à rembourser leur prêt étudiant.
   a) Anthony et Roberto viennent vous demander si la Caisse et la quincaillerie ont le droit d'exiger le montant total ainsi que les conséquences possibles s'ils ne paient pas.
   b) Ils vous demandent s'il serait préférable pour eux de déclarer faillite, auquel cas ils n'auraient pas à rembourser leur prêt étudiant.
2. Olivia a hérité en 2008 d'un petit commerce de vente et d'installation de génératrices résidentielles et commerciales, créé en 1998 à la suite de la crise du verglas. Depuis qu'elle a hérité de l'entreprise de son père, Père et fille inc., elle en est la seule actionnaire. L'entreprise ne compte qu'un seul employé, Jason. De plus, Olivia n'a pas jugé bon de renouveler les assurances, car ils n'ont jamais eu de poursuite et cela lui permet d'avoir plus de liquidité. L'entreprise Père et fille inc. a vendu et installé une génératrice dans un restaurant cossu de Montréal. Lors de la toute première panne de courant survenue après l'installation, le restaurant démarre la génératrice, qui explose aussitôt, provoquant un incendie. Heureusement, personne n'a été blessé. Le restaurateur est assuré pour les dommages (80000 $), son assureur est donc subrogé dans les droits de celui-ci. L'assureur poursuit l'entreprise Père et fille inc. et obtient un jugement contre celle-ci, soit un montant d'indemnisation de 80000 $.

   Se rappelant que vous avez suivi des cours de droit des affaires, Olivia vient vous consulter, car ni l'entreprise, ni elle, ni son employé ne peut payer cette somme. L'actif net du commerce est de 100000 $. Par ailleurs, elle possède des biens personnels totalisant une valeur de 60000 $. Olivia vous demande si elle devrait mettre en faillite la société afin de sauver ses biens personnels. Détaillez votre réponse.
3. Alexandre Taillon est en faillite. Le syndic chargé d'administrer et de vendre ses biens a vendu tout ce qu'il a pu. La vente a rapporté 14500 $. Les créanciers d'Alexandre sont:
   - M. J. Lemay, qui détient une hypothèque de 6000 $ sur un immeuble vendu 5000 $ par le syndic;
   - Denis Lagarde, un employé à qui il doit 2500 $ pour cinq semaines de salaire;
   - la Ville de Laval, à qui il doit 3000 $ d'arriérés de taxes pour les trois dernières années, à raison de 1000 $ par année;
   - Claude Lavoie, son comptable, à qui il doit 2000 $ d'honoraires;
   - sa sœur Danièle, à qui il doit 1500 $;
   - Jean Grandmaison, son locateur, à qui il doit quatre mois de loyer, c'est-à-dire 2000 $, à raison de 500 $ par mois; la vente des meubles meublants a rapporté 1000 $.

   a) Le syndic vous consulte et vous demande de préparer l'ordre de paiement des créanciers. Motivez votre réponse en indiquant dans quelle catégorie se classe chaque créancier.
   b) Jean est un autre créancier d'Alexandre. Il a omis de produire une preuve de réclamation au syndic après avoir reçu un avis de faillite. Il vous consulte, car Alexandre lui doit 3000 $. Il veut savoir s'il peut intenter une action contre Alexandre, qui vient d'obtenir sa libération. Justifiez votre réponse.

CHAPITRE

10

LA VENTE

OBJECTIFS D'APPRENTISSAGE

À la fin de ce chapitre, vous devriez être en mesure :

1. de définir le contrat de vente et ses conditions de validité ;
2. de distinguer les droits et les obligations du vendeur et de l'acheteur et de les illustrer à l'aide d'exemples ;
3. de décrire les différentes modalités dont peut être assorti le contrat de vente ;
4. d'expliquer les divers recours du vendeur et de l'acheteur en cas de défaut de l'autre partie à un contrat de vente ;
5. d'appliquer les notions apprises dans ce chapitre à des situations pratiques et de trouver l'information pertinente au moyen de divers outils de recherche juridique.

MISE EN SITUATION

Après deux ans de fonctionnement, le Centre sportif du Vieux-Terrebonne inc. se révèle un grand succès. Rosaire Tremblay et ses associés veulent prendre de l'expansion et ouvrir un centre sportif similaire dans le Vieux-Montréal. Plutôt que de louer, ils désirent acheter un immeuble pour abriter leur nouveau centre sportif. Ils ont trouvé un immeuble appartenant à Placements et Immeubles du Vieux-Montréal inc. qui répond à leurs besoins sur la rue Saint-Paul. Ils présentent une offre d'achat pour s'en porter acquéreurs au prix de 2000000 $. L'offre est conditionnelle à une inspection préalable à l'achat de l'immeuble par un ingénieur. Ce dernier leur remet un rapport d'inspection qui révèle quelques problèmes sans gravité. Ils conviennent avec le vendeur de réduire le prix de 50000 $.

Après avoir pris possession de l'immeuble et avoir commencé les travaux de rénovation, ils constatent plusieurs problèmes : les murs et le plancher du sous-sol ont été doublés, et sous les nouveaux murs et le nouveau plancher, il y a de nombreuses infiltrations d'eau provenant de fissures qui n'étaient pas visibles lors de l'inspection préalable à l'achat. Il y a aussi de nombreuses moisissures sur les murs et le plancher. Ils estiment qu'il s'agit là de vices cachés dont le vendeur est responsable. Les travaux correctifs, comprenant notamment les travaux de désinfection, sont évalués à 250000 $.

Questions

1. Quels recours peuvent prendre Rosaire Tremblay et ses associés ?
2. Que doivent-ils faire au préalable ?

SIGNETS INTERNET

Ce chapitre renvoie aux sites Internet des organismes (ou document) suivants :

- *Code civil du Québec*
- Éducaloi
- Organisme d'autoréglementation du courtage immobilier du Québec (OACIQ)
- Registre des droits personnels et réels mobiliers (RDPRM)

INTRODUCTION

De tous les contrats nommés dans le *Code civil du Québec*, le contrat de vente est sans contredit le plus fréquent. Que ce soit à titre de commerçants, d'industriels ou de simples consommateurs, les gens vendent ou achètent des biens mobiliers ou immobiliers tout au long de l'année. Il importe donc de bien examiner les règles qui régissent le contrat de vente. Dans la société d'aujourd'hui, les commerçants et les consommateurs ne font pas qu'acheter des biens mobiliers et immobiliers, ils achètent aussi des produits et des services. Il suffit de s'arrêter un instant pour constater que les institutions financières, banques, sociétés d'assurances et fonds de placement nous sollicitent continuellement pour nous vendre leurs produits et leurs services.

10.1 LES CARACTÉRISTIQUES DU CONTRAT DE VENTE

L'article 1708 du *Code civil du Québec* définit ainsi la vente:

> **Art. 1708 du C.c.Q. La vente est le contrat par lequel une personne, le vendeur, transfère la propriété d'un bien à une autre personne, l'acheteur, moyennant un prix en argent que cette dernière s'oblige à payer. […]**

Le contrat de vente constitue un contrat par lequel une personne, le vendeur, transfère la propriété d'un bien, par exemple une automobile de marque Mazda 3 2012 à une autre personne, l'acheteur, moyennant un prix en argent de 14500 $ que ce dernier s'engage à payer (*voir la figure 10.1*). Dans cet exemple, le contrat aurait pu tout aussi bien être un contrat verbal, car le *Code civil du Québec* n'impose pas une forme particulière à ce type de contrat. Il en aurait été autrement si le vendeur avait vendu sa maison à l'acheteur avec une garantie hypothécaire. Dans un tel cas, le *Code civil* aurait exigé un contrat écrit notarié ainsi que sa publication au Bureau de la publicité des droits.

FIGURE 10.1 Un exemple de contrat de vente

Laval, le 15 mai 2015

Je, soussigné, Mathieu Limoges, vends par les présentes mon automobile de marque Mazda 3 2012 à Jean-François Archambault pour la somme de 14500 $.

____

Jean-François Archambault

____

Mathieu Limoges

La vente est un contrat à titre onéreux, consensuel, verbal ou écrit, synallagmatique (ou bilatéral) translatif de propriété, civil ou utilisé dans le cadre de l'exploitation d'une entreprise (*voir le tableau 10.1*).

10.1.1 Les conditions de la vente

Cinq conditions doivent être réunies pour qu'un contrat de vente soit considéré comme valide: la capacité, le consentement, l'objet, la cause et la forme. Il est important de souligner que la forme du contrat de vente ne sera pas considérée comme une condition essentielle pour tous les types de contrats de vente. Nous avons déjà expliqué ces conditions; aussi nous contenterons-nous de mettre en lumière certaines règles propres au contrat de vente établies par le *Code civil* quant à la capacité des parties, le consentement et l'objet de la vente.

TABLEAU 10.1 Les caractéristiques du contrat de vente

Contrat	Caractéristiques
Contrat à titre onéreux	La vente comporte un échange pécuniaire: le prix.
Contrat consensuel	La vente est conclue par le seul consentement des parties.
Contrat verbal ou écrit	Selon le cas, la vente peut être verbale ou écrite.
Contrat synallagmatique ou bilatéral	La vente crée des droits et des obligations de part et d'autre pour l'acheteur et pour le vendeur.
Contrat translatif de propriété	La principale caractéristique de la vente est qu'elle donne lieu au transfert du droit de propriété d'une personne à une autre.
Contrat civil ou utilisé dans le cadre de l'exploitation d'une entreprise	La vente entre deux consommateurs est considérée comme un contrat civil, alors que celle effectuée par un commerçant est considérée comme ayant été faite dans le cadre de l'exploitation d'une entreprise, et les règles en sont différentes.

A. La capacité des parties

En raison des conflits d'intérêts que peuvent connaître certaines personnes, l'article 1709 du *Code civil du Québec* leur interdit certaines pratiques.

> **Art. 1709 du C.c.Q. Celui qui est chargé de vendre le bien d'autrui ne peut, même par partie interposée, se rendre acquéreur d'un tel bien; il en est de même de celui qui est chargé d'administrer le bien d'autrui ou de surveiller l'administration qui en est faite, sous réserve cependant, quant à l'administrateur, de l'article 1312.**
>
> **Celui qui ne peut acquérir ne peut, non plus, vendre ses propres biens, moyennant un prix provenant du bien ou du patrimoine qu'il administre ou dont il surveille l'administration. Ces personnes ne peuvent en aucun cas demander la nullité de la vente.**

Cela peut s'appliquer dans le cas des tuteurs et des curateurs, par exemple. Un contrat de vente fait à l'encontre de cet article est frappé de nullité relative et non absolue, c'est-à-dire que seuls le propriétaire et les parties intéressées à la chose vendue peuvent la soulever, mais non l'acheteur. Une restriction semblable s'applique aux juges, avocats et procureurs, greffiers, huissiers et autres officiers de justice qui ne peuvent devenir acquéreurs des droits litigieux qui sont du ressort du tribunal auprès duquel ils exercent leurs fonctions. Le *Code civil du Québec* ainsi que d'autres lois interdisent de vendre certains biens ou imposent des restrictions à la vente de ces biens:

- Les articles 401, 404 et 405 du *Code civil du Québec* empêchent le propriétaire d'un immeuble abritant la résidence familiale de vendre celui-ci de même que les meubles qui servent à l'usage du ménage sans le consentement de son conjoint ou de sa conjointe.
- L'article 29 de la *Loi sur la protection du territoire agricole* empêche le propriétaire de lots contigus se trouvant en territoire agricole de vendre une partie de ces lots seulement.

- Les articles 54.7 et suivants de la *Loi sur la Régie du logement* empêchent un propriétaire qui convertit un immeuble en copropriété de vendre un logement déjà occupé par un locataire sans l'avoir préalablement offert en vente à ce dernier.

B. Le consentement à la vente

Pour en savoir davantage sur le consentement, l'offre et la promesse de vente ou d'achat

Le consentement doit être libre et éclairé tel que nous l'avons vu dans le chapitre 5 et, dans le cas du contrat de vente, celui-ci est souvent précédé d'une offre ou d'une promesse de vendre ou d'acheter qui est généralement suivie de contre-offres ou de contre-propositions. Cette étape précédant la finalisation du contrat de vente est appelée **l'avant-contrat.** Ceci est particulièrement vrai dans le domaine immobilier, lorsqu'une personne décide d'acheter ou de vendre une propriété.

Pour en savoir davantage sur le formulaire de promesse d'achat

La promesse ou l'offre de vendre ou d'acheter La promesse ou l'offre faite à une autre personne constitue un engagement de la part de celui ou celle qui la fait à vendre ou à acheter un bien. C'est l'article 1396 du *Code civil du Québec* qui définit celles-ci :

> **Art. 1396 du C.c.Q. L'offre de contracter, faite à une personne déterminée, constitue une promesse de conclure le contrat envisagé, dès lors que le destinataire manifeste clairement à l'offrant son intention de prendre l'offre en considération et d'y répondre dans un délai raisonnable ou dans celui dont elle est assortie.**
>
> **La promesse, à elle seule, n'équivaut pas au contrat envisagé ; cependant, lorsque le bénéficiaire de la promesse l'accepte ou lève l'option à lui consentie, il s'oblige alors, de même que le promettant, à conclure le contrat, à moins qu'il ne décide de le conclure immédiatement.**

Acompte sur le prix d'achat *(Deposit on the purchase price)*
Toute somme versée à l'occasion d'une promesse de vente à moins que le contrat n'en dispose autrement.

L'offre ou la promesse est souvent accompagnée d'un dépôt ou d'un **acompte sur le prix d'achat**.

L'**Organisme d'autoréglementation du courtage immobilier du Québec (OACIQ)** suggère un formulaire de promesse d'achat disponible sur son site. L'article 1396 du *Code civil du Québec* distingue deux types de promesses ou d'offres : **l'offre ou la promesse unilatérale** et **l'offre et la promesse bilatérale.**

C. L'objet de la vente

La chose qui fait l'objet de la vente doit être la propriété du vendeur. L'article 1713 du *Code civil* établit ce principe général :

> **Art. 1713(1) du C.c.Q. La vente d'un bien par une personne qui n'en est pas propriétaire ou qui n'est pas chargée ni autorisée à le vendre peut être frappée de nullité.**

Ce principe de base admet cependant quelques exceptions. La **vente de la chose d'autrui** sera aussi valide si le vendeur devient ensuite propriétaire de la chose (art. 1713(2) du C.c.Q.).

> **Exemple** Si Thomas acquiert un piano par un achat à tempérament, il n'en devient propriétaire qu'au moment du dernier versement. Si, dans l'intervalle, Thomas vend ce piano, cette vente a pour objet une chose qui ne lui appartient pas encore. Toutefois, en payant intégralement le commerçant au moment de la transaction, Thomas devient alors propriétaire de la chose, et la vente est réputée valide.

Les articles 1714 et 2919 du *Code civil du Québec* énoncent trois autres exceptions : 1) la vente faite sous l'autorité de justice ; 2) la prescription acquisitive ;

et 3) la vente du bien d'autrui dans le cours des activités d'une entreprise. L'article 1714 du *Code civil du Québec* précise :

> **Art. 1714 du C.c.Q. Le véritable propriétaire peut demander la nullité de la vente et revendiquer contre l'acheteur le bien vendu, à moins que la vente n'ait eu lieu sous l'autorité de la justice ou que l'acheteur ne puisse opposer une prescription acquisitive.**
>
> **Il est tenu, si le bien est un meuble qui a été vendu dans le cours des activités d'une entreprise, de rembourser à l'acheteur de bonne foi le prix qu'il a payé.**

Cet article s'applique notamment s'il s'agit d'une chose perdue ou volée et achetée de bonne foi à un commerçant dans le cours des activités d'une entreprise, la loi permet au propriétaire de la revendiquer à condition de rembourser à l'acheteur le prix payé pour cet achat. Ce droit de revendication se prescrit par trois ans à compter de la dépossession du propriétaire (art. 2919 du C.c.Q.).

> **Exemple** Jean achète, de bonne foi, pour 150 $, une montre chez un bijoutier qui l'a préalablement achetée d'un voleur. Un mois plus tard, Pierre reconnaît sa montre au poignet de Jean et la revendique. S'il veut la récupérer, Pierre devra rembourser à Jean le prix payé au bijoutier.

Enfin, la chose perdue ou volée qui a été vendue sous l'autorité de la loi ne peut être revendiquée. Citons comme exemples une vente à l'encan, par une municipalité, de bicyclettes abandonnées ou les biens acquis dans une vente aux enchères faite par un huissier à la suite d'une saisie-exécution.

10.1.2 Les obligations du vendeur

En raison de son caractère synallagmatique, le contrat de vente crée, pour le vendeur et pour l'acheteur, des obligations. L'article 1716 du *Code civil* énonce les trois obligations principales du vendeur à l'égard de l'acheteur, soit celles de délivrer le bien acheté et d'en garantir le droit de propriété et la qualité. La figure 10.2 résume les obligations du vendeur.

FIGURE 10.2 Les obligations du vendeur

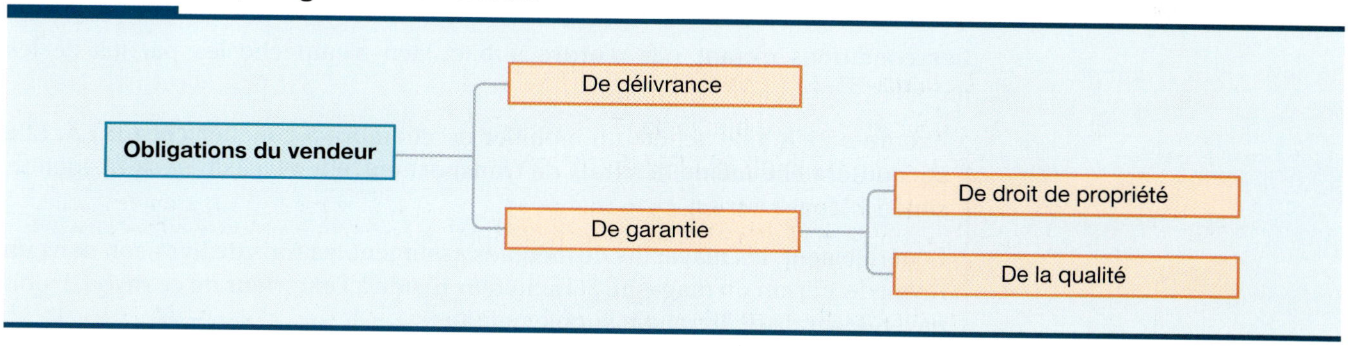

A. L'obligation de délivrance

La première obligation du vendeur est celle de délivrer le bien. Dans les faits, il ne s'agit pas de la livraison du bien, au sens usuel du mot, qui implique le transport d'un bien d'un endroit à un autre. Ainsi, l'article 1717 du *Code civil* précise :

> **Art. 1717 du C.c.Q. L'obligation de délivrer le bien est remplie lorsque le vendeur met l'acheteur en possession du bien ou consent à ce qu'il en prenne possession, tous obstacles étant écartés.**

Généralement, la remise du bien se fera en magasin entre les mains de l'acheteur. Dans le cas de la vente d'un véhicule automobile, par exemple, on satisfait

Délivrance *(Delivery)*
Mise en possession de l'acheteur de la chose vendue, que ce soit par la possession physique de la chose elle-même ou du titre de propriété.

à l'obligation de **délivrance** en remettant à l'acheteur le titre de propriété au moment du transfert des plaques aux bureaux de la Société de l'assurance automobile du Québec (SAAQ). Le principal effet de la délivrance est la jouissance, c'est-à-dire qu'elle permet à l'acheteur de se servir de la chose.

En matière de **vente mobilière,** l'obligation de délivrer le bien est remplie lorsque le vendeur met l'acheteur en possession du bien ou consent à ce qu'il en prenne possession.

> **Exemple** Lorsque Meubles Beaubois inc. vend un ameublement de chambre à Jean Larivière, la société remplit son obligation au moment où elle livre les meubles chez lui ou quand elle l'avise qu'il peut venir en prendre possession à son entrepôt.

En matière de **vente immobilière,** le vendeur doit non seulement donner l'accès de l'immeuble à l'acheteur et lui remettre les clés s'il s'agit d'un bâtiment, mais aussi lui remettre les titres de propriété qu'il possède, ainsi qu'une copie de l'acte d'acquisition de l'immeuble, de même qu'une copie des titres antérieurs et du certificat de localisation. Le vendeur est tenu de délivrer le bien vendu, que ce soit un bien meuble ou immeuble, dans l'état où il se trouve au moment de la vente, avec tous ses accessoires.

Le lieu et le moment de la délivrance À moins de stipulations contraires contenues dans le contrat, le lieu de la délivrance est généralement, s'il s'agit d'une chose certaine et déterminée, celui où se trouvait cette chose au moment de la vente. La chose ainsi vendue est livrable à la date à laquelle le contrat est conclu.

Les frais de délivrance À moins qu'il en soit autrement convenu entre les parties, les frais de délivrance sont à la charge du vendeur, et ceux de l'enlèvement, à la charge de l'acheteur (art. 1722 du C.c.Q.).

> **Exemple** Dans le cas de l'achat d'un téléviseur importé, les frais de délivrance (emballage, transport et douane) sont à la charge du magasin et les frais d'enlèvement (acceptation de l'appareil), à la charge de l'acheteur.

Ces conditions n'étant pas d'ordre public, rien n'empêche les parties de les modifier.

> **Exemple** Delphine achète un mobilier de chambre à coucher chez IKEA. Elle s'acquittera elle-même des frais de transport entre le magasin et sa résidence, située à Mont-Laurier.
>
> Généralement, les magasins de meubles assument les frais de livraison dans un rayon de 100 km du magasin. Si l'acheteur réside à l'extérieur de ce rayon, il doit payer des frais de livraison supplémentaires.

La conformité du bien La chose vendue doit être livrée dans le même état que celui où elle se trouvait au moment de la vente, et le vendeur a l'obligation de la conserver jusqu'à la livraison même s'il n'en est plus propriétaire. Le vendeur doit livrer la quantité commandée et les biens doivent être de la même qualité que ceux offerts en magasin ou dans la publicité. En d'autres mots, les biens livrés doivent être conformes aux caractéristiques convenues (couleur, taille, année, modèle) et doivent pouvoir exécuter les fonctions annoncées.

De plus, le vendeur doit fournir à l'acheteur les instructions en français quant au fonctionnement ainsi que les mises en garde appropriées concernant le fonctionnement sécuritaire du bien (art. 1434 et 1469 du C.c.Q.)

B. L'obligation de garantie

La garantie est l'obligation du vendeur de procurer à l'acheteur la jouissance paisible et utile des biens et des droits cédés ou de l'indemniser, dans le cas contraire. La garantie est de deux types : elle est légale ou conventionnelle. Elle a un double objet : la propriété de la chose (art. 1723 du C.c.Q.) et les **vices cachés** de la chose (art. 1726 du C.c.Q.).

> **Vice caché**
> *(Latent defect)*
> Vice qui rend la chose impropre à l'usage auquel on la destine ou qui diminue tellement son utilité que l'acquéreur ne l'aurait pas achetée ou n'en aurait pas donné un prix si élevé, s'il l'avait connu.

Dans un contrat de vente, lorsque le contrat est silencieux à propos des garanties, la **garantie légale** s'applique automatiquement. L'article 1716 du *Code civil du Québec* indique :

> **Art. 1716 du C.c.Q. Le vendeur est tenu de délivrer le bien, et d'en garantir le droit de propriété et la qualité.**
>
> **Ces garanties existent de plein droit, sans qu'il soit nécessaire de les stipuler dans le contrat de vente.**

Il s'agit d'une garantie minimale qui oblige le vendeur à attester que la chose vendue est conforme à l'usage auquel elle est destinée et que le vendeur avait le droit de la vendre. Ainsi, lorsqu'on achète un lave-vaisselle, on s'attend à ce que la machine nettoie bien la vaisselle ; c'est l'obligation légale à laquelle sont astreints le fabricant et le vendeur.

Dans la pratique courante du commerce, il est d'usage que le fabricant aille au-delà de la garantie légale et offre une garantie s'étendant sur une période de temps plus ou moins longue ; c'est la **garantie conventionnelle.** C'est ce type de garantie qui s'applique dans la vente d'une automobile avec une garantie pour 100 000 km sur le moteur et la transmission ou dans la vente d'un téléviseur couleur avec une garantie de un an sur l'écran.

C. L'obligation de garantie du droit de propriété

Les articles 1723 à 1725 définissent cette garantie de la façon suivante :

> **Art. 1723 du C.c.Q. Le vendeur est tenu de garantir à l'acheteur que le bien est libre de tous droits, à l'exception de ceux qu'il a déclarés lors de la vente.**
>
> **Il est tenu de purger le bien des hypothèques qui le grèvent, même déclarées ou inscrites, à moins que l'acheteur n'ait assumé la dette ainsi garantie.**

Exemple Ces droits couvrent le droit de propriété du bien, les hypothèques et les servitudes le grevant, les droits d'auteurs et marques de commerce, etc. Dans les faits, le vendeur doit purger le meuble ou l'immeuble vendu des hypothèques qui les grèvent, à moins que l'acheteur ne les assume, ce qui est rarement le cas.

> **Art. 1724 du C.c.Q. Le vendeur se porte garant envers l'acheteur de tout empiétement exercé par lui-même, à moins qu'il ne l'ait déclaré lors de la vente.**
>
> **Il se porte garant, de même, de tout empiétement qu'un tiers aurait, à sa connaissance, commencé d'exercer avant la vente.**

Exemple Benjamin souhaite vendre sa propriété à Vladimir et il est au courant que des tiers ont l'habitude de passer sur le terrain de la propriété sans disposer d'une véritable servitude. Il doit déclarer ce fait et prendre les mesures pour que cette pratique cesse.

> **Art. 1725 du C.c.Q. Le vendeur d'un immeuble se porte garant envers l'acheteur de toute violation aux limitations de droit public qui grèvent le bien et qui échappent au droit commun de la propriété.**
>
> **Le vendeur n'est pas tenu à cette garantie lorsqu'il a dénoncé ces limitations à l'acheteur lors de la vente, lorsqu'un acheteur prudent et diligent aurait pu les découvrir par la nature, la situation et l'utilisation des lieux ou lorsqu'elles ont fait l'objet d'une inscription au bureau de la publicité des droits.**

Exemple Frédéric, dont la résidence est située dans un quartier résidentiel, ne pourra pas ouvrir un dépanneur au rez-de-chaussée de l'immeuble, car le règlement de zonage de ce quartier l'interdit.

En matière mobilière Le vendeur doit faire en sorte que l'acheteur puisse jouir paisiblement de la chose vendue, c'est-à-dire qu'il n'en soit pas évincé ni privé par un tiers qui pourrait en revendiquer la propriété, ni par le vendeur lui-même qui viendrait troubler sa jouissance. Toutefois, il n'est pas tenu de garantir les faits des tiers.

Exemple Si Jean vend une montre à Pierre, il lui garantit qu'il en est le véritable propriétaire et qu'un tiers ne la revendiquera pas, mais il n'est pas tenu de lui garantir qu'un tiers ne la lui volera pas.

Le vendeur doit garantir à l'acheteur la qualité du bien vendu.

En matière immobilière Cette garantie du droit de propriété trouve une application particulièrement importante dans le cas de l'achat d'une propriété immobilière, en raison de l'ampleur de l'investissement et des implications économiques et légales qu'il comporte. En effet, le vendeur d'un immeuble doit délivrer à l'acheteur un titre de propriété franc et quitte, c'est-à-dire libre de toutes charges. C'est en procédant à l'examen des titres que le notaire s'assure que le vendeur est le véritable propriétaire de l'immeuble, que celui-ci n'est pas grevé d'hypothèques ou de servitudes, qu'il n'est pas sous le coup d'une saisie, que l'état matrimonial du vendeur lui permet de vendre la propriété sans l'autorisation de son conjoint, etc. Le **certificat de localisation** que le vendeur remet au notaire permet à ce dernier de protéger son client contre l'éviction en vérifiant les dimensions exactes du terrain, en s'assurant que le voisin n'empiète pas sur le terrain, que la construction de la maison respecte les règlements municipaux de zonage et qu'il n'y a pas d'empiétement sur les lots voisins.

D. L'obligation de garantie de la qualité

Vice apparent
(Apparent defect)
Vice qui peut être constaté par un acheteur prudent et diligent sans avoir besoin de recourir à un expert.

Le vendeur n'est pas tenu de garantir les **vices apparents** qu'un acheteur prudent aurait pu lui-même déceler, ni les vices cachés connus de l'acheteur. D'une façon générale, on peut déceler le vice apparent à l'œil nu sans avoir besoin de recourir à un expert. C'est l'article 1726 du *Code civil du Québec* qui définit la garantie de qualité:

> **Art. 1726 du C.c.Q. Le vendeur est tenu de garantir à l'acheteur que le bien et ses accessoires sont, lors de la vente, exempts de vices cachés qui le rendent impropre à l'usage auquel on le destine ou qui diminuent tellement son utilité que l'acheteur ne l'aurait pas acheté, ou n'aurait pas donné si haut prix, s'il les avait connus.**
>
> **Il n'est, cependant, pas tenu de garantir le vice caché connu de l'acheteur ni le vice apparent; est apparent le vice qui peut être constaté par un acheteur prudent et diligent sans avoir besoin de recourir à un expert.**

Exemples Une fissure dans un mur, un trou dans le toit, un moteur bruyant, de la rouille sont des exemples de vices que l'on peut facilement déceler.

Le vice caché est celui qu'on ne peut déceler.

> **Exemples** Une automobile d'occasion dont la transmission tombe en panne quelques jours après l'achat, une cheminée bouchée, des égouts bouchés ou une infiltration d'eau résultant d'un drain français brisé sont des exemples de vices qu'il n'est pas facile de repérer à l'œil nu.

La jurisprudence déclare que l'acheteur qui allègue que le bien qu'il a acheté est entaché d'un vice caché doit démontrer les cinq points suivants :

1. Le vice est grave. C'est le cas du vice qui rend le bien acheté impropre à l'usage ou qui en diminue considérablement l'utilité au point où l'acheteur ne l'aurait pas acheté ou payé un prix aussi élevé.
2. Le vice est caché et non apparent. Dans le cas d'un immeuble, un examen préalable à l'achat par un expert est un bon moyen pour l'acheteur de s'assurer de ceci. Ce qu'un expert n'a pas découvert a de meilleures chances d'être considéré comme un vice caché.
3. Le vice était présent au moment de l'achat. Encore une fois, une expertise constitue généralement la meilleure preuve de cet état de fait.
4. Le vice était ignoré de l'acheteur. S'il a été dénoncé par le vendeur au moment de l'achat ou de la visite des lieux par le vendeur, l'acheteur ne peut s'en plaindre.
5. L'acheteur doit dénoncer le vice par écrit au vendeur dans un délai raisonnable à partir de sa découverte (art. 1739 et 1595 du C.c.Q.).

Il est à souligner que le législateur tient le vendeur responsable des vices cachés même s'il ne les connaissait pas au moment de la vente. Il faut préciser que, s'il les connaissait, le vendeur sera tenu responsable des dommages subis par l'acheteur en plus de la diminution de prix, le cas échéant. La vente faite sous l'autorité de la justice (par exemple une vente aux enchères à la suite d'une saisie-exécution) ne donne lieu à aucune obligation de garantie contre les vices cachés du bien vendu.

CLIN D'ŒIL DE LA COUR

Est-ce un vice caché ?

Réjean Saulnier c. Claude Giasson (1990) R.J.Q., p. 1717.

Dans cette cause, le juge Gilles Bélanger a eu à se prononcer sur un problème d'infiltration d'eau. Voici les événements entourant cette cause. Réjean Saulnier a acheté un duplex appartenant à Claude Giasson. L'acte de vente comportait une clause dans laquelle le vendeur, Claude Giasson, garantissait que les fondations de l'immeuble étaient en bon état et qu'il n'y avait eu aucun affaissement. Un mois après la vente, l'eau s'est infiltrée par une fissure importante dans un mur du sous-sol. Réjean Saulnier prétend qu'il s'agit d'un vice caché. Il ajoute qu'il n'aurait pas payé un prix aussi élevé pour la maison si le vendeur, Claude Giasson, avait dit la vérité. Par conséquent, il réclame une diminution de 9 950 $ du prix de la maison.

En défense, Claude Giasson plaide que la fissure était apparente, qu'il a fourni la garantie à la demande de l'acheteur et qu'il n'y a pas eu d'infiltration d'eau depuis deux ans. Le locataire du sous-sol confirme cette version.

Le juge Bélanger a conclu que les défauts dont se plaint Réjean Saulnier étaient visibles et apparents (la fissure). Ils existaient au moment de l'achat et le demandeur les a découverts 10 jours après la vente sans aide particulière ni outils spéciaux. Les éléments applicables à la garantie légale pour vices cachés n'ont pas été prouvés à la satisfaction de la Cour.

TABLEAU 10.2 Les recours de l'acheteur pour vices cachés

Recours	Description
Action en restitution du prix	L'acheteur s'adresse au Tribunal pour pouvoir retourner l'objet qui présente un vice caché et se faire rembourser le montant de l'achat. Il demande donc la résolution de la vente en raison de vices cachés.
Action en diminution de prix	L'acheteur désire conserver l'objet, malgré le vice caché, mais veut que l'on déduise du prix de vente le montant qu'il a dû verser pour corriger le vice caché.
Action en dommages-intérêts	L'acheteur utilise ce recours contre le vendeur qui connaissait ou qui était présumé connaître les vices cachés de l'objet vendu, mais n'en a pas fait mention.

> **Exemple** Dominique achète de Claude un chalet dans les Laurentides et s'aperçoit au printemps qu'il y a des infiltrations d'eau par les fondations. Elle risque de voir son action contre Claude pour vice caché rejetée par le tribunal parce qu'elle a omis de lui transmettre un avis écrit de dénonciation du vice qu'elle a découvert et qu'elle s'est empressée de faire exécuter les travaux correctifs, sans lui donner l'occasion de venir constater le problème et de le corriger, le cas échéant.

La jurisprudence relative à la notion d'« intenter l'action dans un délai raisonnable » dans le *Code civil du Bas-Canada* s'applique à l'envoi de l'avis indiquant le défaut de qualité ou du droit de propriété. Cet avis doit donc être envoyé dans un délai raisonnable. L'action, quant à elle, devra être intentée à l'intérieur du délai de prescription de trois ans.

10.1.4 Les obligations de l'acheteur

La figure 10.3 résume les obligations de l'acheteur.

FIGURE 10.3 Les obligations de l'acheteur

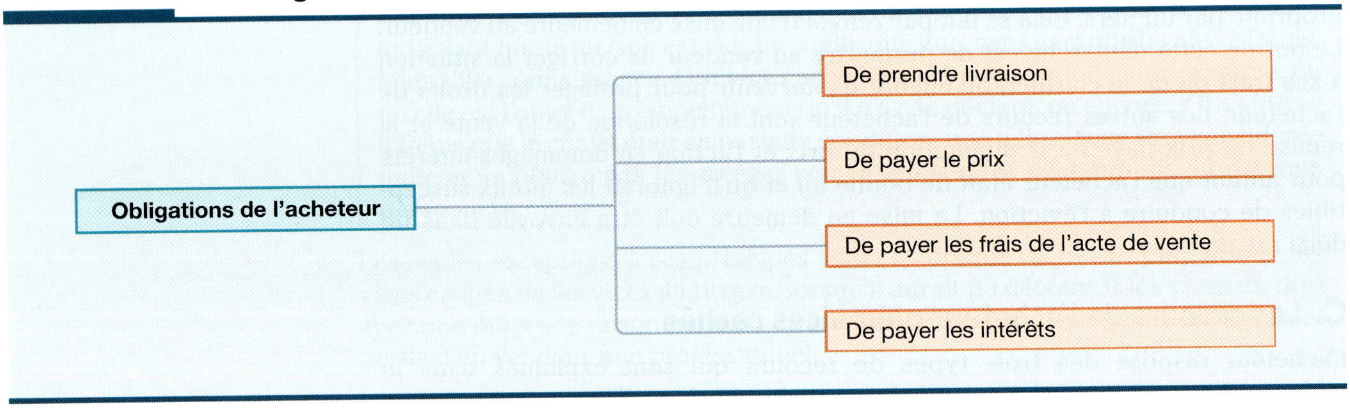

A. L'obligation de prendre livraison

La contrepartie de l'obligation du vendeur de livrer le bien est celle de l'acheteur d'en prendre livraison (art. 1734 du C.c.Q.).

B. L'obligation de payer le prix

La principale obligation de l'acheteur est de payer le prix de la chose vendue au temps et au lieu de la livraison, à moins que le vendeur n'ait accordé un délai à l'acheteur ou qu'il n'ait convenu d'un mode de crédit comme c'est le cas dans une vente à tempérament. L'obligation de payer le prix comprend aussi les intérêts (art. 1735 du C.c.Q.) et, le cas échéant, les frais du contrat et les accessoires. Par exemple, au moment de la vente d'un immeuble, les frais de publicité et les honoraires du notaire sont à la charge de l'acheteur. La taxe de vente est toujours à la charge de l'acheteur.

10.1.5 Les recours du vendeur

Le vendeur qui n'a pas reçu le paiement du prix a, entre autres, les quatre recours suivants contre l'acheteur.

A. Le droit de rétention

Il consiste, pour le vendeur, à ne pas livrer l'objet vendu, excepté s'il s'agit d'une vente à crédit ; mais dans ce cas, le vendeur bénéficiera quand même de son droit de rétention si l'acheteur est devenu insolvable après la vente.

B. La résolution de la vente

Le vendeur qui n'a pas été payé peut demander que la vente soit résolue. Il y a lieu ici de faire une distinction entre la vente en matière mobilière et celle en matière immobilière. En **matière mobilière,** l'article 1740 du *Code civil du Québec* mentionne ce qui suit :

> **Art. 1740 du C.c.Q. Le vendeur d'un bien meuble peut, lorsque l'acheteur n'en paie pas le prix et n'en prend pas délivrance, considérer la vente comme résolue si l'acheteur est en demeure de plein droit d'exécuter ses obligations ou s'il ne les a pas exécutées dans le délai fixé par la mise en demeure.**
>
> **Il peut aussi, lorsqu'il apparaît que l'acheteur n'exécutera pas une partie substantielle de ses obligations, arrêter la livraison du bien en cours de transport.**

En **matière immobilière,** le vendeur ne peut demander la résolution de la vente, à moins d'une clause spéciale contenue dans le contrat, soit la clause résolutoire. Dans un tel cas, l'article 1743 du *Code civil du Québec* oblige le vendeur à envoyer à l'acheteur une mise en demeure (avis de 60 jours) de remédier à son défaut avant de se prévaloir de cette clause.

C. Le droit de revendication

Ce recours s'applique lorsqu'il y a eu livraison du bien meuble. Il permet au vendeur de revendiquer le bien vendu dans les 30 jours de la livraison si la vente n'est pas une vente à terme, si le bien est encore dans le même état et s'il n'est pas passé entre les mains d'un tiers qui en a payé le prix. L'article 1741 du *Code civil* permet au vendeur, dans les 30 jours suivant la délivrance d'un bien meuble, de considérer la vente comme résolue et de revendiquer le bien si l'acheteur (après avoir été mis en demeure) ne paie pas le prix et si le bien est encore entre les mains de celui-ci.

D. L'action en dommages-intérêts

Le vendeur peut aussi exiger le paiement du bien vendu en intentant une action en dommages-intérêts pour le gain dont il a été privé et pour la perte subie.

10.2 LES MODALITÉS DE LA VENTE

Maintenant que nous connaissons les règles de base régissant le contrat de vente, il convient d'examiner certaines modalités dont on peut l'assortir. Comme il ressort de la figure 10.4 (*voir la page suivante*), il s'agit de la vente aux enchères, de la vente à l'essai, de la vente en consignation, de la vente d'immeuble à usage d'habitation, de la vente avec faculté de rachat, de la vente à terme, de la vente à tempérament et de la vente électronique, aussi appelée « vente en ligne ». Cette dernière sera expliquée plus longuement au chapitre 13 en raison de l'ampleur que prennent désormais les transactions en ligne sur Internet entre les consommateurs et les commerçants.

FIGURE 10.4 Les modalités de la vente

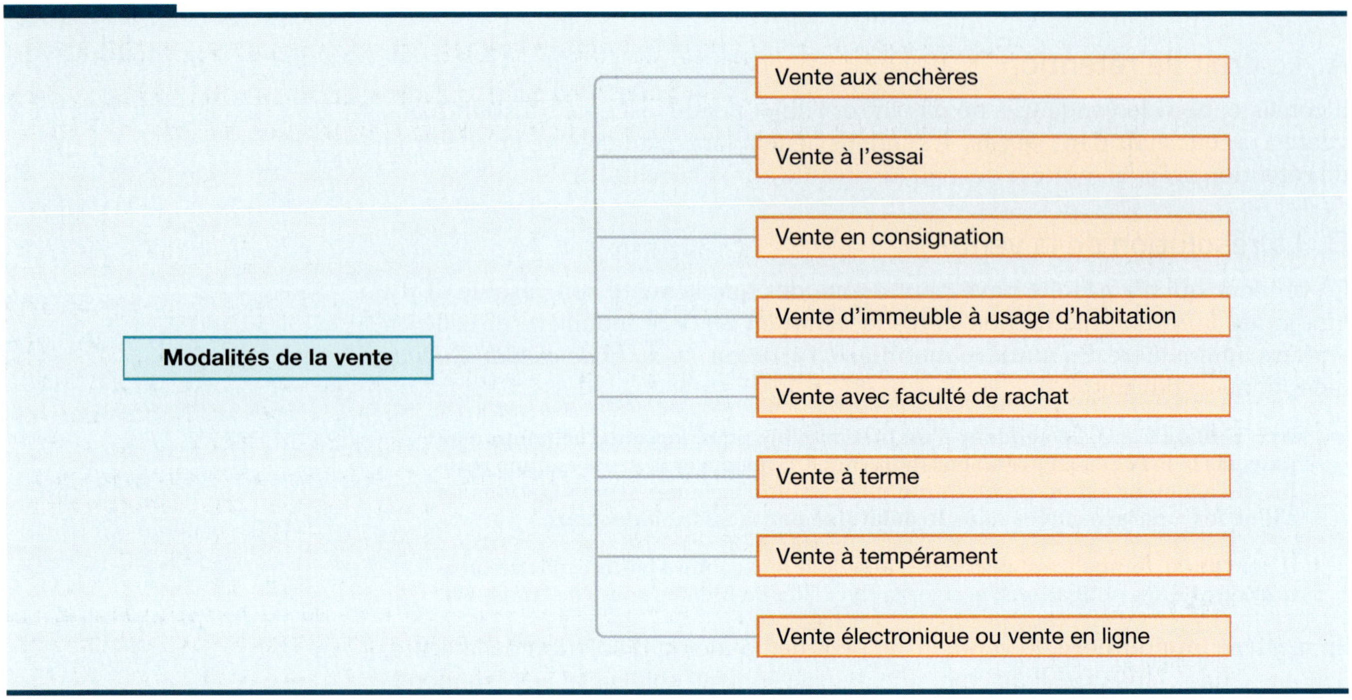

10.2.1 La vente aux enchères

> **Vente aux enchères**
> *(Auction sale)*
> Vente par laquelle un bien est offert à plusieurs personnes par l'entremise d'un tiers, et est déclaré adjugé au plus offrant.

La **vente aux enchères** est celle par laquelle un bien est offert en vente à plusieurs personnes par l'entremise d'un tiers, le commissaire-priseur, et est déclaré adjugé au dernier enchérisseur. Les ventes aux enchères les plus fréquentes sont celles effectuées par les syndics de faillite et les huissiers qui procèdent à la vente des biens et les adjugent au plus offrant.

> **Art. 1758 du C.c.Q. La vente aux enchères est volontaire ou forcée; en ce dernier cas, la vente est alors soumise aux règles prévues au *Code de procédure civile,* ainsi qu'aux règles du présent sous-paragraphe, s'il n'y a pas d'incompatibilité.**

Ce sont les règles du *Nouveau Code de procédure civile* qui ont priorité en cas d'incompatibilité. Rappelons que la vente en justice purge le bien de tous les droits, sûretés ou garanties portant sur ce bien et que l'acquéreur obtient un titre parfait à ce bien, y compris l'absence de recours pour défaut caché.

> **Exemple** L'huissier vend les biens de Jean Larivière pour payer sa dette envers Meubles Beaubois.

10.2.2 La vente à l'essai

C'est une vente en vertu de laquelle le vendeur permet à l'acheteur d'utiliser le bien pendant un certain temps avant de décider s'il veut en devenir propriétaire.

Cette vente est présumée faite sous condition suspensive (art. 1744 du C.c.Q.). Dans la vente à l'essai, l'acheteur dispose de 10, 30 ou 60 jours pour « essayer » l'objet éventuel de la vente. S'il décide de conserver le bien, il est réputé en être propriétaire rétroactivement au moment où il en a pris livraison. L'article 1744(2) du *Code civil du Québec* vient clarifier cette notion en précisant ce qui suit :

> **Art. 1744(2) du C.c.Q. Lorsque la durée de l'essai n'est pas stipulée, la condition est réalisée par le défaut de l'acheteur de faire connaître son refus au vendeur dans les 30 jours de la délivrance du bien.**

Si on garde le bien après l'expiration du délai d'une vente à l'essai, on est considéré rétroactivement comme propriétaire du bien.

Exemple Frédéric et Catherine commandent une série de DVD des concerts des Beatles annoncée à la télévision au coût de 500 $. La publicité mentionne qu'ils disposent d'une période d'essai de 30 jours. À l'expiration des 30 jours, ils devront décider s'ils les conservent, à défaut de quoi l'article 1744(2) du *Code civil du Québec* s'appliquera et ils seront réputés en être devenus propriétaires et devront en payer le prix.

10.2.3 La vente en consignation

Il s'agit d'un contrat en vertu duquel une personne, qu'on appelle le **consignateur,** laisse des biens, des produits ou des marchandises entre les mains d'une autre personne, appelée le **consignataire,** afin que cette dernière tente de vendre ces biens. La propriété des produits et marchandises demeure au consignateur jusqu'à leur vente par le consignataire. La vente en consignation est un type de contrat qui porte le nom de vente, mais n'en comporte pas toutes les caractéristiques. Le consignataire :

- doit garder les biens, produits ou marchandises avec diligence et voir à les protéger ;
- doit garder ceux-ci distincts de son propre inventaire et de telle façon que le public puisse les identifier comme étant la propriété du consignateur ;
- doit conserver une liste, distincte de la sienne propre, de factures à recevoir concernant ces biens, produits ou marchandises ;
- doit communiquer un rapport régulier de ses ventes au consignateur ;
- n'a pas à payer ce dernier tant que les biens n'ont pas été vendus.

Il a le droit : 1) de recevoir une commission ou une ristourne sur les ventes ; 2) d'être remboursé des coûts et dépenses engagés pour conserver les biens du consignateur ; 3) d'engager le consignateur ; et 4) de vendre les biens à crédit, sauf si ce droit est restreint par son contrat.

Advenant la faillite du consignataire, le consignateur pourra, à certaines conditions, reprendre ses biens, car ceux-ci ne sont jamais devenus la propriété du consignataire en faillite. Ce type de contrat, qui vient de la *common law,* est fréquent dans les commerces de vente au détail, particulièrement dans le cas de nouvelles entreprises qui veulent faire connaître leurs produits.

Exemple Aimée est artisane et désire vendre ses œuvres. Claire, qui exploite une boutique d'artisanat, prend en consignation un certain nombre des œuvres d'Aimée et les expose dans sa boutique sans les acheter. Il s'agit d'un contrat en consignation. Claire n'a pas à payer Aimée tant qu'elle n'aura pas vendu les œuvres.

10.2.4 La vente d'un immeuble à usage d'habitation

Dès lors que la vente d'un immeuble à usage d'habitation bâti ou à bâtir est faite par le constructeur ou le promoteur à une personne physique pour elle-même, on parle de « vente d'immeuble à usage d'habitation ». La vente de ce type est régie par les articles 1785 à 1794 du *Code civil du Québec*, qui visent à mieux protéger l'acheteur (consommateur) qui acquiert un immeuble pour l'occuper lui-même à des fins d'habitation. Ces articles visent l'obligation de faire précéder la vente d'un contrat préliminaire par lequel la personne promet d'acheter l'immeuble. Ce contrat doit contenir une clause permettant au futur acheteur de se dédire de sa promesse dans les 10 jours de sa signature. Dans le cas d'une copropriété divise (condominium) ou indivise d'un immeuble à usage d'habitation comportant 10 unités ou plus, le vendeur doit remettre à l'acheteur, au moment de la signature du contrat préliminaire, une note d'information. L'article 1788 précise le contenu de cette note d'information. Si ce contrat prévoit une indemnité en cas d'exercice de la faculté de dédit de la part de l'acheteur qui changerait d'idée dans les 10 jours suivant la signature du contrat préliminaire, celle-ci ne peut excéder 0,5 % du prix de vente convenu. L'article 1786 du *Code civil* énonce les divers renseignements que ce contrat préliminaire doit contenir. La vente d'un immeuble à usage d'habitation qui n'est pas précédée d'un tel contrat préliminaire peut être annulée à la demande de l'acheteur si celui-ci démontre qu'il a subi un préjudice sérieux.

> **Exemple** Jean-François et Geneviève visitent les Condos du parc et veulent faire une offre d'achat sur une unité de condominium. Condos du parc devra leur remettre un contrat préliminaire contenant une clause de dédit leur permettant de changer d'idée dans un délai de 10 jours et de se désister de leur offre.

10.2.5 La vente avec faculté de rachat

La vente avec faculté de rachat, aussi appelée «vente à réméré», est une vente sous condition résolutoire par laquelle le vendeur transfère la propriété d'un bien à l'acheteur en se réservant la faculté de le racheter. La faculté de rachat d'un véhicule routier ou d'un autre bien meuble déterminée par règlement ou celle de tout bien acquis pour l'exploitation d'une entreprise n'est opposable aux tiers que si elle est publiée au **Registre des droits personnels et réels mobiliers (RDPRM)** ou, dans le cas d'un immeuble, au Bureau de la publicité des droits. Le vendeur qui désire récupérer le bien doit donner un avis de son intention à l'acheteur à cet effet. Cet avis est de 20 jours s'il s'agit d'un meuble, de 60 jours s'il s'agit d'un immeuble et de 30 jours s'il s'agit d'un contrat de consommation. Il doit lui aussi être publié. La durée de la faculté de rachat ne peut excéder cinq ans et, lorsque le vendeur reprend le bien, il le reprend libre de toute charge dont l'acheteur a pu le grever.

> **Exemple** Nicolas et Nadine achètent le voilier de Marc-Antoine pour la somme de 125 000 $. Le contrat contient une clause permettant à Marc-Antoine de racheter le voilier au cours des trois prochaines années. Il devra publier cette faculté de rachat au RDPRM et devra respecter les dispositions des articles 1750 à 1756 du *Code civil* pour pouvoir racheter le voilier.

10.2.6 La vente à terme

La vente à terme est une vente en vertu de laquelle le vendeur accorde à l'acheteur un terme ou un délai pour acquitter le prix de vente (art. 1508 à 1517 du C.c.Q.).

> **Exemple** Jean Larivière achète un nouveau mobilier de salon et une cuisinière chez Meubles Beaubois inc. pour son nouvel appartement durant l'événement «Vente 36 mois pour payer». Il s'agit d'une vente à terme par laquelle Meubles Beaubois inc. accorde à ses clients des facilités de crédit pour échelonner le paiement du prix sur 36 mois. Si Jean Larivière est en défaut, Beaubois devra le poursuivre pour le solde impayé seulement sans pouvoir reprendre les meubles vendus.

Il est important de noter que, contrairement à la vente à tempérament, la vente à terme implique le transfert de la propriété des biens achetés dès la signature du contrat de vente, de sorte que Jean Larivière devient propriétaire des biens achetés à la signature du contrat. S'il ne rembourse pas après les deux premiers mois, Meubles Beaubois inc. ne pourra réclamer que le solde impayé sur les meubles.

10.2.7 La vente à tempérament

Dans le cas d'une vente à tempérament, le vendeur se réserve la propriété du bien jusqu'au paiement total du prix de vente par l'acheteur. C'est l'acheteur qui assume les risques de perte du bien, à moins qu'il s'agisse d'un contrat de consommation ou à moins de stipulation contraire. Le solde du prix de vente devient exigible lorsque l'acheteur est en défaut d'effectuer ses versements, lorsque le bien est vendu en justice ou lorsque l'acheteur revend le bien sans la permission du vendeur avant de l'avoir payé en totalité.

Comme dans le cas d'une vente à terme, tant que l'acheteur respecte ses obligations en vertu du contrat, il conserve le bénéfice du terme. Dans le cas contraire, il y a déchéance du terme et le vendeur peut exercer ses droits, soit 1) exiger les paiements échus; 2) reprendre le bien et garder les paiements effectués; 3) exiger le paiement du solde de la dette (si le contrat comprend une clause de déchéance du terme). Il est important de préciser que le vendeur doit publier sa réserve du droit de propriété au RDPRM pour qu'elle soit opposable aux autres créanciers de son débiteur s'il s'agit d'un bien meuble. L'article 1749 du *Code civil* ajoute que la reprise du bien est assujettie aux dispositions du *Code civil* relatives à l'exercice des recours hypothécaires. Ainsi, si le vendeur a publié sa réserve de propriété, il doit mettre l'acheteur en demeure de remédier à son défaut dans un délai de 20 jours, à partir de la réception de la mise en demeure, dans le cas d'un bien meuble. Il faut souligner que si l'acheteur est un consommateur, les dispositions de la L.P.C. auront priorité sur les dispositions du *Code civil du Québec,* comme nous le verrons au chapitre 13.

> **Exemple** La Croissanterie inc. achète un four à la société Fournitures de restaurants du Québec ltée. Le contrat stipule que l'acheteur paiera le prix de 30 000 $ en 60 versements mensuels égaux et consécutifs échelonnés sur les cinq prochaines années et que Fournitures de restaurants du Québec ltée demeurera propriétaire du four jusqu'à ce que La Croissanterie inc. ait effectué les 60 versements. Fournitures de restaurants du Québec ltée publie sa réserve de droit de propriété. Si, après deux ans, La Croissanterie n'est plus capable de faire ses versements mensuels, le vendeur pourra reprendre le four et garder tous les versements effectués au cours des deux premières années.

10.2.8 La vente électronique ou vente en ligne

La vente électronique ou vente en ligne regroupe l'ensemble des transactions commerciales effectuées par des consommateurs et par des commerçants sur Internet à partir d'offres de vente de produits ou de services apparaissant sur divers sites Internet. Aujourd'hui, la majorité des entreprises possèdent des sites Web interactifs permettant aux autres commerçants et aux consommateurs d'acheter des biens ou des services sans quitter leur salon ou leur bureau. Le chapitre 13 traite de ce sujet de façon plus détaillée.

> **Exemple** Sylvie et Jean-François accèdent au site de Future Shop afin d'acheter un nouveau téléviseur HD de 55 pouces annoncé en vente pour la somme de 1 500 $. Ils choisissent un des téléviseurs offerts en ligne, concluent leur transaction et paient à l'aide de leur carte de crédit Visa. Quelques jours plus tard, on leur livre un téléviseur HD de 32 pouces pour le même prix avec la mention qu'il ne restait plus de téléviseurs de 55 pouces. À la fin du mois, ils reçoivent leur relevé de carte Visa indiquant qu'une somme de 1 500 $ a été prélevée sur leur carte.

RETOUR SUR LA MISE EN SITUATION

Dans un premier temps, Rosaire et ses associés devront obtenir une expertise d'un ingénieur pour déterminer l'ampleur du problème et démontrer qu'il s'agit bien d'un vice caché couvert par la garantie de qualité de l'article 1726 du *Code civil du Québec,* et non d'un vice apparent que leur ingénieur aurait dû constater. Si jamais c'était le cas, ils disposeraient d'un recours contre cet ingénieur pour faute professionnelle. S'il s'agit bien d'un vice caché, alors ils disposent d'un recours contre leur vendeur en vertu de la garantie de qualité. Par la suite, ils devront faire évaluer les coûts pour corriger ce vice caché et décider s'ils poursuivront leur vendeur pour demander la résolution de la vente ou une diminution du prix de vente. Dans le cas où ils pourraient prouver que le vendeur connaissait le vice caché et qu'il ne le leur a pas révélé, ils pourront le poursuivre pour des dommages et intérêts supplémentaires, par exemple, pour troubles, inconvénients et délais causés dans l'ouverture du nouveau Centre sportif du Vieux-Montréal.

Avant tout, ils devront consulter leur avocat et lui demander de dénoncer, dans un délai raisonnable, le vice caché au moyen d'une mise en demeure envoyée au vendeur, comme le prévoient les articles 1739 et 1595 du *Code civil du Québec,* afin de permettre à Placements et Immeubles du Vieux-Montréal inc. de venir constater le problème, de le faire examiner par ses propres experts et de corriger la situation à ses propres frais, le cas échéant. Advenant un refus du vendeur d'admettre sa responsabilité, Rosaire et ses amis devront intenter l'action qui s'impose selon leur choix et les conseils de leur avocat.

EN BREF

- La vente est un contrat par lequel une personne (le vendeur) transfère la propriété d'un bien à une autre personne (l'acheteur) moyennant un prix en argent que cette dernière s'engage à payer.
- Souvent, la vente est précédée d'une offre ou d'une promesse de vendre ou d'acheter.
- Les obligations du vendeur sont l'obligation de délivrance du bien vendu et l'obligation de garantie, soit la garantie du droit de propriété et la garantie de qualité qui porte sur les vices cachés.
- Les recours de l'acheteur sont la résolution de la vente et la restitution du prix payé ou la diminution du prix et l'action en dommages-intérêts.
- L'acheteur qui découvre un vice caché ou une atteinte à son droit de propriété après avoir acheté un bien doit d'abord dénoncer dans un délai raisonnable ce vice caché ou cette atteinte à son droit de propriété à son vendeur et lui accorder un délai pour venir en prendre connaissance et le corriger lui-même à ses frais, le cas échéant.
- Les obligations de l'acheteur sont de prendre livraison, de payer le prix, les frais de l'acte et les intérêts.
- Les recours du vendeur sont l'exercice de son droit de rétention, la résolution de la vente, l'exercice de son droit de revendication et l'action en dommages-intérêts.
- Les principales modalités de la vente sont la vente aux enchères, la vente à l'essai, la vente en consignation, la vente d'immeuble à usage d'habitation, la vente avec faculté de rachat, la vente à terme, la vente à tempérament et la vente électronique (ou vente en ligne).

EXERCEZ-VOUS

VOCABULAIRE

Parmi les termes suivants, choisissez ceux qui conviennent pour compléter les définitions ci-dessous.

- vente
- garantie de qualité
- vente à l'essai
- titre clair
- offre
- vente aux enchères ou en justice
- contrat
- vente d'entreprise
- garantie du droit de propriété
- vente à tempérament
- vente en consignation
- évaluation écrite

1. La vente en vertu de laquelle le vendeur permet à l'acheteur d'utiliser un bien pendant une certaine période avant de décider s'il veut en devenir propriétaire porte le nom de ____________.
2. La ____________ est l'obligation du vendeur d'accorder à l'acheteur la jouissance paisible et utile des droits cédés ou de l'indemniser dans le cas contraire.
3. La ____________ est celle par laquelle le vendeur accorde un délai à l'acheteur pour payer le prix et se réserve la propriété du bien jusqu'au paiement total du prix.
4. On parle de ____________ lorsqu'elle est faite par un syndic ou un huissier et est déclarée adjugée au plus offrant.
5. Un contrat assorti d'un crédit par lequel le transfert de la propriété d'un bien vendu par un commerçant à un consommateur est différé jusqu'à l'exécution, par ce dernier, de son obligation en tout ou en partie porte le nom de ____________ .
6. On définit la ____________ comme un contrat par lequel une personne transfère un bien à une autre personne moyennant un prix que cette dernière s'oblige à payer.

VRAI OU FAUX

Indiquez si les affirmations suivantes sont vraies ou fausses. Si l'affirmation est fausse, précisez pourquoi.

1. En vertu de la garantie du droit de propriété, le vendeur doit purger l'hypothèque qui se rattache à l'immeuble vendu à moins que l'acheteur ne l'assume dans le contrat.
2. L'acheteur qui découvre un vice caché dans le bien qu'il a acheté peut procéder aux travaux correctifs sans autres formalités.
3. Les honoraires du notaire qui rédige l'acte de vente d'un immeuble sont de la responsabilité du vendeur.
4. Le vendeur est toujours présumé connaître les vices cachés du bien vendu.
5. Dans la vente à terme, advenant que l'acheteur soit en défaut de payer le prix, le vendeur peut reprendre le bien et conserver tous les paiements que l'acheteur a effectués jusqu'à cette date.

CHOIX MULTIPLES

Encerclez la bonne réponse parmi les choix proposés.

1. Lorsque la durée de l'essai n'est pas stipulée dans un contrat de vente à l'essai, la condition est réalisée par le défaut de l'acheteur de faire connaître son refus au vendeur dans les ____________ suivants la délivrance du bien.
   a) 10 jours
   b) 15 jours
   c) 30 jours
   d) 60 jours
2. Dans un contrat de vente à tempérament d'un bien meuble, si le vendeur a publié sa réserve de droit de propriété au RDPRM, il doit mettre en demeure l'acheteur en défaut de remédier à son défaut dans les ____________ suivants la réception de la mise en demeure :
   a) 5 jours
   b) 10 jours
   c) 20 jours
   d) 30 jours

3. Dans le cas de la vente d'un immeuble à usage d'habitation ou de copropriété divise (condominium), le contrat préliminaire doit contenir une clause permettant au futur acheteur de se dédire de sa promesse dans les ____________ suivant sa signature.
   a) 5 jours
   b) 10 jours
   c) 15 jours
   d) 30 jours

4. Dans la vente avec faculté de rachat d'un immeuble, le vendeur qui désire récupérer le bien vendu doit donner un avis de ____________ à l'acheteur lui indiquant son intention à cet effet :
   a) 10 jours
   b) 15 jours
   c) 30 jours
   d) 60 jours

5. L'action contre le vendeur en raison des vices cachés doit être intentée :
   a) dans un délai raisonnable.
   b) dans un délai de trois ans.
   c) dans un délai de deux ans.
   d) dans un délai de un an.

FAITES LE POINT

1. Définissez la vente.
2. Quelles sont les exceptions au principe selon lequel on ne peut pas vendre le bien d'autrui ?
3. Quelles sont les obligations du vendeur ?
4. Quels sont les cinq points que doit démontrer un acheteur alléguant que le bien qu'il a acheté est entaché d'un vice caché pour réussir sa réclamation contre le vendeur de ce bien ?
5. Quelles sont les obligations de l'acheteur d'un bien ?
6. Expliquez la distinction entre la vente à l'essai et la vente en consignation.
7. Distinguez la vente à terme et la vente à tempérament ainsi que les droits du vendeur en cas de défaut de la part de l'acheteur de payer le prix de vente convenu.

RECHERCHE EN LIGNE

Pour réaliser l'activité suivante, consultez le site Internet d'**Éducaloi**.

Profitant du *Boxing day,* votre ami Jean-Daniel vous informe qu'il a acheté à crédit (« Achetez maintenant et payez plus tard ») l'ameublement complet pour son appartement de trois pièces et demie. Les meubles ont été livrés la semaine suivante et le premier paiement sera effectué dans trois mois. Il vous invite à souper afin de vous montrer ses nouvelles acquisitions. Vous acceptez et lui demandez de garder son contrat à portée de la main, car il se peut qu'il ne soit pas encore propriétaire des biens.

a) Quelle est la différence entre un contrat de vente à tempérament et un contrat de vente à terme ?

b) Quels sont les droits de l'acheteur et les droits du commerçant dans un contrat de vente à tempérament concernant :
   i) l'assurance des biens ;
   ii) le contrat ;
   iii) les versements et
   iv) l'annulation de contrat ?

CAS PRATIQUES

1. Ronald Lacas achète une motocyclette d'occasion chez Moto Laval à la suite d'une annonce parue dans *La Presse*. Six mois plus tard, alors qu'il roule sur l'autoroute, la Sûreté du Québec l'arrête pour excès de vitesse et examine la moto. Le policier l'informe alors qu'il s'agit d'une moto volée. Il la saisit et procède à l'arrestation de Ronald malgré ses protestations. Ce dernier affirme l'avoir acheté à Moto Laval. Furieux, il veut savoir quels sont ses droits.

2. Vous travaillez pour l'entreprise Industrie Inc. à titre de responsable des achats. La direction vous demande de faire l'achat de dix tableaux interactifs et projecteurs de nouvelle génération afin que, dorénavant, les réunions entre le siège social et les succursales puissent se faire sans déplacement des employés. Après quelques recherches, vous commandez de la compagnie TIP inc. les dix tableaux et projecteurs. La facture s'élève à 35000 $ et la livraison des biens est fixée au 1er novembre, afin que l'équipement soit fonctionnel pour la réunion annuelle du 15 décembre. Le 1er novembre, les tableaux sont livrés avec la facture, mais il manque les projecteurs. Vous communiquez avec le vendeur de TIP inc., qui vous apprend que les projecteurs sont en rupture de stock et que vous devriez les recevoir dans les deux prochaines semaines. Le 1er décembre, non seulement vous n'avez toujours pas reçu les projecteurs, mais vous recevez un rappel de paiement de la facture à laquelle ont été ajoutés des frais de retard. Avez-vous des recours ?

3. Le 1er juillet, Stéphanie trouve enfin une petite maison qui convient à son budget. Celle-ci appartenait à une personne seule qui est maintenant décédée, et dont l'héritière, Juliette, ne désire pas garder la maison. Stéphanie visite la propriété à plusieurs reprises avant de signer le contrat de vente. Outre le montant de 195000 $, le contrat de vente stipule « Maison vendue telle quelle » ; c'est-à-dire que l'acheteur dégage Juliette de toute responsabilité pour tout problème qui serait découvert après la vente. Au mois d'octobre, Stéphanie détecte une odeur nauséabonde provenant des murs de leur sous-sol. En catastrophe, elle fait appel à un inspecteur en bâtiment, qui défait une partie du mur pour constater que les fondations sont complètement pourries et moisies. La vermine peut alors se terrer, ce qui provoque cette odeur nauséabonde en période d'humidité et de froid. De plus, l'inspecteur mentionne que ce problème dure depuis plusieurs années. La réparation des fondations va coûter plus de 50000 $. En pleurs, Stéphanie vous appelle pour savoir si elle a un recours contre Juliette, étant donné le contrat qu'elle a signé.

CHAPITRE

11

LE LOUAGE

OBJECTIFS D'APPRENTISSAGE

À la fin de ce chapitre, vous devriez être en mesure :

1. de décrire les caractéristiques du contrat de louage ;
2. d'expliquer les conditions d'établissement du contrat de louage et de définir les différentes catégories de louage ;
3. d'expliquer les obligations du locateur et du locataire à l'aide d'exemples ;
4. de distinguer la sous-location de la cession de bail ;
5. d'indiquer les dispositions particulières du bail d'un logement ;
6. d'énumérer les principales clauses que doit contenir le bail pour l'exploitation d'une entreprise ;
7. d'appliquer les notions apprises dans ce chapitre à des situations pratiques et de trouver l'information pertinente au moyen de divers outils de recherche juridique.

MISE EN SITUATION

Patrice Tremblay, un des neveux de Rosaire Tremblay, est propriétaire de plusieurs immeubles à logements, incluant un triplex situé à Candiac, dont il occupe le rez-de-chaussée. Les deux autres logements sont occupés par deux locataires qui ont signé des baux de 12 mois commençant le 1er juillet. Patrice voudrait reprendre possession de l'un des deux logements afin d'y loger ses parents qui vieillissent.

Par ailleurs, il a toujours rêvé d'ouvrir une boutique de cadeaux et en se promenant dans le centre commercial du Quartier Dix/30, à Brossard, il constate qu'il y a un espace à louer dans l'une des zones les plus passantes du centre. Il rencontre le directeur du centre commercial, qui lui confirme que le local est disponible, mais qu'il a déjà reçu plusieurs appels de personnes intéressées à le louer. Il lui remet un formulaire intitulé « Offre de location » qui indique la durée du bail et le numéro du local, et qui comporte un engagement à signer le formulaire de bail standard du locateur. Comme Patrice ne s'y connaît pas en matière de bail commercial, il prend le formulaire et vient vous consulter.

Questions

1. Il veut que vous lui expliquiez le fonctionnement d'un bail commercial et les clauses importantes qui devraient y apparaître pour bien protéger ses droits.
2. Il vous demande également comment il doit procéder pour reprendre possession d'un des logements de son triplex pour y loger ses parents.

SIGNETS INTERNET

Ce chapitre renvoie aux sites Internet des organismes (ou document) suivants :

- *Code civil du Québec*
- Régie du logement
- Société québécoise d'information juridique (SOQUIJ)

ENCADRÉ 11.1 Un exemple de calcul d'un loyer dans le cadre de l'exploitation d'une entreprise

La Boutique Quintessence inc. désire signer un bail au Carrefour Deauville pour occuper une superficie de 300 mètres carrés. Le loyer de base est de 175 $ le mètre carré, soit 52 500 $ par année. Le total des taxes, des frais et des dépenses d'entretien et d'exploitation pour l'ensemble du Carrefour Deauville s'élève à un million de dollars. La superficie du Carrefour Deauville est de 15 000 mètres carrés. La boutique occupe 2 % de la superficie totale du Carrefour Deauville (300 m^2/15 000 m^2 = 2 %). Son loyer additionnel sera donc équivalent à 2 % de un million, soit 20 000 $ par année.

Le bail contient une clause de loyer proportionnel ou à pourcentage équivalant à 1 % des recettes de Boutique Quintessence inc. Les états financiers pro forma de Boutique Quintessence inc. prévoient des ventes de un million de dollars pour la première année. Son loyer proportionnel ou à pourcentage sera donc équivalent à 1 % de un million, soit 10 000 $ par année.

Le loyer annuel total de Boutique Quintessence inc. s'établira donc ainsi :

- Loyer de base : 175 $ le mètre carré × 300 mètres carrés : 52 500 $
- Loyer additionnel : 300 mètres carrés × 1 000 000 $ / 15 000 mètres carrés : 20 000 $
- Loyer proportionnel ou à pourcentage : 1 000 000 $ × 1 % : 10 000 $
- Loyer annuel : 82 500 $
- Loyer mensuel : (82 500 $ ÷ 12) : 6 875 $

11.8.3 Les clauses importantes

Lorsque les gens d'affaires signent un bail aux fins de l'exploitation de leur entreprise, il est important pour eux de s'attarder à certaines clauses spéciales.

A. L'exclusivité et la non-concurrence

Le bail dans un centre commercial comporte des clauses visant à protéger les parties (par exemple l'exclusivité de la marchandise vendue). Ainsi, un commerce de vente d'appareils informatiques voudra s'assurer qu'un concurrent n'exploitera pas un commerce semblable à l'intérieur du même centre commercial. On trouve aussi des **clauses de non-concurrence** visant à empêcher le locataire d'exploiter un commerce similaire dans la périphérie.

B. Les clauses escalatoires et les clauses d'indexation

À partir des données de Statistique Canada, il est d'usage d'inclure dans un bail commercial des clauses que l'on appelle « clauses escalatoires » et « clauses d'indexation ». Ces deux types de clauses permettent de parer à l'inflation et d'indexer le loyer au coût de la vie. Les clauses escalatoires visent les taxes foncières, le chauffage, l'entretien, les assurances et certaines dépenses d'administration ; la répartition de ces coûts s'effectue en proportion de la surface occupée par chaque locataire. Les clauses d'indexation du loyer ont pour objet l'ajustement du loyer selon l'indice du coût de la vie.

C. Le renouvellement

Parmi toutes les clauses contenues dans le bail commercial, la **clause de renouvellement** est celle qui intéresse peut-être le plus, à long terme, le locataire. En effet, le locataire a avantage à faire mettre dans son bail une clause prévoyant son renouvellement pour un ou plusieurs termes de cinq ans; toutefois, le bailleur acceptera cette possibilité de renouvellement si elle comporte une augmentation de loyer raisonnable pour chaque renouvellement. Le locataire qui omettrait d'inclure une telle clause dans son bail risquerait de se voir expulsé à la fin du bail ou encore de se voir imposer une augmentation de loyer déraisonnable. Les tribunaux ont déclaré nulle une clause de renouvellement selon laquelle le nouveau montant du loyer devait être soumis au consentement des parties. En effet, suivant cette clause, les parties ne pouvaient en venir à une entente sur le nouveau loyer et le Tribunal a statué que la clause était pratiquement sans effet. Une telle clause est également importante dans le cas de la vente de l'entreprise, car le nouveau propriétaire pourra rester sur place et profiter de l'achalandage et de la clientèle sur les lieux loués.

D. La sous-location

Souvent, ce type de bail contient une **clause relative à la sous-location** des lieux qui retire au locataire le droit de sous-louer les lieux ou même de vendre son commerce. Le locataire prudent doit donc s'assurer que le locateur ne peut lui refuser sans motif raisonnable le droit de sous-louer ou de vendre son commerce et de permettre à l'acheteur de continuer le bail.

E. La clause relative à la publication du bail

Comme on l'a vu, le locataire qui veut protéger ses droits pour l'avenir aura intérêt à publier son bail au Registre foncier. Cela lui permettra d'éviter l'expulsion des lieux loués par un nouveau propriétaire qui se porterait acquéreur de l'immeuble abritant les lieux loués et qui voudrait récupérer ceux-ci. Certains baux contiennent une clause spécifique à cet effet autorisant le locataire à publier son bail ou un sommaire de celui-ci.

RETOUR SUR LA MISE EN SITUATION

Les baux des centres commerciaux sont rédigés par le locateur et contiennent très peu de dispositions favorables aux locataires. On parle souvent de « bail type ». Le formulaire dont Patrice a reçu copie fait référence au « bail type » du propriétaire du Quartier Dix/30 et en le signant, le locataire potentiel s'engage à signer le « bail type » du propriétaire. Il est donc important pour Patrice de demander qu'on lui en fournisse une copie afin qu'il en connaisse le contenu avant de s'engager à le signer. Si on ne lui remet pas immédiatement une copie du bail type, il faut lui suggérer d'ajouter la clause suivante sur le formulaire: « La présente offre de location est conditionnelle à l'approbation par le locataire des modifications proposées par le locataire et ses conseillers juridiques dans les 15 jours suivant la signature de l'offre de location. »

En ce qui concerne le bail résidentiel, c'est l'article 1957 du *Code civil du Québec* qui permet à Patrice de reprendre possession d'un des logements de son triplex pour y loger ses parents vieillissant (ascendants au premier degré). Comme le bail signé avec les locataires est un bail de 12 mois, l'article 1960 prévoit que Patrice doit transmettre un avis de reprise de possession au locataire visé dans les 6 mois précédant la fin de son bail. C'est l'article 1961 du *Code civil du Québec* qui prévoit le contenu de l'avis, lequel doit être envoyé par courrier recommandé. Si le locataire ne répond pas dans le mois suivant la réception de l'avis, il est présumé avoir refusé de quitter le logement. Dans un tel cas, Patrice doit déposer une demande de reprise de possession devant la Régie du logement dans le mois suivant le refus du locataire, sinon, le bail est reconduit aux mêmes conditions pour un an.

EN BREF

- Le louage, aussi appelé « bail », est un contrat par lequel une personne, le locateur, s'engage envers une autre personne, le locataire, à lui procurer, moyennant un loyer, la jouissance d'un bien meuble ou immeuble pendant un certain temps.
- Dans le cas d'un immeuble, le louage peut porter sur un logement ou se faire dans le cadre de l'exploitation d'une entreprise.
- Les obligations du locateur consistent à livrer le bien loué en bon état, à procurer au locataire la jouissance paisible du bien, à garantir au locataire que le bien peut servir à l'usage pour lequel il l'a loué.
- Si le locateur ne respecte pas ses obligations, les recours du locataire sont l'exécution en nature de l'obligation, la résiliation du bail, la réduction de loyer et les dommages-intérêts.
- Les obligations du locataire consistent à payer le loyer, à user du bien loué avec prudence et diligence, à ne pas troubler la jouissance normale des autres locataires et, à la fin du bail, à remettre le bien dans l'état où il l'a reçu.
- Le législateur a adopté une série de règles particulières qui s'appliquent au bail d'un logement et a créé la Régie du logement pour régler les différends entre locataires et locateurs.
- Ces règles particulières visent notamment le droit au maintien dans les lieux, la sous-location, la reprise de possession et les modifications apportées au bail.
- Le monde des affaires a développé des règles particulières concernant le bail signé dans le cadre de l'exploitation d'une entreprise.
- Les principaux types de baux sont le bail brut, le bail brut avec clause escalatoire, le bail net, et le bail net, net.
- Les baux sont souvent assortis de clauses spéciales.

EXERCEZ-VOUS

VOCABULAIRE

Parmi les termes suivants, choisissez ceux qui conviennent pour compléter les définitions ci-dessous :

- de loyer proportionnel
- reconduction
- clause de non-concurrence
- Régie du logement
- indexation
- bail brut
- bail net, net
- escalatoire
- bail
- bail net
- brut
- cession de bail
- jouissance paisible

1. La ____________ exerce une juridiction exclusive sur tout local résidentiel loué.
2. Un locataire qui désire s'assurer d'avoir l'exclusivité de vendre un type de biens ou de services aura intérêt à faire ajouter une ____________ dans son bail.
3. Lorsque le locateur et le locataire conviennent de résilier le bail existant pour l'avenir et que le locateur signe un nouveau bail ou que le bail initial est assumé par un nouveau locataire, on parle alors de ____________.
4. Le ____________ est celui en vertu duquel le locataire s'engage à payer un loyer fixe à son locateur, et qui n'impose aucune autre obligation au locataire, à l'exception de celles énoncées dans le *Code civil du Québec*.

5. La clause en vertu de laquelle le locataire s'engage à supporter en tout ou en partie l'augmentation des dépenses pour les années subséquentes porte le nom de clause ____________.

6. La ____________ est le renouvellement automatique du bail à son échéance, généralement aux mêmes conditions parce que les parties n'ont pas envoyé les avis requis par la Loi.

7. Le bail industriel ou commercial qui concerne la location d'un édifice déjà construit, et dans lequel le locataire assume le coût des réparations majeures, des frais d'entretien et des taxes, porte le nom de ____________.

8. La clause qui stipule que le locataire s'engage à verser au locateur un pourcentage de ses ventes s'appelle clause ____________.

9. Le ____________ est un contrat par lequel le locateur s'engage envers le locataire à lui procurer la ____________ d'un bien pendant un certain temps, moyennant une contrepartie : le loyer.

VRAI OU FAUX

Indiquez si les affirmations suivantes sont vraies ou fausses. Si l'affirmation est fausse, précisez pourquoi.

1. Le locateur qui a formulé des règlements concernant son immeuble doit en fournir copie au locataire après la signature du bail.
2. Le propriétaire d'un logement peut aviser le locataire qu'il reprend possession des lieux loués pour y loger son neveu qui se marie.
3. En vertu des dispositions du N.C.p.c., la Régie du logement possède une juridiction exclusive pour toute demande relative au bail d'un logement locatif dont la somme n'excède pas 70 000 $.
4. Dans le cadre d'un bail de 12 mois, le locateur qui souhaite aviser un locataire de son intention d'augmenter le loyer doit le faire par écrit dans les deux mois précédant l'expiration du bail.
5. Une clause de non-concurrence insérée dans un bail commercial est contraire à l'ordre public et est donc nulle.

CHOIX MULTIPLES

Encerclez la bonne réponse parmi les choix proposés.

1. Le locataire qui désire quitter les lieux à l'expiration du terme de son bail de 12 mois :
   a) doit aviser son locateur par écrit entre le cinquième et le deuxième mois avant la fin du bail.
   b) doit aviser son locateur par écrit au moins six mois avant la fin du bail.
   c) n'a aucun avis à envoyer à son locateur.
   d) doit aviser son locateur par écrit entre le troisième et le sixième mois avant la fin du bail.

2. Le locataire qui désire sous-louer son logement :
   a) peut le faire en tout temps.
   b) doit d'abord en aviser par écrit son locateur.
   c) doit demander la permission à la Régie du logement.
   d) doit obtenir l'autorisation de la Cour du Québec.

3. Le bail en vertu duquel le locataire assume le coût des réparations majeures et paie les frais d'entretien, les assurances et les taxes foncières de l'immeuble est un bail :
   a) net.
   b) net, net.
   c) résidentiel.
   d) brut.

4. Le locateur qui veut augmenter le loyer de ses locataires qui détiennent chacun un bail résidentiel de 12 mois doit leur transmettre un avis d'augmentation de loyer :
   a) entre 1 et 2 mois avant la fin du bail.
   b) 30 jours avant la fin du bail.
   c) 6 mois avant la fin du bail.
   d) entre le 3e et le 6e mois avant la fin du bail.

5. Le locateur qui souhaite effectuer une réparation majeure non urgente doit transmettre un avis écrit à son locataire à cet effet dans un délai de :
   a) 48 heures.
   b) 5 jours.
   c) 10 jours.
   d) 30 jours.

FAITES LE POINT

1. Définissez le louage.
2. Expliquez les catégories de louage en donnant des exemples pour chacune.
3. Définissez les principales obligations du locateur et du locataire.
4. Faites la distinction entre la sous-location et la cession de bail.
5. Expliquez les avantages pour un locataire à procéder à la publication de son bail au Registre foncier.
6. Expliquez la différence entre le loyer de base, le loyer additionnel et la clause de loyer proportionnel ou à pourcentage.
7. Expliquez l'importance pour le locataire d'un bail commercial d'inclure une clause de renouvellement de bail et une clause de sous-location dans son bail.

RECHERCHE EN LIGNE

Pour réaliser l'activité suivante, consultez le site de la **Société québécoise d'information juridique (SOQUIJ)**.

Votre ami, qui est locataire, vous appelle au mois d'octobre parce qu'il vient de trouver une punaise morte au bas d'un de ses murs, et il suppose que l'opération d'extermination menée au mois de juillet n'a pas fonctionné. Il vous rappelle que son locateur a fait traiter les lieux au mois de juillet, lors de son entrée dans l'appartement, après avoir constaté la présence de plusieurs punaises vivantes. Votre ami n'a pu intégrer le logement qu'au mois d'août. Découragé, il vous demande s'il peut résilier son bail et s'il peut demander le remboursement des quatre mois de loyer, qui totalisent 2000 $. Vous vous rappelez soudainement une décision rendue par le tribunal de la Régie du logement alors que vous étiez étudiant à l'université.

Sur le site de la SOQUIJ, inscrivez les critères de recherche suivants:

Tribunal ou organisme: Régie du logement (RDL)

Type de recherche: Plein texte

Mots clés: infestation punaises

En vous référant à la décision 31 080728097 G rendue par la juge du Tribunal administratif Linda Boucher, en date du 21 mai 2010, dans la cause AARYN SECKER locataire/Partie demanderesse et MCGILL UNIVERSITY RESIDENCES locateur/Partie défenderesse, éclairez votre ami:

a) Selon la juge Linda Boucher, est-ce que la présence d'une punaise est suffisante pour que soient appliqués les articles 1910-1913 du *Code civil du Québec,* qui permettrait à votre ami de déguerpir et de faire résilier son bail?
b) À la lumière de la décision de la juge, qui a accueilli en partie la demande de la locataire-demanderesse, à quoi peut s'attendre votre ami quant au remboursement de son loyer?

CAS PRATIQUES

1. Vous trouvez un appartement qui comporte trois chambres, et ce, tout près du cégep. Vous signez un bail d'un an, soit du 1er juillet au 30 juin. Le contrat prévoit que la locataire versera 900 $ par mois pour le loyer. Durant le mois de juillet, vous placez des annonces au cégep afin de trouver deux étudiants qui sous-loueraient les chambres à 250 $ chacune.
   a) Deux étudiants du cégep, Thomas et Jonathan, acceptent votre sous-location. Que devez-vous faire?
   b) Peu après, le propriétaire du bloc vous envoie un avis d'augmentation de loyer pour le 1er octobre. Étant donné que vous avez sous-loué deux chambres, êtes-vous obligé d'accepter l'augmentation?
   c) Thomas, un des deux sous-locataires, termine son DEC technique en décembre. Il retournera chez lui, en Gaspésie, pour les fêtes, et vous avise qu'il ne reviendra pas en janvier, et qu'il ne paiera plus. Vous devrez donc vous trouver un nouveau sous-locataire. Avez-vous des recours? Et quelles seront vos obligations envers le propriétaire?

2. Pour le 1er septembre, un de vos amis, Yves, a trouvé un petit logement dans un triplex près de l'université où il étudie. Le logement a une valeur locative de 500 $ par mois. Cependant, il lui est fourni en échange de services d'entretien et de conciergerie du triplex, tels que le déneigement, la tonte de la pelouse, la peinture des balcons, le lavage des vitres extérieures, etc. Au mois de janvier, votre ami reçoit une lettre lui demandant de quitter les lieux dans les cinq jours suivants. Le propriétaire met fin à l'entente parce que votre ami ne remplit pas sa part de l'entente. En effet, celui-ci a négligé notamment le déneigement, l'entretien général, etc. Le propriétaire a reçu des plaintes écrites des deux autres locataires.
   a) Yves vous appelle un peu ébranlé pour vous demander si le propriétaire a le droit de l'évincer en plein mois de janvier puisqu'il n'a signé aucun contrat ou bail.
   b) Est-ce que le délai de cinq jours pour quitter le logement est légitime ?
3. Félix décide d'installer son commerce de vente de chaussures, Le Soulier agile inc., à la Place Sainte-Foy. À cette fin, il rencontre le directeur du centre commercial, Victor Sansoucy, qui lui fait visiter les locaux disponibles. Un certain local intéresse particulièrement Félix. M. Sansoucy lui remet une formule d'offre de location et exige qu'il la signe sur-le-champ s'il ne veut pas rater l'occasion de louer ce local, car plusieurs autres commerçants sont intéressés par cet emplacement. Cette offre mentionne que Félix s'engage à signer le bail type du locateur dans les 30 jours qui suivent la signature de l'offre.
   a) Selon vous, Félix serait-il bien avisé de signer cette offre de location sur-le-champ ? Expliquez les conséquences d'une telle signature.
   b) Quels autres documents Félix devrait-il exiger du locateur ? Justifiez votre réponse.
   c) Après avoir obtenu tous les documents nécessaires, Félix vous consulte afin de s'assurer que ses intérêts seront bien protégés. Il vous explique les faits suivants :
      - son local occupera 3 % de la superficie totale du centre commercial ;
      - le loyer de base sera de 2 500 $ par mois, plus un loyer additionnel représentant 0,5 % de ses recettes mensuelles ;
      - la durée du bail sera de cinq ans.

   Il désire savoir dans quelle proportion il sera responsable des dépenses communes. Il souhaite aussi que vous recommandiez des ajouts au bail afin de mieux protéger ses droits. Quelles sont vos recommandations ? Expliquez votre réponse.

CHAPITRE

12

LES AUTRES CONTRATS LIÉS AUX ACTIVITÉS COMMERCIALES

OBJECTIFS D'APPRENTISSAGE

À la fin de ce chapitre, vous devriez être en mesure :

1. de distinguer les différents contrats fréquemment conclus par les consommateurs et les entreprises ;
2. de connaître les caractéristiques des principaux contrats liés aux activités commerciales ;
3. d'énumérer et d'expliquer les obligations réciproques du mandant et du mandataire, et leurs obligations à l'égard des tiers ;
4. de distinguer les obligations de l'assuré de celles de l'assureur à la suite de la conclusion du contrat d'assurance ;
5. d'expliquer les principales dispositions du *Code civil du Québec* en ce qui concerne le contrat de transport et le contrat d'entreprise ou de service ainsi que les dispositions relatives au contrat de franchisage ;
6. de connaître les principales lois qui s'appliquent aux droits d'auteur, aux brevets d'invention, aux dessins industriels et aux marques de commerce ;
7. d'appliquer les notions apprises dans ce chapitre à des situations pratiques et de trouver l'information pertinente au moyen de divers outils de recherche juridique.

MISE EN SITUATION

À la suite du début des opérations du Centre sportif du Vieux-Montréal il y a neuf mois, Rosaire et ses associés viennent vous rencontrer pour vous soumettre les différents problèmes auxquels ils font face. Deux vélos stationnaires achetés chez Weider ont été endommagés lors du transport par Transport Toutemps inc. Le conducteur du camion s'était endormi au volant après avoir consommé quatre bières. Les vélos valent 2000 $ chacun et l'entreprise de transport offre de verser 200 $ par vélo, parce que le contrat de transport contient une clause limitant sa responsabilité à 200 $ par boîte.

Par ailleurs, dans la pièce où se donnent les cours de badminton, Rosaire et ses associés ont constaté que le plafond coulait et que, de plus, il y avait une infiltration d'eau au sous-sol. Cette nouvelle construction a été exécutée par Construbec inc. selon des plans et devis préparés par l'architecte Denis Boileau.

Ayant demandé à Sylvie Tremblay de dessiner un logo pour le Centre sportif du Vieux-Terrebonne, ils veulent que ce logo puisse s'appliquer également au Centre sportif du Vieux-Montréal et aux autres centres qu'ils pourraient ouvrir à l'avenir. Ils se demandent comment protéger leur logo.

Questions

1. Est-ce que la clause limitative de responsabilité du contrat de transport est opposable à Rosaire et à ses associés ?
2. Ont-ils des recours contre l'entrepreneur et l'architecte en ce qui concerne les dommages affectant l'immeuble ?
3. Quelle est la meilleure façon d'éviter que des concurrents copient leur logo ?

SIGNETS INTERNET

Ce chapitre renvoie aux sites Internet des organismes (ou documents) suivants :

- Autorité des marchés financiers
- *Loi sur les assurances*
- *Loi sur les transports*
- Office de la propriété intellectuelle du Canada (OPIC)
- Occasion franchise

INTRODUCTION

Dans les chapitres 10 et 11, nous avons étudié en détail les dispositions régissant les deux contrats qu'une personne et une entreprise sont appelées à signer souvent au cours d'une vie: la vente et le louage. Le présent chapitre sera consacré à l'examen du mandat, du contrat d'assurance, du contrat de transport et du contrat d'entreprise ou de service ainsi qu'au franchisage, qui sont aussi des contrats fréquemment conclus par les consommateurs et les entreprises. Nous examinerons également les lois et les règlements liés au franchisage et à la propriété intellectuelle.

12.1 LE MANDAT

Mandat *(Mandate)*
Mission qu'une personne, le *mandant,* confie à une autre personne, le *mandataire,* de la représenter dans l'accomplissement d'un acte juridique avec un tiers (par exemple la négociation ou la signature d'un contrat).

Le **mandat** a pour fondement le principe juridique de la représentation. Le mandataire représente le mandant; il agit en son nom et suivant ses instructions. Ainsi, l'actionnaire qui ne peut être présent à une importante assemblée de son entreprise nommera une personne pour le représenter et exercer son droit de vote à sa place. Dans un écrit, on le désigne souvent sous le nom de «procuration» (art. 2130 du C.c.Q.).

> **Exemple** Le syndic de faillite représente les créanciers dans la liquidation des actifs du failli. Il est donc mandataire des créanciers.

Ainsi, toutes les personnes dont le rôle, le travail ou la fonction consiste à représenter une autre personne, une entreprise ou un organisme sont des mandataires et, à ce titre, elles sont soumises aux dispositions touchant le mandat.

> **Exemple** Thierry a subi un grave accident et le médecin lui a indiqué que pendant les six prochains mois, il ne pourra vaquer à ses occupations et voir à l'administration de son commerce de dépanneur, qu'il a mis sur pied à titre d'entrepreneur individuel. Il rédige un mandat en faveur de Josée, son épouse, afin qu'elle puisse le remplacer dans l'administration courante du commerce, notamment pour signer les chèques, faire les achats et les dépôts et le représenter pendant sa convalescence.

12.1.1 Les mandats particuliers

Au fil des années, la pratique du monde des affaires a créé des mandats particuliers. Certains de ces mandats sont confiés aux avocats et aux notaires. C'est le cas, notamment, du mandat en prévision de l'inaptitude, dont nous avons défini le fonctionnement dans le chapitre 3, et que le *Nouveau Code de procédure civile* remplace par le mandat de protection. D'autres mandats sont confiés à des intermédiaires ou à des consultants spécialisés dans des domaines précis où certaines de leurs tâches peuvent inclure un mandat, il s'agit de mandataires professionnels. Ceux-ci sont soumis à des lois précises afin de mieux protéger les intérêts du public.

Ainsi, les avocats et les notaires sont soumis à la *Loi sur le Barreau* et à la *Loi sur le notariat* ainsi qu'au *Code des professions.* D'autres mandataires, comme les planificateurs financiers, les experts en sinistres, les courtiers, les représentants et les agents d'assurances, sont assujettis à la *Loi sur la distribution de produits et services financiers*, à la *Loi sur l'Autorité des services financiers* et à la *Loi sur les valeurs mobilières,* qui visent toutes à encadrer ces professionnels offrant des services de consultation et de planification financière aux consommateurs québécois. Ils sont aussi soumis au pouvoir de contrôle et de surveillance de l'**Autorité des marchés financiers**.

Par ailleurs, certains mandataires, comme les avocats, les notaires, les planificateurs financiers, les représentants en distribution de produits et services financiers et l'expert en sinistre sont soumis à ce qu'on appelle le «secret professionnel» dans leurs relations avec leurs clients. Cela permet de protéger les personnes qui font affaire avec eux. Le public peut donc se fier au fait que les informations transmises sont protégées par le secret professionnel en vertu de leurs codes de déontologie, qui prévoient précisément cette obligation.

Ainsi, selon le *Code de déontologie des avocats*, l'avocat doit prendre les moyens raisonnables pour faire respecter le secret absolu des confidences qu'il reçoit dans l'exercice de sa profession par toute personne qui coopère avec lui ou exerce ses activités au sein de la société où il exerce lui-même ses activités professionnelles (art. 3.06.03).

Selon le *Code de déontologie des notaires*, le notaire est tenu au secret professionnel (art. 35) et ne peut être relevé de cette obligation qu'avec l'autorisation écrite de la personne concernée ou si la loi l'ordonne (art. 36).

Le *Code de déontologie des experts en sinistres* prévoit que l'expert en sinistre doit respecter la confidentialité de tous les renseignements personnels qu'il obtient concernant un client et les utiliser aux fins pour lesquelles il les obtient, à moins qu'une disposition d'une loi ou d'une ordonnance d'un tribunal compétent ne le relève de cette obligation (art. 22).

En vertu du *Code de déontologie des représentants en distribution de produits et services financiers*, le représentant doit respecter le secret de tous les renseignements personnels qu'il obtient sur un client et les utiliser aux fins pour lesquelles il les obtient, à moins qu'une disposition d'une loi ou d'une ordonnance d'un tribunal compétent ne le relève de cette obligation (art. 26).

12.1.2 Les types de mandats

Le mandat peut être spécial ou général. Dans les exemples précédents, le mandant qui nomme un mandataire pour une affaire en particulier ou pour certaines affaires spéciales lui confie un **mandat spécial.** Le mandataire qui est chargé d'administrer toutes les affaires du mandant jouit d'un mandat général. L'article 2135 du *Code civil* précise bien que le **mandat général** ne comprend que les **actes de simple administration** (art. 1301 à 1305 du C.c.Q.).

> **Exemple** Le tuteur d'un mineur ne peut accomplir que des actes de simple administration. Ainsi, le tuteur ne pourrait vendre ou hypothéquer les biens du mineur ; pour ce faire, il lui faudrait une autorisation expresse. Ce sera le cas des **actes de pleine administration** énumérés aux articles 1306 et 1307 du *Code civil.*

À moins de convention contraire, le mandat est gratuit en droit civil. Celui qui est confié à des commerçants (courtiers en valeurs mobilières, courtiers en immeubles, etc.) ou à des personnes qui exercent une profession libérale (avocats, notaires, etc.) est présumé à titre onéreux (art. 2133 du C.c.Q.).

12.1.3 Les conditions du mandat

Le mandat est un contrat qui suit les règles de validité applicables aux contrats en général en ce qui concerne la capacité, le consentement, la forme, l'objet et la cause du contrat (*voir le chapitre 5*).

A. Le consentement et la forme

En ce qui a trait au consentement au mandat, la loi prévoit l'acceptation tacite du mandat par le mandataire. En ce qui concerne la forme, même si le mandat verbal peut être reconnu, à l'exception du mandat en prévision de l'inaptitude, en principe, le mandat doit être donné et constaté par écrit.

La *Loi concernant les soins de fin de vie* (C. S-32.0001)

À la suite du dépôt, en mars 2012, du *Rapport de la Commission sur la question de mourir dans la dignité*, l'Assemblée nationale du Québec a adopté la *Loi concernant les soins de fin de vie* au printemps 2014. L'article 1 de la *Loi* définit comme suit l'objet de celle-ci :

> **Art. 1 La présente loi a pour but d'assurer aux personnes en fin de vie des soins respectueux de leur dignité et de leur autonomie. À cette fin, elle précise les droits de ces personnes de même que l'organisation et l'encadrement des soins de fin de vie de façon à ce que toute personne ait accès, tout au long du continuum de soins, à des soins de qualité adaptés à ses besoins, notamment pour prévenir et apaiser ses souffrances.**
>
> **De plus, la présente loi reconnaît la primauté des volontés relatives aux soins exprimées clairement et librement par une personne, notamment par la mise en place du régime des directives médicales anticipées.**

L'article 2 définit les principes qui doivent guider la prestation de ces soins :

> **Art. 2 Les principes suivants doivent guider la prestation des soins de fin de vie :**
>
> **1° le respect de la personne en fin de vie et la reconnaissance de ses droits et libertés doivent inspirer chacun des gestes posés à son endroit ;**
>
> **2° la personne en fin de vie doit, en tout temps, être traitée avec compréhension, compassion, courtoisie et équité, dans le respect de sa dignité, de son autonomie, de ses besoins et de sa sécurité ;**
>
> **3° les membres de l'équipe de soins responsable d'une personne en fin de vie doivent établir et maintenir avec elle une communication ouverte et honnête.**

Les directives médicales anticipées auxquelles l'article 1 de la *Loi* fait référence peuvent être inscrites dans son mandat en prévision de l'inaptitude et sont reconnues par les articles 4, 5 et 6 de la *Loi* :

> **Art. 4 Toute personne, dont l'état le requiert, a le droit de recevoir des soins de fin de vie, sous réserve des exigences particulières prévues par la présente loi.**
>
> **Ces soins lui sont offerts dans une installation maintenue par un établissement, dans les locaux d'une maison de soins palliatifs ou à domicile.**
>
> **Les dispositions du présent article s'appliquent en tenant compte des dispositions législatives et réglementaires relatives à l'organisation et au fonctionnement des établissements, des orientations, des politiques et des approches des maisons de soins palliatifs ainsi que des ressources humaines, matérielles et financières dont ils disposent. Elles complètent celles de la Loi sur les services de santé et les services sociaux (chapitre S-4.2) et celles de la Loi sur les services de santé et les services sociaux pour les autochtones cris (chapitre S-5) portant sur les droits des usagers et des bénéficiaires).**
>
> **Art. 5 Sauf disposition contraire de la loi, toute personne majeure et apte à consentir aux soins peut, en tout temps, refuser de recevoir un soin qui est nécessaire pour la maintenir en vie ou retirer son consentement à un tel soin.**
>
> **Dans la mesure prévue par le Code civil, le mineur de 14 ans et plus et, pour le mineur ou le majeur inapte, la personne qui peut consentir aux soins pour lui peuvent également prendre une telle décision.**
>
> **Le refus de soin ou le retrait de consentement peut être communiqué par tout moyen.**
>
> **Le médecin doit s'assurer du caractère libre de la décision et donner à la personne toute l'information lui permettant de prendre une décision éclairée, notamment en l'informant des autres possibilités thérapeutiques envisageables, dont les soins palliatifs.**
>
> **Art. 6 Une personne ne peut se voir refuser des soins de fin de vie au motif qu'elle a préalablement refusé de recevoir un soin ou qu'elle a retiré son consentement à un soin.**

Ces directives médicales anticipées ne concernent que les questions médicales liées à la personne qui décide de s'en prévaloir. La personne qui donne ces directives doit être apte au moment où elle les donne par écrit ou autrement, en prévision du moment où elle ne sera plus en état de prendre ces décisions en raison de la dégradation de son état.

Dans le jugement *Carter c. Procureur général du Canada (2015 CSC 5)* rendu le 6 février 2015, la Cour suprême a reconnu à l'unanimité le droit à toute personne de mourir dans la dignité avec l'assistance d'un médecin. Elle a ainsi déclaré par le fait même que les articles 241 b et 14 du *Code Criminel* portent atteinte de manière injustifiée à l'article 7 de la *Charte canadienne des droits et libertés* et qu'ils sont inopérants, dans la mesure où ils prohibent l'aide médicale à mourir à l'égard d'une personne adulte capable qui 1) consent clairement à mettre fin à sa vie et 2) est atteinte des problèmes de santé graves et irrémédiables (y compris une maladie, une affection ou un handicap) lui causant des souffrances persistantes qui lui sont intolérables au regard de sa condition.

> **Exemple** Au moment de la vente de sa résidence, Jean-Pierre, qui ne peut être présent à la signature du contrat, donne une procuration à sa femme, Monique, pour qu'elle puisse le représenter et signer l'acte de vente à sa place.

B. La capacité

Le mandant doit jouir de la pleine capacité juridique au moment où il donne le mandat. En effet, on voit mal comment un mandant pourrait déléguer à un mandataire des pouvoirs qu'il ne possède pas lui-même en raison de son incapacité.

12.1.4 Les effets du mandat

Le mandataire a des responsabilités et des obligations, en plus d'être soumis à un code d'éthique.

A. Les obligations du mandataire

Le mandataire a essentiellement l'obligation d'exécuter le mandat qu'il a accepté. La figure 12.1 résume les obligations du mandataire.

FIGURE 12.1 Les obligations du mandataire

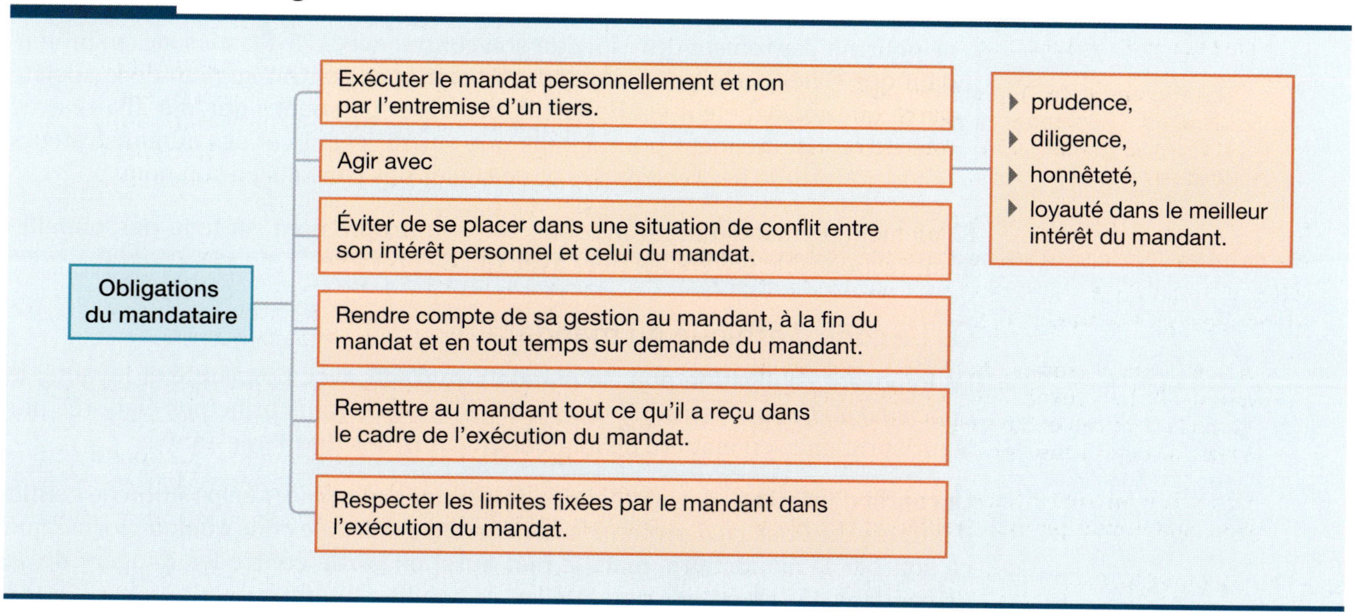

B. La responsabilité du mandataire

Le mandataire négligent dans l'exécution de son mandat est passible de poursuite en dommages-intérêts. Toutefois, si le mandat est gratuit, la responsabilité du mandataire relativement aux fautes qu'il aurait pu commettre dans l'exécution de son mandat s'en trouvera d'autant diminuée, mais elle subsiste quand même (art. 2148 du C.c.Q.). En général, le mandataire n'est pas responsable personnellement envers les tiers des actes accomplis dans l'exécution du mandat s'il a agi conformément à son mandat (art. 2157(1) du C.c.Q.). Par ailleurs, le mandataire qui excède son mandat devient responsable à l'endroit des tiers, à moins qu'il n'ait rempli le mandat d'une façon plus avantageuse pour le mandant.

> **Exemple** Pierre confie à Jacques le mandat de vendre sa voiture pour la somme de 5 000 $. Si Jacques vend la voiture 4 000 $, il dépasse le cadre de son mandat. S'il la vend 6 000 $, il est présumé être resté dans les limites de son mandat, étant donné que la transaction s'est faite à l'avantage de son mandant.

Si le mandataire excède les limites de son mandat, mais que le mandant ratifie après coup ce dépassement de mandat, le mandant demeure alors responsable à l'égard des tiers (art. 2160(2) du C.c.Q.), mais le mandataire n'a plus de responsabilité envers les tiers (art. 2152 du C.c.Q.).

Certaines personnes, à cause de leur profession ou du poste qu'elles occupent, engagent leur employeur ou mandant, car elles détiennent un mandat implicite ou usuel lié à leurs fonctions. À ce sujet, l'article 2137 du C.c.Q. énonce ce qui suit :

> **Art. 2137 du C.c.Q. Les pouvoirs que l'on donne à des personnes de faire un acte qui n'est pas étranger à la profession ou aux fonctions qu'elles exercent, mais se déduisent de leur nature, n'ont pas besoin d'être mentionnés expressément.**

> **Exemple** Gilles est directeur général de PolyPlante inc., une société spécialisée dans la fabrication de plantes en plastique de toutes sortes. Au cours d'un voyage aux États-Unis, il signe un contrat de 500 000 $ US pour l'achat de 5 000 kilos de plastique de U.S. Plastics Inc., pensant faire un bon achat pour la société. À son retour, Robert, l'acheteur de PolyPlante inc., lui dit que le fournisseur canadien Polyure Canada inc. vend la même quantité de plastique pour 500 000 $ CAN et que, loin de représenter une bonne affaire, le contrat signé par Gilles entraîne des coûts excédentaires de 15 % pour l'entreprise en raison de la différence du taux de change. Malheureusement, le conseil d'administration de cette dernière ne pourrait pas refuser de respecter son contrat avec U.S. Plastics Inc. en prétendant que Gilles n'avait pas le mandat de signer ce contrat au nom de la société parce que son acheteur est Robert. En effet, les personnes qui font affaire avec une entreprise tiennent pour acquis que ses dirigeants et ses administrateurs ont le pouvoir de lier l'entreprise et de signer des contrats en son nom.

Finalement, le mandataire qui s'oblige en son propre nom est tenu personnellement responsable envers les tiers avec qui il contracte.

C. Le code d'éthique du mandataire

En imposant l'obligation pour le mandataire d'agir avec honnêteté et loyauté, le *Code civil du Québec* introduit dans la législation certains principes élaborés par la jurisprudence en matière de mandat au cours des dernières années.

Le conflit d'intérêts Le mandataire doit éviter de se placer en position de conflit d'intérêts. Le *Code civil* prohibe la concurrence déloyale sous quelque forme que ce soit par le mandataire, mais le met aussi en garde contre les dangers de se placer dans des situations potentielles de conflit d'intérêts.

Le double mandat Il arrive qu'un mandataire, un courtier en immeubles, par exemple, accepte de représenter deux parties à la fois : l'acheteur et le vendeur. Le *Code civil* énonce qu'un mandataire qui accepte d'agir de la sorte pour des parties dont les intérêts sont en conflit ou susceptibles de l'être doit en informer chacun des mandants, à moins que l'usage ou la connaissance respective du double mandat ne l'en dispense. De plus, il doit agir envers chacun d'entre eux avec impartialité. La sanction associée au double mandat est la nullité relative que seul le mandant qui en subit préjudice peut demander (art. 2143 du C.c.Q.).

Le détournement d'information ou d'un bien L'article 2146 du *Code civil* mentionne que :

> **Art. 2146 (1) du C.c.Q. Le mandataire ne peut utiliser à son profit l'information qu'il obtient ou le bien qu'il est chargé de recevoir ou d'administrer dans l'exécution de son mandat, à moins que le mandant n'y ait consenti ou que l'utilisation ne résulte de la loi ou du mandat.**

> **Exemple** Des administrateurs ou des représentants d'entreprise profitent de leur situation et d'informations privilégiées auxquelles ils ont accès pour faire des profits personnels.

Dans un tel cas, outre la compensation à laquelle ils peuvent être tenus pour le préjudice subi, ces mandataires doivent, s'ils utilisent le bien ou l'information sans y être autorisés, indemniser le mandant (l'entreprise, dans notre exemple) en payant, s'il s'agit d'une information, une somme équivalant à l'enrichissement qu'ils ont obtenu ou, s'il s'agit d'un bien, un loyer approprié ou l'intérêt sur les sommes utilisées (art. 2146(2) du C.c.Q).

L'interdiction d'être partie à un contrat Finalement, le mandataire ne peut se porter partie, même par personne interposée, à un acte ou à un contrat qu'il a accepté de conclure pour son mandant, à moins que celui-ci ne l'autorise ou ne connaisse sa qualité de cocontractant (art. 2147(1) du C.c.Q.).

> **Exemple** Un courtier en immeubles, un syndic de faillite, un tuteur ou un curateur se porte acquéreur directement ou par personne interposée (un frère, par exemple) d'un bien qu'il administre.

La sanction associée à un tel acte est la nullité relative que seul le mandant peut demander (art. 2147(2) du C.c.Q.).

Les administrateurs de personnes morales Dans le cas des administrateurs de personnes morales, des dirigeants et des membres de conseil d'administration, les articles 321 à 326 du *Code civil* viennent compléter les règles générales du mandat et leur imposer des obligations additionnelles que nous avons examinées dans le chapitre 3.

Les obligations du mandant envers le mandataire Vis-à-vis du mandataire, le mandant a essentiellement l'obligation de faciliter l'exécution du mandat, d'indemniser le mandataire et de payer ce dernier pour les services rendus.

> **Exemple** Denis représente l'entreprise Dee V-D inc. et parcourt le Québec pour vendre ses produits. Dee V-D inc. doit lui rembourser les frais engagés tels ses frais de déplacement et lui verser la commission ou le salaire convenu.

Les obligations du mandant envers les tiers La règle est que le mandant est responsable envers les tiers de tous les actes faits par son mandataire dans l'exercice et les limites de son mandat. Il est également responsable des actes qui excèdent les limites de son mandat et qu'il a ratifiés. En matière de responsabilité extracontractuelle, le mandant est responsable envers les tiers des dommages résultant de la faute du mandataire dans l'exécution de son mandat. Si des dommages résultent du fait que le mandataire a excédé son mandat et que le mandant a dû en supporter le coût, ce dernier peut alors exercer un recours contre son mandataire. La figure 12.2 résume les différentes obligations du mandant.

FIGURE 12.2 Les obligations du mandant

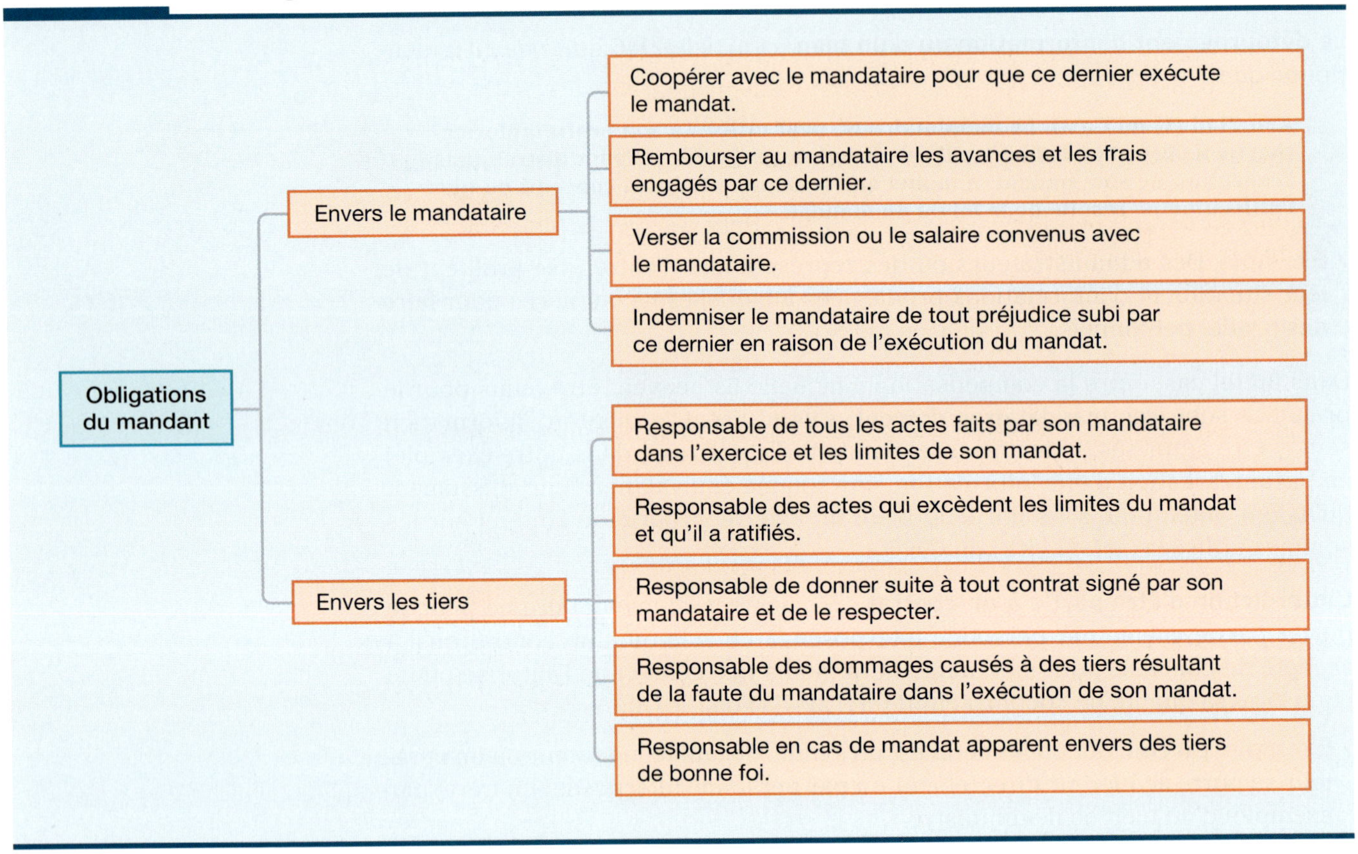

Le mandat apparent Dans le domaine des affaires, il arrive souvent que des entreprises concluent, avec des hôteliers ou des restaurateurs, des ententes qui permettent à leurs représentants de séjourner dans les hôtels et de prendre des repas aux frais des entreprises en question. Certaines entreprises mettent même à leur disposition des cartes de crédit au nom de l'entreprise. Si ces représentants quittent leur emploi et continuent d'user de ces privilèges, l'entreprise demeure responsable du paiement des frais envers les tiers de bonne foi, tant qu'elle n'a pas avisé ces derniers, par écrit, qu'elle révoquait le mandat. Cette dernière forme de mandat prend le nom de « mandat apparent » (art. 2163 du C.c.Q.). Notons toutefois que l'entreprise aura un recours contre ses anciens employés pour se faire rembourser.

> **Exemple** Michel est un vendeur de l'entreprise d'équipement de ski Dynastar, et son rôle consiste à visiter des détaillants sur l'ensemble du territoire du Québec. Dans certaines villes, l'entreprise a conclu des ententes avec des hôteliers ; Michel n'a alors qu'à signer la note d'hôtel que l'hôtelier envoie directement à Dynastar pour en obtenir le paiement. Michel est congédié et il prend des vacances à Québec. Comme d'habitude, il descend au Château Frontenac et signe la note qui est envoyée à Dynastar. Lorsque Dynastar reçoit la facture,

elle envoie une lettre au Château Frontenac indiquant que Michel a été congédié et que Dynastar ne paie plus ses notes d'hôtel. Malheureusement, dans ce cas, la société devra payer la note parce qu'elle n'a pas pris les dispositions nécessaires pour aviser les hôteliers du congédiement de Michel avant que ce dernier occupe la chambre.

12.1.5 L'extinction du mandat

Le mandat se termine :

- par **révocation.** Le mandat, même assorti d'un salaire, peut être révoqué. Ce droit ne doit cependant pas être utilisé d'une façon abusive ;
- par la **renonciation** du mandataire ou du mandant ;
- par la **mort du mandant ou du mandataire.** Le contrat de mandat étant fondé sur la représentation personnelle, il est tout à fait normal qu'il prenne fin par le décès de l'une ou l'autre des parties ; le mandat ne se transmet pas aux héritiers du mandataire ;
- par la **faillite** de l'une ou l'autre des parties ;
- par l'**extinction** du pouvoir dans le mandat ;
- par l'**accomplissement de l'affaire** ou l'expiration du temps pour lequel le mandat a été donné ;
- pour toute autre cause d'extinction commune aux obligations (*voir le chapitre 5*) ;
- par l'**ouverture d'un régime de protection,** dans certains cas, à l'égard de l'une ou l'autre des parties, selon l'article 2175 du *Code civil du Québec*. Toutefois, le mandat ne prend pas fin du seul fait que le mandant devient inapte à prendre soin de lui-même ou à administrer ses biens.

> **Exemple** Le Tribunal a décidé qu'on ne pouvait révoquer le mandat d'un agent à commission chargé de vendre du matériel de climatisation au moment où, grâce à ses efforts, l'affaire était sur le point d'être conclue. Les dommages-intérêts seront, dans ce cas, proportionnels à la commission perdue.

12.2 LES ASSURANCES

L'assurance est un secteur du monde des affaires qui a connu un essor particulièrement important au Canada au cours des dernières décennies. En effet, se sentant à la merci d'événements imprévisibles, on éprouve aujourd'hui de plus en plus le besoin de protéger son patrimoine acquis au prix d'un dur labeur. L'arme la plus efficace dont on dispose pour contrer l'adversité est l'assurance qui, par un mécanisme des plus simples, répartit entre un grand nombre de personnes les pertes subies par les individus victimes du hasard. Au Québec, les assurances sont soumises à une double réglementation. D'une part, elles relèvent d'une loi générale, le *Code civil*, dont les articles 2389 à 2628 régissent le contrat d'assurance et ses diverses modalités. D'autre part, elles sont l'objet d'une loi statutaire spéciale, la ***Loi sur les assurances***, qui régit l'activité des compagnies d'assurances. De plus, les activités des agents et courtiers d'assurance et des experts en sinistre sont aussi soumises à la *Loi sur la distribution de produits et services financiers*.

12.2.1 Les principales branches de l'assurance

L'assurance se divise en deux grandes catégories : l'assurance maritime et l'assurance terrestre. Cette dernière comprend :

- l'assurance de personnes, qui inclut l'assurance individuelle et l'assurance collective, notamment en matière d'assurance sur la vie, d'assurance maladie et d'assurance salaire et intégrité de la personne ;

i+ Pour en savoir davantage sur les branches de l'assurance et leurs champs d'application

- l'assurance de dommages, qui inclut l'assurance de biens et l'assurance de responsabilité.

Les différentes branches de l'assurance sont définies dans le *Code civil du Québec*.

12.2.2 Le contrat d'assurance

L'article 2389 du *Code civil du Québec* définit le contrat d'assurance. On peut dégager de cette définition les éléments essentiels suivants du contrat d'assurance: l'assureur, le preneur, le risque, le sinistre, la prime ou la cotisation, la prestation de l'assureur ou l'indemnité, l'intérêt d'assurance et le bénéficiaire.

A. Le risque

Le risque peut se définir comme tout événement incertain qui ne dépend pas de la volonté des parties, plus particulièrement de la volonté de l'assuré, et non contraire à l'ordre public et contre lequel le preneur d'assurance désire s'assurer.

L'événement incertain L'incertitude porte généralement sur la réalisation du risque (par exemple l'incendie d'une maison ou le vol d'un objet), mais elle peut aussi porter sur l'époque de la réalisation du risque (l'assurance vie, par exemple).

L'événement qui ne dépend pas de la volonté des parties L'article 2464 du *Code civil* reconnaît qu'une personne peut s'assurer contre le dommage causé à autrui par sa propre faute ou négligence. Ce contrat d'assurance de responsabilité est valide dans la mesure où l'événement dommageable n'est pas causé par la faute intentionnelle de l'assuré; sinon, la notion de risque disparaît du contrat, qui devient alors illégal. La seule exception que le *Code civil* reconnaît à cette théorie de l'incertitude du risque s'applique au suicide. En effet, l'article 2441 du *Code civil* énonce que le suicide de l'assuré n'est pas cause de nullité du contrat d'assurance et que toute stipulation contraire est sans effet si le suicide survient après deux ans d'assurance ininterrompue. On ne peut non plus se protéger contre ses actes criminels. Ainsi, un contrat d'assurance ayant pour objet de protéger un contrebandier contre les risques de son « métier » serait nul.

B. Le sinistre

Dans les faits, le sinistre est la réalisation du risque. Par exemple, il peut s'agir d'un incendie qui détruit une maison ou le vol d'une automobile.

C. La prime ou la cotisation

La prime ou la cotisation constitue le prix de l'assurance, c'est-à-dire le montant que l'assuré doit verser à l'assureur en contrepartie du risque que ce dernier court à sa place. Le critère de base utilisé dans l'établissement de la prime est celui de la probabilité de la réalisation du risque. La prime varie également en fonction de la somme assurée. Dans le cas d'une assurance collective, le montant de la prime ou de la cotisation est inférieur à celui d'une assurance individuelle en raison du fait qu'il y a plus de participants à la police d'assurance.

D. La prestation de l'assureur ou l'indemnité

La prestation de l'assureur est l'obligation qui lui incombe de payer à l'assuré une somme d'argent dans le cas de la réalisation du risque qu'on appelle l'indemnité d'assurance.

L'assurance de personnes L'assureur doit payer l'indemnité au preneur, à l'adhérent ou au bénéficiaire désigné dans la police, selon qu'il s'agit d'assurance vie, d'assurance maladie, d'assurance accident ou de rente. L'article 2449 du *Code civil du Québec* énonce :

> **Art. 2449 du C.c.Q. La désignation de la personne à laquelle il est marié ou uni civilement à titre de bénéficiaire, par le titulaire de la police ou l'adhérent, dans un écrit autre qu'un testament, est irrévocable, à moins de stipulation contraire. La désignation de toute autre personne à titre de bénéficiaire est révocable, sauf stipulation contraire dans la police ou dans un écrit distinct autre qu'un testament. La désignation d'une personne en tant que titulaire subrogé est toujours révocable.**
>
> **Lorsqu'elle peut être faite, la révocation doit résulter d'un écrit; il n'est pas nécessaire, toutefois, qu'elle soit expresse.**

L'assurance de dommages Sous réserve des droits des créanciers, l'article 2494 du *Code civil* donne aussi à l'assureur la faculté de réparer, de rebâtir ou de remplacer la chose assurée.

> **Exemple** Dans une assurance contre le bris de vitres, l'assureur peut remplacer la vitre brisée plutôt que d'en payer la valeur en argent.

L'assurance de responsabilité La prestation de l'assureur consiste à prendre en main la défense de toute personne qui a droit au bénéfice de l'assurance et à assumer sa défense dans toute action intentée contre elle et, le cas échéant, à payer le montant de toute condamnation (art. 2503 du C.c.Q.).

CLIN D'ŒIL DE LA COUR

Les assurances ne couvrent pas la faute intentionnelle

Andrée Ballard c. Richard Cordeau et l'Industrielle Alliance Compagnie d'assurances générales présentée à la Cour du Québec du district de Québec (1990) R.J.Q., p. 1664.

Le juge Bernard Flynn devait se prononcer sur une réclamation de 9000 $. La partie demanderesse, Andrée Ballard, réclamait cette somme à titre de dommages pour des blessures résultant d'une fracture du poignet causée par le défendeur, Richard Cordeau, au cours d'une altercation. Richard Cordeau poursuivait en garantie sa compagnie d'assurances, qui refusait d'honorer son assurance responsabilité civile, prétendant qu'il s'agissait d'un accident.

La compagnie d'assurances refusait de payer, soutenant qu'il ne s'agissait pas d'un accident, mais d'une faute intentionnelle de la part du défendeur Cordeau, son assuré, qui empêche l'application de la police d'assurance en vertu de l'article 2563 du *Code civil du Bas-Canada,* devenu l'article 2464 du *Code civil du Québec,* mais dont le texte est le même.

Le juge Flynn a accepté la demande d'Andrée Ballard pour la somme de 9000 $, indiquant que, dans les moments qui ont précédé l'accident, Richard Cordeau s'est montré assez menaçant pour que la demanderesse juge prudent de quitter les lieux. En état d'ébriété et cherchant à la retenir, il lui a alors fracturé le poignet.

Se prononçant sur l'action en garantie de Cordeau contre sa compagnie d'assurances pour qu'elle paie la somme de 9000 $, le juge a reconnu qu'il s'agissait d'une faute intentionnelle de la part de l'assuré au sens de l'article 2563 du *Code civil du Bas-Canada* devenu l'article 2464 du *Code civil du Québec*. On peut saisir une personne par le bras pour l'inciter à rester sur place sans causer le moindre dommage. Cependant, dans cette cause, le défendeur était en colère au moment où il a fait le geste qui a causé la fracture et le juge est d'avis que la force utilisée était telle qu'un homme raisonnable aurait dû savoir qu'il ferait mal et pourrait même causer une fracture.

> **Art. 2464 du C.c.Q. L'assureur est tenu de réparer le préjudice causé par une force majeure ou par la faute de l'assuré, à moins qu'une exclusion ne soit expressément et limitativement stipulée dans le contrat. Il n'est toutefois jamais tenu de réparer le préjudice qui résulte de la faute intentionnelle de l'assuré. En cas de pluralité d'assurés, l'obligation de garantie demeure à l'égard des assurés qui n'ont pas commis de faute intentionnelle.**
>
> **Lorsque l'assureur est garant du préjudice que l'assuré est tenu de réparer en raison du fait d'une autre personne, l'obligation de garantie subsiste quelles que soient la nature et la gravité de la faute commise par cette personne.**

E. L'intérêt d'assurance

L'article 2481 du *Code civil* énonce qu'une personne a un intérêt d'assurance dans un bien lorsqu'elle peut subir un dommage direct et immédiat de la perte ou de la détérioration de cette chose. Le contrat d'assurance ne doit pas constituer un moyen de s'enrichir, mais bien une façon de se protéger contre le risque d'appauvrissement de son patrimoine. Le propriétaire d'un bien a intérêt à l'assurer, car il subirait une perte à la suite de la destruction ou de la détérioration de ce bien. Les gens d'affaires et les entreprises ont également intérêt à assurer leurs biens en cas de perte ou d'accident. Il en est de même pour les institutions financières à qui les biens sont donnés en garantie d'un prêt, à tire de créancier hypothécaire.

> **Exemple** Un contrat de prêt entre un établissement financier et l'acheteur d'un immeuble contient une clause stipulant que ce dernier devra assurer son immeuble contre les incendies et que, à la suite d'un sinistre, le produit de la police d'assurance sera versé au créancier hypothécaire jusqu'à concurrence du montant de sa créance.

Il est à noter que l'assurance d'une chose dans laquelle l'assuré n'a aucun intérêt est sans effet. L'article 2419 du *Code civil* déclare qu'une personne a un intérêt susceptible d'assurance pour sa vie et sa santé ainsi que pour celles : 1) de son conjoint ; 2) de ses descendants et de ceux de son conjoint, quelle que soit leur filiation ; 3) de ceux qui contribuent à son soutien ou à son éducation ; 4) de ses préposés et de son personnel ; et 5) d'un associé dans un contrat de société ou d'un coactionnaire dans une société par actions ou de toute personne dont la vie et la santé présentent pour l'assuré un intérêt pécuniaire.

Également, on constate l'existence d'un intérêt susceptible d'assurance dans les cas suivants :

- Une entreprise peut prendre une assurance vie sur la vie de ses principaux administrateurs.
- Une institution financière peut prendre une assurance vie sur la vie d'un emprunteur.

12.2.3 Les conditions de formation du contrat d'assurance

En ce qui concerne le contrat d'assurance, on retrouve les mêmes conditions de validité, à savoir : la capacité, l'objet, la cause, le consentement et la forme. Mais une condition particulière vient s'ajouter au contrat d'assurance : il s'agit de la **déclaration du risque.**

A. La capacité

Au Québec, l'article 201 de la *Loi sur les assurances* impose deux conditions à l'assureur : être dûment constitué en société par actions et être détenteur d'un permis émanant de l'Autorité des marchés financiers.

B. Le consentement

Le contrat d'assurance est parfait au moment où les parties prennent connaissance de leur consentement réciproque. Ce consentement doit être exempt d'erreur, de dol ou de violence.

> **Exemple** Déclarer à un assureur que l'on désire assurer une maison privée contre les incendies alors qu'en réalité, cet immeuble abrite une entreprise constitue une fausse déclaration qui l'induit en erreur et vicie son consentement.

Plus précisément, l'article 2398 du *Code civil* indique que le **contrat d'assurance** est formé dès que l'assureur accepte la proposition du preneur (la personne qui souscrit à l'assurance et paie la prime). Il y a lieu de faire une distinction entre la formation du contrat d'assurance de dommages et la formation du contrat d'assurance de personnes.

Contrat d'assurance
(Contract of insurance)
Contrat par lequel l'assureur, moyennant une prime ou cotisation, s'oblige à verser au preneur ou à un tiers une prestation dans le cas où un risque couvert par l'assurance se réalise [...] (art. 2389 du C.c.Q.).

L'assurance de dommages Il n'est pas nécessaire que l'assuré ait en sa possession un écrit. La plupart du temps, le courtier prend la demande par téléphone et il accepte immédiatement, au nom de l'assureur, de couvrir le risque. Par la suite, le courtier fait parvenir à l'assuré une note de couverture valable pour une période de 30 jours et tenant lieu de contrat temporaire en attendant l'émission de la police par l'assureur.

L'assurance vie L'agent d'assurances n'a pas le pouvoir de lier la compagnie d'assurances qu'il représente. Il ne fait que proposer au contractant les éléments d'une éventuelle police d'assurance vie, et il lui fait remplir et signer un questionnaire destiné à l'assureur.

Le contrat n'est conclu que lorsque l'assureur a pu vérifier les renseignements que le contractant lui a donnés relativement à son état de santé. La signature du questionnaire par le client potentiel et l'agent d'assurances n'entraîne donc pas la conclusion du contrat ; cette dernière est conditionnelle à l'acceptation de l'assureur de courir le risque en toute connaissance de cause. Lorsqu'il s'agit de faire la **preuve du contrat d'assurance,** l'article 2399 du *Code civil* énonce que la police est le document qui constate le contrat d'assurance.

> **Art. 2400 (2) du C.c.Q. En cas de divergence entre la police et la proposition, cette dernière fait foi du contrat [...].**

Toute modification apportée au contrat au moyen d'un **avenant** (ajout à une police d'assurance) en fait partie intégrante. La police émise par l'assureur ne lie les parties qu'à compter du moment où l'assuré la reçoit et l'accepte sans protester.

C. La déclaration du risque

La déclaration du risque est une condition importante, propre à la formation du contrat d'assurance. Comme le risque est l'élément essentiel du contrat d'assurance, il est normal que l'assureur en connaisse exactement l'étendue ainsi que les circonstances qui l'entourent pour établir une prime équitable fondée sur la fréquence de la réalisation du risque. L'obligation pour l'assuré de déclarer le risque est énoncée aux articles 2408 et 2409 du *Code civil du Québec*.

> **Art. 2408 du C.c.Q. Le preneur, de même que l'assuré si l'assureur le demande, est tenu de déclarer toutes les circonstances connues de lui qui sont de nature à influencer de façon importante un assureur dans l'établissement de la prime, l'appréciation du risque ou la décision de l'accepter, mais il n'est pas tenu de déclarer les circonstances que l'assureur connaît ou est présumé connaître en raison de leur notoriété, sauf en réponse aux questions posées.**

> **Art. 2409 du C.c.Q. L'obligation relative aux déclarations est réputée correctement exécutée lorsque les déclarations faites sont celles d'un assuré normalement prévoyant, qu'elles ont été faites sans qu'il y ait de réticence importante et que les circonstances en cause sont, en substance, conformes à la déclaration qui en est faite.**

En matière d'assurance vie, l'âge et l'état de santé présent ou passé du preneur d'assurance peuvent influencer l'acceptation ou le refus du risque et la fixation de la prime, le cas échéant.

Ces circonstances portent le nom de faits matériels. En pratique, la déclaration doit être conforme à la réalité. Certaines circonstances peuvent avoir une influence sur la détermination du taux de la prime; elles constituent le risque objectif.

> **Exemples** En matière d'**assurance incendie,** il s'agit: du genre et du mode de construction de la chose assurée; de la situation d'un immeuble; du fait qu'il soit habité ou vacant; de la destination du lieu (le risque peut varier considérablement suivant qu'il s'agit d'une maison privée, d'un hôtel ou d'une usine).
>
> En matière d'**assurance vie,** il existe certains facteurs qui peuvent influencer l'acceptation ou le refus du risque et la fixation de la prime. Ce sont l'âge, l'état de santé présent ou passé du contractant d'assurance et ses antécédents familiaux.

i+ Pour en savoir davantage sur les questionnaires en matière d'assurance vie

Afin de bien cerner le risque en matière d'assurance vie, les compagnies d'assurances font remplir une proposition d'assurance comprenant de nombreuses questions sur la santé et les antécédents médicaux et familiaux du candidat. Il existe d'autres circonstances qui n'influent pas directement sur le taux de la prime, mais qui motivent la décision de l'assureur d'accepter ou de refuser la couverture d'un risque; il s'agit du **risque subjectif.**

> **Exemple** Une personne a déjà été victime d'un sinistre similaire à celui contre lequel elle désire s'assurer. En assurance automobile, il faut déclarer à l'assureur qu'on a déjà eu un accident ou toute suspension de permis de conduire.

En matière d'assurance de personnes, dès que le contrat d'assurance est conclu, l'obligation de déclaration prend fin. Si l'assuré tombe gravement malade après l'entrée en vigueur de sa police d'assurance vie, il n'a pas à en avertir son assureur.

Par ailleurs, en matière d'assurance de dommages, l'article 2466 du *Code civil* oblige l'assuré à communiquer promptement à l'assureur les aggravations de risques spécifiés au contrat, ainsi que celles résultant de ses faits et gestes, et qui sont de nature à influencer de façon importante un assureur raisonnable dans l'établissement du taux de la prime, l'appréciation du risque ou la déclaration de maintenir l'assurance.

D. La déclaration de fausses représentations

Qu'arrive-t-il lorsque l'assuré contrevient à son obligation de déclaration en faisant de fausses représentations ou des réticences de bonne foi ? En matière d'assurance de personnes, le *Code civil* précise que, en l'absence de fraude, aucune fausse déclaration ni réticence ne peut donner lieu à l'annulation d'une assurance en vigueur depuis deux ans (art. 2424 du C.c.Q.). L'article 2410 *Code civil du Québec* énonce:

> **Art. 2410 du C.c.Q. Sous réserve des dispositions relatives à la déclaration de l'âge et du risque, les fausses déclarations et les réticences du preneur ou de l'assuré à révéler les circonstances en cause entraînent, à la demande de l'assureur, la nullité du contrat, même en ce qui concerne les sinistres non rattachés au risque ainsi dénaturé.**

Pour ce qui est de l'assurance de dommages, les articles 2411 et 2472 du *Code civil* résolvent le problème en édictant que, à moins de prouver la mauvaise foi de l'assuré, l'assureur doit couvrir le risque proportionnellement à la prime reçue, sauf s'il est établi qu'il n'aurait pas accepté le risque s'il avait connu les circonstances en cause.

E. La prescription

Pour toutes les catégories d'assurances, la loi fixe à trois ans le délai de prescription. En pratique, cela veut dire que toute action découlant d'un contrat d'assurance, que ce soit de la part de l'assureur ou de l'assuré, doit être intentée dans les trois ans à compter du moment où naît le droit d'action. Dans l'assurance de dommages, l'assureur doit payer l'indemnité dans les 60 jours qui suivent la réception de l'avis de la perte; dans l'assurance de personnes, l'assureur a 30 jours après la réception des pièces justificatives pour verser l'indemnité. La prescription ne commence donc à courir qu'à la fin de ces délais.

12.2.4 L'exécution du contrat d'assurance

Tant l'assuré que l'assureur sont tenus à des obligations en vertu du contrat d'assurance.

A. Les obligations de l'assuré

En plus de l'obligation de déclaration du risque que nous venons d'examiner, l'assuré est tenu aux obligations suivantes: le paiement de la prime et la déclaration du sinistre. L'obligation du paiement de la prime consiste à payer le montant stipulé au contrat en contrepartie du risque assumé par l'assureur. Quant à la déclaration du sinistre, l'article 2470 du *Code civil du Québec* oblige l'assuré à aviser rapidement l'assureur de tout sinistre qui met en cause la police émise pour sa protection. Tout intéressé peut également donner cet avis. L'objectif de cette obligation de l'assuré est de permettre aux évaluateurs de constater par eux-mêmes, le plus tôt possible, la nature et l'étendue des dommages pour lesquels l'assureur sera tenu de verser une indemnité. L'assuré doit collaborer avec l'assureur dans l'établissement des circonstances entourant le sinistre et dans la recherche de sa cause probable. L'assureur peut demander à l'assuré de lui fournir les pièces justificatives à l'appui de ces renseignements et lui demander d'attester sous serment la véracité de ces renseignements (art. 2471 du C.c.Q.). Il est important de rappeler que toute déclaration mensongère de la part de l'assuré le prive de son droit d'être indemnisé.

> **Art. 2472 du C.c.Q. Toute déclaration mensongère entraîne pour son auteur la déchéance de son droit à l'indemnisation à l'égard du risque auquel se rattache ladite déclaration.**
>
> **Toutefois, si la réalisation du risque a entraîné la perte à la fois de biens mobiliers et immobiliers, ou à la fois de biens à usage professionnel et à usage personnel, la déchéance ne vaut qu'à l'égard de la catégorie de biens à laquelle se rattache la déclaration mensongère.**

Un assuré n'a donc pas intérêt à faire de fausses déclarations en ce qui concerne l'indemnisation réclamée à la suite d'un sinistre en gonflant celle-ci, par exemple, ou en réclamant plus que la réelle valeur des biens détruits ou volés. L'assureur qui désire recouvrer l'indemnité versée à un assuré victime de dommages dont un tiers est responsable peut exercer contre ce tiers le droit d'action qu'avait son assuré. La loi dit alors que l'assureur est subrogé dans les droits de l'assuré contre les tiers responsables. C'est ce qu'on appelle la subrogation légale.

B. L'obligation de l'assureur: le paiement de l'indemnité

L'assureur assume une obligation conditionnelle qui est subordonnée à la réalisation du risque. Si l'assuré prouve que le risque s'est réalisé à la suite d'un événement qui lui a occasionné une perte contre laquelle il était assuré, l'assureur doit payer l'indemnité.

12.2.5 La résiliation et l'extinction du contrat d'assurance

Le contrat d'assurance prend fin à l'expiration du terme; la plupart du temps, le terme est de un an. Le contrat d'assurance peut prendre fin par suite de son annulation pour les causes prévues par la loi: absence d'intérêt d'assurance, non-paiement de la prime par l'assuré, déclarations frauduleuses, par exemple. Les parties peuvent, d'un commun accord, y mettre fin, ce qui n'entraîne pas de formalités particulières. En matière d'assurance de dommages, l'article 2477 du *Code civil* précise que l'assureur ou l'assuré peut, sauf dans l'assurance de transport, résilier le contrat moyennant un avis écrit. Si l'avis provient de l'assuré, il prend effet dès que l'assureur le reçoit ; s'il provient de l'assureur, il prend effet 15 jours après réception par l'assuré.

12.3 LE TRANSPORT

L'article 2030 du *Code civil* définit le contrat de transport comme suit :

> **Art. 2030 du C.c.Q. Le contrat de transport est celui par lequel une personne, le transporteur, s'oblige principalement à effectuer le déplacement d'une personne ou d'un bien, moyennant un prix qu'une autre personne, le passager, l'expéditeur ou le destinataire du bien, s'engage à lui payer, au temps convenu.**

Le transport occupe une place importante dans la vie de l'entreprise, notamment pour la livraison de ses matières premières et des produits finis. Il est donc important de connaître les grandes lignes de sa réglementation. Ce sont les articles 2030 à 2084 du *Code civil* qui réglementent le transport. De plus, la *Loi sur les transports* oblige tous les transporteurs faisant affaire au Québec à détenir un permis de transport de la catégorie appropriée. Le transporteur ne peut exclure ou limiter sa responsabilité que dans la mesure prévue par la loi et il est tenu de réparer le préjudice résultant d'un éventuel retard, à moins qu'il ne prouve qu'il s'agit d'un cas de force majeure (art. 2034 du C.c.Q.). Le transporteur qui offre ses services au public ne peut refuser de transporter une personne ou un bien lorsqu'on le lui demande, à moins d'avoir un motif sérieux et raisonnable.

> **Exemple** Un transporteur qui n'a ni les permis ni l'équipement nécessaires pour transporter des matières dangereuses ou pouvant causer des dommages à l'environnement serait justifié de refuser d'effectuer un tel transport.

On parle de **transport successif** lorsque celui-ci est effectué par plusieurs transporteurs qui se succèdent en utilisant le même mode de transport. Le **transport combiné** est celui où les transporteurs se succèdent en utilisant des modes de transport différents (par exemple camion – avion – camion).

12.3.1 Le connaissement et le contrat de transport de biens

Le connaissement est l'écrit qui constate le contrat de transport de biens. Il est émis par le transporteur. Il est écrit en plusieurs exemplaires. Le transporteur en conserve un, il en remet un à l'expéditeur et un autre accompagne le bien jusqu'à sa destination. Il fait foi de la prise en charge du bien, de la nature et de la quantité ainsi que de l'état apparent du bien. Le connaissement reproduit généralement en son verso plusieurs articles du *Code civil du Québec*. Le connaissement mentionne : 1) le nom de l'expéditeur, celui du destinataire, celui du transporteur et celui de la personne qui doit payer le fret ; 2) les frais de transport ; 3) le lieu et la date de la prise en charge du bien ; 4) le point de départ et la destination ; 5) le fret ; et 6) la nature, la quantité, le volume ou la masse et l'état apparent du bien (s'il y a lieu, son caractère dangereux).

Le connaissement n'est pas négociable, à moins que la loi ou le contrat lui-même ne prévoie le contraire.

> **Exemple** La société Ordinateurs Lumina inc. achète 1 000 ordinateurs IBM 485 du fabricant au coût de 1 500 $ l'unité. Cette commande est entièrement destinée à un client important, Richard Leriche, à qui Ordinateurs Lumina a vendu chaque ordinateur 2 000 $. Dans un tel cas, il serait inutile et coûteux pour Ordinateurs Lumina de prendre livraison de la marchandise et de la réexpédier à M. Leriche.

En contrepartie du paiement de deux millions de dollars, Ordinateurs Lumina n'a qu'à endosser le connaissement en faveur de Richard Leriche et à le lui remettre (exactement comme on le fait dans le cas d'un chèque que l'on endosse avant de le remettre à quelqu'un qui le touchera à notre place). Si le connaissement est négociable, le transporteur est tenu de livrer les biens transportés soit au destinataire, soit au détenteur du connaissement. Le détenteur d'un connaissement négociable est quant à lui tenu de le remettre au transporteur lorsqu'il exige la livraison des biens transportés.

> **Exemple** Richard Leriche devra remettre le connaissement endossé par Ordinateurs Lumina inc. pour prendre possession des 1 000 ordinateurs.

En conséquence, le destinataire ou, selon le cas, le détenteur du connaissement, par son acceptation du bien ou du contrat, acquiert les droits et assume les obligations résultant du contrat, le tout sous réserve des droits de l'expéditeur.

12.3.2 La responsabilité du transporteur

Examinons la responsabilité du transporteur pour le transport des personnes et des biens.

A. La responsabilité pour le transport de personnes

Dans le cas du transport de personnes, les articles 2037 et 2038 définissent l'étendue de la responsabilité du transporteur.

> **Art. 2037 du C.c.Q. Le transporteur est tenu de mener le passager, sain et sauf, à destination.**
>
> **Il est tenu de réparer le préjudice subi par le passager, à moins qu'il n'établisse que ce préjudice résulte d'une force majeure, de l'état de santé du passager ou de la faute de celui-ci. Il est aussi tenu à réparation lorsque le préjudice résulte de son état de santé ou de celui d'un de ses préposés, ou encore de l'état ou du fonctionnement du véhicule.**
>
> **Art. 2038 du C.c.Q. Le transporteur est responsable de la perte des bagages et des autres effets qui lui ont été confiés par le passager, à moins qu'il ne prouve la force majeure, le vice propre du bien ou la faute du passager.**
>
> **Cependant, il n'est pas responsable de la perte de documents, d'espèces ou d'autres biens de grande valeur, à moins que la nature ou la valeur du bien ne lui ait été déclarée et qu'il n'ait accepté de le transporter; il n'est pas, non plus, responsable de la perte des bagages à main et des autres effets qui ont été laissés sous la surveillance du passager, à moins que ce dernier ne prouve la faute du transporteur.**

B. La responsabilité pour le transport de biens

Le transport de biens couvre la période comprise à partir de la prise en charge du bien par le transporteur en vue de son déplacement jusqu'à sa livraison. Le transporteur est tenu de livrer le bien transporté au destinataire ou au détenteur du connaissement.

> **Exemple** Transport Saguelac s'engage à transporter trois conteneurs de Montréal à Chicoutimi pour la somme de 5 000 $.

Le transporteur est responsable de la perte ou des dommages causés aux objets qui lui sont confiés, à moins qu'il ne réussisse à prouver que la perte ou les dommages ont été causés par force majeure ou proviennent de la chose elle-même.

L'article 2049 du *Code civil* définit l'étendue de la responsabilité du transporteur de biens :

> **Art. 2049 du C.c.Q. Le transporteur est tenu de transporter le bien à destination.**
>
> **Il est tenu de réparer le préjudice résultant du transport, à moins qu'il ne prouve que la perte résulte d'une force majeure, du vice propre du bien ou d'une freinte normale.**

Le transporteur peut toujours insérer dans son contrat de transport une clause visant à limiter sa responsabilité en matière de dommages, mais, en dépit de cette clause, il demeure toujours responsable des dommages si le client réussit à prouver qu'ils ont été causés par une faute grave ou par la négligence grossière du transporteur ou de ses employés. En contrepartie de son obligation et pour assurer au transporteur le paiement de ses frais, la loi lui confère le droit de retenir la chose transportée, jusqu'au paiement du fret (le coût du transport ou tout objet transporté pour le compte d'un expéditeur en vertu d'un contrat de transport), des frais de transport et d'entreposage, le cas échéant. La responsabilité du transporteur en cas de perte ne peut excéder la valeur de la marchandise transportée selon la déclaration de l'expéditeur.

12.4 LE CONTRAT D'ENTREPRISE OU DE SERVICE

Le contrat d'entreprise ou de service met en présence deux parties : le prestataire de services et le client. C'est le cas du contrat signé avec un entrepreneur en construction pour construire ou rénover une maison ou du contrat passé avec une personne pour faire l'entretien de la pelouse.

Contrairement au contrat individuel de travail, il n'existe, entre l'entrepreneur ou le prestataire de services et le client, aucun lien de subordination quant à l'exécution du contrat. L'entrepreneur a le libre choix des moyens d'exécution du contrat. Le client ne paie pas un salaire et n'a donc pas à faire de déductions à la source sur la rémunération de l'entrepreneur ou de remises d'impôt sur le prix convenu pour l'exécution du contrat.

Contrat d'entreprise ou de service *(Contract of enterprise or for services)*
Contrat par lequel une personne, selon le cas l'entrepreneur ou le prestataire de services, s'engage envers une autre personne, le client, à réaliser un ouvrage matériel ou intellectuel ou à fournir un service moyennant un prix que le client s'engage à lui payer (art. 2098 du C.c.Q.).

12.4.1 Les types de contrats

Le tableau 12.1 présente les trois types de **contrats d'entreprise** ou **de service** les plus fréquents.

12.4.2 Le contenu du contrat

Comme pour le contrat individuel de travail, le contrat d'entreprise peut être verbal ou écrit. Avant sa conclusion, l'entrepreneur présente souvent au propriétaire des offres ou soumissions. Ce genre de contrat existe beaucoup dans l'administration publique.

> **Exemple** Le ministère des Transports fait un appel d'offres pour la construction d'une autoroute ou la réfection d'un viaduc.

TABLEAU 12.1 Les types de contrats d'entreprise ou de service

Type de contrat	Définition	Exemples
Contrat à prix ferme ou à forfait	Contrat en vertu duquel l'entrepreneur ou le prestataire de services s'engage à exécuter les travaux pour un prix global fixé d'avance ; fréquemment utilisé pour les rénovations.	▸ S'engager à verser 100 000 $ pour la construction d'une maison. ▸ Jean-Guy retient les services de Michel Hébert pour préparer ses états financiers et sa déclaration de revenus au coût total de 2 500 $.
Contrat au pourcentage ou à prix majoré	Contrat qui prévoit que l'entrepreneur sera payé au moyen d'une commission calculée sur le coût réel du travail ou de la construction ; ajout par l'entrepreneur d'une commission sur le coût des travaux.	▸ Patrice retient les services de Constructions du Nord ltée pour construire un chalet. On fixe un taux horaire pour les employés. On convient que Constructions du Nord ltée réclamera, en plus du coût des travaux et des matériaux selon la valeur marchande, un pourcentage de 15 % du coût total des travaux et des matériaux.
Contrat à prix unitaire ou à phases successives	Contrat à forfait ou à prix majoré selon lequel le prix est établi pour chacune des phases du projet ou de la construction ; utilisé pour les prêts hypothécaires, car il permet de libérer les sommes dues au fur et à mesure que progresse la construction.	▸ Grands projets, tels les barrages de la Baie James ou la construction du Stade olympique. ▸ La société Conzbec inc. est engagée pour construire un immeuble de 30 étages. Le contrat prévoit que la société sera payée à chacune des phases du projet, qui comprend la construction de six étages, moyennant 20 % de la valeur totale du prix du contrat, soit 100 millions de dollars.

Nombre de contrats d'entreprise ont pour objet des travaux de construction ; on les appelle **contrats par devis et marchés.** Le **devis** est un écrit indiquant le détail des travaux à exécuter, la nature des matériaux à utiliser dans la construction et les délais d'exécution. La plupart du temps, il est accompagné des plans pour l'exécution du contrat. Ce document permettra à l'entrepreneur de fixer le prix de la construction envisagée. Tout contrat d'entreprise ou de service comprend deux clauses essentielles : celles qui concernent la **date d'exécution ou d'achèvement des travaux ou des services** et la **modalité de paiement.** Le client prudent devra s'assurer que la date d'achèvement des travaux est précisée pour éviter des délais interminables pour la livraison de l'ouvrage ou de la construction. Certains ajouteront une clause pénale qui prévoit que l'entrepreneur devra leur verser une pénalité déterminée pour chaque jour écoulé après la date de livraison prévue au contrat.

A. Le prix

La clause de paiement est tout aussi importante. Le client devra s'assurer qu'il n'a pas à payer entièrement l'entrepreneur ou le prestataire de services avant la fin des travaux et la livraison de l'ouvrage ou de la construction. Une **clause de paiement** adéquatement rédigée est particulièrement importante dans le domaine de la construction. Le client prudent devra s'assurer que la construction ou l'ouvrage a été exécuté conformément aux plans et devis et selon les règles de l'art. Il devra également s'assurer que tous les sous-traitants et fournisseurs de matériaux ont été payés intégralement par l'entrepreneur général afin d'éviter que ceux-ci n'enregistrent des hypothèques légales contre son immeuble pour la valeur des matériaux, des biens ou des services qu'ils y ont apportés. Le prix est déterminé dans le contrat en fonction du type d'ouvrage ou de services, selon les usages ou la loi ou encore, d'après la valeur des travaux effectués ou des services rendus. Selon les articles 2111, 2122 et 2123 du

Code civil, le client n'est pas tenu de payer le prix d'un ouvrage avant la livraison de celui-ci. Il peut même retenir certaines sommes sur le prix pour s'assurer que les corrections et réparations sont faites et que les sous-entrepreneurs ont tous été payés.

> **Exemple** Meubles Beaubois inc. pourra retenir une partie importante du prix des rénovations de son usine pour s'assurer que les sous-entrepreneurs engagés par Rénovations modernes ltée pour effectuer les rénovations ont tous été payés, que les travaux sont terminés et que les sous-entrepreneurs ne publieront pas une hypothèque légale contre l'immeuble de Meubles Beaubois inc. pour garantir le paiement de leur créance. À tout moment de la construction, Meubles Beaubois inc. peut vérifier le déroulement et l'avancement des travaux, la qualité des matériaux utilisés et du travail effectué ainsi que l'état des dépenses faites par l'entrepreneur.

B. Les extras

Dans le cas du contrat à prix ferme ou à forfait, l'entrepreneur ne peut exiger le paiement de travaux supplémentaires, ou extras, si ceux-ci n'étaient pas prévus aux plans et devis ou s'ils n'ont pas été autorisés par écrit par le client et si le prix n'a pas été convenu avant leur exécution. Les tribunaux ont souvent eu à se prononcer à ce sujet et ont établi les principes suivants :

- l'entrepreneur ne peut réclamer le paiement des extras sur la base d'une simple entente verbale avec le client ;
- les parties peuvent prévoir une clause escalatoire dans le contrat ;
- l'entrepreneur doit faire autoriser les extras par écrit, par le client, en spécifiant la nature des travaux, les matériaux et leur coût, avant de les exécuter.

L'article 2109 énonce les principes retenus par le *Code civil* en ce qui a trait à la modification du prix dans un contrat à forfait.

> **Art. 2109 du C.c.Q. Lorsque le contrat est à forfait, le client doit payer le prix convenu et il ne peut prétendre à une diminution du prix en faisant valoir que l'ouvrage ou le service a exigé moins de travail ou a coûté moins cher qu'il n'avait été prévu.**
>
> **Pareillement, l'entrepreneur ou le prestataire de services ne peut prétendre à une augmentation du prix pour un motif contraire.**
>
> **Le prix forfaitaire reste le même, bien que des modifications aient été apportées aux conditions d'exécution initialement prévues, à moins que les parties n'en aient convenu autrement.**

12.4.3 Les obligations de l'entrepreneur et du client

Les obligations de l'entrepreneur ou du prestataire de services ainsi que celles du client sont présentées dans la figure 12.3.

> **Exemple** Un entrepreneur qui construirait une maison de deux étages sans tenir compte du poids de la structure et du toit, et qui n'ajouterait pas les supports et les poutres nécessaires pour le répartir, ne respecterait pas les règles de l'art de l'industrie de la construction.

L'article 2100 du *Code civil* précise :

> **Art. 2100 du C.c.Q. L'entrepreneur et le prestataire de services sont tenus d'agir au mieux des intérêts de leur client, avec prudence et diligence. Ils sont aussi tenus, suivant la nature de l'ouvrage à réaliser ou du service à fournir,**

d'agir conformément aux usages et règles de leur art, et de s'assurer, le cas échéant, que l'ouvrage réalisé ou le service fourni est conforme au contrat.

Lorsqu'ils sont tenus du résultat, ils ne peuvent se dégager de leur responsabilité qu'en prouvant la force majeure.

L'article 2102 du *Code civil du Québec* ajoute aussi une **obligation d'information** à l'entrepreneur et au prestataire de services en ce qui concerne la nature du travail à exécuter, sa durée et ses coûts :

Art. 2102 du C.c.Q. L'entrepreneur ou le prestataire de services est tenu, avant la conclusion du contrat, de fournir au client, dans la mesure où les circonstances le permettent, toute information utile relativement à la nature de la tâche qu'il s'engage à effectuer ainsi qu'aux biens et au temps nécessaires à cette fin.

FIGURE 12.3 Les obligations de l'entrepreneur et du client

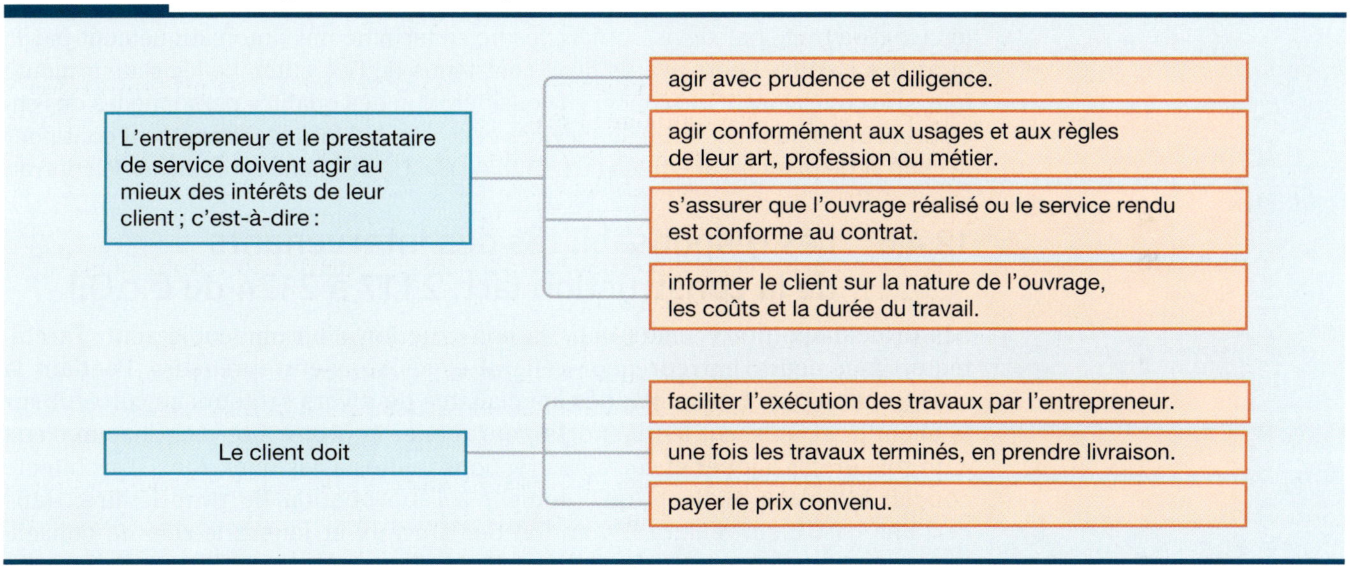

12.4.4 L'extinction du contrat

Le contrat d'entreprise ou de service prend fin par l'achèvement des travaux, mais il peut aussi s'éteindre pour une des causes communes aux obligations en général. Les articles 2125 et 2126 du *Code civil du Québec* permettent au client ainsi qu'à l'entrepreneur de résilier le contrat d'entreprise en tout temps, soit pour un motif sérieux, dans le cas de l'entrepreneur, soit sans motif particulier, dans le cas du client. La loi confère ce droit de nature spéciale au client qui verrait sa situation financière se dégrader ou ses responsabilités professionnelles ou familiales l'obliger à changer de ville, ce qu'il ne pouvait prévoir le jour de la signature du contrat. Ce droit unilatéral du client de résilier le contrat représente un certain risque pour l'entrepreneur ; aussi ce dernier peut-il exiger, au moment de la signature du contrat, que le propriétaire y renonce.

Art. 2125 du C.c.Q. Le client peut, unilatéralement, résilier le contrat, quoique la réalisation de l'ouvrage ou la prestation du service ait déjà été entreprise.

Art. 2126 du C.c.Q. L'entrepreneur ou le prestataire de services ne peut résilier unilatéralement le contrat que pour un motif sérieux et, même alors, il ne peut le faire à contretemps ; autrement, il est tenu de réparer le préjudice causé au client par cette résiliation.

Il est tenu, lorsqu'il résilie le contrat, de faire tout ce qui est immédiatement nécessaire pour prévenir une perte.

L'article 2129 du *Code civil du Québec* énonce les principes qui régissent le calcul des sommes respectivement dues à l'une ou l'autre des parties advenant une telle résiliation :

> **Art. 2129 du C.c.Q. Le client est tenu, lors de la résiliation du contrat, de payer à l'entrepreneur ou au prestataire de services, en proportion du prix convenu, les frais et dépenses actuelles, la valeur des travaux exécutés avant la fin du contrat ou avant la notification de la résiliation, ainsi que, le cas échéant, la valeur des biens fournis, lorsque ceux-ci peuvent lui être remis et qu'il peut les utiliser.**
>
> **L'entrepreneur ou le prestataire de services est tenu, pour sa part, de restituer les avances qu'il a reçues en excédent de ce qu'il a gagné.**
>
> **Dans l'un et l'autre cas, chacune des parties est aussi tenue de tout autre préjudice que l'autre partie a pu subir.**

Mentionnons que, en vertu des articles 2127 et 2128 du *Code civil,* le contrat de louage d'ouvrage par devis et marchés ne se termine pas automatiquement par la mort des parties. Leurs ayants droit sont tenus de l'exécuter. Le législateur ajoute que, si le contrat avait été conclu en considération des qualités personnelles de l'entrepreneur ou du prestataire de services et si celui qui lui succède ne peut continuer le contrat de manière adéquate (art. 2128 du C.c.Q.), le client peut résilier le contrat.

12.4.5 Les responsabilités des intervenants de la construction (art. 2117 à 2124 du C.c.Q.)

Les principaux intervenants dans la construction d'un immeuble sont : l'architecte, l'ingénieur, l'entrepreneur général et les sous-entrepreneurs. Pendant la construction d'un immeuble, des spécialistes de divers secteurs se côtoient sur le chantier et unissent leurs efforts pour mener le projet à terme. Chacun d'eux a un rôle précis à jouer et certaines responsabilités à assumer. Ainsi, l'architecte conçoit les plans et devis qu'il soumet à l'approbation du propriétaire. Dans certains cas, il surveillera l'évolution des travaux et jouera le rôle de conseiller auprès du propriétaire quant au choix de l'entrepreneur. L'ingénieur, pour sa part, doit faire des études du sol afin d'en vérifier la stabilité et la possibilité d'y ériger un bâtiment solide. Il s'occupe également des fondations, de la charpente et de l'aspect mécanique de l'ouvrage. Finalement, l'entrepreneur général doit construire l'immeuble dans les règles de l'art en respectant les plans et devis de l'architecte. De plus, il retient les services de sous-entrepreneurs spécialisés dans divers domaines : fondations, électricité, plomberie, couverture, etc. D'une façon générale, on peut regrouper ainsi les obligations que la loi impose à ces différents spécialistes de la construction :

- exécution des travaux dans les règles de l'art, selon les plans et devis ;
- livraison de l'immeuble dans les délais fixés ;
- responsabilité en cas de perte de l'ouvrage avant la fin des travaux et jusqu'à ce que le propriétaire l'accepte, lorsque l'entrepreneur fournit les matériaux et se charge de faire tout l'ouvrage ;
- responsabilité de la perte de l'immeuble en tout ou en partie, dans les cinq ans, à cause d'un vice de construction ou de réalisation de l'ouvrage (exemple : problème de structure), d'un vice de conception ou d'un vice du sol ou d'un vice caché (exemple : manque d'étanchéité ou solage qui s'enlise). Selon l'article 2118 du *Code civil,* l'architecte, l'entrepreneur, le sous-entrepreneur et l'ingénieur assument une responsabilité conjointe et solidaire en cas de perte partielle ou totale de l'immeuble dans de telles circonstances. La prescription pour intenter l'action est de trois ans à compter de la perte ou de la première manifestation de la perte graduelle (art. 2925 et 2926 du C.c.Q.).

L'article 2119 du *Code civil* résume bien les principes énoncés par la jurisprudence, qui partagent la responsabilité entre l'architecte, l'ingénieur, l'entrepreneur et le client.

> **Art. 2119 du C.c.Q. L'architecte ou l'ingénieur ne sera dégagé de sa responsabilité qu'en prouvant que les vices de l'ouvrage ou de la partie qu'il a réalisée ne résultent ni d'une erreur ou d'un défaut dans les expertises ou les plans qu'il a pu fournir, ni d'un manquement dans la direction ou dans la surveillance des travaux.**
>
> **L'entrepreneur n'en sera dégagé qu'en prouvant que ces vices résultent d'une erreur ou d'un défaut dans les expertises ou les plans de l'architecte ou de l'ingénieur choisi par le client. Le sous-entrepreneur n'en sera dégagé qu'en prouvant que ces vices résultent des décisions de l'entrepreneur ou des expertises ou plans de l'architecte ou de l'ingénieur.**
>
> **Chacun pourra encore se dégager de sa responsabilité en prouvant que ces vices résultent de décisions imposées par le client dans le choix du sol ou des matériaux, ou dans le choix des sous-entrepreneurs, des experts ou des méthodes de construction.**

De plus, selon l'article 2120 du *Code civil du Québec,* l'entrepreneur, l'architecte et l'ingénieur, indépendamment de toute autre responsabilité, sont tenus conjointement de garantir l'ouvrage pendant un an contre les malfaçons (défauts de construction apparents ou non conformes aux normes) existantes au moment de la réception, ou découvertes dans l'année qui suit.

12.5 LE FRANCHISAGE

Bien qu'il ne soit pas un contrat nommé et clairement défini dans le *Code civil,* le franchisage s'est développé de façon exponentielle au Québec au cours des 20 dernières années. Le franchisage, ou « contrat de franchise », est un contrat conclu entre deux entreprises totalement indépendantes l'une de l'autre, en vertu duquel le **franchiseur** accorde contre rémunération et pour une période donnée au **franchisé** le droit de faire affaire dans un domaine d'activité commerciale développé par le franchiseur, sous la bannière ou la marque de commerce du franchiseur, à l'intérieur d'un territoire donné et selon les normes et les méthodes mises au point par le franchiseur ainsi que le droit de vendre ses produits et services. Le Québec compte plus de 450 franchiseurs, représentant plus de 5 500 points de vente qui injectent plus de 2,5 milliards de dollars dans l'économie québécoise. Une simple visite dans un centre commercial vous fera rapidement découvrir de nombreuses franchises tant dans le domaine de l'alimentation que dans celui du commerce de vente au détail (McDonald's, Canadian Tire, Yves Rocher). Plusieurs sites Internet, dont celui de **Occasion franchise**, offrent des centaines d'occasions de partir en affaires en utilisant la franchise. Le futur franchisé est appelé à signer le contrat de franchise que lui propose le franchiseur et à payer le coût de l'investissement initial demandé.

i+

12.5.1 Les avantages et les inconvénients de la franchise

Le tableau 12.2 (*voir la page suivante*) présente les principaux avantages et inconvénients de ce type de regroupement d'affaires. Bien qu'elle présente de nombreux avantages, la franchise n'est pas une formule magique de réussite pour partir en affaires. Il incombe à toute personne intéressée par ce type d'entreprise de consulter ses conseillers financiers et juridiques, de bien examiner le contrat de franchise qu'on lui propose et d'en soupeser les avantages et les inconvénients.

TABLEAU 12.2 Les avantages et les inconvénients de la franchise

Avantages	Exemples
Plutôt que de mettre sur pied une nouvelle entreprise sans aucune expérience et inconnue du public, le franchisé profite de la notoriété, de la crédibilité et de l'expérience d'affaires du franchiseur.	Le franchisé acquiert une franchise connue telle que Tim Horton, Mc Donald's, Canadian Tire, Subway ou Second Cup.
Le franchisé bénéficie de méthodes de gestion et d'exploitation et de produits qui ont déjà fait leurs preuves. Il profite également de l'aide du franchiseur, tant sur le plan de la publicité que sur celui de l'organisation matérielle de son commerce ainsi que de la recherche et du développement effectués par le franchiseur.	Le franchisé utilise la bannière, les couleurs, les marques de commerce du franchiseur et offre en vente des produits déjà connus du public.
Le franchisé bénéficie d'un meilleur accès au financement et de meilleurs sites pour installer son commerce.	Les institutions financières accordent une meilleure crédibilité à une demande de financement d'une franchise connue.
Le regroupement des franchisés permet d'obtenir des économies d'échelle pour l'achat d'équipement et de produits en raison du pouvoir d'achat supérieur à celui d'un individu.	Les magasins Canadian Tire offrent un bon exemple des réductions de prix offertes aux consommateurs dans leurs feuillets publicitaires.
Inconvénients	**Exemples**
Le coût de l'investissement initial et le niveau des engagements demandés aux nouveaux franchisés sont souvent considérables.	Valentine : entre 150 000 $ et 200 000 $ Piazetta : 500 000 $ Mike : entre 225 000 $ et 650 000 $ Van Houtte : entre 350 000 $ et 400 000 $
Plusieurs franchisés se plaignent du fait que le contrat de franchise les encadre au point qu'ils se considèrent plus comme des employés que comme des entrepreneurs indépendants.	Le franchisé est soumis aux règles établies par le franchiseur et il doit les respecter, à défaut de quoi le franchiseur se réserve le droit de résilier le contrat.
En plus de l'investissement initial élevé, le contrat de franchise prévoit le paiement au franchiseur d'une part plus ou moins importante des profits du franchisé et l'obligation de s'approvisionner exclusivement auprès du franchiseur.	Ceci peut prendre la forme d'une redevance représentant un pourcentage des ventes ou du chiffre d'affaires, ce qui peut représenter entre 20 % et 50 % des profits nets de la franchise avant impôts.
Le contrat de franchise comprend souvent des restrictions à la vente ou au transfert du commerce ainsi que d'importantes pénalités advenant le défaut du franchisé de respecter le contrat de franchise.	En général, la vente (ou le transfert) nécessite l'approbation préalable du franchiseur et est sujette à plusieurs conditions. Certains contrats de franchise contiennent également un droit de premier refus en faveur du franchiseur, qui peut reprendre la franchise pour la revendre lui-même.

12.6 LA PROPRIÉTÉ INTELLECTUELLE

Droit d'auteur
(Copyright)
Droit exclusif que possède le titulaire d'une œuvre (habituellement un créateur, un éditeur, un producteur ou un fabricant) de produire ou de reproduire cette œuvre ou de permettre à une autre personne de le faire (*Loi sur le droit d'auteur*).

Dans le chapitre 4, nous avons constaté l'existence des droits intellectuels suivants : le **droit d'auteur**, le **brevet d'invention**, la **marque de commerce** et le **dessin industriel**.

Ces droits font partie du domaine de la propriété intellectuelle. Ils appartiennent au titulaire ou au propriétaire de l'ouvrage intellectuel. Cette personne peut être le créateur, l'auteur ou l'inventeur du dessin, du roman, de la chanson, de l'invention ou des mots composant la marque de commerce, ou une personne qui les a achetés, comme un éditeur, un producteur de cinéma ou un fabricant. Le législateur a voulu protéger ces droits et leurs titulaires, et en favoriser l'échange et la diffusion. C'est **l'Office de la propriété intellectuelle du Canada** (OPIC) qui supervise les droits liés à la propriété intellectuelle. Les droits de propriété intellectuelle sont cédés en contrepartie d'une commission ou d'une royauté sur le produit final. C'est le gouvernement fédéral qui possède la juridiction dans ce domaine. Le tableau 12.3 présente les différents secteurs d'activité de la propriété intellectuelle ainsi que la procédure d'enregistrement des droits.

Brevet d'invention
(Patent)
Titre concernant un produit, une invention ou des procédés nouveaux offrant des fonctions innovatrices et utiles (*Loi sur les brevets*).

TABLEAU 12.3 Les différents secteurs d'activité de la propriété intellectuelle et l'enregistrement des droits

Nom	Secteurs d'activité	Bureau visé	Délai d'enregistrement	Durée de protection
Droit d'auteur	▸ **Littérature:** Roman, Logiciel, Texte d'une chanson ▸ **Musique:** Musique d'une chanson, Symphonie, Opéra ▸ **Arts:** Peinture, Sculpture, Photographie, Maquette ▸ **Art dramatique:** Film, Scénario, Chorégraphie	Bureau du droit d'auteur	De 8 à 10 semaines	50 ans après l'année du décès de l'auteur
Brevet d'invention	▸ **Produit:** Bouton à quatre trous, Jeu de société, Patin à roues alignées ▸ **Procédé:** Procédé infographique, Procédé chimique, Procédé pour faire de la neige artificielle	Bureau des brevets	18 mois	20 ans
Marque de commerce	▸ **Mot:** Nike, Home Dépôt, Tommy Hilfiger, McDonald's, Monsieur Net ▸ **Symbole:** «M» de McDonald's, Pomme des ordinateurs Apple ▸ **Dessin:** Cheval de Ferrari	Bureau canadien des marques de commerce	12 mois	15 ans, renouvelable pour 15 ans
Dessin industriel	▸ **Forme:** Forme de la bouteille de Coca-Cola; Forme d'une chaise ▸ **Décoration:** Décoration d'un service de couverts	Bureau des dessins industriels du Canada	De 6 à 12 mois	10 ans

Marque de commerce
(Trademark)
Mot, symbole ou dessin, ou combinaison de ceux-ci, qui sert à distinguer les produits ou les services d'une personne ou entreprise de ceux offerts par ses concurrents (*Loi sur les marques de commerce*).

Dessin industriel
(Industrial Design)
Forme, décoration ou motif appliqué à un objet utilitaire produit en série (50 exemplaires au moins) (*Loi sur les dessins industriels*).

Les droits doivent être enregistrés pour être opposables aux tiers et, en particulier, à ceux qui voudraient les reproduire ou les contrefaire. Des droits d'inscription ou d'enregistrement doivent donc être payés à cette fin. Chacun de ces droits peut être cédé à une tierce partie qui obtient le droit de l'utiliser ou de le reproduire, moyennant le paiement de royautés ou de frais de licence d'utilisation au titulaire des droits. Chacune de ces cessions de droit doit elle aussi être enregistrée auprès du bureau visé. Pour obtenir plus d'information sur les droits d'auteur, les dessins industriels, les marques de commerce ou les brevets d'invention, consultez le site de l'OPIC.

RETOUR SUR LA MISE EN SITUATION

En ce qui concerne le bris des deux vélos stationnaires endommagés durant le transport, le Centre sportif du Vieux-Montréal dispose d'un recours en dommages-intérêts contre Transport Toutemps inc. À ce sujet, l'article 2049 du *Code civil du Québec* précise que le transporteur est tenu de transporter les biens ainsi que de réparer le préjudice résultant du transport à moins qu'il ne prouve que la perte des biens résulte d'une force majeure ou du vice propre des biens eux-mêmes. Compte tenu des circonstances de l'accident, il ne pourra pas invoquer la clause limitative de responsabilité de 200 $ par colis en raison de la négligence grossière du conducteur.

En ce qui concerne les dommages à l'immeuble, le Centre sportif du Vieux-Montréal devra transmettre une mise en demeure à l'architecte et à l'entrepreneur pour dénoncer les malfaçons et les vices de construction ainsi que pour leur permettre de venir en prendre connaissance et de les corriger à leurs frais, le cas échéant. S'ils refusent de le faire, Rosaire et ses associés devront faire une expertise des problèmes qu'ils ont constatés afin d'en évaluer la cause et les coûts pour les corriger. Les articles 2118 à 2120 du *Code civil du Québec* énoncent clairement le principe de la responsabilité tant de l'entrepreneur que de l'architecte.

Afin de protéger leur logo, les associés devraient l'enregistrer soit comme dessin industriel, soit comme marque de commerce de leur entreprise. Cette procédure doit se faire auprès de l'OPIC en remplissant la documentation pertinente.

EN BREF

- Les contrats nommés sont ceux qui sont définis dans le *Code civil du Québec* et au sujet desquels la législation a codifié les principales caractéristiques ainsi que les droits et les obligations des parties qui les signent.
- Les contrats nommés à incidence commerciale les plus utilisés dans le cadre de l'exploitation d'une entreprise sont le mandat, les assurances, le transport et le contrat d'entreprise ou de service.
- Le mandat est une mission qu'une personne, le mandant, confie à une autre personne, le mandataire, de la représenter dans l'accomplissement d'un acte juridique avec un tiers. Il peut aussi être donné en prévision de l'inaptitude.
- Le contrat d'assurance est celui par lequel l'assureur, moyennant une prime ou une cotisation, s'oblige à verser, au preneur ou à un tiers une prestation dans le cas où un risque couvert par l'assurance se réaliserait. Il porte généralement sur les personnes ou sur les dommages.
- Le contrat de transport est celui par lequel une personne, le transporteur, s'oblige à effectuer le déplacement d'une personne ou d'un bien moyennant un prix qu'une autre personne, le passager, l'expéditeur ou le destinataire du bien, s'engage à lui payer au temps convenu.
- Le contrat d'entreprise ou de service est celui par lequel une personne, selon le cas l'entrepreneur ou le prestataire de services, s'engage envers une autre personne, le client, à réaliser un ouvrage matériel ou intellectuel ou à fournir un service moyennant un prix que le client s'engage à payer.
- Le contrat de franchisage est celui en vertu duquel le franchiseur accorde au franchisé le droit de faire des affaires dans un domaine d'activité commerciale développé par le franchiseur sous sa bannière ou sa marque de commerce, selon des normes et des méthodes mises au point par le franchiseur ainsi que le droit de vendre ses produits et services.
- Les principaux droits intellectuels sont les droits d'auteur, les brevets d'invention, les marques de commerce et les dessins industriels.

EXERCEZ-VOUS

VOCABULAIRE

Parmi les termes suivants, choisissez ceux qui conviennent pour compléter les définitions ci-dessous.

- brevet
- contrat de service à exécution successive
- avenant
- contrat de transport
- assureur
- droit d'auteur
- contrat d'entreprise ou de service
- vice de construction
- intérêt d'assurance
- contrat à prix unitaire ou à phases successives
- marque de commerce
- contrat de franchise
- devis
- contrat individuel de travail
- prime
- connaissement
- mandat apparent
- malfaçons
- brevet d'invention
- contrat de crédit variable
- mandat en prévision de l'inaptitude
- mandat
- contrat d'assurance

1. Une __________ consiste en un mot, un symbole ou un dessin, ou une combinaison de ceux-ci, qui sert à distinguer les produits ou les services d'une personne ou d'une entreprise de ceux offerts par ses concurrents.

2. Un représentant d'une entreprise quitte son emploi et continue à se prévaloir des privilèges que l'entreprise lui accordait auprès de tiers de bonne foi, non avisés de la révocation du mandat. On parle alors de __________.

3. On appelle __________ le contrat intervenu entre deux entreprises indépendantes, en vertu duquel l'un des contractants accorde à l'autre le droit de faire affaire dans un domaine d'activité commerciale développé par lui en utilisant sa bannière, ses marques de commerce et ses produits.

4. Le __________ est celui par lequel l'__________ , moyennant le versement d'une __________ , s'oblige à verser au preneur ou à un tiers une prestation dans le cas où un risque couvert par ledit contrat viendrait à survenir.

5. Le __________ est celui par lequel une personne s'engage envers une autre personne, le client, à réaliser un ouvrage matériel ou intellectuel ou à fournir un service moyennant un prix que le client s'engage à payer.

6. Le __________ est l'écrit qui constate le contrat de transport.

7. Une personne possède un __________ dans une chose lorsqu'elle peut subir un dommage direct et immédiat de la perte ou de la détérioration de cette chose.

8. Le __________ est un écrit indiquant le détail des travaux à exécuter, la nature des matériaux à utiliser dans la construction et les détails d'exécution.

9. Toute modification à une police d'assurance porte le nom d' __________ et en fait partie intégrante.

10. L'entrepreneur, l'architecte, l'ingénieur, l'entrepreneur et le sous-traitant sont tenus de garantir l'ouvrage pendant un an contre les __________ .

VRAI OU FAUX

Indiquez si les affirmations suivantes sont vraies ou fausses. Si l'affirmation est fausse, précisez pourquoi.

1. Toute modification à une police d'assurance porte le nom d'« amendement ».

2. L'entrepreneur, l'architecte et l'ingénieur doivent accorder une garantie de huit ans contre les vices de construction.

3. Le propriétaire d'une maison peut désigner son créancier hypothécaire comme bénéficiaire du produit d'une police d'assurance incendie.

4. En cas de divergence entre la police d'assurance et la proposition d'assurance, c'est la police qui fait foi de contrat.

CHOIX MULTIPLES

Encerclez la bonne réponse parmi les choix proposés.

1. Le mandataire doit agir avec honnêteté, prudence et diligence. De plus, il doit:
   a) éviter de se placer en position de conflit d'intérêts.
   b) dénoncer toute situation de double mandat.
   c) ne pas utiliser à son profit l'information obtenue dans le cadre de l'exécution de son mandat.
   d) agir avec loyauté vis-à-vis du mandant.
   e) Tous ces choix de réponses s'appliquent.

2. Dans l'assurance de dommages, l'assureur doit payer l'indemnité dans les:
   a) 20 jours suivant la réception de l'avis de perte.
   b) 30 jours suivant la réception de l'avis de perte.
   c) 50 jours suivant la réception de l'avis de perte.
   d) 60 jours suivant la réception de l'avis de perte.

3. Jean-François demande à sa sœur Sylvie de lui acheter une voiture neuve d'une valeur d'environ 15000 $. Sylvie, qui aime beaucoup les voitures luxueuses, achète une Maserati de 35 000 $ et signe au nom de son frère. Jean-François refuse de prendre livraison de la voiture. Sylvie est responsable:
   a) pour 20000 $.
   b) pour 15000 $.
   c) pour 35000 $.
   d) C'est le mandant qui est responsable.

4. Le délai dont dispose un assuré pour poursuivre son assureur qui refuse d'honorer sa réclamation d'assurance est de:
   a) 6 mois.
   b) 1 an.
   c) 3 ans.
   d) 5 ans.

FAITES LE POINT

1. Définissez le mandat et donnez cinq exemples de mandats particuliers dans le monde des affaires.
2. Distinguez les obligations du mandant vis-à-vis des tiers de celles du mandant vis-à-vis du mandataire.
3. Expliquez la différence entre le risque et le sinistre dans le contrat d'assurance de dommages.
4. Définissez le contrat d'entreprise et de services et expliquez en quoi consistent les obligations de l'entrepreneur et du prestataire de services et celles du client.
5. Expliquez la responsabilité des intervenants de la construction en ce qui concerne la perte de l'immeuble en tout ou en partie à cause d'un vice de construction.
6. Quels sont les principaux avantages et inconvénients du contrat de franchisage?
7. Distinguez le droit d'auteur, le brevet d'invention, la marque de commerce et le dessin industriel.

RECHERCHE EN LIGNE

Pour réaliser l'activité suivante, consultez le site de l'Office de la propriété intellectuelle du Canada (OPIC).

Vous décidez, avec un ami, d'ouvrir une «roulotte» de restauration rapide et de friture qui ne fonctionnerait que l'été. Vous cherchez un nom de commerce «accrocheur» et vous voulez l'enregistrer. Sur le site de l'OPIC, faites une recherche de marque de commerce et résumez ce que vous avez trouvé pour les noms suivants:

a) Le roi de la patate;
b) La reine de la patate;
c) La bedaine;
d) Le prince de la poutine.

CAS PRATIQUES

1. Julie est propriétaire d'un condominium à Montréal et détient une police d'assurance de dommages qui couvre à la fois ses biens matériels et sa responsabilité civile. De plus Julie, qui est camionneuse pour un commerce de meubles bien connu, sait que son employeur détient une police d'assurance responsabilité civile commerciale des transports. La semaine dernière, alors qu'elle transportait un ameublement complet d'une valeur de 25000 $ pour un client, elle a été impliquée dans un accident de la route dont il a été déterminé qu'elle était entièrement responsable, l'ameublement est une perte totale. La même journée, alors qu'elle était à l'hôtel, nerveuse de sa journée, elle met le feu accidentellement en jetant son mégot de cigarette dans une corbeille. Bien que maîtrisé rapidement, l'incendie a causé des dommages au mur et au tapis de l'hôtel pour une valeur de 10000 $. Elle reçoit deux mises en demeure, soit celle du client de 25000 $ et celle de l'hôtel pour 10000 $.
   a) Quel assureur prendra fait et cause pour Julie? Expliquez votre réponse
   b) Que pourrait invoquer l'assureur pour ne pas prendre fait et cause?
   c) Qu'arrive-t-il aux victimes, le client et l'hôtel, si les assureurs ne prennent pas fait et cause pour Julie?

2. Vous êtes propriétaire d'un bungalow de cinq pièces. L'annonce que votre conjointe attend des jumeaux vous fait plaisir, cependant vous réalisez que la maison deviendra vite étroite pour vous quatre. Vous faites appel à un architecte pour qu'il vous propose des solutions d'agrandissement de votre bungalow. Acceptant son offre de faire un deuxième étage, le contrat mentionne qui sera l'entrepreneur, l'ingénieur et évidemment l'architecte au dossier. Dans les plans et devis faits et expertisés par l'architecte et l'ingénieur, et acceptés par vous, il y a l'ajout d'une deuxième salle de toilette complète qui inclut une douche séparée d'un bain-tourbillon pour deux personnes. Quelques mois après la fin de la construction, alors que vous êtes dans la pièce sous la nouvelle salle de toilette, vous constatez l'apparition de fissure au plafond et un gonflement. Inquiet, vous sortez de la résidence pour aller demeurer chez vos parents avec votre famille. Vous appelez votre compagnie d'assurance qui envoie un expert en sinistre. Vous constatez, à la lecture du rapport, qu'il y a possibilité d'effondrement, qu'il y a eu de la malfaçon lors de l'ajout du deuxième étage, que le plancher n'a pas la résistance nécessaire pour un bain-tourbillon de cette grosseur.

   Quels sont vos recours, contre qui, et quels sont les numéros d'article du *Code civil du Québec* qui s'y rattachent?

3. Vous êtes étudiant au cégep à temps complet. Au mois d'octobre, vos parents vous ont offert une voiture, pour laquelle vous contractez une police d'assurance automobile. Vous avez répondu à toutes les questions, dont celles qui concernent l'usage de votre véhicule, simplement pour faire l'aller-retour au cégep. Vous ne travaillez pas avec votre véhicule. En décembre, votre oncle, qui est propriétaire d'une pizzeria, vous offre un poste de livreur le vendredi soir et le samedi soir, pour lequel vous devrez utiliser votre véhicule. Le 28 décembre, vous avez un accident dont vous êtes responsable et votre véhicule est déclaré perte totale. Votre assureur refuse de vous indemniser, et ce, même si vous avez payé la prime, parce que vous avez omis de l'appeler pour déclarer le changement d'usage du véhicule; vous faites de la livraison contre rémunération. L'assureur a-t-il le droit de refuser l'indemnisation?

CHAPITRE

13

LA *LOI SUR LA PROTECTION DU CONSOMMATEUR*

OBJECTIFS D'APPRENTISSAGE

À la fin de ce chapitre, vous devriez être en mesure :

1. de définir le champ d'application de la *Loi sur la protection du consommateur* et le rôle de l'Office de la protection du consommateur ;
2. de décrire les conditions de validité d'un contrat visé par la *Loi sur la protection du consommateur* ;
3. de reconnaître les différents contrats de vente visés par la *Loi sur la protection du consommateur,* soit les contrats de vente à tempérament, les contrats de vente d'automobiles et de motocyclettes d'occasion, les contrats de vente d'une carte prépayée et les contrats de vente à distance ;
4. d'expliquer les modalités particulières de réalisation des contrats de vente électronique ou en ligne et de connaître les droits des consommateurs qui concluent de tels contrats à distance ;
5. d'expliquer les divers contrats de louage de biens soumis à la *Loi sur la protection du consommateur* ainsi que les droits et recours des consommateurs liés à de tels contrats ;
6. de reconnaître les différents contrats de crédit visés par la *Loi sur la protection du consommateur,* soit les contrats de prêt d'argent, les contrats de crédit variable, les contrats assortis d'un crédit ainsi que les droits et recours des consommateurs concernant leur dossier de crédit lié à ces contrats ;
7. de reconnaître les différents contrats de services visés par la *Loi sur la protection du consommateur* ;
8. d'appliquer les notions apprises dans ce chapitre à des situations pratiques et de trouver l'information pertinente au moyen de divers outils de recherche juridique.

MISE EN SITUATION

Lors du réveillon de Noël de la famille Tremblay, Alice et Antoine discutent, avec leur cousine Sylvie qui suit un cours de droit des affaires, des problèmes qu'ils subissent avec deux commerçants.

Alice a acheté une thermopompe d'un vendeur de la société Thermopompe Québec inc. qui s'est présenté à son domicile en lui promettant des économies importantes de frais de chauffage pour les prochaines années, ajoutant qu'elle était admissible à un nouveau programme de crédit d'impôt fédéral et à un crédit de 500 $ de Gaz Métro ou Hydro-Québec, selon qu'elle choisisse un système de thermopompe à l'électricité ou au gaz. Elle a signé un contrat de 7999,99 $ pour l'achat et l'installation de celle-ci et a remis un chèque de 4000 $ au vendeur. Après le départ du vendeur, elle a consulté les sites Internet du gouvernement fédéral, de Gaz Métro et d'Hydro-Québec et a même communiqué avec des représentants de ces sociétés pour apprendre qu'il n'existait pas de programme de crédit d'impôt ni de subventions d'offertes. Son cousin Antoine désire quant à lui mettre fin au contrat de télécommunication qu'il a signé avec Dodgers pour son YPhone 5, car il a reçu une offre très intéressante de Pelus pour un YPhone 7. Ils questionnent Sylvie à ce sujet.

Questions

1. Quels sont les recours d'Alice contre Thermopompe Québec inc. ?
2. Antoine veut savoir comment mettre fin au contrat de 24 mois signé en septembre de l'année précédente.

SIGNETS INTERNET

Ce chapitre renvoie aux sites Internet des organismes (ou documents) suivants :

- *Code civil du Québec*
- Éducaloi
- *Loi concernant le cadre juridique des technologies de l'information*
- *Loi sur la protection du consommateur*
- *Loi sur la protection des renseignements personnels dans le secteur privé*
- *Loi sur la protection des renseignements personnels et les documents électroniques*
- Office de la protection du consommateur
- PayPal

INTRODUCTION

Dans la société d'aujourd'hui, les commerçants et les consommateurs ne font pas qu'acheter ou louer des biens mobiliers et immobiliers, ils achètent aussi des services. Nous sommes continuellement bombardés de publicité en ce domaine. Nous sommes à l'ère du commerce électronique. De plus en plus de commerçants et de consommateurs utilisent le cyberespace pour effectuer des transactions d'achat et de vente de toutes sortes. Les entreprises disposent maintenant de sites Internet à partir desquels elles offrent de vendre leurs produits et services. Le contrat conclu en ligne entre un vendeur et un acheteur est un contrat électronique.

Aussi l'étude du contrat de vente ne serait-elle pas complète sans celle du contrat de vente en ligne, qui gagne en importance dans notre quotidien. Plusieurs questions méritent qu'on s'y arrête. On peut notamment se poser la question suivante: la vente en ligne est-elle soumise aux mêmes dispositions du *Code civil du Québec* et de la *Loi sur la protection du consommateur* (R.L.R.Q., c. P-40.1) que le contrat de vente traditionnel? La ***Loi sur la protection du consommateur* (L.P.C.)** ajoute des protections supplémentaires en faveur des consommateurs qui achètent ou louent des biens et des services. En effet, le législateur québécois a voulu adopter une loi d'ordre public qui déroge à certaines règles fondamentales du *Code civil du Québec* concernant les contrats signés entre un consommateur et un commerçant.

13.1 LA *LOI SUR LA PROTECTION DU CONSOMMATEUR*

Loi sur la protection du consommateur
(Consumer Protection act)
Loi visant à protéger les consommateurs québécois relativement à divers types de contrats et qui définit le consommateur comme une personne physique se procurant un bien ou un service à des fins personnelles et non pour la revente.

En 1971, le législateur a adopté la ***Loi sur la protection du consommateur*** (L.P.C.). Cette loi comporte des mesures précises visant à protéger les consommateurs québécois contre certaines pratiques abusives de la part des commerçants, notamment en matière de contrats de vente et de louage de biens et de services.

Depuis cette date, la L.P.C. a été remaniée à plusieurs reprises et englobe de plus en plus de contrats, dont les contrats de vente électronique ou en ligne et certains contrats de louage ainsi que certains contrats d'entreprise ou de services.

13.1.1 Le consommateur

La définition d'un consommateur exclut spécifiquement le commerçant et les personnes morales telles que les sociétés par actions, les coopératives et les syndicats, de même que les personnes physiques qui se procurent des biens ou des services aux fins de l'exploitation d'une entreprise (art. 1*e* de la L.P.C.).

13.1.2 Le commerçant

Bien qu'il ne soit pas défini par la L.P.C., on peut définir le commerçant comme une personne physique ou morale qui exploite une entreprise dans le but de vendre ou de louer des biens ou des services. L'article 2 de cette loi énonce:

> **Art. 2 de la L.P.C. La présente loi s'applique à tout contrat conclu entre un consommateur et un commerçant dans le cours de son commerce et ayant pour objet un bien ou un service.**

Cet article exclut de l'application de la L.P.C. les contrats entre deux commerçants et les contrats entre deux consommateurs.

> **Exemples** Jocelyn Grenier, menuisier artisan, se rend chez Réno-Dépôt pour acheter une scie électrique et une raboteuse. Ce contrat de vente n'est pas régi par la L.P.C. étant donné que Jocelyn s'est procuré les biens à des fins d'entreprise, pour l'exercice de son métier de menuisier. La transaction a été conclue entre deux commerçants.

Andrée achète la même scie électrique et la même raboteuse chez Réno-Dépôt comme cadeau d'anniversaire à son mari, qui est comptable et qui aime bien bricoler. Ce contrat sera régi par la L.P.C., car Andrée et son mari sont considérés comme des consommateurs et l'achat est destiné à un usage personnel. Le contrat est conclu entre un consommateur et un commerçant : Andrée et son mari pourront se prévaloir des dispositions et des garanties additionnelles prévues par cette loi.

13.2 L'OFFICE DE LA PROTECTION DU CONSOMMATEUR

La L.P.C. a créé l'Office de la protection du consommateur (l'« Office »), dont la mission première est la protection et l'information du consommateur. Pour jouer efficacement son rôle, l'Office analyse constamment la qualité des biens mis sur le marché et en transmet les résultats à tout consommateur qui en fait la demande. Le consommateur peut également recourir à l'Office pour l'obtention de tout renseignement au sujet du permis d'un commerçant, de sa solvabilité ou de sa réputation.

> **Exemple** Lorsqu'un consommateur signe un contrat dans des circonstances douteuses et qu'il veut savoir s'il a un recours ou s'il peut porter plainte contre le commerçant, l'Office agit en tant que conseiller.

Le consommateur doit exercer lui-même ses recours civils contre les commerçants, mais c'est l'**Office de la protection du consommateur** qui intente les poursuites pénales contre eux à la suite des plaintes formulées par les consommateurs. L'Office applique aussi certaines lois comme la *Loi sur les agents de voyages* et la *Loi sur les arrangements préalables de services funéraires et de sépulture*.

i+

13.3 LE *CODE CIVIL DU QUÉBEC* ET LA PROTECTION DU CONSOMMATEUR

Le ***Code civil du Québec*** a introduit de nombreuses dispositions visant à protéger le consommateur.

i+

> **Exemples** Sur le plan du respect de la réputation et de la vie privée, les articles 37 à 41 du *Code civil du Québec* protègent le consommateur contre l'utilisation abusive de son dossier de crédit (*voir le chapitre 3*). Le *Code civil du Québec* définit le contrat de consommation à l'article 1384 et précise aux articles 1435 à 1437 qu'une clause externe, illisible, incompréhensible ou abusive dans un contrat de consommation est nulle ou que l'obligation qui en découle est réductible selon le cas (*voir le chapitre 5*). Les dispositions des articles 1785 à 1794 concernent la vente d'immeuble à usage d'habitation (*voir le chapitre 10*).

Soulignons que la L.P.C. est considérée comme une loi d'ordre public et que les parties ne peuvent, par contrat, y déroger ou renoncer à un droit qui y est mentionné en leur faveur. De plus, ses dispositions ont préséance sur celles du *Code civil du Québec*.

> **Exemple** L'article 2863 du *Code civil du Québec* concernant la preuve d'un contrat devant les tribunaux indique que l'on ne peut contredire par un témoignage un écrit ou un contrat valablement fait.

L'article 263 de la L.P.C. énonce :

> **Art. 263 de la L.P.C. Malgré l'article 2863 du *Code civil,* le consommateur peut, s'il exerce un droit prévu par la présente loi ou s'il veut prouver que la présente loi n'a pas été respectée, administrer une preuve testimoniale, même pour contredire ou changer les termes d'un écrit.**

Un consommateur pourrait, par exemple, alléguer des garanties ou promesses supplémentaires faites verbalement par le commerçant ou l'un de ses représentants au moment de la signature du contrat, car elles lient le commerçant.

13.4 LES DISPOSITIONS GÉNÉRALES DE LA LOI

Les dispositions générales de la L.P.C. visent : 1) la formation du contrat ; 2) les garanties ; 3) la lésion ; 4) les pratiques de commerce interdites ; et 5) les comptes en fiducie. L'article 16 de la L.P.C. indique que l'obligation principale du commerçant consiste en la livraison du bien ou la prestation du service prévue dans le contrat. Il ajoute que dans le cas d'un contrat à exécution successive, le commerçant est présumé exécuter son obligation principale lorsqu'il commence à accomplir cette obligation conformément au contrat. L'article 17 de la L.P.C. énonce qu'en cas de doute ou d'ambiguïté, le contrat doit être interprété en faveur du consommateur. Une clause assujettissant un contrat à une loi n'émanant pas de l'Assemblée nationale du Québec ni du Parlement du Canada est interdite (art. 19 de la L.P.C.). De même est interdite toute stipulation ayant pour effet soit d'imposer au consommateur l'obligation de soumettre un litige éventuel à l'arbitrage, soit de restreindre son droit d'ester en justice, notamment en lui interdisant d'exercer une action collective, soit de le priver du droit d'être membre d'un groupe visé par un tel recours. Par ailleurs, le consommateur peut, si un litige survient après la conclusion du contrat, convenir de soumettre ce litige à l'arbitrage (art. 11.1 de la L.P.C.). Une clause par laquelle un commerçant se dégage des conséquences de son fait personnel ou de celui de son représentant est également interdite (art. 10 de la L.P.C.). L'article 11.2 de la L.P.C. énonce :

> **Art. 11.2 de la L.P.C. Est interdite la stipulation prévoyant que le commerçant peut unilatéralement modifier le contrat à moins que cette stipulation ne prévoie également :**
>
> **a) les éléments du contrat pouvant faire l'objet d'une modification unilatérale ;**
>
> **b) que le commerçant doit, au moins 30 jours avant l'entrée en vigueur de la modification, transmettre au consommateur un avis écrit, rédigé clairement et lisiblement, contenant exclusivement la nouvelle clause ou la clause modifiée ainsi que la version antérieure, la date d'entrée en vigueur de la modification et les droits du consommateur énoncés au paragraphe c ;**
>
> **c) que le consommateur pourra refuser cette modification et résoudre ou, s'il s'agit d'un contrat à exécution successive, résilier le contrat sans frais, pénalité ou indemnité de résiliation, en transmettant un avis à cet effet au commerçant au plus tard 30 jours suivant l'entrée en vigueur de la modification, si la modification entraîne l'augmentation de son obligation ou la réduction de l'obligation du commerçant.**
>
> **Toutefois, à moins qu'il ne s'agisse d'un contrat de service à durée indéterminée, une telle stipulation est interdite à l'égard d'un élément essentiel du contrat, notamment la nature du bien ou du service faisant l'objet du contrat, le prix de ce bien ou de ce service et, le cas échéant, la durée du contrat.**
>
> **La modification d'un contrat faite en contravention des dispositions du présent article est inopposable au consommateur.**

Cet article ne s'applique pas à une modification d'un contrat de crédit variable visée à l'article 129 de la L.P.C., qui prévoit qu'un commerçant peut modifier le contrat de crédit variable pour augmenter la somme exigible à titre de frais d'adhésion ou de renouvellement ou le taux de crédit selon les modalités prescrites.

13.4.1 La formation du contrat de consommation

L'article 1384 du *Code civil du Québec* définit le contrat de consommation comme étant régi par les lois relatives à la protection du consommateur, par lequel l'une des parties, une personne physique, le consommateur, acquiert, loue, emprunte ou se procure de toute autre manière des biens ou des services auprès de l'autre partie, laquelle offre de tels biens ou services dans le cadre d'une entreprise qu'elle exploite. Dans un premier temps, les conditions prévues au *Code civil du Québec* pour la formation d'un contrat doivent être respectées : capacité des parties, consentement libre et éclairé, objet, cause et forme, le cas échéant (art. 1371 du C.c.Q.). À ces conditions, les articles 23 et suivants de la L.P.C. ajoutent les précisions qui suivent. Le contrat doit être :

- rédigé par écrit ;
- en double exemplaire (un pour le consommateur et un pour le commerçant) ;
- rédigé en français, à moins d'entente expresse entre les parties ;
- clairement et lisiblement rédigé ;
- signé par le commerçant sur la dernière page ;
- remis ensuite au consommateur pour lui permettre d'en prendre connaissance avant d'y apposer sa signature ;
- signé par le consommateur sur la dernière page ;
- remis à chacune des parties.

Le contrat de crédit doit, quant à lui, indiquer le détail des intérêts et des frais dus par le consommateur. Le consommateur n'est tenu à l'exécution de ses obligations qu'à compter du moment où il est en possession d'un double signé du contrat. Dans le cas d'un contrat conclu avec un vendeur itinérant ou d'un contrat par correspondance, le contrat doit contenir l'adresse détaillée du domicile du consommateur et l'adresse détaillée seulement (et non la case postale) du commerçant.

Lorsqu'un contrat visé par la L.P.C. n'en respecte pas les exigences, le consommateur peut, compte tenu du préjudice subi, demander au tribunal soit l'annulation du contrat, soit, s'il s'agit d'un contrat de crédit, la suppression des frais de crédit et la restitution de la partie déjà payée des frais de crédit. Les articles 271 et 272 de la L.P.C. énoncent les recours des consommateurs advenant que le contrat soit entaché d'un vice de forme ou d'un vice de fond. L'article 271 vise les cas où un commerçant ne respecte pas une exigence de forme prescrite par la *Loi*.

> **Art. 271 de la L.P.C. Si l'une des règles de formation prévues par les articles 25 à 28 n'a pas été respectée, ou si un contrat ne respecte pas une exigence de forme prescrite par la présente loi ou un règlement, le consommateur peut demander la nullité du contrat.**

Si l'une des règles de formation prévues par les articles 25 à 28 n'a pas été respectée, ou si un contrat ne respecte pas une exigence de forme prescrite par la présente loi ou par un règlement, le consommateur peut demander la nullité du contrat.

A. Les conditions de forme et de fond

Un tel contrat doit être rédigé par écrit et doit respecter les règles prévues par la L.P.C. Il constitue un contrat assorti d'un crédit et doit en respecter les conditions énoncées de forme et de fond dictées par la *Loi*. L'article 150.7 de la L.P.C. précise que le loyer payable pendant la période de location doit être réparti en versements périodiques et que tous les versements doivent être égaux, sauf le dernier, qui peut être moindre. Dans un contrat de louage à long terme, les articles 150.9 et 136 interdisent certaines conventions et stipulations défavorisant le consommateur. C'est le commerçant qui assume les risques de perte ou de détérioration du bien par cas de force majeure, mais ce dernier n'est pas tenu d'assumer ces risques pendant que le consommateur détient le bien sans droit ou, le cas échéant, après que le commerçant a transféré la propriété du bien au consommateur. La L.P.C. prévoit que le consommateur locataire à long terme d'un tel bien bénéficie de toute garantie conventionnelle accordée au consommateur qui aurait acheté un bien similaire tout comme s'il en était propriétaire. Il en est de même de toute autre garantie additionnelle offerte à un consommateur propriétaire d'un tel bien, qui doit être disponible, aux mêmes conditions, au choix du consommateur partie à un contrat de louage à long terme d'un tel bien et s'il acquiert une telle garantie (art. 150.11 de la L.P.C.).

> **Exemple** Le véhicule Honda Civic 2015 loué par Nicolas est couvert par la garantie conventionnelle de base de Honda Canada, tout comme s'il avait acheté le véhicule. De plus, Nicolas peut acheter toute extension de garantie offerte par le concessionnaire ou Honda Canada.

B. Le défaut de la part du consommateur

Selon l'article 150.13 de la L.P.C., si le consommateur n'exécute pas son obligation suivant les modalités du contrat, le commerçant peut : 1) exiger le paiement immédiat de ce qui est échu ; 2) exiger le paiement immédiat de ce qui est échu et des versements périodiques non échus si le contrat contient une clause de déchéance du bénéfice du terme ; ou 3) reprendre possession du bien loué. Avant d'exercer le droit de reprise du bien loué, le commerçant doit expédier au consommateur un avis écrit. Le consommateur peut remédier au fait qu'il est en défaut ou remettre le bien au commerçant dans les 30 jours qui suivent la réception de l'avis, et le droit de reprise ne peut être exercé qu'à l'expiration de ce délai (art. 150.14 de la L.P.C.). Il peut aussi s'adresser au tribunal pour réduire ses obligations. Les articles 150.15 à 150.17 énoncent les droits du commerçant et du consommateur advenant la remise volontaire du bien ou la reprise forcée par le commerçant :

> **Art. 150.15 de la L.P.C. Si, à la suite de l'avis de reprise de possession, il y a remise volontaire ou reprise forcée du bien, le contrat est résilié de plein droit à compter de cette remise ou de cette reprise.**
>
> **Le commerçant n'est alors pas tenu de remettre le montant des paiements échus déjà perçus, et il ne peut réclamer que les seuls dommages-intérêts réels qui soient une suite directe et immédiate de la résiliation du contrat.**
>
> **Le commerçant a l'obligation de minimiser ses dommages.**

Dans tous les cas, le commerçant doit minimiser les dommages. À cette fin, il doit tenter de revendre ou de relouer le bien dans les meilleurs délais et au meilleur prix.

Exemple Si Nicolas est incapable de respecter ses paiements mensuels pour la location de son véhicule, il pourra choisir soit de remettre volontairement l'automobile au concessionnaire ou à Honda Canada, soit attendre que Honda Canada lui transmette l'avis de reprise de possession de 30 jours prévu par la loi. Dans tous les cas, Honda devra minimiser les dommages et tenter de revendre le véhicule dans les meilleurs délais et au meilleur prix.

13.8.2 Les contrats de louage à valeur résiduelle garantie

L'article 150.18 de la L.P.C. définit le contrat de louage à **valeur résiduelle** garantie comme étant un contrat de louage à long terme d'un bien en vertu duquel le consommateur garantit au commerçant que, une fois expirée la période de location, ce dernier obtiendra au moins une certaine valeur de l'aliénation du bien. Elle doit être indiquée au contrat et y être exprimée en dollars et en cents (art. 150.18, 150.19 et 150.20 de la L.P.C.).

Valeur résiduelle
(Residual value)
Valeur que le consommateur partie à un contrat de louage garantit et qui est établie par une estimation raisonnable de la part du commerçant de la valeur au gros qu'aura le bien à la fin de la période de location.

L'article 150.21 de la L.P.C. limite l'obligation de garantie du consommateur quant à la valeur résiduelle au moindre des deux montants suivants : l'excédent de la valeur résiduelle sur la valeur obtenue de l'aliénation du bien par le commerçant ou 20 % de la valeur résiduelle.

Exemple Si le contrat stipule que Nicolas garantit au vendeur une valeur résiduelle de 9 500 $ à la fin de son contrat de location en 2018, ce dernier doit garantir que la Honda Civic 2015 vaudra alors 9 500 $. Advenant que le prix obtenu par le commerçant lors de la revente soit de 7 000 $ seulement, la loi limite la responsabilité de Nicolas au moindre de la somme de 2 500 $ (soit l'excédent de la valeur résiduelle obtenue par l'aliénation du bien) ou de la somme de 1 900 $ (soit 20 % de la valeur résiduelle de 9 500 $).

Comme il s'agit d'un contrat assorti d'un crédit au sens de la L.P.C., Nicolas peut l'annuler dans les deux jours qui suivent celui où chacune des parties est mise en possession de la copie signée du contrat (art. 150.23 de la L.P.C.). Les dispositions de la *Loi* relatives aux contrats assortis d'un crédit s'appliquent à ce type de contrat. C'est notamment le cas des articles 75 et suivants de la L.P.C. Par ailleurs, le consommateur peut acquérir le bien loué en tout temps pendant la durée du contrat sur paiement du solde de son obligation à tempérament moins les frais de crédit implicites non gagnés au moment de l'acquisition (art. 150.29 de la L.P.C.). Quant au commerçant, il ne peut, tant que la valeur résiduelle du bien est garantie par le consommateur, aliéner le bien à un acquéreur potentiel qui en offre un prix inférieur à cette valeur résiduelle sans d'abord offrir le bien au consommateur en lui expédiant un avis écrit rédigé selon la formule prévue à l'annexe 7.4 de la L.P.C. Dans un tel cas, le consommateur peut, dans les cinq jours suivant la réception de l'avis, acquérir le bien en payant comptant un prix égal à celui offert par l'acquéreur potentiel.

D'autre part, plutôt que d'acquérir le bien, le consommateur peut, dans le même délai, présenter un tiers qui convient de payer comptant pour ce bien un prix au moins égal à celui offert par l'acquéreur potentiel (art. 150.30 de la L.P.C.).

13.8.3 La résolution du contrat

Les articles 150.31 et 150.32 précisent les cas où le consommateur est libéré de son obligation de garantie de la valeur résiduelle du bien loué ainsi que la manière dont le commerçant qui désire reprendre possession du bien loué doit procéder.

Art. 150.31 de la L.P.C. Le consommateur est libéré de son obligation de garantie dans l'un ou l'autre des cas suivants:

a) lorsque la valeur résiduelle du bien n'est pas précisée au contrat conformément à l'article 150.20;

b) lorsque le commerçant aliène le bien en violation de l'article 150.30 ou qu'il refuse de vendre le bien au tiers présenté conformément au troisième alinéa de cet article;

c) lorsque l'aliénation du bien n'est pas faite à titre onéreux;

d) lorsque l'aliénation du bien n'a pas lieu dans un délai raisonnable de la remise du bien au commerçant à la fin de la période de location;

e) lorsque le commerçant, après remise du bien à la fin de la période de location, l'utilise ou en permet l'utilisation par un tiers autrement que pour les fins de son aliénation à titre onéreux.

Art. 150.32 de la L.P.C. Le commerçant ne peut exercer le droit de reprise prévu aux articles 150.13 à 150.16 à moins d'obtenir la permission du tribunal si, au moment où le consommateur devient en défaut, celui-ci a acquitté au moins la moitié de la somme de son obligation à tempérament et de l'acompte. [...]

13.8.4 Les contrats de louage à long terme de véhicules d'occasion

Les articles 151 à 166 de la L.P.C. concernant la vente d'automobiles ou de motocyclettes d'occasion, que nous avons étudiés dans la sous-section 13.5.3, s'appliquent de la même manière aux contrats de louage à long terme d'automobiles et de motocyclettes d'occasion. Les locateurs de véhicules automobiles ou de motocyclettes d'occasion sont soumis aux mêmes obligations et doivent donner les mêmes garanties que les vendeurs de ces biens.

13.9 LES CONTRATS DE CRÉDIT VISÉS PAR LA *LOI SUR LA PROTECTION DU CONSOMMATEUR*

Sous la rubrique des contrats de crédit, la L.P.C. établit les dispositions générales et énonce les règles particulières concernant les contrats suivants: 1) le contrat de prêt d'argent; 2) le contrat de crédit variable; et 3) le contrat assorti d'un crédit. La L.P.C. protège le consommateur en obligeant le commerçant à mentionner dans le contrat les **frais de crédit** et le **taux de crédit** (art. 71 et 72 de la L.P.C.).

Frais de crédit
(Credit Costs)
Tous frais (incluant les intérêts, la prime d'assurance et les frais d'administration) que le consommateur doit payer pour bénéficier d'un montant déterminé de crédit pendant un certain temps.

Taux de crédit
(Credit Rate)
Expression en pourcentage annuel des frais de crédit.

> **Exemple** Un consommateur achète un téléviseur pour la somme de 475 $. Il donne 25 $ comptant et doit payer neuf versements mensuels de 78,47 $. Le commerçant devra indiquer que le taux de crédit est de 23,25 %.

13.9.1 Les contrats de prêt d'argent

Vous pouvez vous référer au chapitre 9 pour revoir les dispositions sur le prêt. La L.P.C. indique également que le contrat de prêt d'argent peut faire l'objet d'une résiliation de la part du consommateur. La L.P.C. prévoit un délai d'annulation de deux jours, sans frais ni pénalité, à compter du moment où le consommateur a en sa possession un double du contrat (art. 73 de la L.P.C.).

Le consommateur qui a déjà touché la somme empruntée doit, bien sûr, la rendre au prêteur.

> **Exemple** Monique emprunte 10000 $ à la Banque Royale pour acheter une automobile. Si, dans les deux jours suivant la date de l'emprunt, son père l'informe qu'il peut lui prêter l'argent sans intérêt, Monique peut annuler le contrat sans frais ni pénalité.

13.9.2 Les contrats de crédit variable

L'article 118 de la L.P.C. définit le contrat de crédit variable comme le contrat par lequel un crédit est consenti d'avance par un commerçant à un consommateur; ce dernier peut s'en prévaloir de temps à autre, en tout ou en partie, selon les modalités du contrat. Le contrat de crédit variable comprend notamment le contrat conclu pour l'utilisation de ce qui est communément appelé carte de crédit, compte de crédit, compte budgétaire, crédit rotatif, marge de crédit, ouverture de crédit et tout autre contrat de même nature. La plupart du temps, il prend la forme d'une marge de crédit ou d'une carte de crédit (Visa, MasterCard, American Express), émise à l'intention d'un consommateur. Aucun commerçant ne peut émettre de carte de crédit au nom d'un consommateur, à moins que ce dernier ne lui en ait fait la demande par écrit (art. 120 de la L.P.C.). Une carte de crédit peut toujours être renouvelée ou remplacée aux conditions initiales, à moins d'avis contraire de la part du consommateur. En cas de perte ou de vol de sa carte de crédit, le consommateur se dégage de toute responsabilité découlant de l'usage de la carte par une autre personne en avisant la société émettrice. S'il omet d'aviser la société, la responsabilité du consommateur est limitée à 50 $ (art. 124 de la L.P.C.). La L.P.C. oblige le commerçant à fournir au consommateur un état de compte mensuel. Enfin, le commerçant ne peut, sans l'autorisation écrite du consommateur, augmenter la marge de crédit accordée (art. 128 de la L.P.C.).

> **Exemple** Monique signe un contrat avec la Banque Royale pour l'obtention d'une marge de crédit personnelle de 12000 $ et pour une carte de crédit Visa. La Banque ne peut unilatéralement augmenter sa marge de crédit sans la permission écrite de Monique. À la fin de chaque mois, la Banque devra lui faire parvenir un état de compte détaillé.

13.9.3 Les contrats assortis d'un crédit et le dossier de crédit

Le consommateur passe régulièrement des contrats assortis d'un crédit, dont les plus connus sont la vente à tempérament et la vente à terme. Nous vous référons au chapitre 10 pour plus de détails.

A. Le prêt à un consommateur

Les articles 105 à 110 de la L.P.C. obligent le commerçant à donner au consommateur un avis écrit d'au moins 30 jours avant d'exiger l'exécution de l'obligation, tel le remboursement intégral d'un prêt. La L.P.C. permet aussi au consommateur en difficulté de s'adresser au tribunal pour obtenir de l'aide. Il est important de noter que ces dispositions s'appliquent seulement aux contrats de prêt conclus entre un commerçant ou un établissement financier et un consommateur.

> **Exemple** Nadine emprunte 20000 $ à la banque pour acheter une voiture. Le prêt est remboursable sur une période de cinq ans à raison de 400 $ par mois.

B. Le prêt commercial

La L.P.C. ne s'applique pas dans le cas d'un prêt commercial consenti à un débiteur dans le cadre de l'exploitation d'une entreprise. Dans le cas du prêt commercial, si le débiteur est en défaut de paiement, le prêteur peut exiger le remboursement immédiat de son prêt[1]. Le contrat d'un prêt commercial peut toutefois contenir une clause selon laquelle le prêteur doit aviser le débiteur par écrit qu'il désire être remboursé. Il sera donc sage en matière commerciale d'ajouter une telle clause de préavis au contrat.

> **Exemple** Meubles Beaubois emprunte 875 000 $ à la banque pour rénover et agrandir son usine et grève son immeuble d'une hypothèque pour garantir ce prêt.

En terminant l'étude des différents types de contrats de crédit réglementés par la L.P.C., il peut être utile de rappeler que tout consommateur se prévalant du crédit, sous une forme ou sous une autre, possède un dossier de crédit conservé au bureau de crédit du district de son domicile.

Souvent, le consommateur est appelé à fournir certains renseignements sur des formulaires concernant ses actifs, ses références bancaires, commerciales et autres, tels ses numéros de cartes de crédit et les emprunts qu'il a contractés. Les établissements financiers et le bureau de crédit vérifient et compilent ces renseignements et les tiennent à jour.

Le consommateur qui a déjà fait l'objet d'un rapport de solvabilité par un agent de crédit a le droit d'examiner son dossier pour vérifier l'exactitude des renseignements qui y sont consignés et, le cas échéant, d'exiger qu'on y rectifie les erreurs. Les articles 37 à 41 du *Code civil du Québec* codifient les principes visant à protéger le consommateur en ce qui concerne l'utilisation de son dossier.

> **Art. 40 du C.c.Q. Toute personne peut faire corriger, dans un dossier qui la concerne, des renseignements inexacts, incomplets ou équivoques; elle peut aussi faire supprimer un renseignement périmé ou non justifié par l'objet du dossier ou formuler par écrit des commentaires et les verser au dossier.**
>
> **La rectification est notifiée, sans délai, à toute personne qui a reçu les renseignements dans les six mois précédents et, le cas échéant, à la personne de qui elle les tient. Il en est de même de la demande de rectification si elle est contestée.**

À ces dispositions du *Code civil du Québec* s'ajoute la *Loi sur la protection des renseignements personnels dans le secteur privé,* qui vise notamment à protéger les droits du consommateur qui s'est prévalu du crédit et qui accuse un retard dans le remboursement de ses dettes. L'application de cette loi est du ressort de l'Office de la protection du consommateur. Cette loi a aussi pour objectif de protéger un débiteur contre les méthodes abusives utilisées par certains agents de recouvrement chargés, moyennant rémunération, de recouvrer une créance pour autrui. En langage populaire, on désigne souvent ces individus par le nom d'agent de « collection ». Les bureaux de crédit ne sont pas des organismes gouvernementaux, mais des entreprises privées auxquelles les sociétés ont accès moyennant certains frais. Trop de débiteurs, souvent malchanceux mais honnêtes, ont dû goûter à la médecine amère d'individus peu scrupuleux qui les harcelaient régulièrement au téléphone en les menaçant de saisir leurs biens, de leur faire perdre leur emploi et leur réputation, ou en les insultant carrément.

---

1. Même si le prêteur peut exiger le remboursement immédiat de son prêt, la jurisprudence a établi qu'il doit quand même lui envoyer un avis écrit dans un délai raisonnable.

13.10 LES CONTRATS DE SERVICES VISÉS PAR LA *LOI SUR LA PROTECTION DU CONSOMMATEUR*

Les dispositions de la L.P.C. couvrent les contrats de services de réparation et les contrats de services à exécution successive.

13.10.1 Les contrats de services de réparation d'automobiles et de motocyclettes

Les dispositions de la L.P.C. concernant les réparations de véhicules s'appliquent tout aussi bien aux automobiles et aux motocyclettes d'occasion qu'à celles qui ont été achetées neuves. Avant d'effectuer une réparation sur une automobile ou une motocyclette, le garagiste doit fournir au consommateur une évaluation écrite. L'article 168 de la L.P.C. ajoute à ce sujet :

> **Art. 168 de la L.P.C. [...] Le commerçant ne peut se libérer de cette obligation sans une renonciation écrite en entier par le consommateur et signée par ce dernier.**
>
> **L'évaluation n'est pas requise lorsque la réparation doit être effectuée sans frais pour le consommateur. [...]**

> **Exemple** Si la réparation est couverte par la garantie du fabricant, l'évaluation n'est pas requise, mais elle l'est dans les autres cas.

Le commerçant ne peut exiger de frais pour faire une évaluation, à moins d'en avoir fait connaître auparavant le montant au consommateur (art. 168 de la L.P.C.). À la demande du consommateur, le commerçant doit remettre à celui-ci les pièces qu'il a remplacées. S'il s'agit d'une automobile, le consommateur bénéficie d'une garantie minimale de trois mois ou pour 5000 km sur les travaux effectués sur son véhicule ; s'il s'agit d'une motocyclette, il bénéficie d'une garantie d'un mois, sans limite de kilométrage. Lorsqu'une réparation est faite par un sous-traitant, le commerçant a les mêmes obligations que s'il l'avait lui-même exécutée (art. 174 de la L.P.C.). Afin d'assurer le respect de ces dispositions, la L.P.C. exige que tout commerçant affiche dans son établissement le texte écrit des droits du consommateur (art. 180 de la L.P.C.).

En matière de recours, à compter du jour où il découvre une défectuosité que le commerçant refuse de corriger selon les modalités de la garantie offerte au moment de l'achat, ou fournie à la suite d'une réparation, le consommateur a, contre le commerçant, un recours qu'il doit exercer devant les tribunaux de droit commun.

> **Exemple** Monique fait réparer la transmission de son automobile au Garage Laval Mazda. Ce dernier doit fournir une évaluation écrite du coût des travaux avant de les réaliser, et lui donner une garantie minimale de trois mois ou pour 5000 km sur les travaux effectués.

13.10.2 Les contrats de réparation d'appareils ménagers

La L.P.C. vise, sous ce titre, les réparations de plus de 50 $ (art. 182 à 187 de la L.P.C.). L'article 182 a) de la *Loi* définit le terme « appareil domestique » comme suit :

> **Art. 182 a) de la L.P.C. [...] « appareil domestique » : une cuisinière, un réfrigérateur, un congélateur, un lave-vaisselle, un four à micro-ondes, une laveuse,**

une sécheuse, un appareil audio, un appareil audio vidéo, un ordinateur et ses périphériques, un appareil de climatisation, un déshumidificateur, une thermopompe ou tout autre bien déterminé par règlement.

Le réparateur de ces appareils doit fournir au consommateur une évaluation écrite du coût de la réparation. La réparation d'un appareil ménager est garantie pour trois mois ; cette garantie comprend les pièces et la main-d'œuvre. Le consommateur peut intenter une action contre le réparateur d'appareils ménagers devant un tribunal de droit commun s'il refuse d'honorer la garantie.

> **Exemple** Jean-Pierre fait réparer son réfrigérateur par Services Champfleury. Si la réparation coûte plus de 50 $, le réparateur doit lui fournir une évaluation écrite du coût des réparations et lui donner une garantie de trois mois.

13.10.3 Les contrats de services à exécution successive relatifs à un enseignement, à un entraînement ou à une assistance

Les contrats de services à exécution successive sont la plupart du temps offerts par des entreprises qui échelonnent leurs services sur plusieurs semaines ou plusieurs mois en contrepartie de sommes d'argent. C'est le cas des contrats de services relatifs à un enseignement, à un entraînement ou à une assistance (art. 188 à 214.11 de la L.P.C.) et des contrats de services fournis à distance (art. 214.1 à 214.11 de la L.P.C.).

> **Exemple** Les contrats d'entretien ménager ou de déneigement sont des contrats de services à exécution successive.

Ce sont les articles 188 à 214 de la L.P.C. qui réglementent ceux-ci. Ces dispositions visent tout contrat relatif à un enseignement, à un entraînement ou à une assistance que l'article 189 de la L.P.C. définit comme étant des contrats principaux. Ils visent également tout contrat accessoire conclu entre un commerçant et un consommateur dans le cadre d'un tel contrat ou à l'occasion de celui-ci. Enfin, les articles 197 à 205 visent le cas particulier des contrats conclus entre un consommateur et un studio de santé, comme le définit l'article 198 de la L.P.C.

A. Les contrats principaux

C'est l'article 189 de la L.P.C. qui définit ce type de contrat comme suit :

Art. 189 de la L.P.C. À l'exception du contrat conclu par un commerçant qui opère un studio de santé, la présente sous-section s'applique au contrat de service à exécution successive ayant pour objet :

a) de procurer un enseignement, un entraînement ou une assistance aux fins de développer, de maintenir ou d'améliorer la santé, l'apparence, l'habileté, les qualités, les connaissances ou les facultés intellectuelles, physiques ou morales d'une personne ;

b) d'aider une personne à établir, maintenir ou développer des relations personnelles ou sociales ; ou

c) d'accorder à une personne le droit d'utiliser un bien pour atteindre l'une des fins prévues aux paragraphes a ou b.

L'article 188, quant à lui, vient exclure plusieurs types d'entreprise qui dispensent ce genre de services de l'application de la L.P.C. C'est le cas notamment des commissions scolaires, des cégeps et d'autres institutions d'enseignement.

Dans la pratique, ce sont par exemple des écoles de langues, de danse et des agences de rencontre qui proposent le plus souvent ce genre de contrat. Le commerçant n'a pas le droit d'exiger un acompte du consommateur tant que ce dernier n'a pas commencé à utiliser ses services. Si le consommateur veut mettre fin à son contrat, il peut le faire en retournant à l'entreprise le formulaire d'annulation joint à son contrat. Dans ce cas, s'il n'a pas encore utilisé les services de l'entreprise, il n'a aucuns frais à payer. Toutefois, dans le cas où le consommateur aurait utilisé les services de l'entreprise durant un certain temps, il devrait payer des frais d'annulation calculés de la façon suivante : 50 $ ou 10 % du prix des services non encore rendus, selon la moins élevée des deux sommes (art. 195 de la L.P.C.).

> **Exemple** Claude s'inscrit à des cours d'espagnol à l'Institut provincial des langues au coût de 300 $ pour 10 semaines, à raison d'un soir par semaine. Si, après le cinquième cours, elle décide de mettre fin à son contrat, elle devra payer une pénalité correspondant à la moins élevée des sommes suivantes : 50 $ ou 10 % de 150 $, c'est-à-dire 10 % de la valeur des services non rendus, soit 15 $.

B. Les contrats accessoires

La L.P.C. définit le contrat accessoire comme étant conclu entre un commerçant et un consommateur à l'occasion d'un contrat principal de louage de services à exécution successive (art. 206 a) et 214 de la L.P.C.).

> **Exemple** Dans un cours de langue, le contrat accessoire est celui que le consommateur passe en achetant du matériel pédagogique, tels un CD, un DVD, des livres, etc.

La L.P.C. interdit au commerçant de subordonner la conclusion d'un contrat principal à celle d'un contrat accessoire (art. 206 de la L.P.C.). Comme on peut le constater, cette disposition de la *Loi* vise à prévenir les abus en évitant que le commerçant n'oblige le consommateur à se procurer des articles chez lui (achat de matériel).

C. Le cas particulier des contrats avec les studios de santé

Les articles 197 à 205 de la L.P.C. traitent de façon particulière des contrats conclus entre un consommateur et un commerçant qui exploite un studio de santé. L'article 198 de la L.P.C. définit ainsi un studio de santé :

> **Art. 198 de la L.P.C. Aux fins de la présente sous-section, on entend par « studio de santé » un établissement qui fournit des biens ou des services destinés à aider une personne à améliorer sa condition physique par un changement dans son poids, le contrôle de son poids, un traitement, une diète ou de l'exercice.**

Les clubs de conditionnement physique, les studios de danse aérobique ou les centres de musculation répondent à cette définition. Un contrat avec un studio de santé ne peut avoir une durée de plus d'un an (art. 200 de la L.P.C.). Comme dans le contrat précédent, le commerçant qui dirige un studio de santé n'a pas le droit d'exiger d'acompte du consommateur et il ne peut non plus obliger ce dernier à payer le coût total de ses services en un seul versement ; le paiement devra donc se faire en au moins deux versements égaux (art. 201 de la L.P.C.).

Pour la résiliation de ce type de contrat, la L.P.C. prévoit deux hypothèses. D'une part, si le consommateur n'a pas encore utilisé les services du studio de santé, il peut résilier son contrat sans frais ni pénalité (art. 202 de la L.P.C.) ; d'autre part, s'il a commencé à utiliser les services du studio, il peut mettre fin au contrat dans un délai égal à 1/10 de la durée du contrat en payant 10 % du prix total des services (art. 203 de la L.P.C.). Dans ce cas, le commerçant doit rembourser au consommateur la somme d'argent déjà versée dans les 10 jours suivant la résiliation (art. 205 de la L.P.C.).

> **Exemple** Monique s'inscrit chez Nautilus au coût de 360 $ par année. Ses activités professionnelles l'empêchent d'y aller régulièrement. Après trois mois, elle décide d'annuler son contrat, mais il est trop tard ; elle devra payer le plein montant, car plus de 1/10 de la durée du contrat est écoulée.

La figure 13.1 présente un aperçu des délais et des pénalités que peuvent réclamer les commerçants.

FIGURE 13.1 Les conditions de résiliation d'un contrat de louage de services à exécution successive

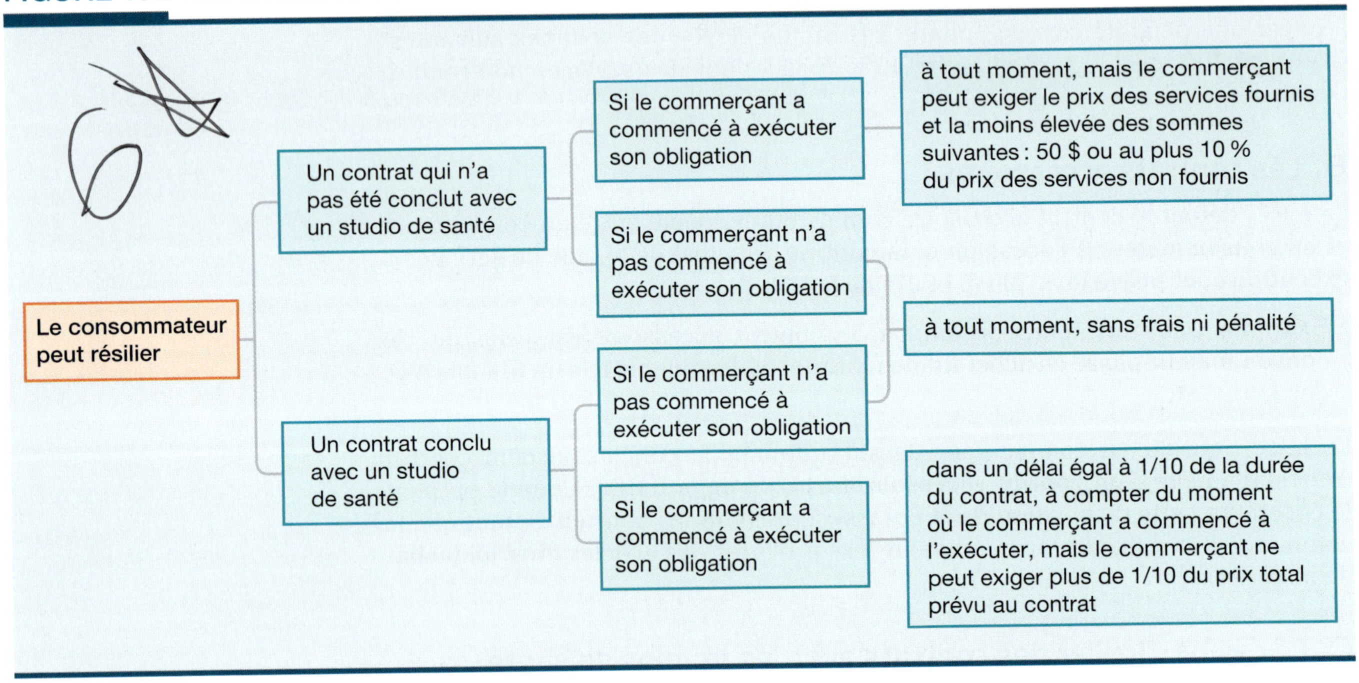

13.10.4 Les contrats à exécution successive de services fournis à distance

Grâce au développement des télécommunications et d'Internet, quel consommateur ne dispose pas d'un téléphone cellulaire, d'un ordinateur, ou n'est pas relié au câble ou par satellite pour sa télévision ? Un nombre croissant de maisons sont protégées par un système d'alarme relié à une centrale de surveillance en cas de vol ou d'incendie. Afin d'obtenir ces services, nous devons tous conclure un contrat avec divers fournisseurs de services fournis à distance.

> **Exemple** Dans les faits, lorsque nous faisons affaire avec Vidéotron, Rogers, Bell – Mobilité ou Télus pour un système de téléphone cellulaire ou de télédistribution, ou avec Symantec, Norton Antivirus ou Microsoft pour l'obtention d'un logiciel, ou avec ADT ou Alarmforce pour un système de télésurveillance, nous concluons un contrat à exécution successive de services fournis à distance.

En raison des nombreux problèmes vécus par les consommateurs avec ce type de contrats, particulièrement dans le domaine des télécommunications, le législateur québécois a modifié la L.P.C. en y ajoutant les articles 214.1 à

214.11 afin de réglementer ces contrats de façon à mieux protéger les consommateurs québécois. Ces dispositions sont entrées en vigueur au cours de l'année 2010. Ainsi, l'article 214.1 précise que les contrats de services à exécution successive prévus aux articles 188 à 214 de la L.P.C. ne sont pas visés par ces dispositions. Il en est de même pour le contrat de service financier, le contrat de service d'abonnement à des loteries et ceux conclus avec des agents de voyage.

13.10.5 Les conditions de forme et de fond

L'article 214.2 énonce que le contrat doit être constaté par écrit et indique quelles mentions doivent être précisées (coordonnées du consommateur et du commerçant, description détaillée des services, tarifs, restrictions, etc.). Dans un contrat d'une durée déterminée supérieure à 60 jours, toute stipulation prévoyant la reconduction du contrat à son échéance est interdite (art. 214.3 de la L.P.C.). Le commerçant doit, entre le 90e et le 60e jour précédant la date d'expiration du contrat, transmettre au consommateur un avis écrit l'informant de la date d'expiration de son contrat. Le consommateur décide alors ce qu'il fait. L'article 214.5 précise que :

> **Art. 214.5. de la L.P.C. Le commerçant ne peut exiger le prix des services dont le consommateur a été privé pendant la période de réparation du bien qu'il lui a fourni gratuitement ou vendu lors de la conclusion ou pendant la durée du contrat, dans les circonstances suivantes :**
>
> **1° ce bien lui a été confié pour être réparé pendant la période de garantie et il n'a pas fourni gratuitement de bien de remplacement ;**
>
> **2° ce bien est nécessaire à l'utilisation des services achetés.**
>
> **De même, le commerçant ne peut exiger du consommateur le prix des services dont il a été privé pendant la période de réparation du bien qu'il a loué du commerçant pour l'utilisation des services achetés.**

13.10.6 La résiliation du contrat de service

L'article 2125 du *Code civil du Québec* prévoit que le client peut en tout temps résilier unilatéralement le contrat, et ce, même si le prestataire de services a déjà commencé la prestation du service. L'article 2129 du *Code civil du Québec* précise les frais que le client doit payer au prestataire de services dans une telle éventualité :

> **Art. 2129 du C.c.Q. Le client est tenu, lors de la résiliation du contrat, de payer à l'entrepreneur ou au prestataire de services, en proportion du prix convenu, les frais et dépenses actuelles, la valeur des travaux exécutés avant la fin du contrat ou avant la notification de la résiliation, ainsi que, le cas échéant, la valeur des biens fournis, lorsque ceux-ci peuvent lui être remis et qu'il peut les utiliser.**
>
> **L'entrepreneur ou le prestataire de services est tenu, pour sa part, de restituer les avances qu'il a reçues en excédent de ce qu'il a gagné.**
>
> **Dans l'un et l'autre cas, chacune des parties est aussi tenue de tout autre préjudice que l'autre partie a pu subir.**

L'article 214.6 de la L.P.C. reconnaît le droit du consommateur de résilier le contrat à sa discrétion en transmettant un avis à cet effet au commerçant. La résiliation prend alors effet à compter de la transmission de l'avis ou de la date indiquée par le consommateur dans son avis. Le cas échéant, le consommateur doit alors payer au commerçant le prix des services déjà fournis ainsi qu'une **indemnité de**

résiliation qui est définie dans le contrat. Ce sont les articles 214.7 et 214.8 de la L.P.C. qui prévoient le calcul de cette indemnité. Dans le cas d'un contrat à durée déterminée :

> **Art. 214.7 de la L.P.C. En cas de résiliation unilatérale par le consommateur d'un contrat à durée déterminée en considération duquel un bénéfice économique lui a été consenti par le commerçant, l'indemnité de résiliation qui peut être exigée du consommateur ne peut excéder le montant des bénéfices économiques déterminés par règlement qui lui ont été consentis en considération de ce contrat. Le montant de cette indemnité décroît selon les modalités prévues au règlement.**
>
> **Indemnité maximale**
>
> **Lorsqu'aucun bénéfice économique déterminé par règlement n'a été consenti au consommateur, l'indemnité maximale que peut exiger le commerçant correspond à la moindre des sommes suivantes : 50 $ ou une somme représentant au plus 10 % du prix des services prévus au contrat qui n'ont pas été fournis.**

Dans le cas d'un contrat à durée déterminée, la pénalité maximale correspond au rabais que le fournisseur de services a consenti sur un bien acheté lors de la conclusion du contrat et qui était nécessaire à l'utilisation du service. C'est le cas d'un téléphone cellulaire, d'un portable ou d'un terminal numérique, par exemple, que le fournisseur vous a donné ou vendu au rabais. On soustrait de ce montant le rabais multiplié par le nombre de mois écoulés au contrat en fonction de la durée totale du contrat et on arrondit toujours à la hausse le nombre de mois écoulés.

> **Exemple** Le rabais était de 300 $ sur le téléphone cellulaire qu'on vous a fourni. Vous avez utilisé celui-ci pendant 20 mois et 3 jours alors que le contrat était de 36 mois.
>
> 300 $ – (300 $ × 21/36 mois) = 125 $ de pénalité maximale
>
> Si on ne vous a pas consenti de rabais pour l'achat d'un bien, mais simplement un rabais sur des services ou sur divers accessoires non essentiels aux fins du contrat, la pénalité ne peut dépasser le moindre de 50 $ ou de la somme représentant 10 % des services qui restaient à fournir. Si le coût mensuel des services était de 50 $, par exemple, et qu'il restait 15 mois, soit un total de 750 $, vous ne paierez que 50 $ puisque 10 % de 750 $ représente 75 $.

Dans le cas d'un contrat à durée indéterminée :

> **Art. 214.8 de la L.P.C. En cas de résiliation unilatérale par le consommateur d'un contrat à durée indéterminée, aucune indemnité de résiliation ne peut lui être réclamée, à moins que le commerçant ne lui ait consenti une remise partielle ou totale du prix de vente d'un bien acheté en considération du contrat de service et que le bénéfice de cette remise s'acquiert progressivement en fonction du coût des services utilisés ou en fonction du temps écoulé. L'indemnité ne peut alors excéder le montant du solde du prix de vente du bien au moment de la conclusion du contrat. Le montant de cette indemnité décroît selon les modalités prévues au règlement.**

> **Exemple** Dans le cas d'un contrat à durée indéterminée, le fournisseur de services ne peut vous réclamer autre chose que les versements impayés en retard et les intérêts applicables, le cas échéant.

Dans le cas où un solde de prix de vente demeure impayé pour l'achat du bien faisant l'objet du contrat sur votre contrat de 48 mois, l'indemnité ne peut excéder le montant du solde du prix de vente du bien au moment de la conclusion du contrat moins le produit obtenu en multipliant 1/48 de ce solde par le nombre de mois écoulés au contrat.

Exemple Si un solde de 100 $ sur l'achat de votre téléphone cellulaire demeure impayé après 21 mois, le calcul sera le suivant : 100 $ - (100 $ × 21/48) = 56,25 $ à payer.

Précisons que ces dispositions ne s'appliquent pas aux contrats intervenus avec Hydro-Québec et Gaz Métro pour la fourniture de leurs services. Elles ne s'appliquent pas non plus à un contrat de service de télésurveillance si ce dernier indique le loyer mensuel payable en vertu du contrat de location du système d'alarme.

13.10.7 Le dépôt de garantie

Souvent, le fournisseur de services exige du consommateur qu'il lui remette un montant représentant un ou plusieurs mois de services à titre de dépôt de garantie. Advenant la résiliation du contrat, ce sont les articles 214.9, 214.10 et 214.11 de la L.P.C. qui s'appliquent :

> **Art. 214.9 de la L.P.C. Lorsque le consommateur a fourni un dépôt de garantie, le commerçant ne peut résilier le contrat pour défaut de paiement à échéance des sommes dues aux termes du contrat tant que ces sommes n'excèdent pas le montant du dépôt.**
>
> **Avis au consommateur**
>
> **Art. 214.10 de la L.P.C. Le commerçant doit aviser le consommateur par écrit lorsqu'il utilise, en tout ou en partie, le dépôt de garantie pour se rembourser des sommes non payées à échéance.**
>
> **Restitution**
>
> **Art. 214.11 de la L.P.C. Le commerçant doit restituer au consommateur, avec intérêts au taux déterminé par règlement, toute somme fournie à titre de dépôt de garantie, déduction faite, le cas échéant, des sommes dues aux termes du contrat, dans un délai de 30 jours suivant la date d'expiration du contrat non renouvelé ou suivant la date de sa résiliation.**

Notons que l'article 79.12 des règlements d'application de la L.P.C. précise que le taux d'intérêt sur la somme fournie à titre de dépôt de garantie est le taux officiel d'escompte de la Banque du Canada plus 1 % et que les intérêts doivent être calculés à partir de la date où le consommateur fournit le dépôt jusqu'à la date où le commerçant restitue le dépôt de garantie à ce dernier.

Exemple Vous avez donné un dépôt de garantie de 200 $ représentant deux mois de services sur votre contrat de fourniture de services Internet avec Vidéostar. Lors de la résiliation du contrat par le consommateur, Vidéostar doit vous rembourser le montant du dépôt en garantie ainsi que les intérêts sur la somme de 200 $. Advenant que vous soyez en défaut d'effectuer vos trois derniers paiements mensuels de 100 $, Vidéostar doit vous aviser de votre défaut et du fait qu'il se rembourse en tout ou en partie à même le montant de votre dépôt de garantie.

RETOUR SUR LA MISE EN SITUATION

En ce qui concerne la thermopompe, Alice ayant signé un contrat avec un vendeur itinérant qui s'est présenté chez elle pour procéder à la vente, elle peut annuler le contrat dans un délai de 10 jours suivant la signature en transmettant une mise en demeure à Thermopompe Québec inc. Selon la manière dont elle a effectué son dépôt de 4000 $, elle pourra placer un arrêt de paiement sur son chèque s'il n'a pas déjà été déposé, ou encore demander la rétrofacturation du montant payé à Visa selon la procédure prévue par la L.P.C., en s'adressant à Visa. Autrement, elle pourra également réclamer des dommages-intérêts et des dommages punitifs contre Thermopompe Québec inc. en vertu de l'article 272 de la L.P.C.

En ce qui concerne le contrat à exécution successive de services fournis à distance, ce sont les articles 214.1 à 214.11 de la L.P.C., qui règlement les contrats de télécommunication comme celui signé par Antoine pour l'achat de son YPhone 5 et la manière pour lui d'y mettre fin. Les articles 214.7 à 214.11 précisent quel montant le consommateur doit rembourser au commerçant fournisseur de services au moment où le consommateur décide de résilier son contrat avec ce dernier lorsqu'un bénéfice financier lui a été consenti par le fournisseur de services.

EN BREF

- La *Loi sur la protection du consommateur* s'applique à tout contrat conclu entre un consommateur et un commerçant dans le cours de son commerce et ayant pour objet un bien ou un service.
- Cette loi est appliquée par l'Office de la protection du consommateur.
- Le *Code civil du Québec* prévoit certaines dispositions visant à protéger le consommateur.
- En plus de la garantie légale prévue au *Code civil du Québec*, la L.P.C. ajoute certaines garanties (de bon fonctionnement et contre les défauts cachés) qui accroissent la responsabilité des fabricants et des commerçants.
- La L.P.C. réglemente également la publicité et les pratiques commerciales interdites, notamment en ce qui concerne la publicité trompeuse.
- Les principaux contrats de vente visés par la L.P.C. sont les contrats conclus avec un vendeur itinérant, les contrats de vente à tempérament, les contrats de vente d'automobiles et de motocyclettes d'occasion, les contrats de vente d'une carte prépayée et les contrats à distance, qui incluent les contrats de vente électronique ou en ligne.
- Ces derniers sont réglementés par les dispositions du *Code civil du Québec* en ce qui concerne les contrats intervenus entre deux consommateurs ou entre deux commerçants, mais ce sont les dispositions de la L.P.C. qui régissent les contrats de vente électronique ou en ligne intervenus entre un consommateur et un commerçant.
- Un consommateur qui demande la résolution d'un contrat de vente électronique doit envoyer un avis à cet effet au commerçant et lui remettre le bien vendu. Advenant le refus du commerçant de lui rembourser le prix d'achat, le consommateur peut obtenir la rétrofacturation de la société émettrice de sa carte de crédit s'il a effectué l'achat du bien au moyen de cette dernière.
- La L.P.C. s'applique aux contrats de louage à long terme de biens neufs, d'automobiles et de motocyclettes d'occasion, ainsi qu'à certains contrats de louage étudiés dans le chapitre 11.
- La L.P.C. s'applique aux contrats de crédit tels les contrats de prêt d'argent, les contrats de crédit variable ainsi que les contrats assortis d'un crédit comme la vente à tempérament et la vente à terme.
- La L.P.C. vise également certains contrats de services tels les contrats de réparation d'automobiles et de motocyclettes, les contrats de réparation d'appareils ménagers ainsi que les contrats de services à exécution successive relatifs à un enseignement, à un entraînement ou avec un studio de santé, de même que les contrats à exécution successive de services fournis à distance pour des services de téléphonie cellulaire, d'accès Internet ou de télédistribution, par exemple.

EXERCEZ-VOUS

VOCABULAIRE

Parmi les termes suivants, choisissez ceux qui conviennent pour compléter les définitions ci-dessous :

- 1/10 du prix total des services
- *Loi sur la protection des renseignements personnels et les documents électroniques*
- garantie de trois mois
- 50 $
- contrat de louage de services à exécution successive
- rétrofacturation
- le prix des services rendus jusqu'à ce moment
- offre
- la somme la moins élevée entre 50 $ et au plus 10 % du prix des services non rendus
- contrat de crédit variable
- dollars
- *Loi sur la protection du consommateur*
- valeur résiduelle
- vente à tempérament
- *Loi sur la protection des renseignements personnels dans le secteur privé*
- cents
- contrat à distance
- vendeur itinérant
- évaluation écrite
- vente pyramidale

1. La ____________ est celle que le consommateur partie à un contrat de louage à long terme d'un bien neuf garantit. Elle est établie par une estimation raisonnable de la part du commerçant de la valeur au gros qu'aura le bien à la fin de la période de location. Elle doit être indiquée au contrat et y être exprimée en termes de ____________ et de ____________.

2. Le ____________ est celui conclu entre un consommateur et un commerçant qui ne sont pas en présence l'un de l'autre et qui est précédé d'une ____________ du commerçant de conclure un tel contrat.

3. Le ____________ est celui en vertu duquel un consommateur se voit consentir d'avance par un commerçant un crédit dont il peut se prévaloir de temps à autre, en tout ou en partie.

4. Tout commerçant qui, en personne ou par son représentant, sollicite un consommateur en vue d'un contrat de vente ou qui conclut un contrat de vente ailleurs que dans son propre établissement porte le nom de ____________.

5. Les contrats qui visent à procurer au consommateur un enseignement ou un entraînement susceptible d'améliorer ses qualités physiques ou intellectuelles ou à établir ou à développer ses relations personnelles et sociales portent le nom de ____________.

6. Le consommateur qui veut demander la résiliation d'un contrat de service à exécution successive autre qu'avec un studio de santé, après que le commerçant a commencé à lui faire bénéficier de ses services doit payer ____________.

7. Advenant le refus du commerçant de rembourser le consommateur qui demande la résolution du contrat de vente électronique ou en ligne, ce dernier peut demander la ____________ du prix d'achat du bien à la société émettrice de sa carte de crédit s'il a payé cet achat au moyen de celle-ci.

8. Un contrat assorti d'un crédit par lequel le transfert de la propriété d'un bien vendu par un commerçant à un consommateur est différé jusqu'à l'exécution, par ce dernier, de son obligation en tout ou en partie porte le nom de ____________.

9. Le contrat de vente en vertu duquel le consommateur reçoit une ristourne ou une diminution de prix s'il recrute de nouveaux acheteurs ou distributeurs porte le nom de ____________.

10. Tout commerçant qui procède à la réparation d'un appareil ménager ou d'une automobile doit fournir au consommateur une ____________.

VRAI OU FAUX

Indiquez si les affirmations suivantes sont vraies ou fausses. Si l'affirmation est fausse, précisez pourquoi.

1. Dans un contrat à exécution successive de services à distance d'une durée déterminée supérieure à 60 jours, toute stipulation prévoyant la reconduction du contrat à son échéance est interdite.
2. Le consommateur incapable de régler ses paiements mensuels et qui a effectué 20 % de ses versements peut s'adresser au tribunal pour les faire modifier.
3. Dans le cas d'un contrat de prêt d'argent, la *Loi sur la protection du consommateur* prévoit un délai d'annulation de dix jours, sans frais ni pénalité, à compter du moment où le consommateur a en sa possession un double du contrat.
4. La réparation d'un appareil ménager est garantie par le réparateur pour une période d'un mois.
5. Le consommateur peut annuler un contrat conclu avec un vendeur itinérant dans un délai de 15 jours.

CHOIX MULTIPLES

Encerclez la bonne réponse parmi les choix proposés.

1. Au Québec, c'est la ____________ qui encadre l'ensemble des échanges électroniques, dont le commerce électronique et la sécurité des documents numériques et la reconnaissance de leur valeur juridique.
   a) *Loi sur la protection du consommateur*
   b) *Loi sur la protection des renseignements personnels et les documents électroniques*
   c) *Loi sur la protection des renseignements personnels dans le secteur privé*
   d) *Loi concernant le cadre juridique des technologies de l'information*
2. Le consommateur qui veut demander la résolution du contrat de vente électronique intervenu avec un commerçant qui a omis de lui divulguer tous les renseignements prévus à l'article 54.4, qui a omis de les lui divulguer conformément à cet article ou qui ne lui a pas donné la possibilité d'accepter ou de refuser la proposition d'achat ou d'en corriger les erreurs dispose d'un délai de ____________ suivant la réception du contrat.
   a) 10 jours
   b) 15 jours
   c) 7 jours
   d) 30 jours
3. Dans un contrat de vente électronique ou en ligne, lorsque le commerçant est en défaut de rembourser le consommateur conformément à l'article 54.13, le consommateur qui a effectué le paiement au moyen d'une carte de crédit peut, dans les ____________ suivant le défaut, demander à l'émetteur de cette carte la rétrofacturation de toutes les sommes payées en vertu du contrat et de tout contrat accessoire.
   a) 15 jours
   b) 10 jours
   c) 30 jours
   d) 60 jours
4. Dans une vente à tempérament, le commerçant qui veut reprendre possession du bien meuble vendu en cas de défaut du consommateur :
   a) peut le faire automatiquement par suite de défaut.
   b) doit envoyer un avis écrit de 10 jours au consommateur.
   c) doit envoyer un avis écrit de 30 jours au consommateur.
   d) ne peut reprendre le bien, car il y a eu transfert de propriété.
5. En cas de résiliation unilatérale par le consommateur d'un contrat à exécution successive de services fournis à distance à durée déterminée, lorsqu'aucun bénéfice financier déterminé par règlement n'a été consenti au consommateur, l'indemnité maximale que peut exiger le commerçant correspond à :
   a) 50 $.
   b) la moitié de la valeur des services non encore rendus.
   c) 1/10 du prix total des services prévus au contrat.
   d) la moindre des sommes suivantes : 50 $ ou une somme représentant au plus 10 % du prix des services prévus au contrat qui n'ont pas été fournis.

FAITES LE POINT

1. Définissez le contrat de consommation.
2. Quels sont les recours prévus par la *Loi sur la protection du consommateur* en faveur d'un consommateur si le commerçant qui a contracté avec lui n'a pas respecté les règles de la formation du contrat ou si le contrat ne respecte pas une exigence de forme par la loi ou les règlements ou s'il manque à une des obligations que lui imposent ceux-ci ?
3. Expliquez les différentes garanties prévues en vertu de la *Loi sur la protection du consommateur* en faveur de ce dernier lorsqu'il achète un bien.
4. Quelles sont les obligations d'un commerçant qui vend une automobile ou une motocyclette d'occasion ?
5. Qu'est-ce que la *Loi concernant le cadre juridique des technologies de l'information* (L.C.C.J.T.I.) ?
6. Expliquez les recours possibles pour un commerçant contre un consommateur qui est en défaut d'effectuer ses paiements mensuels en vertu d'un contrat de louage à long terme de biens.
7. Quelles sont les obligations d'un consommateur qui désire résilier un contrat de service à distance qu'il a contracté pour des services de télécommunications et d'Internet avec son fournisseur de services ?

RECHERCHE EN LIGNE

Pour réaliser l'activité suivante, consultez le site Internet d'**Éducaloi**.

La mère d'un de vos amis est décédée il y a un peu plus d'un mois. Elle lui a laissé en héritage son condominium au centre-ville de Montréal. De plus, elle avait conclu un contrat de préarrangements funéraires, ce qui a grandement simplifié les funérailles pour la famille. Depuis une semaine, votre ami a reçu deux appels de l'entreprise spécialisée dans la vente de préarrangements funéraires avec qui sa mère a fait affaire. Le représentant aimerait le rencontrer pour lui proposer la possibilité de conclure un contrat pour ses propres arrangements funéraires. Votre ami n'est pas très à l'aise, il vous demande si une entreprise de préarrangements funéraires a le droit de le solliciter.

a) Quelles sont les règles sur la sollicitation des préarrangements funéraires ?

b) Quelles sont les règles et les interdictions concernant la vente à domicile ?

c) Que doit détenir un vendeur de préarrangements funéraires ?

CAS PRATIQUES

1. Votre conjoint a signé, il y a 12 mois, un contrat à durée déterminée de 24 mois auprès d'une compagnie de téléphonie mobile. Le contrat indique que le téléphone cellulaire qu'il a choisi, le modèle haut de gamme, vaut 400 $ et qu'il y a un rabais de 400 $. Votre conjoint veut annuler son contrat, car il s'est vu offrir par une autre compagnie un modèle encore plus performant et un contrat de service un peu moins cher et offrant du temps et des données illimités. Pour résilier votre contrat actuel, votre fournisseur vous demande de payer des frais d'annulation de 275,00 $. Comme vous étudiez le droit, votre conjoint vous demande :

   a) si l'entreprise a le droit d'inclure de tels frais dans les contrats.

   b) si le montant de 275,00 $ est abusif.

2. Votre mère, Brigitte, décide de s'inscrire dans un centre de mise en forme pour femmes seulement, Énergie ferme, afin de raffermir sa musculature. Elle vous appelle le 15 janvier pour vous dire qu'elle vient de signer un contrat d'un an d'une valeur de 720,00 $, qui inclut une séance d'une heure par mois avec un entraîneur personnel. Elle a payé avec sa carte de débit la totalité du montant, soit 720,00 $. Trois mois plus tard, soit le 15 avril, votre mère veut annuler son abonnement, car elle n'aime absolument pas cet endroit. Elle vous appelle et vous demande :

   a) si elle peut annuler ce contrat sans être obligée de fournir de raisons.

   b) si elle pourra se faire rembourser.

CHAPITRE

14

LES RELATIONS DE TRAVAIL

14.1 LE PARTAGE DES COMPÉTENCES LÉGISLATIVES

14.2 LE CONTRAT INDIVIDUEL DE TRAVAIL

14.3 LE CONTRAT COLLECTIF DE TRAVAIL

14.4 LES LOIS D'ORDRE PUBLIC

OBJECTIFS D'APPRENTISSAGE

À la fin de ce chapitre, vous devriez être en mesure:

1. de déterminer la compétence du gouvernement fédéral et celle des provinces en matière de relations du travail;
2. de distinguer le contrat individuel de travail du contrat collectif de travail;
3. d'expliquer le principe du droit d'association et ses conséquences;
4. de définir l'accréditation et d'en expliquer la procédure;
5. de définir les notions de grève, de lock-out, de piquetage et de grief;
6. d'expliquer le champ d'application de chacune des principales lois d'ordre public qui s'appliquent en matière de contrat de travail;
7. d'expliquer le rôle de la Commission des normes, de l'équité, de la santé et de la sécurité du travail (C.N.E.S.S.T.);
8. d'appliquer les notions apprises dans ce chapitre à des situations pratiques et de trouver l'information pertinente au moyen de divers outils de recherche juridique.

MISE EN SITUATION

Les affaires de Rosaire Tremblay et de ses associés sont florissantes. Après avoir ouvert le Centre sportif du Vieux-Terrebonne, puis le Centre sportif du Vieux-Montréal, ils envisagent maintenant d'ouvrir le Centre sportif du Vieux-Québec. Rosaire Tremblay et ses associés veulent offrir diverses activités, des cours, des services de massage, de physiothérapie et de garderie. Celui-ci doit être prêt à accueillir ses premiers clients dans trois mois. Ils devront embaucher beaucoup de personnel pour occuper les postes suivants : réceptionniste ; aide-comptable ; préposé à l'entretien ménager ; préposé à l'entretien des équipements ; moniteurs et monitrices ; enseignants et enseignantes en éducation physique ; et directeur général ou directrice générale.

Ils avaient déjà retenu les services de Denis Larivière pour faire la promotion du nouveau centre sportif depuis quatre mois, mais ils songent à le congédier, car son travail est insatisfaisant. Ce dernier leur réclame une paie correspondant à plus de 100 heures supplémentaires. Rosaire et ses associés voudraient en savoir plus long sur les lois régissant les relations de travail.

Questions

1. Quelles sont les lois qui s'appliquent au personnel qu'ils devront engager ?
2. Comment devront-ils procéder à l'égard de Denis Larivière ?

SIGNETS INTERNET

Ce chapitre renvoie aux sites Internet des organismes (ou documents) suivants :

- *Charte canadienne des droits et libertés*
- *Charte des droits et libertés de la personne*
- *Code du travail du Québec*
- Commission des normes, de l'équité, de la santé et de la sécurité du travail
- Commission des lésions professionnelles
- Commission des relations du travail
- Gouvernement du Québec
- *Loi sur la santé et la sécurité du travail*
- *Loi sur les accidents du travail et les maladies professionnelles*
- *Loi sur les normes du travail*

INTRODUCTION

Nous avons étudié, dans le chapitre 12, le contrat d'entreprise ou de service, qui vise une relation entre un entrepreneur ou un travailleur autonome et un client. Dans le présent chapitre, nous aborderons les relations de travail sous l'angle de l'employeur et de l'employé. Que l'on soit propriétaire d'entreprise, gestionnaire ou simple citoyen, nous avons tous une chose en commun : nous travaillons. Souvent, les personnes travaillent depuis l'âge de 14 ou 15 ans et travailleront jusqu'à l'âge de la retraite. La personne qui travaille de 15 à 65 ans aura passé 50 ans de sa vie à travailler ; cela représente sans doute plusieurs emplois différents et des relations de travail qui varient d'un emploi à l'autre.

Le législateur québécois a voulu réglementer les relations de travail afin de protéger à la fois les travailleurs et les entreprises. Ainsi, les relations de travail, individuelles et collectives, sont régies par des dispositions générales contenues dans le *Code civil* et par des dispositions particulières contenues dans le *Code du travail du Québec,* dans le *Code canadien du travail* et dans certaines lois relatives aux relations de travail (*Loi sur les normes du travail, Loi sur la santé et la sécurité du travail, Loi sur les accidents du travail et les maladies professionnelles,* etc.). Tout ce bloc de la législation constitue le **droit du travail.** Son champ d'application comprend presque tous les employés au Québec, y compris les fonctionnaires, les agriculteurs, les membres de professions libérales et les scientifiques qui travaillent à titre de salariés ainsi que leurs employeurs. Il est donc essentiel, pour tout employeur et pour tout salarié, syndiqué ou non, de connaître le fondement juridique des principales lois qui président à ses activités professionnelles. C'est l'objectif général du présent chapitre.

14.1 LE PARTAGE DES COMPÉTENCES LÉGISLATIVES

L'*Acte de l'Amérique du Nord britannique* (AANB) et la *Loi constitutionnelle de 1982* ne sont pas explicites en ce qui concerne le partage des compétences législatives en matière de relations de travail. Les articles 91 et 92 n'y font aucune allusion directe, ce qui a donné lieu à de nombreux conflits juridiques entre le gouvernement central et les provinces. Les tribunaux ont donc dû établir certaines règles quant au partage de la compétence législative en la matière entre le Parlement du Canada et les provinces.

14.1.1 La compétence des provinces

La jurisprudence a reconnu la compétence des provinces en matière de relations collectives du travail, de même qu'en matière de relations individuelles. En effet, les tribunaux ont confirmé ce principe dans plusieurs arrêts dont les plus connus sont les suivants : *Toronto Electric Commissioners c. Snider et al., [1925] A.C. 396* et *Agence Maritime inc. c. Conseil canadien des relations ouvrières et al., [1969] S.R.C. 851, p. 860.* En résumé, ces arrêts établissent la compétence première des provinces pour réglementer les relations de travail en matière de propriété et de droits civils pour toutes les industries et entreprises situées sur leur territoire. Le Québec a utilisé cette compétence pour adopter, en 1964, une loi dont nous étudierons les grandes lignes et qui constitue le *Code du travail du Québec.*

14.1.2 La compétence du fédéral

La compétence du gouvernement fédéral touche le domaine des relations de travail de deux façons.

A. Le pouvoir de légiférer

En vertu de l'article 91 et du paragraphe 10 de l'article 92 de l'AANB, la Cour suprême du Canada reconnaissait, dès 1890, le pouvoir implicite du gouvernement fédéral de légiférer en matière de relations de travail à l'égard des entreprises relevant de sa compétence. Parmi ces entreprises, on trouve notamment les sociétés ferroviaires, telle VIA Rail, les entreprises de communication, telles Bell Canada et Radio-Canada, les aéroports et les entreprises de transport interprovincial ou international, telle Air Canada. Tous les fonctionnaires fédéraux, y compris ceux qui travaillent au Québec, ainsi que les employés de banque relèvent aussi de la compétence fédérale en ce domaine. On peut donc poser comme principe que, dès qu'une activité de l'employeur relève de la compétence du gouvernement fédéral, toutes les relations de travail se rattachant à cette activité relèvent elles-mêmes de la législation fédérale. Ainsi, lorsqu'il s'agit d'une entreprise fédérale, les relations entre employeurs et employés sont régies par le *Code canadien du travail*.

B. Les incidences de certaines lois

En adoptant diverses lois dans l'un ou l'autre domaine de sa compétence, le gouvernement fédéral est susceptible d'affecter les relations de travail d'une façon ou d'une autre. Par exemple, on peut citer diverses dispositions du *Code criminel* qui peuvent s'appliquer en cas de conflits de travail: la négligence par omission (art. 22.1, 22.2 et 219); la liberté syndicale (art. 425); la réglementation du piquetage et de l'intimidation (art. 423); le sabotage (art. 52); et le méfait (art. 430).

i+ Pour en savoir davantage sur la négligence par omission

On peut aussi citer la *Loi sur l'assurance-emploi* qui est une loi fédérale; elle permet aux salariés de recevoir des prestations de remplacement de salaire quand ils perdent leur emploi.

Le point qui relie tous les employeurs et leurs employés est le **contrat de travail.** Ce contrat met en présence deux parties: un employeur et un employé. Il peut être soit individuel, soit collectif.

Nous examinerons d'abord ces deux types de contrats puis les autres lois d'ordre public auxquelles ils sont soumis.

14.2 LE CONTRAT INDIVIDUEL DE TRAVAIL

Bien que les contrats collectifs de travail, les grèves et les conventions collectives fassent régulièrement l'objet des manchettes, la très grande majorité des travailleurs québécois sont régis par un contrat individuel de travail. Ce sont les articles 2085 à 2097 du *Code civil* qui en définissent les paramètres.

> **Art. 2085 du C.c.Q. Le contrat de travail est celui par lequel une personne, le salarié, s'oblige, pour un temps limité et moyennant rémunération, à effectuer un travail sous la direction ou le contrôle d'une autre personne, l'employeur.**
>
> **Art. 2086 du C.c.Q. Le contrat de travail est à durée déterminée ou indéterminée.**

Il est important de bien distinguer le contrat individuel de travail du contrat d'entreprise ou de service que nous avons étudié au chapitre 12. Les principales distinctions entre ces deux types de contrats sont présentées au tableau 14.1, à la page suivante.

14.2.1 Les caractéristiques du contrat individuel de travail

Le contrat individuel de travail se caractérise par le fait qu'il est essentiellement un contrat d'adhésion. En effet, le salarié qui est partie à un contrat individuel de travail accepte généralement l'ensemble des conditions fixées unilatéralement par l'employeur. Le plus souvent, il n'est pas question pour lui de négocier les conditions du contrat. Comme nous le verrons à la fin du présent chapitre, certaines lois sociales protègent les salariés contre les abus grossiers en ce qui a trait, par exemple, au salaire minimum de même qu'à la santé et la sécurité au travail, au harcèlement sexuel et à la discrimination. De plus, le *Code civil* introduit des dispositions concernant les clauses abusives dans un contrat d'adhésion, comme nous l'avons vu dans le chapitre 5.

Par ailleurs, le contrat individuel de travail implique un lien de subordination : le salarié est assujetti à l'autorité et au contrôle de la personne qui l'embauche pour une période de temps plus ou moins longue. Cette notion de « subordination » se traduit par l'assignation de tâches et de fonctions de l'employeur à son employé. En effet, l'employeur peut exiger de l'employé l'exécution de tout travail sous la seule réserve du respect de l'ordre public et des lois.

TABLEAU 14.1 Les distinctions entre le contrat individuel de travail et le contrat d'entreprise ou de service

Caractéristique	Contrat individuel de travail	Contrat d'entreprise ou de service
Parties au contrat	▸ Employeur et salarié	▸ Entrepreneur ou prestataire de services et client
Objets du contrat	▸ Effectuer un travail sous la direction de l'employeur	▸ Réaliser un ouvrage matériel ou intellectuel, ou fournir un service
Types de rémunération	▸ Salaire ▸ Déductions, remises fiscales et autres sur le salaire payé, effectuées par l'employeur	▸ Prix ▸ Aucune déduction, remises fiscales ou autres sur le prix payé, effectuées par le client. ▸ Responsabilité de l'entrepreneur
Exemple	▸ Meubles Beaubois retient les services de Denis Vaillant comme vendeur pour un salaire de 450 $/semaine.	▸ Meubles Beaubois retient les services d'Éric Lapointe pour faire l'entretien et le déneigement de son stationnement pour un montant de 5000 $.

14.2.2 Les obligations du salarié

La figure 14.1 présente les obligations du salarié. Un salarié ne peut utiliser des **renseignements confidentiels,** des listes de clients ou des formules secrètes appartenant à son employeur et dont il a pris connaissance dans le cadre de son travail.

FIGURE 14.1 Les obligations du salarié

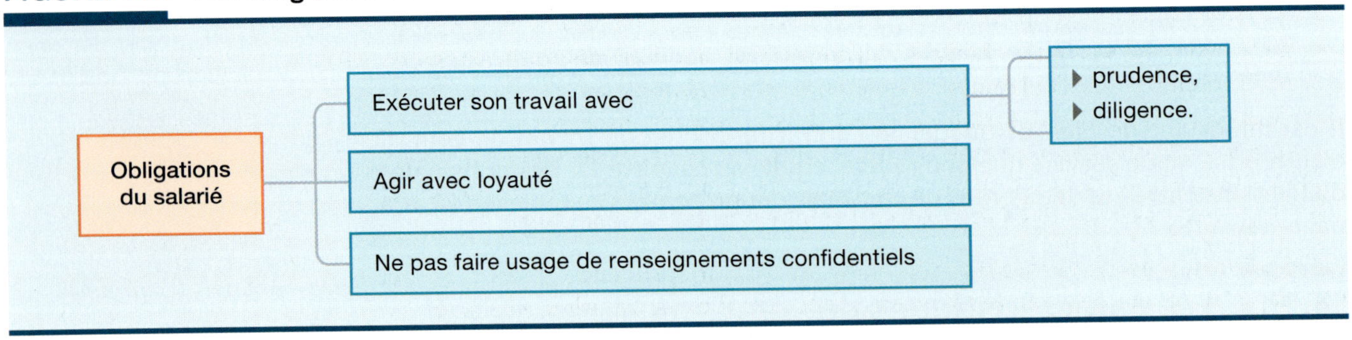

L'article 2088(2) du *Code civil* précise que :

> **Art. 2088(2) du C.c.Q. Ces obligations survivent pendant un délai raisonnable après cessation du contrat et survivent en tout temps lorsque l'information réfère à la réputation et à la vie privée d'autrui.**

14.2.3 Les obligations de l'employeur

La figure 14.2 illustre les obligations de l'employeur. L'article 2087 du *Code civil* ajoute:

> **Art. 2087 du C.c.Q. L'employeur, outre qu'il est tenu de permettre l'exécution de la prestation de travail convenue et de payer la rémunération fixée, doit prendre les mesures appropriées à la nature du travail en vue de protéger la santé, la sécurité et la dignité du salarié.**

La loi oblige l'employeur à déduire du salaire de l'employé sa contribution à l'impôt sur le revenu, au régime d'assurance-emploi, au régime québécois d'assurance-parentale et au régime de rentes du Québec, mais il n'a pas le droit de prélever d'autres montants sans l'autorisation de l'employé.

FIGURE 14.2 Les obligations de l'employeur

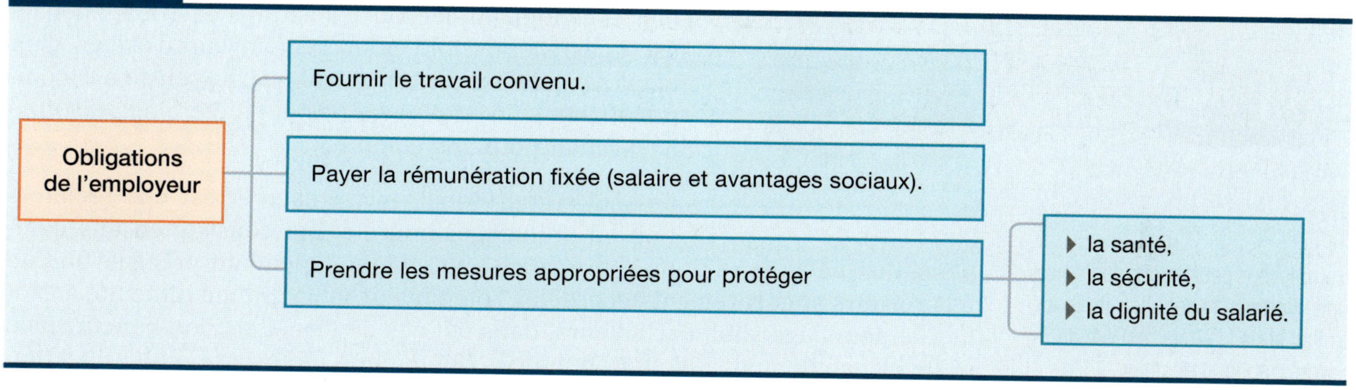

14.2.4 Les clauses de non-concurrence et de non-sollicitation

On trouve souvent des clauses de non-concurrence et de non-sollicitation dans les contrats d'engagement que les employeurs font signer à leurs employés. Ces clauses stipulent que, pendant la durée de leur emploi, et même après la fin de leur contrat, ils ne pourront, en leur propre nom, directement ou indirectement, faire concurrence à l'employeur ni participer à quelque titre que ce soit à une entreprise qui lui ferait concurrence, ni solliciter les employés ou les clients de leur ancien employeur.

> **Exemple** Après la fin de son contrat d'engagement, et pour une période de deux ans, l'employé s'engage à ne pas exercer un commerce semblable à celui de l'employeur, et ce, dans un rayon de 50 km du lieu de l'emploi. Il s'engage également à ne pas solliciter les clients de l'employeur et à ne pas utiliser les secrets commerciaux ni les listes de prix de l'employeur pour lui-même directement, ni indirectement par l'entremise d'un membre de sa famille ou d'une société ou compagnie dont il serait actionnaire, administrateur ou associé. L'employé qui ne respecterait pas cette clause s'exposerait à une pénalité de 1 000 $ par jour, pour chaque jour de contravention, à titre de dommages-intérêts liquidés et nonobstant tous les autres recours de l'employeur, telle l'injonction.

La légalité de ces clauses a été reconnue par la jurisprudence, mais celles-ci doivent être formulées par écrit et en termes explicites. De plus, la portée de ces clauses doit être limitée dans le temps, dans l'espace (territoire) et quant à la nature du travail. Les clauses peuvent protéger les intérêts légitimes de l'employeur sans toutefois porter atteinte à la capacité de gain du salarié. De plus, l'article 2095 du *Code civil* ajoute que l'employeur ne peut se prévaloir d'une stipulation de non-concurrence s'il a résilié le contrat sans motif sérieux ou s'il a lui-même donné au salarié un tel motif de résiliation.

L'employeur peut exiger de l'employé non syndiqué l'exécution de tout travail sous la seule réserve de l'ordre public et des lois.

14.2.5 Les recours en cas d'inexécution

Pour qu'il y ait exécution du contrat, l'employé doit fournir le travail exigé par l'employeur ; en contrepartie, l'employeur lui versera une rémunération équivalente. Que le contrat ait une durée déterminée ou non, la loi prévoit certains recours contre la partie qui n'assumerait pas ses obligations. Lorsqu'une des parties ne respecte pas ses obligations, il est possible pour l'autre de demander la résiliation du contrat. Dans un tel cas, la partie lésée pourra exiger des dommages-intérêts ou l'exécution forcée ou en nature, de l'obligation. Il est quasi impossible pour l'employeur d'exiger d'un employé qu'il exécute le travail qu'il se refuse à accomplir. En effet, un employeur ne peut forcer une personne à travailler pour son compte.

Le seul recours qu'il puisse exercer est une réclamation en dommages-intérêts, qui consiste en une compensation pécuniaire pour le préjudice subi. Il faut cependant préciser que de tels recours sont rarement accordés à l'employeur vu la grande difficulté à évaluer le dommage subi. Par ailleurs, dans les cas de clause de non-concurrence et de clause de non-sollicitation, en cas de manque de loyauté ou d'utilisation de renseignements confidentiels, l'employeur peut exercer un recours en injonction contre un ex-employé et le poursuivre en dommages. L'employé dispose de nombreux recours. Ainsi, en cas de congédiement illégal, il peut demander l'exécution en nature, par exemple le paiement d'une indemnité. Dans le cas d'un travailleur régi par la *Loi sur les normes du travail* (L.N.T.), lorsque le salarié est engagé pour une période indéterminée, le meilleur recours est une réclamation en dommages-intérêts ou une réclamation de salaire **à l'intérieur du délai de prescription de un an** (art. 115 de la L.N.T.). Selon le cas, la demande sera faite soit à la Commission des normes, de l'équité, de la santé et de la sécurité du travail (C.N.E.S.S.T.), soit devant les tribunaux civils ordinaires. Dans les autres cas, la prescription est de trois ans (art. 2925 du C.c.Q.) et le recours doit être intenté directement par le travailleur devant les tribunaux civils.

14.2.6 L'extinction

Le décès du salarié met fin au contrat de travail. Celui de l'employeur peut aussi, dans certaines circonstances, y mettre fin (art. 2093 du C.c.Q.). De plus, l'employeur ou l'employé peut, pour un motif sérieux, résilier unilatéralement et sans préavis le contrat de travail (art. 2094 du C.c.Q.).

> **Exemples** Un employeur constate que son employé le vole.
>
> Un employé craint pour sa santé.

Par ailleurs, l'article 2097 du *Code civil du Québec* indique que l'aliénation de l'entreprise ou la modification de sa structure juridique par fusion ou autrement ne met pas fin au contrat de travail et que l'ayant cause ou l'acheteur de l'entreprise est lié par le contrat de travail en cours au moment de la vente de l'entreprise. Il faut aussi tenir compte de la nature du contrat, qui peut être à durée déterminée ou indéterminée.

A. Le contrat à durée déterminée

L'arrivée du terme met fin au contrat à durée déterminée, à moins que les parties ne continuent à respecter le contrat initial, sans renégocier de contrat. Le contrat est alors reconduit par entente tacite, aux mêmes conditions. L'article 2090 du *Code civil* mentionne que le contrat est reconduit pour une période indéterminée lorsque, après l'échéance, le salarié continue d'effectuer son travail, sans opposition de la part de l'employeur au cours des cinq jours suivant la fin du contrat.

B. Le contrat à durée indéterminée

L'article 2091 énonce que chacune des parties à un contrat de travail à durée indéterminée peut y mettre fin en donnant à l'autre un délai de congé ou préavis raisonnable. C'est la *Loi sur les normes du travail* qui fixe les durées minimales de ce délai de congé. Une pratique courante des entreprises est de verser aux salariés l'équivalent du salaire du délai de congé à l'employé à titre d'indemnité et de le congédier. Le délai accordé ou l'indemnité versée au salarié ne seront pas les mêmes s'il s'agit d'un employé de bureau ou d'un cadre supérieur dans une entreprise. Dans certains cas, la jurisprudence a accordé une indemnité équivalente à 18 mois de salaire à un président ou à un vice-président de société par actions congédié avec un délai de congé de deux semaines seulement. Les facteurs suivants sont analysés par le Tribunal afin de fixer l'indemnité accordée : la nature de l'emploi, l'importance du poste occupé ; le nombre d'années de service ; et certaines circonstances particulières liées au travail.

> **Exemple** Le cadre qui a quitté un emploi bien rémunéré pour un nouvel emploi, puis qui est licencié par son nouvel employeur après six mois et qui a de la difficulté à retrouver un emploi équivalent peut réclamer une indemnité plus importante.

Par ailleurs, l'article 2092 du *Code civil* énonce que l'employé ne peut renoncer au droit de recevoir une indemnité suffisante.

> **Art. 2092 du C.c.Q. Le salarié ne peut renoncer au droit qu'il a d'obtenir une indemnité en réparation du préjudice qu'il subit, lorsque le délai de congé est insuffisant ou que la résiliation est faite de manière abusive.**

> **Exemple** Les Productions Détour inc. donnent un délai de congé d'une semaine à Johanne, secrétaire à leur service depuis deux ans. En lui remettant un chèque à titre d'indemnité de délai de congé ou d'indemnité de départ, la société lui fait signer une lettre dans laquelle elle se déclare satisfaite de cette indemnité et de la durée de son délai de congé. Cette pratique est illégale et la lettre est invalide, car l'article 2092 du *Code civil* est d'ordre public, de même que les dispositions de la L.N.T. à cet effet.

14.3 LE CONTRAT COLLECTIF DE TRAVAIL

Même si la majorité des travailleurs québécois sont régis par un contrat individuel de travail, de nombreux travailleurs adhèrent à des associations accréditées que sont les **syndicats.** Dès lors, ils voient leurs conditions de travail établies dans un contrat écrit et négocié avec l'employeur par leurs représentants. Ce contrat porte le nom de **convention collective.** Nous examinerons maintenant les règles de base qui président à la mise sur pied de ces associations de travailleurs et le mécanisme de négociation qui s'ensuit pour atteindre ensuite l'objectif final : la signature d'une convention collective. Comme la majorité des travailleurs québécois syndiqués travaillent pour des entreprises qui tombent sous la compétence du gouvernement québécois, nous limiterons notre étude au ***Code du travail du Québec***.

14.3.1 Les intervenants

En matière de relations collectives de travail, les principaux intervenants sont la Commission des relations du travail ainsi que les agents et commissaires de cette dernière.

A. La commission des relations du travail

La **Commission des relations du travail** (CRT) reçoit les requêtes et les dossiers qui lui sont adressés en vertu du *Code du travail* et les achemine aux agents de relations du travail ou aux commissaires de la CRT. Elle a le pouvoir de délivrer les certificats des associations de salariés.

C'est aussi un tribunal indépendant. Son mandat consiste à disposer de tout un éventail de recours liés à l'emploi, aux relations du travail, tant individuelles que collectives, à la qualification professionnelle et à l'industrie de la construction. Ces divers recours sont prévus dans l'une ou l'autre des quelque trente lois relevant de sa compétence, dont le *Code du travail,* la *Loi sur les normes du travail* et la *Loi sur les relations du travail, la formation professionnelle et la gestion de la main-d'œuvre dans l'industrie de la construction.*

B. L'agent de relations du travail

L'agent de relations du travail examine les requêtes en accréditation des associations de salariés non encore accréditées dont l'a saisi la CRT et le commissaire général du travail et, si les formalités sont respectées, il accrédite le syndicat requérant. Si elles ne le sont pas, il fait rapport à la CRT (art. 28 et 30 du C.t.).

C. Le commissaire

Le travail du commissaire commence au moment de la réception du rapport de l'agent de relations du travail. Il confie à ce dernier la responsabilité des enquêtes et des recherches ayant pour objet de s'assurer du caractère représentatif d'une association. En outre, il décide d'entériner, de révoquer ou de réviser toute décision rendue antérieurement par l'agent de relations du travail. Il assume également un rôle quasi judiciaire de première instance en rendant des décisions concernant les congédiements, les suspensions ou les mutations de salariés présumés lésés à cause de leurs activités syndicales.

14.3.2 Le droit d'association et d'accréditation

L'article 3 du *Code du travail du Québec* sanctionne le principe suivant :

> **Art. 3 du C.t. Tout salarié a le droit d'appartenir à une association de salariés de son choix et de participer à la formation de cette association, à ses activités et à son administration.**

Le but d'une **association de salariés** est essentiellement la protection, la sauvegarde et le développement des intérêts économiques de ses membres. Toutefois, si l'association désire négocier une convention collective avec l'employeur, elle doit devenir une **association accréditée.** L'**accréditation** d'une association de salariés constitue la pierre angulaire du régime de négociation collective. En effet, une association de salariés qui désire en arriver à une entente avec un employeur doit franchir au préalable l'étape de l'accréditation, c'est-à-dire la reconnaissance juridique de sa représentativité. Seule une association de salariés peut présenter une **requête en accréditation** (art. 25 du C.t.).

A. Le délai d'accréditation

L'accréditation peut être demandée en tout temps, pour tout groupe de salariés qui n'est pas déjà représenté par une association accréditée (art. 22a du C.t.). Toutefois, si l'association requérante s'est vu refuser l'accréditation par la Commission, elle ne peut présenter une nouvelle requête que trois mois après la date du rejet (art. 40 du C.t.). D'autre part, dans le cas de renouvellement d'accréditation, une association rivale ne peut faire de requête en accréditation pour remplacer l'association existante, sauf entre le 90e et le 60e jour précédant la date d'expiration d'une convention collective lorsque celle-ci est d'une durée de trois ans ou moins. C'est ce qu'on appelle la période de **maraudage.**

B. La procédure d'accréditation

En principe, l'association ayant tenu ses séances de recrutement et obtenu l'adhésion de la majorité absolue des salariés d'un employeur donné (50 % + 1) obtient son accréditation en adressant une requête en accréditation à la CRT. Un agent de relations du travail examine le caractère représentatif de l'association et, si toutes les formalités sont remplies, il accorde l'accréditation demandée (art. 28a du C.t.). S'il la refuse, le dossier est envoyé à un commissaire qui le réexamine puis accorde ou refuse l'accréditation.

C. Les effets de l'accréditation

Une fois accréditée, l'association : 1) représente tous les salariés présents et futurs de l'entreprise ; 2) peut négocier une convention collective ; et 3) peut, à défaut d'entente, faire une grève légale. De plus, l'employeur doit retenir les cotisations syndicales sur le salaire de ses salariés.

D. Les unités de négociation

L'association accréditée représente l'ensemble des salariés d'un employeur donné, mais, en pratique, surtout dans les plus grandes entreprises, les salariés choisissent souvent de se séparer selon les intérêts et la formation ou les compétences des divers groupes de salariés de l'entreprise et de former plusieurs associations de salariés chez le même employeur.

> **Exemple** Dans une compagnie comme Bombardier ou Bell Hélicoptère, on trouve un syndicat représentant les employés de bureau et un autre syndicat représentant les employés qui travaillent dans l'usine. On parle souvent alors du syndicat des cols blancs pour les premiers et du syndicat des cols bleus pour les seconds.

On parle alors d'**unités de négociation** représentant divers groupes de salariés de l'entreprise.

> **Exemple** Au Collège de Bois-de-Boulogne, il y a trois syndicats ou unités de négociation représentant trois groupes qui ont des intérêts, des revendications et des conditions de travail différents : 1) le Syndicat des enseignants et enseignantes du Collège de Bois-de-Boulogne ; 2) le Syndicat des professionnels du Collège de Bois-de-Boulogne ; et 3) le Syndicat des employés de soutien du Collège de Bois-de-Boulogne. Chacun d'eux est une association accréditée.

E. Les exclusions

D'une manière générale, tout salarié peut faire partie d'une association accréditée, à l'exception de ceux qui exercent une fonction de direction ou de gestion, des personnes qui exercent une autorité exclusive sur le personnel et des personnes exclues de la catégorie des salariés par le même alinéa de l'article 1 du *Code du travail*. Ces personnes comprennent le personnel cadre ou de direction, tels: 1) les surintendants, les contremaîtres, les directeurs de services ou les représentants de l'employeur; 2) les administrateurs d'une corporation, les fonctionnaires du gouvernement dont l'emploi revêt un caractère confidentiel; et 3) les membres de la Sûreté du Québec.

F. Les pratiques interdites

Certaines pratiques sont interdites en vertu des articles 15 à 20 du *Code du travail*; elles touchent le congédiement, la suspension ou le déplacement du salarié par l'employeur en raison de ses activités syndicales. Ainsi, un salarié victime d'une telle pratique peut déposer une plainte, par écrit, dans les 30 jours qui suivent son congédiement, sa suspension ou son déplacement en s'adressant à la CRT, qui désigne un commissaire pour faire enquête et traiter la plainte (art. 16 du C.t.).

14.3.3 La négociation collective

Lorsqu'une association de salariés a reçu son accréditation et qu'on a déterminé l'unité de négociation, l'employeur et l'association entament le processus de négociation. Le syndicat accrédité représente tous les salariés de l'unité de négociation, y compris ceux qui n'en sont pas membres. Ces derniers doivent quand même payer leur cotisation syndicale. Ce processus débute par l'envoi, au moins huit jours avant la date de la rencontre, d'un avis par l'une des parties à l'autre; cet avis doit préciser la date, l'heure et le lieu où ses représentants sont disposés à rencontrer l'autre partie en vue de la conclusion d'une convention collective (art. 52 du C.t.). Les parties ont le devoir de négocier avec **diligence et bonne foi,** c'est-à-dire qu'elles ne peuvent faire volontairement échec aux négociations (art. 53 du C.t.). Après avoir reçu l'avis prescrit par la loi, tout employeur qui contrevient à ses obligations à l'endroit d'une association de salariés dûment accréditée commet une infraction et est passible d'une amende variant de 100 $ à 1 000 $ par jour. Il s'établit donc un rapport de force entre l'employeur et le syndicat, à partir duquel seront déterminées les conditions de travail des salariés. Les négociations peuvent être courtes ou très longues, selon les parties en cause. À titre d'exemple, mentionnons le lock-out touchant les employés du *Journal de Montréal* du 24 janvier 2009 au 26 février 2011. La figure 14.3 présente les principales étapes de la négociation collective.

> **Différend** *(Dispute)*
> Mésentente lors de la négociation d'une convention collective.

> **Arbitrage de différend** *(Arbitration)*
> Action de soumettre le différend à un arbitre sur demande écrite des deux parties.

> **Grève** *(Strike)*
> Arrêt de travail décidé par un groupe de salariés lorsque toutes les procédures de négociation ont échoué.

> **Lock-out** *(Lock-out)*
> Refus de l'employeur de fournir du travail à ses employés dans le but de les forcer à régler le conflit le plus rapidement possible.

> **Exemple** L'association accréditée des salariés de Meubles Beaubois ltée devra attendre une période de négociation de 90 jours avant d'avoir le droit de déclencher une grève légale. Si l'association déclenchait la grève avant l'expiration de ce délai, la grève serait illégale et l'employeur pourrait congédier ses employés.

A. La conciliation

Lorsque les parties ne peuvent concilier leurs intérêts respectifs et qu'elles semblent se diriger vers une impasse au cours des négociations collectives, elles se trouvent en présence d'un **différend**. Dans ce cas, un conciliateur est nommé afin de tenter une conciliation.

Si la conciliation échoue, la médiation peut permettre aux parties de régler leur conflit. Toutefois, en cas d'échec de la médiation, c'est-à-dire si le différend persiste, les parties peuvent choisir l'une des options suivantes: l'**arbitrage de différend**, la **grève** ou le **lock-out**. Dans l'arbitrage de différend, la sentence arbitrale doit être rendue dans les 60 jours suivant la fin de la dernière séance d'arbitrage (art. 90 du C.t.).

FIGURE 14.3 Les principales étapes de la négociation collective

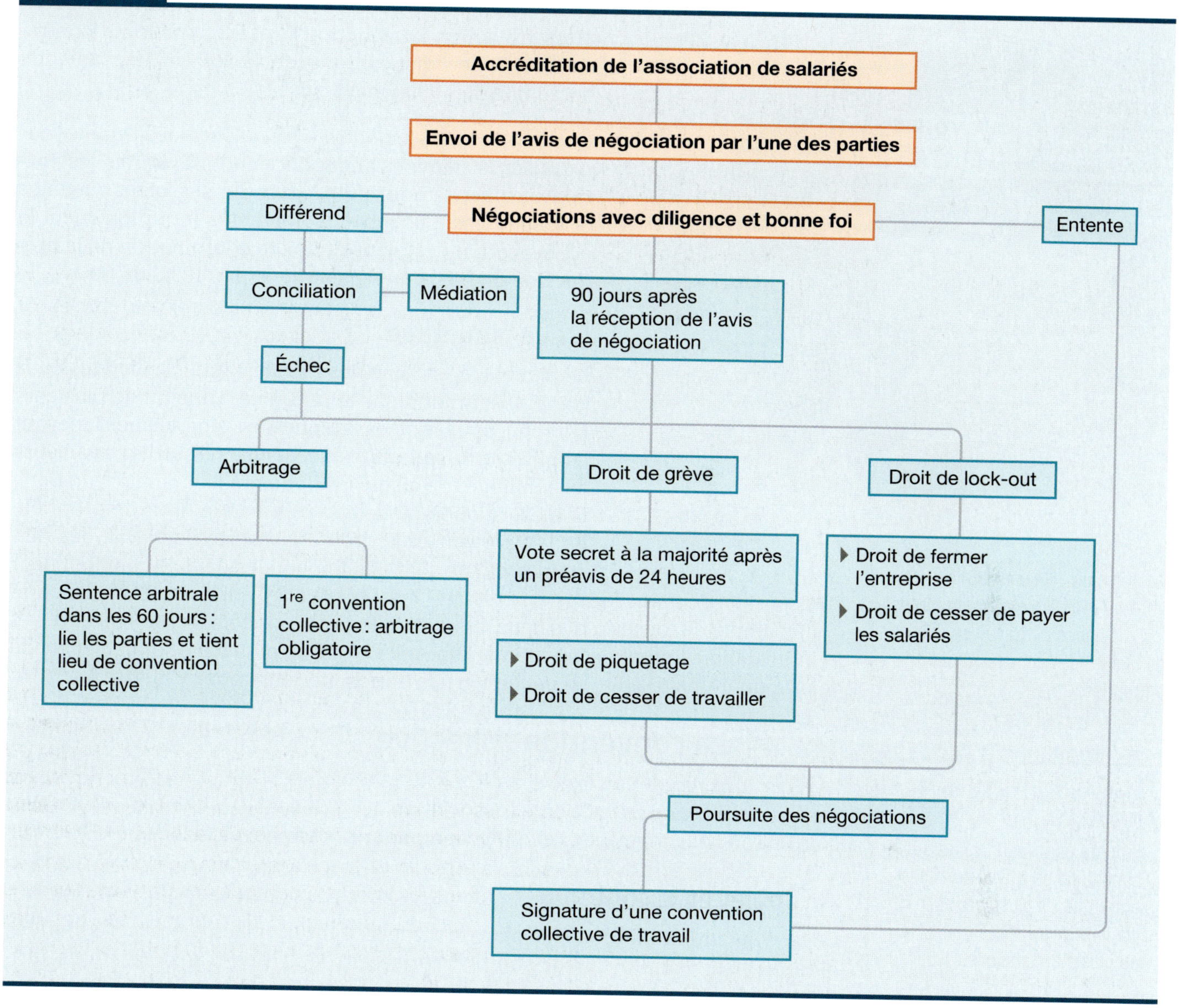

L'association doit informer ses membres au moins 48 heures avant la tenue du scrutin. La partie qui déclare une grève ou un lock-out doit en aviser le ministre par écrit dans les 48 heures, en lui indiquant le nombre de salariés compris dans l'unité de négociation en question. Soulignons qu'une personne conserve son statut de salarié même au cours d'une grève ou d'un lock-out ; cette personne demeure toujours au service de son employeur et elle peut recouvrer son poste à la fin du conflit. L'employeur ne peut congédier ses employés qui font une grève légale.

B. Les briseurs de grève

Le *Code du travail* interdit à l'employeur, au cours d'une grève légale ou d'un lock-out légal ou illégal, de recourir à des personnes pour remplir les fonctions des travailleurs en grève ou en lock-out, lorsque ces personnes ont été embauchées entre le jour où l'avis de négociation a été donné et la fin de la grève ou du lockout. Le terme anglais *scabs* est souvent utilisé dans les conflits de travail pour désigner ces personnes. L'employeur ne peut non plus recourir aux services de travailleurs qui font partie de l'unité de négociation en grève ou en lock-out. Seuls les employés cadres peuvent alors travailler. La sanction prévue pour toute contravention à ces dispositions de la loi est une amende maximale de 1000 $ par jour.

En dépit de la loi, le *Code du travail* permet à l'employeur d'utiliser les moyens nécessaires pour éviter la destruction ou une détérioration grave de ses biens meubles et immeubles. Ces moyens doivent viser uniquement la conservation des biens et non la continuation de la production de biens ou de services (art. 109.3 du C.t.).

La grève du zèle consiste à appliquer méticuleusement toutes les consignes de travail en vue de bloquer les activités d'une entreprise.

C. Le piquetage

Le piquetage est l'une des manifestations concrètes de la grève. Il se traduit par la présence d'une ou de plusieurs personnes, nommées «piquets», généralement devant leur lieu de travail, afin de sensibiliser d'autres travailleurs au conflit de travail qui les oppose à leur employeur. Dans la mesure où le piquetage respecte le droit de propriété de l'employeur et le droit à la liberté de travail des personnes qui ne sont pas impliquées dans le conflit, il peut être considéré comme légal. Le piquetage illégal serait celui qui viserait l'obstruction systématique de l'accès à des lieux, et qui ferait appel à la violence, aux menaces et à l'intimidation. L'employeur victime d'une telle forme de piquetage serait bien fondé de présenter une requête en injonction à la Cour supérieure pour y mettre fin.

14.3.4 La convention collective

Convention collective *(Collective agreement)*
Entente écrite relative aux conditions de travail conclues entre une ou plusieurs associations accréditées et un ou plusieurs employeurs ou associations d'employeurs.

Le *Code du travail* définit la **convention collective** comme l'aboutissement des négociations entre les parties. Seule l'association accréditée a le pouvoir de signer une convention collective avec l'employeur au nom des employés qu'elle représente.

A. L'objet et le contenu

Cette convention lie tous les salariés actuels et futurs visés par l'accréditation; elle lie aussi l'employeur et son entreprise en dépit des transformations juridiques que cette dernière peut subir (vente, concession, fusion, etc.).

> **Exemple** La convention collective négociée par les employés de Meubles Beaubois ltée s'applique non seulement à tous les employés actuels de cette entreprise, mais aussi à tout nouvel employé engagé par la suite.

L'article 72 du *Code du travail* prévoit qu'une convention collective ne prend effet qu'à compter de son dépôt auprès du ministre du Travail; elle s'applique rétroactivement alors à la date de sa signature ou à la date prévue de son entrée en vigueur. La durée d'une convention collective est d'au moins un an (art. 65(1) du C.t.). Dans le cas d'une première convention collective, sa durée est d'au plus trois ans (art. 65(2) du C.t.). Si la durée de la convention collective n'est pas précisée, elle est présumée être en vigueur pour un an (art. 66 du C.t.). Une convention collective peut contenir toute disposition établissant les conditions de travail des salariés, pourvu qu'elles ne soient pas contraires à l'ordre public ni prohibées par la loi. Habituellement, une convention collective comprend deux catégories de clauses: les clauses à incidence pécuniaire et les clauses à caractère normatif. Les premières touchent les salaires: échelle, indexation, heures de travail, description d'emploi, etc. Ces clauses traitent également des avantages sociaux: congés annuels payés, congés payés (de maladie, de maternité, de mortalité, de perfectionnement), assurances collectives (salaire, maladie, invalidité, vie), caisses de retraite, etc. Les secondes ont trait aux relations entre le syndicat et l'employeur, et aux modalités d'application du régime syndical: prélèvement de la cotisation syndicale, sécurité d'emploi, critères d'embauche, licenciement des salariés, liberté d'action syndicale, mesures de santé et de sécurité au travail, règlement des griefs, etc.

B. Le règlement des griefs

Pendant la durée de la convention collective, il arrive que les parties ne réussissent pas à s'entendre en ce qui concerne l'interprétation et l'application d'une clause particulière. Le *Code du travail* donne à ces mésententes le nom de **grief** (art. 1f du C.t.).

> **Grief** *(Grievance)*
> Mésentente entre les parties relativement à l'interprétation et à l'application d'une clause particulière de la convention collective, et ce, pendant la durée de ladite convention.

Les griefs les plus fréquents portent surtout sur l'interprétation des clauses d'ancienneté, sur les heures de travail, sur la classification et sur les avantages sociaux; les congédiements ou les suspensions d'employés pour cause injuste font également l'objet de griefs. La plupart des conventions collectives prévoient un mode d'arbitrage pour régler ces griefs; sinon, le grief est déféré à un arbitre choisi par l'association accréditée et l'employeur ou, à défaut d'accord, nommé par le ministre (art. 100 du C.t.). Dans les deux cas, on parle d'un tribunal d'arbitrage où les parties soumettent leurs positions respectives à l'arbitre, qui rend alors un jugement ou une sentence arbitrale. La sentence arbitrale est sans appel et lie les parties. Finalement, rappelons que, en vertu de l'article 45 du *Code du travail,* tout nouvel acquéreur d'une entreprise est lié par la convention collective existante.

14.4 LES LOIS D'ORDRE PUBLIC

Le contrat individuel de travail et le contrat collectif de travail sont soumis aux dispositions de plusieurs lois d'ordre public dont les dispositions ont préséance sur celles du *Code civil* et sur celles du *Code du travail*. Une étude sommaire de ces lois vient compléter notre examen de la législation touchant les relations du travail au Québec. Ces lois sont:

- la *Charte des droits et libertés de la personne*;
- la *Charte canadienne des droits et libertés*;
- la *Loi sur les normes du travail*;
- la *Loi sur la santé et la sécurité du travail*;
- la *Loi sur les accidents du travail et les maladies professionnelles.*

Aucun contrat de travail individuel ou collectif ni aucune entente entre un employeur, un employé ou un syndicat ne peut contrevenir à ces lois. Il est donc important d'en résumer les principales dispositions, car les dispositions d'un contrat de travail qui contreviennent à leurs dispositions sont nulles.

14.4.1 Les chartes des droits et libertés

Les articles 2 et 15 de la ***Charte canadienne des droits et libertés*** énoncent les droits fondamentaux des citoyens canadiens et défendent la **discrimination** envers toute personne, fondée sur la race, l'origine nationale ou ethnique, la couleur, la religion, le sexe, l'âge ou les déficiences mentales ou physiques. Ces articles s'appliquent en matière de contrat de travail vis-à-vis de tout employeur. Tout employé qui s'estime victime de discrimination doit s'adresser à la Commission des droits de la personne pour obtenir justice. Il pourra alors obtenir une indemnité pour les dommages subis, et même des dommages exemplaires, le cas échéant. Par contre, la ***Charte des droits et libertés de la personne*** est beaucoup plus explicite à ce sujet et va plus loin en ajoutant la notion de « harcèlement ». Les articles pertinents de la *Charte des droits et libertés de la personne* concernant la discrimination et le harcèlement sont les suivants :

> **Art. 10 de la C.d.l.p. Toute personne a droit à la reconnaissance et à l'exercice, en pleine égalité, des droits et libertés de la personne, sans distinction, exclusion ou préférence fondée sur la race, la couleur, le sexe, la grossesse, l'orientation sexuelle, l'état civil, l'âge, sauf dans la mesure prévue par la loi, la religion, les convictions politiques, la langue, l'origine ethnique ou nationale, la condition sociale, le handicap ou l'utilisation d'un moyen pour pallier ce handicap.**
>
> **Art. 10.1 de la C.d.l.p. Nul ne doit harceler une personne en raison de l'un des motifs visés dans l'article 10.**
>
> **Art. 16 de la C.d.l.p. Nul ne peut exercer de discrimination dans l'embauche, l'apprentissage, la durée de la période de probation, la formation professionnelle, la promotion, la mutation, le déplacement, la mise à pied, la suspension, le renvoi ou les conditions de travail d'une personne ainsi que dans l'établissement de catégories ou de classifications d'emploi.**
>
> **Art. 20 de la C.d.l.p. Une distinction, exclusion ou préférence fondée sur les aptitudes ou qualités requises par un emploi, ou justifiée par le caractère charitable, philanthropique, religieux, politique ou éducatif d'une institution sans but lucratif ou qui est vouée exclusivement au bien-être d'un groupe ethnique est réputée non discriminatoire.**

De même dans les contrats d'assurance ou de rente, les régimes d'avantages sociaux, de retraite, de rente ou d'assurance ou dans les régimes universels de rente ou d'assurance, est réputée non discriminatoire une distinction, exclusion ou préférence fondée sur des facteurs de détermination de risque ou des données actuarielles fixés par règlement.

14.4.2 La *Loi sur les normes du travail*

La ***Loi sur les normes du travail*** (L.R.Q., chapitre N-1.1) s'applique à tous les salariés syndiqués ou non du Québec, y compris les employés du gouvernement provincial, quel que soit l'endroit où ils exécutent leur travail, et à tout employeur dont la résidence, le domicile ou l'entreprise se trouve au Québec (art. 2 de la L.N.T.). Elle a créé un organisme, appelé **Commission des normes, de l'équité, de la santé et de la sécurité du travail** (C.N.E.S.S.T.), qui est chargé de voir à son application. La *Loi sur les normes du travail* (L.N.T.) fixe les conditions et les normes minimales de travail pour tous les salariés travaillant au Québec. Les normes du travail sont établies par la loi pour la plupart des cas et par règlements pour les autres.

A. Les notions de « salarié » et de « service continu »

Les articles 1(10) et 1(12) de la L.N.T. définissent les notions de salarié et de service continu, qui sont essentielles à une bonne compréhension de l'application de la Loi :

> **Art. 1(10) de la L.N.T. « salarié » : une personne qui travaille pour un employeur et qui a droit à un salaire ; ce mot comprend en outre le travailleur partie à un contrat en vertu duquel :**
>
> **i. il s'oblige envers une personne à exécuter un travail déterminé dans le cadre et selon les méthodes et les moyens que cette personne détermine ;**
>
> **ii. il s'oblige à fournir, pour l'exécution du contrat, le matériel, l'équipement, les matières premières ou la marchandise choisis par cette personne, et à les utiliser de la façon qu'elle indique ;**
>
> **iii. il conserve, à titre de rémunération, le montant qui lui reste de la somme reçue conformément au contrat, après déduction des frais d'exécution de ce contrat.**

L'article 3 précise quant à lui les salariés auxquels la loi ne s'applique pas:

> **Art. 3 de la L.N.T. La présente loi ne s'applique pas:**
>
> **1° *(paragraphe abrogé)*;**
>
> **2° au salarié dont la fonction exclusive est d'assumer la garde ou de prendre soin d'un enfant, d'un malade, d'une personne handicapée ou d'une personne âgée, dans le logement de cette personne, y compris, le cas échéant, d'effectuer des travaux ménagers qui sont directement reliés aux besoins immédiats de cette personne, lorsque cette fonction est exercée de manière ponctuelle, sauf si l'employeur poursuit au moyen de ce travail des fins lucratives, ou encore est fondée uniquement sur une relation d'entraide familiale ou d'entraide dans la communauté;**
>
> **3° au salarié régi par la Loi sur les relations du travail, la formation professionnelle et la gestion de la main-d'œuvre dans l'industrie de la construction (chapitre R-20), sauf les normes visées au deuxième alinéa de l'article 79.1, aux articles 79.7 à 79.16, 81.1 à 81.20 et, lorsqu'ils sont relatifs à l'une de ces normes, les deuxième, troisième et quatrième alinéas de l'article 74, le paragraphe 6° de l'article 89, la section IX du chapitre IV, les sections I, II et II.1 du chapitre V et le chapitre VII;**
>
> **4° au salarié visé dans les sous-paragraphes i, ii et iii du paragraphe 10° de l'article 1 si le gouvernement détermine par règlement en vertu d'une autre loi, la rémunération de ce salarié ou le tarif qui lui est applicable;**
>
> **5° à un étudiant qui travaille au cours de l'année scolaire dans un établissement choisi par un établissement d'enseignement et en vertu d'un programme d'initiation au travail approuvé par le ministère de l'Éducation, du Loisir et du Sport ou le ministère de l'Enseignement supérieur, de la Recherche, de la Science et de la Technologie;**
>
> **6° à un cadre supérieur, sauf les normes visées au deuxième alinéa de l'article 79.1, aux articles 79.7 à 79.16, 81.1 à 81.20 et, lorsqu'ils sont relatifs à l'une de ces normes, les deuxième, troisième et quatrième alinéas de l'article 74, le paragraphe 6° de l'article 89, la section IX du chapitre IV, les sections I, II et II.1 du chapitre V et le chapitre VII.**

La notion de salarié s'applique non seulement aux personnes régies par un contrat individuel de travail, mais aussi à celles qui sont régies par une convention collective de travail. Dans ce dernier cas, la loi énonce qu'une convention collective de travail ne peut accorder des conditions de travail moindres que celles prévues dans la L.N.T. La disposition d'un contrat de travail, d'une convention ou d'un décret qui déroge à une norme du travail est nulle de plein droit (art. 93). La notion de «**service continu**» est aussi importante afin de permettre à un salarié de bénéficier de certains des droits prévus dans la loi. À titre d'exemple, l'article 82 prévoit l'obligation pour tout employeur de donner un préavis de cessation d'emploi. Or l'article 82.1 ajoute que cette obligation ne s'applique pas à un salarié qui n'a pas encore accumulé trois mois de service.

> **Service continu**
> *(Uninterrupted service)*
> Durée ininterrompue pendant laquelle le salarié est lié à l'employeur par un contrat de travail, même si l'exécution du travail a été interrompue sans qu'il y ait résiliation du contrat et la période pendant laquelle se succèdent des contrats à durée déterminée sans une interruption qui, dans les circonstances, permettent de conclure à un non-renouvellement de contrat (art. 1(12) de la L.N.T.).

B. Les normes du travail

La Loi oblige l'employeur à s'inscrire à la C.N.E.S.S.T. et à verser une cotisation selon la rémunération versée à ses salariés. Le tableau 14.2 (*voir la page suivante*) présente les principales normes du travail et les articles de la L.N.T. qui les décrivent.

Le salaire minimum et la semaine normale de travail (art. 40 à 59.0.1 de la L.N.T.) Le salaire minimum est toujours fixé par le gouvernement au moyen de règlements. Il est important de souligner qu'un salarié ne peut jamais gagner moins que le salaire minimum. La semaine normale de travail est fixée à 40 heures, sauf dans les cas où elle est fixée de façon différente par règlement du gouvernement. Le travail en sus de la semaine normale de travail doit être rémunéré à un taux majoré de 50 %, c'est-à-dire à 150 % du salaire horaire habituel du salarié. Un employeur ne peut accorder un salaire inférieur à un salarié sous prétexte qu'il travaille moins d'heures par semaine que les autres salariés affectés aux mêmes tâches.

> **Exemple** Jean-François, qui travaille sept heures par semaine comme commis au dépanneur du coin, doit recevoir le même salaire horaire minimum que Catherine, qui travaille elle aussi comme commis 22 heures par semaine.

TABLEAU 14.2 Les principales normes du travail

Norme du travail	Article de la *Loi sur les normes du travail* (L.N.T.)
Salaire	40 à 51.1
Durée du travail	52 à 59.0.1
Jours fériés, chômés et payés	59.1 à 65
Congés annuels payés	66 à 77
Repos obligatoires	78 et 79
Absences pour cause de maladie ou d'accident	79.1 à 79.6
Absences et congés pour raisons familiales ou parentales	79.7 à 81.17
Harcèlement psychologique	81.18 à 81.20
Avis de cessation d'emploi ou de mise à pied et certificat de travail	82 à 84
Avis de licenciement collectif	84.0.1 à 84.0.15
Retraite	84.1
Travail des enfants	84.2 à 84.7
Vêtements et équipements obligatoires	85 et 85.1

Le salaire minimum des employés qui reçoivent un pourboire est inférieur à celui de ceux qui n'en gagnent pas.

> **Art. 50 de la L.N.T. Le pourboire versé directement ou indirectement par un client appartient en propre au salarié qui a rendu le service et il ne doit pas être confondu avec le salaire qui lui est par ailleurs dû. L'employeur doit verser au salarié au moins le salaire minimum prescrit sans tenir compte des pourboires qu'il reçoit.**
>
> **Si l'employeur perçoit le pourboire, il le remet entièrement au salarié qui a rendu le service. Le mot pourboire comprend les frais de service ajoutés à la note du client mais ne comprend pas les frais d'administration ajoutés à cette note.**
>
> **L'employeur ne peut imposer un partage des pourboires entre les salariés. Il ne peut non plus intervenir de quelque manière que ce soit dans l'établissement d'une convention de partage des pourboires. Une telle convention doit résulter du seul consentement libre et volontaire des salariés qui ont droit aux pourboires. […]**

L'article 57 de la L.N.T. crée une présomption établissant les périodes lors desquelles le salarié est réputé travailler.

> **Art. 57 de la L.N.T. Un salarié est réputé au travail dans les cas suivants :**
>
> **1° lorsqu'il est à la disposition de son employeur sur les lieux du travail et qu'il est obligé d'attendre qu'on lui donne du travail ;**

2° sous réserve de l'article 79, durant le temps consacré aux pauses accordées par l'employeur;

3° durant le temps d'un déplacement exigé par l'employeur;

4° durant toute période d'essai ou de formation exigée par l'employeur.

Finalement, l'article 59.0.1 accorde au salarié le droit de refuser de travailler un nombre d'heures excessif.

Art. 59.0.1 de la L.N.T. Un salarié peut refuser de travailler:

1° plus de quatre heures au-delà de ses heures habituelles quotidiennes de travail ou plus de quatorze heures de travail par période de vingt-quatre heures, selon la période la plus courte, ou, pour un salarié dont les heures quotidiennes de travail sont variables ou effectuées de manière non continue, plus de douze heures de travail par période de vingt-quatre heures;

2° sous réserve de l'article 53, plus de cinquante heures de travail par semaine ou, pour un salarié qui travaille dans un endroit isolé ou qui effectue des travaux sur le territoire de la région de la Baie James, plus de soixante heures de travail par semaine.

Le présent article ne s'applique pas lorsqu'il y a danger pour la vie, la santé ou la sécurité des travailleurs ou de la population, en cas de risque de destruction ou de détérioration grave de biens meubles ou immeubles ou autre cas de force majeure, ou encore si ce refus va à l'encontre du code de déontologie professionnelle du salarié.

Les jours fériés, chômés et payés (art. 59.1 à 65 de la L.N.T.) L'article 60 de la L.N.T. prévoit durant l'année sept jours fériés et chômés qui doivent être payés.

Art. 60 de la L.N.T. Les jours suivants sont des jours fériés et chômés:

1° le 1er janvier;

2° le Vendredi saint ou le lundi de Pâques, au choix de l'employeur;

3° le lundi qui précède le 25 mai;

4° le 1er juillet ou, si cette date tombe un dimanche, le 2 juillet;

5° le 1er lundi de septembre;

6° le deuxième lundi d'octobre;

7° le 25 décembre.

Il y a lieu de signaler que la *Loi sur la fête nationale* (L.R.Q., chapitre F-1.1) ajoute un huitième jour de congé chômé et payé, soit le 24 juin, jour de la fête nationale ou de la Saint-Jean-Baptiste.

Art. 62 de la L.N.T. Pour chaque jour férié et chômé, l'employeur doit verser au salarié une indemnité égale à 1/20 du salaire gagné au cours des quatre semaines complètes de paie précédant la semaine du congé, sans tenir compte des heures supplémentaires. Toutefois, l'indemnité du salarié rémunéré en tout ou en partie à commission doit être égale à 1/60 du salaire gagné au cours des douze semaines complètes de paie précédant la semaine du congé.

Le salarié qui ne s'est pas absenté de son travail sans autorisation ou sans motif valable la veille ou le lendemain du jour férié a droit de recevoir son salaire. L'article 63 de la L.N.T. complète l'énoncé des droits du salarié.

Art. 63 de la L.N.T. Si un salarié doit travailler l'un des jours indiqués à l'article 60, l'employeur, en plus de verser au salarié occupé ce jour férié le salaire correspondant au travail effectué, doit lui verser l'indemnité prévue par l'article 62 ou lui accorder un congé compensatoire d'une journée. Dans ce cas, le

congé doit être pris dans les trois semaines précédant ou suivant ce jour, sauf si une convention collective ou un décret prévoient une période plus longue.

Le congé annuel payé (art. 66 à 77 de la L.N.T.) Un salarié acquiert progressivement le droit au congé annuel durant une période de 12 mois consécutifs, du 1er mai de l'année précédente au 30 avril de l'année en cours, sauf si une convention ou un décret fixe une autre date.

> **Exemple** Les deux semaines de juillet habituellement réservées au congé des travailleurs de l'industrie de la construction.

Le tableau 14.3 illustre la durée du congé auquel le salarié a droit ainsi que l'indemnité ou paie de vacances qu'il reçoit. La durée de son congé dépend de la période de service continu du salarié auprès de son employeur.

TABLEAU 14.3 La durée du congé annuel payé et indemnité ou paie de vacances

Période de service continu	Durée du congé annuel payé	Paie de vacances
Moins de 1 an	1 jour ouvrable par mois de service jusqu'à concurrence de 2 semaines	4 % du salaire brut
De 1 an à 5 ans	2 semaines	4 % du salaire brut
5 ans et plus	3 semaines	6 % du salaire brut

Le congé annuel peut être fractionné en deux périodes, si le salarié en fait la demande, si le congé est de plus d'une semaine et si l'employeur ne ferme pas son établissement pour la période des congés annuels. Il peut aussi être fractionné en plus de deux périodes à la demande du salarié, si l'employeur y consent. Le salarié qui a droit à deux semaines de congé annuel a également droit, à sa demande, à un congé annuel supplémentaire d'une semaine sans salaire (art. 68.1 de la L.N.T.). L'article 73 de la L.N.T. interdit strictement à l'employeur de remplacer les congés annuels visés par la loi par une indemnité compensatoire. La seule exception est celle du salarié qui dispose de trois semaines de congé et qui demande à l'employeur de remplacer la troisième semaine par une indemnité compensatoire à la suite de la fermeture de l'établissement pour les deux semaines du congé annuel. Le salarié a le droit de connaître la date de son congé annuel au moins quatre semaines à l'avance. Le salarié qui a été absent pour cause de maladie, d'accident ou de congé de maternité doit recevoir une pleine indemnité de vacances. L'indemnité doit être versée avant le début de son congé.

Le repos obligatoire (art. 78 et 79 de la L.N.T.) Le salarié a droit à un repos hebdomadaire d'une durée de 32 heures consécutives. L'employeur doit aussi accorder au salarié une période de 30 minutes sans salaire pour lui permettre de manger s'il travaille au-delà de cinq heures consécutives.

Les absences pour cause de maladie, d'accident ou d'acte criminel (art. 79.1 à 79.6 de la L.N.T.) Les dispositions de la Loi permettent à un salarié de s'absenter de son travail sans salaire pour cause de maladie, d'accident ou s'il est victime d'un acte criminel. L'employeur doit le réintégrer dans son poste habituel avec les mêmes avantages, y compris le salaire auquel il aurait eu droit s'il était resté au travail.

Art. 79.1 de la L.N.T. Un salarié peut s'absenter du travail pendant une période d'au plus 26 semaines sur une période de 12 mois pour cause de maladie ou d'accident.

Un salarié peut toutefois s'absenter du travail pendant une période d'au plus 104 semaines s'il subit un préjudice corporel grave à l'occasion ou résultant directement d'un acte criminel le rendant incapable d'occuper son poste habituel. En ce cas, la période d'absence débute au plus tôt à la date à laquelle l'acte criminel a été commis ou, le cas échéant, à l'expiration de la période prévue au premier alinéa, et se termine au plus tard 104 semaines après la commission de l'acte criminel.

Toutefois, le présent article ne s'applique pas s'il s'agit d'une lésion professionnelle au sens de la Loi sur les accidents du travail et les maladies professionnelles (chapitre A-3.001).

Art. 79.2 de la L.N.T. Pour l'application de l'article 79.1, le salarié doit justifier de trois mois de service continu et l'absence est sans salaire. Il doit en outre aviser l'employeur le plus tôt possible de son absence et des motifs de celle-ci. L'employeur peut demander au salarié, si les circonstances le justifient eu égard notamment à la durée de l'absence ou au caractère répétitif de celle-ci, de lui fournir un document attestant ces motifs.

Si l'employeur y consent, le salarié peut, au cours de la période d'absence prévue au deuxième alinéa de l'article 79.1, reprendre son travail à temps partiel ou de manière intermittente.

Les absences et congés pour des raisons familiales ou parentales (art. 79.7 à 81.17 de la L.N.T.) Tout employé peut profiter de ces congés après trois mois de service continu auprès de son employeur. Afin de bien comprendre en quoi consistent ces congés, il est important de définir le conjoint. L'article 1(3) de la L.N.T. définit les conjoints :

Art. 1(3) de la L.N.T. « conjoints » : les personnes

a) qui sont liées par un mariage ou une union civile et qui cohabitent ;
b) de sexe différent ou de même sexe, qui vivent maritalement et sont les père et mère d'un même enfant ;
c) de sexe différent ou de même sexe, qui vivent maritalement depuis au moins un an.

Ces congés touchent le décès, les funérailles, le mariage, la naissance, l'adoption, la garde, la santé et l'éducation d'un enfant mineur, la grossesse, les congés de maternité et le congé parental. Le tableau 14.4 (*voir la page suivante*) illustre ces divers congés prévus par la L.N.T.

Les absences liées à la garde, à l'état de santé, à un accident, à une maladie grave ou un acte criminel touchant un membre de la famille Les articles 79.7 à 79.16 prévoient des absences liées à la garde, à l'état de santé, à un accident, à une maladie grave, la disparition ou le suicide d'un membre de la famille ou un acte criminel dont un membre de la famille serait victime :

Art. 79.7 de la L.N.T. Un salarié peut s'absenter du travail, sans salaire, pendant 10 journées par année pour remplir des obligations reliées à la garde, à la santé ou à l'éducation de son enfant ou de l'enfant de son conjoint, ou en raison de l'état de santé de son conjoint, de son père, de sa mère, d'un frère, d'une sœur ou de l'un de ses grands-parents.

Fractionnement

Ce congé peut être fractionné en journées. Une journée peut aussi être fractionnée si l'employeur y consent.

Avis à l'employeur

Le salarié doit aviser l'employeur de son absence le plus tôt possible et prendre les moyens raisonnables à sa disposition pour limiter la prise et la durée du congé.

TABLEAU 14.4 Les congés pour événements familiaux ou parentaux

Nature et motif du congé	Congés payés	Congés non payés
Décès ou funérailles de son conjoint, de son enfant, de l'enfant de son conjoint, de son père ou de sa mère, d'un frère ou d'une sœur (art. 80)	1 jour	4 jours
Décès ou funérailles d'un gendre, d'une bru, d'un de ses grands-parents, d'un de ses petits-enfants, du père, de la mère, d'un frère ou d'une sœur de son conjoint (art. 80.1)		1 jour
Mariage ou union civile de l'employé (art. 81)	Le jour de son mariage ou de son union civile	
Mariage ou union civile de son père ou de sa mère, d'un frère ou d'une sœur, d'un de ses enfants ou d'un enfant de son conjoint (art. 81)		Le jour du mariage ou de l'union civile
Naissance ou adoption d'un enfant, ou interruption de la grossesse à compter de la 20e semaine pour le père et la mère de l'enfant. Le congé peut être fractionné à la demande du salarié (art. 81.1).	2 jours si le salarié compte 60 jours de service continu	3 jours si le salarié compte 60 jours de service continu 5 jours si le salarié ne compte pas 60 jours de service continu
Soins de son enfant (circonstances imprévisibles), obligations liées à la garde, à la santé ou à l'éducation de son enfant mineur ou de l'enfant de son conjoint ou en raison de l'état de santé de son conjoint, de son père, de sa mère, d'un frère, d'une sœur ou de l'un de ses grands-parents (art. 79.7)		10 jours/an
Examen médical lié à la grossesse (art. 81.3)		Selon les besoins
Congé de maternité, naissance de son enfant (art. 81.4 et 81.14.1)		18 semaines continues. Il peut être morcelé à certaines conditions. Rappelons que c'est le Régime québécois d'assurance parentale qui prévoit l'aide financière aux parents.
Congé de paternité à l'occasion de la naissance de son enfant (art. 81.2, 81.2.1 et 81.14)		Au plus 5 semaines continues. Il peut être morcelé à certaines conditions. (Rappelons que c'est le Régime québécois d'assurance parentale qui prévoit l'aide financière aux parents.)
Congé parental pour le père ou la mère d'un nouveau-né ou la personne qui adopte un enfant mineur (art. 81.10) et 81.14.1)		52 semaines continues. Il peut être morcelé à certaines conditions.

Maladie ou accident

Art. 79.8 de la L.N.T. Un salarié peut s'absenter du travail pendant une période d'au plus 12 semaines sur une période de 12 mois lorsque sa présence est requise auprès de son enfant, de son conjoint, de l'enfant de son conjoint, de son père, de sa mère, du conjoint de son père ou de sa mère, d'un frère, d'une sœur ou de l'un de ses grands-parents en raison d'une grave maladie ou d'un grave accident.

Prolongation

Toutefois, si un enfant mineur du salarié est atteint d'une maladie grave, potentiellement mortelle, attestée par un certificat médical, le salarié a droit à une prolongation de son absence, laquelle se termine au plus tard 104 semaines après le début de celle-ci.

Art. 79.9 de la L.N.T. Un salarié a droit à une prolongation de la période d'absence prévue au premier alinéa de l'article 79.8, laquelle se termine au plus tard 104 semaines après le début de celle-ci, si sa présence est requise auprès de son enfant mineur qui a subi un préjudice corporel grave à l'occasion ou résultant directement d'un acte criminel le rendant incapable d'exercer ses activités régulières.

Le harcèlement psychologique (art. 81.18 à 81.20 de la L.N.T.) Ces dispositions sont en vigueur depuis le 1er juin 2004. Elles répondent à une situation de plus en plus fréquente dans de nombreux milieux de travail: le harcèlement psychologique. Celui-ci peut prendre plusieurs formes, c'est pourquoi le législateur québécois a tenu à le définir de la façon suivante:

Art. 81.18 de la L.N.T. Pour l'application de la présente loi, on entend par « harcèlement psychologique » une conduite vexatoire se manifestant soit par des comportements, des paroles, des actes ou des gestes répétés, qui sont hostiles ou non désirés, laquelle porte atteinte à la dignité ou à l'intégrité psychologique ou physique du salarié et qui entraîne, pour celui-ci, un milieu de travail néfaste.

Une seule conduite grave peut aussi constituer du harcèlement psychologique si elle porte une telle atteinte et produit un effet nocif continu pour le salarié.

Il incombe à l'employeur de prendre les dispositions nécessaires pour éviter qu'une telle situation se produise dans chaque milieu de travail. À ce sujet, les articles 81.19 et 81.20 sont très clairs:

Art. 81.19 de la L.N.T. Tout salarié a droit à un milieu de travail exempt de harcèlement psychologique. L'employeur doit prendre les moyens raisonnables pour prévenir le harcèlement psychologique et, lorsqu'une telle conduite est portée à sa connaissance, pour la faire cesser.

Art. 81.20 de la L.N.T. Les dispositions des articles 81.18, 81.19, 123.7, 123.15 et 123.16 sont réputées faire partie intégrante de toute convention collective, compte tenu des adaptations nécessaires. Un salarié visé par une telle convention doit exercer les recours qui y sont prévus, dans la mesure où un tel recours existe à son égard.

En tout temps avant le délibéré, une demande conjointe des parties à une telle convention peut être présentée au ministre en vue de nommer une personne pour entreprendre une médiation.

Les dispositions visées au premier alinéa sont aussi réputées faire partie des conditions de travail de tout salarié nommé en vertu de la Loi sur la fonction publique (chapitre F-3.1.1) qui n'est pas régi par une convention collective. Ce salarié doit exercer le recours en découlant devant la Commission de la fonction publique selon les règles de procédure établies conformément à cette loi. La Commission de la fonction publique exerce à cette fin les pouvoirs prévus aux articles 123.15 et 123.16 de la présente loi.

Le troisième alinéa s'applique également aux membres et dirigeants d'organismes.

L'avis de cessation d'emploi ou de mise à pied (art. 82 à 84 de la L.N.T.) L'employeur qui désire mettre à pied un employé pour une période de six mois ou plus ou qui désire mettre fin à son contrat de travail doit lui donner un préavis écrit. Le tableau 14.5 (*voir la page suivante*) illustre le délai de ce préavis. L'article 82.1 de la L.N.T. précise que ces dispositions ne s'appliquent pas au salarié : 1) qui ne se justifie pas de trois mois de service continu ; 2) qui a commis une faute grave ; 3) dont la fin du contrat de travail ou la mise à pied résulte d'un cas de force majeure ; et 4) dont le contrat pour une durée déterminée ou pour une entreprise déterminée expire. L'article 3(6) de la L.N.T. prévoit l'exclusion du cadre supérieur dans une entreprise. Dans ce dernier cas, ce sont les dispositions du *Code civil du Québec* qui s'appliquent, et les cadres licenciés peuvent s'adresser directement aux tribunaux pour être indemnisés, comme nous l'avons vu précédemment.

TABLEAU 14.5 Les préavis de licenciement ou de cessation d'emploi

Période de service continu	Délai du préavis	Indemnité compensatoire
Moins de 1 an	1 semaine	1 semaine de salaire
De 1 an à 5 ans	2 semaines	2 semaines de salaire
De 5 ans à 10 ans	4 semaines	4 semaines de salaire
10 ans et plus	8 semaines	8 semaines de salaire

Exemple Monique est engagée par Pluritech inc. Elle y travaille depuis deux mois lorsque son employeur met fin à son emploi.

Si le salarié ne reçoit pas de préavis, l'employeur doit lui verser une indemnité compensatoire égale au salaire qu'il aurait touché pour une période équivalente à celle du préavis. C'est une pratique courante chez les employeurs de verser à l'employé l'équivalent du salaire prévu, ou « délai-congé », et de lui demander de quitter immédiatement l'entreprise.

Exemple Garage Bel Auto inc. licencie Denise, l'une de ses mécaniciennes, et lui donne un préavis de deux semaines en lui versant son salaire des deux semaines suivantes.

Il est important de distinguer le « licenciement », qui est une mesure administrative (par exemple une diminution de personnel), du « congédiement », qui est une mesure disciplinaire.

C. La sécurité d'emploi

Une certaine sécurité d'emploi est désormais offerte à l'employé qui compte au moins deux ans de service continu dans une même entreprise. En effet, il appartiendra à l'employeur de prouver qu'il a congédié l'employé pour une cause juste et suffisante. Cette procédure permet donc au salarié d'être éventuellement réintégré dans son emploi ou indemnisé en conséquence. Ce sont les articles 124 et ss de la L.N.T. qui prévoient ce recours. S'il n'y a pas d'entente entre les parties, le dossier est référé à la CRT.

> **Art. 124 de la L.N.T. Le salarié qui justifie de deux ans de service continu dans une même entreprise et qui croit avoir été congédié sans une cause juste et suffisante peut soumettre sa plainte par écrit à la Commission des normes, de l'équité, de la santé et de la sécurité du travail […] dans les 45 jours de son congédiement, sauf si une procédure de réparation, autre que le recours en dommages-intérêts, est prévue ailleurs dans la présente loi, dans une autre loi ou dans une convention.**
>
> **Si la plainte est soumise dans ce délai à la Commission des relations du travail, le défaut de l'avoir soumise à la Commission des normes, de l'équité, de la santé et de la sécurité du travail ne peut être opposé au plaignant.**

> **Exemple** Si Denise avait travaillé pour Garage Bel Auto inc. depuis deux ans ou plus, elle aurait pu s'adresser à la Commission des normes, de l'équité, de la santé et de la sécurité du travail et demander: soit la réintégration dans son emploi; soit une indemnité en argent; ou tout autre arrangement, compte tenu des circonstances.

CLIN D'ŒIL DE LA COUR

Un congédiement « sans cause juste et suffisante »

Future Electronics inc. c. Benoît Monette et Massiah Sukhdes, nº 500-05-071703-027, 3 avril 2003.

La juge Hélène Poulin de la Cour supérieure du district de Montréal a dû se prononcer sur la notion de congédiement « sans cause juste et suffisante » dans le cas de Massiah Sukhdes, congédié par son employeur, Future Electronics inc. Employé de cette société depuis le mois de mai 1996 à titre d'agent de sécurité, Massiah Sukhdes a été congédié le 29 septembre 1999. L'employeur a fourni une longue liste de reproches à l'appui du congédiement. L'employé a déposé une plainte à la Commission des normes du travail (aujourd'hui appelée la C.N.E.S.S.T.) contre son employeur pour congédiement sans cause juste et suffisante.

La Commission a donné raison à l'employé sans pour autant ordonner à son employeur de le réintégrer dans ses fonctions. Elle a plutôt ordonné à ce dernier de verser une indemnité de 25 886 $ à l'employé. Dans son jugement, la juge Poulin a confirmé la décision de la Commission des normes du travail (aujourd'hui appelée la C.N.E.S.S.T.).

Le certificat de travail (art. 84 de la L.N.T.) À l'expiration du contrat de travail, un salarié peut exiger que son employeur lui délivre un certificat de travail faisant état exclusivement de la nature et de la durée de son emploi, du début et de la fin de l'exercice de ses fonctions ainsi que du nom et de l'adresse de l'employeur. Le certificat ne peut faire état de la qualité du travail ni de la conduite du salarié.

> **Exemple** Denise pourra exiger un certificat de travail de Garage Bel Auto inc. indiquant qu'elle a travaillé à cet endroit pendant 14 mois comme mécanicienne. Le certificat de travail ne peut contenir aucune mention quant à la qualité du travail de Denise.

L'avis de licenciement collectif (art. 84.0.1 à 84.0.15 de la L.N.T.) Ces articles définissent le licenciement collectif et obligent l'employeur à donner un préavis à ses employés et au ministre de l'Emploi et de la Solidarité sociale.

> **Art. 84.0.1 de la L.N.T. Constitue un licenciement collectif régi par la présente section une cessation de travail du fait de l'employeur, y compris une mise à pied pour une durée de six mois ou plus, qui touche au moins 10 salariés d'un même établissement au cours d'une période de deux mois consécutifs.**
>
> **Art. 84.0.3 de la L.N.T. La présente section ne s'applique pas:**
>
> **1° à la mise à pied de salariés pour une durée indéterminée, mais effectivement inférieure à six mois;**
>
> **2° à l'égard d'un établissement dont les activités sont saisonnières ou intermittentes;**
>
> **3° à l'égard d'un établissement affecté par une grève ou un lock-out au sens du Code du travail (chapitre C-27).**

L'article 84.0.3 de la L.N.T. prévoit les exceptions à ce principe, notamment à l'égard de la mise à pied de salariés pour une durée indéterminée, mais effectivement inférieure à six mois.

La retraite (art. 84.1 de la L.N.T.) L'article 84.1 de la L.N.T. énonce qu'un salarié a le droit de demeurer au service de son employeur même s'il a atteint ou dépassé l'âge de la retraite, et ce, même dans le cas où il existe une clause du contrat de travail ou de la convention collective affirmant le contraire.

Le travail des enfants (art. 84.2 à 84.7 de la L.N.T.) Le législateur québécois a voulu réglementer de façon stricte le travail des enfants engagés par un employeur.

> **Art. 84.2 de la L.N.T. Il est interdit à un employeur de faire effectuer par un enfant un travail disproportionné à ses capacités ou susceptible de compromettre son éducation ou de nuire à sa santé ou à son développement physique ou moral.**
>
> **Art. 84.3 de la L.N.T. Il est interdit à un employeur de faire effectuer un travail par un enfant de moins de 14 ans sans avoir, au préalable, obtenu le consentement écrit du titulaire de l'autorité parentale sur cet enfant ou du tuteur de celui-ci.**
>
> **L'employeur doit conserver le consentement comme s'il s'agissait d'une mention au système d'enregistrement ou au registre visé au paragraphe 3° de l'article 29.**
>
> **Art. 84.4 de la L.N.T. Il est interdit à un employeur de faire effectuer un travail, durant les heures de classe, par un enfant assujetti à l'obligation de fréquentation scolaire.**

Les vêtements et les équipements obligatoires (art. 85 à 85.1 de la L.N.T.) L'article 85 de la L.N.T. indique que, si l'employeur rend obligatoire le port d'un uniforme ou l'utilisation d'équipements, il doit fournir ceux-ci gratuitement au salarié qui est payé au salaire minimum. De plus, il ne peut exiger du salarié une somme d'argent pour l'achat, l'usage ou l'entretien d'un uniforme ou d'équipements qui aurait pour effet que le salarié reçoive moins que le salaire minimum.

D. Les recours du salarié

Lorsqu'un employeur ne paie pas à un salarié le salaire ou les autres avantages qui lui sont dus, la C.N.E.S.S.T. peut, pour le compte de ce salarié, réclamer à cet employeur les salaires et avantages impayés. Le tableau 14.6 illustre les recours du salarié en vertu de la L.N.T. Un salarié qui estime avoir été lésé par son employeur peut porter plainte par écrit à la C.N.E.S.S.T.

TABLEAU 14.6 Les recours du salarié (articles 98 et ss L.N.T.)

Recours	Exemple de situation
Recours contre un employeur qui ne paie pas au salarié le salaire dû ou qui est en défaut de payer les autres avantages pécuniaires prévus par la Loi	Danièle a travaillé des heures supplémentaires que son employeur refuse de payer.
Pratiques illégales prévues aux articles 122 et ss de la L.N.T. Délai de 45 jours pour porter plainte à compter de la pratique illégale (art. 123)	L'employeur de Danièle la congédie parce qu'elle a porté plainte contre lui à la Commission des normes, de l'équité, de la santé et de la sécurité du travail.
Recours en cas de harcèlement psychologique (art. 123.6 à 123.16 de la L.N.T.). Délai de 90 jours pour porter plainte à compter de la dernière manifestation de cette conduite (art. 123.7)	L'employeur de Danièle la harcèle pour obtenir ses faveurs sexuelles.
Recours pour congédiement sans cause juste et suffisante (art. 124 à 131 de la L.N.T.). Délai de 45 jours à compter du congédiement	Prétextant une réorganisation de l'entreprise, l'employeur congédie Ronald, qui travaillait à cet endroit depuis 2 1/2 ans.
Recours dans le cas d'un changement dans le statut du salarié en raison d'un changement apporté par l'employeur au mode d'exploitation de l'entreprise modifiant son statut pour celui d'entrepreneur non salarié (art. 86.1 de la L.N.T.)	L'entreprise Serrures du Nord décide que ses serruriers deviendront des travailleurs autonomes à compter du 1er janvier. Cela lui permettra de ne pas payer de retenues d'impôt. Richard est en désaccord avec la décision.

La Commission fait alors une enquête sans divulguer le nom du salarié. Elle peut à cette fin envoyer une mise en demeure à l'employeur et avoir accès à tous les livres et documents de ce dernier. La figure 14.4 illustre le cheminement de la plainte d'un salarié à la Commission. L'action civile intentée en vertu de la L.N.T. se prescrit par un an à compter de chaque échéance, c'est-à-dire à compter de la date où chaque montant était dû au salarié. Le recours exercé par la Commission au nom d'un salarié se fait devant les tribunaux civils ordinaires. Dans tous les cas, le salarié peut poursuivre lui-même son employeur pour le plein montant, sans passer par la Commission. L'avantage de recourir à la Commission est que, souvent, l'employeur voudra en arriver à un règlement sans passer par les tribunaux, évitant ainsi une enquête de la Commission par laquelle elle aurait accès à ses livres.

FIGURE 14.4 **Le cheminement de la plainte d'un salarié à la Commission des normes, de l'équité, de la santé et de la sécurité du travail**

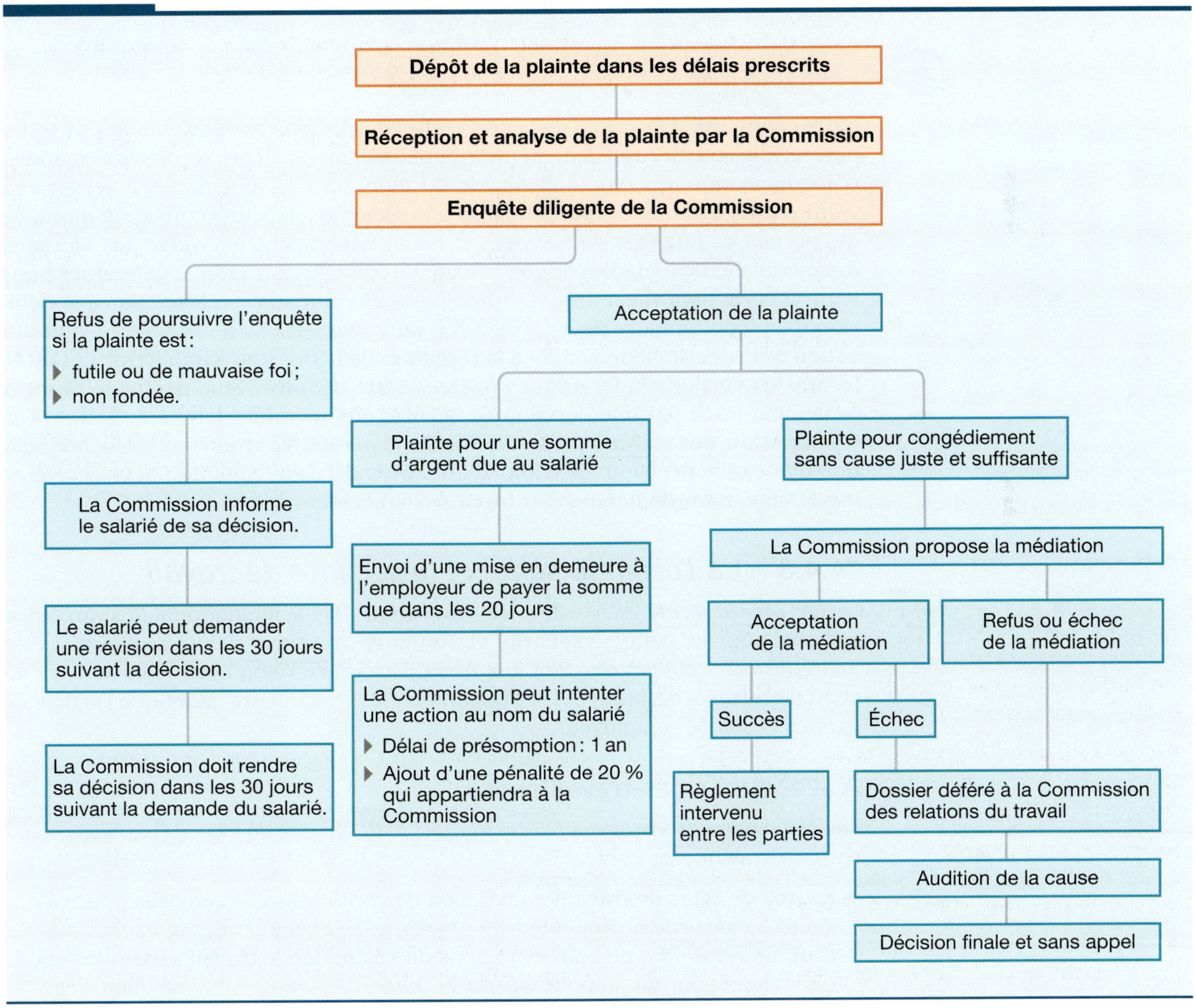

Si l'employeur ne paie pas les sommes réclamées par la Commission au nom du salarié dans les 20 jours suivant l'envoi d'une mise en demeure par cette dernière, elle intente une action civile. L'article 114 de la L.N.T. permet à la Commission, lorsqu'elle exerce un tel recours, de réclamer, en sus des sommes dues au salarié, une pénalité égale à 20 % de ces sommes. Ce montant appartient en entier à la Commission. Il est important de souligner que la L.N.T. (art. 113) permet à la **Commission des normes, de l'équité, de la santé et de la sécurité du travail** d'exercer les mêmes recours qu'un salarié contre les administrateurs d'une entreprise.

E. La santé et la sécurité du travail

En matière d'accidents du travail, le législateur québécois a mis sur pied un régime spécial de responsabilité civile. Ce régime est dérogatoire au droit commun, en ce sens qu'il libère l'employeur de toute responsabilité en ce qui concerne les dommages subis par son employé au cours de son travail pour lui substituer un régime légal d'indemnisation.

Ce régime est établi par deux lois statutaires : la *Loi sur la santé et la sécurité du travail* (L.R.Q., c. S-2.1) et la *Loi sur les accidents du travail et les maladies professionnelles* (L.R.Q., c. A-3.001). Il s'agit de deux lois d'ordre public auxquelles ni l'employeur ni le salarié ne peuvent déroger de quelque façon que ce soit. Ces deux lois sont administrées par la Commission des normes, de l'équité, de la santé et de la sécurité du travail **(C.N.E.S.S.T.)**.

Cette commission s'occupe de la prévention des lésions professionnelles de toute nature. Elle constitue également un tribunal administratif qui reçoit les demandes d'indemnisation, les étudie et décide du montant des indemnités à verser aux victimes. La C.N.E.S.S.T. perçoit auprès des employeurs une cotisation annuelle qui permet de financer ses services et les prestations qu'elle verse aux victimes d'accidents et de maladies liés au travail. Le travailleur n'a rien à débourser pour la protection dont il est assuré. Toute personne qui se croit lésée par une décision d'un fonctionnaire de la C.N.E.S.S.T. peut, dans les 30 jours suivant la notification de la décision, demander à la Direction de la révision administrative (DRA) formée en vertu de la loi de reconsidérer cette décision. Si la personne se croit également lésée par une décision de la DRA, elle peut interjeter appel devant la **Commission des lésions professionnelles** dans les 45 jours suivant la notification d'une telle décision. Ce tribunal administratif a été constitué pour accélérer le traitement des demandes des travailleurs accidentés.

14.4.3 La *Loi sur la santé et la sécurité du travail*

La ***Loi sur la santé et la sécurité du travail*** vise l'élimination à la source des dangers pour la santé, la sécurité et l'intégrité physique des travailleurs. Cette loi impose des obligations tant aux travailleurs qu'à l'employeur. Les articles 49 et 50 de cette loi définissent les obligations des travailleurs, alors que l'article 51 énonce celles de l'employeur.

A. Les droits des travailleurs

Les principaux droits que la *Loi sur la santé et la sécurité du travail* (L.S.S.T.) reconnaît aux travailleurs sont :

- le droit de refus de travailler en raison de conditions dangereuses pour sa santé, sa sécurité ou son intégrité physique. Le travailleur peut exercer ce droit de refus s'il a de bonnes raisons de croire que le travail à exécuter est dangereux pour lui ou pour une autre personne. Il ne peut cependant s'en prévaloir si son refus met en danger une autre personne ou si les conditions sont normales pour ce genre de travail ;
- le droit de retrait préventif lorsqu'il est exposé à un contaminant ; s'il peut démontrer une altération de son état de santé à l'aide d'un certificat médical ;
- le droit de retrait préventif de la travailleuse enceinte, avec un certificat médical attestant d'un danger pour elle ou pour l'enfant à naître.

La Loi prévoit des pénalités importantes pour les infractions à ses dispositions. En plus des amendes qu'elle devra payer, une entreprise peut même être forcée de fermer pour une période indéterminée si un inspecteur en vient à la conclusion que la santé et la sécurité des travailleurs sont menacées. La C.N.E.S.S.T. envoie un inspecteur sur les lieux du travail pour constater la situation et prendre les mesures nécessaires. La figure 14.5 illustre les principaux droits du travailleur.

FIGURE 14.5 Les droits du travailleur

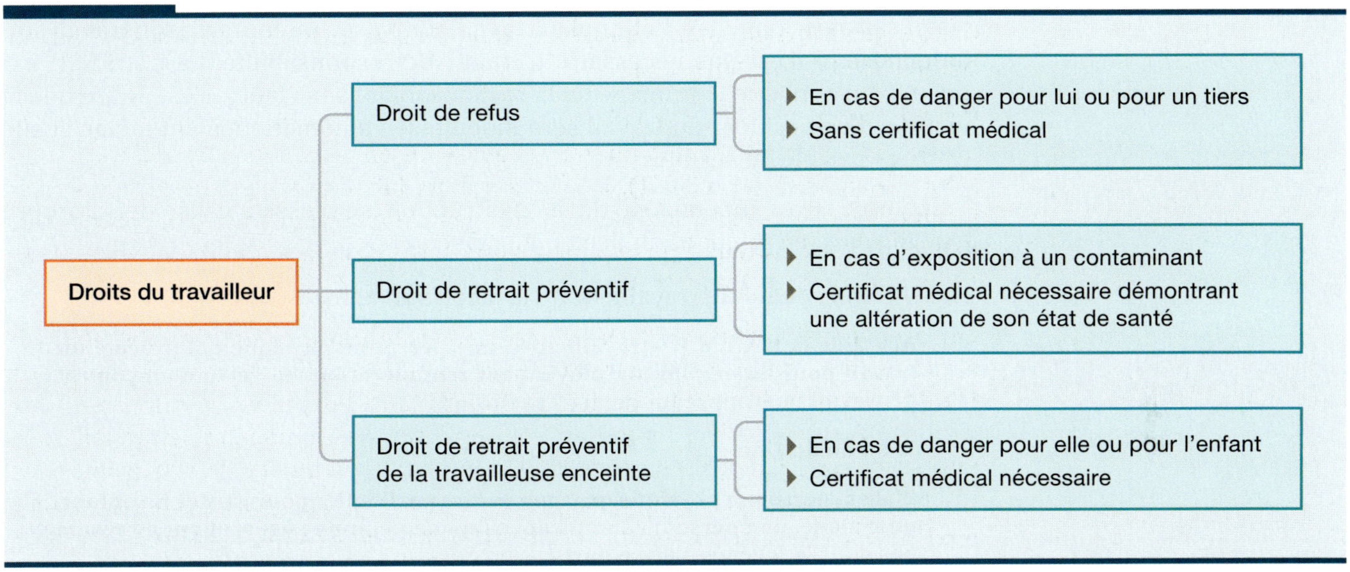

> **Exemple** Au début des années 1990, la CSST, aujourd'hui appelée C.N.E.S.S.T., a obligé au moins deux casernes de pompiers de la ville de Montréal à fermer leurs portes pour effectuer des réparations à leur système de ventilation, car les moteurs des camions de pompiers qui fonctionnaient à l'intérieur des casernes émettaient des gaz nocifs pour les pompiers se trouvant au deuxième étage.

De plus, dans certains établissements visés par les règlements, l'employeur doit mettre sur pied un programme de prévention, au sens de la Loi, afin d'éliminer les dangers pour la santé, la sécurité et l'intégrité physique des travailleurs. Finalement, l'employeur ne peut permettre l'utilisation, la manutention ou l'entreposage d'un produit dangereux sur les lieux de travail, à moins que ce produit ne soit pourvu des étiquettes et de la fiche signalétique requises par la loi et les règlements, et que les travailleurs n'aient en main l'information nécessaire (art. 62.1 à 62.4 de la L.S.S.T.) À cette fin, l'employeur doit mettre sur pied un programme de formation et d'information. La loi fait référence au Système d'information sur les matières dangereuses utilisées au travail (SIMDUT). L'article 4 du règlement définit le produit contrôlé comme un produit, une substance ou une matière: inflammable et combustible; carburante; toxique et infectieuse; corrosive; dangereusement réactive; sous forme de gaz comprimé.

B. Les inspecteurs

Les pouvoirs des inspecteurs nommés par la C.N.E.S.S.T. pour voir au respect et à l'application de la loi sont énoncés aux articles 177 à 193 de la L.S.S.T. Le règlement permet notamment de pénétrer, à toute heure raisonnable du jour ou de la nuit, dans un endroit où est exercé un travail par un salarié protégé par la loi, de faire enquête en ayant accès à tous les livres et registres et de prendre toutes les mesures nécessaires pour protéger la santé, la sécurité et l'intégrité des salariés, y compris de donner de la formation dans une entreprise. De plus, pendant une fermeture décrétée par un inspecteur de la C.N.E.S.S.T., l'employeur doit continuer à rémunérer ses salariés.

14.4.4 La *Loi sur les accidents du travail et les maladies professionnelles*

Le but de la ***Loi sur les accidents du travail et les maladies professionnelles*** (L.A.T.M.P.) est d'indemniser les travailleurs victimes d'accidents du travail ou de lésions professionnelles. Pour qu'un travailleur blessé au cours de son travail soit indemnisé, il n'est pas nécessaire d'établir de responsabilité. La L.A.T.M.P. est une loi qui applique le principe de la responsabilité sans faute, c'est-à-dire que la victime d'un accident du travail sera indemnisée automatiquement même si elle est responsable de ses blessures.

> **Exemple** Jean, un employé de la construction, se blesse à cause de sa propre négligence, en tombant du deuxième étage.

La L.A.T.M.P. définit le travailleur de la façon suivante :

> **Art. 2 de la L.A.T.M.P. «travailleur»: une personne physique qui exécute un travail pour un employeur, moyennant rémunération, en vertu d'un contrat de travail ou d'apprentissage, à l'exclusion:**
>
> **1° du domestique;**
>
> **2° de la personne physique engagée par un particulier pour garder un enfant, un malade, une personne handicapée ou une personne âgée, et qui ne réside pas dans le logement de ce particulier;**
>
> **3° de la personne qui pratique le sport qui constitue sa principale source de revenus;**
>
> **4° du dirigeant d'une personne morale quel que soit le travail qu'il exécute pour cette personne morale;**
>
> **5° de la personne physique lorsqu'elle agit à titre de ressource de type familial ou de ressource intermédiaire.**

Cette définition exclut les personnes qui gardent des enfants, des handicapés ou des personnes âgées et qui ne résident pas avec ceux-ci, de même que les personnes qui pratiquent des sports comme principale source de revenus. Il est important de noter que l'administrateur d'une société par actions n'est pas considéré comme un travailleur au sens de la loi et ne bénéficie donc pas de la protection accordée par la L.A.T.M.P., à moins qu'il n'en fasse la demande expresse et écrite à la C.N.E.S.S.T.

A. La lésion professionnelle

La lésion professionnelle comprend les aspects suivants (art. 2 de la L.A.T.M.P.) : 1) la blessure ou la maladie survenue par le fait ou à l'occasion d'un accident du travail ; 2) la maladie professionnelle, soit celle qui est contractée par le fait ou à l'occasion du travail et qui est caractéristique de ce travail ou liée directement aux risques particuliers de ce travail (l'amiantose, par exemple) ; et 3) la récidive, la rechute et l'aggravation des deux premières. Les articles 28 et 29 de la L.A.T.M.P. créent une présomption de lésion ou de maladie professionnelle lorsque celle-ci survient : 1) sur les lieux du travail ; 2) pendant que le salarié exerçait son travail ; et 3) dans le cas d'une maladie visée à l'Annexe 1 de la Loi s'il a exercé un travail correspondant à cette maladie, comme il est déterminé dans cette annexe.

B. Les indemnités

Les articles 44 à 116 de la L.A.T.M.P. mentionnent les différentes indemnités auxquelles a droit le travailleur ou, le cas échéant, ses héritiers. Ce sont: 1) l'indemnité de remplacement du revenu; 2) l'indemnité pour dommages corporels; 3) l'indemnité de décès; et 4) les indemnités diverses. La plus importante est certes l'indemnité de remplacement de revenu.

L'indemnité de remplacement de revenu Le salarié victime d'une lésion professionnelle doit en aviser son employeur ou son supérieur immédiat avant de quitter les lieux de travail ou le plus tôt possible par la suite. L'employeur doit lui verser son salaire net pour la journée de l'accident. Pour les 14 jours suivant le début de son incapacité, il doit lui verser 90 % de son salaire net pour chaque jour où il aurait normalement travaillé s'il n'avait pas subi d'accident. À cette fin, l'employé doit remettre à l'employeur une attestation médicale sur le formulaire prescrit par la C.N.E.S.S.T. Ce formulaire est rempli par le médecin qui a traité le travailleur et indique son diagnostic.

L'employeur se fera par la suite rembourser par la C.N.E.S.S.T. pour ces 14 premiers jours payés au travailleur. Si ce dernier ne peut toujours pas travailler après ces 14 jours, il doit déposer une réclamation à la C.N.E.S.S.T. sur un formulaire prévu à cette fin. Cette réclamation doit être faite dans les six mois suivant la lésion ou le décès ou, dans le cas d'une maladie professionnelle, dans les six mois qui suivent le moment où il est porté à la connaissance du travailleur, ou de ses héritiers, qu'il est atteint d'une telle maladie. À partir du 15e jour d'incapacité, l'indemnité de remplacement du revenu est versée directement par la C.N.E.S.S.T. Celle-ci est fixée à 90 % du revenu annuel net du travailleur, selon un maximum fixé par le législateur. L'indemnité est versée tous les 15 jours jusqu'à la date de retour au travail. Elle cesse dans les trois cas suivants: 1) lorsque le travailleur peut retourner au travail; 2) à son décès; ou 3) lorsqu'il atteint l'âge de 68 ans.

L'indemnité pour dommages corporels L'article 83 de la L.A.T.M.P. énonce que le travailleur qui est victime d'une lésion et qui subit une atteinte permanente à son intégrité physique ou psychique a droit à une indemnité pour dommages corporels qui tient compte de son degré ou pourcentage d'incapacité (déficit anatomo-physiologique, ou « D.A.P. ») et du préjudice esthétique (P.E.) qui en résulte, ainsi que des douleurs et perte de jouissance de la vie (D.P.J.V.). Cette indemnité est versée sous la forme d'un montant forfaitaire. On calcule l'indemnité due au travailleur en additionnant les pourcentages attribués aux trois éléments (D.A.P., P.E. et D.P.J.V.). Le total des pourcentages est ensuite multiplié par un montant prévu à l'annexe II de la L.A.T.M.P. et ce, en fonction de l'âge du travailleur au moment de l'accident. Ces montants de référence sont compris entre 101 961 $ (18 ans et moins) et 50 983 $ (65 ans et plus). L'indemnité forfaitaire minimale pour dommages corporels est fixée à 1 019 $ (art. 86 de la L.A.T.M.P.).

C. Les indemnités de décès

Les indemnités de décès peuvent prendre différentes formes.

L'indemnité forfaitaire au conjoint Le conjoint d'un travailleur décédé à la suite d'un accident du travail ou d'une maladie professionnelle a le droit de recevoir une indemnité forfaitaire. Cette somme ne peut être inférieure à 94 569 $ (art. 100 de la L.A.T.M.P.).

L'indemnité de remplacement du revenu Le conjoint a également droit à une indemnité de remplacement du revenu du travailleur décédé, que la loi fixe à 55 % de l'indemnité de revenu à laquelle le travailleur décédé aurait eu droit au moment de son décès s'il avait été incapable de travailler (c'est-à-dire 55 % de 90 % de son salaire net retenu). Cette indemnité est payable sous forme de rente mensuelle. Si le travailleur décède sans laisser de conjoint, cette indemnité est versée en parts égales à ses enfants.

L'indemnité payable aux enfants Chacun des enfants mineurs du travailleur décédé a droit à une indemnité de 512 $ par mois jusqu'à sa majorité. De plus, chaque enfant du travailleur décédé qui fréquente à temps plein un établissement d'enseignement a droit à une indemnité forfaitaire de 18358 $ à la date de sa majorité. Il en est de même de l'enfant majeur âgé de moins de 25 ans qui fréquente un établissement d'enseignement à temps plein au moment du décès du travailleur. La L.A.T.M.P. prévoit également des indemnités forfaitaires majorées dans le cas des enfants invalides et pour les autres personnes à charge du travailleur décédé.

Les indemnités diverses Ce sont par exemple les indemnités suivantes : 1) l'indemnité de 2039 $ au conjoint, payable au décès du travailleur ; 2) l'indemnité de 26509 $ pour le père et la mère d'un travailleur décédé sans aucune personne à charge ; 3) une indemnité jusqu'à concurrence de 4 957 $ pour la personne qui acquitte les frais funéraires, sur présentation de pièces justificatives.

D. La réadaptation du salarié

En plus de l'indemnité de remplacement du revenu, le travailleur a droit à la réadaptation. À cette fin, la C.N.E.S.S.T. met en place, avec le travailleur visé, un programme de réadaptation individualisé. Ce programme peut toucher à trois facettes, selon les besoins du travailleur visé :

- la réadaptation physique : ce programme peut comprendre les soins médicaux, les médicaments et les traitements de physiothérapie, les prothèses ou orthèses, les soins jugés nécessaires, etc. ;
- la réadaptation sociale : ce programme peut comprendre les soins professionnels tels qu'un psychologue, les moyens pour trouver au travailleur un véhicule ou une résidence adaptée à sa nouvelle situation, le remboursement de certains travaux que le travailleur ne peut plus faire ;
- la réadaptation professionnelle : ce programme vise la réintégration du travailleur dans son emploi ou dans un emploi équivalent ou, le cas échéant, dans un emploi convenable. À cette fin, il peut comprendre un programme de recyclage, de recherche d'emploi, de formation professionnelle, d'adaptation d'un poste de travail, etc.

> **Exemple** À la suite de son accident et de sa chute, Jean sera indemnisé pour la perte de son revenu pendant la période où il ne pourra travailler. Son salaire hebdomadaire étant de 900 $, il recevra donc 90 % de cette somme, soit 810 $ par semaine. Ayant perdu l'usage d'une de ses jambes, qui a dû être amputée, et ayant subi des blessures graves au dos, il a rencontré un représentant de la C.N.E.S.S.T., et un programme de réadaptation individualisé a été établi. Comme il se déplace maintenant à l'aide d'une prothèse, il ne pourra pas reprendre son emploi de menuisier.
>
> Après 11 mois de réadaptation et après avoir suivi un programme de formation professionnelle, on lui trouve un emploi d'inspecteur en bâtiment pour la Ville de Québec au salaire de 500 $ par semaine. Dans un tel cas, la L.A.T.M.P. prévoit que le travailleur continue de bénéficier de l'indemnité de remplacement pour combler la différence entre le montant de son ancien salaire et celui auquel il a droit en vertu de son nouveau salaire.

Dans le cas de Jean, cela veut dire qu'il a droit à une indemnité additionnelle de 810 $ sur son salaire de 900 $ par semaine, moins 450 $, soit l'indemnité de 90 % de son nouveau salaire de 500 $, pour un total de 360 $. Il recevra donc son salaire de 500 $, plus une indemnité additionnelle de 360 $, ce qui portera l'indemnité totale à 860 $.

900 $ × 90 % = 810 $

500 $ × 90 % = −450 $

360 $

500 $ + 360 $ = 860 $

Le travailleur a le droit de recevoir son indemnité de remplacement du revenu jusqu'à son décès ou lorsqu'il atteint l'âge de 68 ans, ou encore au moment où il réintègre son ancien emploi.

Le tableau 14.7 présente un résumé des droits des travailleurs blessés ou souffrant d'une maladie professionnelle.

TABLEAU 14.7 **Les droits des travailleurs blessés ou souffrant d'une maladie professionnelle**

Droit	Explications
Droit à une indemnité de remplacement du revenu	▶ Indemnité correspondant à 90 % de son salaire jusqu'à concurrence du maximum prévu par la loi
Droit à un programme de réadaptation	▶ Physique ▶ Sociale ▶ Professionnelle
Droit au retour à son emploi	▶ Délai de un an si l'entreprise compte 20 employés ou moins ▶ Délai de deux ans si l'entreprise compte plus de 20 employés
Droit à une indemnité pour dommages corporels	
Droit des héritiers	▶ Indemnité forfaitaire au conjoint (minimum 94 569 $) ▶ Indemnité de remplacement du revenu (55 % de 90 % du salaire) ▶ Indemnité aux enfants : - 512 $/mois jusqu'à la majorité - 18 358 $ à la majorité de l'enfant s'il fréquente un établissement d'enseignement à temps plein ▶ Frais funéraires

E. Le droit de retour au travail

La L.A.T.M.P. prévoit finalement qu'un employé dispose d'un droit de retour à son ancien emploi dans un délai de un an s'il s'agit d'une entreprise de 20 employés ou moins et dans un délai de deux ans s'il s'agit d'une entreprise de plus de 20 employés. À défaut de son emploi, il peut réintégrer un emploi équivalent dans un autre établissement de son employeur. Le salarié incapable de réintégrer son ancien emploi ou un emploi équivalent a le droit de réintégrer un emploi convenable, compte tenu de ses compétences et de ses capacités. C'est le cas de Jean dans notre exemple.

RETOUR SUR LA MISE EN SITUATION

Dans un premier temps, il faut expliquer à Rosaire et à ses associés que les relations du travail au Québec sont encadrées par les dispositions de la *Charte canadienne des droits et libertés* et par celles de la *Charte des droits et libertés de la personne* en ce qui concerne l'embauche et les conditions de travail des employés. Les dispositions générales du *Code civil du Québec* et notamment les articles 2085 à 2097 concernant le contrat individuel de travail s'appliquent aux divers contrats qu'ils signeront avec leurs futurs employés. Advenant que ceux-ci décident de se syndiquer un jour, ce sont les dispositions du *Code du travail du Québec* qui s'appliqueront alors.

Dans les deux cas, deux autres lois d'ordre public s'appliqueront également à leurs futurs employés : la *Loi sur les normes du travail* et la *Loi sur la santé et la sécurité du travail*. La première fixe leurs conditions minimales de travail et la seconde encadre la santé et la sécurité. Advenant un accident de travail, la *Loi sur les accidents de travail et les maladies professionnelles* s'appliquera également à eux. Ces lois obligent tous les employeurs, comme le Centre sportif du Vieux-Québec, à s'inscrire auprès de la Commission des normes, de l'équité, de la santé et de la sécurité du travail (C.N.E.S.S.T.).

Dans un deuxième temps, en ce qui concerne Denis Larivière, Rosaire et ses associés devront respecter les dispositions de la *Loi sur les normes du travail* pour congédier ce dernier. Ils devront lui donner un préavis d'une semaine conformément à la loi.

EN BREF

- Au Québec, les relations de travail sont régies par les dispositions du *Code civil* et du *Code du travail,* et par certaines lois relatives au travail, telles la *Loi sur les normes du travail,* la *Loi sur la santé et la sécurité du travail* et la *Loi sur les accidents du travail et les maladies professionnelles.*
- Le contrat individuel de travail est soumis aux dispositions du *Code civil du Québec.*
- Le contrat collectif de travail est soumis aux dispositions du *Code du travail du Québec* en ce qui concerne la majorité des travailleurs québécois syndiqués.
- Le *Code du travail* prévoit la procédure d'accréditation et de négociation d'une convention collective.
- La *Loi sur les normes du travail* a créé la Commission des normes, de l'équité, de la santé et de la sécurité du travail (C.N.E.S.S.T.), et elle fixe les conditions et les normes minimales de travail pour tous les salariés travaillant au Québec.
- Les principales normes de travail concernent le salaire minimum, la semaine normale de travail, les jours fériés, chômés et payés, les congés annuels payés, le repos obligatoire, les absences pour cause de maladie, d'accident ou d'acte criminel, les congés pour raisons familiales et parentales (décès, funérailles, mariage, naissance, adoption, garde, santé et éducation d'un enfant mineur, grossesse, maternité, congé parental), les avis de cessation d'emploi ou de mise à pied et la sécurité d'emploi.
- La *Loi sur la santé et la sécurité du travail* et la *Loi sur les accidents du travail et les maladies professionnelles* sont administrées par la C.N.E.S.S.T.
- La *Loi sur la santé et la sécurité du travail* reconnaît deux droits aux travailleurs : le droit de refus de travailler en raison de conditions dangereuses pour leur santé, leur sécurité et leur intégrité physique ; le droit de retrait préventif s'ils sont exposés à un contaminant ou dans le cas d'une travailleuse enceinte.
- La *Loi sur les accidents du travail et les maladies professionnelles* vise à indemniser la perte des revenus des victimes d'accidents de travail ou de lésions professionnelles.

EXERCEZ-VOUS

VOCABULAIRE

Parmi les termes suivants, choisissez ceux qui conviennent pour compléter les définitions ci-dessous.

- Tribunal d'arbitrage
- lésion professionnelle
- grief
- non-concurrence
- contrat d'entreprise ou de service
- Cour du Québec
- Commission des normes, de l'équité, de la santé et de la sécurité du travail
- refus
- association de salariés
- grief
- accident du travail
- Commission des relations du travail
- retrait préventif
- travailleur
- harcèlement psychologique
- maraudage

1. Le ____________ est une mésentente qui survient au cours d'une convention collective.
2. Un travailleur qui a de bonnes raisons de croire que le travail à exécuter est dangereux pour sa santé, sa sécurité ou son intégrité physique ou celle d'une autre personne peut exercer son droit de ____________ ou, dans le cas d'exposition à un contaminant, le droit de ____________.
3. On appelle ____________ toute blessure ou maladie survenue par le fait ou à l'occasion d'un travail, ainsi que toute rechute ou aggravation de celles-ci.
4. La ____________ entend les plaintes pour toute poursuite intentée en vertu du *Code du travail*.
5. La clause qui stipule que, pendant la durée de son emploi et même après la fin de son contrat d'engagement, un employé ne peut en son propre nom, directement ou indirectement, travailler ou participer à quelque titre que ce soit à une entreprise rivale s'appelle clause de ____________.
6. Le *Code du travail* définit une ____________ comme un groupement de salariés constitué en syndicat professionnel, union, fraternité ou autre, et ayant pour buts l'étude, la sauvegarde et le développement des intérêts économiques, sociaux et éducatifs de ses membres, et particulièrement la négociation et l'application d'une convention collective.
7. L'organisme chargé de voir à l'application de la *Loi sur la santé et la sécurité du travail* et de la *Loi sur les accidents du travail et les maladies professionnelles* s'appelle ____________.
8. En général, l'association ayant obtenu 50 % + 1 des votes devra faire parvenir une requête à ____________ pour obtenir l'accréditation.
9. Tout salarié a droit à un lieu de travail exempt de ____________.
10. On appelle période de ____________ la période entre le 90e et le 60e jour précédant l'expiration d'une convention collective ou son renouvellement. Durant cette période, une association rivale peut faire une requête en accréditation pour tenter de remplacer l'association existante.

VRAI OU FAUX

Indiquez si les affirmations suivantes sont vraies ou fausses. Si l'affirmation est fausse, précisez pourquoi.

1. Lorsqu'il y a mésentente entre les parties à la suite de la signature d'une convention collective, on parle de « différend ».
2. L'aliénation ou la vente d'une entreprise met fin au contrat de travail et à la convention collective.
3. L'indemnité de vacances du salarié comptant plus de 10 ans de service continu auprès d'un employeur est fixée à 10 %.
4. Le conjoint d'un travailleur décédé à la suite d'un accident du travail ou d'une maladie professionnelle a droit à une indemnité forfaitaire qui ne peut être inférieure à 45 000 $.
5. Le contrat individuel de travail à durée déterminée prend fin à l'arrivée du terme, à moins que les parties continuent à respecter le contrat initial, qui est alors reconduit tacitement.

CHOIX MULTIPLES

Encerclez la bonne réponse parmi les choix proposés.

1. Lorsque la Commission des normes, de l'équité, de la santé et de la sécurité du travail poursuit un employeur au nom d'un employé pour des sommes impayées, elle peut lui réclamer, en plus des sommes dues au salarié, une pénalité égale à ____________ de ces sommes.
   a) 5 %
   b) 10 %
   c) 15 %
   d) 20 %
2. À l'occasion des funérailles de son conjoint, de son enfant ou de celui de son conjoint, de son père, de sa mère, d'un frère ou d'une sœur, un salarié peut s'absenter pendant ____________ sans perte de salaire.
   a) un jour
   b) deux jours
   c) trois jours
   d) cinq jours
3. Dans un contrat de travail à durée indéterminée, un salarié qui compte trois ans de service continu chez le même employeur a droit à un préavis de ____________ avant d'être licencié.
   a) quatre semaines
   b) deux semaines
   c) une semaine
   d) trois mois
4. Lorsque les parties qui négocient une convention collective ne peuvent concilier leurs intérêts respectifs et qu'elles semblent se diriger vers l'impasse, on se trouve en présence d'un:
   a) arbitrage;
   b) grief;
   c) lock-out;
   d) différend.
5. Si la victime d'un accident de travail s'estime lésée par la décision d'un fonctionnaire de la C.N.E.S.S.T., décision qui a été révisée par la Direction de la révision administrative, elle peut interjeter appel devant:
   a) la Régie de l'assurance automobile du Québec;
   b) le Tribunal du travail;
   c) la Commission des affaires sociales;
   d) la Commission des lésions professionnelles.

FAITES LE POINT

1. Énoncez les obligations de l'employé et celles de l'employeur dans le contrat individuel de travail.
2. Expliquez les principales étapes menant à la signature d'une convention collective.
3. Quelles sont les principales dispositions de la *Charte des droits et libertés de la personne* qui s'appliquent en matière de contrat de travail?
4. Expliquez les principaux congés pour événements familiaux ou parentaux prévus par la *Loi sur les normes du travail.*
5. Quels sont les préavis de licenciement ou de cessation d'emploi prévus par la *Loi sur les normes du travail*?
6. Énoncez les principaux droits des travailleurs visés par la *Loi sur la santé et la sécurité du travail.*
7. Quelles sont les principales indemnités auxquelles ont droit les salariés blessés à la suite d'un accident du travail?

RECHERCHE EN LIGNE

Pour réaliser l'activité suivante, consultez le site du gouvernement du Québec, et plus particulièrement la section « Travailleur salarié ».

Stéphanie, qui a trouvé un emploi permanent comme technicienne en gestion, vient de recevoir sa première paie. Elle reçoit un salaire annuel payable aux deux semaines. En feuilletant son relevé de paie, elle constate que son employeur lui a prélevé 25,00 $ pour une cotisation syndicale. Elle fait un calcul rapide: avec 26 périodes de paie dans une année, sa cotisation annuelle atteindra 650,00 $, alors qu'elle n'est même pas membre du syndicat. Elle veut savoir si elle est obligée de payer cette cotisation et, le cas échéant, pourquoi.

a) Décrivez le contexte dans lequel l'employeur a l'obligation de prélever la cotisation.

b) Expliquez l'origine de cette obligation, appelée familièrement la « formule Rand ».

c) Depuis quand cette obligation est-elle inscrite au *Code civil,* et pourquoi ?

CAS PRATIQUES

1. Pascal a été embauché dans un petit commerce de détail, Le Dépanne-tout, le 1er juin 2013. Le 1er janvier 2015, son employeur lui remet son avis de cessation d'emploi avec la mention « Congédiement », sans fournir d'explication. il remet également une indemnisation équivalente à deux semaines de salaire. Dans les jours suivants, Pascal retourne au commerce et réalise que l'employeur l'a remplacé par sa fille.

a) Est-ce que l'employeur de Pascal a le droit de le congédier sans lui donner de raison, considérant que son poste n'est pas aboli ?

b) Pascal veut savoir pourquoi il n'a pas reçu 4 semaines (1 mois) d'indemnité compensatoire.

2. Julien obtient un emploi de serveur au restaurant Les 4 fourchettes en or. Lors de son premier jour de travail, le propriétaire du restaurant lui explique comment fonctionne la rémunération dans son établissement. Les serveurs sont payés 0,50 $ de plus de l'heure que le salaire minimum. De plus, afin d'être équitable envers tous les employés de la salle à manger, le propriétaire a décidé de comptabiliser tous les pourboires par période de travail et de répartir 75 % du montant en parts égales entre les serveurs et 25 % en parts égales entre les garçons de table. Son horaire de travail est de 17 h à 22 h, du mardi au samedi, inclusivement. Au mois de décembre, son employeur lui a demandé de rester jusqu'à minuit, étant donné l'augmentation des réservations du temps des fêtes.

a) Calculez le salaire minimum auquel Julien aurait droit pour le mois de décembre. Est-ce que les deux heures de plus par jour demandées par son employeur seront payées comme des heures supplémentaires ?

b) Julien constate que durant le mois de décembre, il a travaillé 7 heures par jour, mais son employeur lui a payé 6 heures 30 minutes, car 30 minutes par jour lui ont été enlevées pour la pause. Cependant, Julien n'a jamais eu le temps de prendre une pause. Il vous demande si l'employeur a le droit d'agir de la sorte.

c) Julien réalise qu'il a reçu de ses clients un montant plus élevé de pourboire que celui que lui remet son employeur à la fin de son quart de travail. Il vous demande si cela est légal.

3. La convention collective des employés de soutien de l'Université de l'Avenir se termine le 1er mai 2015. Le syndicat, agent négociateur des salariés régis par un certificat d'accréditation délivré le 10 février 2013 par le ministre du Travail, désire négocier avec l'employeur en vue du renouvellement de la convention collective.

a) Le syndicat peut-il obliger l'employeur à négocier avec lui le renouvellement de la convention qui arrive à échéance ? Pourquoi ?

b) En vertu du *Code du travail,* quelle procédure le syndicat doit-il suivre pour forcer l'employeur à négocier, le cas échéant ?

c) Durant la période de négociation, les autorités de l'Université prévoient l'inscription d'un nombre record d'étudiants pour le trimestre d'été. Elles désirent prolonger de cinq heures la durée de la semaine normale de travail de certains employés, à raison d'une heure par jour, sans augmenter leur salaire. Ont-elles le droit d'agir ainsi ? Justifiez votre réponse.

d) Après avoir été dûment enjoint de négocier avec le syndicat, l'employeur omet à quelques reprises de se présenter à la table de négociation. Il prétexte que les représentants syndicaux sont tous des « marxistes » avec qui il refuse de négocier. A-t-il le droit d'agir ainsi ? Quelles peuvent être les conséquences de cette attitude ?

e) Les négociations se poursuivent depuis plus d'un mois. Le syndicat n'espère plus qu'elles puissent se terminer dans un délai raisonnable. Que peut-il faire ? Expliquez votre réponse.

f) Les négociations se trouvent toujours dans une impasse. Quels recours s'offrent aux deux parties ?

INDEX

H

I

J

L

M

N

O

P

Q

R

i+ Interactif de Chenelière Éducation, le nouveau standard de l'enseignement

- **Créer** des préparations de cours et des présentations animées.
- **Partager** des annotations, des documents et des hyperliens avec vos collègues et vos étudiants.
- **Captiver** votre auditoire en utilisant les différents outils performants.

Profitez dès maintenant des contenus spécialement conçus pour ce titre.

i+ Interactif

Créer | Partager | Captiver

CHENELIÈRE ÉDUCATION

3542-M ISBN 978-2-7650-4774-2

CODE D'ACCÈS ÉTUDIANT

VOUS ÊTES ENSEIGNANT ?

Communiquez avec votre représentant pour recevoir votre code d'accès permettant de consulter les ressources pédagogiques en ligne exclusives à l'enseignant.

http://mabibliotheque.cheneliere.ca

[redacted]